Kirsten Adamzik
Textlinguistik

Kirsten Adamzik

Textlinguistik

Grundlagen, Kontroversen, Perspektiven

2., völlig neu bearbeitete, aktualisierte und
erweiterte Neuauflage

DE GRUYTER

ISBN 978-3-11-033803-4
e-ISBN (PDF) 978-3-11-033935-2
e-ISBN (EPUB) 978-3-11-044186-4

Library of Congress Cataloging-in-Publication Data
A CIP catalog record for this book has been applied for at the Library of Congress.

Bibliografische Information der Deutschen Nationalbibliothek
Die Deutsche Nationalbibliothek verzeichnet diese Publikation in der Deutschen
Nationalbibliografie; detaillierte bibliografische Daten sind im Internet über
http://dnb.dnb.de abrufbar.

© 2016 Walter de Gruyter GmbH, Berlin/Boston
Einbandabbildung: Meinzahn/iStock/thinkstock
Druck und Bindung: CPI books GmbH, Leck
♾ Gedruckt auf säurefreiem Papier
Printed in Germany

www.degruyter.com

Vorwort

Das vorliegende Buch stellt eine Neubearbeitung des *Germanistischen Arbeitsheftes* (40) dar, das 2004 unter dem Titel *Textlinguistik. Eine einführende Darstellung* erschienen ist. Der Untertitel war wohl schon damals nicht ganz angemessen, heute erscheint er gänzlich unpassend. Denn die (Text-)Welt hat sich im neuen Jahrhundert erheblich verändert, u. a. dadurch, dass Publikationen, die die Grundlagen einer Disziplin aufbereiten, inzwischen speziell auf BA-Studiengänge zugeschnitten sein sollen. Eine Aktualisierung der ersten Auflage, die sowohl dieser Zielgruppe als auch den wissenschaftlichen Entwicklungen in der Textlinguistik gerecht wird, erwies sich daher schließlich als nicht realisierbar. Ich danke dem Verlag und besonders Herrn Daniel Gietz dafür, dass die Neufassung nun in einer anderen Reihe erscheinen kann.

Gleichwohl bleibt es bei dem Anspruch, dass auch Grundlagen aufbereitet werden, es also keiner spezifischen Vorkenntnisse bedarf. Ein besonderes Gewicht liegt jedoch auf den in der wissenschaftlichen Diskussion umstrittenen Punkten, die v. a. in den Kapiteln *Kontroversen* zur Sprache kommen. Dass der Konsens im Laufe der Zeit eher kleiner geworden ist, zeigt sich nicht zuletzt bei den Kohäsionsmitteln, einem Kernbereich der Textlinguistik (vgl. Kap. 7.1.). Aber auch in der Frage, was denn eigentlich der Gegenstand der Subdisziplin sein soll, was also unter *Text* zu verstehen ist, stehen verschiedene Ansätze wie eh und je in Konflikt zueinander. Es erscheint mir nun eher bedauerlich, wenn die Diskussion der dahinter stehenden Grundsatzfragen ausgeklammert und eine spezifische Option in dieser Frage allein mit darstellungstechnischen Argumenten begründet werden muss, da man ihnen in einer knappen Übersicht nicht weiter nachgehen kann (vgl. Kap. 2.5.).

Dies betrifft speziell die alte Streitfrage danach, ob Schriftlichkeit als zentrales Textmerkmal gelten soll, die sich allerdings angesichts der sog. Neuen Medien auf das Kriterium der Visualität verschoben hat. Dieses Thema wird mehrfach aufgegriffen, denn wie in der ersten Auflage gehört es zu den besonderen Anliegen dieser Darstellung, die Textlinguistik nicht als junge und sich immer wieder neu erfindende Subdisziplin der Linguistik vorzustellen, sondern die zentralen Fragen in einem größeren historischen Kontext zu situieren. Die Neubearbeitung führt dieses Konzept fort, indem ein zusätzliches Kapitel (9.) den Entwicklungen im 21. Jahrhundert gewidmet ist.

Zu den ganz unstrittigen (und unvermeidlichen) Entwicklungen im Umgang mit Texten gehört es, dass immer mehr von ihnen nur unvollständig und nicht von vorn nach hinten durchgelesen werden, selbst wenn die Einzelbestandteile linear angeordnet sind und eine Ganzlektüre möglich oder sogar sinnvoll ist. Andererseits liest man bestimmte Teile auch mehrfach oder konsultiert sie immer wieder. Dieses Vorgehen ist nicht zuletzt für Sach- und Fachtexte ebenso typisch wie angemessen und empfiehlt sich selbstverständlich auch für das vorliegende Werk: Wer mit den Grundlagen bereits vertraut ist, mag sich speziell für die *Kontroversen*-Kapitel interessieren. Im umgekehrten Fall kann man diese auch auslassen. Das Kapitel 2.1. zum Problem von Definitionen ist speziell für mit wissenschaftlicher Arbeit noch weniger Vertraute konzipiert. Für diese sind auch die praktischen Hinweise zur automatisch gestützten Textanalyse gedacht (7.6.). Die zahlreichen Abbildungen und Tabellen sollen eine rasche Orientierung über die wesentlichsten Inhalte gewähren.

Genf, im November 2015   Kirsten Adamzik

Inhalt

Verzeichnis der Abbildungen

Verzeichnis der Tabellen

Verzeichnis der Textbeispiele

Verzeichnis der Abkürzungen

DUW Duden. Deutsches Universalwörterbuch
DWDS Digitales Wörterbuch der deutschen Sprache
HSK Handbücher zur Sprach- und Kommunikationswissenschaft
IDS Institut für Deutsche Sprache
OWID Online-Wortschatz-Informationssystem Deutsch

Anmerkung zu Hervorhebungen in Zitaten

Wenn nicht anders angegeben, stammen alle **Hervorhebungen in Zitaten** aus dem Original.

1. Der Text als Forschungsgegenstand – Aus der Geschichte der Textlinguistik

1.1. Zum aktuellen Stand der Disziplin

Quo vadis, Textlinguistik? (Antos/Tietz 1997) – unter dieser Frage präsentierten die Herausgeber im ausgehenden 20. Jahrhundert einen Sammelband zur *Zukunft der Textlinguistik*. Sie konstatierten zwar, dass die Textlinguistik schon seit etwa 25 Jahren „zum Kanon der sprachwissenschaftlichen Subdisziplinen" (ebd.: VII) gehörte, ließen aber doch eine gewisse Skepsis erkennen: „Hat die Textlinguistik – angesichts der Forschungsdynamik im konkurrierenden Umfeld – überhaupt (noch) eine Zukunft?", hat sie „nur ein Gastspiel gegeben", ist sie vielleicht „letztlich doch nur eine Modeerscheinung geblieben?" (ebd.): Wie reagiert

> „die Textlinguistik auf neue Trends [...], d. h. wie positioniert sie sich zur Textproduktions- und Rezeptionsforschung [...] und insbesondere zu den neuen Medien (z. B. Hypertext) [...]: Welche Konsequenzen hat dies für die Bestimmung des Gegenstandsbereichs? [...] Wie kann sie sich in Zukunft gegen neue Trends behaupten bzw. neue Trends mit ausbilden?" (Antos/ Tietz 1997: VII)

Fast 20 Jahre später ist es angezeigt, die damals gestellten Fragen rückblickend neu zu thematisieren: Was also ist aus der Textlinguistik seitdem geworden? Eine entsprechende Einschätzung hat Ulla Fix schon 2009 vorgelegt:

> „Die Textlinguistik ist eine höchst lebendige Disziplin. Sie entwickelt ihre theoretischen und praxisbezogenen Fragestellungen kontinuierlich weiter, differenziert sich immer mehr und weitet sich zugleich aus. Sie greift Anregungen anderer Teildisziplinen der Linguistik ebenso auf, wie sie sich von Nachbardisziplinen anregen lässt. Und sie wirkt schließlich selbst befruchtend auf Teil- und Nachbardisziplinen ein. Sie stellt sich den Anforderungen neuer Medien wie auch der Bildungspraxis und der beruflichen Wirklichkeit. Kurz: Sie präsentiert sich sowohl in der Theorie als auch in den Anwendungsmöglichkeiten als leistungs- und entwicklungsfähige Disziplin." (Fix 2009a: 11)

In diesem großen Erfolg der Textlinguistik kann man zugleich eine gewisse Schwäche sehen,[1] denn es fragt sich, inwieweit man überhaupt von der (fundamental interdisziplinär orientierten) **Textlinguistik als Disziplin** sprechen kann. Je mehr sie sich ausweitet und differenziert, desto mehr gewinnt sie den Charakter eines großen Dachs, unter dem sich eine Reihe von Spezialgebieten versammeln

---

1 Dieser und der folgende Absatz (mit den zugehörigen Zitaten) sind weitgehend identisch mit Adamzik (im Druck d).

lässt. Dazu zählt Fix innerhalb der Sprachwissenschaft die Medien-, Fachsprachen-, Polito-, Wirtschaftslinguistik usw. sowie die Gesprächs- und Diskurslinguistik, die man teils als Schwester-, teils als Tochterdisziplinen der Textlinguistik präsentiert, außerhalb der Linguistik nennt sie Theologie, Rechts-, Altertums-, Literaturwissenschaft, Ägyptologie usw. Wie für van Dijk (1980) bildet dies für Fix den Anlass zu erwägen, ob die

> „Textlinguistik, deren Gegenstand Texte und Textsorten an sich sind, [...] die geeignete Vertreterin des Anspruchs einer Querschnittswissenschaft sein [könnte], indem sie eine allgemeine Terminologie und Methoden für die Auseinandersetzung mit Texten liefert." (Fix 2009a: 82).

Am anderen Pol steht eine Sichtweise, die Textlinguistik „insbesondere zu Prüfungszwecken" auf die Untersuchung **satzübergreifender Phänomene**, letzten Endes die Stichwörter Kohäsion und Kohärenz, „geradezu reduziert" (Hausendorf 2008: 324). Es sind letzten Endes beide Perspektiven, die Wolfgang Wildgen dazu führen, der Textlinguistik in seinem *Versuch einer Bilanz* der Sprachwissenschaft des 20. Jahrhunderts kein eigenes Kapitel zu widmen:

> „Sie taucht in ganz unterschiedlichen Kontexten auf, teilweise schon im Rahmen traditionell philologischer Arbeitsrichtungen (z.B. in der ‚romantischen Sprachwissenschaft'²) [...]. Es handelt sich also eher um die Ausweitung der Methoden zur Beschreibung sprachlicher Strukturen auf Wort- und Satzebene auf den Text als um eine eigenständige und neue Forschungsrichtung des 20. Jh.s." (Wildgen 2010: 4)

Wie die Ausführungen von Fix zeigen, strebt die Textlinguistik aber auch gar keine besondere Eigenständigkeit an, sondern versteht sich vielmehr als ein genuin interdisziplinär ausgerichteter Wissenschaftszweig, in dem angesichts der Fülle und Heterogenität von Gegenständen und Fragestellungen auch eine Vielzahl von Methoden zum Einsatz kommen muss. Insofern haben Antos/Tietz doch mit ihrer Annahme Recht behalten, dass die Textlinguistik

> „in eine unspektakuläre Konsolidierungsphase eingetreten ist, so daß sich Fragen nach ihr so deplaziert ausnehmen wie Fragen nach der Existenzberechtigung beispielsweise der Phonologie, der Semantik oder der Syntaxforschung" (Antos/Tietz 1997: VIIf.).

Dies zeigt sich insbesondere darin, dass Grammatiken jetzt Kapitel zum Text umfassen (vgl. Kap. 1.5.4.2.). Auch die Anschlussfähigkeit an ältere Traditionen

---

2 Diese wird bei Wildgen in einem Exkurs (Kap. 2.3.) zur Leistung der Brüder Grimm behandelt. Zur Sprachtheorie und Sprachphilosophie im Zeitalter der Romantik vgl. Gipper/Schmitter (1979).

aus der Philologie, Philosophie usw. ist in der Textlinguistik geradezu Programm. Insofern steht sie sich mit ihrer Selbstdarstellung in gewissem Sinne selbst im Weg. Denn sie präsentiert sich noch immer als eine relativ junge Teildisziplin der Linguistik, die sich erst in den 60er Jahren des 20. Jahrhunderts entwickelt habe. Schon diese wissenschaftshistorische Einordnung lässt erkennen, dass mit dem Ausdruck *Textlinguistik* dann wohl etwas anderes gemeint ist als jedwede Beschäftigung mit dem Gegenstand Text und seiner sprachlichen Gestalt. Denn selbstverständlich gehört die Arbeit mit und an Texten als wesentlichen materiellen Trägern kulturellen Erbes zu den ältesten Anliegen der Auseinandersetzung mit menschlichen Geistesprodukten. Und da Texte aus Sprache gemacht sind, kann man sich auch gar nicht mit ihnen beschäftigen, ohne ihre sprachliche Verfasstheit in den Blick zu nehmen.

In diesem Kapitel soll deutlich werden, mit welch unterschiedlichen Fragestellungen und Interessen man sich dem Gegenstand Text nähern kann. Dies dient einem groben Einblick in verschiedene Textwissenschaften, deren Gemeinsamkeit eben nur im Gegenstand liegt – dem allerdings sehr abstrakt gefassten und die verschiedensten Ausprägungen umfassenden Objekt ‚Text'. Insbesondere geht es aber um die Frage, wie sich die Textlinguistik in diesen **Fächer von Textwissenschaften** einordnet, welches ihre besonderen Anliegen sind und wie sie den Status einer neuen sprachwissenschaftlichen Disziplin gewinnen konnte.

Es muss jedoch gleich festgestellt werden, dass auch von *der* in den 1960er Jahren entstandenen Textlinguistik kaum gesprochen werden kann, da sie in ihrer relativ kurzen Geschichte bereits mehrere bedeutende Umbrüche erlebt haben soll. Man hat lange **drei Hauptphasen** unterschieden: 1. den sog. transphrastischen Ansatz, der ganz auf die sprachlichen Mittel konzentriert ist, mit Hilfe derer Sätze zu kohärenten Folgen verbunden werden; 2. den kommunikativ-pragmatischen Ansatz, der den Text nicht so sehr als (sich aus kleineren sprachlichen Einheiten aufbauende) Satzfolge sieht, sondern ihn als Ganzheit betrachtet, der eine bestimmte kommunikative Funktion zukommt; 3. den kognitivistischen Ansatz, der die Prozesse der Produktion und Rezeption von Texten in den Vordergrund stellt.

Mittlerweile können diese Phasen allenfalls noch als verschiedenartige Stränge textlinguistischer Untersuchungen angesehen werden. Die einzelnen Ansätze stehen jeweils in unterschiedlicher Beziehung zu den sonstigen Textwissenschaften (und anderen Nachbardisziplinen). Aber nicht nur dies macht einen Überblick über die Geschichte der Disziplin schwierig. Vielmehr ist die Textlinguistik auch ein besonders prägnantes Beispiel dafür, wie viel im Bemühen um Fortschritt, also bei der Entwicklung einer neuen (Sub-)Disziplin oder eines Forschungsansatzes, aus der Vergangenheit vergessen, mehr oder weniger bewusst übersehen oder ausgeklammert wird (vielleicht werden muss) und wie sehr

Wissenschaftsgeschichte dem **Schreiben von** (vielen unterschiedlichen) **Geschichten** gleichkommt. Denn auch die Darstellung einer Disziplin und ihrer Entwicklung kann nur in Gestalt von Texten erfolgen. Bei solchen handelt es sich jedoch nie einfach um ‚realitätsgetreue Abbildungen' von Außersprachlichem, vielmehr wird in jedem Text aus dem Mitteilbaren ausgewählt und dies in eine bestimmte Perspektive gerückt, die von den jeweiligen Interessen geleitet ist. Sich dies bewusst zu halten ist in Bezug auf die Textlinguistik besonders wichtig, denn es erklärt, wieso Textlinguistik als spezielle linguistische Subdisziplin sehr schwer zu fassen ist, d. h. Einhelligkeit über ihren Gegenstand, ihre Aufgaben und insbesondere ihre Methoden nicht besteht und wohl auch für die Zukunft nicht erwartbar ist. Bemerkenswert ist jedoch, dass es im ersten Jahrzehnt dieses Jahrhunderts wieder zu einer breiten Diskussion gekommen ist. Diesen Entwicklungen ist das Kapitel 9. gewidmet. Die folgende Übersicht rückt dagegen die Entwicklung im 20. Jahrhundert in den Vordergrund.

Begonnen sei sie mit der Geschichte vom Entstehen der Textlinguistik in den 1960er Jahren, mit jenen Beiträgen nämlich, die von dem Interesse geleitet sind, eine Umorientierung in der Linguistik einzuleiten, und in denen bewusst und explizit die Etablierung einer Textlinguistik gefordert wird – dies geschah v. a. im deutschen Sprachraum, der auch heute noch ein Zentrum textlinguistischer Forschung ist.[3]

1.2. Die programmatische Begründung der Textlinguistik

Die Disziplinbezeichnung *Textlinguistik*[4] ist zunächst kein Begriff aus der wissenschaftsgeschichtlichen Rückschau, unter dem linguistische Arbeiten zusam-

---

3 Auf die deutsche Forschung konzentriert sich diese Darstellung auch insgesamt. Für eine Übersicht zur textlinguistischen Forschung in anderen Ländern vgl. die Artikel 14 – 17 in Brinker et al. (2000/01). Zur englischsprachigen Forschung vgl. auch Esser (2009) und Schubert (2012). Bilut-Homplewicz (2013) vergleicht die germanistische und polonistische Tradition.

4 Nach Sowinski (1983: 21) „scheint [der Terminus] von dem Romanisten Harald Weinrich zu stammen, der ihn 1967 in einem Diskussionsbeitrag zur ‚Syntax der Dialektik' verwendet", nach Weinrichs eigener Aussage hat er ihn „im Jahre 1966 in meiner ‚Linguistik der Lüge' eingeführt" (Weinrich 1964/⁴1978: 341). Tatsächlich findet sich dort jedoch nur ein Unterbegriff, nämlich *Textsemantik* (Weinrich 1966: 20 u.ö.). – Beachtenswert ist auch, dass Weinrich in dieser Schrift an Bloomfield, der in der Textlinguistik mit seiner Satzdefinition bald zum regelmäßig als ‚Gegner' zitierten Autor wird (vgl. dazu gleich weiter im Text), noch im positiven Sinne erinnert. Er habe nämlich in seinem behavioristischen Ansatz „die Sprechsituation entdeckt" und hervorgehoben, dass ein Sprechakt „nicht in einem Niemandsland [geschieht], sondern in einer Lebenssituation, wo vor, neben und nach dem Reden auch gehandelt wird. Sprechakte und Handlungsakte sind

mengefasst würden, die sich mit textuellen (oder auch nur satzübergreifenden) Phänomenen beschäftigen; dieser Begriff steht vielmehr für ein **Zukunftsprogramm**, das aus der kritischen Sicht auf das Bestehende entworfen wurde. Textlinguistik wird ausdrücklich eingeführt als *neue* linguistische Teildisziplin (Hartmann 1968a),[5] sie entspricht einer linguistischen *Aufgabe* (Hartmann 1968c/ 1978). Einige Zitate von **Peter Hartmann**, einem der Initiatoren dieser Richtung, geben einen guten Eindruck von der damals herrschenden Aufbruchstimmung und sie zeigen auch, wie umfassend seine Vorstellungen waren. In seinem Referat auf einem interdiszipinären Kolloquium zur experimentellen Kunst will Hartmann

> „(1) die Allgemeine Sprachwissenschaft oder Linguistik in einer heute charakteristischen *Situation* und *Position* zeigen [...], (2) die Konzeption und Ausbildung einer *Textorientierten Sprachwissenschaft* als eine damit nötige und sinnvolle Konsequenz darstellen [...], und (3) darüber hinaus in Form eines originär sprachwissenschaftlichen Beitrags eine *Perspektive* der weiteren Aussichten und einer *Wertsteigerung* [!] der Linguistik andeuten" (Hartmann 1968c/1978: 93 f.)

Seine Einschätzung des Standes:

> „[...] die bisherige Arbeit richtete sich fast ausschließlich auf eine Erfassung sogenannter Strukturen des Sprachsystems, also eines Inventars von Elementen und Elementverbindungsregeln (systemorientierte Sprachwissenschaft), wogegen viele der neuen Fragen eine Behandlung und Analyse der Verwendung von Sprachsystemen erfordern werden (verwendungsorientierte Sprachwissenschaft)." (ebd.: 96)

> „*Objektadäquate Linguistik:* um sie zu konzipieren, muß man vom linguistischen Objekt reden. Bisher galt als solches das jeweilige, aus den Sprachmanifestationen zu erkennende, zu eruierende Sprachsystem: ein Ensemble von Elementen [...], die man in Sprachdarstellungen (Lexikon und Grammatik) zusammenstellte und in verschiedener Weise beschrieb, z. B. in der Form von zu befolgenden Regeln bei der Satzbildung. Derart gefundene Systeme waren stets eine Abstraktion aus der Sprachrealität, und sie mußten es sein." (ebd.: 99)

> „Dem gegenüber steht nun die Forderung, daß allmählich eine *Phänomenologie der Sprache*, also ihres Objektes, für die Linguistik wichtig zu werden hat. Und zwar wäre dies – abgesehen davon, daß alle Sprache in der Realität verwendete Sprache ist – der eigentliche Ausgangsgegenstand als das eigentliche, d. h. originäre sprachliche Zeichen. Dies aber ist in aller Regel ein *Text*, genauer ein *bestimmter Text* [...]" (ebd.: 100)

---

grundsätzlich vertauschbar". Deswegen, meint Weinrich, „würde Bloomfield sich weigern, den Satz ‚Wir winden dir den Jungfernkranz' allein für sich zu interpretieren. Er würde fragen: Was hat eigentlich diesen Satz hervorgelockt? Welches ist der (sprachliche oder nichtsprachliche) Reiz? Und wie läuft die Kette weiter?" (Weinrich 1966: 52).

5 Vgl. dazu auch Brinker (1971).

Die Forderung nach einer textorientierten Linguistik leitet sich hier also zunächst her aus einer **Kritik am systemlinguistischen Ansatz**, wie er seit F. de Saussure die sprachwissenschaftliche Forschung prägte. Hartmann fordert eine **verwendungsorientierte Sprachwissenschaft**, ein Ansatz, der heutzutage mit dem Ausdruck *pragmatisch* bezeichnet wird – und dessen Aufkommen im Allgemeinen später angesetzt und aus anderen Ursprüngen (nämlich v. a. der Sprechakttheorie) hergeleitet wird.[6] Das, was gemeinhin als kennzeichnend erst für die zweite Phase der Textlinguistik gilt, findet sich also in der Programmatik von Anfang an. Ein weiteres Zitat mag zeigen, dass Hartmann dabei eben (auch) an die **kommunikative Funktion** von Texten und eine **Überschreitung der rein innersprachlichen Perspektive** dachte:

> „Es ist vielleicht durchaus möglich, Texte mit innertextlichen Mitteln zu beschreiben, daß man aber zur Definition von Texten umsteigen muß auf texttranszendente Kriterien, also etwa auf die *Funktion* von Texten". (sic; Hartmann 1968b: 216)

Diese verwendungsorientierte Sichtweise führt dann – gewissermaßen im zweiten Schritt – zum Phänomen Text, und zwar zunächst im Sinne von ‚verwendete Sprache‘, dann aber auch im Sinne einer hierarchischen, dem Einzelzeichen und dem Satz übergeordneten Ebene:

> „Sprachzeichen können nur *textuell gebunden* vorkommen, können so auch nur als gebundene Sinn und Erfolg haben"

> „Es wird, wenn überhaupt gesprochen wird, nur in Texten gesprochen."

> „Sämtliche Sprecher, Dichter usw., als Träger, Benutzer und *participants* von Sprachen sind Produzenten natürlicher Sprache; sie sprechen nur in Texten, nicht in Worten, auch nicht in Sätzen, sondern höchstens mit Sätzen aus Worten in Texten." (Hartmann 1968b: 211 f.)

In der Tradition wirksam geworden ist dann zunächst jedoch v. a. diese letzte Sicht, der **Text als die dem Satz übergeordnete Einheit**.[7] Diese Ebene muss auch in der Grammatik berücksichtigt werden, denn für die Verbindung von Sätzen zum Text gibt es bestimmte Regeln. Dies wurde dann zum „Standardargument der Textlinguistik" (Dressler 1978b: 3) und zugleich zum Vorwurf an die strukturalistische (und generativistische) Schule, für die der Satz die oberste Beschreibungsebene darstelle. Als Beleg für diese Auffassung wird dabei regelmäßig die Satzdefinition

---

6 Vgl. für eine umfassendere historische Einbettung W. Heinemann (2008).
7 Daraus erklärt sich die Geschichte von der kommunikativ-pragmatischen Sicht als *zweiter* Phase der Textlinguistik.

aus Bloomfields Werk *Language* (1933) angeführt, von der man sich besonders gut absetzen kann:[8]

> „Eine Äußerung kann aus mehr als einem Satz bestehen. Dies ist der Fall, wenn die Äußerung verschiedene sprachliche Formen enthält, die nicht durch eine bedeutungstragende, konventionalisierte grammatische Anordnung (d. h. durch irgendeine Konstruktion) zu einer größeren Form vereinigt werden, z. B.: *Wie geht es dir? Es ist ein schöner Tag. Gehst du heute Nachmittag Tennis spielen?* Welche nichtsprachliche Verbindung auch zwischen diesen drei Formen bestehen mag, es gibt keine grammatische Anordnung, die sie zu einer größeren Form vereint: [...]
> Es ist einsichtig, dass die Sätze in jeder beliebigen Äußerung durch die bloße Tatsache voneinander abgegrenzt sind, dass jeder einzelne Satz eine unabhängige sprachliche Form darstellt, die nicht durch irgendeine grammatische Konstruktion in eine größere sprachliche Form eingebettet ist." (Bloomfield 2001: 217)

Der Argumentationsgang, in dem diese Annahme zurückgewiesen wird, kommt sehr klar in folgender Passage von **Harald Weinrich** zum Ausdruck, der als zweiter Initiator der Textlinguistik gilt. Er formuliert sie im Rückblick, nämlich in der überarbeiteten Fassung (²1971, ¹1964) seines Buches *Tempus*, bringt sie aber durchaus im revolutionären Gestus vor.

> „John Lyons' Feststellung ‚the sentence is the largest unit of grammatical description' (frei nach Bloomfield) beschreibt zwar ziemlich genau die Tatsächlichkeit eines bis vor wenigen Jahren allgemein geübten Respekts vor dem Satz als der obersten linguistischen Bezugseinheit. Aber wo steht die Begründung, daß es auch so sein sollte! [sic] Ich finde keine unanfechtbaren Argumente, die dem Satz – was ist das eigentlich genau? – eine solche privilegierte Stellung in einer linguistischen Untersuchung mit Notwendigkeit zuweisen könnten. Offensichtlich ist der Satz weder die größte noch die kleinste Einheit einer sprachlichen Äußerung, sondern allenfalls eine Einheit mittlerer Länge – irgendwo zwischen dem Text und seinen Phonemen oder Merkmalen. [...]
> In der folgenden Untersuchung **wird der Satzgrenze jeder *besondere* Respekt verweigert**. Die Fragen sollen statt dessen bei Texten ansetzen, und die anzuwendende Methode kann als Textlinguistik qualifiziert werden. Die Textlinguistik ist eine Weiterentwicklung der strukturalen Sprachwissenschaft." (Weinrich ⁴1978: 8 f.; Fettdruck K.A.)

Stellt die Textlinguistik nun eine Gegenbewegung zum Strukturalismus dar (so würde man Hartmann interpretieren) oder eine Weiterentwicklung davon (Weinrich) – oder schließt beides einander gar nicht aus? Die Antwort muss wohl lauten, dass sich eben u. a. in dieser Frage Textlinguisten in ihrem Selbstverständnis unterscheiden. Entsprechend finden wir unterschiedliche Ansätze, die nebeneinander bestehen. Sie kommen in den folgenden Abschnitten zur Sprache, wo

---

8 Vgl. dazu auch Brinker (1971: 217).

auch noch andere Autoren genannt werden, die (z.T. sogar vor Hartmann und Weinrich) durch ihre Arbeiten die Textlinguistik mit begründet, sie jedoch nicht in derselben Weise als neue Disziplin propagiert haben.

Zum Abschluss dieses Abschnittes sei noch ausdrücklich darauf hingewiesen, dass Hartmann ebenso wie Weinrich durchaus **Bezüge zu Vorläufern und anderen Disziplinen** herstellen, zur Philosophie, Psychologie und Psycholinguistik (vgl. z.B. Hartmann 1968b: 208ff.), zur Philologie (vgl. ebd.: 217), zur Stilistik, Rhetorik (vgl. Hartmann 1968c/1978: 103f.) und Literaturwissenschaft (vgl. insbesondere Weinrich [4]1978: 340ff.). Dies tritt jedoch in den ganz auf die Aufgaben der Zukunft konzentrierten, eine bestimmte Sichtweise propagierenden Beiträgen stark zurück und ist auch bei ihrer Rezeption nicht besonders berücksichtigt worden.

1.3. Rhetorik: „Vorläufer" der Textlinguistik?

Ganz anders als beim Entwurf eines Zukunftsprogramms stellt sich die Aufgabe der Kennzeichnung der Textlinguistik natürlich dar, wenn man im Rückblick eine Übersicht zu gewinnen sucht und dabei auch dokumentieren möchte, wo ähnliche oder verwandte Fragestellungen bereits behandelt worden sind. In Darstellungen zur Geschichte der Textlinguistik wird denn auch mit großer Regelmäßigkeit die Verbindungslinie zu einer besonders alten Tradition gezogen, nämlich der in der griechischen Antike entwickelten Rhetorik. Von einem *Vorläufer* der Textlinguistik kann man allerdings bei der Rhetorik in zweierlei Hinsicht nicht sprechen. Ohne zu übersehen, dass sie sich teilweise ähnlichen Fragen widmet, stellen sich die modernen Textlinguisten, besonders in der frühen Phase, selbst nicht in diese Tradition, d.h. sie verstehen sich nicht als deren Weiterentwickler und schließen auch nicht direkt an deren Konzepte an. V.a. aber ist die Rhetorik insofern kein *Vor-*Läufer, als sie als eigenständige Disziplin neben der Textlinguistik fortbesteht.[9] Ähnliches gilt für die (aus der Rhetorik sich entwickelnde) **Stilistik** (vgl. dazu besonders Sandig 2006), wenngleich hier der Bezug etwas enger ist. Denn in der Kritik an den Grammatikern, die als oberste Beschreibungsebene den Satz ansehen, wird regelmäßig darauf hingewiesen, dass unter dieser Voraussetzung satzübergreifende Phänomene in den Gegenstandsbereich der Stilistik verwiesen wurden – was immerhin impliziert, dass man sie sehr wohl gesehen und behandelt hat, nur eben nicht als grammatische Phänomene.

---

9 Dies betont v.a. Kalverkämper (2000), dem die Aufgabe zufiel, diese Traditionslinie für den HSK-Band zur Textlinguistik zu behandeln.

Somit stellt sich die Frage nach dem Verhältnis dieser Untersuchungsrichtungen wesentlich als eine nach (sinnvollen oder auch nur historisch überkommenen) **Disziplinabgrenzungen** dar, über die sich unendlich diskutieren lässt. Bedenkt man, dass die starke Aufsplitterung der Wissenschaft in Einzeldisziplinen ein relativ junges Phänomen ist, das v. a. das 19. Jahrhundert kennzeichnet und sich seit dem 20. Jahrhundert noch verstärkt, so ist unmittelbar einsichtig, dass sich die moderne Disziplinensystematik gar nicht (eindeutig) auf ältere Einteilungen abbilden lässt und sich etwa für jemanden, der sich als Philologe verstand, nicht unbedingt die Frage stellen musste, ob das, was er treibt, nun z. B. zur Grammatik, Stilistik, Hermeneutik, Volkskunde oder Literaturwissenschaft gehört. Auch heutige Forscher empfinden solche Zuordnungen vielfach als schwierig und willkürlich.

Die am häufigsten gezogene Konsequenz besteht dann in der Feststellung, dass man sich Texten (wie vielen anderen Gegenständen) nur in **interdisziplinärer Kooperation** befriedigend nähern kann.[10] Dieser Haltung, die heutzutage am weitesten verbreitet ist und die man als disziplin-indifferent oder prononciert inter- bzw. transdisziplinär bezeichnen kann, steht gegenüber eine andere Position, der es darum geht, einzelnen Disziplinen genuine Fragestellungen und Methoden zuzuschreiben. Für unseren Bereich handelt es sich also um die Forderung, einen **spezifisch linguistischen Textbegriff** zugrunde zu legen und **spezifisch linguistische Arbeitsweisen** zu verwenden (wobei interdisziplinäre Projekte selbstverständlich nicht ausgeschlossen werden müssen). Im Folgenden wird ein weiter Begriff von *Textlinguistik* zugrunde gelegt, der beide Typen von Ausrichtungen umschließt.

Nach diesen Vorbemerkungen soll nun genauer auf die Rhetorik als ‚Vorläufer' der Textlinguistik eingegangen werden. Die Rhetorik lässt sich in besonders enge Beziehung zum kommunikativ-pragmatischen Ansatz stellen, und ihr ist inzwischen wieder ein intensiveres Interesse entgegengebracht worden. Dies zeigt insbesondere der HSK-Band 31 zu *Rhetorik und Stilistik* (Fix et al. 2008/09). Vieles, was bei dem Versuch entwickelt wurde, Sprechen neu als kommunikatives Handeln zu verstehen, erweist sich im Rückblick als eine Wiederentdeckung von Einsichten aus der Rhetorik, die sich in der Antike als beeindruckend breit angelegte *ars bene dicendi* präsentiert, nämlich eine Theorie und Praxis umfassende **Lehre wirkungsvoller Kommunikation**. Dass man sich in der Linguistik erst spät auf diese Tradition zurück besonnen hat, hängt mit einem allgemeineren

---

10 Das muss im Übrigen nicht bedeuten, dass immer mehr oder weniger große Gruppen von Forschern zusammenarbeiten müssen, da sich ein einzelner ja auch in mehreren Disziplinen zu Hause fühlen kann.

Überlieferungsbruch zusammen, der im 18. Jahrhundert zum Niedergang der Rhetorik führte.[11] Veranlasst ist auch dies durch eine Verschiebung von Disziplingrenzen: Die gesamte Argumentationslehre, bis dahin zentraler Bestandteil der Rhetorik, wurde im Zuge des Rationalismus als Gegenstandsbereich der Philosophie (und ihres Teilbereichs Logik) reklamiert, während die Rhetorik nur zuständig sei für das rein Sprachliche, die Formulierungsarbeit. Dass der Rhetorik auf diese Weise die Teilbereiche ‚abhanden kamen', die den Inhalt der Rede betreffen, erklärt auch die pejorative Konnotation, die den Ausdrücken *rhetorisch/ (reine) Rhetorik* (im Sinne von ‚bloßes Wortgeklingel ohne inhaltliche Substanz') noch heute anhaften kann.

In einem **Konflikt zur Philosophie** befindet sich die Rhetorik allerdings seit ihren ersten Anfängen. Dabei ging es jedoch nicht um einen Streit um Zuständigkeitsbereiche, vielmehr gilt die Rhetorik Platon, einem ihrer schärfsten Gegner, als Schein-Wissenschaft, als Wissenschaft vom bloßen Schein. Die Philosophie (die damals noch alle Wissenschaften umfasste) bemüht sich um die Erkenntnis der **Wahrheit**, die eine ist und unabhängig von der Subjektivität des Einzelnen besteht. Die Rhetorik dagegen gelangt eingestandenermaßen lediglich zur **Wahrscheinlichkeit**, sie versucht, durch Plausibilität zu überzeugen, ohne den Anspruch auf Wahrheit zu erheben. Dies erklärt sich einerseits aus ihrer Verankerung im praktischen Leben, genauer in den öffentlichen Debatten, die in einer Demokratie ausgetragen werden, da in ihr die Bürger mitreden und abstimmen dürfen. Die beiden wichtigsten Gattungen, die in der antiken Rhetorik unterschieden wurden, sind nämlich die politische Rede und die Rede vor Gericht; sie betreffen Gegenstände, über die entschieden werden muss, die das Handeln in der Gemeinschaft angehen:[12] Soll/muss Karthago zerstört (d. h. zunächst einmal angegriffen) werden oder nicht? Ist Sokrates ein Verführer der Jugend und soll er deswegen zum Tode verurteilt werden oder nicht? Hier geht es nicht um das wahre Sein der Dinge, sondern um (fehlbare) menschliche Urteile, um strittige Fragen. Die Rhetoriker vertreten nun eine zutiefst **relativistische Position:** Man kann in allen Fällen für und gegen etwas argumentieren, man kann denselben Sachverhalt in unterschiedlichem Licht darstellen; der Redner vertritt immer einen parteilichen Standpunkt.

Stärker vielleicht noch als durch diese bewusste und gewollte Parteilichkeit gerät die Rhetorik mit der Philosophie in Konflikt, weil sie – sehr realistisch und pragmatisch – den Menschen nicht nur als rationales Wesen sieht, sondern auch

---

11 Vgl. dazu Kopperschmidt (2008); ferner Ottmers (2007: Kap. I.1. und I.2.), der neben Ueding/ Steinbrink (2011) auch als Übersichtsdarstellung zur Rhetorik empfohlen sei.
12 Die dritte traditionellerweise unterschiedene Gattung ist die Lobrede, die nicht unmittelbar irgendwelche Entscheidungen vorbereitet.

als emotionales. Seine Entscheidungen trifft er nicht allein aufgrund von sachlichen Argumenten – dieses **Überzeugungsmittel** wird als **Logos** bezeichnet –, sondern bestimmend dafür sind auch seine „Leidenschaften" (heute würden wir eher sagen: Gefühle), die der Redner berücksichtigen und wirksam beeinflussen muss: Überzeugungsmittel **Pathos**. Schließlich kommt als dritter Faktor für die Überzeugungskraft auch noch die Persönlichkeit des Redners hinzu, nämlich seine Glaubwürdigkeit: **Ethos** – und natürlich auch seine rhetorischen Fähigkeiten: Die besten Argumente können erfolglos bleiben, wenn sie mit den Gefühlen und subjektiven Interessen des Publikums nicht vereinbar sind, wenn dem Redner Unredlichkeit unterstellt wird oder er seine Argumente schlecht vorbringt. Treten nun die Aspekte der Rücksicht auf die Gefühle des Menschen – Platon nennt das „Schmeichelei" – oder der kunstvollen Gestaltung der Rede in den Vordergrund, scheinen diese wichtiger als die sachlichen Argumente, so ergibt sich von selbst der Vorwurf, dass der Redner lediglich zu überreden sucht und sein Publikum manipuliert – ein Problem, das, wie man leicht erkennt, nichts von seiner Aktualität verloren hat. Die antiken Rhetoriker waren angesichts dieser Kritik bemüht, „das ‚Technische' der Rhetorik ethisch zu verankern" (Ottmers 2007:12) und entwickelten das Ideal des *perfectus orator* (Cicero) bzw. *vir bonus* (Quintilian), der moralische Integrität, Sachkenntnis und rhetorische Kunstfertigkeit vereint.

Wirksam geworden ist die Rhetorik allerdings in erster Linie als **praktische Redelehre**, die die Aufgaben des Redners systematisiert, sehr differenziert beschreibt und die rhetorischen Fähigkeiten methodisch zu vermitteln sucht. Dazu wurde ein Modell entwickelt, das die Aufgaben als fünf sukzessive zu durchlaufende **Stadien** beim Aufbau einer Rede unterscheidet: 1. **Inventio:** „Auffinden der Gedanken und stofflichen Möglichkeiten, die sich aus einem Thema bzw. aus einer Fragestellung entwickeln lassen" (Ueding/Steinbrink 2011: 209), 2. **Dispositio:** Anordnung des Stoffes. Diesen beiden Stadien ist der komplexe Bereich der Argumentationslehre zugeordnet. 3. **Elocutio:** Ausdruck der Gedanken; für diese Aufgabe wird die umfangreiche Stillehre entwickelt, von der besonders das System der Figurenlehre wirkmächtig geworden ist. Die Überbetonung dieser Aufgabe in der Geschichte der Rhetorik führt dann zu der Auffassung, es ginge ihr nur um das Ausschmücken (*ornatus*), das schmuckvolle ‚Einkleiden' der Gedanken. Tatsächlich unterliegt in der rhetorischen Theorie jedoch die sprachliche Ausgestaltung dem Grundprinzip der **Angemessenheit** (Aptum): Die sprachliche Form muss auf den jeweiligen Gegenstand, das Publikum und die Kommunikationssituation abgestimmt werden; guter, angemessener Stil wird also als relative Größe angesehen (auch dies musste man später erst wiederentdecken). Die letzten beiden Stadien betreffen die Vorbereitung des aktuellen Vortrags: 4. **Memoria:** Einprägen/Auswendiglernen und 5. **Pronuntiatio oder Actio,** d. h. Einüben eines ausdrucksvollen Vortrags, wofür die stimmlichen Eigenschaften, aber auch Mimik, Gestik, Körperhaltung usw. wichtig sind.

Zusammenfassend betrachtet werden in der antiken Redelehre also alle wesentlichen Faktoren für kommunikativ erfolgreiches Handeln angesprochen: der Sachbezug, Sprecher und Hörer (Redner-Publikum), aber auch die Kommunikationssituation und die Einbettung in einen umfassenderen Prozess (jeder Redner berücksichtigt bereits die Gegen-Redner; wir werden diesem Faktor später unter dem Begriff *Intertextualität* wieder begegnen), der Gesamtaufbau des Textes (Makrostruktur), die sprachliche Ausgestaltung (Mikrostruktur) und schließlich auch noch die konkrete Aktualisierung eines im Geist entworfenen Textes. Dieser Faktor wurde übrigens in der modernen Pragmatik lange vernachlässigt, rückt jetzt aber nicht zuletzt aufgrund der neuen technischen Möglichkeiten multimedialer Präsentationen wieder stark ins Bewusstsein: Präsentationstechniken gehören inzwischen zum Standard des muttersprachlichen Curriculums.

Angesichts der thematischen Breite rhetorischer Fragestellungen verwundert es wenig, dass für einzelne dieser Komponenten im Laufe der Zeit Spezialdisziplinen entwickelt wurden, für die sprachliche Gestaltung etwa die Stilistik, für die Vortragskunst die Sprecherziehung usw. Ebenso wenig muss es allerdings verwundern, dass der Rhetorik nach ihrer Rehabilitation im 20. Jahrhundert (nach der Rückbesinnung auf das ihr eigene umfassende Konzept also) auch Gegenstände erschlossen werden (sollen), denen sie sich ursprünglich nicht oder jedenfalls nicht vorrangig widmete. Es ist also zu einigen **Ausweitungen** gekommen. Dabei ist insbesondere daran zu denken, dass sie ursprünglich als **Rede-Kunst** konzipiert ist, ihre Prinzipien aber natürlich auch auf **schriftliche Texte** anwendbar sind.[13] Ferner ist sie ursprünglich eine Anleitung zur **Produktion** von Texten, setzt damit allerdings in gewissem Ausmaß ohnehin auch die Fähigkeit zur **Text-Analyse** voraus und ist auf jeden Fall dafür verwendbar. Ihr Instrumentarium ist auch früh übertragen worden auf den Bereich, der in der klassischen Tradition der Rhetorik eigentlich entgegengestellt war, nämlich auf die Poetik. Längst gibt es auch eine **literarische Rhetorik** (die sich natürlich v. a. der Figurenlehre widmet).[14] Aber auch in Bezug auf Gebrauchstexte ist das System der ursprünglich nur drei Gattungen – mit dem Schwerpunkt auf der persuasiven oder Parteien-Rede – hoffnungslos überholt und die moderne Rhetorik erweitert ihren Gegenstandsbereich auf Texte jedweder Art.

---

13 Das stellt bereits Quintilian fest. Vgl. dazu Scherner (1996: 110).
14 Vgl. v. a. Lausberg (⁴2008) und (1990).

1.4. Text als Sprachverwendung oder Sprache als Text?

Nachdem im Vorangegangenen die antike Rhetorik als eine Lehre vorgestellt wurde, die in nuce bereits alles umfasst, was in moderner (pragmatisch orientierter) Textlinguistik zu finden ist, soll nun ein Gegen-Redner zu Wort kommen. Maximilian Scherner kommentiert die gängige Ableitung der Textlinguistik aus Rhetorik und Stilistik folgendermaßen:

> „Gegen eine solche, die Kontinuität des wissenschaftlichen Denkens über Jahrhunderte betonende Betrachtungsweise erheben sich jedoch gewichtige Bedenken, die sich schon aus einer oberflächlichen Zurkenntnisnahme der jeweiligen historisch bedingten Intention antiker Rhetoriken wie mittelalterlicher Poetiken ableiten lassen. Sowohl in der Antike als auch im Mittelalter geht es um die **rhetorisch-poetische Wirkung einer Rede/eines Textes** auf die Rezipienten, so daß in der entsprechenden Lehre nur solche Spracherscheinungen behandelt werden, die vordringlich diesem Ziel dienen. [...] Daraus erhellt, daß in diesen Lehrgebäuden eben **nicht die elementaren Regeln zur Vertextung sprachlicher Elemente** behandelt werden, sondern die auf ihrer Voraussetzung beruhenden, zusätzlichen und weiterführenden Regeln zur besonderen Ausgestaltung der Sprachgebung einer Rede/ eines Textes. [...] Der Unterschied zur heutigen textorientierten Forschung wird auch hinsichtlich der Einbeziehung von zwei weiteren Aspekten deutlich. In der antiken und mittelalterlichen Rhetorik und Poetik findet sich weder der Versuch, die elementaren Bedingungen sprachlicher Kommunikation – soweit sie an der sprachlich-morphologischen Phänomenologie ablesbar sind – zu systematisieren, noch die Bemühung, eine Rede/einen Text als Ganzheit etwa mittels einer expliziten Definition zu erfassen [...]" (Scherner 1984: 29 f.; Hervorhebungen K.A.)

Hervorgehoben wird hier, was sich sozusagen als Kehrseite der eminent auf die Praxis ausgerichteten Rhetorik ergibt. Die theoretische Frage, was denn eigentlich ein Text ist, stellt sich ihr nicht. Das Wissen darum kann bei kompetenten Sprechern ebenso vorausgesetzt werden wie die Kenntnis der grammatischen Verbindungsregeln für Sätze. Erklärt wird dementsprechend nicht, wie man überhaupt einen Text erstellt (und interpretiert), sondern was einen Text zu einem guten, überzeugenden macht. Noch weniger behandelt diese anwendungsorientierte Lehre die ‚philosophische' Frage, was denn Sprache ist, und die sprachwissenschaftlich wesentliche danach, in welchem **Verhältnis Sprache und Text** zueinander stehen bzw. zu sehen sind. An eben dieser Frage scheiden sich jedoch die linguistischen Geister. Auf den Punkt gebracht stehen sich im Wesentlichen die beiden folgenden Positionen gegenüber (vgl. auch Kap. 7. und 9.1.):

1. (Eine natürliche) **Sprache** ist ein **System**, bestehend aus elementaren Einheiten und Regeln zu ihrer Verknüpfung. Die Verwendung dieses Systems führt zu Texten.

2. Sprache ist das hörbare (oder zu Gehör bringbare[15]) Produkt einer kommunikativen Interaktion, d. h. **Sprache** ist **Sprachgebrauch**, Sprache ist Rede, Sprache kommt nur in Texten vor. Aus den Texten als der eigentlichen Sprachrealität lassen sich nur **sekundär Sprachsysteme abstrahieren.**

Damit sind wir also wieder bei der programmatischen Formulierung Hartmanns angekommen, die freilich zugunsten der ersten Position sofort in den Hintergrund geriet. Scherner dagegen knüpft an Hartmanns Überlegungen an und bezieht sich auf diese Position schon im Titel seines Werkes mit dem Ausdruck *Sprache als Text.*

> „Sprache als Text in den Blick zu nehmen, bedeutet hiernach, die Sprache in ihrer phänomenologischen Vorkommensform zum Ausgangspunkt der Untersuchung zu machen. [...] ‚Mit Text kann man alles bezeichnen, was an Sprache so vorkommt, daß es Sprache in kommunikativer oder wie immer sozialer, d. h. partnerbezogener Form ist.' [Hartmann 1964/ 1972: 5] Nimmt man diese Aussage mit der Forderung zusammen, eine Linguistik des Textes als ‚neue Disziplin' innerhalb der Sprachwissenschaft zu begründen, dann wird deutlich, daß ‚Text' als Sprachvorkommen hier nicht nur im Sinne von *parole*-Phänomenen den Ausgangspunkt für Forschungen darstellen, sondern daß sie auch deren Zielpunkt markieren, d. h. daß die Erforschung der Sprachverwendung, oder präziser: der vollen sozial-kommunikativen Realität der Sprache, als Forschungsgebiet sui generis neben die überkommene Erforschung der Sprache als virtuelles System (sog. Systemlinguistik) gestellt [...] wird." (Scherner 1984: 3 f.)

Im zweiten Kapitel seines Buches bemüht sich Scherner dann um eine forschungsgeschichtliche Begründung dieses Ansatzes und geht dabei auf Vorläufer der Textlinguistik ein, die in anderen Darstellungen meist vernachlässigt wurden. Das gilt auch heute noch, abgesehen von Karl Bühler, von dem allerdings meist nur das Organonmodell (vgl. Kap. 5.) übernommen wird. Die **Rekonstruktion** dieser Geschichte versteht Scherner als **forschungs-logisch motivierte**, d. h. er stellt „aufeinander beziehbare Konzepte" (ebd.: 32) aus Sprachwissenschaft, Philosophie, Psychologie und Literaturtheorie vor, die nicht (alle) auch in einem Traditionszusammenhang stehen. Seine Ausführungen zu Hermann Paul, Philipp Wegener, Hermann Ammann, Oskar Walzel, Roman Ingarden und Wolfgang Kayser können hier nicht referiert werden, seien aber nach wie vor zur Lektüre empfohlen. In den nächsten Abschnitten, in denen es um weitere Vorläufer bzw.

---

15 Diese etwas merkwürdige Formulierung dient dazu, auch Geschriebenes (das man ja vorlesen kann) einzubeziehen, ohne gleich die gesamte nonverbale Kommunikation (Gestik, Mimik, Bilder usw.) zu umfassen. Das Problem, dass es auch hörbare Kommunikationsakte gibt, die mit nichtsprachlichen Mitteln arbeiten (Räuspern, in die Hände klatschen usw.), wird damit freilich ebenso wenig berücksichtigt wie die Gebärdensprache Gehörloser.

Nachbardisziplinen geht, wird der forschungs-logische Ansatz Scherners weiter verfolgt.

1.5. Perspektiven auf den Text

Zu den frühesten Übersichtsdarstellungen zur Textlinguistik gehört der schon 1972 konzipierte Sammelband *Hauptströmungen textlinguistischer Forschungen*, in dem der Herausgeber folgende **allgemeine Charakterisierung von *Textlinguistik*** vornimmt:

> „Zur Textlinguistik rechnet man gewöhnlich jede sprachwissenschaftliche Forschung, die vom Text (in schriftlicher und mündlicher Form oder Konzipierung) als Grundeinheit menschlicher Sprache ausgeht, oder die zumindest die Satzgrammatik so weit überschreitet, daß sie Satzsequenzen oder noch größere Textstücke als Einheiten sui generis behandelt." (Dressler 1978b: 2)

Ungeachtet dieser sehr weiten Definition erfolgt die Auswahl ganz aus der Perspektive der neu etablierten Disziplin. Abgesehen von dem Auszug aus einer ‚vergessenen amerikanischen Dissertation‘ von 1912 (I. Nye) und dem berühmten Artikel *Discourse Analysis* des Strukturalisten Zellig Harris (1952), der meist als der erste tatsächliche Vorläufer der Textlinguistik angesehen wird, stammen die Aufsätze aus den Jahren 1965 – 1972. Trotz des kurzen Zeitraums, den die modernen Beiträge abdecken, sind sie alles andere als auch nur relativ einheitlichen Voraussetzungen verpflichtet und zeigen die „Mannigfaltigkeit, die für die Situation in der Textlinguistik [auch heute noch] typisch ist" (Dressler 1978b: 2, Anm. 4). Die einleitend referierte Unterscheidung von drei Phasen der modernen Textlinguistik darf man daher allenfalls als grobe Charakterisierung von Schwerpunktverlagerungen verstehen. Im Folgenden sollen aus einer weiten historischen Perspektive wichtige Blickwinkel auf Texte thematisiert werden.

1.5.1. Vom Text als Sinnträger zum Text als Sprachmaterial

Für den normalen Sprachteilhaber ist die natürlichste Sicht die, die den Text als individuellen Sinnträger behandelt, an dem sein Inhalt interessiert, seine sprachliche Verfasstheit aber eigentlich nicht. Man schaut gewissermaßen durch die sprachliche Gestalt hindurch auf den Sinn, sie selbst ist nur ‚Mittel zum Zweck‘. Anlass, sich ihr dennoch bewusst zuzuwenden, ergibt sich aber spätestens dann, wenn es nicht möglich ist, durch die sprachliche Gestalt hindurch zu blicken, weil es weiße Flecken oder dunkle Punkte gibt, wenn nämlich der materielle Textträger (vgl. Kap. 2.5.1.) nicht vollständig vorhanden, verdorben oder unlesbar (geworden) ist oder wenn man eine Stelle zwar sehr wohl lesen kann, sie aber nicht versteht, z. B. weil in ihr ein veralteter oder mehrdeutiger Ausdruck vorkommt oder weil man die benutzte Sprache überhaupt nur schlecht beherrscht. Als **älteste Textwissenschaft** hat sich die schon im antiken Alexandria blühende **Philologie** entwickelt, der es um die Tradierung, Erläuterung und Auslegung überlieferter Texte geht. Entsprechend dem eben Gesagten umfasst sie mehrere Teilbereiche. Einerseits das, was wir heute als Interpretation oder Hermeneutik, im theologischen Bereich als Exegese bezeichnen (vgl. Kap. 1.5.3.), aber auch Literaturgeschichte, Gattungslehre sowie Handschriftenkunde (Paläographie), Textkritik bzw. Editionsphilologie, die sich um die (Wieder-)Herstellung der ursprünglichen Textgestalt bemüht, und nicht zuletzt die Sprachwissenschaft mit ihren Teilgebieten Grammatik, Lexikografie, Sprachgeschichte usw.

Die auf die sprachliche Seite bezogenen Teilgebiete, die sich mit der Zeit zu eigenständigen Disziplinen entwickeln, gehen dabei notwendigerweise von Texten aus – Sprache kommt eben tatsächlich anders als in Texten gar nicht vor. Dies gilt allerdings nur für frühe Phasen der Sprachbeschreibung: Sind einmal die ersten **Grammatiken und Wörterbücher** geschaffen, so kann man auf diesen aufbauen und sich den Rückgriff auf das Ausgangsmaterial sparen oder aber auf seine eigene Sprachkompetenz zurückgreifen bzw. Urteile kompetenter Sprecher einholen (die man dazu im Allgemeinen keine vollständigen und natürlichen Texte produzieren lässt). Tatsächlich haben so, also ohne Rückgriff auf authentische Texte, auch Generationen von Sprachwissenschaftlern gearbeitet.

Wichtiger ist jedoch noch, dass man, selbst wenn man Texte als Ausgangsmaterial zugrunde legt, um daraus Grammatik und Lexikon zu abstrahieren, die Texte nicht als geschlossene Ganzheiten, also eigentlich gar nicht als Texte behandelt, sondern lediglich als Reservoir von Beispielfällen – der **Text als Sprachmaterial**. Dies kommt besonders gut zum Ausdruck im Analyseverfahren des (amerikanischen) Strukturalismus: Was da als Ausgangsmaterial für die gewollt voraussetzungslose (d. h. v. a. nicht auf Kategorien für die Beschreibung der lateinischen Sprache zurückgreifende) Beschreibung zugrunde gelegt wird, nennt man nicht *Texte*, sondern ein *Korpus* und der (individuelle) Sinn der einzelnen Bestandteile dieser Datengrundlage interessiert dabei nicht, ja, man versuchte sogar, die Analyse möglichst überhaupt ohne Rückgriff auf die Bedeutung vorzunehmen. Dies ist die Art von Sprachwissenschaft, von der sich die Textlinguistik so scharf absetzen wollte.

Auch in der modernen **Korpuslinguistik** fungieren Texte meist nur als riesiges Reservoir von Belegen für einzelne lexikalische oder grammatische Phänomene. So erlaubt das Deutsche Referenzkorpus beim Institut für Deutsche Sprache (aus urheberrechtlichen Gründen) gar keinen Zugriff auf die Volltexte.

Auf diese Weise kommt es also zu dem Auseinanderfallen der zwei Sicht-weisen auf Sprache, wie sie in 1.4. vorgestellt wurde. Grammatik, Lexikologie und die anderen Teildisziplinen der Sprachwissenschaft haben sich verselbständigt und betrachten nun das, was sie durch Abstraktion gewonnen haben, v. a. die Grammatik und das Wörterbuch, als das Eigentliche der Sprachen. Wegen der langen Tradition dieser Sichtweise und ihrer Integration auch in den Unterricht moderner Sprachen erscheint sie heute vielen als die naheliegendste – deswegen habe ich sie auch als erste präsentiert. Sie ist aber das späte Produkt einer Dis-ziplinendifferenzierung, bei der sich die **Sprachwissenschaft von** der **Philologie** mit der ihr eigenen umfassenden Perspektive **abgespalten** hat. Deswegen besteht bis heute eine gewisse Schwierigkeit, die holistische Sichtweise und den Gebrauch der Sprache als primäres Objekt wiederzugewinnen. Zu den bedeutendsten frühen Repräsentanten dieser Sichtweise gehört Wilhelm von Humboldt (1767–1835), der sie u. a. so formuliert hat.

> „Die Sprache liegt nur in der verbundenen Rede, Grammatik und Wörterbuch sind kaum ihrem todten Gerippe vergleichbar." (von Humboldt 1827–1829/1996: 186; im Orig. kursiv)

Wie wenig man von einer Sprache ‚hat', wenn man sie bloß als eine Menge von Elementen und Regeln zu ihrer Verbindung behandelt, wird besonders im **Fremdsprachunterricht** schmerzlich klar. Dies sollte durch den kommunikativen Ansatz überwunden werden, der aber bei allzu starker Beschränkung auf all-tagstauglichen Sprachgebrauch auch unbefriedigend bleibt und daher durch in-terkulturelle bzw. kulturwissenschaftliche Ansätze ergänzt wurde (vgl. Kap. XVI in Krumm et al. 2010). Dies führt auch zu einer neuen Reflexion über die Rolle der Literatur (vgl. ebd.: Kap. XVIII).

Im folgenden Abschnitt geht es um literarische Texte, und zwar insofern sie strukturierte Ganzheiten darstellen. Auf den Text als Sinnträger geht dann der Abschnitt 1.5.3. ein. In 1.5.4. kommen wir schließlich auf die grammatische Per-spektive zurück.

1.5.2. Der Text als sprachlich strukturierte Ganzheit

Für literarische Texte ist die Annahme zurückzuweisen, dass die Sprache lediglich äußerliches Mittel zum Zweck ist, nämlich dem Zweck, Sinn auszudrücken, grob gesprochen: etwas über die außersprachliche Wirklichkeit auszusagen. Vielmehr lassen sich sprachliche Form und Inhalt im **Sprachkunstwerk** nicht voneinander trennen (weswegen es auch als so schwierig oder eigentlich unmöglich gilt, lite-rarische Texte zu übersetzen). Dies lässt sich schon an den ältesten **Techniken**

literarischer Rede erkennen, denn Reim-, Versschemata oder Strophenformen stellen rein sprachliche Strukturen dar, die als solche nichts mit dem Inhalt der verwendeten Ausdrücke zu tun haben.

Dennoch sind **Strukturanalysen** literarischer Werke erst im frühen 20. Jahrhundert entstanden. Dies erklärt sich daraus, dass in der Antike, im Mittelalter und auch noch in der Neuzeit bis ins 18. Jahrhundert **vorgegebene Strukturschemata** (wie eben z. B. Strophenformen) verwendet und als normative Muster ebenso wie die rhetorischen Figuren in **Regel-Poetiken** tradiert wurden. Nach diesen Vorformen der Literaturwissenschaft galten die Untersuchungen im 19. Jahrhundert neben editorischen Fragen und Projekten sowie der Literaturgeschichtsschreibung im sog. Positivismus äußeren Faktoren wie insbesondere der (am naturwissenschaftlichen Vorbild orientierten) ‚Erklärung' der Werke aus der Biografie, gesellschaftlich-historischen Verhältnissen, Vorbildern usw. Dem folgte die sog. geistesgeschichtliche Methode, die das literarische Werk als Dokument einer gesamtkulturellen Entwicklung aus dem Geist der Zeit zu verstehen sucht und es in Beziehung zu Entwicklungen in Philosophie, Wissenschaft, Religion und anderen Künsten setzt.

Gegen diese Strömungen entstehen dann, insbesondere im **Strukturalismus**, verschiedene Ansätze, die den Text selbst, sein ‚Gemacht-Sein' als Gegenstand der literaturwissenschaftlichen Analyse bestimmen. Da nun Texte aus Sprache gemacht sind, ergibt sich notwendigerweise eine enge Verbindung zur Linguistik, und tatsächlich lassen sich wichtige Forscher auch gar nicht eindeutig der einen oder anderen Disziplin zuordnen. Dies gilt etwa für Leo Spitzer, der „sein Werk [1917/18] mit sprachwissenschaftlichen Stilstudien begonnen und mit Interpretationen abgeschlossen [hat], die durch diese Stilstudien geprägt sind" (Rusterholz 1996: 368). Von besonderer Bedeutung sind der **Moskauer und Prager Linguistenkreis** (1914/15–1924 bzw. ab 1926), die die Analyse poetischer Sprache als zentralen Gegenstand der Linguistik begreifen. Dazu ein Zitat von **Roman Jakobson** (1896–1982), der zu beiden Zirkeln gehörte und in seinem berühmten Aufsatz *Linguistik und Poetik* den Auseinanderfall der Perspektiven scharf kritisiert:

> „Die hartnäckige Trennung von Linguistik und Poetik kann nur auf Kosten einer krassen Einschränkung des Untersuchungsgebietes der Linguistik erfolgen, etwa wenn einige Linguisten den Satz als die größte zu analysierende Konstruktion proklamieren oder wenn die Linguistik auf Grammatik allein oder nur auf nichtsemantische Fragen der äußeren Form oder auf einem Inventar denotativer Verfahren, ohne Bezugnahme auf freie Varianten, eingeschränkt wird." (Jakobson 1960/1979: 87).

In diesem Aufsatz präsentiert Jakobson seine Erweiterung des Modells der Sprachfunktionen von Karl Bühler (1879–1963; vgl. Kap. 6.2.). Seine Vorstellung darüber, worin die **poetische Funktion** besteht, ist allerdings viel älter. In einem Beitrag, der im gleichen Jahr wie Bühlers *Sprachtheorie* erschienen ist, erläutert er sie so:

> „Doch wodurch manifestiert sich die Poetizität? – Dadurch, daß das Wort als Wort, und nicht als bloßer Repräsentant des benannten Objekts [Darstellungsfunktion] oder als Gefühlsausbruch [Ausdrucksfunktion] empfunden wird. Dadurch, daß die Wörter und ihre Zusammensetzung, ihre Bedeutung, ihre äußere und innere Form nicht nur indifferenter Hinweis auf die Wirklichkeit sind, sondern eigenes Gewicht und selbständigen Wert erlangen." (Jakobson 1934/1979: 79).

Dieser ‚**Bezug des Zeichens auf sich selbst**' wird hervorgebracht durch äquivalente Einheiten innerhalb einer Kette von Elementen:

> „Die Äquivalenz wird zum konstitutiven Verfahren der Sequenz erhoben. In der Dichtung wird eine Silbe einer anderen Silbe derselben Sequenz angeglichen; Wortakzent gleicht Wortakzent, das Fehlen des Akzentes gleicht seinem Fehlen; prosodische Länge gleicht Länge, Kürze gleicht Kürze; Wortgrenze gleicht Wortgrenze [...]." (Jakobson 1960/1979: 94).

Hier geht es um lautliche Strukturen, d. h. dass dieses Verfahren sich besonders gut für gebundene Rede eignet; einige Berühmtheit hat die so orientierte Analyse von Baudelaires *Les chats* durch Jakobson/Lévi-Strauss (1962) erlangt. Entsprechende Verfahren sind natürlich nicht auf Dichtung beschränkt, sondern spielen z. B. auch eine große Rolle in der Werbesprache. Dass die poetische Funktion sich nicht nur in der Dichtung findet, ist zentral für Jakobsons Vorstellung (vgl. Kap. 5.3.1.) und natürlich ein weiterer Grund gegen die Trennung von Linguistik und Literaturwissenschaft.

Festzuhalten ist für unseren Überblick, dass zu den frühesten textlinguistischen Arbeiten solche gehören, die literarischer Sprache gewidmet sind, und dass auch die 60er Jahre des 20. Jahrhunderts gerade in diesem Bereich besonders fruchtbar waren.[16] Dabei beschränkte man sich nicht auf die Poesie, sondern unterwarf auch Texte anderer literarischer Gattungen, insbesondere Erzähltexte, Strukturanalysen. Eigens erwähnt sei nur die Arbeit von Gülich/Raible (1975), die am Beispiel des *Decamerone* die vielfach geschichtete hierarchische Struktur eines Großtextes aufzeigen (vgl. Kap. 2.5.2.).

Mit der ‚pragmatischen Wende' verlagerte sich das Interesse dann sehr stark auf Gebrauchs- und Fachtexte (vgl. Lothar Hoffmann et al. 1998/99; HSK 14) und der literarische Bereich geriet nahezu vollständig aus dem Blickfeld des Main-

---

16 Eine Zusammenstellung entsprechender Arbeiten enthalten die Bände von Ihwe (1971) – eine Auswahl davon in Ihwe (1972). Vgl. auch Gülich/Heger/Raible (1974) und Gülich/Raible (1977).

streams in der Textlinguistk. Inzwischen gehören zwar Texte aus allen Kommunikationsbereichen zum Gegenstand der Textlinguistik, literarische sind jedoch – trotz wiederkehrender Bemühungen um eine Annäherung von Literaturwissenschaft und Linguistik[17] – speziell in der deutschsprachigen Textlinguistik noch immer ein Stiefkind.

Neben den Verengungen des Gegenstandsbereichs der Linguistik, die Jakobson anführt, erklärt sich die Marginalisierung literarischer Texte großenteils aus einer (wenn auch erweiterten) **systemlinguistischen Grundposition**. Danach geht es in der Linguistik nicht um die Beschreibung individuellen Sprachgebrauchs, sondern immer nur um die Ermittlung von ,dahinter stehenden' Regeln oder Regularitäten, nicht um einzelne Wortvorkommen oder Sätze, sondern um abstrakte Einheiten wie Morpheme, Wortarten, Satzstrukturen usw. So soll auch im Bereich der Texte nur das Allgemeine, Wiederkehrende bzw. Abstrahierbare eine Rolle spielen. Der Einzeltext interessiert nicht als individuelle Größe, sondern stellt gewissermaßen nur den Ort dar, an dem Systemeinheiten oder Muster sich konkret realisieren.

1.5.3. Der Text im Kopf: mentale Prozesse

Als Spezialgebiet, das den Text als Sinnträger behandelt, hat sich die **Hermeneutik**, die Verstehenslehre, herausgebildet. Sie wird traditionell den Disziplinen Philosophie, Theologie und Literaturwissenschaft zugeordnet und in dieser Tradition, nämlich bei Wilhelm **Dilthey** (1833–1911), entwickelte sich die Entgegensetzung der **verstehenden Geisteswissenschaften** gegenüber den **erklärenden Naturwissenschaften**. Aus heutiger Sicht gehören Verstehensprozesse allerdings eher in den Bereich der **Kognitionswissenschaften**, „die naturwissenschaftlich ausgerichtet sind und sich methodisch oft an [die Psychologie,] die Neurowissenschaften bzw. an die Informatik [... und die] Künstliche-Intelligenz-Forschung (KI)" anlehnen (Jung 2012: 168). Biere sah noch 1991 wenig Aussichten auf eine fruchtbare Verbindung beider Disziplinausrichtungen, weil „die Kognitionsforschung, einschließlich der kognitiven Linguistik, weitgehend die hermeneutische Tradition [ignoriert], indem sie sich eher als szientifische Wissenschaft versteht" (1991: 1). Inzwischen gilt diese Entgegensetzung aber als wenig fruchtbar und sowohl im Bereich der Hermeneutik als auch in den Kognitionswissen-

---

17 Vgl. z. B. Haß/König (2003), Hoffmann/Keßler (2003), das Themenheft 36.3 (2008) der *Zeitschrift für germanistische Linguistik*, speziell den einführenden Beitrag von Hausendorf (2008), Fix (2009b, 2013), Betten/Schiewe (2011) und Adamzik (im Druck b).

schaften ist es zu bedeutsamen Neuentwicklungen gekommen, so dass eine Integration der Perspektiven heute viel eher möglich ist (ich beziehe mich hierbei v. a. auf Jung 2012: 13 ff. und 167 ff.). Schlagwortartig lassen sich diese Entwicklungen als **universalisierte Hermeneutik** (ebd.: 14) auf der einen und **hermeneutische Kognitionswissenschaft** (vgl. Kurthen 1994) auf der anderen Seite fassen.

Tatsächlich hat die Kognitivistik eine Entwicklung durchgemacht, die sich recht gut mit der der Hermeneutik seit der Aufklärung parallelisieren lässt: Gemeint ist damit der Umschwung von einer rein **rationalistischen** Position, die Körper und Geist strikt trennt, zu einer pragmatistisch orientierten, die Verstehensprozesse situativ, lebensweltlich und körperlich verankert. Denken, Handeln, Wollen, Wahrnehmen und Fühlen erscheinen dabei entsprechend einem **holistischen** Konzept als interagierende Prozesse. In der Hermeneutik verbindet sich diese ,pragmatische Wende' besonders mit dem Namen Martin **Heidegger** (1889 – 1976), an den hermeneutisch inspirierte Kognitionswissenschaftler denn auch in erster Linie anschließen (vgl. Jung 2012: 169). In den Kognitionswissenschaften laufen solche Entwicklungen unter den Labels **embodied, embedded** oder auch **enacted cognition** (vgl. dazu etwa Rickheit et al. 2010: 65 ff. und 105 ff. sowie Wilson/Foglia 2011).

Die Ausweitungen der Perspektiven lassen sich zunächst daran verdeutlichen, was als **Gegenstand des Verstehens** ins Auge gefasst wird. Die traditionelle Gegenüberstellung von Geistes- und Naturwissenschaften basiert nämlich auf der Annahme, sie beschäftigten sich mit unterschiedlichen Phänomenen. Die Geisteswissenschaften eben mit Geistesprodukten, mit sinnhaft hervorgebrachten, als Zeichen gesetzten Phänomenen, und zwar vorzüglich Texten, die Naturwissenschaften dagegen mit an sich sinnfreien Naturphänomenen, die kausalen Gesetzen unterliegen und daher erklärbar sind. Bei Phänomenen der 3. Art[18] wie z. B. dem Klimawandel geht es um solche, die durch kollektives menschliches Handeln – allerdings unabsichtlich – erzeugt werden und daher auch in verschiedenen Disziplinen thematisiert werden (vgl. Abb. 1.1).

Die Universalisierung der Hermeneutik besteht nun darin, dass sie ihren Gegenstandsbereich ausweitet auf alle Arten von Phänomenen, da der Mensch nicht nur Texten oder sonstigen menschlichen Artefakten, sondern allem, was ihn

---

18 Phänomene der 3. Art werden auch als solche der unsichtbaren Hand bezeichnet; sie sind weder Naturerscheinungen noch (bewusst hervorgebrachte) Artefakte, sondern Produkte, die durch gleichgerichtetes intentionales Handeln vieler Individuen entstehen, ohne als solche von irgendjemandem gewünscht oder gar gezielt herbeigeführt worden zu sein. Das Standardbeispiel ist der Trampelpfad. In der Linguistik hat dieses Konzept besonders Keller (1990, ²1994) popularisiert.

umgibt, mit einer Haltung der **Suche nach Sinn** begegnet. Verstehen, etwas als etwas zu deuten und entsprechend damit umzugehen, ist der für den Menschen charakteristische Umgang mit der Welt: „Verstehen und Interpretieren sind menschliche Grundvollzüge" (Jung 2012: 52), Verstehen „die Eigenart des humanspezifischen Weltbezugs" (ebd.). Anders gesagt: Wir können gar nicht anders als die Welt um uns herum zu deuten, so auch Naturphänomene, etwa eine Felswand als Hindernis auf einem Weg, als Herausforderung für Bergsteiger, als Wahrzeichen für ein Land usw. Dabei kommt auch eine **Metaperspektive** ins Spiel, der es darum geht, das Verstehen selbst zu verstehen.

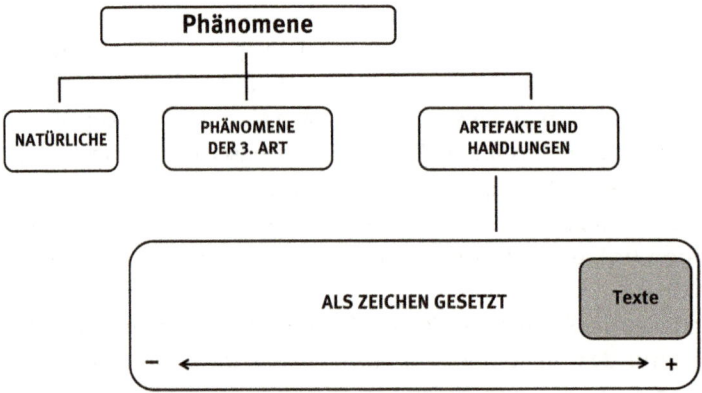

Abb. 1.1: Arten potenziell verstehbarer Phänomene

In der traditionellen Hermeneutik geht es dagegen zunächst ausschließlich um Texte, genauer gesagt entsteht sie aus der Beschäftigung mit ‚**großen‘ Texten** wie den homerischen Epen und dann insbesondere der Bibel als heiligem Text. Es handelt sich um Texte ‚aus ferner Zeit‘, deren Verständnis eine Herausforderung darstellt. Dabei geht es nicht nur um die eher technische Erläuterung undurchsichtiger Einzelstellen, also etwa um Wort- oder Sacherklärungen (sog. Stellenhermeneutik), sondern auch darum, durchaus Verständliches, aber (etwa moralisch oder intellektuell) Anstößiges oder sonst irgendwie Unliebsames ‚weg zu interpretieren‘ (vgl. Jung 2012: 34 f.). Im Zentrum steht nicht die wörtliche Bedeutung, sondern der **tiefere Sinn**. Besonders charakteristisch ist dafür die christliche Bibelexegese, bei der das Neue Testament als Interpretationsschlüssel für das Alte Testament fungiert. Dabei wurde auch die für das Mittelalter außerordentlich bedeutsame Lehre vom *mehrfachen Schriftsinn* entwickelt, für die – ebenso wie im jüdischen Talmud – die Tradition, die **überlieferten Deutungen**, eine hervorragende Rolle spielen. In diesem Fall, nämlich bei der *hermeneutica sacra*, wird der Gegenstand des Verstehens zunächst gar nicht als menschliches

Artefakt konzipiert. Dies geschieht erst mit dem Ausbau zu einer *hermeneutica generalis*, die alle Schriften als zu verstehende Größen einbezieht. Dabei kann man aber nicht mehr von der **absoluten Verbindlichkeit eines Sinns** ausgehen, wie sie dem Wort Gottes zugeschrieben wird. Zu rekonstruieren ist stattdessen nur noch ein menschlich subjektiver, individuell perspektivierter Sinn, das, **was der Autor gemeint hat**. Diese Fixierung auf die Autorintention kennzeichnet vielfach auch noch Ansätze aus der heutigen Textlinguistik (vgl. Kap. 5.), die weit weniger hermeneutisch orientiert ist, als es die Tradition der Textwissenschaften erwarten lässt.

Auch in den hier interessierenden Ansätzen aus der **kognitiven Linguistik** ging es zunächst ausschließlich um Texte, allerdings hier nun gerade um durchaus banale und bei diesen auch lediglich um die **wörtliche Bedeutung**, um das, was tatsächlich im Text steht. Nach dem Vorbild der formalen Syntax sollten Textstrukturen ebenfalls vollständig und explizit formalisiert werden. Dabei bezog man sich zunächst ausschließlich auf den Wortlaut, und zwar in der Vorstellung, dass die Rezipienten daraus ja die – als exakt rekonstruierbar gedacht – Textbedeutung ableiten müssen. Beide Annäherungsweisen verbindet zunächst die Vorstellung, dass der **Sinn im Text enthalten** ist bzw. ihm eindeutig zukommt.

Das Ergebnis des Verstehensprozesses wird nun als eine mentale Größe, als **Text im Kopf**, konzipiert. Dabei handelt es sich um eine abstrakte Repräsentation des Inhalts, nicht etwa um den kognitiv gespeicherten Wortlaut (vgl. Kap. 2.5.1.). Den gibt es natürlich auch – allerdings besagt die Fähigkeit, einen Wortlaut auswendig hersagen zu können, bekanntlich nichts darüber, ob der Text auch (richtig) verstanden wurde.

Wie soll man sich nun diese abstrakte Repräsentation des Inhalts vorstellen und wie lässt sich ermitteln, was der Rezipient tatsächlich im Kopf hat? Die Antwort auf diese Fragen stellt sich in Bezug auf die verschiedenen **Sinn-Ebenen** und Verstehensobjekte ganz unterschiedlich dar und deutet zunächst auf einen scharfen Gegensatz zwischen Hermeneutik und Kognitionswissenschaften: Während sich die einen um den tieferen Sinn anspruchsvoller Schriften bemühen, die eine ,**kunstmäßige Auslegung**' erfordern – diese schlägt sich in weiteren, ebenfalls anspruchsvollen Texten nieder – versuchen sich die anderen in der **formalen Rekonstruktion der wörtlichen Bedeutung** trivialer Texte. Das Ergebnis sind in beiden Fällen jedoch professionell erstellte Konstrukte. Eine Annäherung ergibt sich, wenn das **Textverständnis von Laien** einbezogen wird.

Im Bereich der anspruchsvollen Texte bilden **Unterrichtskontexte** den natürlichen Rahmen. Das Textverständnis wird hier geprüft, etwa durch das Abfragen, ob bestimmte Aussagen richtig sind oder nicht, oder durch die Aufforderung, den Textinhalt wiederzugeben. Dabei geht es zunächst nur um elementare Verstehensleistungen, die allerdings die Grundlage für weitergehende Deutungen bilden. Wenn nämlich auch eine eindeutig richtige Interpretation von Texten nicht möglich ist, so lässt sich doch immerhin eindeutig entscheiden, was dem Textinhalt jedenfalls nicht entspricht, also als ‚falsch' zu gelten hat. Entsprechende Aufgaben – Entscheidungen, ob ein Satz/eine Information im präsentierten Text enthalten war, freie Textreproduktion u. Ä. – kennzeichnen auch die frühen, sog. Off-line-Methoden der Kognitionspsychologie (vgl. Schwarz 2008: Kap. 1.4). Inzwischen sind **experimentelle Settings** üblich, die auch Prozesse während der Sprachverarbeitung (on-line) betreffen (vgl. ebd.: Kap. 5). Bei diesen geht es natürlich nicht darum, die Verstehensleistung der Probanden zu überprüfen und zu bewerten, sondern Grundlagen für Modelle der **Sprachverarbeitung** zu entwickeln.

Eindeutiges Ergebnis dieser Studien ist, dass die Textbedeutung nicht nur auf der Grundlage des gebotenen Sprachmaterials erfolgt, nämlich ausgehend von Einzelpropositionen komplexe Strukturen aufgebaut werden. Vielmehr spielen Vorwissen und Vorerwartungen eine entscheidende Rolle. Durchgesetzt hat sich in der Kognitivistik daher das **konstruktivistische Paradigma** – der Rezipient entschlüsselt nicht einfach die Aussagen des Textes, sondern entwirft aktiv (wenn auch nicht unbedingt bewusst) eine Vorstellung vom Gesamtzusammenhang. Textverstehen kommt in diesem Sinne einem „Abgleich (‚Assimilation') zwischen Textwissen und allgemeinem Wissen" (Figge 2000: 99) gleich. Bei den Textverstehensexperimenten ist besonders aufschlussreich, dass die Probanden auch Inhaltselemente wiedergeben oder als gelesen angeben, die tatsächlich gar nicht im Text vorkamen, die aber gut in den Zusammenhang passen. Informationen werden also nicht nur vergessen, der Text wird nicht einfach unvollkommen entschlüsselt und erinnert, vielmehr findet auch eine **Elaboration** statt, und zwar auf der Grundlage dessen, was der Rezipient schon weiß oder als normal erwartet, was ins bekannte Schema passt, z. B. im Zirkus ein Clown, im Märchen eine Hexe, im Restaurant Kellner, Speisekarte usw. Hier spricht man von Leerstellen oder **Slots**, die das Schema umfasst. Während früher diese beiden Verarbeitungsrichtungen, nämlich **Bottom-up**, also ausgehend vom Wortlaut, und **Top-down**, d. h. von bekannten Schemata und Mustern ausgehend, als alternative Modelle behandelt wurden, geht man heute davon aus, dass es sich um gleichzeitig wirksame Verfahren handelt (vgl. Schwarz 2008: Kap. 5). Schematisch ist das in Abbildung 1.2 erfasst.

Die Vorstellung des Ineinander von Bottom-up- und Top-down-Verfahren lässt sich nun recht gut mit dem bekannten Konzept des **hermeneutischen Zirkels** verbinden, der ebenfalls die Wechselbeziehung zwischen dem Einzelnen und dem Ganzen betrifft und ein zentrales Element der hermeneutischen Theorie darstellt. Zu rechnen ist dabei mit verschiedenen Ebenen: Zunächst gibt es eine Wechselbeziehung zwischen dem Gesamttext und den kleineren Bestandteilen, aus denen

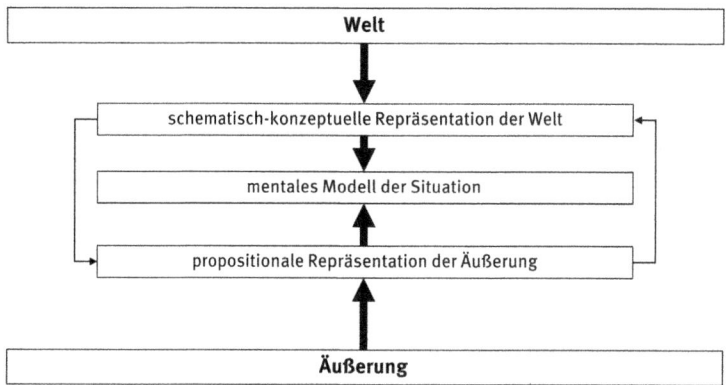

Abb. 1.2: Wissensquellen bei der Sprachverarbeitung (Rickheit et al. 2010: 65)

er sich zusammensetzt. Man kann den Text als Ganzen nur verstehen, wenn man die einzelnen Bestandteile versteht. Andererseits aber kann, um einen Klassiker der Hermeneutik zu zitieren, „das Einzelne nur aus dem Ganzen verstanden werden" (Schleiermacher 1819/1996: 960). Wie Ausdrücke innerhalb eines individuellen Textes genau zu verstehen sind, erklärt sich, wie man heute geläufigerweise sagt, nur aus dem **Kontext.**

Aber auch der Text als Ganzer steht nicht für sich allein, sondern fügt sich in die Gesamtheit der anderen Texte des Individuums ein. So greift man bei literarischen Texten üblicherweise auf andere Stellen aus dem Werk des Autors zurück, die den zu interpretierenden Einzeltext erhellen können. Zu dem **Horizont,** vor dem ein Einzeltext zu verstehen ist, gehören aber weiter auch die Texte, die der Autor rezipiert hat, auf die er sich etwa bezieht. Letztlich muss „jede Rede [...] auf die Gesamtheit der Sprache und auf das gesamte Denken ihres Urhebers" (Schleiermacher 1819/1996: 946) bezogen, in die Gesamtheit seiner (sprachlichen und außersprachlichen) Erfahrungen eingebettet werden.

In dieser Formulierung steht noch das **Verstehen als Rekonstruktion** eines vorgegebenen Sinns als Ziel der kunstmäßigen (also professionellen) Auslegung eines Textes im Vordergrund. Dem Leser ist aber die Gesamtheit der Erfahrungen des Urhebers nie ganz zugänglich und er versteht einen Text auch vor dem Hintergrund der eigenen Welterfahrung. Es hat also eine Verschiebung stattgefunden, vom Bemühen um richtige Auslegung (Re-Konstruktion) eines (vom Autor gesetzten) Sinns zum **Verstehen als Konstruktion** eines Sinns durch und für den Rezipienten. Ins Blickfeld rückt damit das, was der Rezipient dem Text hinzufügt, was er aus einer bestimmten Perspektive in ihn ‚hineinliest' und/oder bei der Wahrnehmung und Verarbeitung unterdrückt oder ausblendet.

Dieses aktive Umgehen mit dem Text betrifft nun unterschiedliche Ebenen und reicht von der Wahrnehmung von Buchstaben, die z. B. dazu führt, dass man Druckfehler unbewusst korrigiert, d. h. schlicht übersieht, bis hin zur Erarbeitung einer wissenschaftlichen Fragestellung, mit der man sich einem Text nähert. In allen Fällen trifft das neu Verarbeitete auf schon im Gedächtnis gespeicherte Konzepte und Relationen zwischen Konzepten, auf das vorgängige Weltwissen. Dies sucht man in der Kognitivistik im Rahmen der **Schema-Theorie** zu modellieren (zur Geschichte und verschiedenen Ausprägungen der Schematheorie vgl. etwa Schwarz 2008: 115 ff., vgl. auch Busse 2009 und 2012 zur Frame-Semantik). Schemata bilden die Grundlage für **Inferenzen**, d. h. für das Interpolieren von Elementen, die im Text nur implizit gesetzt sind. Da die „meisten natürlichen Texte [...] referentiell unterspezifiziert sind" (Schwarz-Friesel 2006: 68), also nur einen Teil der Informationen explizit enthalten, die für das Verständnis notwendig sind, findet ein solches Inferieren auch bei (relativ) eindeutigen Texten ständig statt, und zwar meist „unbewusst und automatisch", während die „an den Text herangetragenen Interpretationsstrategien" „bewusst und kognitiv kontrolliert sind" (ebd.: 64). Dabei dürfte es fließende Übergänge zwischen beiden Extrempolen geben.

Das Textverständnis hängt also nicht nur vom Wortlaut und dem jeweiligen Vorwissen ab, sondern selbstverständlich auch davon, wie sehr man sich um ein solches bemüht. Um noch einmal den Klassiker der Hermeneutik zu zitieren: „Der Unterschied zwischen dem kunstmäßigen und kunstlosen in der Auslegung beruhet [...] immer darauf, daß man einiges genau verstehen will und anderes nicht" (Schleiermacher 1819/1996: 954; im Orig. gesperrt). In der Kognitionsforschung hat man dafür das sog. **Good-enough-Prinzip** eingeführt; es trägt dem Tatbestand Rechnung,

> „dass oft eine unvollständige Verarbeitung für den Hörer ausreicht, damit er angemessen reagieren kann [...]. Es relativiert die Bedeutung von syntaktischen und semantischen Verarbeitungsprozessen und betont den funktionalen Charakter von Verstehensprozessen in einer Kommunikation." (Rickheit et al. 2010: 73)

In dieser pragmatischen Situierung von Verstehensprozessen unterscheidet sich die neuere Kognitionsforschung ebenso von der traditionellen wie in dem schon oben angesprochenen Konzept des *embodiment*, das Sprachverarbeitung nicht mehr unabhängig von Wahrnehmung, Handlung und Emotion begreift:

> „Alle bisherigen Erfahrungen mit einem bestimmten Begriff, beispielsweise dem wahrgenommenen Wort ‚Katze', bewirken, dass im Gehirn multimodale Repräsentationen dieses Begriffes aufgebaut werden: etwa das Streicheln einer Katze, ihr Abbild, das Spiel mit ihr, das Fühlen der Krallen, ihr Geruch, das Hören des Schnurrens usw." (Rickheit et al. 2010: 107)

Selbstverständlich verstehen sich die Kognitionswissenschaften nach wie vor als ‚szientifische Wissenschaft'. Das drückt sich in erster Linie darin aus, dass sie die Annahme eines holistischen Zugangs des Menschen zur Welt experimentell nachzuweisen suchen, dabei aber zugleich ‚die verfestigten Dualismen von Sinnverstehen und Kausalerklärung unterlaufen' können (vgl. Jung 2012: 167).

> „Es ist nicht übertrieben, hier von einem kognitionswissenschaftlichen Paradigmenwechsel zu sprechen, der u.a. durch eine naturalistische, nicht jedoch reduktionistische Weiterführung von Einsichten der philosophischen Hermeneutik mit auf den Weg gebracht worden ist." (Jung 2012: 172)

1.5.4. Der Text als Folge von Sätzen: Grammatikografie

Nach dem Blick auf die nächst verwandten Disziplinen kommen wir nun zur Sprachwissenschaft im engeren Sinne. Die engste Auslegung von Linguistik schreibt ihr als zentralen Gegenstandsbereich die Grammatik zu. Damit sind die Traditionslinien insbesondere zur ersten Phase der modernen Textlinguistik, der Textgrammatik oder Transphrastik zu ziehen, für die sich der Text als eine Folge von Sätzen darstellt. Genau diese Sichtweise wird nun mit (negativem) Bezug auf den Kronzeugen Bloomfield als besonders neu dargestellt. Bloomfield ist freilich selbst bereits ein sehr moderner Linguist, nämlich ein wichtiger Vertreter des amerikanischen Strukturalismus, so dass sich aus einer weiteren historischen Perspektive ein Blick auf die **vorstrukturalistische Grammatik** aufdrängt.

1.5.4.1. Ältere Grammatikografie

Die Grammatik als spezielle Disziplin entwickelt sich, wie bereits gesagt, nicht nur sehr früh, sondern die (für das Griechische und Lateinische entwickelten) Systeme der antiken Autoren haben das ganze Mittelalter und bis in die Neuzeit als Vorbilder auch für die Beschreibung moderner Volkssprachen gewirkt. Grammatik in diesem traditionellen Sinne umfasst nun in der Regel nur zwei Hauptteile, nämlich **Laut- und Formenlehre** (Flexion). Der **Syntax**, die man heute als im Zentrum der Grammatik stehend betrachtet, wird entweder überhaupt kein oder nur ein sehr kurzes Kapitel gewidmet.[19] Ein Hauptgewicht wird ihr erst seit der

---

19 Scherner (1996: 122f.) macht immerhin auf eine „bemerkenswerte Ausnahme" in Gestalt des Werks *Der Teutschen Sprache Grundrichtigkeit und Zierlichkeit* (1672) von Christian Pudor als der ersten deutschen Grammatik aufmerksam, „die über die Behandlung des ‚Satzes' bis zum ‚Text' führt." Diese Schrift hatte aber auf die weitere Grammatikografie keinen Einfluss.

Wende vom 18. zum 19. Jahrhundert zugewiesen, und dort ist der Satz die größte Einheit, die in eigenen Kapiteln oder Teilen behandelt wird.[20]

Dies ist also der Hintergrund für die so oft beklagte Abstinenz der älteren Forschung gegenüber textrelevanten Phänomenen. Allerdings wird mit der Behauptung, die frühere Grammatikografie sei gegenüber dem Text blind gewesen und habe satzübergreifende Phänomene ‚in die Stilistik verbannt' ein Topos tradiert, der den vorstrukturalistischen Autoren keineswegs gerecht wird. Wenn wir zunächst zu verstehen suchen, warum es keine Kapitel zum Text gibt, so kann man ein Argument anführen, das schon im Zusammenhang mit der Rhetorik genannt wurde: Praktisch orientierte Werke erläutern nichts, was sich für die Adressaten von selbst versteht. Dazu gehört für die Rhetorik die gesamte Grammatik; deren Kenntnis wird vorausgesetzt. **Grammatikschreibung** ist ebenfalls zunächst eine praktische Angelegenheit. Sie entsteht als **Lehrmaterial für den Erwerb fremder Sprachen,** für die Römer des Griechischen, später dann speziell des Lateinischen. Deswegen spricht man bei der traditionellen Grammatik auch von Schulgrammatik.

Die Aufgabe von Grammatiken für Volks- und damit auch Muttersprachen besteht zunächst in der normativen Festlegung von einheitlichen Regeln für die gesamte Sprachgemeinschaft und konzentriert sich dementsprechend auf Phänomene, die (etwa in verschiedenen Dialekten) unterschiedlich gehandhabt werden, wo also auch Muttersprachler ‚Probleme' haben. Die frühesten Grammatiken des Deutschen haben überdies als zentralen Gegenstand die **Orthografie** (vgl. dazu Gardt 1999: Kap. 2). Die grammatische Kompetenz in der Muttersprache wird also gerade nicht vorausgesetzt, eine Standardsprache gab es noch gar nicht. **Vorausgesetzt** wird aber die nicht einzelsprach- und auch nicht textsortengebundene[21] **kommunikative Kompetenz.** Zu dieser gehört nun auch vieles, was die Satz-, insbesondere aber die Textbildung angeht; d. h. viele Regeln, die den textuellen Zusammenhang zwischen Sätzen betreffen, sind eben nicht einzelsprachspezifisch und sie fallen nicht ausschließlich in die Domäne der Grammatik, sondern sind semantisch und pragmatisch fundiert. Setzt man aber als Grammatiker einen vernünftigen und kommunikativ kompetenten Leser voraus, so wird man es etwa für überflüssig halten, ihm zu erklären, dass am Textbeginn z. B. die Ausdrücke *aber, dieser Umstand, drittens, infolgedessen* usw. merkwürdig sind, dass Sätze mit diesen Ausdrücken also normalerweise Vorgänger-Sätze verlangen.

---

20 Selbst wenn es kein eigenständiges Kapitel zur Syntax gibt, so bedeutet das allerdings nicht, dass die Konzepte Satz und Text für die Grammatiker nicht relevant wären (vgl. dazu weiter 2.3.).
21 Anleitungen zur Abfassung von Texten insbesondere im Kanzleiverkehr (sog. Briefsteller) gibt es natürlich auch, sie sind mindestens so wichtig wie die Orthografie- und Grammatikbücher.

Die **Erweiterung** von Satz- zu **Textgrammatiken** lässt sich nun systematisch **zwei Ausgangspositionen** zuordnen: Einerseits kann man es sich natürlich doch zur Aufgabe machen, systematisch alle Sprachmittel zusammenzustellen, die Bezüge zwischen Sätzen, ihre Abhängigkeit untereinander betreffen. Dies wird insbesondere notwendig bei dem Vorhaben, eine **vollständige und explizite Grammatik** zu schreiben, die (nur) akzeptable Äußerungen erzeugt – und dies womöglich auch noch maschinell. Denn hier darf man natürlich einen mitdenkenden und kommunikativ kompetenten Leser nicht voraussetzen. Daher hat auch die Idee der generativen Grammatik, die sich eben zur Aufgabe macht, Regeln zur Erzeugung möglicher, nicht zur Beschreibung tatsächlicher Äußerungen zu formulieren, in ihrer Frühphase eine außerordentlich inspirierende Wirkung auf textlinguistische Arbeiten gehabt. Andererseits gibt es aber auch teilweise **einzelsprachspezifische Phänomene im Bereich der Satzverknüpfung**, die nicht so trivial sind wie die eben genannten in Eingangssätzen ungeeigneten Ausdrücke. Der zweite Ausgangspunkt ist der für normale Sprachteilhaber relevantere und daher auch der historisch frühere.

Die Tatsache, dass in älteren Grammatiken ‚nur' die Syntax behandelt wird, darf nämlich nicht zu der Annahme verleiten, hier ginge es allein um die Beschreibung von Einzelsätzen. Dies sei an den für die deutsche vorstrukturalistische Grammatikschreibung besonders wichtigen Werken von **Hermann Paul** und **Otto Behaghel** erläutert. Behaghel hat eine vierbändige *Deutsche Syntax* vorgelegt, um „zu vollenden, was unvollendet geblieben war, das zu leisten, was Jakob Grimm nicht mehr hatte leisten können oder wollen" (Behaghel 1923–1932, I: VII).[22] Pauls Grammatik umfasst fünf Bände.[23] Beide enthalten zahlreiche Aussagen zu textrelevanten Phänomenen, zumal sich überhaupt die Frage stellt, wie man ausführlich über **Pronomina, Konjunktionen, Artikel** und **Partikel** handeln können soll, *ohne* auf satzübergreifende Aspekte einzugehen. Paul und Behaghel kommt überdies ihre konsequent **sprachhistorische Sichtweise** zugute: Sprachgeschichtliche Veränderungen lassen nämlich viel offensichtlicher die fließenden Übergänge zwischen der Nebeneinanderstellung von Sätzen und ihrer syntaktischen Integration erkennen. Dabei wird übrigens oft insbesondere die „Wechselrede", das **Gespräch, als originäre Kommunikationssituation** benannt. Aus ihr erklären sich etwa die konditionalen Nebensätze mit Verb-Erst-Stellung, die sich auf die Folge ‚Frage – (vorausgesetzte Antwort) – Replik auf die

---

22 Die vier Bände der Grammatik von Jakob Grimm sind 1819–1837 erschienen.
23 Bei Paul kann man allerdings auch auf die theoretisch ausgerichtete Schrift *Prinzipien der Sprachgeschichte* (1. Aufl. 1880) zurückgreifen, wo großenteils dasselbe wie in der späteren Grammatik systematischer und knapper dargestellt ist.

Antwort' zurückführen lassen: *Bist du nicht willig (?) – (Nein) – So brauch ich Gewalt* (vgl. Paul 1975: 150). Unmissverständlich stellt Paul allgemein fest:

> „Vollkommen selbständig ist ein Satz nur, wenn er isoliert für sich hingestellt wird. Man reiht nicht mehrere Sätze aneinander, wenn nicht irgend ein Verhältnis zwischen ihnen besteht." (Paul 1916–1920, IV: 160)

> „Es liegt [...] auf der Hand, dass gar kein vernünftiger Grund vorhanden sein könnte Sätze parataktisch an einander zu reihen, wenn nicht zwischen ihnen ein innerer Zusammenhang bestünde, d. h. wenn nicht einer den andern irgendwie bestimmte. Ein rein parataktisches Verhältnis zwischen zwei Sätzen in dem Sinne, dass keiner den anderen bestimmt, gibt es also nicht." (Paul 1880/1975: 148)

Das heißt nichts anderes, als dass der Text eben keineswegs als eine (unverbundene) Folge von Sätzen betrachtet wird. Auch in Bezug auf den **bestimmten Artikel** – neben den Demonstrativa Paradebeispiel für die Verknüpfung nebeneinander stehender Sätze – ist die historische Entwicklung erhellend:

> „Der b e s t i m m t e A r t i k e l stammt aus dem anaphorischen Pronomen – nicht aus dem deiktischen, wie vielfach angenommen wird" (Behaghel 1923–1932, I: 33)
> „[Er] dient der Aufnahme von bekannten Größen" (ebd.: 39)

Behaghel geht dann über mehrere Seiten hin darauf ein, woraus sich die Bekanntheit der Größe ergeben kann und unterscheidet u. a. **„mittelbare Anaphora"**, womit er sich auf Elemente aus den in 1.5.3. erwähnten Schemata bezieht. Diese haben dann auch in der transphrastischen Textlinguistik wieder besondere Aufmerksamkeit erfahren, da hier nicht – der einfachere Fall – Referenzidentität vorliegt (also: *der König – er/dieser König/der Monarch* usw.). Behaghel erläutert die auf **Inferenzen** beruhenden Verknüpfungen folgendermaßen:[24]

> „das mit dem Artikel versehene Substantiv verkörpert einen Begriff, der mit vorher ausgesprochenen Vorstellungen (N a c h b a r v o r s t e l l u n g e n) verknüpft ist und durch sie in der Seele des Sprechenden hervorgerufen wird. [...] Diese mittelbare Anaphora spielt im Gespräch eine große Rolle. Es wird mitgeteilt: *X. ist gestorben*, und es erfolgt die Antwort: *Hat man das Testament schon gefunden?*" (Behaghel 1923–1932, I: 41 f.)

Außer auf diese klassischen Mittel, die der Verknüpfung von Sätzen untereinander dienen, kommen textrelevante Aspekte noch gelegentlich bei der Erläuterung von **Modus** und **Tempus** und ausführlich bei **Ellipsen** (Paul 1916–1920, IV: Kap. 15

---

24 Heute spricht man bei diesen gemeinsamen Wissensvoraussetzungen von *common ground* oder – da diese teilweise erst interaktiv hergestellt bzw. abgeklärt werden müssen – von *common grounding* (vgl. dazu Rickheit et al. 2010: 83 ff.).

„Sparsamkeit im Ausdruck"), **komplexen Sätzen** und schließlich bei der **Wortstellung** zum Tragen – das sind genau die Phänomene, die auch in der Transphrastik im Vordergrund standen.

Aus diesen wenigen Beispielen dürfte hinreichend erhellen, dass die frühere Grammatikografie keineswegs blind gegenüber dem Text war. Den **negativen Bezugspunkt für die ‚neue' Textlinguistik** stellt also nicht allgemein die ältere, sondern die **strukturalistische Sprachwissenschaft** dar. Dafür, dass diese nicht zum Text vorstößt, scheint mir allerdings nicht so sehr die Tatsache wichtig, dass man die Satzgrenze nicht überschreiten will, als dass man dabei über das rein Sprachliche hinausgehen muss. Letzten Endes erklären sich die Dinge nämlich nur mit Rücksicht auf den kommunikativen Zusammenhang, die spezifischen Bedingungen der konkreten Äußerungssituation. Teilweise reicht zwar der Rückgriff auf das aus, was in der sprachlichen Umgebung, in Nachbarsätzen, steht. Solche expliziten Anhaltspunkte im Oberflächentext, die **Kohäsionsmittel** (vgl. Kap. 7.1.), sind aber gewissermaßen nur der Sonderfall einer allgemeineren Erscheinung, des inhaltlichen Zusammenhangs nämlich (*Kohärenz*), wobei die Kommunikationssituation und das Vorwissen eine herausragende Rolle spielen (vgl. Kap. 1.5.3.). Pragmatische Faktoren wie die Situation und die kommunikative Intention und psychologische Aspekte wie das Vorwissen will aber die strukturalistische Schule im Bemühen um Autonomie aus der linguistischen Beschreibung heraushalten. Und sie will sich auch gar nicht um die Beschreibung von konkreten Äußerungen-in-Funktion kümmern, sondern aus solchen nur das **System abstrahieren**.

Ganz anders in der vorstrukturalistischen Sprachwissenschaft: Paul hatte nicht nur keine Berührungsängste gegenüber der Psychologie, sondern fundiert im Gegenteil seine grammatischen Beschreibungen psychologisch. Auch die Beschränkung auf die Analyse des Systems wird erst mit dem Strukturalismus Programm und liegt Paul fern. Sehr modern wirkt dementsprechend die folgende Aussage von ihm:

> „Die deskriptive Grammatik [sie entspricht dem, was später als synchrone Systemlinguistik bezeichnet wird] verzeichnet, was von grammatischen Formen und Verhältnissen innerhalb einer Sprachgenossenschaft zu einer gewissen Zeit üblich ist [...] Ihr Inhalt sind nicht Tatsachen, sondern nur eine Abstraktion aus den beobachteten Tatsachen. [...] So lange man sich mit der deskriptiven Grammatik bei den ersteren [den Abstraktionen] beruhigt, ist man noch sehr weit entfernt von einer wissenschaftlichen Erfassung des Sprachlebens.
> § 12. *Das wahre Objekt für den Sprachforscher sind vielmehr sämtliche Äußerungen der Sprechtätigkeit an sämtlichen Individuen in ihrer Wechselwirkung auf einander.*" (Paul 1880/ 1975: 24; Hervorhebung im Original gesperrt)

Diesen Punkt abschließend sei noch kurz auf Pauls Äußerungen zur **Satzgliedstellung** eingegangen, die uns langsam zu den jüngeren ‚Vorläufern' der Textlinguistik führen. Was in einer Äußerung überhaupt explizit gesagt werden muss (nicht „erspart" werden kann) und in welcher Reihenfolge die einzelnen Elemente am besten präsentiert werden, hängt klarerweise vom Kontext ab. Den **Kontext** eines Satzes bilden aber nicht nur die daneben stehenden Sätze, sondern auch „die dem Sprechenden und Hörenden gemeinsame A n s c h a u u n g" (*Gib her!* – nämlich das, was du, wie wir beide sehen, in der Hand hast) und die „Gemeinsamkeit des Aufenthaltsortes, der Lebenszeit, der Stellung und Beschäftigung, überhaupt mannigfacher Erfahrungen" (Paul 1880/1975: 79).[25] Solche mannigfachen Voraussetzungen determinieren nun den grammatischen Aufbau einer Äußerung, „ist doch das grammatische Verhältnis nur auf Grundlage des psychologischen auferbaut" (ebd.: 124). Als grammatische Elemente des Satzes werden seit dem Mittelalter Subjekt und Prädikat unterschieden. „Diese grammatischen Kategorien beruhen auf einem psychologischen Verhältnis" (ebd.), für das die Ausdrücke **psychologisches Subjekt bzw. Prädikat** eingeführt werden:

> „Das psychologische Subjekt ist die zuerst in dem Bewusstsein des Sprechenden, Denkenden vorhandene Vorstellungsmasse, an die sich eine zweite, das psychologische Prädikat anschliesst" (Paul 1880/1975: 124).

Was Paul und andere[26] psychologisches Subjekt – psychologisches Prädikat nennen, wird heute mit den Begriffen **Thema – Rhema** oder *topic – comment* bezeichnet. Besonders intensiv hat sich die Prager Schule diesem Bereich gewidmet, für den Vilém Mathesius 1929 den Terminus **Funktionelle Satzperspektive** geprägt hat.[27] Diese Theorie von der kommunikativ und kontextuell bedingten Abfolge von Satzgliedern in der aktuellen Äußerung ist (im Gegensatz zu den entsprechenden Ansätzen deutscher Grammatiker) in der modernen Textlinguistik sehr früh auf Beachtung gestoßen und in die textlinguistische Ahnenreihe aufgenommen worden. Dies erklärt sich u. a. daraus, dass der Prager Linguistenkreis – wiederum im Gegensatz zu anderen strukturalistischen Strö-

---

25 Ausführlicher als Hermann Paul hat Ph. Wegener (1885) noch Teilbereiche der „Situation des Bewußtseins" differenziert. Vgl. dazu Scherner (1984: 32 ff.).

26 Die Vorstellungen der älteren Sprachwissenschaft können hier nicht genauer behandelt werden. Vgl. dazu Eroms (1986: 2 ff.).

27 Für das Verständnis des Terminus und des gesamten Ansatzes ist besonders wichtig, dass der Prager Linguistenkreis im Gegensatz zu anderen strukturalistischen Schulen sich nicht nur, wie bereits erwähnt, intensiv mit poetischer Sprache und Stilistik beschäftigt, sondern auch von Anfang an den kommunikativ-funktionalen Charakter der Sprache betont. Vgl. dazu Eroms (2000) mit weiterführender Literatur.

mungen – von Anfang an ältere Traditionen einbezogen und den Strukturalismus nicht so sehr als Gegen-Programm dazu verstanden hat;[28] die faschistische Okkupation erzwang eine Unterbrechung der Arbeit, die aber nach Kriegsende wieder aufgenommen wurde.[29] Dabei weitete insbesondere **František Daneš** das Konzept der Funktionalen *Satz*perspektive zu einer Analyse der *Text*struktur aus und entwickelte die Theorie der **thematischen Progression** (vgl. dazu auch Kap. 6.1.).[30]

Die Theorie der Funktionalen Satzperspektive bzw. die entsprechenden Erläuterungen der Satzgliedfolge von Grammatikern wie Paul oder Behaghel[31] sind insofern von einem praktischen Interesse geleitet, als sie **einzelsprachspezifische Besonderheiten** betreffen: Die slawischen Sprachen und in geringerem Ausmaß auch das Deutsche haben, gegenüber etwa dem Englischen oder Französischen, eine relativ freie Wortstellung, so dass sich die Untersuchung der Funktion verschiedener Stellungsvarianten (auch in kontrastiver Sicht) hier besonders anbietet. Daneš' Überlegungen zur thematischen Progression gehen nun nicht nur von der Ebene des Satzes bzw. der Satzfolgen auf die Ebene des Gesamttextes über, vielmehr kommt es bei diesem Wechsel auch zu einer stärker theoretisch und allgemein orientierten Fragestellung, eben der, wie innerhalb von Texten Themen entfaltet oder Sub-Themen miteinander verbunden werden, eine Frage, die viel grundsätzlicher die Textkonstitution und auch kaum Einzelsprachspezifisches (eher schon: Kulturspezifisches) betrifft.

1.5.4.2. Auf der Suche nach einer grammatischen Textdefinition

Damit dringen wir zu dem vor, was man als Kern der modernen Textlinguistik betrachten kann, zu Ansätzen nämlich, die die Größe Text als Einheit sui generis betrachten und zunächst bestimmen wollen, was einen Text überhaupt ausmacht.

---

28 Vgl. dazu Helbig (1986: Kap. 3.2.).

29 In der BRD wurde der Strukturalismus in den 1960er Jahren dagegen (mit großer Verspätung gegenüber der internationalen Entwicklung) betont als anti-traditionalistischer Ansatz propagiert, wobei nicht nur eine frühe deutsche Variante des Strukturalismus, nämlich die sog. Sprachinhaltsforschung (v.a. Jost Trier und Leo Weisgeber), in Deutschland übergangen bzw. vehement abgelehnt wurde, sondern die gesamte sprachwissenschaftliche Arbeit während des Nationalsozialismus und in diesem Zusammenhang auch gleich diejenige vor dieser Zeit von der ab ca. 1970 ausgebildeten Generation erst einmal kaum noch rezipiert wurde (vgl. Kap. 9.2.). In der DDR wiederum orientierte man sich bei der 'Neubegründung' der Sprachwissenschaft stark an der osteuropäischen Tradition, u.a. auch an der Prager Schule.

30 Zum Beitrag der Prager Schule für die Textlinguistik insgesamt vgl. zusammenfassend Eroms (2000).

31 Weiter sind hier besonders die Arbeiten von Drach (1937) und Boost (1955) zu nennen.

Das führte unmittelbar zu einer Problematisierung des – bis dahin als intuitiv klar verstandenen – Gegenstandes, und zwar weil das Denken sowohl ganz auf den Satz zentriert als auch systemlinguistisch ausgerichtet war. Gestellt wird nämlich die Frage, was eine Satzfolge zu einem Text macht, welche Bedingungen gegeben sein müssen, damit man von einem Text sprechen kann und einen solchen von ‚zufälligen Satzfolgen‘ abgrenzen kann, die als nicht wohlgeformte Texte bezeichnet werden müssen. Stellt man die Frage, *was* eine Satzfolge zu einem Text macht, präsupponiert man bereits, *dass* ein **Text als Satzfolge** zu verstehen ist, geht also nicht mehr von *Text* im Sinne von ‚verwendete Sprache‘ aus, bei der es sich bekanntlich auch um unvollständige und fehlerhafte sowie nicht-satzförmige Phänomene handeln kann. Das Standardbeispiel hierfür ist *Hilfe!* (das übrigens auch Paul diskutiert); es gibt aber – zumal in der gesprochenen Sprache und in spezifischen (Teil-)Texten wie z. B. Titeln oder Listen (vgl. dazu bes. Jürgens 1999 und Hausendorf/Kesselheim 2008) – auch sehr viele nicht-satzförmige Äußerungen (vgl. dazu auch Kap. 7.5.).

Trotz des ausgeprägt grundlagentheoretisch orientierten Anspruchs wird also offenbar eine gängige Alltagsvorstellung von *Text* zugrunde gelegt, im Sinne von ‚längeres Schriftstück‘. Wegen seiner Länge besteht es normalerweise aus mehreren Sätzen. Systematisch erhebt sich dann die Frage, wie die Satzfolgen beschaffen sind und ob es auch Satzfolgen geben kann, die keinen Text darstellen. Auf eine solche Frage dürfte man dagegen eigentlich gar nicht kommen, wenn man die Auffassung ernst nimmt, dass Sprache überhaupt nur in Texten vorkommt, und, wie Hartmann es vorschlug, phänomenologisch vorgeht. Denn dann ist einfach alles, was man an Sprache in natürlicher Kommunikation beobachten kann, per definitionem ein Text, oder wie Paul sagt: „Ein rein parataktisches Verhältnis zwischen zwei Sätzen in dem Sinne, dass keiner den anderen bestimmt, gibt es also nicht" (Paul 1880/1975: 148), d. h. es kommt gar nicht vor, dass Sprecher ‚zufällige Satzfolgen‘ produzieren (vgl. Kap. 2.5.2.). Prinzipiell kann man dieser letzten Auffassung zweifellos zustimmen. Es gibt aber doch auch Gründe, die Frage danach, was eine Satzfolge zum Text macht, nicht als bloß akademische zu betrachten.

Unter einem sehr praktischen Gesichtspunkt wird sie v. a. virulent, wenn man es mit **Sprachmaterial** zu tun hat, das uns **in unordentlicher Gestalt** begegnet. Das ist häufig der Fall, wenn man es etwa mit Handschriften zu tun hat, kann aber auch vorkommen, wenn einem ein Stapel von Papieren, die auf dem Schreibtisch lagen, auf die Erde fällt. Man wird dann versuchen, wieder Ordnung herzustellen, im ersten Fall auch offensichtlich Fehlendes sinnvoll zu ergänzen, und dabei greift man auf sein implizites Wissen darüber zurück, was als ein Text zusammengehört und wie seine Teile sinnvoll aufeinander folgen können. Praktische Bedeutung hat eine Explizierung der Prinzipien, nach denen Sätze (sinnvoll) miteinander verbunden werden, natürlich auch im Kontext des **Sprachunterrichts**. Ferner müssen wir aber auch mit **nicht-natürlichem/-normalem Sprachgebrauch** rechnen. Dazu gehören nicht nur maschinen-generierte Texte – wenngleich natürlich für die automatische Sprachverarbeitung Prinzipien der Satzverknüpfung von zentraler Bedeutung sind –, sondern auch diverse linguistische Aktivitäten und Produkte wie etwa die Satzfolgen in Testserien oder Wörterbücher.

Wenden wir uns also den zentralen Fragen aus der Frühzeit der Textlinguistik zu: Was macht eine Satzfolge zu einem Text? Welche Satzfolgen müssen als ‚Nicht-Texte' betrachtet werden? Welche Sätze eignen sich als Texteröffnungen? Welche Ausdrücke können in Textanfangssätzen nicht vorkommen? Fragen wie diese bilden den Gegenstand der ersten großen textlinguistischen Monografie, die von **Roland Harweg**, einem Schüler Peter Hartmanns, stammt und die schon zwischen 1962 und 1964 entstanden ist. Ihr Titel ist *Pronomina und Textkonstitution*. In ihr schreibt Harweg den **Pronomina** (die schon oben als wesentliche Kohäsionsmittel genannt wurden) die zentrale Rolle bei der Textkonstitution zu und gelangt zu folgender Definition von *Text*: *„ein durch ununterbrochene pronominale Verkettung konstituiertes Nacheinander sprachlicher Einheiten"* (Harweg 1979: 148; Hervorhebung im Original gesperrt). Sehr vereinfacht gesagt bedeutet dies: Am Textbeginn werden bestimmte (bis dahin als unbekannt zu betrachtende) Redegegenstände eingeführt (charakteristischerweise mit einem indefiniten Ausdruck): *Es war einmal ein* ... Im Folgesatz wird dieser Ausdruck dann durch einen definiten Ausdruck wieder aufgegriffen, mit einem neu eingeführten Redegegenstand verbunden, der in der Folge seinerseits pronominalisiert wieder aufgenommen werden kann usw. usw. Diese Struktur kann man besonders gut in Märchentexten auffinden (vgl. Textbeispiel 1).

Textbeispiel 1

(1) Frau Trude

(2) Es war einmal ein kleines Mädchen, das war eigensinnig und vorwitzig, und wenn ihm seine Eltern etwas sagten, so gehorchte es nicht: wie konnte es dem gutgehen? **(3)** Eines Tages sagte es zu seinen Eltern ‚Ich habe so viel von der Frau Trude gehört, ich will einmal zu ihr hingehen: die Leute sagen, es sehe so wunderlich bei ihr aus, und erzählen, es seien so seltsame Dinge in ihrem Hause, da bin ich ganz neugierig geworden.' **(4)** Die Eltern verboten es ihr streng und sagten ‚die Frau Trude ist eine böse Frau, die gottlose Dinge treibt, und wenn du zu ihr hingehst, so bist du unser Kind nicht mehr.' **(5)** Aber das Mädchen kehrte sich nicht an das Verbot seiner Eltern und ging doch zu der Frau Trude. **(6)** Und als es zu ihr kam, fragte die Frau Trude ‚warum bist du so bleich?' **(7)** ‚Ach,' antwortete es und zitterte am Leibe, ‚ich habe mich so erschrocken über das, was ich gesehen habe.' **(8)** ‚Was hast du gesehen?' **(9)** ‚Ich sah auf Eurer Stiege einen schwarzen Mann.' **(10)** ‚Das war ein Köhler.' **(11)** ‚Dann sah ich einen grünen Mann.' **(12)** ‚Das war ein Jäger.' **(13)** ‚Danach sah ich einen blutroten Mann.' **(14)** ‚Das war ein Metzger.' **(15)** ‚Ach, Frau Trude, mir grauste, ich sah durchs Fenster und sah Euch nicht, wohl aber den Teufel mit feurigem Kopf.' **(16)** ‚Oho,' sagte sie, ‚so hast du die Hexe in ihrem rechten Schmuck gesehen: ich habe schon lange auf dich gewartet und nach dir verlangt, du sollst mir leuchten.' **(17)** Da verwandelte sie das Mädchen in einen Holzblock und warf ihn ins Feuer. **(18)** Und als er in voller Glut war, setzte sie sich daneben, wärmte sich daran und sprach ‚das leuchtet einmal hell!'

Schon dieser einfache Text zeigt jedoch, dass nicht alles, wovon neu die Rede ist, vorher als unbekannt zu gelten hat: Die Eltern werden mit dem definiten Ausdruck *seine* eingeführt und *die Leute* von vornherein mit dem definiten Artikel. Harwegs Definition kann daher nur greifen, wenn man nicht den traditionellen **Begriff von Pronomen** zugrunde legt; tatsächlich erarbeitet er eine **neue Definition**: Bei ihm fallen unter *Pronomina* **alle Ausdrücke, die einen vorerwähnten wiederaufnehmen** (*substituieren*) können, insbesondere Ausdrücke mit dem definiten Artikel. Harweg entwickelt nun eine außerordentlich differenzierte (und terminologisch wenig eingängige) Typologie von am Texteingang und nur in Folgesätzen möglichen Ausdrücken, die hier nicht referiert werden soll. Erwähnt sei nur, dass dabei auch das eine große Rolle spielt, was Behaghel mittelbare Anaphora genannt hatte und was bei Harweg als „Text-Nichtidentitäts-Substitutionen = Text-Kontiguitäts-Substitutionen" erscheint, die logisch (*ein Problem – die Lösung*), naturgesetzlich (*ein Blitz – der Donner*), kulturell (*eine Stadt – der Bahnhof*) oder auch situationell (*ein Mann – das lose Sporthemd*) begründet sein können. Den letzten Typ möchte Harweg jedoch „als illegitim ablehnen und unter Annahme einer Ellipse [hier: *er trug ein loses Sporthemd*] katalysieren" (Harweg 1979: 197; vgl. auch Kap. 2.5.2. und 7.1.3.).

Festzuhalten ist danach Folgendes: Von den ‚mannigfachen Erfahrungen', die in einer konkreten Kommunikationssituation als gemeinsames Wissen der Teilnehmer vorausgesetzt werden können und die die Interpretation von definiten Ausdrücken entscheidend beeinflussen, von den verschiedenen Arten des Vor- und Kontextwissens also, berücksichtigt Harweg nur allgemeiner verbreitetes Wissen (z. B. dass ein Mädchen Eltern hat, auf einen Blitz ein Donner folgt usw.). Ihm geht es nicht um die (hermeneutische) Fragestellung, wie eine Satzfolge interpretiert wird, sondern nur um die Strukturen des Oberflächentexts, für die er die **ununterbrochene pronominale Verkettung** als (formale) Bedingung für Textualität fordert.

Diese – die vertraute Größe Text stark verfremdende – Definition von Harweg hat den Vorteil, gut überprüfbar, genauer falsifizierbar zu sein. Tatsächlich nahmen mehrere Forscher die Herausforderung an und konstruierten (in einer typisch nicht-natürlichen Art von Sprachverwendung) einerseits Satzfolgen, die zwar ununterbrochen pronominal verkettet sind, aber trotzdem nicht als (normale) Texte verstanden werden (Textbeispiel 2); andererseits konstruierten sie auch Satzfolgen, die den Bedingungen Harwegs nicht entsprechen und trotzdem als Texte funktionieren, bzw. sie suchten entsprechende Textpassagen in unter natürlichen Bedingungen geschaffenen Texten auf (vgl. z. B. Textbeispiel 3, dazu weiter Kap. 7.). Auf dieser Grundlage kommt man zu dem Schluss, dass ununterbrochene pronominale Verkettung weder eine notwendige noch eine hinreichende Bedingung für Texte darstellt[32] – und damit wieder zurück zum Ausgangspunkt, nämlich der These, das Wesentliche an Texten sei eben, dass es sich um kommunikativ funktionierende Ganzheiten handele, was (entsprechend der groben Strukturierung der Entwicklung der Textlinguistik) zur zweiten, kommunikativ-funktionalen, Phase hinleitete.

Textbeispiel 2
Ich habe eine alte Freundin in Hamburg getroffen. Dort gibt es zahlreiche öffentliche Bibliotheken. Diese Bibliotheken wurden von Jungen und Mädchen besucht. Die Jungen gehen oft in die Schwimmbäder. Die Schwimmbäder waren im letzten Jahr mehrere Wochen geschlossen. Die Woche hat 7 Tage.

Einen fundamentalen Bruch mit der transphrastischen Hypothese stellte dies freilich nicht dar, da niemand ernsthaft bestreitet, dass pronominale Verkettung, wenn auch kein notwendiges oder hinreichendes, so doch auf jeden Fall ein ganz charakteristisches Mittel der Textkonstitution darstellt. Es ging also mehr um eine Erweiterung der Textgrammatik bzw. eine Integration der an den Ausdrucksmitteln ansetzenden Untersuchungsrichtung[33] mit dem kommunikativ orientierten Ansatz.

In der frühen Textlinguistik gab es schließlich auch noch Projekte, aus grammatischer Perspektive, ein **vollständiges Regelsystem zur Textableitung** zu entwickeln. Dabei richtete man sich, wie schon oben angedeutet, an den Modellen der Transformationsgrammatik der 1960er Jahre aus. Diese selbst betrachtet allerdings den Text nicht als relevantes Beschreibungsobjekt. Auf ihr aufbauende Modelle (vgl. dazu van Dijk 1971/1978) spielen heute keine Rolle mehr, es besteht vielmehr inzwischen Konsens darüber, dass sich Texte über formale Satzverbindungsregeln nicht definieren lassen und die **Kohärenz in erster Linie als semantisches Phänomen** zu betrachten ist. Von einer ‚semantischen Wende‘ ist in den Rekonstruktionen der Geschichte der Textlinguistik allerdings nicht die Rede, diese ist aufgehoben in kognitionswissenschaftlichen Ansätzen (vgl. Kap. 1.5.3.).

Die Diskussion um textgrammatische Phänomene hat gleichwohl deutliche Spuren hinterlassen, und der veränderte Stellenwert der Kategorie Text in der

---

32 Für die Argumente gegen die Kritik vgl. besonders Harweg (1975).
33 Außer der pronominalen Verkettung im Sinne Harwegs werden dabei natürlich auch noch andere grammatische und lexikalische Mittel der Kohäsion untersucht; vgl. dazu Kap. 7.1.

Grammatikografie drückt sich inzwischen u. a. darin aus, dass viele Grammatiken nun auch Kapitel zum Text umfassen[34] und die grammatische Forschung jetzt auf Textkorpora zurückgreift.

Textbeispiel 3

(1) Unverhoftes Wiedersehen
(2) In Falun in Schweden küßte vor guten fünfzig Jahren und mehr ein junger Bergmann seine junge, hübsche Braut und sagte zu ihr: (3) „Auf Sanct Luciä wird unsere Liebe von des Priesters Hand gesegnet. (4) Dann sind wir Mann und Weib, und bauen uns ein eigenes Nestlein." – und Friede und Liebe soll darinn wohnen," sagte die schöne Braut mit holdem Lächeln, dann du bist mein Einziges und Alles, und ohne dich möchte ich lieber im Grab seyn, als an einem andern Ort. (5) Als sie aber vor St. Luciä der Pfarrer zum zweytenmal in der Kirche ausgerufen hatte: (6) S o n u n   j e m a n d   H i n d e r n i ß   w ü ß t e   a n z u z e i g e n ,   w a r u m   d i e s e   P e r s o n e n   n i c h t   m ö c h t e n   e h e l i c h   z u s a m m e n k o m m e n . " (7) Da meldete sich der T o d . (8) Denn als der Jüngling den andern Morgen in seiner schwarzen Bergmannskleidung an ihrem Haus vorbeygieng, der Bergmann hat sein Todtenkleid immer an, da klopfte er zwar noch einmal an ihrem Fenster, und sagte ihr guten Morgen, aber keinen guten Abend mehr. (9) Er kam nimmer aus dem Bergwerk zurück, und sie saumte vergeblich selbigen Morgen ein schwarzes Halstuch mit rothem Rand für ihn zum Hochzeittag, sondern als er nimmer kam, legte sie es weg, und weinte um ihn und vergaß ihn nie. (10) Unterdessen wurde die Stadt Lissabon in Portugall durch ein Erdbeben zerstört, und der siebenjährige Krieg gieng vorüber, und Kayser Franz der erste starb, und der JesuitenOrden wurde aufgehoben und Polen getheilt, und die Kaiserin Maria Theresia starb, und der Struensee wurde hingerichtet, Amerika wurde frey, und die vereinigte französische und spanische Macht konnte Gibraltar nicht erobern. (11) Die Türken schloßen den General Stein in der Veteraner Höle in Ungarn ein, und der Kayser Joseph starb auch. (12) Der König Gustav von Schweden eroberte russisch Finnland, und die französische Revolution und der lange Krieg fieng an, und der Kaiser Leopold der zweite gieng auch ins Grab. (13) Napoleon eroberte Preußen, und die Engländer bombardirten Koppenhagen, und die Ackerleute säeten und schnitten. (14) Der Müller mahlte, und die Schmiede hämmerten, und die Bergleute gruben nach den Metalladern in ihrer unterirrdischen Werkstatt. (15) Als aber die Bergleute in Falun im Jahr 1809 etwas vor oder nach Johannis zwischen zwey Schachten eine Öffnung durchgraben wollten, gute dreyhundert Ehlen tief unter dem Boden gruben sie aus dem Schutt und Vitriolwasser den Leichnam eines Jünglings heraus, der ganz mit Eisenvitriol durchdrungen, sonst aber unverwest und unverändert war; also daß man seine Gesichtszüge und sein Alter noch völlig erkennen konnte, als wenn er erst vor einer Stunde gestorben, oder ein wenig eingeschlafen wäre, an der Arbeit. (16) Als man ihn aber zu Tag ausgefördert hatte, Vater und Mutter, Gefreundte und Bekannte waren schon lange todt, kein Mensch wollte den schlafenden Jüngling kennen oder etwas von seinem Unglück wissen, bis die ehemalige Verlobte des Bergmanns kam, der eines Tages auf die Schicht gegangen war und nimmer zurückkehrte. (17) Grau und zusammengeschrumpft kam sie an einer Krücke an den Platz und erkannte ihren Bräutigam; und mehr mit freudigem Entzücken als mit Schmerz sank sie auf die

---

34 Die Duden-Grammatik enthält z. B. ab der 5. Aufl. (1995) ein Kapitel *Vom Wort und Satz zum Text – ein Ausblick*, seit der 7. Aufl. (2005) ein mit *Der Text* überschriebenes Kapitel. Besonders früh hat Ulrich Engel (1988) einen solchen Teil in eine Grammatik integriert. Speziell hervorzuheben sind natürlich auch die Textgrammatiken von Weinrich (1982, 1993).

geliebte Leiche nieder, und erst als sie sich von einer langen heftigen Bewegung des Gemüths erholt hatte, „es ist mein Verlobter," sagte sie endlich, „um den ich fünfzig Jahre lang getrauert hatte und den mich Gott noch einmal sehen läßt vor meinem Ende. **(18)** Acht Tage vor der Hochzeit ist er auf die Grube gegangen und nimmer gekommen." **(19)** Da wurden die Gemüther aller Umstehenden von Wehmuth und Tränen ergriffen, als sie sahen die ehemalige Braut jetzt in der Gestalt des hingewelkten kraftlosen Alters und den Bräutigam noch in seiner jugendlichen Schöne, und wie in ihrer Brust nach 50 Jahren die Flamme der jugendlichen Liebe noch einmal erwachte; aber er öffnete den Mund nimmer zum Lächeln oder die Augen zum Wiedererkennen; und wie sie ihn endlich von den Bergleuten in ihr Stüblein tragen ließ, als die einzige, die ihm angehöre, und ein Recht an ihn habe, bis sein Grab gerüstet sey auf dem Kirchhof. **(20)** Den andern Tag, als das Grab gerüstet war auf dem Kirchhof und ihn die Bergleute holten, legte sie ihm das schwarzseidene Halstuch mit rothen Streifen um, und begleitete ihn in ihrem Sonntagsgewand, als wenn es ihr Hochzeittag und nicht der Tag seiner Beerdigung wäre. **(21)** Denn als man ihn auf dem Kirchhof ins Grab legte, sagte sie: **(22)** „Schlafe nun wohl, noch einen Tag oder zehen im kühlen Hochzeitbett, und laß dir die Zeit nicht lang werden. **(23)** Ich habe nur noch wenig zu thun, und komme bald, und bald wirds wieder Tag. – **(24)** Was die Erde einmal wiedergegeben hat, wird sie zum zweytenmal auch nicht behalten," sagte sie, als sie fortgieng, und noch einmal umschaute.

2. Zum Textbegriff

2.1. Vorbemerkungen zum Definitionsproblem

Zu den markantesten Veränderungen in der textlinguistischen Diskussion der letzten 15 bis 20 Jahre gehört eine **gewandelte Einschätzung der Bedeutung einer Definition** des Begriffs *Text*. Einen solchen Umschwung haben schon Heinemann/Heinemann (2002: 95–112) in ihrem umfangreichen Kapitel zum Problem einer Text-Definition angesprochen:

> „Es ist erstaunlich, dass nahezu jeder, der sich in den 70er und 80er Jahren zu Texten äußerte, zu verstehen gab, wie er den Textbegriff verstanden wissen wollte [...]. So lassen sich mühelos Hunderte von Textdefinitionen zusammenstellen" (M. Heinemann/W. Heinemann 2002: 96).

> „Vor dem Hintergrund einer solchen unübersichtlichen Ausgangslage verzichten daher viele Textlinguisten auf den Versuch einer übergreifenden Bestimmung des Begriffs" (ebd.: 102).

Tatsächlich tun sich auch neuere Einführungen mit der Definition von *Text* schwer oder rücken eine solche zumindest in den Hintergrund.[1] Bemerkenswert ist etwa, dass sowohl Gansel/Jürgens (2009) als auch Gansel (2011) ein Glossar enthalten, darin aber auf einen Eintrag zu *Text* verzichten, obwohl die Bücher – man ist geneigt zu sagen: natürlich – auch eine oder mehrere definitionsartige Aussagen zu *Text* enthalten. Bei Gansel und Jürgens steht eine Definition im Text sogar an herausgehobener Stelle:

> „Ein Text ist eine in sich kohärente Einheit der sprachlichen Kommunikation mit einer erkennbaren kommunikativen Funktion und einer in spezifischer Weise organisierten Struktur." (Gansel/Jürgens 2009: 51 bzw. Gansel 2011: 10)

Daneben steht ihre Einschätzung zur Problematik der Definition:

> „Die Kategorie ‚Text' entzieht sich einer eindeutigen, auf alle potenziellen Textexemplare zutreffenden Auflistung von Merkmalen. Schon gar nicht lässt sich auf diesem Wege trennscharf zwischen Texten und Nicht-Texten unterscheiden. [...]. Um der Kategorie ‚Text' in ihrer ganzen Komplexität und Vielschichtigkeit gerecht werden zu können, eignen sich am besten Definitionen, die relativ vorsichtig und weit gefasst sind" (Gansel/Jürgens 2009: 33).

Nun ist ein solches Nebeneinander einer Definition und der Problematisierung ihrer Möglichkeit wie natürlich auch der Verzicht auf Definitionen m.E. das

---

[1] Auch der HSK-Band (Brinker et al. 2000/01) enthält keinen Artikel zum Problem des Textbegriffs.

eigentlich Erstaunliche (und wahrscheinlich auch für manche Verwirrende), denn Definitionen gehören ja nach allgemeiner Einschätzung zum elementaren Handwerkszeug wissenschaftlicher Arbeit. Heinemann/Heinemann (2002: 103) erklären den Verzicht darauf denn auch aus einer „eher resignierenden Grundhaltung"; sie unterstellen offenbar, dass man angeben können sollte, „was immer und überall als Text zu gelten hat" (Brinker 1973: 9, zit. nach Heinemann/ Heinemann 2002: 102); eben dies will aber nicht gelingen – und kann grundsätzlich nicht gelingen. Das ‚Problem' mit der Definition von *Text* beruht, so meine Einschätzung, auf einer **eingeengten Vorstellung (vom Sinn) von Definitionen**. Diese Vorstellung ignoriert, dass erstens die **aktuelle Bedeutung** von Ausdrücken an den jeweiligen **Gebrauchskontext** gebunden ist und zweitens auch wissenschaftliche Begriffe dem Wandel unterliegen – selbst Disziplinen, die mit normierten Termini arbeiten, sind ständig mit der Nachjustierung ihrer Nomenklaturen beschäftigt. Die Sprachwissenschaft gehört allerdings nicht zu den Disziplinen, in denen Normierungen eine besondere Rolle spielen.[2]

Außerdem orientiert sich diese Vorstellung offenbar allein an der **Definition im klassischen (aristotelischen) Sinn**, die das Definiendum einem Oberbegriff (genus proximum, z. B.: Einheit der sprachlichen Kommunikation) zuordnet und mittels spezifizierender Merkmale (differentiae specificae, z. B.: kohärent, schriftlich usw.) von anderen Unterbegriffen abgrenzt, so dass eindeutig entscheidbar ist, ob ein Etwas zu einer Kategorie gehört oder nicht. Dem steht das **Prototypenkonzept** (vgl. Kleiber 1993, Mangasser-Wahl 2000b) gegenüber, das Heinemann/Heinemann denn auch als Ausweg aus der resignierenden Grundhaltung präsentieren. In der ersten Auflage des vorliegenden Buchs wurde dieses Konzept an den Schluss dieses Kapitels gestellt, inzwischen kann es als Ausgangspunkt gewählt werden, denn es besteht spätestens seit Sandig (2000; vgl. auch Sandig 2006: Kap. 5.1) sehr weitgehender Konsens darüber, dass es nicht möglich und sinnvoll ist, notwendige und hinreichende Merkmale für die Zugehörigkeit zur Kategorie Text zusammenzustellen.

In Erinnerung gerufen sei das Standardbeispiel für die prototypische Struktur einer Kategorie, nämlich Vögel. In Experimenten wurde festgestellt, dass für Amerikaner Rotkehlchen besonders typische Vögel sind und dass sie Papageien für weniger typische, Strauße und Pinguine schließlich für ganz untypische Vögel halten. Letzteres dürfte nicht nur für Amerikaner gelten; dennoch ist es wichtig zu beachten, dass die Vorstellungen über **Prototypen kultur-, zeit-, gruppenab-**

---

2 Zu denken ist hier allenfalls – abgesehen von orthografischen Normen und solchen in sprachtechnologischen Bereichen – an das Internationale Phonetische Alphabet IPA und ISO 639, eine internationale Norm für Sprachnamen. Für beide gibt es eine derzeit gültige Version, die frühere abgelöst hat und selbstverständlich für künftige Änderungen offen ist.

hängig und auch individuell variieren, also gerade nicht immer und überall gleich sind; für viele Inder sind z. B. Pfauen besonders typische Vögel.[3]

Gleichwohl dürfte die in der Abbildung 2.1 tentativ gewählte Anordnung von mehr oder weniger typischen Texten zumindest für den Prototyp und die eher peripheren Exemplare auf relativ breite Zustimmung stoßen. Sie ist analog zur bekannten Darstellung von Graden der Vogeligkeit bei Aitchison (1997: 68) angelegt, wählt aber statt typisierter Formen Abbildungen von konkreten Einzeltexten. Damit soll verdeutlicht werden, dass die Einordnung auf einer Skala der Typikalität nicht nur für abstrakte Kategorien (Roman, Kochrezept, Ausweis, Zeitung usw. als Repräsentanten für Texte) vorgenommen wird, sondern auch für Einzelexemplare, die wiederum mehr oder weniger gute Repräsentanten einer Unterkategorie sein können (typische und untypische Romane, Kochrezepte usw.).

Die Prototypentheorie ist **kein Gegenkonzept zur Merkmalbeschreibung**, sondern weist den Merkmalen einen anderen Status zu: Der Prototyp ist der Vertreter, der zentrale Merkmale der Kategorie aufweist – bei den Vögeln z. B. Flügel, Flugfähigkeit, Nestbau, eierlegend –, während Vertreter, die sich an der Peripherie befinden, zentrale Merkmale nicht aufweisen; z. B. können weder Strauße noch Pinguine fliegen und deren Flügel sind noch dazu eher Flossen. Daher erübrigt es sich auch nicht, nach den Merkmalen zu fragen, die bei Kategorien (potenziell) relevant sind und die sich bei konkreten Einzelobjekten ja auch problemlos ermitteln lassen. Sandig hat die Merkmale selbst in ein Prototypenschema eingefügt. Da dieses Schema sehr bekannt ist, wird es im Zusammenhang mit der Übersicht über Merkmale reproduziert (Abb. 2.2).

Eine Kategorie (und auch ein einzelnes Objekt) lässt sich nun natürlich unterschiedlichen Oberkategorien zuordnen. Um auf die Vögel zurückzukommen, so ist der Pinguin zwar ein schlechter Repräsentant für Vögel, aber ein recht guter für die Kategorie Zootier, während der Spatz hier mehr als peripher ist, in unseren Breiten nämlich dafür gar nicht infrage kommt. Ebenso ist ein Roman zweifellos ein besserer Vertreter für die Kategorie Text als ein Händeschütteln oder ein Zettel mit einem Herzchen. Umgekehrt verhält es sich jedoch m. E. eindeutig, wenn es um die Kategorie Einheit der Kommunikation geht.

Dass es sich bei **Texten** um komplexe Phänomene handelt, steht außer Frage. Dies bedeutet nun gerade konkret, dass sie sich **unterschiedlichen Kategorien** zuordnen bzw. unter verschiedenen Aspekten betrachten lassen: als Sinneinheiten, Folgen sprachlicher Zeichen, Mittel der Kommunikation usw. (vgl. Kap. 1.5.). Daher sind auch Definitionen unabdingbar; allerdings brauchen wir nicht eine, die ein für alle Mal festlegt, was immer und überall ein Text ist, sondern wir

---

3 Vgl. Aitchison (1997: Kap. 5 und 6, und hier insbesondere S. 84).

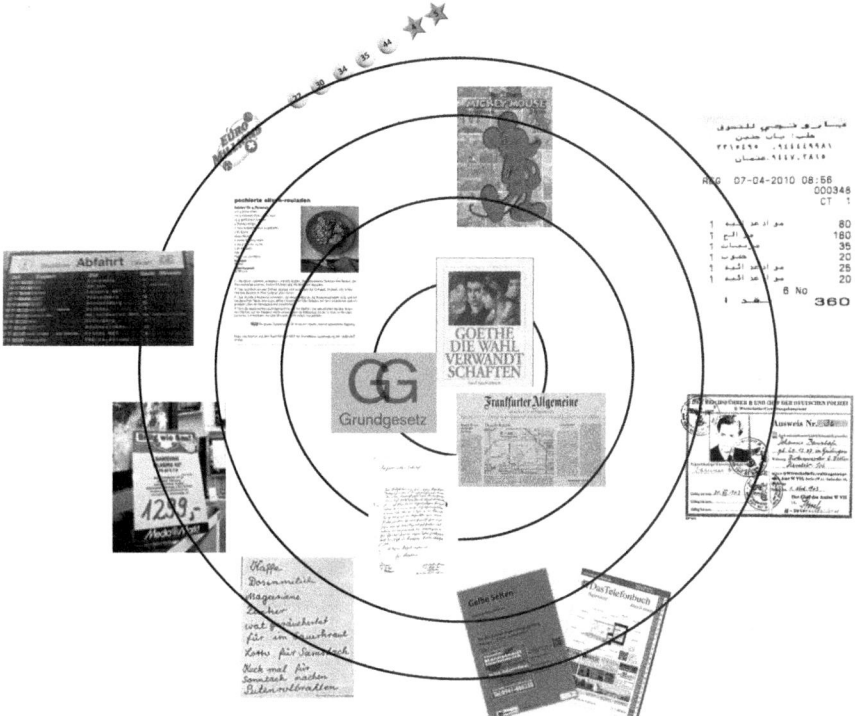

Abb. 2.1: Typische und weniger typische Vertreter der Kategorie Text

brauchen jeweils verschiedene Definitionen, wenn wir über unterschiedliche Aspekte, relevante Unterarten von Texten und anderen Mitteln der Kommunikation sprechen wollen. Der Wunsch nach einer einheitlichen, endgültigen und womöglich auch noch einfachen Definition ist also grundsätzlich verfehlt und weder dem Gegenstand noch wissenschaftlicher Arbeitsweise angemessen.

Damit kommen wir zu verschiedenen **Arten und Kontexten von Definitionen**, die sich v. a. danach differenzieren, wer die Definition vornimmt und welcher Anspruch damit verbunden ist (vgl. für eine umfassendere Darstellung aus linguistischer Sicht Roelcke 2010: Kap. 3.2). Sprechakttheoretisch gesehen können Definitionen einerseits dem Typ der Repräsentativa entsprechen, also informierenden Charakter tragen und erläutern, wie ein bestimmter Ausdruck (von jemandem) verwendet wird. In diesem Sinne haben auch Bedeutungserläuterungen aus allgemeinsprachlichen Wörterbüchern den Charakter einer **beschreibenden Definition**. Sie beruhen auf der Rekonstruktion des Sprachgebrauchs.

Dem stehen gegenüber **festsetzende Nominaldefinitionen**. Damit sind explizite Bedeutungsfestlegungen gemeint, die charakteristisch für wissenschaftliche Arbeit sind. Sie entsprechen einem Taufakt, also dem Sprechakttyp der Deklarationen, und gehen in der Regel einher mit der Einführung eines neu kreierten **Kunstausdrucks**. Sie schaffen also eine neue Ausdrucksseite (signifiant) für einen neu konzeptualisierten Inhalt (signifié) wie z. B. *Phonem, Morphem, Semem, Lexem* usw.

Zum Typ der festsetzenden Nominaldefinition gehört etwa die schon im Kapitel 1.5.4. erwähnte neue Definition der Pronomina als Substitutionen durch Harweg, die seiner Textdefinition vorgelagert ist. Seine Arbeit bietet auch ein gutes Beispiel dafür, dass eine Festsetzungsdefinition im Allgemeinen nicht allein kommt. Sie ist vielmehr eingebettet in ein **terminologisches Netz**. Bei Harweg gehören dazu neben vielen anderen Ausdrücken für Untergruppen von Substitutionen die „Text-Nichtidentitäts-Substitutionen = Text-Kontiguitäts-Substitutionen" (Harweg 1979: 179), die Behaghel als *mittelbare Anaphora* bezeichnet hatte und die man heute meist *indirekte Anaphern* nennt (vgl. Schwarz 2000). Auch für fachliche Konzepte kann es also synonyme Bezeichnungen geben. Dass seine auf solchen speziellen Differenzierungen aufbauende Definition von *Text* inhaltlich ebenso wenig wie bei den Pronomina das meint, was man traditionellerweise darunter versteht, verdeutlicht Harweg sinnvollerweise dadurch, dass er auch hierfür einen eigenen Ausdruck prägt; es geht ihm nämlich um den *emischen* (im Gegensatz zum *etischen*) *Text* (vgl. dazu weiter Kap. 2.5.3. und Tab. 7.1).

Neu eingeführte und/oder erstmals in bestimmter Weise definierte Begriffe gelten zunächst nur für den Originaltext. In vielen Fällen ist zwar mit der Einführung eines neuen Begriffs oder der Neudefinition eines schon bestehenden Ausdrucks der Wunsch verbunden, dass andere Forscher ihn aufnehmen. Insofern haben festsetzende Definitionen auch auffordernden Charakter, sie sind sozusagen Vorschläge an die Wissenschaftlergemeinschaft. Ob sich der Vorschlag durchsetzt, liegt aber nicht in der Hand des Begriffsschöpfers. Erst im Nachhinein lässt sich feststellen, was in den fachlichen Sprachgebrauch (für eine bestimmte Zeit und für bestimmte Kontexte, z. B. wissenschaftliche Schulen) aufgenommen wurde. Dies geschieht wiederum in Definitionen mit beschreibendem Charakter – auf diese Art von Definitionen sind **Fachwörterbücher** spezialisiert.

Ebenso wie in allgemeinsprachlichen Wörterbüchern findet man auch in diesen für viele Einträge mehrere Definitionen. Auch Fachausdrücke können also polysem sein; wie in nicht-fachlichen Texten ergibt sich die jeweils gemeinte, also **kontextuell bestimmte Bedeutung**, allerdings in der Regel aus dem Zusammenhang (vgl. dazu ausführlicher Roelcke 2010: Kap. 3.3). Charakteristisch für Fachtexte ist allerdings, dass häufig auch explizit gemacht wird, welche Lesart für den jeweiligen Text(abschnitt) gültig ist. Dabei kommt es auch zu **okkasionellen Definitionen**: Wenn man als Untersuchungskorpus etwa Zeitungsausgaben wählt, kann man festlegen, dass man unter *Text* nur den redaktionellen Anteil versteht und auch Titel, Bildunterschriften usw. ausschließt, also nur Fließtext berücksichtigt. Zu dieser Art von Ad-hoc-Definitionen gehört auch die folgende Festlegung:

> „Für die Zwecke dieses Buchs verwenden wir für den semiotisch erweiterten Text-Begriff [unter Einschluss von Bildern, Musik usw.] den Terminus ‚Medien-TEXT‘ oder kurz TEXT, wenn es für die Abgrenzung von bloß-verbalem ‚Text‘ nötig ist." (Burger/Luginbühl 2014: 99)

Die Funktion solcher ausdrücklich nur kontextuell gültigen Definitionen besteht darin, für den Zusammenhang klarzustellen, wovon jeweils die Rede ist, so dass es durchaus sinnvoll sein kann, auch innerhalb eines Textes mit verschiedenen Definitionen zu arbeiten.

Besonders notwendig sind explizite Klärungen, wenn man Ausdrücke benutzt, die auch alltagssprachlich geläufig sind. Das gilt für *Text* ebenso wie etwa für *Sprache, Wort* und *Satz.* Ein Grund für die frühere Definitionsfreudigkeit besteht darin, dass bis in die 1980er Jahre häufig sogar mit einer gewissen Emphase der wissenschaftliche Zugang dem alltagsweltlichen entgegengestellt wurde. Dies kommt sehr gut zum Ausdruck im *Lexikon der Sprachwissenschaft* von Bußmann, die als erste Erklärung für *Text* die ‚vortheoretische‘, also **alltagssprachliche Bedeutung,** anführt und besonders in der 1. Auflage die Überlegenheit der wissenschaftlichen Definition herausstreicht.

> „Vortheoretisch intuitive, weder quantitativ noch qualitativ definierte Kategorie sprachlicher Äußerungen von mehr als einem Satz, die sich vorwiegend auf schriftliche Erzeugnisse unterschiedlichster Form und Funktion bezieht." (Bußmann 1983: 535)

Der alltagssprachliche Ausdruck ist natürlich selbst polysem und keineswegs so monolithisch, wie man nach der Bußmann'schen Rekonstruktion annehmen könnte. Das *Duden Universalwörterbuch* (DUW) und das *Digitale Wörterbuch der deutschen Sprache* (DWDS) weisen *Text* jeweils fünf (Unter-)Lesarten zu. Die Aufteilungen stimmen nicht ganz, aber doch weitgehend überein und seien hier gegenübergestellt und neu nummeriert (Tab. 2.1).

Bemerkenswert ist, dass auch nicht-prototypische Texte erfasst werden (besonders Lesart 6) und die Abgeschlossenheit nicht unbedingt eine Rolle spielt (3 und 5). Auf die Lesart 2, **‚Wortlaut‘** (in DUW integriert in 1), die in linguistischen Definitionen kaum eine Rolle spielt, kommen wir später (2.5.3.) zurück. Hier sei aber bereits festgehalten, dass diese Komponente alltagssprachlich wichtiger zu sein scheint als das Merkmal ‚schriftlich‘, denn dies wird in beiden Wörterbüchern durch die Klammern als fakultativ oder prototypisch gekennzeichnet. Die Einengung auf Schriftliches ist nach Bußmann denn auch charakteristisch im Rahmen der Textlinguistik selbst, sie meint nämlich, der Begriff werde im Gegensatz

Tab. 2.1: Lesarten des alltagssprachlichen Ausdrucks *Text*

	DUW (2011)	DWDS (2013)
1	1. a) [schriftlich fixierte] im Wortlaut fest- gelegte, inhaltlich zusammenhängende Folge von Aussagen	1 (schriftlich) fixierte, thematisch zusam- menhängende Folge von Aussagen [a ...]
2		b Wortlaut
3	b) Stück Text (1 a), Auszug aus einem Buch	c Teil oder Ganzes einer literarischen Arbeit
4	2. zu einem Musikstück gehörende Worte	2 zu einem musikalischen Werk gehörender sprachlicher Teil
5	3. (als Grundlage einer Predigt dienende) Bibelstelle	
6	4. Unterschrift zu einer Illustration, Abbildung	3 sprachliche Erläuterung, Unterschrift zu einer Abbildung

zur Anfangszeit „heute oft enger gefasst und dem situativ und interaktiv bestimmten ‚Gespräch' [...] mit seinen besonderen Eigenschaften gegenübergestellt"
(Bußmann 2008: 719; vgl. auch Kap. 2.5.4. und 5.5.).

Während Bußmann anfangs annahm, dass innerhalb der Textlinguistik *Text*
„je nach theoretischem Ansatz unterschiedlich definiert wird" (1983: 535), entfällt dieser Hinweis in den neueren Auflagen. Im *Metzler Lexikon Sprache* heißt
es dagegen nach wie vor: *Text* wird „abhängig von der Theorieentwicklung und
spezif. Forschungsinteressen unterschiedl. definiert" (Glück 2010: 705). Beide
Fachwörterbücher rechnen mit Ansätzen, die eher an **textinternen** oder eher an
textexternen Merkmalen interessiert sind; das sollte eigentlich zu zwei grundlegenden Lesarten führen, etwa **Text-als-Zeichenkomplex** und **Text-in-Funk-
tion**. Bußmann präsentiert jedoch eine Definition, die beides zusammengreift:

> „monologische, im prototypischen Fall schriftlich fixierte sprachliche Einheit, die insgesamt
> als sinnvolle kommunikative Handlung intendiert oder rezipiert wird" (Bußmann 2008: 719)

Der erste Teil steht der alltagssprachlichen Bedeutung (1) durchaus nahe, der
zweite Teil fügt dagegen eine Bestimmung hinzu, die sich aus dem **handlungstheoretischen Ansatz** erklärt und die für die alltagssprachliche Verwendung von
Text keine Rolle spielt. Den Entwicklungen in der Textlinguistik wird das durchaus gerecht, denn dort wird inzwischen allenthalben für ‚integrative' Ansätze
plädiert, d. h. dass man „heute übereinstimmend das Zusammenwirken pragmatischer, semantisch-kognitiver und grammatischer Merkmale" (Bußmann
2008: 719) betont. Im Metzler-Lexikon liest sich das (seit der 1. Auflage) so:

„Neuere Forschungsansätze verbinden textinterne und textexterne Kriterien und erfassen mit dem Begriff T. das kognitiv, grammat., illokutiv und ggf. prosod. strukturierte Ergebnis einer – mündl. oder schriftl. realisierten – sprachl.-kommunikativen Handlung eines Produzenten, in dem die Bezugnahme auf Kontexte und Adressaten manifestiert ist und das die Basis für kognitiv und intentional strukturierte Handlungen von Rezipienten darstellt." (Glück 2010: 705)

Bei dieser gedrängten Zusammenstellung der verschiedenen Aspekte, unter denen man Texte betrachten kann, handelt es sich nun um die Kurzfassung einer **explikativen Realdefinition**. Eine solche Bestimmung will nicht den Sprachgebrauch festlegen oder beschreiben, sondern die wichtigsten Eigenschaften des infrage stehenden Konzepts erfassen und zusammenstellen, was man darüber weiß und unter welchen Fragestellungen relevante Forschungsansätze den Gegenstand bearbeiten. Die Besonderheit der explikativen Definition erläutert Roelcke folgendermaßen:

„Im Unterschied zu dieser [aristotelischen Definition] wird das Definiens jedoch nicht in genus proximum und differentia specifica unterteilt, sondern besteht aus einer losen Reihe von Merkmalangaben, mit denen das Definiendum mehr oder weniger genau charakterisiert wird. Während das Verfahren bei aristotelischen Definitionen im Hinblick auf die Angabe von Gattungs- und Artmerkmalen genau festgelegt ist, herrscht bei der explikativen Definition ein offenes Verfahren, bei dem eine grundsätzlich unbestimmte Zahl von gleichberechtigten Merkmalen angeführt wird." (Roelcke 2010: 64 f.)

Als **Fazit** ergibt sich Folgendes: Während man in der Anfangszeit der Textlinguistik Nominaldefinitionen von *Text* propagiert bzw. gefordert hat, die in bestimmten theoretischen Ansätzen fundiert sind, gehen die Bemühungen inzwischen dahin, verschiedene Ansätze miteinander zu verbinden, um den vielfältigen Eigenschaften von Texten umfassend gerecht zu werden. Spezifische Ausdrücke für verschiedene Aspekte und Konzepte haben sich (noch) nicht durchgesetzt. Daher ist oft nur aus dem Kontext erschließbar, in welchem Sinn *Text* jeweils zu verstehen ist. Gleiches gilt natürlich für ältere Reflexionen über den Gegenstand, zu denen wir jetzt übergehen.

Dabei ist es unbedingt geboten, die **semasiologische** Fragestellung (nach der Bedeutung von *Text*) mit einer **onomasiologischen** (nach den Ausdrücken für ‚Text') zu verbinden. Es stellen sich also zwei Fragen:
1. Wie wird der Ausdruck *Text* verwendet, welches Bedeutungsspektrum hat er (in welchen Varietäten)?
2. Welche Ausdrücke gibt es für ‚Text', d. h. wie wird das, wofür heute im Deutschen sowohl alltagssprachlich als auch in der Wissenschaftssprache üblicherweise der Ausdruck *Text* benutzt wird, in der Geschichte der deut-

schen Sprache (und anderer Sprachen) bezeichnet und welche Merkmale werden der ‚Sache' Text zugeschrieben?

Zur Beantwortung dieser Fragen kann man neben den Einträgen im Grimm'schen Wörterbuch (Bd. 11, 1935) und im Fremdwörterbuch von Schulz/Basler (Bd. V, 1981) mit besonderem Gewinn auf die ausführliche und materialreiche Studie von Scherner zurückgreifen, der darin freilich selbst doch nur eine „Skizze" sieht, da „weite Epochen der europäischen Geistesgeschichte [...] bisher hinsichtlich der vorherrschenden Begrifflichkeit von ‚Text' überhaupt nicht oder nur marginal untersucht worden sind" (Scherner 1996: 104 f.).

2.2. Zum Gebrauch des Ausdrucks *Text*

In keiner Erläuterung des Begriffs fehlt der Hinweis, dass *Text* sich aus dem Lateinischen **textus, textum** ‚Gewebe, Geflecht' (zum Verb *texere* ‚weben, flechten' und daher verwandt mit *Textilien*) herleitet. Dennoch erweist sich diese etymologische Erläuterung insofern als irreführend, als diese Ausdrücke „bei klassischen Autoren sehr selten vorkommen", dass sie, wenn überhaupt, „metaphorisch gebraucht werden" und „keine Fachtermini, weder in der Grammatik noch in der Rhetorik, darstellen" (Scherner 1996: 109). Wie das Phänomen im Altertum und im Mittelalter bezeichnet wurde, also die onomasiologische Fragestellung, soll später behandelt werden. Zunächst sei der Verwendungsweise von *Text* **im Deutschen** nachgegangen,[4] wo der Ausdruck **seit dem 14. Jahrhundert** nachgewiesen werden kann.

Unter den verschiedenen Lesarten ist zunächst diejenige zu nennen, bei der *Text* sich auf die Bibel oder eine Bibelstelle bezieht; dabei wird der (eigentliche) Text den erläuternden Glossen oder der Predigt (über den Text) gegenübergestellt. Diese Lesart **‚Wortlaut eines auszulegenden Werkes'**, die der hermeneutischen Tradition entspricht (vgl. Kap. 1.5.3.) setzt sich bis in unsere Zeit fort und ist außer im theologischen besonders charakteristisch im literaturwissenschaftlich-philologischen Bereich, wo sie auch in vielen Zusammensetzungen vorkommt (*Urtext, Primärtext, Quellentext, Textkritik, Textausgabe* usw.).

Besonders geläufig ist ferner die (bei Grimm als erste geführte und) seit dem 16. Jahrhundert nachweisbare Lesart von *Text* als **‚sprachlicher Teil eines Musikstücks'**. Systematisch dazu stellen kann man hier Text als **‚sprachlicher Teil einer Bild-Text-Einheit'**, die allerdings erst im 20. Jahrhundert z. B. mit Bildun-

---

4 Vgl. für genaue Belege die genannten Wörterbücher.

terschriften zu Illustrationen, Pressefotos oder bei der Untertitelung von (Stumm-) Filmen aufkommt, wo auch die Ableitungen *textieren, Textierung, betexten* und schließlich – v. a. in der Werbebranche – der professionelle *Texter*[5] und entsprechende Komposita vorkommen. Diese Lesart scheint auch heute noch besonders häufig zu sein, die Ausdrücke *Melodie, Musik, Lied* und *Bild, Foto/Photo, Grafik, Illustration* gehören zu den häufigsten nominalen Kookkurrenzpartnern von *Text*.[6]

Relativ viele Belege findet man in den Wörterbüchern zu heute z. T. nicht mehr üblichen umgangssprachlichen Redewendungen, die an die Lesart 'Bibelstelle' anschließen: *jemandem den Text lesen* 'jemandem die Meinung sagen' (vgl. *die Leviten lesen, Klartext reden), tief in Text kommen* 'sich verlieren, vom Thema abkommen', *aus dem Text kommen, weiter im Text.*

Die heute gängigste allgemeine Lesart 'schriftlich festgehaltene, inhaltlichthematisch zusammenhängende Folge von Wörtern, Sätzen; Wortlaut einer Rede, eines Schriftstücks' (so Schulz/Basler 1981: 201) ist vor dem 20. Jahrhundert zwar gelegentlich, aber doch recht selten belegt. Für die Gegenwartssprache darf man annehmen, dass *Text* in dieser Bedeutung zwar allen Sprachteilhabern völlig geläufig ist, aber in der Gemeinsprache doch eher mit spezifizierenden Zusätzen bzw. in Komposita gebraucht wird (*Gesetzes-, Vertrags- Zeitungstext, literarischer Text* usw.). Das gilt auch für die inzwischen sehr häufige Verwendung von *Text* im Zusammenhang mit den Neuen Medien: *Teletext, Textverarbeitung(sprogramm), Textbaustein, verborgener, elektronischer Text, Textfeld* usw. Wohl in diesem Zusammenhang entstanden ist auch der als Neologismus der 90er Jahre verbuchte[7] und im *Duden Universalwörterbuch* als 'salopp' markierte Ausdruck *jemanden zutexten* 'ständig u. eindringlich zu jmdm. sprechen, auf jmdn. einreden'.

In den **Textwissenschaften** beginnt der Ausdruck *Text* dagegen **erst in den 1960er Jahren** seine steile Karriere, er wird in der Literatur(wissenschaft) programmatisch an die Stelle des bis dahin üblichen und eine Wertung implizierenden Ausdrucks *Werk* gesetzt und in der Linguistik als Leitbegriff für ein neues Programm gewählt (vgl. Kap. 1.1.). Hier löst er früher übliche signifiants (vgl. Kap. 2.3.) für den gemeinten Gegenstand nahezu vollständig ab. Einschränkend hinzuzufügen ist freilich, dass dies speziell für die deutsche Tradition gilt; in der englisch- und französischsprachigen Linguistik etwa konkurriert er mit den Ausdrücken *discourse* bzw. *discours*.[8]

---

5 Erstbeleg bei Schulz/Basler 1955 für die DDR, für die BRD 1960.

6 Angaben nach der Kookkurrenzdatenbank des IDS: http://corpora.ids-mannheim.de/ccdb/ (2. 7. 2013)

7 Vgl. http://www.owid.de/nav/gehezu/zutexten?module=ctx.all (19. 5. 2013).

8 Vgl. dazu auch Thiele (2000: 132) und Pérennec (2000: 146).

2.3. Bezeichnungsvarianten für ‚Text' und Texteigenschaften

Damit kommen wir zu der Frage, wie denn in den Textwissenschaften vor der 2. Hälfte des 20. Jahrhunderts ‚Text' bezeichnet wurde. Denn bezeichnet wurde das Phänomen natürlich, und zwar in aller Regel mit dem Ausdruck **Rede**. Mit ihm werden seit dem Mittelalter die lateinischen Ausdrücke *oratio* oder auch *sermo* wiedergegeben, die ihrerseits inhaltlich dem heutigen *Text* entsprechen.

Alle diese Ausdrücke werden nun natürlich in der langen Geschichte ihrer Verwendung nicht einheitlich gebraucht, sie sind zu allen Zeiten **polysem**. Außerdem hat man ihre Lesarten und die relevanten Bedeutungskomponenten in der Regel nicht explizit benannt, sondern sie müssen **aus dem Kontext rekonstruiert** werden. Dies hat Scherner (1996) in sehr differenzierter Form geleistet. Auf der Grundlage seiner Ausführungen sollen im Folgenden wesentliche Bedeutungskomponenten von *Rede, sermo, oratio* und schließlich auch noch griechisch *logos*, für das im Lateinischen *oratio* steht, zusammengefasst werden. Dabei geht es nicht wie bei Scherner um eine begriffsgeschichtliche Fragestellung, vielmehr sollen lediglich systematisch Bedeutungskomponenten bzw. Merkmale des Phänomens isoliert werden, die beim Reden über ‚Text' wichtig waren – und es auch für die gegenwärtige Diskussion noch sind.

Insgesamt ist es nützlich, zumindest grob **zwei Traditionsstränge** auseinander zu halten, innerhalb derer die Ausdrücke verwendet werden: einerseits den **rhetorisch-philologischen**, der von vornherein auf Texte als Ganzheiten bezogen ist, andererseits den **grammatischen**, bei dem die Frage des Aufbaus größerer Einheiten aus kleineren, also von hierarchischen Ebenen der Sprache, im Vordergrund steht.

Bei Platon und Aristoteles bezeichnet *logos* z.T. eindeutig die Größe ‚Satz', z.T. eindeutig die Größe ‚Rede, Text'; beide Ebenen werden also nicht systematisch unterschieden (vgl. Scherner 1996: 105 ff.). Ein Auseinanderlaufen beider Stränge finden wir dann im Lateinischen, wo innerhalb der Rhetorik *oratio* (neben *sermo*) die Größe ‚Text' bezeichnet, während der Grammatiker Priscian dessen Begriffsinhalt auf die sprachliche Ebene des Satzes eingrenzt (vgl. ebd.: 115). In dieser Tradition übernimmt dann auch der Ausdruck **Rede** beide Lesarten, er kann also **sowohl ‚Satz' als auch ‚Text'** bedeuten (vgl. ebd.: 121). Man könnte daher versucht sein, die Beschränkung der grammatischen Perspektive auf die Satzebene auf eine alte Tradition zurückzuführen; diese Interpretation entspricht jedoch nicht den Gegebenheiten. Vielmehr bildet auch bei Grammatikern wie Priscian „die Größe ‚Text' implizit den Hintergrund der gesamten Sprachanalyse" (ebd.: 115), so dass „auch beim Fehlen eines expliziten Textbegriffs die textuelle Dimension der Sprache immer vorausgesetzt" ist (ebd.: 116). Beaugrande meint sogar, es sei gerade die Arbeit mit prestigereichen Texten, die

„placed traditional grammarians fairly close to ‚text linguists' and kept them from anti-cipating the 20th-century rift between ‚language study' versus ‚text study'" (Beaugrande 1997: II.B.6).

Die Reflexion auf satzüberschreitende Fragestellungen wird regelmäßig viru-lent, wenn es um die Behandlung von Konjunktionen und Pronomina geht. In solchen Zusammenhängen tritt auch das Merkmal **‚(durchgängige) Verkettung (von Sätzen)'** besonders hervor, das generell „als gegeben vorausgesetzt" wird (Scherner 1996: 109) und auf das, wenn auch unterminologisch, charakteristi-scherweise mit dem Ausdruck *(con)textus* Bezug genommen wird (vgl. ebd.: 114 ff.). Besonders deutlich wird die Annahme eines fließenden Übergangs zwi-schen Satz und Text dann in der deutschen Grammatikschreibung und Stilistik des 18. Jahrhunderts, wo die *Periode*, eine Satzverbindung, als **wesentliche Zwi-schengröße** behandelt wird:

„Ein bis zu einer gewissen Länge erweiterter Satz wird mit einem von den Griechen her-stammenden Kunstworte eine Periode genannt. Ich sage, ein bis zu einer gewissen Länge erweiterter Satz; indem sich die Linie, wo sich die erweiterten Sätze und Perioden von ein-ander scheiden, nicht genau angeben läßt, daher so wohl die ältern als neuern Lehrer der Wohlredenheit auch oft so schwankend und unbestimmt von den Perioden reden [...]. Die Periode unterscheidet sich daher nicht allein durch die größere Länge und Ausführlichkeit, sondern auch durch die genaue Verkettung [!] mehrerer einander untergeordneter Sätze, von einem bloßen ausgebildeten oder erweiterten Satze." (Adelung 1785, I: 253 f.)

„Eine Periode überhaupt ist eine kurze Rede, die einen, oder etliche Gedanken in sich schließt, und für sich selbst einen völligen Verstand hat. Ich nenne sie eine kurze Rede, um dadurch anzuzeigen daß sie sich zu einer langen, wie ein Theil zum Ganzen verhält: denn aus vielen Perioden entsteht erst eine gebundene oder ungebundene Schrift" (Gottsched 1742/1973: 351).

In diesen Erläuterungen werden schon andere Bedeutungskomponenten ange-sprochen, und wir können mit der Feststellung, dass in der grammatischen Tra-dition auch die Lesart ‚Satz' für *logos/oratio/Rede* keine Beschränkung der Grammatik auf die Analyseebene des Satzes impliziert, den Bereich der Gram-matik verlassen und zur näheren Kennzeichnung der Bedeutungskomponenten von *logos/oratio/Rede* als ‚Text' übergehen.

Von der rhetorischen Tradition her ist es verständlich, dass zunächst be-sonders das Merkmal **‚aus mehreren Teilen bestehend'** in den Vordergrund tritt, bildet doch die *dispositio*, also die Frage, *wie* die einzelnen Teile sinnvoll ange-ordnet werden können, eine der fundamentalen Aufgaben des Redners, dem überdies mit der Lehre von den (klassischen vier) Redeteilen bereits eine Grob-gliederung vorgegeben wird. Spricht man von Teilen von etwas, so denkt man dabei notwendigerweise eine **‚Ganzheit'** mit, so dass wir dies als weitere Bedeutungskomponente isolieren können. Mehrfach hebt Scherner (1996: 106, 110, 112) hervor, dass diese Komponente häufig nicht explizit genannt wird, was jedoch m. E. eher auf das nicht sehr ausgeprägte Bedürfnis expliziter Merkmalnennung als auf die Abwesenheit dieses Merkmals schließen lässt. Ebenfalls implizit (sich aber gewissermaßen von selbst ergebend) bleibt zunächst auch das Merkmal, dass es sich nicht um eine ungeordnete Menge von Teilen, sondern um eine ‚strukturierte' Ganzheit handelt. Darauf bezieht sich etwa Melanchthon mit der Metapher des Redners als *architectus orationis*. Schließlich kann gerade für die Rhetorik mit ihrer Lehre von den (klassischen drei) Gattungen auch die ‚Textsortenspezifik' als weiteres Merkmal angesetzt werden.

Während die Rhetorik auf sehr spezifische Vorkommensweisen von ‚Text' konzentriert ist, werden in anderen Zusammenhängen die Ausdrücke *logos/oratio/Rede* auch im allgemeinen Sinne von ‚verwendete Sprache' oder, wie es in Kapitel 1. hieß, im Sinne von ‚Sprache als Text' gebraucht, so bei Platon (vgl. Scherner 1996: 106), Dionysios Thrax (vgl. ebd.: 108), Quintilian (vgl. ebd.: 111), in einem Donat-Kommentar (vgl. ebd.: 113) oder bei Isidor von Sevilla (vgl. ebd.: 114). Etwas spezialisierter, aber derselben Grundbedeutung zuzuordnen ist die Verwendung von *Rede* im Sinne der ‚je individuellen, aktuellen Sprachäußerung' in der Hermeneutik Schleiermachers (vgl. ebd.: 128 f.), bei Humboldt und in der Sprachtheorie des 19. Jahrhunderts (vgl. ebd.: 131 f.).

Die bisher genannten Merkmale werden zwar keineswegs bei allen Autoren jeweils ausdrücklich erwähnt, dürften aber – als weitestgehend dem *common sense* entsprechend – wenig kontrovers sein. Umstritten ist dagegen die Bedeutung der Dimension ‚Medialität', die auch heute häufig besonders problematisch erscheint, die Frage nämlich, ob als *Text* nur eine ‚schriftliche' Sprachäußerung bezeichnet werden sollte (vgl. dazu weiter Kap. 2.5.2.). Spannt man den historischen Bogen so weit, wie es bei Scherner geschieht, so umfasst er auch ganz unterschiedliche Stadien der Mediengeschichte und das heißt im konkreten Fall, dass sich in einer durch Oralität geprägten Kultur die Frage zunächst umgekehrt stellt, ob nämlich nur ‚mündliche oder auch schriftliche' Sprachäußerungen mit Ganzheitscharakter als *logos/oratio* bezeichnet werden sollen. Bei der Mehrheit der von Scherner zitierten Autoren wird diese Frage positiv beantwortet, wobei allerdings meist die **Mündlichkeit als originäre Form der Sprachverwendung** präsupponiert wird (vgl. ebd.: 110, 113 f., 118, 126). Eine „Umpolung des Begriffsinhalts" registriert Scherner in der rhetorischen Tradition der Spätantike und des Mittelalters, wo „als neues wesentliches Kriterium des ‚oratio'-Begriffs die Schriftlichkeit" hinzukommt, „aber nicht im Sinne der vorgängigen schriftlichen Ausarbeitung eines mündlichen Vortrages, sondern vom Abschluß her betrachtet des als Resultat schriftlich vorliegenden Redetextes" (ebd.: 112).

Dennoch wird seit der Antike nicht unterschiedslos alle Sprachverwendung als *oratio* bezeichnet, sondern dieser Begriff auf einen (kunstvoll) ausgearbeiteten und strukturierten Text beschränkt. Quintilian grenzt ihn etwa ab vom *contextus sermonis cotidiani*, also der alltäglichen und situationsverschränkten Sprachverwendung. *Oratio* würde also, wie es heute oft heißt, nur ‚**konzeptionell schriftlicher Sprachproduktion**' entsprechen.[9] Da jedoch die spontane Sprechsprache gar nicht im Interessensbereich der antiken, mittelalterlichen und auch frühneuzeitlichen Autoren lag, ist es nicht verwunderlich, dass sich zu diesem Merkmal nur wenig explizite Äußerungen finden. Ausdrücklich unter den Begriff *Rede* subsumiert werden situationsgebundene mündliche Äußerungen dann seit der Hermeneutik, wobei sich eine begriffliche Differenzierung zwischen dem (allgemeineren) Ausdruck *Rede* und solchen anbahnt, die explizit die materielle (und konzeptionelle) **Schriftlichkeit** benennen, nämlich etwa ***Schrift, Schriften, Schriftwerk, Werk, Literatur, Dichtung*** (vgl. ebd.: 129 f.). Auch Paul und Behaghel subsumieren mündlichen Sprachgebrauch unter *Rede*, häufig speziell *Wechselrede* genannt, und heben wiederum den ‚Verflechtungscharakter' als wesentliches Merkmal hervor (vgl. ebd.: 131 und Kap. 1.5.4.). Im Zusammenhang mit der Frage nach der Medialität muss aus heutiger Sicht noch ausdrücklich hervorgehoben werden, dass es vor dem 20. Jahrhundert dabei immer nur um die beiden Erscheinungsformen von Sprache geht, nicht um andere Medien wie insbesondere Bilder, bei denen heute diskutiert wird, ob sie selbst als Texte oder wenigstens Textbestandteile betrachtet werden sollen. Dass es sich bei Texten um ‚**sprachliche Gebilde**' handelt, ist daher vorausgesetzt und wird oft nicht einmal explizit erwähnt.

Wenn man bei *logos/oratio/Rede* zunächst an Mündlichkeit als originäre Form der Sprachverwendung denkt, so steht damit auch die Face-to-Face-Kommunikation als exemplarischer Fall vor Augen. Es ist daher wenig verwunderlich, dass auch das Merkmal ‚**eingebettet in eine Kommunikationssituation**' schon früh erscheint: Dionysios Thrax nennt in Anlehnung an Aristoteles z. B. ausdrücklich die drei Aspekte „der Redner, der Sachverhalt, über den er redet, und der Adressat"

---

9 Die Unterscheidung von konzeptioneller Schriftlichkeit und Mündlichkeit haben Koch/Oesterreicher (z. B. 1985, 1990, 2008) in die Diskussion eingebracht und der dichotomischen Unterscheidung von medialer Schriftlichkeit/Mündlichkeit entgegengestellt. Diese hängt lediglich davon ab, ob das Äußerungsprodukt sicht- oder hörbar ist. Der konzeptionelle Aspekt betrifft hingegen die Frage der sprachlichen Gestaltung und korreliert mit situativen Faktoren wie insbesondere der Spontaneität und Formalität der Situation, die mehr oder weniger stark ausgeprägt sein können. Es handelt sich daher um eine graduelle Differenzierung zwischen den Polen Nähe und Distanz (der Pol der Mündlichkeit/Nähe ist von hoher Spontaneität und geringer Formalität gekennzeichnet). Vgl. dazu weiter 2.5.2. und 4.4.3.

(ebd.: 108) als konstitutive Faktoren eines Textes. Innerhalb der grammatischen Tradition kommt die situative Einbettung speziell bei der Behandlung der Pronomina (der 1. und 2. Person) zur Sprache (vgl. ebd.: 115 f., 121). Die ausdrückliche Nennung der ‚**kommunikativen Funktionalität**‘, bei der sich Bühler bekanntlich an Platon anlehnt, hebt Scherner (ebd.: 118) bei der Besprechung von Augustinus und Thomas von Aquin hervor, bei dem sich auch das Wort findet: „lingua per locutionem est communicativa ad alterum". Gegenüber seinen unmittelbaren Vorläufern verweist dann wieder Adelung explizit auf die **Intentionalität**, „den Zweck der Rede aus der Absicht des Schreibenden" (vgl. ebd.: 124), genauer gesagt enthält der 2. Teil seiner Schrift *Über den Styl* ausführliche Erörterungen über verschiedene „Arten [des Styles] nach der Absicht des Schreibenden" (Adelung 1785/1974, II: 65–346) – in heutiger Ausdrucksweise würde man das eine Klassifikation von Textsorten entsprechend der Kommunikationsfunktion nennen.

Häufiger – und letztlich auch bei Platon und Bühler mit der Konzentration auf die Mitteilungs- oder Darstellungsfunktion – tritt jedoch in diesem Zusammenhang der Text als kognitive Größe, als ‚**Sinneinheit**‘ (die dann eben auch kommunikativ übermittelt wird), ins Zentrum, so bei Isidor (vgl. Scherner 1996: 113 f.), Dante (vgl. ebd.: 118), Gottsched (vgl. ebd.: 123) und insbesondere in der Hermeneutik (vgl. ebd. 126 ff.). Dabei kann es sogar zu einer speziellen Lesart ‚geistige Seite des Textes‘ kommen, die meist mit dem Ausdruck *Sinn* oder auch *Verstand* bezeichnet wird.[10] Georg Friedrich Meier (1759) benutzt aber einmal sogar den Ausdruck *Text* (im Gegensatz zu *Rede*) für ‚Sinn‘: „Der Text (textus) ist die Rede, in so ferne sie, als der Gegenstand der Auslegung, betrachtet wird", während er ansonsten (wie auch andere Autoren) *Rede* und *Text* synonym verwendet (vgl. ebd.: 126, ferner 129, 132).

2.4. Übersicht über Texteigenschaften und moderne Textdefinitionen

Die Übersicht über die Bedeutungskomponenten von *logos/oratio/Rede/(Text)* bzw. über die der Größe Text zugeschriebenen Merkmale, in der absichtlich ältere Traditionen in den Vordergrund gestellt wurden, kann damit abgeschlossen werden. Sie sei jetzt schematisch zusammengefasst (Tab. 2.2), so dass sie als Folie zum Vergleich mit modernen Bestimmungen herangezogen werden kann (für ei-

---

10 Vgl. so Gottsched in dem obigen Zitat oder Adelung (1785/1974: 142), wo er für die Rede „Einheit des Verstandes" fordert.

ne größere Sammlung vgl. Klemm 2002). In den bereits ausgefüllten Spalten der Tabelle sind die Definitionen 1–3 aus der folgenden Sammlung aufgeschlüsselt. Die übrigen möge man selbst ausfüllen.[11]

1. „Ein Text ist ein durch ununterbrochene pronominale Verkettung konstituiertes Nacheinander sprachlicher Einheiten" (Harweg 1968: 148).

2. „Der Terminus ‚Text' bezeichnet eine begrenzte Folge von sprachlichen Zeichen, die in sich kohärent ist und die als Ganzes eine erkennbare kommunikative Funktion signalisiert" (Brinker 2010: 17).

3. „Ein Text ist eine abgeschlossene sprachliche Äußerung" (Dressler 1972: 1).

4. „The word TEXT is used in linguistics to refer to any passage, spoken or written, of whatever length, that does form a unified whole" (Halliday/Hasan 1976: 1).

5. „Ein Text [ist] ein komplexes sprachliches Zeichen, das nach den Regeln des Sprachsystems (Langue) gebildet ist. Textextern gesehen wäre ein Text [...] gleichbedeutend mit ‚Kommunikationsakt'" (Gülich/Raible 1977: 47).

6. „Ich verstehe im folgenden unter Text immer eine monologische geschriebene sprachliche Äußerung von mehreren Sätzen Länge, wobei die Sätze untereinander einen – noch zu spezifizierenden – Zusammenhang haben" (Nussbaumer 1991: 33)

7. „I am using the term *text* to designate a semiotic object, preserved in writing, on tape, or videotape, for which at least two native speakers of the given language agree that the given object is a text" (Petöfi 1980: 74).

8. „Text ist die Gesamtmenge der in einer kommunikativen Interaktion auftretenden Signale." (Kallmeyer et al. 1974: 45).

9. „We do not see an advantage in trying to determine constitutive formal features which a text must possess to qualify as a ‚text'. Texts are what hearers and readers treat as texts." (Brown/Yule 1983: 199).

Für eine zehnte Definition ist keine Spalte mehr vorgesehen, da die Erläuterungselemente nur schwer auf die bisher zusammengetragenen Merkmale abbildbar sind und im Vordergrund weiterführende Überlegungen stehen.

10. „Unter Texten werden Ergebnisse sprachlicher Tätigkeiten sozial handelnder Menschen verstanden, durch die in Abhängigkeit von der kognitiven Bewertung der Handlungsbeteiligten wie auch des Handlungskontextes vom Textproduzenten Wissen unterschiedlicher Art aktualisiert wurde, das sich in Texten in spezifischer Weise manifestiert. [...] Der dynamischen Textauffassung folgend, wird davon ausgegangen, daß Texte keine Bedeutung, keine Funktion an sich haben, sondern immer nur relativ zu Interaktionskontexten sowie zu den Handlungsbeteiligten, die Texte produzieren und rezipieren" (Heinemann/Viehweger 1991: 126).

---

11 + bedeutet, dass das Merkmal ausdrücklich als gegeben genannt wird –, dass es ausdrücklich ausgeschlossen wird. Bei eingeklammerten Zeichen ist das Merkmal als ‚implizit gemeint' zu verstehen.

Tab. 2.2: Bestimmungsmerkmale für die Größe ‚Text'

in 2.3. genannte Merkmale	1	2	3	4	5	6	7	8	9
sprachlich	+	+	+						
verwendete Sprache/parole									
(individuelle) Sprachäußerung			+						
Ganzheit/Abgeschlossenheit	(+)[a]	+	+						
aus mehreren Teilen bestehend	+	+							
strukturiert									
gehört zu einer Textsorte									
Folge von Einheiten (Sätzen)	+	+							
schriftlich		(–)[b]							
‚konzeptionell schriftlich'		(–)							
in situativer Einbettung									
mit kommunikativer Funktion		+							
Sinneinheit/Kohärenz		+							
…									

[a]Dies geht nicht unmittelbar aus der Definition hervor, insgesamt ist die Frage nach den Textgrenzen, also der Abgeschlossenheit der Satzfolge für Harweg aber zentral.
[b]Dies ergibt sich aus der Erläuterung der Definition bei Brinker (2010: 17).

Die vollständig ausgefüllte Tabelle zeigt zweierlei: Erstens wird in allen Definitionen immer nur ein (kleiner) Teil der für das Phänomen Text als relevant isolierten Merkmale genannt – mitunter (insbesondere in den Definitionen 7 und 9) werden allerdings auch Kriterien angeführt, die sich in der Ausgangsliste nicht finden und die offensichtlich nur im Kontext der Diskussion um den Textbegriff eingeordnet werden können (vgl. Kap. 2.5.). Zweitens zeigt schon die Notwendigkeit, manche Belegungen einzuklammern, dass als wichtig erachtete **Merkmale nicht unbedingt (explizit) in der Definition genannt** werden, sondern sich erst aus den Erläuterungen, d. h. dem weiteren Kontext, ergeben. Vieles, was hier und auch sonst in der Sekundärliteratur als ‚Definition' präsentiert wird, weil es in einem Satz wie *Ein Text ist/Ich fasse Text auf als …* steht, ist tatsächlich gar nicht als (endgültige) Definition gemeint, sondern lediglich als Stellungnahme zu einem (umstrittenen) Punkt. Wenn man alle Merkmale explizit nennt (und gar noch erläutert), kommt man, wie in 2.1. gezeigt, nicht mehr zu einer klassischen

Definition, sondern liefert eine explikative Realdefinition, d. h. eine Zusammenstellung wesentlicher Texteigenschaften.

Dabei wird „ein nach Beschreibungsebenen differenziertes Modell" (Feilke 2000: 68) vorgestellt, letzten Endes ein **Konglomerat verschiedener Untersuchungsaspekte.** Dieses Vorgehen kennzeichnet nach Feilke auch die Gliederung des HSK-Bandes zur Textlinguistik (Brinker et al. 2000/01). Von einem solchen Sammelwerk kann man eine wirkliche theoretische Synthese der verschiedenen Ansätze sicherlich nicht erwarten, mit unmissverständlicher Ablehnung kommentiert Feilke deren Fehlen allerdings bei Beaugrande/Dressler (1981). Sie böten in ihrem Syntheseversuch

> „ein Spiegelkabinett texttheoretischer Begriffe an [...,] die völlig heterogenen Theorietraditionen verpflichtet sind [...] Der Zugang belegt die Vielfalt textlinguistischer und texttheoretischer Untersuchungsansätze der 70er Jahre, aber eine theoretische Synthese wird gar nicht erst angestrebt" (Feilke 2000: 76).

Dennoch kann man nicht umhin, in den sieben von **Beaugrande/Dressler** formulierten **Textualitätskriterien** den einflussreichsten Versuch einer Zusammenschau zu sehen, der bis heute eine Referenz bildet.[12] Daran setzt daher das Kapitel 3. an. Dass es sich bei dem Ansatz von Beaugrande/Dressler nicht um ein geschlossenes theoretisches System, sondern um eine Nebeneinanderstellung verschiedener Aspekte handelt, stößt anders als bei Feilke in der Regel gerade nicht auf Ablehnung, sondern wird eher als positiv bewertete Offenheit des Modells betrachtet, innerhalb dessen sich auch unterschiedlich orientierte Forschungsrichtungen situieren können. Feilke ist allerdings darin Recht zu geben, dass der theoretische Status und die Implikationen diverser Kategorien oft unklar bleiben. Einige besonders wesentliche Kontroversen sind Gegenstand des nächsten Teilkapitels. Abschließend sei noch Sandigs Übersicht über Textmerkmale wiedergegeben, in der es auch um die Vielfalt an (potenziellen) Merkmalen geht (vgl. Kap. 2.1. und zu Sandigs Konzept weiter 3.2.).

2.5. Kontroversen

Nach dem bisher Ausgeführten dürfte es eigentlich gar keine Kontroversen um den Textbegriff mehr geben, denn wie 2.1. gezeigt hat, müssen auch die Defini-

---

12 Vgl. z. B. Eckkrammer (2002: 41); Warnke (2002: 127); Habscheid (2009: 29 ff.), Gansel/ Jürgens (2009: 23 ff.); Rothkegel (2010: 4.1.3.); Schubert (2012: 20 ff.); Averintseva-Klisch (2013: 4 ff.), Schwarz-Friesel/Consten (2014: 4 ff.).

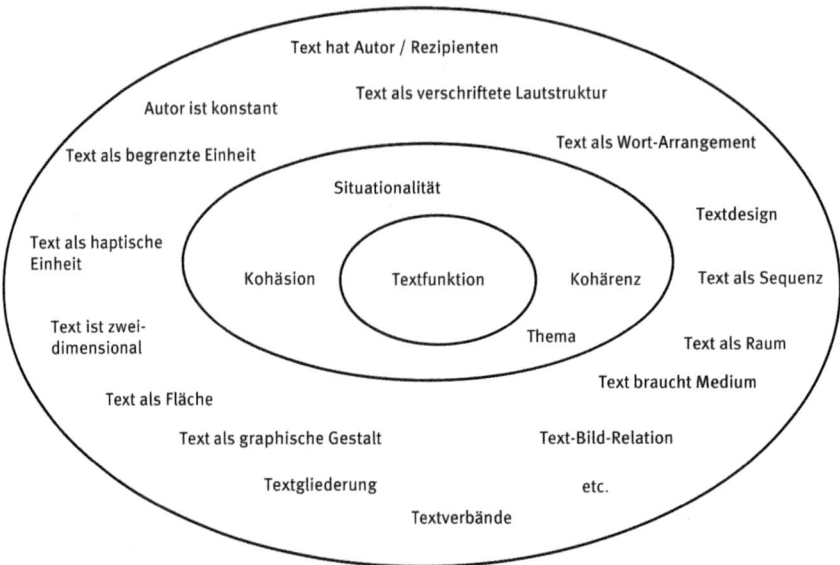

Abb. 2.2: Zentrale und weniger zentrale Textmerkmale (Sandig 2000: 108)

tionen zentraler Termini kontextspezifisch erfolgen. Ferner erlaubt es das Prototypenkonzept, flexibel mit Elementen umzugehen, die aus der einen Sicht peripher, aus einer anderen aber durchaus besonders interessant erscheinen (können). Kommen wir auf die in 1.1. gestellte Frage zurück, wie sich die Textlinguistik angesichts der Forschungsdynamik im Umfeld und der vielen neuen Trends entwickelt hat, so führt der Verzicht auf die Suche nach einer ,verbindlichen' Definition für alle Gelegenheiten' praktisch zu einer gewissen **Zersplitterung der Untersuchungsansätze**: Zwar beschäftigen sich viele mit Texten, aber doch mit sehr verschiedenen Arten von ihnen. Teilweise erfordern diese besondere Spezialisierungen, z. B. wenn es sich um technisch vermittelte Interaktion über das Internet handelt. Die Fragen, die für solche speziellen Zusammenhänge zentral sind, können dann so sehr den Fokus auf sich ziehen, dass das Gemeinsame verschiedener Arten des Sprachgebrauchs, also etwa von Büchern, Face-to-Face-Gesprächen und Hypertexten mit interaktiven Komponenten in den Hintergrund gerät.

Im Zuge solcher Trendverschiebungen kommt es dann auch doch wieder zu Auseinandersetzungen um die angemessene Verwendung des Begriffs *Text*. Dies konkretisiert sich v. a. in aktuellen Forderungen nach einem **semiotisch erweiterten Textbegriff**, der insbesondere für multimediale Produkte notwendig sei. Ins Zentrum der Diskussion ist damit der Ausdruck **Medium/Medien** gerückt.

Er wird allerdings in so verschiedenartigem Sinne verwendet, dass die Verständigung außerordentlich schwierig geworden ist (2.5.1.). Tatsächlich entzünden sich am Komplex Medien derzeit sprachtheoretische Grundsatzdebatten, genauer gesagt werfen sich verschiedene Lager gegenseitig vor, der Medialität keine (hinreichende) Beachtung zu schenken – und denken bei *Medien* an völlig Unterschiedliches.

Eine wichtige Zitierautorität ist in diesem Kontext Ludwig Jäger (2000), der die Formel von der **Medienvergessenheit der Sprachtheorie** geprägt hat. Dabei richtet er sich gegen die Sprachtheorie Chomsky'scher Prägung, auf die er allerdings nur in einem Exkurs zu seinem eigentlichen Anliegen eingeht, nämlich der **Sprachvergessenheit der Medientheorie**. Der Aufsatz geht auf einen Vortrag auf der Tagung *Sprache und neue Medien* zurück; hier standen also *Medien* im Sinne **digitaler Technik** im Zentrum. Die Fokussierung des Technischen geht einher mit einer Vernachlässigung der **Sprache als Medium**. Dabei verkennt man „den Aufklärungswert [...], den bereits das Medium Sprache für das Verständnis des Medialen überhaupt hat" (ebd.: 11). Sprache, die älteste symbolische Praxis des Menschen, fungiert jedoch als Ur-Medium der menschlichen Weltaneignung, „gleichsam als letztes meta-mediales Bezugssystem symbolischer und nicht-sprachlicher Medien" (ebd.: 10).

In der textlinguistischen Diskussion wurde nun nur Jägers Neben-Vorwurf (Medienvergessenheit der Sprachtheorie) breit aufgegriffen. Daraus leitet sich die Forderung ab, sowohl die jeweiligen Besonderheiten technischer Medien als auch **nicht-sprachliche Zeichen**, insbesondere Bilder, sowie die **Materialität** von sprachlichen Produkten zu berücksichtigen. Die Warnung, darüber die Sprachlichkeit als Kernmerkmal von Texten nicht zu vernachlässigen, hat dagegen keine besondere Wirkung gezeigt. Sprache wird meist als ein Zeichensystem neben anderen präsentiert.

Wie in den Anfängen der Textlinguistik fungiert als Bezugstheorie der Strukturalismus, und zwar richtet sich die Kritik jetzt gegen dessen Kernaxiom. Dies besagt, dass man bei der Rekonstruktion eines sprachlichen Systems von der Materialität der Zeichen abstrahiert. Die konkreten physischen Einzelphänomene gelten als sog. **etische** Größen, zu denen sog. **emische**, also virtuelle Einheiten, gesucht werden (vgl. dazu weiter Kap. 2.5.3.). Im elementaren Sinn ist damit gemeint, dass die wahrgenommenen physischen Elemente als Repräsentationen abstrakter Einheiten identifiziert werden müssen: Grafische Elemente muss man als bestimmte Buchstaben erkennen, Buchstabenfolgen als Wörter bzw. Kombinationen aus Morphemen einer bestimmten Sprache, Folgen von Wörtern als in bestimmter Weise strukturierte Syntagmen usw.

Die Abstraktion von der Materialität hatte in der Textlinguistik-als-Sprachgebrauchslinguistik zur Folge, dass man einen weiten Textbegriff propagierte, der

Sprachlichkeit als zentrales Merkmal von Texten setzt und damit sowohl schriftliche als auch mündliche Äußerungen umfasst (2.5.2.). Die jetzt wieder neu erhobene Forderung nach einem semiotisch erweiterten Textbegriff will demgegenüber dem Nicht-Sprachlichen besondere Aufmerksamkeit widmen und hebt das Gemeinsame speziell **visuell wahrnehmbarer Zeichen**, nämlich von Schrift und Bild, hervor. Seinen stärksten Niederschlag findet dies in der Propagierung einer **Bildlinguistik**.[13] Zugleich rückt das Gemeinsame geschriebener, gesprochener oder gar nur im Gedächtnis gespeicherter Texte in den Hintergrund. Diese unterscheiden sich fundamental in ihrer Materialität, können ansonsten, präziser gesagt: im **Wortlaut**, aber identisch sein.

Letztendlich geht es um die Frage, wovon man abstrahiert. Kontroversen ergeben sich daraus, dass gewisse Abstraktionen von den einen oder anderen gewissermaßen mit einem Verbot belegt oder überhaupt für unmöglich gehalten werden. Besonderen Erfolg hat bis heute die Vorstellung, man könne/dürfe nicht von der **Kommunikativität** sprachlicher Äußerungen abstrahieren (2.5.4.). Dazu gesellt sich nun die Materialität als Eigenschaft, von der man nicht absehen können soll. Bemerkenswert ist allerdings, dass es in Bezug auf beide Merkmale ebenfalls darum geht, hinter den Einzelphänomenen stehende abstrakte Einheiten zu rekonstruieren, nämlich **Regeln** kommunikativen Handelns und überlieferte **Muster**: Textsorten, Gesprächstypen und auf der materiellen Seite Schemata wie z.B. typografische Dispositive. Auch solche Größen fallen unter den Medienbegriff.

Eine wesentliche Frage ist nun, wie man Regeln und Muster auf der einen Seite und konkrete kommunikative Interaktionen auf der anderen Seite in Verbindung bringt. Interaktanten können den Regeln folgen oder nicht und die Muster erkennen oder nicht. Besonders problematisch ist diese Frage geworden, weil angesichts von Entlinearisierung und Vernetzung von Texten die Grenzen der Einheiten keineswegs (mehr) klar bestimmt werden können und von der Perspektive der Beteiligten abhängen (2.5.5.).

---

13 Vgl. v.a. Diekmannshenke et al. (2011), F. Große (2011), ferner z.B. Fix/Wellmann (2000), Nöth (2000b), Stöckl (2004) und Holly (2013).

2.5.1. Zum Ausdruck *Medium* und zu konkurrierenden Begriffen

Schon 2005 stellte Dürscheid fest, der Ausdruck *Medien* werde

> „seit ca. 15 Jahren geradezu inflationär gebraucht. Man spricht von alten und neuen Medien, von Medienkompetenz und Medienkunde, von Mediothek und Medienlandschaft, von Printmedien, Online-Medien und Multimedia"

– und natürlich nicht zuletzt von der **Mediengesellschaft**. Habscheid (2009: 96) hat versucht, „das schwer überschaubare Bedingungsgefüge der Medien ansatzweise zu systematisieren" und ist dabei zu einer sehr umfangreichen Liste gekommen. Hier sei dagegen nur eine grob vereinfachende Übersicht über gängige Gebrauchsweisen von *Medium* präsentiert (Tab. 2.3), anhand derer sich die Kontroversen verdeutlichen lassen.

Tab. 2.3: Vielfältigkeit des Medienbegriffs

1	natürliche Medien/Kanäle Wahrnehmungsorgane	Schall, Lichtwellen, Körper, Stimme, … Gehörs-, Gesichts-, Tast-, Geruchs-, Geschmackssinn	
2	technische Medien	Papier und Farbe, Druckpresse, Schreibmaschine, Telefon, Lautsprecher, CD-Rom, Computer, Internet, …	
3	Zeichen(systeme)/Kodes	Sprache	Gesten, Bilder, Musiknoten, Zahlen, Emojis, …
4	Kommunikationsformen	Face-to-Face, Brief, Telefonat, E-Mail, Powerpoint, Chat, …	
5	Publikationsformen	Buch, Flugblatt, Zeitung, Schild, Film, Plakat, Website, …	
6	Textsorten	Plauderei, Lebenslauf, Wettervorhersage, Beratung, Erzählung, …	
7	Institutionen	Presseorgane, Fernsehanstalten, Verlage, Intranets, …	

In der Alltagssprache ist die Bedeutung **Massenmedien** (7) zentral, die aber in der hier zu behandelnden Diskussion kaum eine Rolle spielte. Hätte man vor einigen Jahrzehnten bei *Medienlinguistik* wohl in erster Linie an die Untersuchung von Pressesprache gedacht, so wird dieser Ausdruck inzwischen viel häufiger für computervermittelte Kommunikation oder ‚linguistische Internetforschung' (vgl. z. B. Androutsopoulos 2007: 80) bzw. Internetlinguistik (Marx/Weidacher 2014) verwendet. Im Zentrum stehen jetzt jedenfalls die sog. Neuen Medien und damit die technische Lesart. Manche sprechen von Medien überhaupt nur, wenn dabei **technische Hilfsmittel** (2) zum Einsatz kommen.

An den neuen technischen Hilfsmitteln beeindruckten nicht zuletzt die damit möglichen neuen Arten von Mitteilungen, die teilweise selbst als *Neue Medien* oder aber *Textsorten in Neuen Medien* bezeichnet wurden: E-Mail, Chat, SMS usw. Hierfür sind in der Tabelle drei Zeilen (4 – 6) vorgesehen, da es in diesem Feld besonders viele Vorschläge zur terminologischen Differenzierung gibt. Relativ weit verbreitet ist es in diesem Kontext, **Kommunikationsformen** (4) eigens abzugrenzen. Darunter versteht man Größen, die nur in Bezug auf die situative Konstellation inklusive eventueller technischer Apparate spezifiziert sind, nicht aber in Bezug auf irgendwelche kommunikativen Aufgaben, Themen oder auch sprachlichen Merkmale. Der Ausdruck **Textsorten** (6) soll dagegen solchen mehrfach spezifizierten Mustern komplexer kommunikativer Interaktionen vorbehalten sein.[14] Alternativ zu *Textsorte* arbeitet man auch mit Ausdrücken wie **kommunikative Gattungen** (eher für mündliche Interaktionen) oder **kommunikative Praktiken** (als Oberbegriff für beides; vgl. z. B. Stein 2011) – die Terminologie ist in diesem Bereich besonders uneinheitlich (vgl. z. B. Dürscheid 2005). Das hängt natürlich mit der enormen Fülle und dem schnellen Wechsel bzw. der Diversifizierung von Kommunikationsformen und Textsorten zusammen (vgl. dazu besonders Holly 2011). Nicht üblich ist es in diesem Zusammenhang, **Publikationsformen** (5) gesondert zu erwähnen. Ich füge diese hinzu, weil sie – ebenso wie die öffentliche Zugänglichkeit überhaupt – für die alten Medien besonders zentral sind.

Die Verwischung der Grenze zwischen **privat und öffentlich** gehört wohl zu den bemerkenswertesten Charakteristika der Mediengesellschaft und grenzt diese deutlich von anderen Epochen der Mediengeschichte ab. Damit einhergehend veruneindeutigt sich auch der Gegensatz zwischen professionell und nicht-professionell erstellten Dokumenten (vgl. dazu Kap. 4.3.): Die Technik steht (in unserer Gesellschaft) allen zur Verfügung und ermöglicht jedem, hochkomplexe, nämlich **multimediale** Produkte anzufertigen. Dabei dürften die meisten wohl weniger an die Verbindung von Schrift und Bild denken, die der Bildlinguistik besonders wichtig erscheint. Bilder sind aber schon in der Drucktechnik völlig üblich; neu ist dagegen die zusätzliche Verbindung mit **dynamischen Elementen**, neben Verlinkungen nämlich Animation, Film sowie sprachlichen und nicht-sprachlichen akustischen Zeichen. Dies führt auf *Medien* im Sinne verschiedener Arten von Zeichen bzw. **Zeichensystemen** (3). Für diese benutzt man jetzt gern

---

14 Dieser Vorschlag ist schon sehr früh gemacht worden. Gülich/Raible (1975) haben dafür den Ausdruck *Kommunikationsarten* vorgeschlagen. Heute bezieht man sich oft auf Ermert (1979), der nur funktional spezifizierte Klassen von Texten als *Textsorten* bezeichnet und den Ausdruck *Kommunikationsform* benutzt. Vgl. auch Brinker (2000: 180), Ziegler (2002) und Bittner (2003: 24 und 134 f.).

wieder den Ausdruck **Kode**,[15] und zwar gleichgültig, ob es sich um eine kleine Menge festgelegter Einheiten wie z. B. die Verkehrszeichen handelt oder um in ihrer Bedeutung nicht fixierte Zeichen wie z. B. Mimik oder gar um natürliche Sprachen. Da es sich bei Sprachen aber nicht um Zeichensysteme neben anderen handelt, bekommen sie in Zeile 3 von Tabelle 2.3 ein eigenes Feld zugewiesen.

Hinzu kommt nun die neue Betonung der **Materialität** von Zeichen. Zeichen müssen wahrnehmbar sein bzw. gemacht werden. Im Deutschen ist es allerdings relativ unüblich, für den Übermittlungsweg den Ausdruck *Medium*, also die Lesart 1, zu verwenden.[16] Dazu kommt es in zwei Zusammenhängen, die auf eigentlich unterschiedliche Diskussionsstränge führen, sich aber jetzt wieder vermischen: Die eine Quelle ist die Debatte um gesprochene und geschriebene Sprache, in der Koch/Oesterreicher die Ausdrücke *mediale Mündlichkeit/Schriftlichkeit* terminologisiert haben. Wir kommen darauf in 2.5.2. zurück. Der andere Zusammenhang ergibt sich unmittelbar aus der technischen Lesart (2) von *Medium*. Wenn man nämlich mit technisch vermittelter Kommunikation rechnet, muss man konsequenterweise auch an das Gegenteil denken. Entweder man beschränkt nun den Begriff *Medien* auf die technische Lesart, oder man muss ihm etwas anderes an die Seite stellen. Die zweite Option hat sich durchgesetzt und den technischen wurden **natürliche Medien** entgegengesetzt. Daraus ergibt sich dann der **Leitsatz: Es gibt keine medienunabhängige Kommunikation.**[17]

---

15 Der Ausdruck *Kode* stammt aus dem früher üblichen nachrichtentechnischen Kommunikationsmodell (Shannon/Weaver 1949), bei dem es besonders um den ‚Transport‘ einer Botschaft auf einem *Kanal* ging. Die Vorstellung war, dass ein Sender eine Botschaft enkodiert, der Empfänger sie wieder dekodiert und beide daher auf ein gemeinsames Kodierungssystem, z. B. die Morsezeichen, zurückgreifen müssen. Aus technischer Sicht war besonders bedeutsam, dass bei der Übermittlung Störungen vorkommen können, das sog. *Rauschen* (engl. *noise*). Die konkrete und evtl. eben unvollkommene Materialität kann die Dekodierung, die Feststellung, welche Einheit eigentlich gemeint war bzw. gesendet wurde, also behindern. Die Übertragung dieser Vorstellung auf sprachliche Interaktion ist längst aufgegeben worden, die technische Chiffrierung ist ja nur eine sekundäre Operation, der bereits eine sprachliche Botschaft zugrunde liegt. Sprachliche Botschaften gleichen aber keineswegs lediglich technisch chiffrierten Größen, die irgendwie vor- oder außersprachlich existierten.

16 Das gilt selbst für linguistische Kontexte. Eine solche Lesart ist etwa in den Fachwörterbüchern von Bußmann und Glück nicht verzeichnet und nicht einmal in Einführungsdarstellungen zur gesprochenen Sprache gängig (vgl. z. B. Schwitalla 2010 und genauer dazu Adamzik im Druck e).

17 Vgl. so z. B. Burger/Luginbühl (2014: 3). Sie bevorzugen allerdings eigentlich einen technischen Medienbegriff und akzeptieren die generalisierte Verwendung nur widerstrebend und mit einem bemerkenswerten Zusatz: „Die Sprechorgane würden dann demensprechend als eine Art Apparatur [!] aufgefasst. Damit gibt es dann auch keine medienunabhängige Kommunikation; Inhalte, die kommuniziert werden, müssen zwingend medialisiert und damit auch semiotisch

Das ist allerdings nur eine sehr vordergründige ‚Lösung', da ja auch alles technisch Vermittelte letztendlich nur auf natürlichem Wege, d.h. über die Wahrnehmungsorgane, in den Kopf gelangen kann, das Technische also grundsätzlich eine Zwischen-Ebene betrifft. Es mag mit diesem Problem zusammenhängen, dass man inzwischen wie für die Lesart 3 (*Kode*) auch für die erste einen anderen Terminus vorzieht, nämlich *Modus* bzw. **Modalität**.[18] Jedenfalls kann auf diese Weise die ohnehin präferierte technische Lesart von *Medien* (2) gestärkt werden.

Modalität geht dann auch ein in den komplexen Ausdruck **Multimodalität**. Wie Steinseifer (2011: 164) bemerkt, findet dieser in linguistischen Publikationen als „programmatisches Fahnenwort" Verwendung und ersetzt zunehmend den Ausdruck *Multimedialität*, der „in anderen disziplinären Kontexten weitgehend synonym verwendet wird". Dabei kommt es zugleich zur Fokussierung der **Visualität**, die als besonders relevantes, wenn nicht unhintergehbares Merkmal von Textualität erscheint. Steinseifer fasst diese Diskussion folgendermaßen zusammen:

> „Das Aussehen schriftlicher Texte habe sich etwa aufgrund neuer technischer Möglichkeiten in den letzten Jahrzehnten stark gewandelt, so dass unter den Bedingungen computergestützter, digitaler Textproduktion sowohl von den Produzenten wie den Rezipienten zunehmend auch design- und bildbezogene Kompetenzen erwartet würden, die über eine sprachlich zu bestimmende Textkompetenz hinausgingen." (Steinseifer 2011: 164 f.)

Der distanzierende Konjunktiv erklärt sich daraus, dass auch Steinseifer die oben angesprochene Gefahr sieht, durch Konzentration auf das Visuelle die Vielfalt multimodaler Botschaften aus dem Blick zu verlieren. Er verweist auf „die Verbindung von lautlichen mit mimischen, gestischen und anderen körperbezogenen Anteilen" bei der Face-to-Face-Interaktion sowie auf

> „die komplexe und dynamische Kombination von klanglichen, lautlichen, schriftlichen, diagrammatischen und statischen sowie dynamischen bildlichen Anteilen in den elektronischen Kommunikationsangeboten von Film, Fernsehen (Holly 2010) und World Wide Web (Meier 2008)" (ebd.: 165).

---

materialisiert werden." (ebd.: Anm. 4). Sprache betrachten sie ausdrücklich nicht als Medium (vgl. ebd.: 4).

18 Sicher spielt auch der entsprechende Gebrauch von *mode* bei Halliday eine Rolle (vgl. dazu z.B. Esser 2009: 78). – *Modalität* ist insofern geeigneter, als dieser Ausdruck eher an die Verarbeitungsweise denken lässt, die z.B. bei Lautsprache und Musik oder Schriftsprache und Bildern trotz gleichen Wahrnehmungsorgans sehr verschieden ist.

Tatsächlich ist es erstaunlich, dass das Visuelle eine so besondere Aufmerksamkeit auf sich zieht. Denn abgesehen davon, dass im Alltagsverständnis für Multimedialität die Kombination **audio-visuell** zentral ist, gehen die bei digitaler Technik auftretenden sichtbaren Informationskomplexe regelmäßig einher mit **akustischen Signalen**, die auch nicht adressierte Personen wahrnehmen (müssen). Akustische Signale sind ja viel penetranter als visuelle, d. h. man kann sich ihnen weniger gut entziehen, da man die Ohren im Gegensatz zu den Augen nicht verschließen kann und es nichts hilft, den Kopf abzuwenden. Diese unfreiwillige ‚Teilhabe' an fremder Mediennutzung gehört zweifellos zu den besonders auffälligen Merkmalen der Mediengesellschaft und wird sehr regelmäßig metakommunikativ thematisiert und auch bearbeitet (Schilder, die um diskreten Gebrauch der Mobiltelefone bitten, Ruheabteile in Zügen usw.).

Wenn Materialität, der menschliche Körper und seine Sinne ernst genommen werden sollen, verdient aber auch der **Tastsinn** Beachtung, der auch mit Blick auf die jüngeren technischen Apparaturen relevant ist. Sie haben ja der ursprünglich konkreten Bedeutung von *digital* ‚mit dem Finger' ihren Sinn zurückgegeben. Wenn der Zugang zu den visuellen und akustischen Zeichen sowie deren Manipulation über Bildschirmberührung erfolgt, entfallen sogar die Geräusche, die bei der Tastenbedienung entstehen. Bei raum-zeitlicher Kopräsenz ist schließlich der **Geruchssinn** von einiger Bedeutung, er wird allerdings nur teilweise absichtlich ‚angesprochen' (Parfum vs. Mundgeruch). Außerdem lassen sich Gerüche ebenso wie Tast- und Geschmacksempfindungen (noch?) nicht digital speichern.

Es zeigt sich also, dass die Forderung nach einem semiotisch erweiterten Textbegriff derzeit nicht zuletzt erhoben wird, um relativ eng begrenzte Untersuchungsfelder wie eine Bildlinguistik zu rechtfertigen. Auch Steinseifer (2011: 178) kommt zu dem Schluss, es bestehe eine Tendenz, „sich trotz eines programmatisch umfassenden Typologisierungsanspruchs praktisch auf eine kleine Auswahl überschaubarer Untersuchungsgegenstände zu beschränken". Zu diesen gehören die gut überschaubaren **Sehflächen** (vgl. Schmitz 2010), die einer Engführung von Textualität und Visualität entsprechen (vgl. dazu besonders Holly 2013). Dabei kann man ganz von der Sprache abstrahieren, d. h. geschriebene Texte zunächst als visuelle Einheiten konzeptualisieren. Sinnfällig gemacht wird dies durch Texte, die mit Unschärfefiltern bearbeitet sind, so dass man nur die grafische Struktur sieht, die Buchstaben aber nicht lesen kann (Abb. 2.3). Denselben Zweck erfüllt für die meisten von selbst die Betrachtung von Texten in anderer als lateinischer Alphabetschrift (Abb. 2.4).

Wie weit man dabei gehen kann, die Bedeutung des Mediums Sprache herabzustufen, zeigen besonders Kommentare zu den beiden Erscheinungsformen natürlicher Sprachen. Statt nämlich hervorzuheben, dass natürliche Sprachen –

Abb. 2.3: Texte als Sehflächen 1 (Steinseifer 2011: 167)

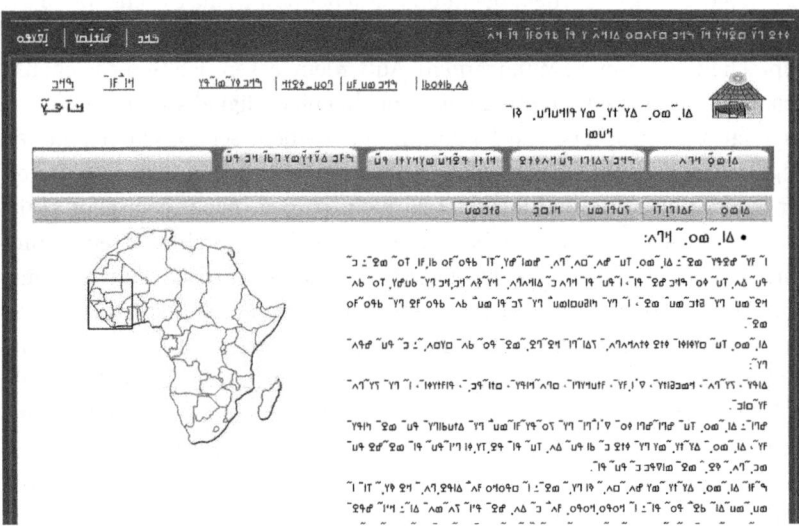

Abb. 2.4: Texte als Sehflächen 2 (N'ko: http://www.kanjamadi.com/manden/nko.ma1.htm; 12. 4. 2015)

im Gegensatz zu anderen ‚Kodes'! – auf zweierlei Arten[19] materialisiert werden können, akustisch und grafisch, konstruiert man daraus gewissermaßen eine Schwäche. Unterstellt wird nämlich, dass Sprache als Zeichensystem (Medium 3) grundsätzlich an andere Medien gebunden sei und nur als materialisierte überhaupt existiere. Habscheid greift bei der Präsentation dieses Arguments sogar Medien in verschiedenem Sinne (1, 2 und 3) zusammen:

> „Sprache erscheint im Alltag des Sprechens und Hörens, Schreibens und Lesens, nie einfach nur als Sprache, sie tritt auf der Basis von und in Verbindung mit anderen Medien auf (Stimme oder Schrift, materielle Schriftträger, statische oder bewegte Bilder etc.)." (Habscheid 2009: 31)

Mit dem „Alltag des Sprechens und Hörens ..." sind natürlich konkrete Sprachverwendungssituationen angesprochen, das Argument steht also in engem Zusammenhang mit dem ‚Verbot', von der Kommunikativität sprachlicher Äußerungen zu abstrahieren. Explizit kommt dies zum Ausdruck in der folgenden Formulierung Hagemanns:

> „Sprache ist [...] auf konkrete Realisierungsformen angewiesen [...]: Sprachliche Kommunikation existiert nur in mündlicher oder schriftlicher Form, als Vokalisierung oder Visualisierung. Sprache muss materialisiert sein, um als Medium fungieren zu können." (Hagemann 2013: 41)

Selbstverständlich müssen sprachliche – wie allerdings auch alle anderen Zeichen, denn irgendetwas muss man ja wahrnehmen können! – materialisiert sein, um als **Medium der Kommunikation** fungieren zu können. Sprache fungiert aber nicht nur als Medium der Kommunikation, sondern auch als **Medium des Denkens** und dafür muss sie keineswegs (im üblichen Sinne des Wortes) materialisiert sein. Die Aussagen von Hagemann sind umso befremdlicher, als er mit einem „Sprach-Materialisierungs-Gedächtnis" (ebd.) rechnet und speziell **typografische Dispositive** als visuelle semiotische Ressourcen behandelt. Diese seien nun gerade nicht notwendig materialisiert, sondern Einheiten eines (kollektiven) Schriftgedächtnisses. Um die Argumente auf den Punkt zu bringen: Bei typografischen Schemata, also etwa charakteristischen Layouts, aber auch bei Kommunikationsformen, Textsorten usw. soll man mit abstrakten Einheiten, die im Ge-

---

19 Inzwischen erwähnt man in diesem Zusammenhang auch regelmäßig als dritte Variante die Gebärdensprache. Sie ist jedoch ein eigenständiger Typ von Sprache, die lautlich nicht realisiert werden kann und deren Verschriftung (noch) ein Randphänomen darstellt. Die (deutsche) Gebärdensprache ist jedenfalls keine mediale Ausprägung der deutschen Laut- oder Schriftsprache, vielmehr kann man zwischen Laut- und Gebärdensprache nur übersetzen.

dächtnis gespeichert sind, rechnen müssen. Die kognitive Speicherung von sprachlichen Einheiten und Texten wird dagegen infrage gestellt. Diese Argumentation ist mehr als abwegig und belegt eigentlich nur die Richtigkeit der Diagnose Jägers: Der Medienlinguistik droht die Sprache abhanden zu kommen.

Die extreme Ausweitung des Medienbegriffs führt dazu, dass der nun alles Mögliche umfassende Begriff jede Prägnanz verliert. Unter dieser Prämisse ist es v. a. sinnlos, irgendeine Epoche als Mediengesellschaft zu kennzeichnen, denn alle Gesellschaften sind auf Kommunikation und damit Medien angewiesen.[20] Die praktische Folge dieses terminologischen Expansionismus besteht darin, dass sich das Untersuchungsfeld zersplittert und sich **spezialisierte Einzeldisziplinen** bzw. Forschungsschwerpunkte entwickeln. Der Phänomenbereich und die relevanten Aspekte – neben dem technischen u. a. der ökonomische, soziologische, psychologische, bildungspolitische oder dokumentalistische – sind so weitgefächert, dass es kaum denkbar ist, die Gesamtheit auf einmal in den Blick zu nehmen. Die Kommunikationsformen so vielfältig, dass man in empirischen Untersuchungen immer nur einen sehr kleinen Ausschnitt davon berücksichtigen kann. Dabei muss man ohnehin anschließen an die teilweise traditionsreichen Spezialdisziplinen, an Medien-, Kommunikationswissenschaft sowie die Semiotik mit ihren vielen Untergebieten (vgl. dazu weiter Kap. 4.4.).

Angesichts dieser Verhältnisse kann nur davon abgeraten werden, den Textbegriff durch eine semiotische Erweiterung ebenso konturlos zu machen wie den Medienbegriff. Daher plädiere ich (mit anderen) entschieden dafür, *Text* (wieder) an Sprachlichkeit zu binden: **Texte sind Sprachgebilde.** Um das Phänomen zu erfassen, dass Texte oft mit anderen Zeichen kombiniert sind, haben wir ja den Ausdruck *multimedial* (oder auch *-kodal*, *-modal*). Man kann hier von Großzeichen, Zeichenkomplexen oder auch einfach Objekten sprechen.

Dass Nichtsprachliches in der Textlinguistik überhaupt eine so große Rolle spielen soll, erklärt sich daraus, dass man Texte einer anderen Oberkategorie

---

20 Dabei ist zu bedenken, dass in der Diskussion noch nicht einmal die „symbolisch generalisierten Kommunikationsmedien" im Sinne von Niklas Luhmann einbezogen sind, also Macht, Geld, Liebe, Wahrheit, Kunst. Diese sind innerhalb seiner Theorie immerhin stringent auf die anderen Medien bezogen, da nach seiner Auffassung alle Medien einen spezifischen Aspekt der Unwahrscheinlichkeit bearbeiten, dass Kommunikation gelingt: Sprache reduziert wegen ihrer extremen Differenziertheit und Komplexität die Unwahrscheinlichkeit, dass verstanden werden kann, worin die Information besteht. Verbreitungsmedien (also speziell Massenmedien) reduzieren die Unwahrscheinlichkeit, dass eine Mitteilung den (nicht anwesenden) Empfänger erreicht. Symbolisch generalisierte Kommunikationsmedien reduzieren schließlich die Unwahrscheinlichkeit, dass Ego die Mitteilung von Alter akzeptiert, insofern sie, grob gesprochen, gesellschaftlich verbindliche Bezugssysteme bereitstellen. Vgl. zu Luhmann weiter Kap. 5.5.

zuordnen möchte, sich also nicht nur oder in erster Linie für den Sprachgebrauch interessiert, sondern für alle Arten von Kommunikation. Daher habe ich vorgeschlagen, dem auch terminologisch Rechnung zu tragen und als Oberbegriff für „die Gesamtmenge der in einer kommunikativen Interaktion auftretenden Signale" (Definition 8 aus Kap. 2.4.) den Begriff **Kommunikat** zu benutzen (vgl. Adamzik 2002c: 174). Der Ausdruck ist hinreichend fremd, um unmittelbar als Fachwort erkennbar zu sein, und fügt sich gut in das terminologische Netz ein, z. B. spricht man statt von *Sprecher/Schreiber/Sender* und *Hörer/Leser/Empfänger* auch von *Kommunikanten*.[21] Unterscheiden kann man danach Kommunikate in mono- vs. multimediale. Monomedial sprachliche sollen hier *Text* heißen, und bei den multimedialen wird nur der sprachliche Teil als *Text* bezeichnet (vgl. Abb. 2.5).

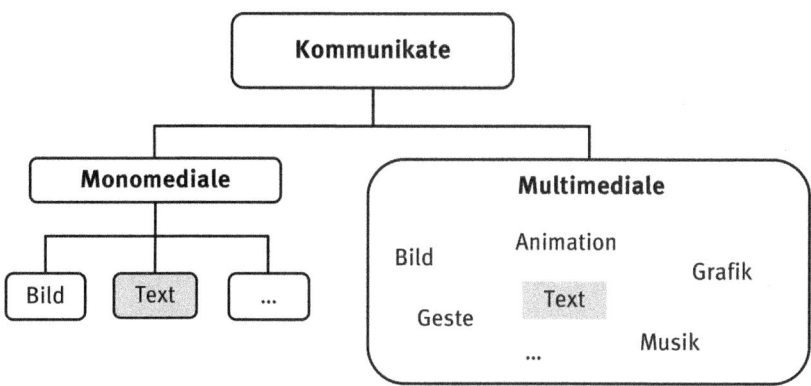

Abb. 2.5: Der Text als Typ und als Teil von Kommunikaten

Ein Kommentar zu diesem Vorschlag zeigt noch einmal, wie sehr die Möglichkeit in Vergessenheit geraten ist, von der Materialität sprachlicher Zeichenkomplexe zu abstrahieren: Auch Burger/Luginbühl sehen die Notwendigkeit zwischen dem sprachlichen Anteil und anderen Elementen eines multimedialen Objekts zu unterscheiden, denn man

> „braucht einerseits einen Terminus für den (herkömmlichen) verbalen Text-Begriff, andererseits für das hybride Medien-Gebilde, das aus den genannten semiotischen Elementen besteht" (Burger/Luginbühl 2014: 97).

---

21 Vgl. aber den Hinweis in Adamzik (2002c: 174, Anm. 7) auf andere Lesarten von *Kommunikant*.

Gegen die in Abb. 2.5 gewählte Begrifflichkeit wenden sie dann jedoch ein, dass diese Terminologie „eigentlich nahelegt, man könne den ‚sprachlichen Teil' eines multimodalen Textes sozusagen medienneutral und entmaterialisiert analytisch extrahieren und analysieren" (ebd.: 98). Ich bin der Auffassung, dass man eine solche analytische Trennung nicht nur vornehmen kann, sondern sogar muss – ebenso wie man die anderen Bestandteile rein analytisch isoliert, gerade um ihr Zusammenwirken beschreiben zu können. Die Unausweichlichkeit dieses Vorgehens erhellt auch daraus, dass Burger/Luginbühl dieselbe Unterscheidung treffen; ausdrucksseitig wählen sie jedoch eine Minimaldifferenzierung, die sich überdies gesprochensprachlich schwerlich realisieren lässt. Entsprechend ihrer in 2.1. zitierten okkasionellen Definition ist nämlich für sie der sprachliche *Text* Teil eines multimedialen Objekts, auf das sie mit dem Ausdruck *TEXT* referieren.

2.5.2. Gesprochene und geschriebene Sprache: Mediale und konzeptionelle Mündlichkeit/Schriftlichkeit

Wie bereits erwähnt, ist es für die Anfangsphase der deutschen Textlinguistik charakteristisch, auch Mündliches unter den Textbegriff zu fassen. Unterstellt wurde dabei nicht selten, dass gerade die Einbeziehung mündlichen Sprachgebrauchs den linguistischen Begriff von der alltagssprachlichen Verwendung des Ausdrucks *Text* unterscheide.[22] Im Zuge der Hinwendung zu Nicht-Sprachlichem wurde diese weite Auslegung jedoch wieder zurückgedrängt, d. h. man beschränkt

---

22 In einem Kontext hat diese weite Definition auch Erfolg gehabt bzw. wurde sogar mit einer gewissen Verbindlichkeit gesetzt und hat sie gewissermaßen unters Volk gebracht. Gemeint ist der Fremdsprachenunterricht; im *Gemeinsamen europäischen Referenzrahmen für Sprachen* (GER) heißt es zu *Text:* „Bezeichnung aller sprachlichen Produkte [...], die Sprachverwendende/Lernende empfangen, produzieren oder austauschen – sei es eine gesprochene Äußerung oder etwas Geschriebenes. Es kann demnach keine Kommunikation durch Sprache ohne einen Text geben; alle sprachlichen Aktivitäten und Prozesse werden mit Blick auf die Beziehung der Sprachverwendenden/Lernenden und ihrer Kommunikationspartner zum Text analysiert und klassifiziert; dabei ist es ganz gleich, ob diese Beziehung als ein Produkt bzw. als ein Gegenstand gesehen wird oder als ein Ziel bzw. als ein gerade entstehendes Produkt" (Europarat 2001, Kap. 4.6). – Gerade für die Zwecke des elementaren Fremdsprachenunterrichts, in dem es durchaus vordringlich sein kann, dass sich die Lernenden in ihrem Lebensumfeld mit all seinen sprachlichen Zeichen orientieren können und auch im wörtlichen Sinne ihren Weg finden (Schilder!), scheint mir eine solche Festlegung durchaus sinnvoll. Sie erspart es, immer die Vielfalt verschiedener Vorkommensweisen von sprachlichen Einheiten zu thematisieren, und erlaubt insbesondere auch den in Materialien für den Fremdsprachunterricht wichtigen Ausdruck *Hörtexte*, der bei einem auf Schriftliches begrenzten Textbegriff ja einem Oxymoron entspricht.

sich heutzutage (weitestgehend) auf Schriftliches.[23] Dies steht im Gegensatz zur englischsprachigen Tradition, in der es anders als im Deutschen auch üblich ist, **Schriftlichkeit und Mündlichkeit** als Ausprägungen des Kriteriums Medium zu fassen.[24] Ganz anders als für die in 2.5.1. referierten Ansätze dient der Hinweis auf die Doppelmedialität jedoch gerade dazu, die **Medienunabhängigkeit von Sprache** zu postulieren.

Zur Erläuterung scheint es mir nützlich, auf John Lyons zu verweisen, dessen Einführung (1968/1971) seinerzeit sehr einflussreich war. In einer späteren Einführung geht er auf die Frage ausführlicher ein und begründet die Möglichkeit, von der Medialität zu abstrahieren, folgendermaßen:

> „Des Lesens und Schreibens kundige muttersprachliche Sprecher einer Sprache sind im allgemeinen in der Lage anzugeben, ob der Prozeß der Übertragung eines Sprachsignals aus einem Medium in ein anderes korrekt durchgeführt wurde oder nicht. Soweit Sprache in diesem Sinne unabhängig von dem Medium ist, in dem die sprachlichen Signale realisiert werden, behaupten wir, daß Sprache die Eigenschaft hat, nicht an ein Medium gebunden zu sein" (Lyons 1981/1983: 20).

Gerade weil (viele) Sprachen sowohl in mündlicher wie in schriftlicher Form existieren, gerät Medialität in diesem Sinne (Medium 1) beim Zeichensystem Sprache (Medium 3) keineswegs in Vergessenheit. Da sich aber das eine in das andere umsetzen lässt – und zwar unendlich viel präziser als etwa von der einen Sprache in eine andere zu übersetzen – kann man von der jeweiligen Materialisierung auch abstrahieren, d.h. sich auf das beziehen, was einer mündlich und schriftlich realisierten Äußerung gemeinsam ist. Die Umsetzbarkeit hat allerdings ihre Grenzen und Lyons betont selbst, dass die „geschriebenen und gesprochenen Sprachformen nur als mehr oder weniger, nicht aber als absolut isomorph anzusehen" sind (Lyons 1981/1983: 24). Dabei denkt er weniger an die Grenzen der Umsetzung, die durch die Spezifik des Mediums bedingt sind – man kann z.B. die Stimmqualität ebenso wenig verschriftlichen wie man die Individualität einer Handschrift zu Gehör bringen kann. Vielmehr geht es um **gesprochene und geschriebene Sprache als Varietäten**, die teilweise unterschiedliche Zeichen und Regeln umfassen bzw. übereinstimmende Elemente unterschiedlich (oft) einsetzen.

---

23 Vgl. z.B. Sandig (2006: V), Hausendorf/Kesselheim (2008: 12), Fix (2008b:18), Habscheid (2009: 9) Fandrych/Thurmair (2011: 17), Averintseva-Klisch (2013: 3), Schwarz-Friesel/Consten (2014: 18).

24 Bei Esser (2009) ist diese Begrifflichkeit sogar zentral, da er die beiden Hauptkapitel mit dem Obertitel *Formal Texture* untergliedert in *I: Medium-independent Elements and Structures* und *II: Medium-dependent Presentation*.

„In diesem Zusammenhang ist die Unterscheidung zwischen ‚umgangsprachlich‘ und ‚literarisch‘ sehr wichtig. Man muß einerseits klar unterscheiden zwischen ‚umgangssprachlich‘ und ‚gesprochen‘ und andererseits zwischen ‚literarisch‘ und ‚geschrieben‘. Diese Unterscheidung läßt sich in der Praxis aber nur schwer durchhalten. In einigen Sprachen ist die analytische Trennung zwischen den Unterschieden der Medien (z.B. ‚gesprochen‘ gegenüber ‚geschrieben‘) und der Stilebenen (‚umgangssprachlich‘ gegenüber ‚literarisch‘) nicht besonders sinnvoll. Dies gilt auch für die Trennung zwischen den Unterschieden der Medien und den Unterschieden der Dialekte (‚hochsprachlich‘ gegenüber ‚dialektal‘ usw.). Das theoretische Postulat des Isomorphismus zwischen geschriebener und gesprochener Sprache ist wesentliches Element der Fiktion der Homogenität" (ebd.: 25).

Wer die **Homogenität** von Sprachen – und auch Varietäten! – als Fiktion bzw. Abstraktion erkennt, bemüht sich normalerweise um die differenzierte Beschreibung der tatsächlichen **Heterogenität**. Dazu muss man allerdings wieder abstrakte Variablen ansetzen. Um ein einfaches Beispiel zu nennen: Man könnte als Variable wählen ‚hast du‘ oder noch abstrakter: ‚2. Person Singular Indikativ Präsens des Lexems *haben* + Personalpronomen der 2. Person Singular‘. Es ist dann zu ermitteln, welche Varianten dazu existieren, etwa *hast du, hastu, haste, hast, hasse*. Diese Varianten sind ihrerseits Abstraktionen, denen eine Unzahl von konkreten Realisierungen zugrunde liegt. Diese können im mündlichen oder schriftlichen Medium erfolgen, wenngleich natürlich derzeit die erste Variante eher geschrieben, die letzten eher gesprochen zu erwarten sind. Relevant für die Annahme der prinzipiellen Medienunabhängigkeit von Sprache ist allein, dass ihre Verschriftung möglich ist und auch vorkommt.

Für solche Fragestellungen spielt die **Medialität** (im Sinne von sichtbar vs. hörbar) also nur **als Variationsparameter** eine Rolle, und zwar als einer unter anderen. Lyons erwähnt die sog. diaphasische Dimension (Stilebenen) sowie die diatopische (sowohl *umgangssprachlich* als auch *hochsprachlich* werden im Deutschen auch im Sinn der regionalen Reichweite verwendet). Hinzu kommt noch die diastratische Dimension, besser gesagt verschiedene Eigenschaften der Kommunikanten wie soziale Herkunft, Beruf, Alter usw. (vgl. Kap. 4.3.). Mit ‚literarisch‘ spricht er einen Kommunikationsbereich (vgl. Kap. 4.2.) an, allerdings einen, mit dem man seit geraumer Zeit keine sprachlichen Charakteristika mehr verbinden kann. Die Merkmalszuschreibung ‚alltagssprachlich‘ betrifft dieselbe Variationsdimension. Diese verschiedenen Faktoren interagieren nun miteinander und können, wie Lyons hervorhebt, allenfalls analytisch voneinander getrennt werden. Tatsächlich ist dies ungleich schwieriger und problematischer, als das Sprachliche eines Zeichenkomplexes (wie *hasse* usw.) von seiner materiellen Realisierung zu unterscheiden. Es gehört zur Tradition, *mündlich* bzw. *schriftlich* in einem übertragenen Sinne zu verwenden, d.h. sich damit nicht auf die Materialität zu beziehen, sondern (zugleich) auf irgendwelche anderen Variationsdimensionen, die mit der Medialität (1) korrelieren. In diesem Zusammenhang ist es ferner üblich, *gesprochen* mit ‚nicht-normkonform' zu identifizieren.

In der Literatur zu Varietäten erscheint der Ausdruck *Medium/Medialität* (im Anschluss an die zitierte englischsprachige Tradition) gelegentlich (meist allerdings unterminologisch) auch in deutschen Texten.[25] Das gilt auch für die Darstellung von Söll (1974, [2]1980) zum geschriebenen und gesprochenen Französisch. Ihm geht es wie Lyons im letzten Zitat ebenfalls darum, die **stilistische Lesart** von gesprochen/geschrieben abzugrenzen von der, die „strikt an das Medium, an den Kommunikationsweg gebunden" ist (ebd.: 17). Terminologisch verwendet er allerdings die Ausdrücke *code phonique/graphique* für die Materialisierungsart und *code parlé/écrit* z. B. für lexikalische Einheiten oder grammatische Strukturen, die nur bzw. vorwiegend in gesprochener bzw. geschriebener Sprache vorkommen, die also mit bestimmten Gebrauchskontexten, Varietäten und Stilniveaus assoziiert sind. Diese Verhältnisse stellt er in folgendem Schema dar (Abb. 2.6).

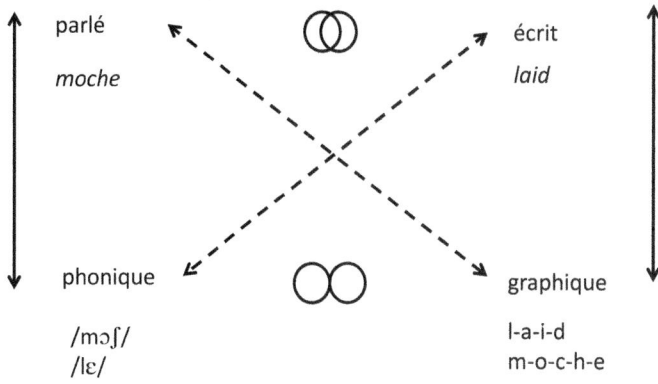

Abb. 2.6: Code phonique/graphique vs. codé parlé/écrit (nach Söll 1974, [2]1980: 23)

Die durchgezogenen Doppelpfeile kennzeichnen „enge Beziehungen" (der code parlé wird normalerweise phonisch, der code écrit grafisch realisiert), die gestrichelten „lockere Beziehungen": *moche* ‚hässlich' „ist primär ein gesprochenes Wort, es kann aber auch geschrieben werden" (ebd.). Die aneinander stoßenden Kreise bedeuten, dass sich code phonique und code graphique ausschließen, während code parlé und code écrit sich teilweise überschneiden.

---

25 Vgl. z. B. auch Nabrings (1981: 64).

An diese Überlegungen schließen dann Koch/Oesterreicher an. Auf sie geht die (in diesem Kontext) inzwischen einigermaßen geläufige Gegenüberstellung von **medialer und konzeptioneller Mündlichkeit/Schriftlichkeit** zurück. Sie benutzen *medial* im deutschen Sprachraum also terminologisch für die physische Differenz (phonisch vs. grafisch) bzw. den Wahrnehmungssinn (auditiv vs. visuell) und terminologisieren den situativ-stilistischen Aspekt (code parlé/écrit) mit dem von Söll ebenfalls nur gelegentlich benutzten Ausdruck *Konzeption* (vgl. z. B. ebd.: 19, 42). Das Schema von Söll (vgl. ebd.: 24) stellt sich (mit einem Beispiel von Schwitalla [4]2010: 221) dann folgendermaßen dar (Abb. 2.7).

Konzeption = formale/stilistische Elaboration		
	gesprochen	**geschrieben**
graphisch	das is 'ne wichtige Angelegenheit **C**	das ist eine wichtige Angelegenheit **D**
phonisch	[ˈdasnəˈvɪçtjə ˈˀaŋɡəˌləːŋhaɪt] **A**	[ˈdas ˀɪst ˀaɪnə ˈvɪçtɪɡə ˈˀaŋɡəˌləːɡŋhaɪt] **B**

(left vertical label: Medium (1))

A: phonisch und konzeptionell mündlich
B: phonisch und konzeptionell schriftlich
C: grafisch und konzeptionell mündlich
D: grafisch und konzeptionell schriftlich

Abb. 2.7: Mediale und konzeptionelle Mündlichkeit/Schriftlichkeit (nach Koch/Oesterreicher 2008: 200)

Drei Annahmen sind für Koch/Oesterreicher zentral: Erstens rechnen sie wie Lyons und Söll mit der prinzipiellen ‚Transkodierbarkeit' zwischen den Medien. Zweitens betonen sie ebenfalls, dass Medium und Konzeption zwei grundsätzlich verschiedene Aspekte darstellen, es aber „Affinitäten" zwischen beidem gibt, dass also mediale und konzeptionelle Schriftlichkeit/Mündlichkeit normalerweise zusammengehen („enge Beziehungen" nach Söll). Drittens schließlich präsentieren sie gegenläufige, also ungewöhnliche Kombinationen als speziell interessante Fälle: Wer redet wie gedruckt, verwendet **konzeptionelle Schriftlichkeit im mündlichen Medium**. Wer schreibt, wie ihm der Schnabel gewachsen ist, **konzeptionelle Mündlichkeit im schriftlichen Medium**. Die zweite Konstellation hat mehr Aufmerksamkeit auf sich gezogen, weil sie dem nicht nur im Sprachlichen beobachtbaren Informalisierungsschub moderner Gesellschaften entspricht und inzwischen auch als besonders typisch für private oder halböffentliche

Kommunikation im digitalen Raum gilt. Auf diese Weise kommt es wieder zu einer Vermischung der Lesarten 1 und 2 von *Medium*.

Abgesehen von den terminologischen Differenzen unterscheiden sich Koch/Oesterreicher von Söll v. a. darin, dass sie weniger einzelne sprachliche Formen oder Strukturmuster sowie deren quantitative Verteilung in Texten oder Korpora in den Vordergrund stellen, sondern Medien im Sinne von 4 – 6 auf einer Skala der Konzeptionalität (mehr oder weniger formell, elaboriert, normorientiert u. dergl.) zu verorten suchen. Dabei symbolisieren sie die graduelle Differenz als schiefe Ebene (Abb. 2.8) und situieren z. B. Chats besonders nahe am Pol konzeptioneller Mündlichkeit – also noch weiter links und tiefer als den Privatbrief ❸. Dies hat einerseits dazu geführt, dass der Ausdruck *konzeptionelle Mündlichkeit* breit aufgegriffen wurde, da er eine intuitive Einschätzung griffig benennt. Andererseits hat ihnen dieses Vorgehen auch scharfe Kritik insbesondere von der Medienlinguistik eingetragen (vgl. z. B. Albert 2013, Hennig/Feilke, im Druck). Denn erstens bleiben solche intuitiven Zuordnungen unweigerlich recht pauschal, und zweitens finden die technischen Medien in dem Modell keine differenzierte Berücksichtigung, und zwar schon deswegen, weil es aus der vordigitalen Zeit stammt und Koch/Oesterreicher keinen Anpassungsbedarf sehen (vgl. dazu Dürscheid im Druck).

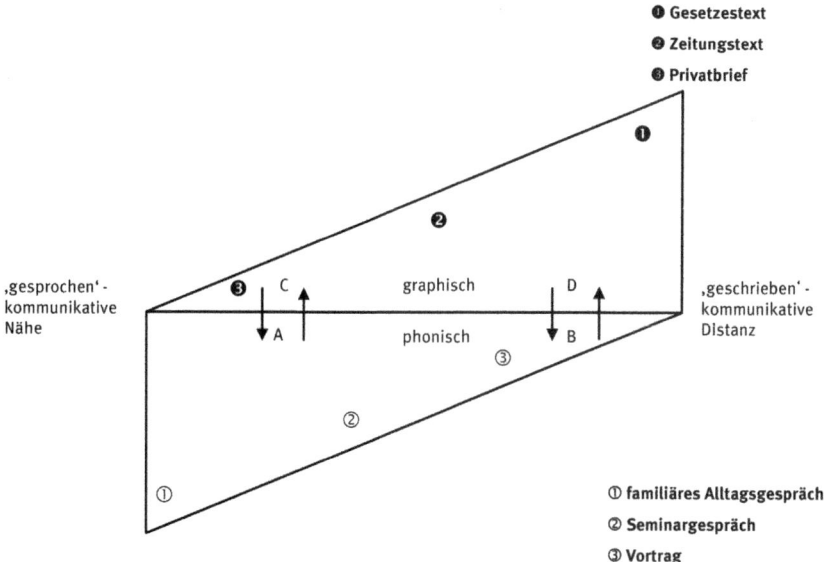

Abb. 2.8: Verschränkungen von Medium und Konzeption (nach Koch/Oesterreicher 1994: 588 und 2008: 201)

Koch/Oesterreicher (vgl. z.B. 2008: 213) postulieren, dass *Konzeption* als eigenständige vierte Variationsdimension verstanden werden sollte, die quer zur diatopischen, diastratischen und diaphasischen Ebene liegt. Dass diese Dimension sich tatsächlich klar von den anderen unterscheiden lässt, scheint mir eher fraglich. Problematisch ist es auch, die prinzipiell völlig unterschiedlichen Kriterien gleichermaßen mit den Ausdrücken *Mündlichkeit/Schriftlichkeit* zu belegen, also die ‚übertragene' Lesart mit der Medialität terminologisch zu vermischen. Daher hat es sich inzwischen auch weitgehend durchgesetzt, von der konzeptionellen als der **Nähe-Distanz**-Dimension zu sprechen (vgl. dazu weiter Kap. 4.4.4.).

Der uns hier näher interessierende Punkt betrifft jedoch die Frage, ob es sinnvoll ist, medial Schriftliches und Mündliches getrennt zu betrachten, d.h. Textlinguistik auf visuell Wahrnehmbares zu beschränken. Abgesehen davon, dass man dem Einfluss des Mediums auf die Gestalt von Äußerungen nur nachgehen kann, wenn man beide Realisationen vergleichend gegenüberstellt, verbietet sich eine solche Trennung speziell bei Kommunikaten, in denen gesprochene und geschriebene Äußerungen kombiniert werden. Das gilt nun gerade für die multimedialen Angebote, z.B. Sachbeiträge aus dem Fernsehen. Bei diesen kann man auch gut beobachten, inwieweit in beiden Medien das Gleiche oder aber Verschiedenes präsentiert wird.

2.5.3. Texte als virtuelle Einheiten – etische und emische Texte

Der weitgehende Ausschluss des Mündlichen aus der Textlinguistik ist auch insofern bedauerlich, als dabei der Argumentationskontext verloren geht, in dem das Verfahren, von der Materialität zu abstrahieren, vorrangig entwickelt wurde. Das ist der lautliche Bereich, in dem die materiellen Eigenschaften von Sprachlauten der **Phonetik**, die funktionellen der **Phonemik** (bzw. Phonologie) zugewiesen wurden. Daraus abgeleitet wurden die Ausdrücke **etisch** und **emisch**, die nicht auf eine bestimmte Ebene beschränkt sind. Der Gegensatz sei zunächst am Beispiel der Schreibung in Erinnerung gerufen. Das System der deutschen Schrift, das deutsche Alphabet, umfasst ganze 26 Buchstaben (+ drei Umlaute und das ß). Anders gesagt: Emische Einheiten kommen im (Bezugs-)System nur einmal vor. Im Sprachgebrauch wiederholen sich dagegen natürlich die einzelnen Buchstaben ständig und sie erscheinen außerdem in einer bestimmten materiellen Gestalt, die sehr unterschiedlich sein kann (Größe, Farbe, Schrifttyp usw.). Dies sind dann etische Elemente, die auch als **Tokens** eines einheitlichen **Types** bezeichnet werden.

Man kann als Types allerdings nicht nur die Buchstaben ansetzen, sondern u.a. auch genauer spezifizierte Einheiten wie z.B. <m> als Groß- und

Kleinbuchstabe, in kursiv, fett, einer bestimmten Schriftart, -farbe und -größe usw. Es gibt also Types bzw. emische oder virtuelle Elemente auf verschiedenen Ebenen. Der Materialisierungstyp ist teilweise signifikant. Das sieht man am besten an Einheiten, die bestimmte Buchstabenformen in ein Logo integrieren (Abb. 2.9). Logos sind natürlich virtuelle Einheiten, die millionenfach materialisiert werden, und zwar in physisch sehr unterschiedlichen Varianten, z. B. je nachdem, ob sie sich auf einem Objekt wie einem Kleidungsstück befinden oder auf einer Verpackung oder auch als große dreidimensionale Objekte auf Firmengebäuden.

Abb. 2.9: Logos mit dem Buchstaben M

Hat nun die ältere Textlinguistik grundsätzlich von der Materialität abstrahiert? Richtiger ist es zu sagen, dass dies vom jeweiligen Gegenstand abhängt sowie der Signifikanz, die der Materialität zukommt. Ein schon früh sehr beliebtes Objekt von Textanalysen stellen z. B. Werbetexte dar, die auch heute regelmäßig als Beispiele für Textsorten genannt werden. Hier sind nonverbale und parasprachliche Elemente (Schrifttyp usw.) sowie das Layout viel zu wichtig, als dass man sie bei Beschreibungen ausklammern könnte. In ihrer frühen Studie zur Werbesprache begründet Römer (1968: 23 ff.) daher zunächst, dass neben Bild, Farbe, Layout usw. auch die Sprache Aufmerksamkeit verdient. Ihr eine nur untergeordnete Rolle zuzuweisen, stellt also gewissermaßen den Ausgangspunkt dar. Brandt (1973) liefert dann ein Analyseinstrumentarium auch für den visuellen Anteil, was bis heute eine Selbstverständlichkeit ist (vgl. Janich 2013).

Aber auch in der ‚allgemeinen Textlinguistik‘ wurde die Materialität nicht schlicht ausgeblendet.[26] Besonders die Suche nach **Textbegrenzungssignalen** erfordert die Berücksichtigung von drucktechnischen Auszeichnungen. So heißt es denn auch bei Brinker:

> „Die Bestimmung, dass Texte **begrenzte Satzfolgen** darstellen, verweist auf die sog. Textbegrenzungssignale. Es handelt sich dabei um bestimmte sprachliche und nicht-sprachliche Mittel. Zu den sprachlichen Signalen für Textanfang bzw. Textschluss gehören z. B. Überschriften, Buchtitel und bestimmte Einleitungs- und Schlussformeln; an nicht-sprachlichen

---

26 Verwiesen sei hier auch auf Raible (1991), der die ‚Entdeckung‘ der Schriftmedialität und ihrer Potenzen im Mittelalter behandelt.

Mitteln sind vor allem bestimmte Druckanordnungskonventionen zu nennen (Buchstaben-größe bei Überschriften, Leerzeilenkontingent usw.)." (Brinker [7]2010: 19; zuerst 1985: 18)

Selbst Roland Harweg, also ein Exponent der textgrammatischen Ausrichtung, zeigt sich nicht blind für typografische Merkmale und sieht die Delimitations-merkmale bei geschriebenen Texten stärker ausgeprägt.

In ihnen „ist der Anfang eines Textes fast regelmäßig durch die Existenz von Überschriften oder Buchtiteln gekennzeichnet. [...] Das Ende eines schriftlich konstituierten etischen Textes ist demgegenüber entweder durch nachgestellte Signale vom Typ *Ende* bzw. *Finis operis* oder durch publikations- oder satztechnische Konventionen wie den Abschluß eines Buchbandes oder das relative Leerzeichenkontingent in Verbindung mit dem nachfolgenden Über-schriftentypus markiert." (Harweg 1968a: 345 f.)

Harwegs Unterscheidung von **etischen** und **emischen Texten** greift ja gerade auf den Unterschied zwischen Einheiten zurück, die der sinnlichen Wahrnehmung zugänglich sind, gegenüber solchen, die nur im Rahmen eines rekonstruierten Systems existieren. Etische Texte sind „im großen und ganzen identisch mit den intuitiven Delimitaten des vorwissenschaftlichen Textbegriffs" (ebd.: 348), es handelt sich also um das, was Sprachteilhaber als Texte wahrnehmen. Von emi-schen Texten sagt Harweg demgegenüber, sie seien „eine formale Konzeption jüngster Forschungen auf dem Gebiet der T e x t l i n g u i s t i k und somit, linguis-tisch gesehen, zugleich die eigentlich relevante Konzeption von ‚Text'" (ebd.: 344). Konkret denkt er an wohlgeformte Folgen grammatisch korrekter Sätze (vgl. Harweg 1975: 376 f.). Harweg bezeichnet nun diese als

„ein textgrammatisches Ideal, ein Ideal, das die textuelle Wirklichkeit, die aktuell vorlie-genden Texte, auch solche von sogenannten guten Autoren, nur in den seltensten Fällen erreicht bzw. erreichen" (ebd.: 377).

Mit dieser **Umdeutung** des Ausdrucks *emisch* von ‚abstrakt' in ‚ideal', d. h. norm- oder auch theoriekonform, wendet sich Harweg ab von der strukturalisti-schen Methodologie.[27] Diese beruht prinzipiell auf Korpora, also materialisierten bzw. etischen Einheiten. Wiederkehrende Elemente werden dann darauf geprüft, ob sie dieselbe emische Einheit repräsentieren oder nicht, ob also der Unterschied zwischen zwei ähnlichen Ausdrücken signifikant ist. Keineswegs geht es um die Frage, ob die etische Einheit die emische ‚korrekt' realisiert. Auch verwischte, auf dem Kopf stehende oder spiegelverkehrt erscheinende Buchstaben werden nor-

---

27 Harweg kennzeichnet dies auch selbst ausdrücklich als „Abkehr von der Performanz- und [...] Hinwendung zur Kompetenzorientiertheit" (Harweg 1968, [2]1979: V) im generativistischen Sinne.

malerweise als Repräsentionen der fraglichen Einheit erkannt. Aus alltagswelt-licher Sicht: Man erkennt Druckfehler *als* Druckfehler und Formen wie *sie gebte* oder *gabte* als Versuche, das Präteritum von *geben* zu bilden, als zwar inkorrekte, aber doch als Realisationen von *gab.* Da Menschen (derzeit) noch besser als Maschinen in der Lage sind, von nicht relevanten Eigenschaften von Zeichen zu abstrahieren, benutzt man sog. **Captchas** (**C**ompletely **A**utomated **P**ublic **T**uring test to tell **C**omputers and **H**umans **A**part), um zu überprüfen, ob eine Eingabe im Computer von einem Menschen stammt oder nicht (Abb. 2.10).

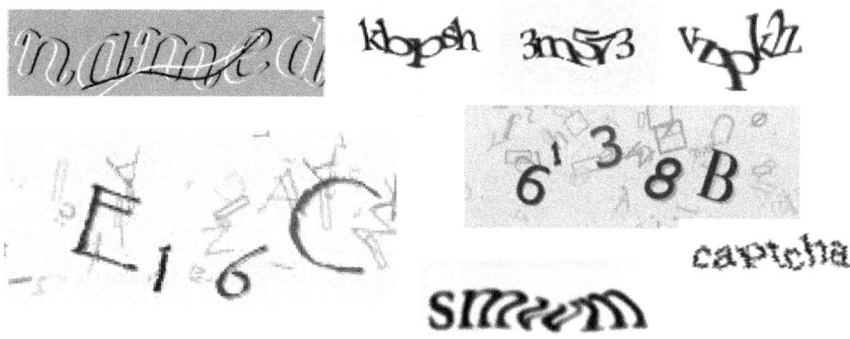

Abb. 2.10: Captchas

Wenn wir nun dieses Verfahren konsequent auf die Textebene übertragen, so ergibt sich Folgendes: Aufgrund der Doppelmedialität von Sprache stellen grafi-sche oder lautliche Realisate derselben abstrakten Einheit elementare Varianten dar. Jedes Mal, wenn jemand das vorliest, was auf einem bestimmten Papier ge-schrieben steht, realisiert er ein neues phonisches Token davon; kein einziges ist materiell exakt identisch mit einem anderen. Bei dem, was den diversen Vorlese-Akten (sofern sie korrekt durchgeführt werden) und dem grafischen Gebilde ge-meinsam ist, handelt es sich notwendigerweise um eine abstrakte Einheit, nämlich den **Wortlaut** (engl. *wording*). Wie sich in 2.1. zeigte, ist dieser sogar für das alltagssprachliche Verständnis von *Text* besonders wichtig (vgl. Tab. 2.1). Den Wortlaut fassen wir also hier als virtuelle Einheit, als **virtuellen Text**, der in verschiedenster Weise materialisiert werden kann.

Sofern es nur ein grafisches Realisat eines Textes gibt, handelt es sich um ein **Unikat**, z. B. einen handgeschriebenen Brief. Diesen kann man allerdings auch abschreiben und so ein zweites schriftliches Token erzeugen. Bei den Medien im technischen Sinne steht die Frage im Vordergrund, wie die **Vervielfältigung** er-folgt. Jede **Abschrift** ist eine einmalige materielle Einheit, die von der Kopiervorlage in der Regel auch im Wortlaut mehr oder weniger stark abweicht.[28] Bei frühen Drucktechniken werden dagegen **Klischees** (aus Holz, Stein, Metall usw.) hergestellt, mit denen man (weitgehend) identische **Abdrucke** oder **Abzüge** herstellen kann. Dasselbe gilt für den neuzeitlichen Buchdruck. Alle Arten von **Druckformen** stellen materielle Objekte dar. Das Besondere ist, dass es sich gewissermaßen um **materialisierte Types** handelt, da sie eigens zur Herstellung von Tokens produziert werden.

Bei mechanischen Speichertechniken (Foto- und Phonografie) entstehen dagegen reproduzierbare Types erst sekundär, und bei den ‚Originalen‘ muss es sich nicht um Artefakte oder gar sprachliche Einheiten handeln, denn man kann ja auch Landschaften oder Meeresrauschen aufnehmen. Für die **digitale Technik** gilt das auch, mit ihr erzeugt man aber auch virtuelle Einheiten einer anderen Ebene. Denn alle Informationen werden in einen **Binärkode** übersetzt. Daten in Binärkodierung sind auch wahrnehmbar, aber nicht unmittelbar verstehbar. Sie müssen vielmehr wieder neu in verarbeitbare Zeichen, optische und akustische Signale, umgesetzt werden. Visuelle Elemente sind materiell sehr verschieden, wenn sie auf dem Bildschirm, einer Projektionsfläche oder auf Papier erscheinen. Ihre Gestalt lässt sich außerdem sehr leicht verändern. Pentzold et al. sprechen in Bezug auf Online-mediale Texte daher von einer **„doppelten Oberfläche"**. Sie sind erst auf der Oberfläche grafischer Interfaces wahrnehmbar.

> „Grafische Interfaces sind Oberflächen für die *Front end*-Gestaltwerdung der zeichenhaften Oberfläche von Kommunikaten, die *back end* protokollbasiert in den Infrastrukturen des Netzes codiert sind und verbreitet werden." (Pentzold et al. 2013: 97)

Wegen der großen Varianz der ‚Front end-Gestalt‘ ist die analytische Trennung der Materialität von der Sprachlichkeit bei digitalen Texten besonders gut möglich und die konkrete Gestalt lässt sich verschiedenen Bedürfnissen anpassen. So werden im Internet im Sinne von Barrierenfreiheit für Sehbehinderte zunehmend Inhalte auch in akustischer Version angeboten, für Hörbehinderte dagegen z. B. Filmdialoge schriftlich eingeblendet usw. Die Verfahren automatisierter Umsetzung (Spracherkennung und Synthese gesprochener Sprache) sind bereits weit fortgeschritten. Es ergibt sich also als Fazit, dass die Beschränkung von *Text* auf Schriftliches gerade den spezifischen Möglichkeiten des digitalen Zeitalters zuwiderläuft.

---

28 Für die philologische Textkritik und die Editionsphilologie stehen solche Textvarianten im Zentrum und bilden die Grundlage für die Rekonstruktion von Überlieferungssträngen nach Haupthandschriften usw.

Sie passt aber auch nicht auf den anderen Pol, nämlich **orale Kulturen** und wurde deswegen auch schon früh infrage gestellt. Dies zeigt die Definition 7 aus 2.4. – „any semiotic object, preserved in writing, on tape, or videotape" (Petöfi 1980) – sowie die folgenden:

> „unter T e x t verstehen wir *ein von seinem Hersteller von vorneherein als mehr oder weniger dauerhaft intendiertes (oder, wenn es von einem anderen stammt, dauerhaft gemachtes) sprachliches Gebilde.* Dieses Gebilde kann in Schrift aufbewahrt sein (wie heute die Regel), es kann als Tonkonserve aufbewahrt sein oder es kann auch nur im Gedächtnis von Menschen aufbewahrt sein (wie in schriftlosen Kulturen und den mündlich tradierten Literaturen)." (Glinz 1974: 122)

> „Text ist nicht auf Schriftlichkeit einzuschränken, sondern Text ist auch mündlich." Aber: „Der Text ist [...] ein sprachliches Handlungsmittel, um die Gebundenheit dieses Handelns an die Unmittelbarkeit und die Vergänglichkeit ihres Vollzuges zu überwinden. [...] Text als Mittel sprachlichen Handelns hat seinen Zweck in der Überlieferung." (Ehlich 1984: 18 f.)

Ehlichs Vorstellung, dass Texte **situationsentbunden** und v. a. **re-aktualisierbar** sind, hat besonderen Einfluss gehabt und ist auch in die Neufassung von Bußmann eingegangen:

> „Als konstitutiv gegenüber den situationsgebundenen Formen der Kommunikation gilt dann die zeitliche und räumliche Versetzung und Wiederholbarkeit der → Textverarbeitung (‚zerdehnte' Sprechsituation, EHLICH [1983]: 32])" (Bußmann 2008: 719).

An Ehlich und den Gedanken, die **Überlieferungsabsicht** an die Stelle des medialen Kriteriums zu setzen, schließt auch A. Assmann mit ihrer Textdefinition aus kulturwissenschaftlicher Sicht an.

> Sie setzt „Text mit der Bindung an einen bestimmten Wortlaut gleich[...]. Wortlautfixierung impliziert nicht automatisch Schriftlichkeit; sprachliche Mitteilungen können auch auswendig gelernt werden mit der Absicht, sie wortwörtlich weiterzugeben, wie im Falle eines Botenberichts. Ein Text in diesem eingeschränkten Sinne ist dann eine wiederholte oder wiederholbare Nachricht." (A. Assmann 2011: 66)

Wiederholbarkeit bedeutet nun gerade, dass die Möglichkeit besteht, eine Nachricht erneut zu aktualisieren, also ein virtuelles Element ein weiteres Mal zu materialisieren. Und Überlieferung besteht eben darin, dass das Wiederholbare auch tatsächlich häufig wiederholt wurde, also viele Tokens existieren, zu denen sich Types rekonstruieren lassen. Die wortwörtliche Speicherung längerer Texte im Gedächtnis ist zweifellos ein Grenzfall. Aber das, was von Texten im Gedächtnis erhalten bleibt, ist ja auch in irgendeiner Weise sprachlich verfasst, von zentralen Inhaltswörtern und Aussagen über mehr oder weniger genau erinnerte Propositionskomplexe bis hin zu (fast) wörtlich gespeicherten Textfragmenten. Nicht nur bei oraler Überlieferung bleibt der Wortlaut in der Regel nicht genau erhalten, er kann auch bei schriftlicher Überlieferung relativ stark variieren. Texte werden gekürzt bzw. auszugsweise reproduziert, modernisiert usw. (vgl. dazu weiter Kap. 8.). Vom Wortlaut bleibt insbesondere (fast) gar nichts erhalten, wenn man Texte übersetzt. Gerade das ist aber charakteristisch für solche, die besonders lange überliefert werden, die zum Weltkulturerbe gehören. Wir müssen also mit virtuellen Texten auf verschiedenen Ebenen rechnen, je nachdem, inwieweit mehrere Realisationen übereinstimmen.[29]

Für die Textlinguistik ergeben sich damit folgende Fragen: Welche Texte und Textsorten werden überhaupt (wie oft) reproduziert oder re-aktualisiert (vgl. dazu auch Fix 2009c), welche kommen sowohl in mündlicher als auch in schriftlicher Realisierung vor und welche Zwischenebenen (variante Realisierung derselben abstrakten Einheit) unterscheidet man sinnvollerweise? Wir kommen in Kapitel 4.4. konkreter auf diese Fragen zurück. Die Tabelle 2.4 versucht, besonders wesentliche Schichten in abstrakter Form gegeneinander abzugrenzen. Dass Texte häufig in Kombination mit anderen Zeichenarten auftreten, wird dabei nicht ausgeklammert, vielmehr ist dafür eine eigene Schicht (Ausgabe) vorgesehen.

Um eine bessere Vorstellung davon zu geben, woran man bei diesen Schichten konkret denken kann, seien sie am Beispiel von Märchen illustriert, also einer Textsorte, die noch immer auch in oraler Tradition überliefert wird (Tab. 2.5).[30]

Lautete die Ausgangsfrage: Was ist ein *Text*?, so führt die Berücksichtigung verschiedener Ebenen auf die Frage: Was ist *ein* Text? Wenn man Materialisiertheit als (notwendiges) Textualitätsmerkmal wirklich ernst nimmt, dann kommt nur die Ebene 2 als relevant infrage, hier handelt es sich um individuelle materielle Exemplare, also etische Einheiten, deren Menge bei unserem Beispiel mindestens im Milliardenbereich liegt. Allerdings sind von diesen Einzelexemplaren nur sehr wenige der Forschung zugänglich. Das ist jedoch unproblematisch, da die Spezifik von Einzelexemplaren nur in äußerst seltenen Fällen einer tatsächlich interessanten Forschungsfrage entspricht. Um einige Beispiele zu nennen: Mit Unikaten haben wir es durchweg bei Objekten zu tun, die mit Graffiti versehen sind. Zur Untersuchung wird man sie natürlich fotografieren und etwa ermitteln, wie eine Toilettentür jeweils zwei Wochen, nachdem sie neu gestrichen wurde, aussieht. Es ist durchaus wahrscheinlich, dass die gleichen oder sehr ähnliche Elemente

---

29 Vgl. so auch Ehlich (1984, bes. Anm. 5).

30 W.A. Koch (1971) erprobt für diese die Verwendung der Kategorie Allotexte zur Kategorie Textem (vgl. dazu Adamzik im Druck a).

Tab. 2.4: Zeichenkomplex/Kommunikat und Text: materiell und virtuell

Zeichenkomplex / Kommunikat – Text (sprachliche Bestandteile)	
materiell	**virtuell**
Unikat: Gespräch, Notizzettel usw.	
Einzelexemplar eines (re)aktualisierten Kommunikats: konkretes Buch (evtl. mit Anstreichungen) oder vorgelesener Text / rezitiertes Gedicht (evtl. mit Abweichungen vom Original) / aufgeführtes Drama etc.	*kann durch technische Speicherung sekundär virtualisiert, d. h. wiederholter Rezeption zugänglich gemacht werden*
Ausgabe: Menge von (fast) identischen Druckexemplaren, Ton- oder Multimediakonserven	abstrakte Struktur der Ausgabe inklusive Layout, Seitenumbruch, Bebilderung, Zusatztexten (Vorwort, Nachwort) bzw. musikalischer Untermalung usw.; digital in **Bit-Kodierung**
Menge verschiedener, aber im Wortlaut identischer Ausgaben	**Wortlaut**
kann materialisiert sein z. B. als Entwurf oder als Produkt der Textanalyse, etwa in Form eines Diagramms, das die Makrostruktur[a] *visualisiert*	**propositionale Struktur:** bleibt bei Übersetzungen im Prinzip erhalten ≈ ‚übereinstimmende Folge von Aussagen'
	Inhalt: bleibt bei Nacherzählung, Verfilmung usw. mehr oder weniger erhalten
	…

[a]Vgl. Kap. 6.5.1. zu den Makrostrukturen nach van Dijk (1980).

Tab. 2.5: Ebenen bei Märchen

1	Prozess der Rezeption/Reproduktion	stille Lektüre vs. vorlesen vs. neu erzählen
2	materielles Produkt: Exemplar	Buch vs. PDF
3	Ausgabe	Reclam vs. Klassiker Verlag
4	Sprachversion (Wortlaut)	Original vs. Übersetzung
5	Version	Grimm vs. Perrault vs. Disney
6	Werk/Stoff/zentrale Inhaltselemente	Rotkäppchen vs. Aschenputtel
7	Textsorte	Märchen vs. Roman

wiederkehren. Eine andere Frage mit durchaus praktischer Relevanz wäre: Wie sehen die Arbeitsbücher von Schülern vor und nach einer Unterrichtseinheit aus? Einzelne Textexemplare eignen sich besonders zur Untersuchung von Rezeptionsprozessen: Wie zerlesen ist ein Buch, welche Anstreichungen enthält es? usw.

Auch **spontane Gespräche** stellen Unikate dar. Zu ihnen gibt es aber gar keinen virtuellen Text; sie werden in nur einer Situation interaktiv hervorgebracht, vergehen unmittelbar und hinterlassen nur mehr oder weniger tiefe Spuren im Gedächtnis. Den einzelnen Exemplaren eines Druckwerks oder den Aufführungen eines Theaterstücks liegen dagegen virtuelle Einheiten zugrunde, und zwar einerseits multimediale Zeichenkomplexe, nämlich Ausgaben bzw. Inszenierungen, andererseits der Wortlaut. Wenn man ein Gedicht vorliest, dann benutzt man notwendigerweise eine materialisierte schriftlich fixierte Vorlage, wenn man es aus dem Gedächtnis abruft, dagegen nicht. Hier ist dann einzig der (möglicherweise allerdings falsch erinnerte) Wortlaut der zugrundeliegende virtuelle Text.

Spontane Gespräche folgen natürlich bestimmten **Mustern**, und einfache Grußwechsel oder auch z. B. Texte von Glückwunschkarten dürften sogar tausend- oder millionenfach aus im Wortlaut identischen Äußerungen bestehen. Die **Befolgung eines Musters** ist jedoch etwas grundsätzlich anderes als die **Wiederverwendung eines Textes**. Im ersten Fall setze ich die Wörter in eigener Verantwortung und vollziehe damit in einer Situation gegenüber einem bestimmten Partner auch die Grußhandlung. Im zweiten gebe ich zu erkennen, dass ich einen überlieferten Text zitiere und in irgendeiner Weise in meine eigene Handlung integriere. Den einen Extrempol bilden Re-Aktualisierungen um ihrer selbst willen wie das Rezitieren von Gedichten (das natürlich in der konkreten Situation eine bestimmte Funktion hat), den anderen die Wiederverwendung des Kommunikats als Gegenstand der Beobachtung, der für textlinguistische Zusammenhänge zentral ist. Es ist hier mit einer Skala zu rechnen (Abb. 2.11).

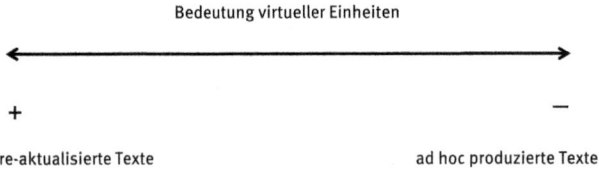

Abb. 2.11: Bedeutung virtueller Einheiten

Ein Phänomen zwischen diesen beiden Polen stellen z. B. Kondolenzschreiben dar. In ihnen entspricht der (wenn auch womöglich sehr floskelhafte) Text des Schreibers einem anderen Bestandteil als ein hinzugesetzter Bibelspruch, es ist eben der *eigene* Text des Schreibers, der nach einem Muster gebildet ist, während es sich beim Spruch um einen re-aktualisierten Fremdtext handelt. Der Schreiber setzt voraus, dass der Rezipient den Unterschied erkennt. Die **Integration von Fremdtexten** bildet nämlich hier (wie in vielen anderen Textsorten) selbst ein Muster.

Die **Übergänge** zwischen wiederverwendeten und demselben Muster entsprechenden Texten sind allerdings bei kurzen Zeichenfolgen **fließend**: Wörterbücher verzeichnen neben Einzelzeichen (Wörtern) ja auch gängige Wortverbindungen, Phraseologismen, Sprichwörter und geflügelte Wörter, also überlieferte Kurztexte, und bringen zusätzlich besonders typische Beispiele oder Belege (vgl. zum fließenden Übergang das Beispiel aus *Jesse James* am Ende von Kap. 8.). Die Grenze zwischen Langue und Parole ist eben nicht so scharf, wie es die traditionelle Vorstellung unterstellt. Das Konzept des virtuellen Textes ist geeignet, die Künstlichkeit dieser Dichotomie zu verdeutlichen und zu überwinden.

In der Tabelle 2.5 sind die erste und die siebte Zeile von den anderen stärker abgegrenzt, denn hier handelt es sich um Phänomene anderer Natur. Textsorten (7) stellen eben keine Texte dar, sondern viel abstraktere Größen, denen die einzeltextspezifischen inhaltlichen Elemente gerade fehlen. Es handelt sich daher keineswegs, wie oft unterstellt, um die nächstliegenden oder gar die einzigen abstrakten Einheiten, die durch Texte realisiert werden. Mit einer grundsätzlich anderen Kategorie haben wir es auch bei der ersten Schicht zu tun, denn hier geht es nicht um einen Text im Sinne eines materiellen und/oder virtuellen Produkts, sondern um einen Prozess, in den materiele (beim (Vor-)Lesen) oder kognitive Einheiten (bei freier Reproduktion) bloß einbegriffen sind.

2.5.4. Text und Kommunikation

Der Ausdruck *Kommunikat* (im Gegensatz zu *Kommunikation*) wird hier benutzt, um (multimediale) Zeichenkomplexe zu bezeichnen, insofern sie entweder das Ergebnis, also Produkt, eines kommunikativen Austausches sind (z. B. Gespräche, Briefwechsel, Chat-Protokolle) oder aber zur zeitversetzten Kommunikation gedacht sind.[31] Damit soll der allseits erhobenen Forderung Rechnung getragen werden, den kommunikativen Wert von Texten zu berücksichtigen. Zwar halte ich die Annahme nicht für stichhaltig, Texte seien grundsätzlich Produkte kommunikativen Handelns (vgl. dazu weiter Kap. 5.). Aber selbst wenn es sich um solche handelt, so muss man doch das **Produkt** und die **Prozesse** seiner Hervorbringung und Verarbeitung, also **Produktion** und **Rezeption**, voneinander unterscheiden.

---

31 *Kommunikat* und *Kommunikation* werden also nach dem Muster *Fabrikat – Fabrikation, Denotat – Denotation* usw. gebraucht. Allerdings ist dieses Muster nicht sehr ausgebaut und das im Deutschen gängigste Wortbildungselement für entsprechende Ableitungen, nämlich *-ung*, bezeichnet geradezu systematisch doppeldeutig Prozess und Produkt einer Handlung (*Äußerung, Bezeichnung, Lieferung* usw.).

In der neueren textlinguistischen Diskussion besteht jedoch eine starke Tendenz, diese Unterscheidungen zu verwischen. Den deutlichsten Hinweis darauf gibt die Gleichsetzung von Text und Kommunikation. Im Allgemeinen heißt es nur, dass Texte eine kommunikative Funktion haben oder signalisieren (vgl. z. B. die Definition 2 aus Kap. 2.4.). Ganz offen formulieren dagegen Hausendorf/Kesselheim die These vom Zusammenfall von Text und Kommunikation. Sie definieren *Text* als ,lesbares Etwas' und erklären:

> „Texte [sind] grundsätzlich das Dokument einer Kommunikation zwischen Autor und Leser, das im Moment der Lektüre entsteht. Einen Text als ein lesbares Etwas zu verstehen, heißt also auch, ihn in seiner Eigenschaft als kommunikative Erscheinungsform zur Geltung zu bringen." (Hausendorf/Kesselheim 2008: 17)

Es fragt sich natürlich, welche Einheit mit *Text* gemeint ist, wenn diese im Moment der Lektüre entstehen soll. Um eine materielle Einheit (diese spielt für Hausendorf/Kesselheim eine besonders große Rolle) kann es sich unmöglich handeln, denn eine solche entsteht natürlich nicht im Moment der Lektüre, sondern ist der Ausgangspunkt für Rezeptionsprozesse. Das ist eben der Unterschied zu **Gesprächen** als **interaktiv hergestellten Produkten**.

Die ganz parallel zu gesprächsanalytischen Leitsätzen angelegte Formulierung erklärt sich daraus, dass Hausendorf/Kesselheim diese methodisch zum Vorbild nehmen (vgl. dazu auch Kap. 3.2.1.). Dies wird deutlicher bei Habscheid, der ihren Ansatz aufnimmt. Das Bemerkenswerte ist, dass alle gleichwohl den Gegenstand, für und an dem die Verfahren entwickelt wurden, nämlich Gespräche, aus der textlinguistischen Betrachtung ausschließen. So heißt es bei Habscheid, sein Ansatz sei

> „anschlussfähig an ethnomethodologisch inspirierte Ansätze und Positionen der interpretativen Soziolinguistik, wie sie zur Erforschung verbaler Interaktion herangezogen werden. Dies wird im vorliegenden Band besonders dort deutlich, wo interaktive Formen textvermittelter Kommunikation (z. B. E-Mail) am Rande ins Blickfeld kommen; nicht behandelt werden hier dagegen Kommunikationsformen, die durch eine örtliche und/oder zeitliche Kopräsenz der Kommunikationspartner charakterisiert sind (Face-to-face-Gespräch, Telefonat." (Habscheid 2009: 9; vgl. ähnlich auch Sandig 2006: V)

Habscheid wählt hier eine Umschreibung für Mündlichkeit, die auf die zeitliche Unmittelbarkeit abhebt, schreibt aber doch der Medialität eine gewisse Bedeutung zu, da er schriftliche Interaktion immerhin am Rande einbezieht. Dass Mündlichkeit aus der Textlinguistik meist ausgeschlossen wird, kam schon ausführlich zur Sprache. Hier wird nun deutlich, dass es eigentlich um andere Oppositionen geht, v. a. die von **Dialog** vs. **Monolog**.[32] Das wird meist dadurch verunklart, dass man Mündlichkeit und Gespräch gleichsetzt. So auch Hausendorf/Kesselheim:

> „Mit dem Ausdruck ‚Text' beziehen wir uns in diesem Band ausschließlich auf die *schrift*basierte Kommunikation. Mündliche Kommunikation erfordert einen eigenständigen Beschreibungsrahmen, eine ‚*Gespräch*slinguistik fürs Examen'" (Hausendorf/Kesselheim 2008: 12).

Dies entspricht ganz der Darstellung im HSK-Band, wo statt *schriftlich* der Ausdruck **schriftkonstituiert** erscheint, was konzeptioneller Schriftlichkeit im Sinne von Koch/Oesterreicher entsprechen dürfte, also wiederum (auch) einem anderen Kriterium:

> „Während die Textlinguistik in ihren Anfängen den schriftkonstituierten Text wie das mündlich konstituierte Gespräch noch unter den übergreifenden Begriff des ‚Textes' subsumiert hat, um die grundlegenden Gemeinsamkeiten zu berücksichtigen, wird seit einiger Zeit zunehmend die Verschiedenheit von ‚Text' und ‚Gespräch' herausgestellt. [...] Die Textlinguistik [...] läßt sich [...] auf folgende Form sprachlicher Kommunikation eingrenzen: Sie wird von einer bestimmten Instanz (Einzelperson, Gruppe, Institution etc.) schriftlich konstituiert; Produktion und Rezeption sind nicht interaktiv-gleichzeitig, sondern zeitlich und räumlich versetzt" (Brinker et al. 2000: XVII).

Gansel/Jürgens (2009) schließlich legen den Akzent nochmals auf ein anderes Kriterium, nämlich die **Speicherung**. Sie schließen ebenfalls Gespräche ausdrücklich aus, beziehen aber Mündliches ein, und zwar sogar spontan Formuliertes, nämlich Sportreportagen (vgl. ebd.: Kap. 6).

> „Der Text soll also von der Kategorie ‚Gespräch' abgegrenzt werden. Gespräche gründen sich auf Dialogizität sowie wechselseitige Beeinflussung und sind ausdrücklich nicht Gegenstand dieses Buches. Wenn Texte als Produkte sprachlicher Äußerungen betrachtet werden, gründet dieser Definitionsaspekt auf dem Kriterium der materiellen Konstanz und Reproduzierbarkeit, ohne dies auf Schriftlichkeit zu beschränken." (Gansel/Jürgens 2009: 17)

Es fragt sich natürlich schon, warum nur ‚monologische' Sportreportagen und nicht auch Fernsehinterviews oder Talkshows sowie letzten Endes auch spontane

---

32 Für Nachweise zum Ausschluss der Mündlichkeit vgl. Anm. 25. Averintseva-Klisch (2013: 3) und Schwarz-Friesel/Consten (2014: 18) betonen immerhin, dass sie damit mündlichen Äußerungen nicht den Textcharakter absprechen wollen. Wüest (2011: 185 ff.) bezieht Gespräche nur deswegen ein, weil sie in der Literatur so häufig vorkommen, es geht ihm also um fingierte, nicht um spontane und interaktiv hergestellte Dialoge.

Gespräche einbezogen werden sollen.[33] Sobald sie technisch aufgezeichnet sind, erfüllen sie ja die Bedingung der materiellen Konstanz und Reproduzierbarkeit. Trotz der Einsicht, dass Texte und Gespräche sinnvollerweise zu unterscheiden sind, die Medialität dabei aber nicht das Entscheidende ist, sind präzisere (terminologische) Differenzierungen also selten. Vielmehr wird auch in diesem Kontext mit der Dichotomie gesprochen/geschrieben gearbeitet, selbst wenn man annimmt, dass „schriftlich und mündlich Verfasstes nicht scharf zu trennen sind" (Sandig 2006: V) bzw. „eine klare und an allen Stellen eindeutige Trennung in Diskurse bzw. Gespräche einerseits, Texte andererseits nicht" (Fandrych/Thurmair 2011: 17) möglich ist. Selbst Wichter, der betont, dass bei der Dialog-Monolog-Opposition und der Mündlichkeit-Schriftlichkeit-Opposition „die leitenden Perspektiven der Systeme grundverschieden" (Wichter 2011: 86) sind, kommt zu dem Schluss: „grosso modo lässt sich jedoch sagen, dass das Gespräch dem mündlichen und der Text dem schriftlichen Pol zuzuordnen ist" (ebd.: 85).

Das bedeutet nun zugleich, dass man das für Texte allgemein akzeptierte Kriterium der **Wiederholbarkeit** auf die **Rezeption** beschränkt, so dass die materielle Konstanz zum entscheidenden Kriterium wird. Die sekundäre ‚Virtualisierung' (vgl. die Erläuterung oben rechts in Abb. 2.7) wird also von primärer Virtualität (zur Reproduktion gedachte Einheiten) nicht unterschieden, der Gedanke der **Überlieferungsabsicht** geht verloren. Nicht dauerhaft gemachte **Re-Aktualisierungen** bleiben ganz außerhalb der Betrachtung. Das offenbar an prototypischen Konstellationen orientierte Denken erweist sich demnach hier geradezu als Falle (vgl. so auch Stein im Druck). Die Tabelle 2.6 zeigt, dass die Merkmale mündlich/schriftlich, flüchtig/gespeichert und dialogisch/monologisch tatsächlich frei miteinander kombinierbar sind, es nämlich für alle Konstellationen geläufige Kommunikationsformen gibt.[34] Angesichts dessen wendet sich auch Holly gegen die grobe Dichotomisierung und fordert,

> „die Vielfalt der medial und kulturell verankerten Kommunikationsformen in den Blick [zu] nehmen, die unter realistischer Betrachtung den Prototyp von Mündlichkeit, das Gespräch, und den Prototyp von Schriftlichkeit, die Bleiwüste, als vergleichsweise seltene Formen erscheinen lässt." (Holly 2011: 160)

---

33 Praktisch erscheinen im Kap. 6 von Gansel/Jürgens (2009) tatsächlich auch (von anderen Autoren behandelte) Beispiele aus weiteren Textsorten, u. a. Alltagsgesprächen. Der eigentliche Gegenstand des Kapitels sind nämlich syntaktische Strukturen, bei denen es gleichgültig ist, woher die Belege stammen.
34 Die gewählten Merkmalausprägungen rechnen mit Normalerwartungen. Selbstverständlich kann man auch Face-to-Face-Gespräche aufnehmen, Chats speichern, Tafelanschriebe fotografieren usw.

Tab. 2.6: Kommunikationsformen und Modalitäten

	mündlich	flüchtig	dialogisch
Face-to-Face-Gespräch	+	+	+
Bardengesang	+	+	−
Talkshow	+	−	+
Hörbuch	+	−	−
Chat	−	+	+
E-Mail-Austausch	−	−	+
Tafelanschrieb	−	+	−
Buch	−	−	−

Bei realistischer Betrachtung ist v. a. zu berücksichtigen, dass ein und derselbe Text zugleich in ganz unterschiedlichen situativen Konstellationen fungieren kann. Führen wir uns dies am Beispiel einer sehr gängigen kommunikativen Praktik vor Augen, die uns auf das Beispiel in Tabelle 2.5 zurückführt: Kleinkinder bekommen gern Geschichten (u. a. Märchen) vorgelesen, manche wollen sie immer wieder hören. Jedes einzelne **Ereignis des Vorlesens** ist nun eine **konkrete kommunikative Interaktion**, und zwar zwischen dem Vorleser und dem Kind. Die phonischen Realisate des abgelesenen Textes dürften allenfalls im Detail variieren. Die sonstigen bei der Interaktion auftretenden Signale können dagegen sehr unterschiedlich sein, je nachdem welchem Kind die Geschichte vorgelesen wird, ob es eines oder mehrere sind und ob es sich um das erste, zehnte oder dreißigste Vorkommnis handelt. Interessant ist, dass Kinder mitunter höchst unwillig reagieren, wenn man beim Vorlesen leichte Abänderungen vornimmt. Offenbar kennen sie den Wortlaut, nehmen Abweichungen davon wahr und fordern die ‚korrekte' Re-Aktualisierung ein.

Die Kommunikationsereignisse vom Typ Vorlesen-der-Geschichte-x lassen sich nun auch sekundär speichern, immer wieder abhören/betrachten und miteinander vergleichen. Das konstituiert allerdings jeweils neue Zeichenkomplexe und neue (potenzielle) Kommunikationskreise unter Beobachtenden (meist Wissenschaftlern). Für sie ist das Kommunikationsereignis dann Gegenstand der Betrachtung, sie nehmen an der aufgezeichneten Kommunikation nicht teil. Während dies in der (ethnomethodologisch orientierten) Gesprächsforschung sehr stark hervorgehoben wird, bleibt die qualitative Differenz zwischen Hervorbringung und sekundärer Rezeption in der Textlinguistik ziemlich unterbelichtet.

Nimmt man die These ernst, dass Lesen einer Kommunikation mit dem Autor entspricht, so müsste man unterstellen, dass beim Vorlesen auch Autor und Vorleser (eventuell sogar Autor und Kind?) miteinander kommunizieren. Wie wäre es, wenn der Erwachsene gar nicht vorliest, sondern die Geschichte aus seinem

Gedächtnis reproduziert? Auf jeden Fall müsste man zwei bis drei verschiedene Kommunikationsereignisse (mit unterschiedlichen Teilnehmern) rekonstruieren. Von diesen ist allerdings nur eines materiell greifbar, nämlich der Akt des Vorlesens, bei dem der Text re-aktualisiert wird, und zwar als neues materielles Etwas, als gesprochenes Token eines schriftlichen Produkts. Was dagegen tatsächlich erst im Moment der Lektüre entsteht oder besser: sich einstellt (oder auch nicht), nennt man gewöhnlich **Verstehen**. Bei dem, was entsteht und längerfristig bleibt, im Gedächtnis bewahrt wird, handelt sich ebenfalls um eine **mentale Größe** (vgl. Kap. 1.5.3.), die der Beobachtung nicht zugänglich ist.

Dies hebt Habscheid sogar mehrfach hervor und meint: Da man Leuten nicht in die Köpfe schauen kann, „verschiebt sich der Ort des subjektiven Sinns nach außen, von den Köpfen der Individuen auf die Ebene der Kommunikation" (2009: 17). Gemeint ist aber gar nicht Kommunikation als Ereignis, sondern es handelt sich um wahrnehmbare Merkmale des Produkts, die man als „gefrorene" kommunikative Handlungen (vgl. ebd.: 15) interpretieren kann. Habscheid spricht von **Anzeigehandlungen**, in denen man unschwer die Kontextualisierungshinweise aus der Gesprächsanalyse wiedererkennt:

> „Kommunikativ Handelnde müssen zugleich Inszenierende ihrer Handlungen sein und in ihren Texten systematisch anzeigen, wie die Kommunikationspartner die Handlungen verstehen sollen. Genau hier kann auch eine Textanalyse und -interpretation ansetzen: zum einen, indem sie nach der sprachlich-medialen Systematik der Anzeigehandlungen fragt; zum anderen, indem sie auf dieser Basis den Textsinn rekonstruiert, den die Rezipienten ihm beimessen können." (Habscheid 2009: 8)

Solange man allein die wahrnehmbaren Ergebnisse von Anzeigehandlungen betrachtet, kann man allenfalls das **Sinnpotenzial** dieser Zeichen rekonstruieren. Dieses ist aber weder mit aktuellem Verstehen noch mit Kommunikation identisch. Wenn Text ein lesbares Etwas sein soll, so heißt das: Er kann gelesen werden (muss aber nicht). V.a. muss man Texte nicht lesen, um ihre Textualität zu realisieren (im Sinne von: ‚zur Kenntnis nehmen'): Wenn man sich etwa in einer Bibliothek befindet, dann erkennt man eine Unmenge von materiellen Objekten als Texte und behandelt die meisten davon als solche, die man (gerade) nicht lesen will bzw. kann (aber vielleicht morgen). Leseversuche enden allerdings auch nicht selten in der Auffassung, dass das angeblich lesbare Etwas tatsächlich unlesbar ist, nämlich dem Leser zu viel Rekonstruktionsarbeit abverlangt. Solche **Textkommentare** können in Gesprächen über den Text vorkommen, es gibt aber dafür auch spezielle Textsorten, etwa **Leserbriefe** und **Rezensionen**; diese sind dann tatsächlich als Dokumente greifbar. Solche Dokumente stehen jedoch bei Hausendorf/Kesselheim nicht im Vordergrund des Interesses. Sie schlagen vor, sich mit der Potenzialität zu begnügen und halten fest, Textualität erweise sich in schwierigen Fällen

> „als ein *Potenzial* – ob und in welcher Weise dieses Potenzial bei der Textproduktion und -rezeption empirisch ausgeschöpft wird, hängt von vielen Umständen ab, braucht uns aber in der Textlinguistik nicht weiter zu interessieren" (Hausendorf/Kesselheim 2008: 188).

Bei den vielen Umständen handelt es sich u. a. um die situativen Bedingungen, unter denen Texte rezipiert oder weiterverwendet werden. Ich sehe keinen Grund, sich dafür nicht zu interessieren, besonders wenn es darum gehen soll, Texte als Bestandteile kommunikativer Interaktionen zu begreifen (vgl. dazu konkreter Kap. 4.3.).

Klarere Unterscheidungen trifft gegenüber der Gleichsetzung von Text und Kommunikation Sigurd Wichter (2011). Er ist einer der wenigen, die in theoretischer Absicht Gespräche und Texte (und auch innere Sprache) in einem einheitlichen Format behandeln, d. h. nicht als unterschiedliche Großkomplexe, sondern in ihrem Miteinander, als Bestandteile von umfassenderen **Kommunikationsreihen**. Eine solche Reihe könnte z. B. aus einem gedruckten Buch und den Gesprächen darüber und den Buchbesprechungen und den Gesprächen darüber usw. bestehen. Er stellt ausdrücklich fest, dass „ein Text als solcher noch keine Kommunikation ist" (Wichter 2011: 77). Das erinnert an die Frühzeit der Textlinguistik, wo zunächst ja meist die textinternen Merkmale im Vordergrund standen und der Handlungsaspekt sekundär hinzukam, dafür aber auch noch klar vom Text selbst unterschieden wurde. Das zeigt insbesondere das Modell von Gülich/ Raible, die genau denselben Gedanken wie Wichter formulieren:

> „Jeder von einem Sprecher ausgehende und an einen Hörer gerichtete Text stellt einen Sprechakt dar (ein Sprechakt setzt also eine Kommunikationssituation voraus). Jeder Sprechakt, der von einem Hörer entschlüsselt wird, bildet zusammen mit dem Akt der Rezeption einen sprachlichen Kommunikationsakt [...]. Das heißt beispielsweise, daß ein literarischer Sprechakt (das Buch eines Autors) erst dann zum Kommunikationsakt wird, wenn ein Leser das Buch rezipiert. Mehrere Kommunikationsakte bilden einen Kommunikationsprozeß." (Gülich/Raible 1977: 26)

Statt von einem Kommunikationsprozess spricht Wichter nun von Kommunikationsreihen und benutzt dafür den Begriff *Textkommunikat*,[35] unter dem er (für zerdehnte Sprechsituationen) Folgen von Produktion und Rezeption zusammenfasst:

---

35 Das entspricht natürlich gerade nicht der hier vorgeschlagenen Redeweise (vgl. Kap. 2, Anm. 34).

„Da [...] ein Text nicht notwendig in die Kommunikation eingehen und mithin nicht die diesbezügliche Eigenschaft einer Kommunikationseinheit haben muss, oder anders gesagt: da eine Textproduktion ohne Rezeption bleiben kann, reicht die Formulierung ‚Text' nicht hin, wenn von einer Kommunikationseinheit die Rede ist. der Text als solcher ist noch keine Kommunikation. Erst der produzierte und rezipierte Text, kurz: erst das Textkommunikat ist ein Teil dieser." (Wichter 2011: 100, Anm. 26)

Es bleibt natürlich die Frage, wie man konkret Textkommunikate, also nicht nur das Produkt, sondern auch seine Rezeption(en) in die Beschreibung einbeziehen kann.

2.5.5. Von der Produkt- zur Prozessorientierung: Textualität als zugeschriebenes Merkmal

Die Frage, was einen Text ausmacht, speziell, wo seine Grenzen sind, lässt sich nur relational beantworten. Zunächst ist zu klären, um welches Kommunikat bzw. welchen Text es bei dem gehen soll, was allenfalls abgeschlossen ist: Ein materielles oder aber ein virtuelles Etwas? Das, was ein Rezipient wahrnimmt, vielleicht ein Buch, aus dem Seiten herausgerissen sind, wie Edgar Wibeaus *Werther*-Exemplar oder ein abgebrochenes Schild mit der Aufschrift *Trespassers Will* wie in *Winnie-the-Pooh*? Oder das, was er davon verarbeitet, also tatsächlich (eventuell mehrfach) liest? Oder gar ein mentales Etwas, das erst bei der Lektüre entsteht? Es kommt sicher vor, dass das mit einer bestimmten Absicht erstellte Produkt, also das Kommunikat, das Wahrgenommene sowie das Gemeinte und das Verstandene zusammenfallen. Dies gilt z. B. bei einem einfachen Grußwechsel oder wenn jemand aufgrund eines Kommunikats die richtige Toilettentür wählt. Je komplexer die Kommunikate sind, desto unwahrscheinlicher wird dagegen ein solcher Zusammenfall.

Sowohl die Welt der Texte und Kommunikationsformen als auch die wissenschaftlichen Herangehensweisen haben sich in den letzten 15 bis 20 Jahren nun derartig stark verändert, dass diese Fragen heute in einem neuen Licht erscheinen. Was die Welt der Texte betrifft, so sind es selbstverständlich die **Entlinearisierung** und **Vernetzung,** die die Vorstellung massiv ins Wanken geraten lassen, Texte seien klar abgegrenzte Einheiten. Teilweise dadurch veranlasst haben sich die Fragestellungen von der vorrangigen Orientierung auf **Produkte** zu solchen auf **Prozesse** verschoben und man bezieht zunehmend die **Beteiligtenperspektive** ein. Dies betrifft u. a. die Frage, wer Urteile über die Abgeschlossenheit fällt, wer also eigentlich die ‚Definitionsmacht' hat.

Am Beginn stehen die produktorientierte Sicht und der Versuch, objektive Kriterien für Texthaftigkeit zu formulieren, Kriterien, die man am Text selbst (im

Sinne von Wortlaut) festmachen kann. Dieser Versuch einer **Textdefinition über sprachformale Merkmale** kann inzwischen als **gescheitert** betrachtet werden. M. E. ist aber auch nicht erkennbar, dass man weiterkommt, wenn man stattdessen oder zusätzlich **materielle Eigenschaften** heranzieht. Die Verarbeitung von Texten und die (Re-)Konstruktion von Textsinn und -kohärenz erfordern immer den Rückgriff auf Vorwissen, das Mentale lässt sich also nicht ausblenden.

Den produktorientierten Ansätzen steht aber auch schon früh eine verwenderorientierte Sicht gegenüber, die **Textualität als zugeschriebenes Merkmal** auffasst. Im Extremfall legt man die Definitionsmacht ganz in die Hände der **Rezipienten,** wenn man nämlich schlicht festlegt, Texte seien das, was Hörer und Leser als solche behandeln, oder gar den Konsens von gerade zwei Sprachteilhabern für ausreichend hält; dies gilt für die Definitionen 7 und 9 aus Kapitel 2.4.[36]

> 7. „a semiotic object [...] for which at least two native speakers of the given language agree that the given object is a text" (Petöfi 1980: 74).

> 9. „We do not see an advantage in trying to determine constitutive formal features which a text must possess to qualify as a ‚text'. Texts are what hearers and readers treat as texts." (Brown/Yule 1983: 199)

Die Definition 7 hebt geradezu hervor, dass es auch Unstimmigkeiten zwischen Sprachverwendern geben kann und bindet damit Textualität an die **subjektive Zuschreibung** dieses Merkmals. Die Definition 9 thematisiert solche Unstimmigkeiten nicht, wendet sich aber jedenfalls eindeutig gegen die Suche nach formalen Merkmalen. Im Deutschen ist besonders die folgende Formulierung von Linke et al. bekannt geworden:

> „Wenn jemand eine Satzfolge kohärent deutet, ist sie ein Text. Oder, anders formuliert: Keine Satzfolge ist davor geschützt, als Text verstanden zu werden" (Linke et al. 2004: 277).

Sie denken hier allerdings an Grenzfälle und unterstellen insgesamt, dass die Textualität eines Etwas meist gänzlich unstrittig ist. Ihrer Bestimmung möchte ich daher – für Normalfälle – die folgende an die Seite stellen:

> ‚Die meisten als abgeschlossen präsentierten Folgen schriftlicher Sätze sind davor geschützt, *nicht* als Text verstanden zu werden, oder anders formuliert: Was jemand als Text meint, wird normalerweise auch als Text verstanden, und zufällige Satzfolgen kommen in der Wirklichkeit kaum vor.'

---

36 Dieses Kriterium haben auch Heinemann/Heinemann (2002: 108) als „Merkmal der *subjektiven Deklarierbarkeit*" übernommen.

Um etwas als Text zu präsentieren oder zu deklarieren (vgl. so Adamzik 2010a: 264), setzt man sog. Textbegrenzungssignale ein, von denen schon oben die Rede war. Im Anschluss an die dort zitierte Passage heißt es bei Brinker:

> „Textbegrenzungssignale kennzeichnen also die Zeichen- bzw. Satzfolgen, die für den Emittenten den Charakter der Selbständigkeit und Abgeschlossenheit besitzen, kurz: die er als Texte verstanden wissen will." (Brinker [7]2010: 19; zuerst 1985: 18)

Die Frage ist allerdings, ob das, was der Emittent als Text verstanden wissen will, von Rezipienten auch so aufgefasst und behandelt wird. Die handlungstheoretische Ausrichtung von Textlinguistik privilegiert die Perspektive des Produzenten; das erinnert ein wenig an die alte Frage: Was wollte uns der Autor sagen? Stellen wir die Frage: Wie gehen (potenzielle) Leser mit Texten um?, steht dagegen die Rezipientenperspektive im Vordergrund. Ein besonders prägnantes Beispiel für die Verabsolutierung dieser Perspektive bietet Püschel, der Texte als eine „relationale Größe" versteht,

> „die immer nur aus der Perspektive der Handlungsbeteiligten bestimmt werden kann. Nicht ‚Was ist der Text?' lautet deshalb die Frage, sondern ‚Wer versteht etwas als Text?' Da der Produzent eine andere Sichtweise auf sein Sprachprodukt haben kann als der Rezipient und verschiedene Rezipienten wiederum unterschiedliche Verständnisse von einem sprachlichen Phänomen haben können, müssen wir uns damit abfinden, daß wir auf die Frage nach dem Text unterschiedliche Antworten bekommen können. Damit einher geht die Feststellung, daß Texte nicht etwas Statisches, ein für allemal Fixiertes sind, sondern etwas Dynamisches. Schlaglichtartig verdeutlicht das, daß wir in der Medienrezeption unter Nutzung vorgegebenen Materials uns unseren eigenen und einmaligen Text erzeugen können." (Püschel 1997: 40f.)

Für die Menge von diversen Informationsschnipseln, die man beim Zappen oder dem Durchblättern einer Zeitung wahrnimmt, hat Püschel den Ausdruck ‚**Puzzle-Text**' geprägt,

> „weniger, weil sie wie ein Puzzle aus verschiedenartigen Teilen zusammengesetzt sind, sondern eher weil sie aus dem Alltagsverständnis von Text und traditioneller textlinguistischer Perspektive verwirrend wirken können" (ebd.: 29).

Diese Einschätzung, die noch aus einer Zeit stammt, in der das Internet den Alltag nicht so fundamental bestimmt hat wie heute, hat jetzt natürlich eine ganz andere Aktualität: Die Praktik, über Suchmaschinen in einen kleinen Teil einer Unzahl von Kommunikaten hineinzuspringen und diese mehr oder weniger partiell zu rezipieren, hat wenig mit der Vorstellung zu tun, Sprache begegne uns im Alltag normalerweise in Gestalt von wohlabgegrenzten Texten. Sie scheint auch der oben vorgetragenen Auffassung zu widersprechen, was ein Produzent als Text gesetzt und gemeint habe, würde normalerweise auch als solcher erkannt und akzeptiert. Es fragt sich allerdings, ob Zapper und Surfer tatsächlich das, was sie z. B. an einem Tag oder während einer ‚Sitzung' zu Gesicht bekommen haben, als *ihren eigenen Text* ansehen[37] und nicht doch das **Produkt** und den **Prozess** der Rezeption klar voneinander **unterscheiden**. Dazu müsste man sie befragen.

Befragungen und die Untersuchung von spontanen metakommunikativen Äußerungen stellen eine Möglichkeit dar, die Beteiligtenperspektive konkret einzubeziehen. Auf die Prozessierung richten sich **empirische Untersuchungen mit realen Textproduzenten und -rezipienten.** Für beides haben sich spezialisierte Forschungsrichtungen herausgebildet, nämlich die Schreibforschung auf der einen Seite und (experimentelle) Studien zur Textverarbeitung auf der anderen. Beide arbeiten mit psycho-, teilweise auch neurolinguistischen Instrumentarien und versuchen insofern, den Menschen ansatzweise ‚in den Kopf zu schauen'. Bucher hat etwa **Experimente** durchgeführt, die auf Verfahren des lauten Denkens und der Blickaufzeichnung bei der Rezeption von Print- und Online-Zeitungen zurückgreifen. Er arbeitet dabei mit einer Variante der Annahme, der Rezipient kommuniziere bei der Lektüre mit dem Autor, unterstellt nämlich: „der Rezipient agiert mit den Elementen eines Angebotes auf der Basis seiner in dialogischen Kommunikationen erworbenen Interaktionskompetenz" (Bucher 2011: 146). Rezeption und Interpretation werden hier also als Interaktion (zwischen dem Rezipienten und dem Kommunikat) konzeptualisiert. Ein (nicht überraschendes) Ergebnis dieser Experimente geht dahin, dass „verschiedene Rezipienten dasselbe Angebot unterschiedlich explorieren" (vgl. ebd.: 143), insbesondere wenn man sie vor verschiedene Aufgaben stellt, etwa gezielt etwas zu suchen oder nicht. Während bei einer Beschränkung der Analyse auf die ‚objektiven' Eigenschaften des Zeichenkomplexes der konstruktive Beitrag der Rezipienten ausgeblendet wird, sieht Steinseifer (2011: 176) mit einer solchen „Konzentration auf die Variabilität individueller Rezeptionsprozesse" die Gefahr verbunden, „die immer mitlaufende soziale Schematisierung der Verständigungsresultate und damit den Zeichencharakter der Kommunikationsangebote zu stark in den Hintergrund treten zu lassen". Abgesehen davon kann die Fokussierung individueller Rezeptionsprozesse m. E. auch insofern nicht den goldenen Weg darstellen, als diese uns nur durch Experimente, d. h. wenig realitätsnahe Konstellationen, zugänglich werden.

---

37 Ein Sonderfall liegt vor, wenn sie einige Schnipsel neu zusammensetzen und dies als eigenen Text deklarieren. Dies ist dann ein Plagiat. Eine andere Art der Integration von Schnipseln in einen neuen Text zeigt Textbeispiel 4.

Unter diesen Voraussetzungen schlägt Habscheid einen Ansatz vor, den er als **sozialwissenschaftliche Texthermeneutik** bezeichnet. Hier soll die **Beteiligtenperspektive** im Vordergrund stehen, ohne diese an **individuelle Rezeptionsakte** zu binden. Das führt m. E. allerdings zu einer recht unklaren Charakterisierung der sozialwissenschaftlichen (im Gegensatz zur kognitivistischen) Texthermeneutik, in der sich verschiedene Theoriestränge vermischen:

> „In der sozialwissenschaftlichen Texthermeneutik geht es also weder um das psychische Innenleben des Autors oder Lesers (sozusagen die Perspektive der 1. Person) noch um eine Beschreibung von Texten, wie sie Wissenschaftler als Außenstehende vornehmen können (die Perspektive der 3. Person); vielmehr geht es um eine Rekonstruktion des Sinn [sic], den ein Kommunikationspartner [in der Randspalte: Perspektive der 2. Person] auf der Basis seines Wissens, seiner Wahrnehmungen und der Hinweise, die der Autor im Text gibt, erschließen kann (natürlich kann es in der Regel verschiedene Lesarten geben, beliebig sind diese aber keineswegs)." (Habscheid 2009: 17)

Von der 1.–Person-Perspektive spricht man z. B. in der Philosophie, wenn es um die Innensicht eines Akteurs etwa auf eine von ihm vollzogene Handlung geht, die er in bestimmter Weise deutet. Ihr steht nur die Perspektive der 3. Person gegenüber, die Sicht von außen, die aber auch einer Deutung entspricht, nur eben aus einer anderen Perspektive. Aus der Außensicht hat man z. B. keinen Zugriff auf die nur subjektiv zugänglichen Motive und die ebenso subjektiven Deutungen von Ereignissen durch den Akteur (1. Person).

Die 2.–Person-Perspektive kommt ins Spiel bei einer kommunikativ ausgerichteten Sichtweise. Dabei sollte dann allerdings dem Sprecher/Autor die Perspektive der 1. Person, dem Hörer/Leser die der 2. zugeordnet werden, während die Wissenschaftler die 3.–Person-Perspektive behalten. Habscheid möchte nun (als Wissenschaftler!) den – von der 1. Person gemeinten – Sinn ermitteln, den die 2. Person rekonstruieren kann bzw. soll. Damit fallen aber alle Perspektiven zusammen. Da die Innenperspektive von Autor und Leser ausdrücklich nicht relevant sein soll, muss man beim Kommunikationspartner mit so etwas wie einem abstrakten, idealen oder **impliziten Leser** (wie etwa in der Rezeptionsästhetik) rechnen. Damit wird die Abhängigkeit der Lektüre sowohl von subjektiven Voraussetzungen als auch von situativen Umständen quasi neutralisiert. Wie reale Personen und unterschiedliche Gruppen Texte tatsächlich verstehen und damit umgehen, ist aber kein irrelevanter (Schlüsselloch-)Blick ins private Innenleben. Dies sollte sogar prioritärer Gegenstand sozialwissenschaftlicher Herangehensweise sein, da diese nicht zuletzt die Besonderheiten unterschiedlicher sozialer Gruppen zum Gegenstand hat. Für die Sozialwissenschaften stellen Befragungen daher generell ein wichtiges methodisches Instrument dar. Ferner geben Leser auch aus freien Stücken Kommentare ab. Lesarten sind gewiss nicht beliebig, aber doch (potenziell) verschieden. Daher ist die Untersuchung von Kommunikationsprozessen oder -reihen (im Sinne Wichters), und zwar insbesondere die von **metakommunikativen Äußerungen**, das Mittel der Wahl, um der Perspektive realer Kommunikanten auf die Spur zu kommen.[38]

Als **Gesamtfazit** dieses Kapitels ergibt sich: Wer den Ausdruck *Text* reflektiert verwenden will, sollte zu erkennen geben, was darunter im jeweiligen Kontext zu verstehen ist. Es ist notwendig, unterschiedliche Referenten innerhalb des Großkomplexes Text gegeneinander abzugrenzen: materieller Gegenstand, wahrgenommene Zeichen, sprachlicher Teil eines multimedialen Kommunikats, Re-Aktualisierung eines Textes in einer spezifischen Kommunikationssituation, Wissen über Texte bei einzelnen Sprachteilhabern usw. Eine vereinheitlichte Definition, die festlegt, was immer und überall als Text zu gelten hat, ist dagegen weder möglich noch sinnvoll.

---

38 Diese bezieht etwa Albert (2013: Kap. 6.2) daher auch ausdrücklich ein, vgl. so programmatisch schon Gülich (1986). Auf konkrete Beispiele für Perspektivendifferenzen kommen wir in Kap. 5.3.3. zurück.

3. Texteigenschaften als Beschreibungsdimensionen

Abschnitt 2.1. hat gezeigt, dass die Suche nach einer bündigen Textdefinition inzwischen weitgehend ersetzt ist durch die Arbeit mit einem Katalog von relevanten Texteigenschaften im Sinne einer explikativen Definition. Um nun Untergruppen der Großklasse Text und Einzeltexte differenziert beschreiben zu können, muss man für die sehr allgemein gehaltenen Merkmale (Funktionalität, Situationsgebundenheit usw.) konkrete Merkmalausprägungen feststellen bzw. festlegen, d. h. die Merkmale als Beschreibungsdimensionen begreifen.

Damit stellt sich zunächst die Frage, in Bezug auf welche Dimensionen Texte beschrieben werden sollen. Die in Kapitel 2 besprochenen Merkmale (Tab. 2.2) können selbstverständlich als Grundlage dienen, allerdings wurden diese unter Rückgriff auf die unterschiedlichsten Ansätze ungeordnet nebeneinander gestellt und entsprechen daher keiner zusammenhängenden Sichtweise. Im Folgenden seien zunächst Vorschläge einer **integrierten Darstellung relevanter Aspekte von Texten** vorgestellt, Abschnitt 3.3. präsentiert dann das für die folgenden Kapitel zugrunde gelegte Modell von Beschreibungsdimensionen.

3.1. Die Textualitätskriterien von Beaugrande/Dressler und ihre Rezeption

Wie bereits erwähnt (vgl. den Schluss von 2.4.), stellt die Liste der Textualitätskriterien von Beaugrande/Dressler (1981) auch heute noch einen besonders häufig gewählten Bezugspunkt dar. In seiner relativ frühen Übersicht über diverse Merkmalkataloge bemerkt Sowinski (1983: 53), dass in den Definitionen der meisten „Autoren, die sich zum Text als Gegenstand der Textlinguistik definierend geäußert haben [...] mehr oder weniger vollzählig die sieben Merkmale" erscheinen, die Beaugrande/Dressler dann griffig zusammengestellt haben. Sie seien hier in Sowinskis Zusammenfassung wiedergegeben:

> „1. *Kohäsion* als Verbindung der Worte in der Textoberfläche, 2. *Kohärenz* als vorwiegend semantischer Textzusammenhang (der ‚Textwelt'), [...], 3. *Intentionalität* als Ausdruck der Textabsicht, 4. *Akzeptabilität* als Einstellung des Rezipienten, der die vorliegenden Sprachäußerungen als Text anerkennt, 5. *Informativität* als Kennzeichen der Neuigkeit und Unerwartetheit eines Textes [...], 6. *Situationalität* als Situationsangemessenheit des Textes, 7. *Intertextualität* als Ausdruck der Abhängigkeit von anderen Texten." (Sowinski 1983: 53 f.)

Das Buch von Beaugrande/Dressler sollte eine Neufassung der frühesten Einführung in die Textlinguistik werden, die W. Dressler bereits 1972 vorgelegt hat. Es geriet jedoch zu einem gänzlich neuen Werk von mehr als doppelt so großem Umfang, das die Autoren gleichwohl als durchaus **tentative Darstellung** betrachten, da sie „keineswegs eine erschöpfende oder endgültige Behandlung der besprochenen Probleme angestrebt haben", sondern nur eine „nicht-definitive Untersuchung fächerübergreifender Themen" (Beaugrande/Dressler 1981: XI) vorlegen wollten. Angesichts der in der Textlinguistik herrschenden Kontroversen stellten sie fest:

> „Unserer Meinung nach sollte sich die Entscheidung über die zu verwendenden Methoden nach dem Wesen des Textes als kommunikativen Ereignisses richten. Dabei soll der hier vertretene Ansatz bestehende Richtungen eher ergänzen als mit ihnen konkurrieren." (ebd.: XII)

Dies gilt umso mehr, als die beiden Autoren eine **interdisziplinäre Herangehensweise** propagieren, bei der insbesondere Ansätze aus dem Bereich der Kognitionswissenschaft aufgenommen werden. Wie Sowinski sehr zu Recht feststellt, hat dies zur Konsequenz, dass das Buch „durch die Häufung spezieller Kenntnisse und Methoden den Charakter einer Einführung überschreitet" (Sowinski 1983: 43). Es spricht auch einiges dafür, dass es eher selten umfassend rezipiert wurde; Bezug nimmt man jedenfalls fast immer nur auf das erste Kapitel, in dem die Autoren die „sieben Kriterien informell skizzieren" (Beaugrande/Dressler 1981: 3). Gemäß der **grundsätzlich kommunikativen Ausrichtung** tritt bei Beaugrande/Dressler die in der Textgrammatik im Vordergrund stehende Kennzeichnung des Textes als Satzfolge zurück, und die Autoren stellen dem folgende Definition gegenüber:

> „Wir definieren einen TEXT als eine KOMMUNIKATIVE OKKURRENZ (engl. ‚occurrence'), die sieben Kriterien der TEXTUALITÄT erfüllt." (ebd.: 3)

Trotz der betont kommunikativen Ausrichtung ist die Definition von der Diskussion aus dem textgrammatischen Ansatz geprägt, und zwar weil ihr die Erläuterung folgt:

> „Wenn irgendeines dieser Kriterien als nicht erfüllt betrachtet wird, so gilt der Text nicht als kommunikativ. Daher werden nicht-kommunikative Texte als Nicht-Texte behandelt." (ebd.)

Hier kommt in aller Deutlichkeit die Sorge um eine **Abgrenzung von Texten und Nicht-Texten** zum Ausdruck, die so charakteristisch für die frühen Versuche war, Texthaftigkeit am Vorliegen bestimmter Kohäsionsmittel festzumachen, und bezeichnenderweise erscheint Kohäsion auch im Katalog von Beaugrande/Dressler als erstes Kriterium. Dadurch dass sie diesem nun noch sechs weitere Eigenschaften hinzufügen, die notwendigerweise gegeben sein sollen, um von einem Text sprechen zu können, erhöhen sie die Ausschlusskriterien beträchtlich – und zwar offenkundig ins gänzlich Aussichtslose. Denn wenn im Laufe der Diskussion bereits aufgezeigt worden war, dass Kohäsion – etwa durchgängige Verkettung durch Pronomina und Konnektoren – nicht unbedingt notwendig ist, damit eine Äußerung kommunikativ als Text funktionieren kann, dann können mehrere Eigenschaften für Textualität erst recht nicht notwendig sein.

Entsprechend hat man Beaugrande/Dressler denn auch entgegengehalten, dass ihre **Kriterien nicht notwendig** gegeben sein müssten und außerdem als **relative Größen** zu verstehen sind, dass es sich also um Eigenschaften handelt, die mehr oder weniger ausgeprägt vorliegen können.[1] Dies ist inzwischen allgemeiner Konsens, so dass man die Kategorie der Nicht-Texte zu den Akten legen sollte. Beaugrande/Dressler waren sich der Relativität der Kriterien selbst sehr bewusst. Irreführend formuliert ist also nur ihre – freilich leider besonders häufig zitierte – Definition samt der Zusatzbemerkung zu den Nicht-Texten, die sich m. E. nur als Tribut an die formale Grammatik verstehen lässt. Dieser erklärt sich wiederum in erster Linie aus der Geschichte des Buches, denn in der Fassung von 1972 geht Dressler besonders ausführlich auf textgrammatische Ansätze im Rahmen der Generativistik ein, wenngleich auch dort schon semantische und pragmatische Konzeptionen, die Verwender-Perspektive und in einem eigenen Kapitel interdisziplinäre Beziehungen berücksichtigt werden. Die Verschiebung in der Konzeption hin zu einem **prononciert verwenderbezogenen Ansatz** wird allerdings in keinem Absatz kohärent entfaltet, sondern erfordert ein Zusammenlesen unterschiedlicher Stellen. Eine genauere Erläuterung dieser These scheint mir heute nur noch von historischem Interesse, so dass ich das nicht mehr näher ausführe.[2] Stattdessen sei ein Selbstkommentar von Beaugrande eingefügt, der zeigt, dass der Rückgriff auf die **Definition von 1981 obsolet** ist:

> "These seven principles of textuality – cohesion, coherence, intentionality, acceptability, informativity, situationality, and intertextuality – demonstrate how richly every text is connected to your knowledge of world and society [...]. Since the appearance of the *Introduction to Text Linguistics* in 1981, which used these principles as its framework, we need to emphasize that they designate the *major modes of connectedness* and not (as some studies assumed) the linguistic features of text-artifacts nor the *borderline between ‚texts‘ versus ‚non-texts‘* (cf. II. 106 ff, 110). The principles apply wherever an artifact is textualized,

---

1 Dies geschieht besonders ausführlich bei Vater (2001: Kap. 2); vgl. auch Sandig (2000).
2 Vgl. dazu Kap. 3.1. von K. Adamzik: *Textlinguistik. Eine einführende Darstellung*. Tübingen: Niemeyer 2004.

even if someone judges the results ‚incoherent‘, ‚unintentional‘, ‚unacceptable‘, and so on.
Such judgements indicate that the text is not appropriate (suitable to the occasion), or efficient (easy to handle), or effective (helpful for the goal) (I. 21); but it is still a text. Usually, disturbances or irregularities are discounted or at worst construed as signals of spontaneity, stress, overload, ignorance, and so on, and not as a loss or a denial of textuality."
(Beaugrande 1997: I. 52)

"Today, our conception of the co-text as a concrete empirical entity is being sharpened and deepened by large corpuses of real texts (cf. II. 64–79). And since these real texts are empirically given in vast quantities, we can dispense with the intractable requirement for a stringent formal definition to identify them all and to separate them from an imaginary set of ‚non-texts‘." (ebd.: II. 108)

3.2. Andere Kataloge von Beschreibungsdimensionen

Nicht obsolet ist dagegen die Frage, mit welchen Merkmalen, Dimensionen oder auch *principles of textuality* man denn nun arbeiten soll, und Beaugrande bleibt ja auch bei denen von 1981. Vergleicht man diese nun mit der Liste in Tabelle 2.2 oder auch der Vielzahl von Textmerkmalen bei Sandig (Abb. 2.2), so erscheint die Festsetzung sowohl der Menge relevanter Texteigenschaften als auch ihrer Benennung einigermaßen willkürlich. Man mag sich geradezu fragen, ob es wohl die Heiligkeit der Zahl 7 ist, die dem Vorschlag von Beaugrande/Dressler eine so relativ breite Zustimmung eingetragen hat. Allerdings gibt es gerade heute auch Vorschläge, noch weitere Merkmale hinzuzufügen. Nach Fix (2009a: 13) sind gegenwärtig besonders in der Diskussion: **Gestaltqualität/Textstil, Kulturalität, Medialität, Materialität** und **Lokalität**. Um dem Eindruck zu wehren, die Bestimmung von Beschreibungsdimensionen sei tatsächlich einigermaßen willkürlich oder auch prinzipiell offen, ist es ratsam, verschiedene Vorschläge vergleichend gegenüberzustellen, so dass sie auch aufeinander abbildbar sind.

Ein minimaler, besonders in der Anfangsphase der modernen Textlinguistik gebräuchlicher ‚Katalog‘ umfasst lediglich zwei Beschreibungsdimensionen, nämlich **textinterne und textexterne** Merkmale. Eine solche Zweiteilung liegt auch der Erstfassung von Dresslers Einführung (1972) zugrunde. Dort gibt es ein Hauptkapitel zur **Textgrammatik** und eines zur **Textpragmatik**. Ersteres umfasst allerdings auch Textsemantik und -thematik und entspricht damit am ehesten den ‚internen‘ Merkmalen. Auch bei Brinker (1985/2010) findet sich eine entsprechende Gliederung. Ein Hauptkapitel gilt der **Textstruktur** und ist untergliedert in grammatische vs. thematische Bedingungen der Textkohärenz, ein weiteres der **Textfunktion**, also dem pragmatischen Aspekt.

Angesichts dessen ist es alles andere als erstaunlich, dass vielfach auch eine Dreiteilung vorgenommen wird, in der eben **thematisch-inhaltlich-semantische**

Aspekte explizit von grammatischen abgegrenzt werden, wobei man sich oft ausdrücklich an die von Morris eingeführte Unterscheidung von drei Dimensionen des Zeichenprozesses anlehnt, nämlich **Syntax** (oder Syntaktik: untersucht die Beziehung von Zeichen zu Zeichen; oben: Grammatik), **Semantik** (untersucht die Beziehung von Zeichen zu den Gegenständen, über die gesprochen wird, oben: Thema) und **Pragmatik** (untersucht die Beziehung der Zeichen zu den Zeichenverwendern).

Relativ undifferenziert bleibt bei dieser Dreiteilung der Bereich Pragmatik, der daher in anderen Ansätzen noch untergliedert wird in die **funktionale** und die **situative** Dimension.[3] Diese Vierteilung propagiert jetzt auch W. Heinemann (2000a),[4] der dabei von folgenden Ebenen spricht: formal-grammatische, inhaltlich-thematische, situative, funktionale.[5] Sandig (2000) betrachtet dieselben Eigenschaften als zentral: Bei ihr erscheint die Textfunktion im innersten Kreis, Situationalität, Thema sowie Kohäsion, eine Kategorie, die Heinemanns formal-grammatischer Dimension entspricht, im folgenden.

Das fünfte zentrale Merkmal Sandigs ist **Kohärenz**, das nicht wie **Kohäsion** den grammatisch-formalen, sondern den inhaltlichen Zusammenhang betrifft. Sie unterscheidet hier also ebenso wie Beaugrande/Dressler, während andere Autoren beides zusammengreifen. An diesem Begriffspaar wird besonders deutlich, dass die verschiedenen Dimensionen miteinander in Zusammenhang stehen; es handelt sich nicht um voneinander unabhängige Kriterien. Brinker weist die genannte Unterscheidung daher ausdrücklich zurück:

„In einigen textlinguistischen Arbeiten wird zwischen Kohäsion und Kohärenz unterschieden [...] ,Kohäsion' meint dann die Verknüpfung der Oberflächenelemente des Textes durch bestimmte grammatische Mittel [...], während ,Kohärenz' den konzeptionellen Zusammenhang des Textes, d. h. die zugrundeliegende Konstellation von Begriffen und Relationen, bezeichnet. Diese Unterscheidung ist unnötig; [...] Wir gehen im folgenden von einem umfassenden Kohärenzkonzept aus, das nach verschiedenen Aspekten (grammatisch, thema-

---

3 So auch im Rahmen der kommunikativ-funktionalen Sprachbetrachtung; vgl. Krause (2000c).
4 Im Gegensatz zur Aufgliederung bei Heinemann/Viehweger in fünf Ebenen, von denen zwei dem thematischen Aspekt zuzuordnen waren. Vgl. auch Heinemann/Heinemann (2002: 134), wo die folgenden Ebenen angeführt sind: Funktionalität, Situativität, Thematizität und Formulierungsadäquatheit. Die Bezeichnung für die letzte Dimension, *Formulierungsadäquatheit* statt *Formuliertheit* oder eben *sprachliche Form*, erklärt sich wohl daraus, dass diese Liste im Kapitel *Textmuster – Textsorten – Texttypen* präsentiert wird und der Blick von vornherein auf die Frage nach der Übereinstimmung mit einer vorgegebenen Norm gerichtet ist. – Vgl. auch Heinemann (2000 b und c).
5 Ansatzweise ist sie auch schon bei Brinker gegeben, da er im Kapitel zu den Textsorten kontextuelle Kriterien von der Textfunktion abgrenzt.

tisch, pragmatisch, kognitiv; explizit, implizit usw.) differenziert wird" (Brinker 2010: 18, Anm. 18).

Besonders relevant ist an dieser Passage, dass nicht nur die Möglichkeit der Unterscheidung des textinternen Merkmals Kohäsion vom – eher oder mindestens auch – textexternen der Kohärenz in Frage gestellt wird, sondern Brinker diese Grenzziehung überhaupt für unpraktikabel zu halten scheint und die verschiedenen Dimensionen offenbar alle miteinander in Zusammenhang setzt.

Bevor wir weiter auf diese Frage eingehen, müssen noch die beiden bei Beaugrande/Dressler zusätzlich genannten Kriterien besprochen werden, das sind die Akzeptabilität und die Intertextualität. **Akzeptabilität** ist das (auch im selben Kapitel besprochene) **Gegenstück zur Intentionalität**, die dem Textproduzenten zugesprochen wird. Hier wird also ausdrücklich die **Rezipientenperspektive** berücksichtigt, die in den anderen Ansätzen (ebenso wie andere Gesichtspunkte der Produzentencharakterisierung als die Intention) in der situativen Dimension zu behandeln wäre. Wie die Übersicht (Tab. 3.1) zeigt,[6] ist es tatsächlich nur die **Intertextualität**, die bei Beaugrande/Dressler neu hinzukommt (vgl. dazu Kap. 8).

Tab. 3.1: Kataloge von Beschreibungsdimensionen

Grundunter-scheidung	Dressler 1972	Brinker 1985/ 2010	(Morris)	Heinemann 2000a	Beaugrande/ Dressler 1981
textintern	Textgrammatik	Textstruktur grammatisch	Syntax	formal-grammatisch	Kohäsion
	-semantik -thematik	thematisch	Semantik	inhaltlich-thematisch	Kohärenz Informativität[7]
textextern	Textpragmatik	Textfunktion	Pragmatik	funktional	Intentionalität Akzeptabilität
				situativ	Situationalität
					Intertextualität

---

6 Zu weiteren Katalogen vgl. Krause (2000a: Kap. 1 und 2).
7 Die Zuordnung dieses Kriteriums zu den inhaltlich-thematischen (textinternen) Merkmalen ist insofern unzutreffend, als Beaugrande/Dressler darin ein verwender-zentriertes Kriterium sehen und alles Inhaltliche dem Bereich der Kohärenz zuschlagen.

3.2.1. Das Modell von Hausendorf/Kesselheim: Textualitätsquellen, -merkmale und -hinweise

Während sich viele mit der (Wiederholung der) Kritik am Modell von Beaugrande/ Dressler begnügen, haben Hausendorf/Kesselheim ein Gegenmodell entwickelt. Dies ist konsequent verwenderbezogen, insofern es Textualität nicht als Eigenschaft eines Textes begreift, sondern als etwas, das der Rezipient erst herstellt, indem er dem Kommunikat seine Aufmerksamkeit zuwendet und es physiologisch und kognitiv verarbeitet. Sie gelangen zu sechs Textualitätsmerkmalen, die Habscheid (2009: 35) den Kriterien von Beaugrande/Dressler schematisch gegenüberstellt. Ich möchte jedoch ihren Vorschlag nicht in die Tabelle 3.1 integrieren. Hausendorf/Kesselheim weisen den Merkmalen nämlich (teilweise) einen anderen Status zu und führen die Unterscheidung von textexternen und -internen eigentlich nicht fort. Das wird besonders deutlich beim Kriterium der Situationalität, das sie aus dem Katalog streichen. Die Situation ist für sie nur eine sog. Textualitätsquelle. Spezifisch für ihren Ansatz ist die Trias Textualitätsmerkmal – Textualitätshinweis – Textualitätsquelle.

Diese Trias ist nicht ganz einfach zu verstehen, so dass ich sie hier etwas näher erläutern möchte: Bei den **Textualitäts*quellen*** handelt es sich um Ressourcen, auf die Rezipienten bei der Verarbeitung des Kommunikats zurückgreifen. An solchen gibt es eigentlich nur zwei Arten, nämlich die **Wahrnehmungen** und das (Vor-)**Wissen** (vgl. Abb. 1.2). Der **Sprache** räumen sie jedoch einen Sonderstatus ein, so dass sie zu drei grundlegenden Quellen kommen, die sie Sprache, Situation und Kontext nennen (vgl. Hausendorf/Kesselheim 2008: 31f.). *Kontext* ist wohl keine so glückliche Wahl (dürfte nämlich leicht mit Situation verwechselt werden), gemeint ist jedenfalls die **Vertrautheit mit bestimmten Schemata** (vgl. Kap. 1.5.3.). Es erscheint mir auch nicht ganz konsequent, Sprache als *eine* (eigene) Quelle zu behandeln, denn diese ist im kommunikativen Prozess ja in doppelter Weise im Spiel – als wahrgenommene Sprachzeichen und Sprachwissen, also gerade als spezifische Ausprägung der beiden grundlegenden Textualitätsquellen.

Aus der Fokussierung der **Wahrnehmbarkeit** von Zeichen erklärt sich jedenfalls, dass Hausendorf/Kesselheim die **Materialität** von Kommunikaten besonders betonen (vgl. auch Kap. 2.5.1.): Was immer als Zeichen gedeutet bzw. als Text gelesen werden soll, muss zunächst wahrgenommen sein. Erst wenn man etwas wahrgenommen hat, kann man ihm aufgrund diverser Wissensbestände irgendeinen Sinn zuschreiben; die beiden fundamentalen Quellen, Wahrnehmung und Wissen, müssen also grundsätzlich gleichermaßen herangezogen werden. Dies eben entspricht dem sog. **Prozess der Semiose**, in dem ein wahrgenommenes Etwas für jemanden zum Zeichen wird, indem er es als solches behandelt, d. h. exploriert und deutet.

Bei den **Textualitäts*merkmalen*** handelt es sich eigentlich um **dem Text zugeschriebene Eigenschaften**, also solche, die dem Kommunikat als bereits interpretiertem Etwas zukommen. Das wird in den Erläuterungen zu den **sechs Merkmalen** etwas verunklart, da Formulierungen mit *-bar* solchen an der Seite stehen, die das objektive Gegebensein einer Eigenschaft unterstellen:

> „Ein Text ist also, vereinfachend gesagt, ein lesbares Etwas, das begrenzbar [1], in seinen Erscheinungsformen verknüpft [2] und thematisch zusammengehörig [3], pragmatisch nützlich [4], musterhaft [5] und auf andere Texte beziehbar [6] ist." (Hausendorf/Kesselheim 2008: 23)

Die **Textualitäts*hinweise*** schließlich verstehe ich als eine Analogie zu den **Kontextualisierungshinweisen** aus der Konversationsanalyse.[8] Dabei handelt es sich um diverse Elemente, etwa prosodische und paraverbale Merkmale, code switching usw., mit denen die Interaktanten in einem Gespräch einander signalisieren, wie ihre Äußerungen zu verstehen sind, so dass sie sich ständig aufeinander abstimmen können.[9] Wird nun dieses Konzept auf situations*ent*bundene Schrifttexte übertragen, so führt dies notwendigerweise dazu, dass ein idealisierter Kommunikant bzw. ein impliziter Leser als relevante Größe erscheint und damit letzten Endes doch die Produzentenperspektive privilegiert wird (vgl. Kap. 2.5.5.). Denn konkret handelt es sich bei Textualitätshinweisen um irgendwelche (sprachlichen oder nicht-sprachlichen) Elemente oder Eigenschaften, die für den Rezipienten quasi als Spuren fungieren, denen er bei der Lektüre nachgehen kann oder besser: soll (vgl. dazu weiter Kap. 7.1.3. mit Abb. 7.3).[10]

---

8 Vgl. zu diesen Auer (1999: Kap. 15).

9 In der Psycholinguistik bezieht man sich auf diese Abstimmung auch mit dem Ausdruck *alignment* (vgl. Rickheit et al. 2010: Kap. 3.5).

10 Textualitätshinweise sind übrigens nicht unbedingt jeweils auf ein bestimmtes Textualitätsmerkmal spezialisiert. Das lässt sich besonders gut an Titeln demonstrieren. Diese signalisieren natürlich eine Ganzheit, können aber zugleich auf Thema und Funktion (pragmatische Nützlichkeit) verweisen (z. B. *Müllers Lexikon der Wildpflanzen*), lassen ein bestimmtes Muster mit spezifischer interner Verknüpftheit erwarten (alphabetische Anordnung) und stehen in intertextuellen Beziehungen (z. B. zu anderen Lexika aus derselben Reihe).

3.2.2. Gewicht und Relevanz von Text(ualitäts)merkmalen

Die Menge der Textualitätshinweise ist nach Hausendorf/Kesselheim nicht auf-
zählbar, während es nur zwei grundlegende Textualitätsquellen gibt und sie genau sechs Textualitätsmerkmale ansetzen. Damit bleibt ihre Liste der Merkmale
überschaubar, sie wird nicht, wie von Fix konzipiert, als erweiterbare oder
überhaupt offene verstanden. **Sandig** hält sich in ihrer *Textstilistik* (2006) in gewissem Sinne beide Optionen offen. Während sie zunächst (2000, vgl. Abb. 2.2) mit
einer offenen Liste (*etc.!*) arbeitet, präsentiert sie dort ein Schema mit nur noch
zwei Kreisen als „erste Übersicht und Vorstrukturierung" (Abb. 3.1).

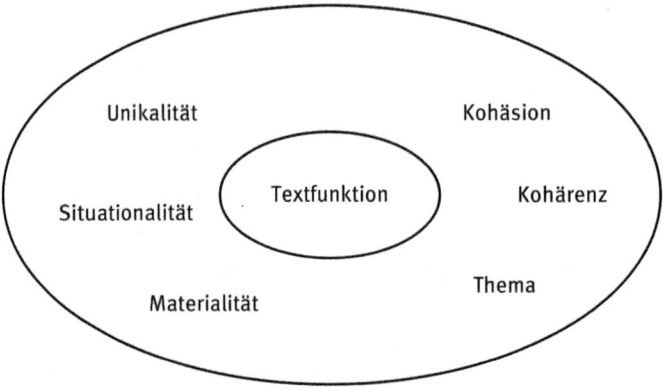

Abb. 3.1: Modell der Textmerkmale (Sandig 2006: 311)

Das (neben der Materialität) gegenüber dem Modell von 2000 hinzugekommene
Merkmal **Unikalität** bezieht sich auf die Frage, wie originell oder konventionell
der Text ist. Bei diesem Merkmal ist besonders offensichtlich, dass es sich um eine
Skala handelt. Für Sandig sind aber grundsätzlich alle „Textmerkmale skaliert zu
sehen" (ebd.: 312), was für sie einen wesentlichen Unterschied zu Beaugrande/
Dressler darstellt. Nun ist das neue Schema nicht als vollständig zu betrachten,
insbesondere berücksichtigt Sandig auch Kulturalität und Historizität, die den
umfassenden Rahmen bilden (vgl. ebd.). Das gilt zweifellos auch für die anderen
Modelle, wenngleich diese Merkmale nicht immer explizit erscheinen, auch nicht
in dem stärker auf Vollständigkeit bedachten Schema von Krause (Abb. 3.2).

Insgesamt bleibt die Kategorie Textualitätsmerkmal m. E. problematisch. Sie
trägt noch das Erbe der Suche nach definitorischen Kriterien (zum Zwecke der
Abgrenzung von Nicht-Texten) in sich. Gesteht man zu, dass einzelne Merkmale
auch fehlen können, nimmt man als Text eben das, was in der Wirklichkeit als Text
begegnet, vom Autor so gesetzt ist, dann hat die Rede von Textualitätsmerkmalen

eigentlich keinen guten Sinn mehr. Es gibt eben kein Merkmal, das ein Etwas aufweisen muss, um als Text fungieren zu können – außer der sprachlichen Verfasstheit, wenn man es denn definitorisch so festlegt. Es gibt natürlich eine Menge **potenzieller Eigenschaften von Texten**, und darunter sind wiederum einige besonders wichtig, und zwar (neben der Sprachlichkeit) natürlich die, die man in den (knappen) Katalogen (wie in Tab. 3.1) zusammenstellt. Sie entsprechen m. E. den zentralen Merkmalen für Vogeligkeit aus dem Standardbeispiel für Prototypen (Flügel, Schnabel, flugfähig usw.). Diese bilden eben die Grundlage für die Einordnung auf der Prototypenskala. Überträgt man das auf Texte, so ergibt sich z. B.: Für Straßenschilder ist Kohäsion marginal bzw. nicht relevant, lokale Fixiertheit jedoch zentral, für Romane und Zeitungen (nicht aber Wandzeitungen!) gilt das Umgekehrte. Eben deswegen sind Straßenschilder gewissermaßen die Pinguine unter den Texten.

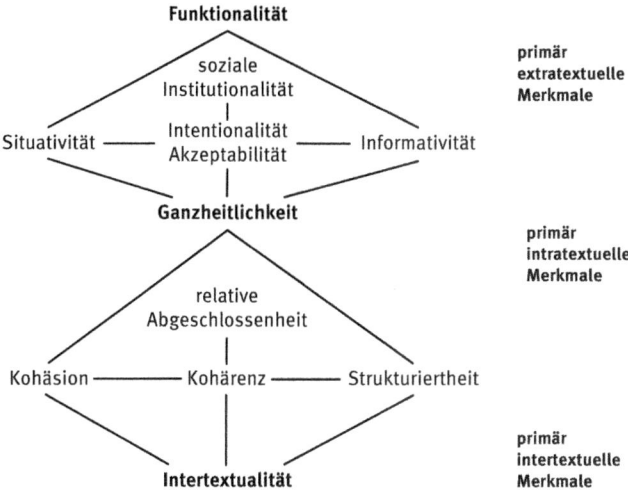

Abb. 3.2: Allgemeine Textmerkmale (Krause 2000c: 54)

Wählt man nun die eine oder andere Untergruppe aus einer Kategorie zur genaueren Beschreibung aus – gleichgültig ob sie zu den Prototypen gehört oder nicht –, dann verlieren die zentralen Merkmale der Oberkategorie ihre besondere Relevanz, sie sind eben gegeben oder nicht. Man fragt stattdessen nach den Besonderheiten und Untergruppen von Pinguinen, Singvögeln oder Vögeln, die sich zum Verzehr eignen (Geflügel), bzw. als Haustier oder Attraktion im Zoo bzw. Zirkus infrage kommen: Wie sehen sie aus? Wo und wie lange leben sie? Wovon ernähren sie sich? usw.

Eine Gewichtung der Merkmale nach ihrer Relevanz, wie Sandig sie anstrebt, scheint mir tatsächlich gar nicht so wichtig zu sein, wenn sie denn überhaupt generell, d. h. ohne Bezug auf bestimmte Texte oder Textsorten, möglich ist. Die jeweilige Bedeutung der Eigenschaften hängt zudem nicht nur von der Textsorte (bzw. dem Einzeltext) ab, sondern ergibt sich entscheidend auch aus dem Interesse des Rezipienten (will er eine billige oder eine schöne Ausgabe?) oder Forschers (will er den virtuellen oder den materiellen Text untersuchen?). Die konsequente Abkehr von einer normativen Definition von Text (als Gegenkategorie zu Nicht-Text) besteht m. E. darin, in Eigenschaftskatalogen nichts weiter zu sehen als **Checklisten**, die für Zwecke der Beschreibung oder Analyse recht praktisch sind. Die Suche nach Kriterien, die sozusagen über ‚das Wesen von Texten an sich‘ Aufschluss geben, scheint mir dagegen unfruchtbar.

3.2.3. Die Abhängigkeit der Merkmale voneinander

Die vorgestellten Merkmalkataloge zeigen zwar, dass der Konsens über Anzahl und Art der (wichtigsten) Texteigenschaften eher abnimmt, einig sind sich die AutorInnen jedoch darüber, dass die Merkmale alle miteinander zusammenhängen bzw. nicht klar voneinander abgrenzbar sind – Krause macht das durch die Verbindungslinien in seinem Schema deutlich. Die Tatsache, dass man einzelne Dimensionen aus einer zunächst globaler angesetzten (extern/intern) heraus differenziert hat bzw. mehrere zunächst unterschiedene dann wieder unter einer Oberkategorie zusammenfasst (das gilt z. B. für Sandigs Merkmal Materialität), lässt schon vermuten, dass sie nicht streng voneinander abgehoben werden können. Will man z. B. die Funktion eines Textes beschreiben, so ist dies eigentlich nur möglich, wenn man ihn als in einer bestimmten Situation eingebetteten begreift. Ein und derselbe Text kann in verschiedenen Situationen unterschiedliche Funktionen übernehmen. So kommt es z. B. gar nicht so selten vor, dass irgendwelche mehr oder weniger missglückten Gebrauchstexte in arbeitsentlasteten Situationen als Gegenstände der Belustigung (z. B. als Stilblütenreservoir) benutzt werden. Dabei handelt es sich um einen speziellen Fall von Intertextualität, nämlich um die **Wiederverwendung eines Textes** oder Textausschnitts in einem anderen Zusammenhang. Bei diesen kommt es generell außerordentlich häufig zu einer Veränderung der Funktion des Ausgangstextes. Textbeispiel 4 demonstriert den Sonderfall einer Weiterverwendung von Texten aus der Tagespresse in einem Roman. Selbstverständlich kann man dergleichen als gewissermaßen parasitären Gebrauch von Texten betrachten und es aus einem elementaren Modell ausschließen. Bei der Beschreibung von Einzeltexten muss dem jedoch Rechnung getragen werden können.

Textbeispiel 4
Lokalnachrichten
Das war in Berlin in der zweiten Aprilwoche, als das Wetter schon manchmal frühlingsmäßig war und, wie die Presse einmütig feststellte, herrliches Osterwetter ins Freie lockte. In Berlin erschoß damals ein russischer Student, Alex Fränkel, seine Braut, die 22jährige Kunstgewerblerin Vera Kaminskaja, in ihrer Pension. Die gleichaltrige Erzieherin Tatjana Sanftleben, die sich dem Plan, gemeinsam aus dem Leben zu scheiden, angeschlossen hatte, bekam im letzten Augenblick Angst vor ihrem Entschluß und lief fort, als ihre Freundin schon leblos zu Boden lag. Sie traf eine Polizeistreife, erzählte ihr die furchtbaren Erlebnisse der letzten Monate und führte die Beamten an die Stelle, wo Vera und Alex tödlich verletzt lagen. Die Kriminalpolizei wurde alarmiert, die Mordkommission entsandte Beamte an die Unglücksstelle. Alex und Vera wollten heiraten, aber die wirtschaftlichen Verhältnisse ließen die eheliche Vereinigung nicht zu.

Weiterhin sind die Ermittelungen über die Schuldfrage an der Straßenbahnkatastrophe an der Heerstraße noch nicht abgeschlossen. Die Vernehmungen der beteiligten Personen und des Führers Redlich werden noch nachgeprüft. Die Gutachten der technischen Sachverständigen stehen noch aus. Erst nach ihrem Eingang wird es möglich sein, an die Prüfung der Frage heranzutreten, ob ein Verschulden des Führers durch zu spätes Bremsen vorliegt oder ob das Zusammenwirken unglücklicher Zufälle die Katastrophe veranlaßte.

An der Börse herrschte stiller Freiverkehr; die Freiverkehrskurse lagen fester im Hinblick auf den eben zur Veröffentlichung gelangenden Reichsbankausweis, der ein sehr günstiges Bild zeigen soll bei einer Abnahme des Notenumlaufs um 400 Millionen und dem des Wechselbestandes um 350 Millionen. Man hörte 18. April gegen 11 Uhr I. G. Farb. 260 einhalb bis 267, Siemens und Halske 297 einhalb bis 299; Dessauer Gas 202 bis 203, Zellstoff Waldhof 295. Für deutsches Erdöl bestand bei 134 einhalb einiges Interesse.

Um noch einmal auf das Straßenbahnunglück in der Heerstraße zu kommen, so befinden sich alle bei dem Unfall schwerverletzten Personen auf dem Weg der Besserung.

Schon am 11. April war der Redakteur Braun durch Waffengewalt aus Moabit befreit. Es war eine Wildwestszene, die Verfolgung wurde eingeleitet, von dem stellvertretenden Präsidenten des Kriminalgerichts wurde sofort der übergeordneten Justizbehörde eine entsprechende Meldung gemacht. Zurzeit werden die Vernehmungen der Augenzeugen und der beteiligten Beamten noch fortgesetzt.

Ferner hängt die Frage, welche Funktionen überhaupt zulässig sind, davon ab, in welcher Situation man sich befindet und welche Rolle man darin zu übernehmen hat. Dies gilt insbesondere für institutionelle Kontexte; ein Beispiel dafür mag der – mindestens in Kriminalfilmen häufiger zu hörende – Satz sein *Wir stellen hier die Fragen!* Ebenso besteht natürlich eine enge Beziehung zwischen Situation und behandelbaren bzw. erwartbaren Themen, und auch die sprachliche Gestaltung ist bekanntermaßen sowohl von der Situation als auch von der Funktion des Textes abhängig. Am beunruhigendsten ist wohl, dass man nicht einmal textinterne von textexternen Merkmalen klar unterscheiden kann, wie schon der Streit um den Nutzen der Abgrenzung von Kohäsion und Kohärenz gezeigt hat und wie Krause es durch die Formulierungen *eher* textintern usw. hervorhebt.

Eine klare Abgrenzung ist deswegen kaum möglich, weil teilweise **textex-terne Faktoren explizit verbalisiert** sind. Dabei kann nicht etwa nur die – auch ohne solche Mittel erkennbare – Funktion, Situation usw. versprachlicht werden, noch relevanter ist es, wenn erst die textinternen Mittel deren Spezifik überhaupt konstituieren. Das betrifft insbesondere das Thema, denn **Außersprachliches** wird erst *durch* **die Versprachlichung zum Thema** eines Textes, und insofern kann man es kaum dem einen oder anderen Bereich zuordnen. Grundsätzlich werden Texte immer nur vor dem Hintergrund des Weltwissens im weitesten Sinne und einer Situationseinschätzung produziert und rezipiert, wobei textinterne und textexterne Faktoren einander wechselseitig beeinflussen.

Erstaunlich an den vorgestellten Katalogen scheint mir allerdings, dass sich im Laufe der Zeit die Ebene der textinternen Eigenschaften nicht besonders differenziert hat und – wenn man die Kohärenz als auf der Grenze zwischen extern und intern liegend begreift – **alles Textinterne** in der Dimension **Kohäsion** aufzugehen scheint. An der sprachlichen Gestalt von Texten ist aber natürlich vieles mehr zu beschreiben als lediglich die (grammatischen) Mittel des formalen Zusammenhangs der Äußerungsbestandteile (vgl. dazu weiter Kap. 7.). Ebenso muss es verwundern, dass auch in explizit kommunikativ-pragmatisch orientierten Ansätzen die Kohäsion als erstes Merkmal beschrieben wird. Dies gilt nicht nur für Beaugrande/Dressler, sondern auch für Brinker. Zum relativen Stellenwert interner und externer Faktoren stellt er ausdrücklich fest:

> „Es ist inzwischen [...] deutlich geworden, dass eine bloß additive Erweiterung der sprach-systematisch ausgerichteten Textlinguistik um eine kommunikativ-pragmatische Kompo-nente wohl kaum zu einem adäquaten textlinguistischen Beschreibungsmodell führen wird. Vielmehr sind die sprachsystematisch orientierten Textmodelle in den pragmatischen bzw. handlungstheoretischen Forschungsansatz zu integrieren. Denn dem pragmatischen Ansatz kommt innerhalb des gesamten textanalytischen Forschungsprozesses insofern eine domi-nierende Bedeutung zu, als er den umfassendsten Aspekt der Textlinguistik repräsentiert. Bereits eine flüchtige Vergegenwärtigung des Ablaufs der Textproduktion kann zeigen, dass sowohl die Wahl der sprachlichen Mittel (grammatischer [!] Aspekt) als auch die Entfaltung des Themas bzw. der Themen eines Textes (thematischer Aspekt) kommunikativ gesteuert werden, d. h. durch die kommunikative Intention des Emittenten sowie durch Faktoren der sozialen Situation bestimmt sind" (Brinker 2010: 16).

Dennoch beginnt auch er seine Darstellung mit dem Kapitel zur Grammatik und auch im Kapitel zu den Textfunktionen setzt Brinker immer zuerst bei den ex-pliziten Indikatoren an, obwohl er ausdrücklich feststellt, dass es erstens nicht immer solche (eindeutigen) Indikatoren gibt und dass zweitens „die kontextuelle Analyse prinzipiell den Ausschlag gibt" (Brinker 2010: 93). In diesen Anordnungen und Schwerpunktsetzungen spiegelt sich wohl nur die wissenschaftsgeschicht-liche Entwicklung, in der die textgrammatischen Ansätze zunächst im Vordergrund standen. Sachlich bleibt die Frage nach der Satzverkettung als Ausgangspunkt für die Betrachtung von Texten gleichwohl ungeeignet. Ebenso wenig sinnvoll ist es (besonders wenn wie bei Brinker eigentlich die Produzentenperspektive im Vordergrund steht), die Analyse bei den sprachlichen Mitteln anzusetzen, um von dort her zur Intention/Funktion vorzustoßen.

Da aber die Merkmale ohnehin alle miteinander zusammenhängen, ist es letzten Endes gleichgültig, in welcher Reihenfolge man sie präsentiert. Dies gilt jedenfalls für Kataloge bzw. Checklisten. Beim praktischen Umgang mit Texten oder auch bei ihrer Beschreibung bzw. Analyse ist die Frage, welche Eigenschaften man in welcher Reihenfolge behandelt, dann natürlich vom Einzelfall und den jeweiligen Interessen bestimmt.

3.3. Ein Raster für Dimensionen der Textbeschreibung

Die Überlegungen aus Abschnitt 3.2. führen mich dazu, mit vier zentralen Dimensionen der Textbeschreibung zu arbeiten (Abb. 3.3). Dies schließt an die früheren aus dem semiotischen Grundansatz entstandenen Modelle an. Dabei betrachte ich den Text selbst bzw. den Zeichenkomplex oder das Kommunikat als zentral. Dieses ist unter allen relevanten Aspekten zu beschreiben, Kohäsion ist nur ein Aspekt der sprachlichen Gestalt. Hierhin gehört also auch das von Fix als zusätzliche Größe vorgeschlagene Merkmal Gestaltqualität/Textstil (vgl. auch Fix 2008b: 28 ff.). Ferner sind materielle Aspekte und nichtsprachliche Ressourcen natürlich einzubeziehen, wenn sie in dem Kommunikat eine Rolle spielen. Deswegen ist dem Textprodukt, in dem es nur um sprachliche Zeichen geht, ein Kasten für nicht-sprachliche Elemente beigefügt. Das Kommunikat steht in Beziehung zum Was? (Thema/Inhalt), Wozu? (Funktion) und Wer?/Wo?/Wann?/In welchem Kontext? (Situation).[11]

Diese Grunddimensionen umfassen nun jeweils mehrere, z. T. sogar sehr viele Unterkategorien. Diesen sind Merkmale zuzuordnen, die andernorts als zusätzliche Beschreibungsdimensionen bzw. Text(ualitäts)merkmale aufgefasst werden. Die folgenden Kapitel sind den einzelnen Dimensionen gewidmet: dem situativen Kontext (Kap. 4.), der Funktion (Kap. 5.), Thema und Inhalt (Kap. 6.) sowie der Form und sprachlichen Gestalt (Kap. 7.). Da Texte unter all diesen Gesichtspunkten

---

11 Mit diesem elementaren Raster arbeitet, wie schon erwähnt, nicht nur Heinemann, sondern dies legen jetzt auch Fandrych/Thurmair (2011) bei ihrer Beschreibung von *Textsorten im Deutschen* zugrunde.

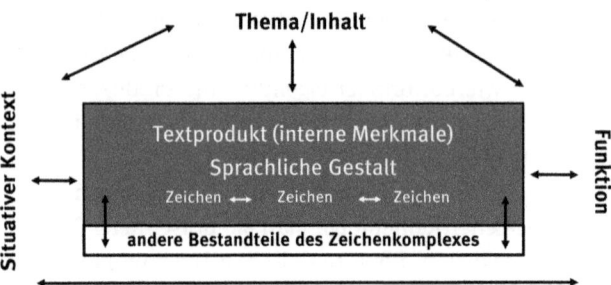

Abb. 3.3: Ein Raster für Dimensionen der Textbeschreibung

miteinander verknüpft sein können, wird die Intertextualität in einem eigenen Kapitel (8.) behandelt.

Grundsätzlich wird zwar versucht, für möglichst viele (Unter-)Aspekte dieser Dimensionen Kataloge von Beschreibungskategorien bereitzustellen. Wie schon mehrfach erwähnt, ist allerdings eine erschöpfende Auflistung und Ausdifferenzierung potenziell relevanter Faktoren kaum möglich und v.a. wenig sinnvoll: Nicht nur mögen nämlich viele Einzelfälle zusätzliche Kriterien oder eine weitere Auffächerung nötig machen, überdies dürften viele Aspekte bei der konkreten Analyse einzelner Texte oder Textsorten irrelevant oder auch trivial sein.[12]

Die Doppelpfeile in der Abbildung 3.3 symbolisieren die (Kohärenz-)Beziehungen zwischen den Dimensionen.[13] Ich schließe mich also der Auffassung Brinkers an und verstehe **Kohärenz** als eine Art ‚**regulative Idee**' beim Umgang mit Texten. Kohärenz wird damit nicht als notwendige Texteigenschaft unterstellt oder gefordert, sondern es handelt sich eher um eine Fragestellung an den Text: Gibt es innerhalb einer Dimension und auch zwischen den einzelnen Dimensionen Kohärenz? Wodurch kommt sie zustande bzw. wodurch ist sie allenfalls gestört? Als **Kohärenzbruch** betrachte ich es also z.B. auch, wenn inhaltlich sehr wohl zueinander passende Ausdrücke gegensätzlichen Stilniveaus gemischt werden, wenn das Thema oder auch ein bestimmter Ausdruck nicht zur Situation passt usw. Dafür bringen Glück/Sauer (1997: 52) ein lustiges Beispiel, wenn sie über den Satz *Wegen dieses Mistes rufst du mich mitten in der Nacht an?* sagen, hier müsse „der Genitiv bei *wegen* nachgerade als Verstoß gegen pragmatische Regeln charakterisiert werden" – so redet man nicht, wenn man aus dem Schlaf gerissen wird. Selbstverständlich kann man Kohärenzbrüche auch durch ihre Themati-

---

12 Das unterstreichen auch Fandrych/Thurmair (2011: 33), die „keinem starren Beschreibungsraster [folgen], da die jeweils relevanten Kriterien induktiv entwickelt werden".
13 Wenn man mit Kohäsion als eigener Dimension rechnen will, so geht es dabei um Relationen innerhalb des oberen Kastens.

sierung auffangen (z. B.: *Das gehört jetzt eigentlich nicht hierher, aber* ...), also **metakommunikativ** bearbeiten.

Grundlage der Darstellung ist die konsequente Abkehr von der Vorstellung, es gäbe objektiv (oder auch nur intersubjektiv) feststellbare Eigenschaften, die einen Text zum Text machen. Damit wird nicht bestritten, dass es **objektiv feststellbare Merkmale** gibt, jedoch besonderer Wert darauf gelegt, dass gegenüber diesen eine viel größere Bedeutung den **Deutungskategorien** zukommt, mit denen wir uns Texten nähern. Grundsätzlich sollen Texte so genommen werden, wie sie uns begegnen, und alle sind eben nicht perfekt kohärent, viele sind unabgeschlossen, über- oder unterinformativ, der Situation nicht angemessen usw. Das werden wohl auch die meisten Textproduzenten zugestehen. Zumindest aber dürfte es wenige Leute geben, die noch nicht die Erfahrung gemacht haben, dass ihre Texte nicht (durchgängig) so behandelt und verstanden werden, wie sie es vorgesehen hatten.

4. Situativer Kontext

Auf den ersten Blick scheint der situative Kontext am ehesten eine rein außersprachliche und sogar objektivierbare Größe zu sein, und immerhin umfasst diese Dimension auch die zeitliche und räumliche Konstellation sowie die Charakterisierung der Interaktionsteilnehmer, wofür es samt und sonders übliche Maßstäbe gibt: Datum nach unserer Zeitrechnung, Adresse, Name, Alter, Geschlecht usw. Diese wenigstens großenteils eindeutig feststellbaren Daten sind aber für die Beschreibung und Interpretation von Texten weitgehend uninteressant. Relevant ist vielmehr die Frage, welche Typisierungen Sprachteilhaber (und Linguisten) vornehmen, welche Kategorien und Messlatten sie zugrunde legen. Zwar gibt es zweifellos einen nicht-zufälligen Zusammenhang zwischen **objektiven Daten** und **subjektiver Situationseinschätzung,** letztere lässt sich jedoch nicht systematisch aus den objektiven Daten herleiten, sondern entspricht einer deutenden Interpretation.

Am Anfang steht also nicht der Text, das Wort, sondern die Deutung, denn sowohl für den Produzenten als auch für den Rezipienten beginnt die Beschäftigung mit einem Text in der Regel vor seiner Planung bzw. Lektüre; vorgelagert ist dem eine Einschätzung der ‚Lage der Dinge‘, die auch die Frage umfasst, ob hier ein Text zu produzieren oder zu rezipieren ist, was man in dieser Hinsicht selbst erwarten kann und was die anderen von einem erwarten.

Häufig erfolgt nun eine solche Situationseinschätzung (sowohl in der kommunikativen Wirklichkeit als auch in der linguistischen Analyse) zwar nicht auf der Ebene der objektiven Daten, aber dennoch auf einem bereits relativ konkreten Niveau, indem man sich bezieht auf den **Kommunikationsbereich** (z. B. Schule, Massenmedien), die **Partnerkonstellation** (Privatbrief, Arzt-Patient-Interaktion), die **Redekonstellation** (Hochschulseminar, Pressekonferenz) oder auch eine **Textsorte** (wissenschaftlicher Artikel, Filmbesprechung).[1] Hier soll eine abstraktere Frage vorgeschaltet werden, nämlich die nach der Welt, in der die Texte angesiedelt sind bzw. in der die Interaktanten sie situieren.

---

1 Die hier genannten Beschreibungsebenen lassen sich im Übrigen, wie schon die Beispiele zeigen, nicht säuberlich voneinander trennen: Das Arzt-Patienten-Gespräch kann man ebenso gut als Redekonstellation auffassen, einen Privatbrief auch als Textsorte ansehen usw.

4.1. Welten

Einen solchen Bezug auf unterschiedliche Welten kann man schon in vielen Grobklassifikationen erkennen, und zwar darin, dass auf einer obersten oder gesonderten Ebene **literarische/fiktionale Texte** von **Gebrauchs-/Alltagstexten** abgegrenzt werden, also Texte der ‚realen Welt' von solchen einer literarisch geschaffenen Welt unterschieden werden.[2] Diese Gegenüberstellung ist jedoch sehr grob und auch insofern problematisch, als nicht-literarische Texte sich auch auf eine fiktionale oder nur mögliche Welt beziehen können und literarische Texte auch einen Bezug auf die Wirklichkeit einer konkreten historischen Situation aufweisen können (Prototyp: historische Romane); allemal ist für die literarisch geschaffenen Welten die Frage wichtig, inwieweit sie eine mit der Realität vereinbare Welt präsentieren (Prototyp: realistische Literatur) oder auch davon völlig abweichen (Prototyp: Fantasy-Literatur).

Schon 1976 hat Johannes **Schwitalla** dieses Problem näher ausgeführt und versucht, „aufgrund des Begriffs ‚Welt' in der philosophischen Tradition Husserls" (Schwitalla 1976: 20), Texte entsprechend dem **Referenzsystem der jeweiligen Bezugswelt** zu unterscheiden:

> „Sprache hat ihren Ursprung in der Alltagswelt; sie ist dazu da, alltagsweltliche Erfahrungen intersubjektiv zu machen und damit zu festigen. Aber sie kann die Alltagswelt transzendieren und auf andere Welten verweisen [...]. Beispiele eines solchen Sprachgebrauchs sind: einen Traum, einen Witz, ein Märchen, einen Mythos erzählen; einen wissenschaftlichen Vortrag halten; beten; ein Gedicht rezitieren; im Wahnsinn oder im Drogenrausch für andere unverständlich sprechen." (Schwitalla 1976: 28)

Um „unsere intuitive Kenntnis von Welten explizit" (ebd.: 30) zu machen, beschreibt er „weltenspezifisches Sprechen durch die Regeln [...], nach denen Referenzen und Prädikationen in einer bestimmten Welt vollzogen werden" (ebd.) und geht dabei auf alltagssprachliche, wissenschaftliche, poetische, religiöse Kommunikation und die Mitteilung von Trauminhalten ein. Dieser Vorschlag

---

2 Vgl. z.B. Schmidt (1972); Werlich (1975); Gobyn (1982); Glinz (1983). Auch Brinker (2010: 128) spricht von verschiedenen Welten (Alltagswelt, Welt der Wissenschaft, des Rechts, der Kunst, der Religion), die er jedoch zugleich als „gesellschaftliche Bereiche" bezeichnet und nicht von Kommunikationsbereichen unterscheidet (vgl. dazu 4.2.). Vgl. auch die Bemerkungen bei Dimter (1981: 100 ff.). – Nach Dammann (2000), der für den HSK-Band zur Textlinguistik einen Beitrag aus literaturwissenschaftlicher Sicht geschrieben hat, ist Fiktionalität als Abgrenzungskriterium zwischen literarischen und anderen Texten schlichtweg ungeeignet, gehört aber neben Poetizität zu den Merkmalen, die literarischen Texten regelmäßig zugeschrieben werden (vgl. Rühling 1996; Adamzik im Druck b). Der Band insgesamt folgt der groben Gegenüberstellung, insofern er literarische Texte unberücksichtigt lässt. Zur Fiktionalität vgl. auch Weidacher (2007).

wurde in der späteren Literatur jedoch leider nicht weiter verfolgt. Das mag damit zusammenhängen, dass er eben in eine philosophische Denktradition gestellt wird; für diese ist zentral, dass uns die objektive außersprachliche Wirklichkeit nicht zugänglich ist. Dieser Einsicht kann man sich zwar bei genauerem Nachdenken nicht verschließen und durch den Erfolg des **Konstruktivismus** (vgl. Kap. 1.5.3.) ist sie inzwischen auch weit verbreitet. Für das Alltagsleben ist das jedoch irrelevant oder sogar störend, hier unterstellen wir einfach, dass die Welt real ist – wir rechnen allerdings durchaus mit verschiedenen Realitätsebenen.

Insbesondere ist es auch im Alltag völlig geläufig von **verschiedenen Welten** zu reden: *Welt* kann sich auf das Universum oder unseren Planeten beziehen, auf sämtliche Bewohner desselben oder Teilgruppen (*die antike, westliche, islamische Welt*), auf bestimmte Lebenssphären (*die Welt des Sports, der Religion, der Märchen*), auf historische Epochen (man denke an Stefan Zweigs *Die Welt von gestern*), auf gedankliche und ideologische Konstruktionen (*die dritte/vierte Welt*) und auch subjektive Referenzsysteme (*sie lebt in einer anderen/ihrer eigenen Welt; uns trennen Welten*).

Für den Umgang mit Texten und mithin die Textlinguistik ist die Frage, welche **Bezugswelt als Referenzsystem** dient, d. h. welches Hintergrundwissen (*common ground*) vorausgesetzt werden kann, von herausragender Bedeutung. Konkrete **Inferenzen** können ja nur relativ zu einem Komplex von **Rahmen** und **Schemata** gezogen werden. Diese entscheiden schon darüber, auf welche Entitäten man sich in einem Text überhaupt beziehen kann und welche Aussagen über diese Entitäten zugelassen sind. Dies betrifft nicht nur das Thema, sondern auch die Dimension der Funktion, inklusive der Frage, welche Sprechakte zugelassen sind. Von der Bezugswelt hängt es ferner ab, welche Erwartungen man in Bezug auf die Kohärenz des Textes hegen kann – in fiktionalen oder auch nur subjektiv verbindlichen Welten herrschen spezielle Kohärenzerwartungen.

Heutzutage drängt sich die Frage nach der Welt, in der Texte angesiedelt sind, in besonderer Weise auf, da zu den überkommenen jetzt auch **virtuelle Welten**, der Cyberspace, hinzugekommen sind. Für diesen ist nun die Frage, was real ist und was nicht, bzw. die nach dem **Wirklichkeitsstatus** ganz und gar nicht mehr einfach zu entscheiden. Das gilt aber auch für Fernsehgenres wie z. B. Doku-Soaps oder Gerichtsshows, die sog. **Scripted Reality**. Auch von der anderen Seite her, also von Formaten, die eigentlich der Information dienen, wird die Grenze zwischen Realität und Fiktion brüchig. Dafür stehen die Schlagwörter **Infotainment** und **Edutainment** (aus *Information* bzw. *Education* und *Entertainment*), aber auch handfeste Wirklichkeitsverfälschungen, wie sie besonders im Zusammenhang mit dem Golfkrieg diskutiert wurden. **Propagandistische Berichterstattung** ist davon aber natürlich schon seit langem geprägt. Das berühmteste Beispiel für die Verwechslung von realer und fiktionaler Welt ist allerdings schon recht alt: Es handelt sich um die Ausstrahlung einer Hörspielfassung von H.G. Wells' *Krieg der Welten* (1898), in dem Marsmännchen die Erde angreifen. Orson Welles hatte dies als Reportage inszeniert und die *New York Times* titelte am 31.10.1938: „Radio Listeners in Panic, Taking War Drama as Fact".

Jedenfalls ist die gängige Grobeinteilung in fiktionale und nicht-fiktionale bzw. Gebrauchstexte nicht so einfach, wie man zunächst denken mag. Dies gilt umso mehr, als die Welten nicht strikt gegeneinander abgegrenzt sind, sondern man gewissermaßen zwischen ihnen navigieren kann. Ein besonders virtuoses Spiel mit unterschiedlichen Welten realisiert der Film *Die fabelhafte Welt der Amélie*, der gleich als Beispielmaterial dienen soll.

Mit welchen Welten ist nun zu rechnen? Ich schließe hier an das bekannte und einflussreiche Buch *Die gesellschaftliche Konstruktion der Wirklichkeit* von **Berger/ Luckmann** (1966/1980) an. Im Anschluss an Alfred **Schütz** steht für sie die **Alltagswelt**[3] im Zentrum, und zwar so, wie sie sich für das **Jedermannsbewusstsein** darstellt.

> „Unter den vielen Wirklichkeiten gibt es eine, die sich als **Wirklichkeit par excellence** darstellt. Das ist die Wirklichkeit der Alltagswelt. Ihre Vorrangstellung berechtigt dazu, sie als die oberste Wirklichkeit zu bezeichnen. [...]
>
> Die Wirklichkeit der Alltagswelt stellt sich mir[4] [...] als eine **intersubjektive Welt** dar, die ich mit anderen teile. Ihre Intersubjektivität trennt die Alltagswelt scharf von anderen Wirklichkeiten, deren ich mir bewußt bin. Ich bin allein in der Welt meiner Träume. Aber ich weiß, daß die Alltagswelt für andere ebenso wirklich ist wie für mich.
>
> [...] Jedermannswissen ist das Wissen, welches ich mit anderen in der **normalen, selbstverständlich gewissen Routine des Alltags** gemein habe.
>
> Die Wirklichkeit der Alltagswelt wird als Wirklichkeit hingenommen. [...] Obgleich ich in der Lage bin, ihre Wirklichkeit auch in Frage zu stellen, muß ich solche Zweifel doch abwehren, um in meiner Routinewelt existieren zu können. Diese **Ausschaltung des Zweifels** ist so zweifelsfrei, daß ich, wenn ich den Zweifel einmal brauche – bei theoretischen oder religiösen Fragen zum Beispiel, eine echte Grenze überschreiten muß." (Berger/Luckmann 1966/1980: 24 ff.; Hervorhebungen K.A.)

Die Alltagswelt ist also die Routinewelt, in ihr handelt der Mensch nach überlieferten und erlernten Mustern und Schemata. Zugleich ist es jedoch die Welt, über deren Wirklichkeit allgemeine Gewissheit herrscht, die nicht infrage gestellt wird. Nun ist etwas unfraglich und normal natürlich immer nur für die Mitglieder einer bestimmten Gesellschaft. In unserem multikulturellen Alltag stoßen verschiedene Alltagswelten sogar oft aufeinander, d.h. dass wir nicht mehr so sicher sein können, was für den anderen normal ist und als unstrittig gilt. **Interkultu-**

---

3 Vgl. dazu einführend Auer (1999: Kap. 11).
4 Das Pronomen *ich* repräsentiert das Jedermannsbewusstsein.

relle Kompetenz besteht u. a. darin, auch fremde Alltagswelten als Wirklichkeiten zu akzeptieren, selbst wenn wir sie nicht verstehen und wir sie gerade nicht für normal halten.

Das macht das Konzept verschiedener Welten umso relevanter. Um das, was man normalerweise als Alltag bezeichnet, von dem abzugrenzen, was als unfraglich wirklich behandelt wird, führe ich für letzteres den Ausdruck **Standardwelt** ein. Dieser ist aus interkultureller Sicht unbedingt im Plural zu denken, es gibt also verschiedene Standardwelten. Der **Alltag** bzw. die Alltagswelt wird dagegen hier als ein **Kommunikationsbereich** neben anderen (z. B. Politik, Wirtschaft usw.) innerhalb der Standardwelt aufgefasst. Diesen Kommunikationsbereichen ist das Kapitel 4.2. gewidmet. Für diese Umbenennung spricht auch, dass die Standardwelt vieles umfasst, was „dem Verstand des gesellschaftlichen Normalverbrauchers" (Berger/Luckmann 1966/1980: 21) gerade nicht zugänglich ist, nicht zuletzt das Wissen um das Funktionieren diverser technischer Apparate und Anlagen und gesellschaftlicher Institutionen sowie die (inzwischen sehr komplexe) Organisation der (Welt-)Gesellschaft insgesamt. Der Bestand an gemeinsam geteiltem Wissen geht schon angesichts der dramatischen Vermehrung des potenziell Wissbaren zurück; die **Globalisierung** hat nicht zu einer größeren Homogenität im Wissen und Verfügen über Routinen geführt, sondern im Gegenteil zu einer größeren Parzellierung von jeweils nur subkultur- oder gruppenspezifischen Kenntnissen und Fähigkeiten. Unbeschadet dessen kann man jedoch voraussetzen, dass Menschen auch ihnen unbekannte Bereiche der Standardwelt als solche akzeptieren und deren Wirklichkeit nicht in Zweifel ziehen, sondern allenfalls wissen, dass sie darüber nichts wissen (wollen).

In diesem Abschnitt geht es nun weiter um Welten als Referenzsysteme, und zwar speziell um solche, die eben nicht als wirklich behandelt werden, sondern einen anderen Realitätsstatus und teilweise auch nur subjektive Verbindlichkeit haben. Das Jedermannsbewusstsein rechnet selbst mit solchen neben der wirklichen Welt existierenden Welten, Berger/Luckmann (ebd.: 28) bezeichnen sie als „umgrenzte Sinnprovinzen, als Enklaven in der obersten Wirklichkeit". In ihnen bewegen wir uns mit einer anderen Einstellung, eben einer, die der Wirklichkeit par excellence entgegengestellt ist bzw. in der wir, wie Schwitalla sagt, Referenzen und Prädikationen nach anderen Regeln vornehmen.

Die Welten, wie sie sich in einer modernen säkularisierten Gesellschaft, darstellen, seien nun vorgestellt und entsprechend ihrer (vermuteten) Zugänglichkeit für den ‚gesellschaftlichen Normalverbraucher' nummeriert (Abb. 4.1). Die Standardwelt erhält die Nummer 0; sie steht im Zentrum und bleibt für alle anderen Welten der Bezugspunkt, zu dem wir immer zurückkehren.

Der Standardwelt steht an erster Stelle gegenüber die **Welt des Spiels** oder der Fantasie (I), die schon Kindern zugänglich ist. Sie wird geradezu identifiziert mit

Nicht-Wirklichkeit, Fiktionalität und ist daher auch das beste Zeugnis dafür, dass **Welten Kreationen des Menschen** darstellen. In der Welt des Spiels handelt man im **Modus des Als-Ob,** dazu gehört auch das Umsteigen auf Spaß, Neckerei und Humor. In der Konversationsanalyse wird Hinweisen auf Scherzhaftigkeit, Ironie usw. ein großes Gewicht eingeräumt, denn es ist eben unbedingt notwendig, den anderen zu signalisieren, ob die Regeln der Standardwelt gelten oder vorübergehend suspendiert sind. Zu dieser großen und wichtigen Welt des Spiels gehören natürlich auch die **erfundenen Welten aus literarischen Texten.** Diese stellen aber nur einen kleinen Ausschnitt aus der Spielwelt dar. Das (zeitweilige) Aussteigen aus der Standardwelt ist ein außerordentlich verbreitetes und alltägliches Phänomen. Angesichts der **virtuellen Welten** des digitalen Zeitalters muss man wohl auch annehmen, dass Spielwelten erheblich an Bedeutung gewonnen haben.

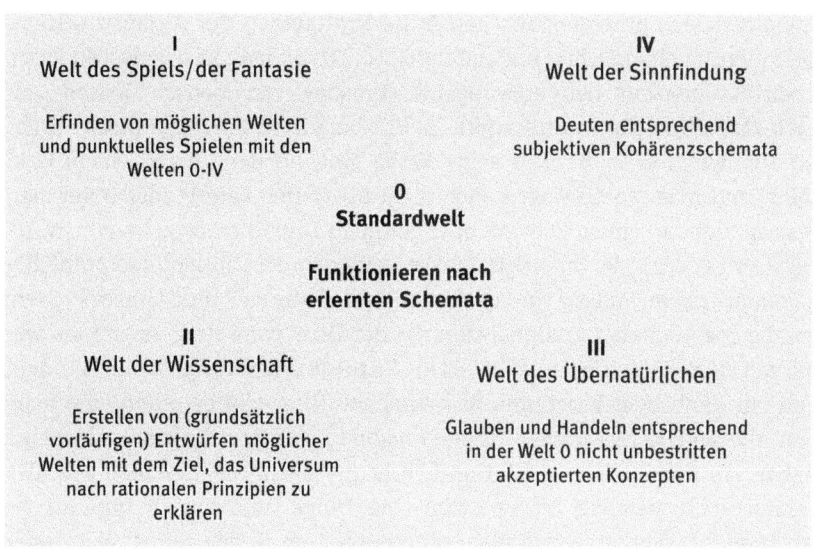

Abb. 4.1: Welten als Bezugssysteme

Fiktionale Welten sind, besonders wenn sie vielen Mitgliedern bekannt sind, allerdings auch Bestandteil der Standardwelt, auf die man sich als erfundene Realitäten beziehen kann. Man weiß eben, dass es einen Sherlock Holmes als literarische Gestalt gibt, und kann sich sogar darüber streiten, was in dessen Welt ‚tatsächlich' passiert ist. Das ändert aber nichts am spezifischen Wirklichkeitsstatus dieser Welt, sondern zeigt nur, dass zwischen den verschiedenen Welten ein ständiger „Verkehr" (Berger/Luckmann 1966/1980: 28) möglich ist.

Dennoch darf man nicht daran vorbeisehen, dass keineswegs immer (für alle) klar ist, was zur wirklichen und was zu einer vorgegaukelten Wirklichkeit gehört. Die Grenzen zwischen Spiel, Eulenspiegelei, Manipulation und Betrug sind unscharf. Die Möglichkeiten zur **Täuschung** haben sich allerdings im digitalen Zeitalter erheblich ausgeweitet, weil das Jedermannsbewusstsein viel weniger gut durchschauen kann, was da alles genau passiert bzw. normal ist (z. B. wenn etwas nicht funktioniert).

Damit kommen wir zu der Welt, die in unserer Gesellschaft in besonders engem Verkehr zur Standardwelt steht, der **Welt der Wissenschaft** (II). In der **Wissensgesellschaft** soll wohl eigentlich diese Grenze aufgelöst werden. Die Wissenschaft und Technik mit ihren ständigen Neuerungen sollen gewissermaßen zur eigentlich verbindlichen Wirklichkeit werden, die **lebenslanges Umlernen** erfordert. Dies ist in zweierlei Hinsicht problematisch. Erstens nämlich entspricht es einem geradezu programmatischen **Außerkraftsetzen der Alltagsroutinen**, die Orientierung ermöglichen und auf deren Gültigkeit man sich verlassen kann. Das betrifft einerseits den erzwungenen Umstieg von Mensch-Mensch- auf **Mensch-Maschine-Kommunikation.** Es löst bei vielen durchaus (noch) Irritationen aus, wenn es in Banken keine Kasse gibt, an der jemand einem Geld übergibt (und man sie deswegen auch nicht überfallen kann), oder wenn man Fahrkarten nicht an einem Schalter oder gar beim Schaffner lösen kann usw. Da die Geräte oft ersetzt oder umprogrammiert werden und sie außerdem störanfällig sind, kommt es beim Vollzug von Alltagsroutinen häufig zu Pannen; insbesondere stehen die sog. digitalen Analphabeten wie der Ochs vorm Berg. Aber auch wer täglich mit dem Computer arbeitet, erlebt **Ent-Routinisierung**: Kaum hat man sich an ein Gerät oder Programm halbwegs gewöhnt, gibt es schon eine neue Version, die anders funktioniert. Neue Versionen sind auf der einen Maschine verfügbar, auf der anderen nicht. Und überhaupt macht die Maschine bzw. das Programm auch ziemlich oft unerwünschte Dinge automatisch und tut erwünschte nicht. Um herauszufinden, ob das nun ein Geräte-, Programm- oder Bedienungsfehler ist, brauchen auch Experten oft ziemlich viel Zeit.

Der zweite Grund dafür, dass es problematisch ist, wenn die Wissenschaft die Standardwelt und den Alltag gewissermaßen dominiert, ist noch gravierender, denn die Einstellungen der Standardwelt und der Welt der Wissenschaft stehen einander diametral gegenüber: Die besondere Einstellung von Philosophie und Wissenschaft besteht ja darin, grundsätzlich alles infrage zu stellen, also gerade nichts mehr als fraglos gültig zu behandeln. Die wissenschaftliche Arbeit entspricht der **Kreation von hypothetischen Welten**, die immer nur vorläufig sind. Als „Regel der Prädikation" setzt Schwitalla für die wissenschaftliche Kommunikation an: Der Sprecher glaubt, dass über das Referenzobjekt „nur nach Regeln eines geltenden wissenschaftlichen Normensystems Prädikationen zugelassen sind" (Schwitalla 1976: 31), dass somit nur das gelten gelassen wird, was diesen Normen nicht widerspricht (vgl. ebd.: 29). Diese Normen und die komplexen Voraussetzungen sind dem Jedermannsbewusstsein natürlich nicht zugänglich, und mit der grundsätzlich skeptischen Haltung kann man in der Alltagswelt einfach nicht überleben. Daher verwechselt das Jedermannsbewusstsein Elemente aus der wissenschaftlichen Welt leicht mit solchen aus der Standardwelt. Mit der Formel *Das ist wissenschaftlich erwiesen* werden die **Theorien** und **vorläufigen Ergebnisse** einfach **in Tatsachen umgedeutet**. Der Konflikt zwischen den Welten 0 und II kann nicht ausbleiben, da die Wissenschaftler ja als Experten in die Standardwelt eingreifen und als Ärzte, Techniker, Ökonomen usw. zur Rechenschaft gezogen werden. Dass ihre Diagnosen, Prognosen, Modelle usw. prinzipiell unsicher sind, ist in der Standardwelt einfach nicht akzeptabel. Das Jedermannsbewusstsein braucht die Wissenschaft als Lieferanten sicheren Wissens, damit kann die Wissenschaft aber grundsätzlich nicht dienen.

Schwerwiegender (jedenfalls für den gesellschaftlichen Konsens) ist noch, dass es auch im Verkehr zwischen Wissenschaft und Standardwelt zu **Täuschungen** kommt. Wissenschaftler handeln ja nicht nur bzw. nicht immer nach ihrem spezifischen Normensystem, sondern lassen sich u. U. von den Auftraggebern für erwünschte Ergebnisse bezahlen, erfinden Daten, um hinreichend zu publizieren oder Ruhm zu ernten usw. (vgl. dazu z. B. Kaube 2009).

Wie die Welt der Wissenschaft zwar eine kollektive Verbindlichkeit hat, sie allerdings nur einer relativ kleinen Gruppe zugänglich ist, ist auch die **Welt des Übernatürlichen** (III) nur für die jeweilige Glaubensgemeinschaft gültig. Das Übersinnliche und das Jenseits stellen per se Gegenentwürfe zur Standardwelt dar. Auch wer die Existenz Gottes für unbestreitbar hält, weiß, dass Gott nicht von dieser Welt ist. Das kommt auch darin zum Ausdruck, dass man von **gemeinsamen Glaubens-, nicht aber Wissensbeständen** ausgeht. Sie sind grundsätzlich als strittig zu betrachten, allerdings nicht innerhalb einer religiös geprägten Gesellschaft, dafür umso mehr zwischen Gesellschaften – die Geschichte ist voll von Glaubenskriegen.

Als letzte möchte ich schließlich die strikt subjektive **Welt der Sinnfindung** (IV) ansetzen. Sie ist insofern auch eine Enklave, als es darum geht, sich irgendwie in der Standardwelt zu situieren bzw. sie für sich zu deuten und dem eigenen Leben einen Sinn zuzuschreiben (schlimmstenfalls mit negativem Ergebnis). Es geht um das je eigene Verständnis der Gesamtwelt, die subjektiven Relevanzsetzungen, die sich auch aus den persönlichen Erfahrungen und der eigenen Geschichte ergeben. Das bedeutet natürlich nicht, dass diese Welt unabhängig von den kollektiv verbindlichen Welten existierte. Man kann etwa Entwürfe für den eigenen Lebenssinn einfach übernehmen, insbesondere aus der Welt III, muss sie sich aber doch subjektiv zu eigen machen, ohne dass irgendein

Anspruch damit verbunden werden kann, dass andere eben diese Deutung für angemessen halten oder ihr eine auch nur subjektive Wirklichkeit zuschreiben. Eine enge Verbindung kann natürlich auch zwischen Welt IV und der Standardwelt bestehen, wenn man etwa letztere für sich als überhaupt einzig wirkliche akzeptiert. Der Sinn des Lebens kann in diesem Fall allein darin bestehen, sich in der Welt 0 möglichst erfolgreich zu behaupten, sich um ein langes Leben, Gesundheit, beruflichen Erfolg oder auch (unter Einschluss von Welt I) um viel Freude und Spaß zu bemühen. Ebenso kann man aber auch versuchen, die reale Welt besser zu machen, gegen Ungerechtigkeiten anzugehen usw.

Wie gesagt, ist es für dieses Konzept wesentlich, die Welten nicht als gegeneinander abgegrenzte zu betrachten. Es geht also im Allgemeinen nicht darum, einen bestimmten Text der einen oder anderen zuzuordnen. Für die Frage, welchen Sinn Sprachteilhaber einem Text zuordnen, ist es vielmehr wichtig zu wissen, welche Welt oder auch Welten sie als Referenzsysteme einbeziehen. Das möchte ich zunächst an **Träumen** verdeutlichen, für die ja Berger/Luckmann und Schwitalla eine eigene Welt ansetzen. Dies scheint mir insofern nicht angemessen, als man mit Träumen unterschiedlich umgeht, je nachdem auf welche Welt man sie bezieht. Innerhalb der Standardwelt (0) gehört es zum unbestrittenen Wissen, dass Menschen träumen. Individuell (IV) kann man dann Träume als Schäume ansehen, d. h. ihnen keine weitere Bedeutung einräumen oder sich im Gegenteil fragen, welche Bedeutung ein bestimmter Traum für die aktuelle Lebenssituation haben mag (und das eventuell mit einem Traumdeuter besprechen). Wissenschaftler (II) können der Frage nachgehen, was bei Träumen im Gehirn geschieht, und Künstler (I) mögen Träume als Inspiration für ihre Kreationen benutzen oder Träume auch in ihre fiktionalen Welten (als Welten in der erfundenen Welt) einbauen. Schließlich betrachten manche Träume als Botschaften aus der übersinnlichen Welt (III).

Der Bezug auf Welten entspricht einer Deutung, und auch die Welten I – IV sind, wie Berger/Luckmann sagen, als besondere **Sinnprovinzen** Bezugsgrößen für die Standardwelt. Dazu sei noch ein Beispiel aus der Welt beigebracht, die dem säkularen Bewusstsein besonders fernsteht, der Welt III, und zwar in der Ausprägung der **katholischen Kirche**. Diese Institution und ihr Oberhaupt, der Papst, sind zweifellos Elemente der Standardwelt. Ob ich den Papst als geistigen Führer akzeptiere und Heilige um Beistand bitte, ist dagegen eine Angelegenheit der Welt IV. Die jungfräuliche Geburt gehört zu den Glaubenselementen (III), Gegenstand der Wissenschaft (II) ist u. a. die Kirchengeschichte. Die Bibel – natürlich auch ein Bestandteil der Standardwelt – enthält auch fiktionale Elemente wie z. B. die Gleichnisse, sie enthält Geschichten über bedeutsame Träume und Traumdeutungen, und die ganze biblische Welt ist ein Reservoir für Motive moderner Fiktionen und Re-Aktualisierungen wie z. B. die (später verfilmte) Rockoper *Jesus Christ Superstar* (1971) oder der Monumentalfilm *Noah* von Darren Aronofsky.

Selbstverständlich gibt es Texte, für die (wenigstens üblicherweise) nur eine Welt als Referenzsystem in Frage kommt, und zwar nahezu ausschließlich die Standardwelt 0, die für alle anderen immer der Bezugspunkt bleibt. Es handelt sich um Gebrauchstexte im eigentlichen Sinne, deren Funktion sich darin erschöpft, „in der Welt der Arbeit und der Begegnung mit anderen zum Zweck der Sicherung der natürlichen und sozialen Lebensbedürfnisse" (Schwitalla 1976: 27) eingesetzt zu werden, ohne im mindesten über die Standardwelt hinauszuweisen. Gerade solche Texte, also etwa Gebrauchsanweisungen, Mietverträge, Wetterberichte und dergl., stehen im Zentrum einer sich an der Sprechakttheorie orientierenden Textlinguistik, da nur in diesem Bereich die Grundvorstellung beibehalten werden kann, dass sprachliche Kommunikation allein als zweckrationales Handeln zu verstehen sei. Für Blicke in andere Welten ist da wenig Platz.

Ich komme damit zu der Geschichte von **Amélie**, die das gegenteilige Extrem präsentiert und die Standardwelt nur als eine unter vielen möglichen behandelt.[5] Es handelt sich um einen Film, also im Sinne der hier zugrunde gelegten Definition nicht um einen Text, sondern um ein komplexes Kommunikat. Dem Film liegt aber natürlich ein Drehbuch zugrunde, also eine sprachlich verfasste Vorlage; für die Erläuterung des Spiels mit den Welten ist die mediale Verfasstheit des Kommunikats allerdings von geringer Relevanz.

In dem Film fungiert eine Off-Stimme als Erzähler, der über die Kindheit von Amélie sagt: „Die Welt, die sie erfindet, [ist] ihre einzige Zuflucht". Zuflucht sucht sie dort aus der Welt ihrer Familie mit einer hysterischen Mutter und einem extrem distanzierten gefühlskalten Vater. Weiter heißt es: „Die Außenwelt erscheint Amélie so tot, dass sie lieber ihr Leben träumt". Nun ist das Charakteristische allerdings, dass Amélie sich nicht etwa in eine Traumwelt flüchtet, zur realen eine fantasierte Gegenwelt entwirft; vielmehr weigert sie sich gewissermaßen, die Standardwelt, in der sie sehr wohl funktioniert (zumindest nachdem sie ihr Elternhaus verlassen hat – über Kindheit und Jugend erfährt man nur wenig) als vorrangig gültiges Referenzsystem zu akzeptieren. Das bedeutet v. a., dass sie die dort gültigen Relevanzsetzungen nicht teilt, sie interessiert sich besonders für ‚die kleinen Dinge', die den anderen ganz unwesentlich erscheinen, und sie interpretiert die Außenwelt anders, als es in der Standardwelt üblich ist; sie sucht Interpretationen, die die Banalität der Standardwelt transzendieren. Gerade diese Botschaft, dass man sich nämlich in der trivialen Standardwelt, in der alles schon vor-arrangiert ist, nicht einsperren lassen muss, dürfte den großen Erfolg dieses Films erklären.

---

5 Vgl. hier natürlich auch Robert Musils Rede vom *Möglichkeitssinn* und den mit diesem ausgestatteten *Möglichkeitsmenschen* (*Der Mann ohne Eigenschaften*, 1. Buch, 4. Kap.).

Dass die Wirklichkeit und ihre Interpretation zweierlei sind, erfährt Amélie schon früh, und zwar wird zunächst ein Konflikt zwischen der wissenschaftlichen Welt und der vom Kind erfahrenen Wirklichkeit dargestellt: Amélies Vater, ein Arzt, führt selbst an seiner Tochter regelmäßige Untersuchungen durch und kommt zu dem Schluss, dass sie herzkrank ist, was ihn dann dazu veranlasst, sie von der Außenwelt, der Schule und allen anderen Kindern fernzuhalten – und all dies lediglich, weil ihm die Gefühlswelt des Kindes nicht zugänglich ist. Dessen Herz schlägt nämlich nur deswegen bei den Untersuchungen so rasend, weil dies die einzige Situation ist, in der ihm der Vater körperlich nahe kommt.

In der zweiten Schlüsselszene kollidiert die Standardwelt mit einer spielerisch inszenierten: Amélie hat einen Fotoapparat bekommen und fotografiert mit großer Begeisterung (bevorzugt Wolkenmuster, in denen sie etwa Hasen und Teddys erkennt). Während sie ein Bild macht, stoßen zwei Autos zusammen.[6] Ein Nachbar versucht ihr nun einzureden, sie habe diesen Unfall durch ihr Fotografieren ausgelöst, was sie – noch nicht mit den Ursache-Wirkung-Schemata der Standardwelt vertraut – zunächst glaubt. Als ihr klar wird, dass es sich um einen (schlechten) Scherz gehandelt hat, rächt sie sich und tut dabei zum ersten Mal das, was in ihrem späteren Leben in Paris zu ihrem Hauptvergnügen wird: Sie nimmt in der realen Welt Manipulationen vor, die ihre Umgebung daran zweifeln lassen, dass die Welt so funktioniert, wie es das Jedermannsbewusstsein unterstellt. Als der Nachbar ein Fußballspiel im Fernsehen verfolgen will, bringt sie ihn geradezu zur Verzweiflung, indem sie auf dem Dach das Kabel der Antenne immer wieder herauszieht und ihn glauben lässt, entweder der Apparat oder die Sendestation funktionierten nicht richtig. Weder als Kind noch später kann (oder will) sie ihre Mitmenschen durch kommunikative Aktivitäten vom Sinn ihrer andersartigen Interpretation der Welt überzeugen. Was sie aber kann, das ist dergestalt in die reale Welt einzugreifen, dass in den anderen von selbst Zweifel an der alleinigen Gültigkeit der Standardwelt entstehen.

Während das Kind mit seinem Störmanöver den Nachbarn zwar zur Weißglut treibt, dessen Weltsicht jedoch nicht durcheinanderbringt (solche Störungen sind mit der Standardwelt völlig vereinbar und können als Pech kategorisiert werden), geht es ihr als Kellnerin in Paris nach dem Wendepunkt, an dem sie beschließt, „sich in das Leben anderer einzumischen", darum, tatsächlich Fenster in andere

---

6 Die Thematisierung der zeitlichen Koinzidenz von Ereignissen, die nicht das Geringste miteinander zu tun haben, bildet ein Leitmotiv (besonders am Anfang und Schluss des Films). Damit wird sozusagen Inkohärenz zelebriert, verstärkt noch dadurch, dass der Erzähler bei der zeitlichen Situierung und Schilderung der Ereignisse (wie dem Landen einer Schmeißfliege in Montmartre und dem Akt der Zeugung von Amélie), die doch zu einer fiktionalen Geschichte gehören, wissenschaftliche Redeweise benutzt.

Welten zu öffnen, und zwar vorrangig in die Welt III des Übernatürlichen. Dies entspricht dem Handeln in Welt I, Amélie spielt und inszeniert mögliche Welten. Die dadurch bei den anderen provozierten ‚Begegnungen mit dem Unfassbaren‘ wirken aber früher oder später auf deren Welten vom Typ IV zurück: die ‚Opfer‘ sehen und gestalten ihr Leben anschließend in anderer Weise.

Das erste ‚Opfer‘ ist ein Mann, der 40 Jahre zuvor in der nun von Amélie gemieteten Wohnung gewohnt hat und dort als Kind hinter den Kacheln des Badezimmers ein Kästchen mit seinen Schätzen (ein Foto, Spielzeug usw.) versteckt hat. Dieses findet Amélie zufällig und setzt alles daran, den Besitzer des Kästchens ausfindig zu machen. Das gelingt ihr schließlich und sie erstattet es ihm zurück, jedoch nicht direkt, sondern vermittelt über eine Figur des Übersinnlichen, die der Mann prompt als seinen „Schutzengel" identifiziert. Sie legt nämlich das Kästchen in eine Telefonzelle und ruft dort an, während der Mann vorbeigeht. Er sagt: „Es war, als hätte die Telefonzelle mich gerufen." Anschließend beobachtet sie seine Reaktion in dem Bistro, in dem er auf den freudigen Schreck Kognak trinkt, hütet sich aber, sich zu offenbaren oder auch nur zu reagieren, als er von der Erinnerung an seine Kindheit zu Gedanken an seine Tochter und deren Sohn gebracht wird, mit denen er seit Jahren keinerlei Kontakt hat. Auf die Frage, ob sie nicht auch meine, er solle diesen Kontakt wieder aufnehmen, bleibt sie stumm; ihr Ziel hat sie längst erreicht: Der Mann sucht seine Tochter und man sieht ihn am Ende des Films mit seinem Enkel beim Grillen.

Der Film ist subtil genug, die ‚normalen‘ Leute nicht als gänzlich (auf die Standardwelt) beschränkte Menschen darzustellen, so auch Amélies Vater, der nach dem Tod seiner Frau alle Freude am Leben verloren hat. Jahre später holt er einen Gartenzwerg aus dem Schuppen, den er dort verstaut hatte, „weil die Mutter ihn nicht ausstehen konnte". Er montiert ihn auf dem Miniaturmausoleum, das er für seine Frau gebaut hatte, mit dem Ziel: „Jetzt versöhnen wir sie miteinander", eine Unternehmung, die sehr an der Grenze dessen steht, was in der Standardwelt Sinn macht. Ebendiesen Gartenzwerg schickt Amélie nun auf die Reise; sie montiert ihn ab und gibt ihn einer Stewardess, die ihn vor Sehenswürdigkeiten aus der ganzen Welt fotografiert und diese Bilder an den Vater schickt. Der kann natürlich ganz und gar nicht fassen, was hier passiert, lässt sich durch diese Erfahrung – der Gartenzwerg ist inzwischen zurückgekehrt und steht wieder an seinem Platz – aber aus seiner Lethargie befreien und begibt sich am Ende selbst auf Reisen, während Amélies frühere Versuche, ihn eben dazu zu überreden, keinerlei Erfolg hatten. Aber wenn das schon ein Gartenzwerg kann ...

Es wird jedoch auch der umkehrte Weg, aus der Welt der Fantasie in den schnöden Alltag, inszeniert. Eine Amélie verwandte Seele, Nico, verbringt einen großen und den für ihn wohl wichtigsten Teil seines Lebens mit dem Sammeln von solchen Belanglosigkeiten wie Fußabdrücken in frisch gegossenem Beton oder verunglückten Passbildern, die die Kunden gleich beim Automaten wegwerfen. Nico macht daraus ein Album, in dem sich u. a. eine größere Anzahl von eigentlich anständigen Fotos ein und desselben Mannes befindet, die Nico an den verschiedensten Stellen der Stadt eingesammelt hat. Beim Versuch, das Rätsel um diesen Mann zu lösen, verliert er das Album; Amélie findet es und stellt allerlei Erklärungshypothesen auf: ein Phantom, ein Mann, der Angst hat, alt zu werden, ein Toter, der sich aus dem Jenseits meldet ... Schließlich stellt sich heraus, dass es sich einfach um einen Techniker handelt, der die Apparate repariert und zur Kontrolle am Schluss jeweils von sich selbst ein Foto macht.

Diese Kommentare zu ausgewählten Szenen aus *Die fabelhafte Welt der Amélie* mögen ausreichen, um den Nutzen der Kategorie Weltspezifik zu verdeutlichen. Es sei nochmals hervorgehoben, dass es sich bei den unterschiedlichen Welten um außerordentlich abstrakte Konzepte handelt, die verschiedenen Wirklichkeitsarten entsprechen, auf die man (beim Umgang mit Texten) gedanklich Bezug nimmt. Es geht nicht darum, Klassen zu konstituieren, denen Texte zuzuordnen wären. Solche klassifikatorischen Ansätze bringen generell erhebliche Schwierigkeiten mit sich. Entsprechende Probleme werden uns noch öfter begegnen. Sie sind zunächst anhand der (weniger abstrakten) Kategorien zu zeigen, mit denen man die Situationsspezifik im Allgemeinen zu erfassen sucht; das geschieht zumeist unter dem Stichwort *Kommunikationsbereich*.

4.2. Kommunikationsbereiche

Der Ausdruck *Kommunikationsbereich* gehört nicht zu den einigermaßen etablierten Termini der Linguistik und erscheint auch nicht in Fachwörterbüchern wie Bußmann oder Glück. Es gibt aber auch keinen anderen Begriff, der an seiner Stelle geläufig wäre. Am ehesten kommt der Ausdruck **Domäne** als Konkurrent infrage; er wurde von Joshua Fishman (1970) eingeführt, und zwar speziell um die situationsabhängige Wahl einer Sprache oder Varietät in multilingualen Gemeinschaften zu erfassen. Dort geht es um Domänen wie Familie, Schule, Arbeitsplatz usw., Kontexte, in denen Individuen verschiedene Sprachen benutzen. Sie sind sehr viel spezifischer als Größen wie Politik, Wirtschaft, Wissenschaft, die in diesem Abschnitt behandelt werden und die nicht das Handlungsspektrum von Individuen betreffen, sondern **Ordnungsraster für die gesellschaftliche Kommunikation** darstellen.

Die Ausdrücke für Kommunikationsbereiche entsprechen teilweise den Rubriken, die man in Zeitungen findet. Es ist daher nicht zu bezweifeln, dass solche Kategorien für die grobe Orientierung und die alltagspraktische Einordnung von Texten sehr bedeutsam sind. Andererseits ist aber auch erwartbar, dass es nicht einfach ist, dieses komplexe Feld klar zu gliedern. Mit einer unmittelbaren (korrelativen) Beziehung zwischen solchen Kommunikationsbereichen – also *einem* Faktor aus der Dimension des situativen Kontextes – und Merkmalen der sprachlichen Gestalt von Texten rechnet man heute eher selten. Eine solche unterstellt jedoch die **Funktionalstilistik.** Dieser Ansatz wurde auf der Grundlage der Arbeiten aus der Prager Schule im osteuropäischen Raum entwickelt. Da die Prager Schule sich sowohl durch besonderes Interesse an poetischer Sprache auszeichnet (vgl. Kap. 1.5.2.) als auch die gesellschaftliche Verankerung des Sprachgebrauchs als zentral behandelt, gelangt sie zu einer beides integrierenden Sicht. Am bekanntesten und einflussreichsten für den Ansatz der Funktionalstilistik ist das Modell von **Elise Riesel** (1906–1989), einer in die Sowjetunion emigrierten Österreicherin. Sie definiert Stilistik folgendermaßen:

> „Stilistik ist die Lehre von der *funktionsgerechten* Verwendungsweise und Ausdrucksweise des sprachlichen Potentials in allen Kommunikations*bereichen*, in allen Kommunikations*akten*, in allen Sprech- und Schreib*situationen*." (Riesel 1975: 36; Hervorhebungen im Orig. gesperrt)

Kommunikationsbereiche sind für dieses Konzept insofern zentral, als hier bestimmte **gesellschaftliche Aufgaben** bzw. Funktionen anfallen. Eine gesellschaftliche Aufgabe in diesem Sinne erfüllt „im Kampf der Menschheit um ihre humanistischen Ideale" (ebd.: 52) nach Riesel auch die **Belletristik.** Sie ist zwar besonders vielgestaltig, die Vielfalt „literarischer Richtungen, literarischer Genres und unterschiedlicher Dichterpersönlichkeiten ist [aber] durchaus kein Argument gegen die Annahme eines Stilsystems der schöngeistigen Literatur mit einheitlichen gesellschaftlichen Aufgaben" (ebd.: 52f.). Insgesamt rechnet Riesel mit fünf Funktionalstilen, nämlich zusätzlich zur Literatur solchen für die Kommunikationsbereiche öffentliche Rede, Wissenschaft, Publizistik und Alltag (vgl. Tab. 4.1).[7] Sie sollen jeweils nach Gattungs- und Genrestilen weiter subklassifiziert werden.[8]

Die Funktionalstilistik hat die Forschung in der DDR stark geprägt, ist aber im Laufe der Zeit recht unpopulär geworden. Die Kritik entzündet sich zunächst daran, dass die fünf Funktionalstile nur eine sehr grobe Gliederung anbieten; problematischer ist aber noch die **Frage nach der Abgrenzbarkeit** der Funktionalstile gegeneinander. Bestritten wurde eine solche außer für die Belletristik

---

7 Vgl. für neuere Übersichten über Klassifikationsansätze Gläser (1998) und Busch-Lauer (2009).

8 Vgl. z. B. Bessmertnaja/Mankowskaja (1983) mit der Einteilung ‚Funktionalstile – Textarten – Redegenres (≈ Textsorten) – Texttypen – Textexemplare' oder Mazur (2000: 157), der eine gröbere Einteilung vornimmt: ‚Funktionalstile – Stile der Gattungen – Stile der Texttypen'. Vgl. auch Fix et al. (2001: Kap. 1.3.2 und 3.1).

v. a. für den Bereich der Presse und Publizistik bzw. der Massenmedien. Den Einwand, man solle wegen zu großer Uneinheitlichkeit nicht einen spezifischen Funktionalstil für Presse und Publizistik ansetzen, weist Riesel noch zurück, und zwar mit dem Argument, dieser „ließe sich mehr oder weniger gegen fast alle funktionalen Stile erheben" (Riesel 1975: 51). Damit hat sie insofern Recht behalten, als in der Folgezeit der Einwand tatsächlich verallgemeinert wurde, allerdings mit dem Ergebnis, dass man (in der ehemaligen DDR) die Arbeit mit dem Konzept Funktionalstil quasi ganz aufgegeben hat. Zumindest teilweise entspricht das allerdings nur einer terminologischen Veränderung: So ersetzen Fleischer et al. (1993: 30) in der Neuauflage ihrer *Stilistik der deutschen Gegenwartssprache* (gegenüber Fleischer/Michel 1975) den Ausdruck *Funktionalstil* durch *Bereichsstil*.[9] Sie schlagen allerdings keine Grobgliederung mehr vor.

Während die Kategorie Funktionalstil an Prominenz verloren hat, ist die Arbeit mit dem Konzept Kommunikationsbereich – also der außersprachlichen Größe, die entsprechend der Funktionalstilistik mit Stilmerkmalen korrelieren soll – geradezu zu einer Selbstverständlichkeit geworden. Wie in der Funktionalstilistik gelten Kommunikationsbereiche jedoch nur als Oberkategorie, die weiter zu differenzieren ist. Als zentral setzt man jetzt die Kategorie Textsorte. Dabei handelt es sich allerdings um Einheiten auf relativ niedriger Abstraktionsebene, die außer durch den Kommunikationsbereich und andere situative Faktoren v. a. auch als funktional spezifiziert verstanden werden. Entsprechend groß und auch unüberschaubar ist die Menge dieser Einheiten. Im Vorwort zum HSK-Band zur Textlinguistik heißt es dazu:

> „Da es den Rahmen des vorliegenden Bandes bei weitem überschreiten würde, alle gesellschaftlich relevanten Textsorten in Form von Einzelartikeln zu behandeln, werden zentrale **Kommunikationsbereiche mit den für sie jeweils konstitutiven Textsorten** vorgestellt. Dieses Vorgehen trägt der Verankerung der Textsorten in übergeordneten Handlungszusammenhängen Rechnung, eine isolierte Betrachtung einzelner Textsorten wird dadurch vermieden. Der Terminus ‚Kommunikationsbereich' bezieht sich dabei auf bestimmte gesellschaftliche Bereiche, für die jeweils spezifische Handlungs- und Bewertungsnormen konstitutiv sind. **Kommunikationsbereiche** können somit als **situativ und sozial definierte ‚Ensembles' von Textsorten** beschrieben werden. (Brinker et al. 2000: XIXf.; Hervorhebungen K.A.).

---

9 In der neuesten Fassung der *Kleinen Enzyklopädie Deutsche Sprache* (Fleischer et al. 2001) werden die Ausdrücke *Funktional-* bzw. *Bereichsstil* dagegen nicht einmal mehr zitatweise verwendet. Sie finden sich auch nicht im Sachregister, obwohl in dem einführenden Kapitel zur Varietätenlinguistik, das (der westdeutsche) Klaus J. Mattheier verfasst hat, der funktionalstilistische Ansatz kurz referiert wird (vgl. ebd.: 354 f.).

Der in der Funktionalstilistik gebräuchliche Ausdruck *Kommunikationsbereich* ist hier also aufgenommen und wird jetzt als eine Art Sammelbecken für Textsorten aufgefasst. Nun stellt sich die Frage, inwiefern die allzu grobe Aufteilung in fünf Bereiche in der Folge verfeinert wurde. Eroms (2008) hat das Konzept der Funktionalstile wieder aufgegriffen und um drei weitere Stile ergänzt. Sie betreffen wie die im HSK-Band hinzugekommenen Kategorien alle den Kommunikationsbereich der öffentlichen Rede (vgl. Tab. 4.1). Gegenüber der unüberschaubaren Menge von Textsorten bleibt es damit in beiden Fällen bei einer sehr kleinen Zahl. Anders gesagt: Sowohl Funktionalstile als auch Kommunikationsbereiche sind nur als extrem grobe Ordnungskategorien zu verstehen.

Bei der Diskussion um die Typologisierung, Taxonomisierung oder Klassifizierung von Textsorten spielte die Forderung nach sauberen und theoretisch abgesicherten Kriterien eine große Rolle. In Bezug auf Kommunikationsbereiche wurde ein solcher Anspruch dagegen eigentlich nie erhoben. Im Vorwort des HSK-Bandes heißt es dazu:

> „Da eine **adäquate Typologie** von Kommunikationsbereichen in der Forschung **bisher nicht vorliegt**, ist eine Abgrenzung und Auflistung dieser Bereiche allerdings noch recht vorläufig und unsystematisch. Die Herausgeber sind aber der Meinung, daß die für die schriftliche Kommunikation wesentlichen Kommunikationsbereiche erfaßt sind." (ebd.; Hervorhebungen K.A.)

Hier scheint zumindest als Möglichkeit ins Auge gefasst, dass die künftige Forschung eine adäquate Typologie von Kommunikationsbereichen vorlegen wird. Eine solche zu erarbeiten gehört allerdings nicht zum primären Aufgabenfeld der Sprachwissenschaft, besser gesagt: sie überschreitet deren Kompetenzbereich bei weitem und ist eher als Gegenstand der **Sozialwissenschaften** und ihrer Unterbereiche zu betrachten (vgl. auch die Einleitung zu Habscheid 2011). Sobald man nämlich einen bestimmten Kommunikationsbereich ins Auge fasst, kann man auf eine interdisziplinäre Herangehensweise nicht verzichten. Hier sind die (Sub-) Typologien der Akteure in den betreffenden Handlungsfeldern heranzuziehen: Wie unterteilen Politik-, Wirtschafts-, Werbewissenschaftler usw. selbst den großen Handlungsbereich, für den sie zuständig sind?[10]

Erst in jüngster Zeit greift man auf eine soziologische Supertheorie zurück, um sämtliche Kommunikationsbereiche aus einer Sicht in den Blick zu bekommen. Dabei handelt es sich um Niklas Luhmanns **Systemtheorie**, die Gansel (bes. 2011) und wohl im Anschluss daran auch Hausendorf/Kesselheim (2008) für die Textlinguistik fruchtbar zu machen suchen (vgl. genauer Kap. 5.5.). Gansel paralleli-

---

10 Vgl. so z.B. auch die Beiträge in Teil IV von Habscheid (2011).

siert die Kommunikationsbereiche mit Subsystemen der Gesellschaft in Luhmanns Sinn. Stellt man nun die Einteilungsversuche aus ganz unterschiedlichen Theorieansätzen einander gegenüber (vgl. Tab. 4.1), so ergibt sich als m. E. durchaus überraschendes Resultat, dass die **Übereinstimmung zwischen Subkategorien von Funktionalstilen, Kommunikationsbereichen** und **sozialen Systemen** doch recht **groß** ist.[11] Es zeigt sich, dass von den in der Funktionalstilistik ursprünglich unterschiedenen Bereichen in allen Fällen nur der der öffentlichen Rede stärker ausdifferenziert wurde; hier gelten jetzt teilweise einzelne gesellschaftliche Institutionen als Kommunikationsbereiche.

Dass man auf diesem Abstraktionsniveau jedoch nicht zu einer erschöpfenden und allgemein gültigen Liste gelangen kann, dürfte unmittelbar einsichtig sein. Dafür sprechen auch die nicht ganz übereinstimmenden Gliederungen der beiden Teilbände von HSK 16. Hausendorf/Kesselheim (2008: 167) erklären die Liste (durch Pünktchen) gleich für offen. Eine irgendwie endgültige Liste bzw. *eine* **adäquate Typologie** ist tatsächlich **grundsätzlich unmöglich.** Denn mit solchen Listen lässt sich ja immer nur die **historische Ausprägung einer bestimmten Gesellschaftsform** modellieren.

In unseren Katalogen geht es durchgängig um hochentwickelte Gesellschaften im 20. Jahrhundert. Nur vom Kommunikationsbereich **Alltag** kann man annehmen, dass es dafür in allen lebenden Sprachen Textsorten bzw. kommunikative Gattungen gibt bzw. gegeben hat. Der zutiefst von der Technik durchdrungene Alltag im 21. Jahrhundert hat aber schon mit dem der 1950er Jahre nur noch wenig gemein; man denke nur an den Bereich der Ernährung – zwar gibt es immer noch Kochrezepte, aber immer weniger Leute, die tagtäglich für die Familie kochen oder auch nur Butterbrote zubereiten. Es ist also – besonders für **diachrone** wie auch für **kulturkontrastive Untersuchungen** – eine empirische Frage, welche Kommunikationsbereiche ausdifferenziert sind, welche Textsorten sich darin ausgebildet und eine mehr oder weniger große Relevanz (behalten) haben.

Dies gilt umso mehr, als für bestimmte Kommunikationsbereiche nicht die Familien-/Erst-/Alltagssprache, sondern eine **Zweit- oder Fremdsprache** benutzt wird. Bekanntlich ist im Mittelalter fast der gesamte Bereich der öffentlichen Rede und natürlich auch die Wissenschaft durch das Lateinische geprägt, und eine

---

11 Vier der (Sub-)Kategorien scheinen ferner mit den in 4.1. unterschiedenen Welten übereinzustimmen. Dort hatte ich die bekannte Kategorie *Alltagswelt* eben deswegen in *Standardwelt* umbenannt, weil Alltag für einen Kommunikationsbereich bzw. eine gesellschaftliche Sphäre reserviert werden soll. Im vorliegenden Zusammenhang sind die Kommunikationsbereiche als solche der Standardwelt (0) zu verstehen, wir bewegen uns nicht in die Welten I-IV hinein, sondern sprechen über sie aus der Sicht der Standardwelt, zu der sie ja *auch* gehören – ihre Existenz ist dem Jedermannsbewusstsein eben bekannt.

Publizistik im modernen Sinne gibt es nicht. Die **kulturelle und historische Spezifik** einer Gesellschaft besteht eben u. a. im Bestand und den Veränderungen der gesellschaftlichen Sphären samt zugehöriger Textsortenensembles. Unter gar keinen Umständen darf man Kommunikationsbereiche oder Textsorten „als gewissermaßen unveränderliche und zeitlose Wesenheiten, als Universalien und Urformen, als transhistorische Invarianten" imaginieren (Reisigl 2011: 437).

Wir kommen damit auf die **Frage der Abgrenzbarkeit** der Kommunikationsbereiche zurück, so wie sie sich für moderne Gesellschaften darstellt: Lassen sich die in den HSK-Bänden unterschiedenen Kommunikationsbereiche (besser als Funktionalstile) gegeneinander abgrenzen und sind sie als Ordnungsgrößen für die Verortung von Textsorten geeignet? Immerhin ist ja die Frage, ob man Textsorten Kommunikationsbereichen zuordnen kann, eine ganz andere als die nach der situativ (mit)bestimmten stilistischen Gestaltung von Texten. Handelt es sich also tatsächlich um einigermaßen trennscharfe ‚Ensembles von Textsorten'? Diese Frage ist eindeutig negativ zu beantworten. Eigentlich ist das unmittelbar offensichtlich, und zwar v. a. wegen des eigens abgesetzten Kommunikationsbereichs **Wissenschaft**. Im ausdifferenzierten Bereich der öffentlichen Rede erscheint daneben ja der Name für die alte Fakultät Medizin, zu den Bereichen Recht und Religion gehören die Fakultäten Jura und Theologie. Für alle übrigen Kommunikationsbereiche gibt es aber auch Wissenschaften. Wissenschaft – und auch **Technik** – greift heutzutage in alle Lebensbereiche hinein, ist aber ihrerseits abhängig von **Wirtschaft** und **Politik**.

Der Bereich der Universitätsverwaltung, den man früher getrost der Behördensprache zuordnen konnte, ist jetzt gerade stilistisch überdeutlich geprägt von der Sphäre der Wirtschaft. Alle diese Bereiche sind also engstens miteinander verbunden, und es stellt sich mehr die Frage, ob der Primat bei Politik oder Wirtschaft liegt, während früher und anderswo die Religion den Primat innehat. Der Versuch, den Kommunikationsbereichen zumindest einen bedeutenden Teil der Textsorten klassifikatorisch zuzuordnen, erweist sich also als nahezu aussichtslos.

Was die **Massenmedien** betrifft, so kann man sicher ebenso gut sagen, sie stellten einen eigenen Kommunikationsbereich dar, wie man die These vertreten kann, es handle sich um eine **Schnittstelle** zwischen den verschiedensten Kommunikationsbereichen. Sie orientieren die Massen, d. h. potenziell die gesamte Bevölkerung (und zwar in deren Alltag), über alles, was öffentlich relevant ist. Die verschiedenen Ressorts der Tages- und Wochenpresse und der entsprechenden Sparten von audiovisuellen und Online-Medien werden eben gerade mit Begriffen für die öffentlichen Bereiche bezeichnet: Politik, Wirtschaft, Sport, Gesundheit usw.

Tab. 4.1: Funktionalstile, Kommunikationsbereiche und soziale Systeme im Vergleich

Riesel	HSK 16.1	HSK 16.2	Eroms	Gansel (/Jürgens)	Hausendorf/ Kesselheim
	Verwaltung	Ämter/Behörden			
	Wirtschaft u. Handel	Wirtschaft	Werbungsspr.	Wirtschaft Subsysteme: Tourismus Werbung	Wirtschafts- komm.
	Rechtswesen u. Justiz	Rechtswesen	öffentl. Komm.: un- mittelbare Direktive	Recht	Rechtskomm.
öffentliche Rede	religiöser u. kirchlicher Bereich	Kirche	sakrale Sprache	Religion	religiöse Komm.
	Schule	Schule, Hoch- schule u. Ausbildung	Spr. der Unterwei- sung	Erziehung	pädagog. Komm.
	Medizin und Gesundheit	Medizin		Medizinsystem	Gesundheits- komm.
	Sport			Sport	
	politische In- stitutionen	politische In- stitutionen	öffentl. Komm.: mittelbare Direktive	Politik	polit. Komm.
	Militärwesen				
Wissen- schaft	Hochschule u. Wissenschaft		Wissenschaftsspr.	Wissenschaft Hochschule	Wissenschafts- komm.
Publizistik	Massenmedien	Massenmedien	Spr. d. Medien	Massenmedien	Massenmedien
Alltag	Alltag	Alltag	Alltagsspr.	(Alltag)[12]	Intimkomm.[12]
Literatur			literar. Spr.	Kunst	Kunstkomm

---

12 Der Alltag ist der Bereich, für den es in der Systemtheorie keine eigentliche Entsprechung gibt. Der Alltag ist nämlich kein Subsystem der Gesellschaft. Als solches kommt aber die Familie in- frage, die älteste oder elementarste gesellschaftliche Differenzierung. In ihrer eigenen (Tab. 4.1 entsprechenden) Übersicht setzt Gansel (2011: 81) in dieser Zeile denn auch ein: „Private In- teraktionssysteme: Familie, Intimbeziehung". Die Kategorie *Interaktions*system liegt aber quer zu den gesellschaftlichen Subsystemen; es handelt sich um Kommunikationen, die die Kopräsenz der Akteure voraussetzen (vgl. zu den Systemtypen Luhmanns genauer 5.5.1.) und die „überall in der Gesellschaft" vorkommen (Gansel/Jürgens 2009: 76). Dafür nennen sie als Beispiele auch Ge- richtsverhandlungen oder wissenschaftliche Kolloquien, die gerade nichts mit dem Alltag zu tun

Der Bereich **Schule** ist für Schüler, Eltern schulpflichtiger Kinder und Lehrer Alltag; die Schule stellt aber zugleich eine gesellschaftliche Institution dar, deren Funktionieren gesetzlich geregelt ist, die verwaltet werden muss und die über die zu vermittelnden Inhalte und didaktischen Konzepte auch mit der Wissenschaft vernetzt ist. Schulspezifische Textsorten wie Schulbücher bilden (wie sonstige Lernmaterialien) zugleich eine Ware, gehören also auch dem Bereich Wirtschaft (Unterabteilung Verlage) an, es wird für sie geworben, sie werden (wissenschaftlich) begutachtet, bedürfen einer behördlichen Genehmigung usw.

Besonders eindrücklich kommt die Unmöglichkeit der Abgrenzung der verschiedenen Bereiche in dem Artikel zu **Textsorten des Alltags** zum Ausdruck, wo als relevante Unterbereiche aufgezählt sind:

> „Familie, Haus/Heimat, Wohnumfeld (Nachbarn, Freunde), berufliches Umfeld (Schule/ Ausbildungsstätte, Arbeitsplatz), Dienstleistungsumfeld (Verkehrsmittel, Post, Verkaufseinrichtungen, Ämter), Freizeitumfeld (Sportstätten, Gaststätten, Urlaubsorte usw.)" (M. Heinemann 2000: 604).

In der Grobklassifikation werden dann Textsorten der **Alltagskommunikation im engeren Sinne**, „mit denen Individuen in der alltäglichen Kommunikation aktiv [...] umgehen", von Textsorten der **Alltagskommunikation im weiteren Sinne** getrennt,

> „die zwar das Alltagsleben von einzelnen Individuen und Gruppen mitbestimmen, aber – quasi von außen kommend, über Medien und Institutionen vermittelt – nur rezipiert und verarbeitet werden" (ebd.: 609; vgl. dazu auch Birkner/Meer 2011).

Beide Großgruppen umfassen Textsorten „des inoffiziellen (halb-)öffentlichen" und des „(halb-)offiziellen öffentlichen Bereichs" (ebd.: 610 f.), greifen also in die anderen Bereiche hinein.[13]

Genau an diesen Überschneidungen setzt nun Gansel (2011: Kap. 4; vgl. auch Gansel/Jürgens 2009: Kap. 3.4.2.2) an und schlägt eine Lösung aus systemtheo-

---

haben. Familien- oder gar Intimkommunikation andererseits bildet nur einen kleinen Teilbereich des Alltags. Schließlich sind auch noch die Textsorten, die Gansel/Jürgens für die Interaktionssysteme anführen (Briefe, Seminarprotokoll) durchweg schriftlich, d. h. sie entsprechen nicht dem Begriff *Interaktion* von Luhmann.

13 Nur bei den Textsorten der Alltagskommunikation im engeren Sinn kommt noch die „Privatsphäre" dazu. Auch diese ist aber nicht gegen die (halb-)offiziellen Bereiche abgeschottet, weil man Dienstleister (z. B. Ärzte, Behörden) eben durchaus in Anspruch nimmt, um ‚private' Probleme zu lösen und sich die Behandlung geradezu intimer Fragen in solchen Fällen nicht immer umgehen lässt.

retischer Sicht vor. Sie unterscheidet zu diesem Zweck drei Gruppen: (1) **Kerntextsorten** sind solche, die **spezifisch für** einen bestimmten **Kommunikationsbereich** sind und ihn mit konstituieren (z. B. Gesetz für den Rechtsbereich, Predigt für den religiösen Sektor).[14] Textsorten, die nur im weiteren Sinn zu einem Kommunikationsbereich gehören bzw. wo sich die Bereiche überschneiden (vgl. die oben genannten Beispiele) bezeichnet sie mit einem spezifischen Begriff der Systemtheorie als (2) **Textsorten der strukturellen Kopplung** (vgl. zu diesem Begriff auch Kap. 5.5.1.). Schließlich muss man mit Luhmann **Kommunikationsprozesse** in den Vordergrund stellen, also Ketten von Kommunikationsereignissen. Denn für ihn ist Kommunikation die spezifische Operation sozialer Systeme, die immer weiter gehen muss, damit die Systeme sich erhalten. Es geht hier um eine besondere Form von **Intertextualität**. Für diese führt Gansel nun die Bezeichnung (3) **Textsorten der konventionalisierten, institutionell geregelten Anschlusskommunikation** ein. Dass sich die beiden letzten Gruppen scharf abgrenzen lassen, scheint mir zweifelhaft, und man sollte wohl auch mit nicht konventionalisierten bzw. nicht schon institutionell geregelten Anschlusskommunikationen rechnen. Zentral und in der neueren Diskussion sehr prominent ist jedenfalls der Gedanke, dass **Textsorten miteinander vernetzt** sind (vgl. Adamzik 2011). Dies bildet den spezifischen Gegenstand von Kapitel 8.

Als **Fazit** ist festzuhalten: Sowohl bei den Katalogen von Funktionalstilen als auch von Kommunikationsbereichen handelt es sich um **Instrumente der Klassifikation**, und zwar – wegen der geringen Anzahl – um sehr grobe Klassifikationen. Gravierender ist die mit Klassifikationen verbundene Tendenz zu einer **statischen Sicht** und zur Trennung von Einheiten, die im praktischen Handeln miteinander verbunden sind. Eben diese Nachteile werden in den Einzelbeiträgen des HSK-Bandes ausdrücklich thematisiert. Solche Klassifikationen sind daher in aller Regel von vornherein als **Kompromisse** zu verstehen. Ihr Zweck besteht darin, in die unüberschaubare Gesamtheit von kommunikativen Konstellationen und Situationen eine **grobe Ordnung** zu bringen; deswegen sind es typischerweise Handbücher und Lehrwerke, die solche sehr abstrakten Grundunterscheidungen vornehmen. Es ist immerhin bemerkenswert, wie weit die Grobkategorien aus ganz verschiedenen Ansätzen übereinstimmen; zugleich scheint es mir weder verwunderlich noch störend, dass man im einen Fall den Sport, im anderen das Militärwesen speziell heraushebt. Es kommen selbstverständlich auch noch andere Kommunikationsbereiche infrage, z. B. Verkehr, Ernährung, Raumfahrt oder Energieversorgung. Mit Hausendorf/Kesselheim gehe ich also davon aus, dass die Liste prinzipiell offen ist und man solche Unterbereiche entsprechend spezifi-

---

14 Vgl. für eine entsprechende Abgrenzung auch Girnth (1996) und Adamzik (2001c: 42).

schen Untersuchungsinteressen auswählt, wenn es also nicht darum geht, gleich das gesamte Kommunikationsaufkommen einer Gesellschaft (oder gar mehrerer) in den Blick zu nehmen.

Zum Abschluss sollen nun noch Analyseansätze in diesem Bereich differenziert werden. Speziellere (empirische) Untersuchungen wählen meist eine der drei folgenden **Herangehensweisen**: 1) Man setzt an einem **Kommunikationsbereich** oder einem kleineren **Ausschnitt** daraus an, wählt also z. B. Politik oder Wahlkämpfe, Medizin oder Kommunikation im Krankenhaus, Wirtschaft oder Unternehmenskommunikation, Wissenschaft oder Kommunikation in der Hochschule usw. Es geht dann darum, Unterbereiche ebenso wie systematische Beziehungen zu anderen Kommunikationsbereichen abzugrenzen, spezifische Textsorten zu ermitteln usw.

2) Ein anderer Zugang besteht darin, von bestimmten **Textsorten** auszugehen und diese (u. a.) in einem oder mehreren Kommunikationsbereichen zu verorten.[15] Solche Angaben sind enthalten in Sammlungen von Textsortenbeschreibungen, die meist eine didaktische Zielsetzung haben (vgl. Lenk 2006, Fandrych/Thurmair 2011 und Wyss/Hafner 2012).

3) Die letzte Herangehensweise setzt an **Einzeltexten** an und ist für Sprachteilhaber besonders wichtig. Denn die Identifizierung des relevanten Kommunikationsbereichs ist für die Frage, wie man mit dem Text umzugehen hat, zentral. Wie sich gezeigt hat, ist eine einfache Zuordnung jedoch nicht immer möglich, und zwar umso weniger, als man bei der Gestaltung eines Einzeltextes stilistische Wahlen hat. Man ist ja nicht gezwungen, genau die Stilzüge zu wählen, die mit bestimmten Kommunikationsbereichen eben doch assoziiert werden. Für Sprachparodien ist charakteristisch, dass ein virtueller Text, z. B. das Märchen vom Rotkäppchen (vgl. Ritz 2013), in einem unpassenden Funktionalstil neu präsentiert wird. Genereller kann man sagen: Die mit Kommunikationsbereichen bzw. Varietäten verbundenen Stilzüge lassen sich gezielt als **Kontextualisierungshinweis** einsetzen, um einen (anderen) Kommunikationsbereich ‚aufzurufen'. Tatsächlich reichen wenige Elemente, um z. B. in einem Alltagsgespräch die Sphären Militär, Verwaltung, Wissenschaft zu signalisieren oder in einem wissenschaftlichen Text in die Alltagssphäre umzusteigen und (punktuell) einen ganz anderen Rahmen zu eröffnen.

---

15 Für beispielhaft halte ich in dieser Hinsicht die umfängliche Monografie von Furthmann (2006) zu einer Textsorte, die auf den ersten Blick ziemlich trivial erscheint, nämlich das Medienhoroskop.

4.3. Produzent und Rezipient

Der Frage, von wem Texte stammen und für wen sie produziert worden sind bzw. wer sie rezipiert, kommt – zumal bei einer pragmatisch-kommunikativ orientierten Betrachtung – eine entscheidende Bedeutung zu, das ist zweifellos eine Binsenweisheit. Auch beim praktischen Umgang mit Texten dürfte dieser Faktor ganz zentral sein. Alle Anleitungen zur Textproduktion, zur kritischen Beurteilung von Texten und Vorschläge für ihre Optimierung stellen die **adressatengerechte Gestaltung** in den Vordergrund. Welchen Texten man wie begegnet – wozu auch gehören kann, dass man sie gar nicht erst zur Kenntnis nimmt bzw. gleich wegwirft –, mit welcher Einstellung und Vorerwartung man sich ihnen nähert, ist entscheidend davon abhängig, wen man als Produzenten/Autor identifiziert. Gleichwohl spielt eine differenziertere Beschreibung dieser Dimension in Einführungen zur Textlinguistik kaum eine Rolle. Explizite Ausführungen zu diesem Thema enthalten allenfalls Ansätze, die mündliche und schriftliche Äußerungsformen zusammengreifen und sie gerade nicht getrennt behandeln wollen.[16]

4.3.1. Objektive Eigenschaften und Deutungskategorien

Tatsächlich sind die **Differenzierungen aus der Gesprächsanalyse** am weitesten ausgearbeitet, so dass man zunächst zurückgreift auf Kategorieninventare, wie sie etwa Schank/Schoenthal (1983: 29 ff.) und Henne/Rehbock (2001: 26 ff.) vorgeschlagen haben. An teilnehmerspezifischen Beschreibungskriterien finden sich dort: Anzahl der Teilnehmer, Alter, Ausbildung, Bekanntschaftsgrad, Häufigkeit vorausgehender Kommunikationsakte, räumliche Konstellation (Sitzordnung usw.), sozialer Rang und Rollenzuteilung, Situationsvertrautheit, Vorwissen, Interesse und Vorbereitetheit sowie Erwartungen und Intentionen der Gesprächspartner. Dabei handelt es sich teilweise um **relativ abstrakte Kategorien**, die nach bestimmten Ausprägungsrastern differenziert werden. So etwa das soziale Verhältnis, das als ‚symmetrisch versus asymmetrisch' typologisiert wird, oder die Vorbereitetheit und der Bekanntschaftsgrad, wo Henne/Rehbock drei bzw. fünf Stufen unterscheiden.

Andere Kategorien, wie insbesondere das bei Schank/Schoenthal genannte Alter, erfassen **konkrete und objektiv messbare Eigenschaften**, die sich überdies insofern aufdrängen, als sie zu den üblichen Angaben der Personenidentifikation gehören. Das gilt aber auch für weitere Merkmale, v.a. das Ge-

---

16 Vgl. Heinemann/Viehweger (1991: 156) und Heinemann/Heinemann (2002: 49 ff., 126 f.).

schlecht – das in deren Liste wohl nur zufälligerweise fehlt –, ferner Wohnort, Familienstand, Beruf, Nationalität, Religion, politische Orientierung, Herkunft (geografisch, kulturell und sozial) usw. usf.

Nun soll mit diesen Hinweisen nicht etwa die ‚Unvollständigkeit' der Listen kritisiert, sondern vielmehr verdeutlicht werden, dass eine **erschöpfende Erfassung potenziell relevanter Eigenschaften von Kommunikanten,** die als Raster bei der Beschreibung jedweden Gesprächs oder Texts dienlich sein könnte, **undenkbar** ist. Offenkundig ist aber auch, dass Merkmale wie Geschlecht oder Nationalität für die Beschreibung eines Kommunikats im Einzelfall höchst relevant sein können. Sie sind dies in erster Linie nach Maßgabe der **Bedeutung, die ihnen die Kommunikanten selbst beimessen,** also insofern, als sie in deren Situationseinschätzung eingehen.

4.3.2. Systematisierung von Interaktionsrollen

Unbeschadet dessen ist eine Systematisierung der Aspekte sinnvoll, unter denen man über Personen *als* Teilnehmer an einer Interaktion sprechen kann. Die **abstrakte Kategorie**, die sich dabei zur Beschreibung anbietet, ist die der **Rolle**, die Interaktanten spielen bzw. die ihnen zugeschrieben wird. Ich betrachte diese also nicht, wie es die oben zitierten Listen nahelegen, als ein Merkmal unter anderen, sondern selbst als Dimension, die in sich zu differenzieren ist. Alter und Nationalität etwa sind keine interaktionsspezifischen Eigenschaften von Personen, sie können nur zu solchen werden bzw. als solche interpretiert werden. So gibt es z. B. im deutschen Parlament einen Alterspräsidenten und in multinationalen Gremien treten die Mitglieder als Vertreter ihrer Länder auf. Die Berücksichtigung von **Quoten** spielt sogar eine immer größere Rolle.

Dies zeigt zugleich, dass es nicht um die Zuschreibung *einer* Rolle pro Interaktant geht, sondern diesen vielmehr jeweils mehrere **Rollen unter verschiedenen Aspekten** zukommen: Sie übernehmen die Sprecher- oder Hörerrolle, sie vertreten eine bestimmte inhaltliche Position, sie haben das Recht oder auch nicht das Recht, bestimmte Sprechakte zu vollziehen und vollziehen diese oder tun es nicht usw. Dies entspricht im Übrigen einer Grundüberlegung, die die Sprechakttheorie charakterisiert, dass man nämlich beim Kommunizieren mehrere Akte gleichzeitig vollzieht. Dieser Ansatz wird jedoch insofern weitergeführt, als man einerseits auch auf der klassischerweise als Hörer bezeichneten Seite Rollen zuschreibt und bei der Produzenteninstanz zusätzliche Gesichtspunkte Berücksichtigung finden.

Einen Vorstoß dieser Art stellt der in der deutschen Textlinguistik relativ wenig beachtete Ansatz von **Goffman** (1981)[17] dar, der die Vieldeutigkeit und inkonsistente Verwendung der Ausdrücke *speaker* und *hearer* beklagt und für die analytische Trennung verschiedener Aspekte plädiert. Dies ist umso notwendiger, als die klassischen **Teilakte eines Sprechakts** nicht nur analytisch unterschieden werden können, sondern in realen Interaktionen teilweise auch tatsächlich **von unterschiedlichen Personen vollzogen** werden. So bezeichnet man alltagssprachlich als *Sprecher* oft denjenigen, der ein Kommunikat zu Gehör bringt, das allerdings jemand anders formuliert hat; und der Formulierer kann auf diese Rolle beschränkt sein und im Auftrag eines anderen handeln, der dann die Rolle der illokutionären Instanz einnimmt. Der Ansatz von Goffman und auch seine Weiterführung durch Levinson (1988) seien hier jedoch nicht im Detail vorgestellt, und zwar v. a., weil sie sehr eng auf Gruppeninteraktionen in Face-to-Face-Situationen bezogen sind und daher die Untersuchung von Faktoren wie Körper- und Blickverhalten eine besondere Rolle spielt (vgl. dazu näher Adamzik 2002b: 218 ff.). Für eine Übersicht über diese und andere Ansätze aus der Konversationsanalyse, in denen es um eine Differenzierung der Sprecher- und Hörer-Instanz geht, verweise ich auf Schwitallas Artikel zu *Beteiligungsrollen im Gespräch* (2001; vgl. auch Hartung 2001). Hier dagegen soll es darum gehen zu zeigen, dass die Differenzierung von **Interaktionsrollen für Schrifttexte** bzw. raum-zeitlich zerdehnte Kommunikation nicht nur auch möglich, sondern dort sogar besonders notwendig ist. Dazu zunächst eine Übersicht über Kommunikationsrollen, die ein Produzent (eher) punktuell innehat (Tab. 4.2). Zusätzlich zu den Teilakten des Sprechakts sind dabei soziale Rollen relevant, die Akteure für bestimmte Sprechakte qualifizieren: *Ich frage Sie als Mutter; als Zeuge ist aufgerufen X; der Angeklagte wird vertreten durch die Anwältin Y* usw. Längerfristige Rollen werden später behandelt (vgl. Tab. 4.2).

---

17 Heinemann/Heinemann (2002: 49 ff.) besprechen Goffmans Ansatz in ihrem Theorieteil, beziehen seine Differenzierungen aber bei der praktischen Beschreibung nicht weiter ein. Eine große Rolle weisen ihm Spitzmüller/Warnke (2011: 174 ff.) zu.

Tab. 4.2: Beteiligungsrollen auf der Produzentenseite

Rollen	Beispiele
Träger der illokutionären Rolle	Politiker, der sich eine Rede aufsetzen lässt, …
Träger der lokutionären Rolle	Ghostwriter; Anwalt, der für Klienten Schreiben aufsetzt; Angestellter, der im Auftrag einer Institution Schreiben verfasst, …
Träger des Äußerungsaktes	Sekretär, dem diktiert wird; Typograf, … Nachrichtensprecher; Schauspieler, …
soziale und kommunikative Rollen im Handlungszusammenhang	Kunde; Notar; Nachbar; Finanzbeamter; … Interviewter; Protokollant; Festredner, …
Überlieferungsrolle	Leute, die einen Text kopieren und weitergeben, u. a. Whistleblower
…	

Auf der Rezipientenseite (Abb. 4.2) ist zunächst zwischen **autorisierten** und **nicht-autorisierten** Rezipienten zu unterscheiden, also solchen, die sich (illegal) Zugang zu für sie nicht vorgesehenen Texten verschaffen. Bei den Autorisierten lassen sich solche, die **direkt adressiert** sind, von denen unterscheiden, die **lediglich mithören/-lesen**. Beispielsweise ist die Redaktion einer Zeitung direkter Adressat eines Leserbriefs, bei Online-Medien öfter auch der Autor eines Artikels Adressat eines Kommentars, aber alle übrigen Leser haben ebenfalls Zugang (sofern der Leserbrief publiziert ist).

Vielfach liegt auch **Mehrfachadressierung** vor, d.h. es ist noch mit verschiedenen **Adressatengruppen** zu rechnen (vgl. Kühn 1995). Mehrfachadressierung spielt eine besondere Rolle u.a. in der **Politik**. Zwar gibt es viele Texte, die sich an spezifische Adressatengruppen wenden (z.B. partei- oder parlamentsinterne), sie werden aber alle auch von den Medienvertretern rezipiert und (in Auszügen) weiterverbreitet. Parlamentsdebatten sind sogar in erster Linie für das (Wahl-)Volk inszenierte Veranstaltungen (vgl. dazu Schröter/Carius 2009: Kap. 3.5 mit weiteren Nachweisen).

Schwierig wird die Frage der Adressiertheit besonders, wenn man nicht Interaktionen fokussiert, die dem Gespräch besonders nahe stehen, also nur in einem Exemplar existierende Texte, die zwischen Einzelpersonen oder innerhalb überschaubarer Gruppen ausgetauscht werden, wie etwa Briefe, sondern jene Sprachprodukte, die gerade aufgrund ihrer Situationsentbundenheit dem **Prototyp der Kategorie** *Text* entsprechen. Bei den historischen Texten mit langer Überlieferung scheint es auf den ersten Blick ganz unmöglich, überhaupt irgendetwas über die Adressaten zu sagen: **Niemand ist speziell adressiert** bzw.

alle kommen als potenzielle Rezipienten infrage. Allerdings wird gerade für diese Texte die Annahme wichtig, dass Überlieferung überhaupt nur durch immer wieder neue Rezeption zustande kommt (vgl. Kap. 2.5.). Dafür, dass dies geschieht, sorgen **Mittlerpersonen**, auf die wir später zurückkommen.

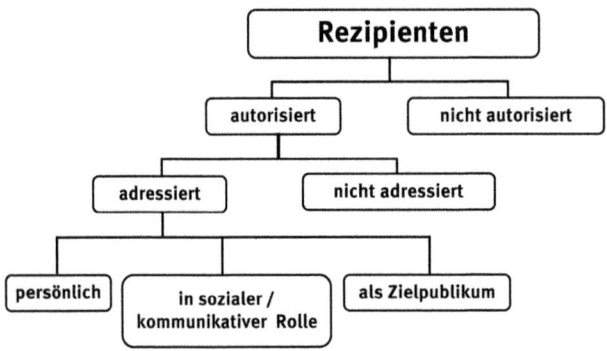

Abb. 4.2: Beteiligungsrollen auf der Rezipientenseite

Die Konstellationen im Bereich der Rezipientengruppen sind besonders vielfältig und bei publizierten Texten ist auch die Abgrenzung zwischen adressierten und nicht-adressierten Rezipienten viel schwieriger als bei mündlicher (Gruppen-) Interaktion.[18] Adressiert sein kann man persönlich, als Mitglied einer Gruppe oder Träger einer bestimmten sozialen Rolle (Versicherter, Steuerpflichtiger, Mieter). Sehr unspezifisch ist die Adressierung dagegen, wenn man nur zum Zielpublikum gehört. An ein solches wenden sich **Presseorgane** und -rubriken, **Fernsehkanäle** und -sendungen usw., es handelt sich aber nur um einen recht **diffusen Adressatenkreis**. Nicht alle Frauen bilden das Zielpublikum bestimmter Frauenzeitschriften, und auch Männer können sie lesen. Selbst die **persönliche Adressierung** ist kein klares Unterscheidungsmerkmal, denn massenhaft versendete Botschaften (z. B. Werbebriefe, Spendenaufrufe, Gewinnmitteilungen) inszenieren z. T. nur eine persönliche Ansprache. Außerdem kann man persönlich adressierte Botschaften anderen zugänglich machen – evtl. zur weiteren Bearbeitung wie z. B. bei Kündigungen, Rechnungen, Verträgen. Dass sich die Grenzen zwischen privat und öffentlich in der digitalen Welt – insbesondere durch **soziale Netzwerke** – dramatisch verschoben haben und das diffuse Publikum durch die gezielte und

---

18 Im Chat findet sich die klare Unterscheidbarkeit wieder, weil alle mitlesen können, aber teilweise einzelne Personen direkt adressiert sind.

ausgedehnte Auswertung von Nutzerdaten zu einem sehr gut durchschaubaren wird, kann hier nur am Rande erwähnt werden.

Stark ausgeweitet hat sich in modernen Medien das **kollektiv-kollaborative Schreiben**, bei dem auch Akteure zusammenarbeiten, die sich nicht einmal kennen (man denke z. B. an Wikipedia). Vieles, was ein Benutzer im Netz sucht, muss er allerdings durch geeignete Manipulationen überhaupt erst selbst herstellen. Angesichts der immer stärker werdenden interaktiven und kollaborativen Elemente des Internets, die unter dem Schlagwort **Web 2.0** laufen (vgl. z. B. Siever/ Schlobinski 2012), wird dem Benutzer daher auch eine neue, und zwar gemischte Rolle des sog. *Prosumenten* zugesprochen. Dies ist eine Wortkreuzung, die ursprünglich aus der Wirtschaft stammt und die Ausdrücke *Produzent* und *Konsument* verschmilzt (im Englischen dazu auch *produser*). Da es in der Sprachwissenschaft üblich ist, von *Produzenten* und *Rezipienten* zu sprechen, scheint mir **Prozipient** der geeignetere Ausdruck zu sein.

4.3.3. Ketten von Produktions- und Rezeptions-Instanzen

Für viele **institutionelle Texte** ist charakteristisch, dass sie nicht *einen* Autor haben, auch nicht so etwas wie *ein* Autorenkollektiv, sondern dass an der Produktion eine **Kette von Instanzen** beteiligt ist. Dies gilt auch dann, wenn eine identifizierbare Person, wie man treffend sagt, *als verantwortlich zeichnet*; dies bedeutet nämlich keineswegs, dass sie entscheidend an der Konzeption und Formulierung beteiligt war, nicht einmal unbedingt, dass sie den Text vor der Unterschrift gelesen hat. Der **Produzent** ist also **nicht immer (persönlich) identifizierbar.** Bei Gebrauchstexten treten als Sender (häufig bezeichnet als *Emittent*) etwa auf: Firmen (Geschäftsberichte, Gebrauchsanweisungen, Werbetexte), Vereine, Parteien oder sonstige Organisationen (Satzungen, Parteiprogramme, Spendenaufrufe usw.) sowie sämtliche Instanzen der staatlichen Organisation (Gesetze, Lehrpläne, Steuerbescheide).

In noch stärkerem Maß kann man von einer Kette von Produzenteninstanzen bei **Medientexten** sprechen, da diese zum großen Teil nur sekundär das weiterverbreiten, was aus Firmen, Organisationen, Verwaltungsstellen usw. ‚verlautet‘ oder auch was Einzelpersonen gesagt oder geschrieben haben (vgl. Luginbühl et al. 2002). Selbst wenn Pressetexte namentlich gezeichnet sind und nicht nur eine Nachrichtenagentur als Quelle ausweisen, nimmt man in der Regel auf das Presseorgan als Emittenten Bezug (*nach Berichten der Bild-Zeitung, des Spiegel* usw.) und eine etwaige Reaktion kann im Allgemeinen nur in Form eines Leserbriefes an die **Redaktion** erfolgen, die sich im Übrigen nicht nur deren Veröffentlichung, sondern auch Kürzungen und Veränderungen vorbehält (vgl. dazu

Burger 2001). Dies hat sich allerdings mit den **Online-Medien** stark verändert. Zwar behalten sich die Redaktionen immer noch vor, z. B. diffamierende **Leser-kommentare** zu löschen, einen so breiten Zugang zu Reaktionen von Lesern wie heute hatte man aber noch nie. Für die Untersuchung metakommunikativer Stellungnahmen sind sie besonders geeignet.

Der Normalvorstellung, dass allgemein zugängliche Schrifttexte *einen* iden-tifizierbaren Produzenten hätten, scheinen damit am ehesten **literarische Texte** zu entsprechen, weit weniger dagegen schon Sachbücher und wissenschaftliche Veröffentlichungen, da diese oft als Auftragsarbeit zustande kommen bzw. Er-gebnis einer auch in sich kommunikativ komplexen Arbeit im Wissenschaftsbe-trieb sind. Dennoch wäre es natürlich völlig unrealistisch, bei literarischen Texten von den diversen Instanzen abzusehen, die ihre allgemeine Zugänglichkeit erst möglich machen. Zu einem (professionellen) Schriftsteller wird man nicht schon dadurch, dass man literarische Texte schreibt, sondern erst dadurch, dass diese auch veröffentlicht werden. Wir sehen in diesem Zusammenhang von der Frage ab, wer außer dem Autor möglicherweise sonst noch (als Ideenfinder, kritischer Erstleser, Sekretär usw.) bei der Erstellung des Manuskripts beteiligt war und gehen von einem als fertig gedachten Text aus. Für diesen muss der Autor einen Verleger finden; der **Verlag und seine Agenten** stellen also eine – teilweise an-onyme – **Produzenteninstanz** dar. Sie fungiert zunächst einmal als Rezipient und lehnt bekanntlich den größten Teil der eingesandten Manuskripte ab. Bei den angenommenen kann sie dann mehr oder weniger einschneidende Veränderun-gen einfordern oder vorschlagen.

Ihre wesentliche Aufgabe besteht aber darin, den **Text zur Ware** zu **machen**. Dies bedeutet nicht nur, dass sie die rein **technische Herstellung** und den **Vertrieb** übernimmt, vielmehr gibt sie dem Text durch die Aufmachung auch ein Gesicht, bestimmt Auflagenhöhe und Preis und macht Werbung für ihn, organi-siert Lesungen usw. Dabei kommt es nicht nur zu einer Überlagerung des Images von Autor und Verlag, bei noch unbekannten Schriftstellern wird vielmehr der Autor u. U. als solcher aufgebaut und dann als Objekt und interagierendes Subjekt des Literaturbetriebs behandelt.

Mit den **Agenten des Literaturbetriebs** ist eine weitere Instanz benannt, die entscheidend für den Umgang mit dem Text ist und von der auch wesentlich abhängt, welche Rezipienten er findet. Es gibt zunächst **privilegierte Rezipi-enten** (sie bekommen z. B. das Buch als Besprechungsexemplar zugeschickt), die sich dann als **Produzenten von Sekundärtexten** betätigen, indem sie das Buch vorstellen, zusammenfassen, daraus zitieren, es bewerten, in Literatursendungen besprechen usw. Bei diesen Agenten des Literaturbetriebs handelt es sich gro-ßenteils um Persönlichkeiten, die dem prinzipiell an moderner Literatur interes-sierten Publikum bekannt sind und die selbst ein Image haben, das wiederum in

Wechselwirkung mit dem Renommee von Autor und Verlag tritt. Es zeigt sich hier, dass eine säuberliche Scheidung zwischen Produzent(en) und Rezipient(en) gar nicht gut möglich ist bzw. die normalen Leser (d. h. jene, die keine besondere Rolle im Literaturbetrieb spielen) über die Vermittlungsinstanzen zum Autor und dessen Büchern finden.

Auch hier haben sich die Bedingungen im digitalen Zeitalter allerdings deutlich geändert. Nicht nur sind viele Autoren im Netz präsent, die Leser geben auch Bewertungen ab, es gibt Diskussionsforen zu Literatur usw. Sehr stark zugenommen hat also die öffentlich einsehbare **Kommunikation über literarische Texte**. Das betrifft auch historische Texte mit hohem Überlieferungswert. Gleichwohl bleiben in diesem Bereich **Schule und Universität** wohl die bedeutendsten **rezeptiv-produktiven Mittler**. Zwar ruft die Vorstellung von einem **Kanon** heute nicht zuletzt im Feuilleton v. a. ausgedehnte Diskussionen über dessen Problematik hervor, das ändert aber nichts daran, dass hier insbesondere die Schule als „Definitionsagentur" (vgl. Schulze 2000: 142 f.) fungiert und potenzielle Leser zu aktuell Adressierten solch historischer Texte macht. Dass das nicht immer von Erfolg gekrönt ist und auch andere Wege möglich sind, illustriert der Film *Der Club der toten Dichter* von Peter Weir (1989).

Wenn in der kommunikativ-pragmatisch orientierten Textlinguistik literarische Texte häufig vernachlässigt werden, so lässt sich das also nicht daraus erklären, dass sie sich für eine solche Betrachtung weniger eigneten. Es ergibt sich vielmehr aus der nach wie vor dominierenden Konzentration auf den Text als Produkt und der idealisierenden Unterstellung einer einheitlichen Produzenten- und Rezipienteninstanz. Diese ist m. E. aber auch ungeeignet für wissenschaftliche und Gebrauchstexte. An anderer Stelle (Adamzik 2002b) habe ich dies am Beispiel öffentlicher Kommunikation, insbesondere von Politik und Medien, versucht; hier sei es am Hochschulbetrieb exemplifiziert.

Für den Kommunikationsbereich Politik hat Klein (2000a) eine Klassifizierung von Texten entsprechend der Emittenten-Instanz vorgeschlagen.[19] Auch für den Hochschulbetrieb drängt es sich auf, zunächst die wesentlichen Akteure zu benennen, die in diesem Kommunikationsbereich auftreten. Hier wie in allen Kommunikationsbereichen außer im rein privaten gibt es **professionelle Akteure**, die in ihrer **Berufsrolle** handeln. Im Hochschulwesen kann man grob zwischen den Gruppen Lehrkörper, administrativ-technisches Personal und Studierende unterscheiden, die in sich weiter zu differenzieren sind. Entsprechend ihrer Gruppenzugehörigkeit produzieren und rezipieren die Akteure bestimmte

---

19 Vgl. auch die Übersicht bei Girnth (2002: 74 f.).

Texte bzw. realisieren eine bestimmte **Kommunikantenrolle** (s. o. Tab. 4.2) innerhalb der Kette von Textproduktionsinstanzen.

Dass sie diese Kommunikantenrolle individuell ausgestalten und insofern Aspekte wie Interesse, Motiviertheit, Vorwissen, Situationsvertrautheit usw. zweifellos auch als ‚subjektive' Parameter eine Rolle spielen, steht außer Frage; dennoch möchte ich hier ein stärkeres Gewicht darauf legen, dass solche Faktoren großenteils von der Berufsrolle abhängig sind und man darüber auch Aussagen machen kann, wenn gar nicht bekannt ist, welche konkreten Individuen an welcher Stelle zur Texterstellung beigetragen haben. Denn bei diesem Beitrag handelt es sich oft nur um eine **eingeschränkte und auf bestimmte Phasen des Textproduktionsprozesses beschränkte Rolle.** Die Akteure treten nämlich nicht nur in ihrer Berufsrolle auf bzw. diese bestimmt nur einen Teil ihrer kommunikativen Aktivitäten; zusätzlich nehmen sie mehr oder weniger langfristig bestimmte **Funktionsrollen** ein: Mitglied von Kommissionen, eines Instituts, Forschungsnetzwerken, Institutsdirektor, Dekan, Fachschaftsvertreter, Protokollant von Sitzungen, Examenskandidat, Prüfer, Beisitzer usw. usf. Eher noch als aufgrund der allgemeinen Berufsrolle sind es die Funktionsrollen, die Akteure dazu zwingen, bestimmte Texte zu rezipieren und zu produzieren. Sie tun dies also keineswegs notwendigerweise freiwillig. Oft tun sie es tatsächlich sogar überhaupt nicht, gleichwohl werden sie in der Folge so behandelt, als hätten sie die Texte und Entwürfe zumindest gelesen.

So soll in der selbstverwalteten Universität in bestimmtem Ausmaß die Mitbestimmung der verschiedenen Gruppen von Akteuren gewährleistet werden, so dass das **kollektive Produzieren von Texten** zum Normalfall wird. Dennoch kann von kollektiver Textproduktion im eigentlichen Sinne nicht gesprochen werden, da es keine Gruppe (mit Wir-Bewusstsein) gibt, die für den Text verantwortlich wäre; vielmehr ist bereits der **Produktionsprozess zerdehnt** und auf eine Reihe von Instanzen verteilt. Die einzelnen Akteure und Gremien dürfen nur in bestimmten Phasen mitreden oder gar nur über die Annahme bzw. Ablehnung von Texten abstimmen.

Neben der kollektiven Erarbeitung inhaltlicher Positionen hat bei den Kommunikantenrollen die des **Formulierers** (lokutionäre Rolle) ein besonderes Gewicht. Die Formulierung wird meistens nicht in einem größeren Kollektiv, sondern von Einzelakteuren oder Kleingruppen geleistet, anschließend aber u. U. **Revisionen** unterzogen. Eine für die ursprünglichen Formulierer oft besonders ärgerliche spätere Instanz ist die der Juristen, die mit den inhaltlich relevanten Problemen des Textes gar nicht unbedingt vertraut sind, sondern ihn nur auf juristische Schwachstellen abklopfen und dabei zu Formulierungen kommen können, die die Verfasser des Entwurfs niemals gewählt hätten. Neben ihrer Sachkompetenz werden Juristen ja nicht zuletzt wegen einer besonderen

Sprachkompetenz, nämlich der Vertrautheit mit der Varietät Rechtssprache, hinzugezogen.

Dies führt uns auf einen weiteren Aspekt von Beteiligungsrollen bzw. relevanten Merkmalen von Kommunikanten, nämlich ihre **Sprachkompetenz.** Besonders einschneidend ist dieser Faktor, wenn es um die Rolle von **Muttersprachlern** versus **Fremdsprachlern** geht. Eine besondere Berufsrolle ist hier die der **Übersetzer und Dolmetscher.** Bestimmte Berufsrollen, z. B. die von Lektoren oder die des Lehrkörpers im Fremdsprachstudium überhaupt, werden auch mit Rücksicht auf die Muttersprache der Kandidaten vergeben. Ebenso kann es aber vorkommen – und dies sollte sich bei zunehmender Mobilität im Universitätsbereich sogar verstärken –, dass bei der Stellenbesetzung die Muttersprache nicht ausschlaggebend ist, so dass bestimmte Funktionsträger die Amtssprache ihres Arbeitsortes möglicherweise nur eingeschränkt beherrschen und andere Akteure dann bei der Textproduktion in ihrer Rolle als Muttersprachler um Übersetzung oder **Formulierungshilfe** bitten. Dies gilt natürlich insbesondere bei Schrifttexten, die im Rahmen der universitären (Selbst-)Verwaltung erstellt werden.

Im Wissenschaftsbetrieb dagegen kommt der Faktor der Sprachkompetenz besonders insoweit zur Geltung, als in vielen Fächern als Publikationssprache eine international weit verbreitete gewählt wird, heute natürlich v. a. das Englische. Da Wissenschaft aber ohnehin auf internationale Kooperation angelegt ist, ist das **Agieren in mehrsprachigen Situationen** völlig üblich. Und da nicht nur in den Kommunikationsbereichen Wissenschaft, Politik und Handel, sondern auch in unserem Alltag die Begegnung mit Anderssprachigen ganz normal ist und individuelle Mehrsprachigkeit zunehmend an Bedeutung gewinnt, kann es eigentlich nur verwundern, dass in allgemeinen Katalogen zur Charakterisierung der Kommunikanten ausgerechnet die Sprachbeherrschung als Kategorie fehlt.[20]

Diese muss auch einbezogen werden, wenn man monolinguale Situationen vor Augen hat, denn auch das Ausmaß der Beherrschung der Muttersprache kann ja erheblich variieren. Im Hochschulsektor ist die Klage über mangelnde (Schrift-)Sprachkompetenz der Studierenden längst zum Topos geworden; ein entscheidenderes Problem dürften diese selbst aber darin sehen, dass sie im Studium ihr **Varietätenspektrum** erweitern und insbesondere bestimmte **wissenschafts-** und **fachsprachliche Kompetenzen** erwerben müssen. Sowohl bei der Produzenten- als auch bei der Rezipienteninstanz spielt das Kriterium der Sprachbe-

---

20 In empirischen Einzeluntersuchungen, und zwar sowohl aus dem Bereich der Konversationsanalyse als auch der Textlinguistik im engeren Sinne, wird diesem Faktor dagegen natürlich durchaus die gebührende Bedeutung beigemessen, oft steht sie sogar im Vordergrund.

herrschung also eine hervorragende Rolle und konkretisiert teilweise die Kriterien Vorwissen, Situationsvertrautheit usw.

Ein bestimmtes Sprachexpertentum stellt auch die Grundlage für die schon angesprochene Kommunikantenrolle des **Korrektors** dar, die man nicht nur auf Wunsch, sondern auch ungebeten einnehmen kann. Eine spätere Instanz verändert dann einfach Formulierungen entsprechend ihren Vorstellungen. Ein Beispiel dafür bilden Personenbezeichnungen, die noch immer zu heftigen Formulierungsstreitigkeiten führen können: Ich habe bei der Benennung der Rollen (wie auch sonst in diesem Buch) meist Bezeichnungen im generischen Maskulinum gewählt. Ich unterstelle dabei, dass alle verstehen, dass die Rollen grundsätzlich gleichermaßen von Frauen wie von Männern eingenommen werden können. Bekanntlich sind jedoch gerade die Berufs- und Funktionsrollen an der Universität *nicht* gleichmäßig auf die Geschlechter verteilt. Dies hat zur Schaffung einer weiteren Funktionsrolle geführt: den Gleichstellungsbeauftragten, die eine ihrer Aufgaben auch darin sehen können, dafür zu sorgen, dass die kollektiv produzierten Texte wenigstens sprachlich eine Gleichbehandlung der Geschlechter aufweisen. Da aber über diese Forderung und die Frage, wie man sie am besten umsetzt, (noch) kein Konsens herrscht, kommt es hier besonders häufig zu nachträglichen Änderungen (in die eine oder andere Richtung) und zu Texten, die in dieser Hinsicht inkonsistent sind.

Bei solchen Fragen, die die **politische Korrektheit** von Formulierungen betreffen, handeln die Akteure natürlich nicht nur oder nicht einmal so sehr in ihrer Rolle als Sprachteilhaber/-experten, sondern nehmen im Rahmen gesellschaftlicher Diskurse eine bestimmte Position ein. Hier spreche ich von **Diskursrollen** wie Feminist, Befürworter/Gegner von Studiengebühren, Hochschulreformen usw. Dabei sind im Universitätsbetrieb besonders wichtig einerseits Positionen in der bildungspolitischen Diskussion, andererseits öffentliche Diskurse, in die Fachvertreter in ihrer Berufsrolle, also als **Experten**, eingreifen (z. B. bei Themen der Medizin, Wirtschaft, Umwelt- und Energiepolitik usw.). Innerhalb des Wissenschaftsbetriebs sind Rollen wichtig, die die Zugehörigkeit zu einer bestimmten Schule betreffen, ferner das Ansehen, die Bekanntheit usw., kurz das, was Pierre Bourdieu (1984/88) in seiner groß angelegten Studie *Homo Academicus* das **symbolische Kapital** genannt hat (vgl. für differenziertere Hinweise zu Diskursrollen Spitzmüller/ Warnke 2011: 177 ff.).

Wie bei literarischen so spielen auch bei wissenschaftlichen Texten **Filter-Instanzen** eine besondere Rolle. Diese Aufgabe muss die Wissenschaftlergemeinschaft größtenteils selber übernehmen, da ja die Verlagsakteure gar nicht über dafür ausreichende Kenntnisse in den verschiedenen Fächern und Forschungsgebieten verfügen. Soweit es zunächst um die Frage geht, ob ein bestimmter Text überhaupt (an einer bestimmten Stelle) veröffentlicht wird, geschieht dies teilweise in enger Kooperation zwischen Wissenschaftlern und dem Verlag, dessen Reihen und Zeitschriften meist von einem **Herausgeber(gremium)** betreut werden. Die Herausgeber beurteilen die Texte selbst und/oder ziehen Fachkollegen/Spezialisten als Gutachter heran. Dieses Verfahren nennt man insbesondere bei Zeitschriftenaufsätzen **Peer Review** ('Überprüfung durch Gleichgestellte'), im Gegensatz zu Gutachten, die von hierarchisch Höhergestellen bei Qualifikationsarbeiten (Dissertationen usw.) angefertigt werden (vgl. dazu Kretzenbacher/Thurmair 1992).

Die Wirksamkeit dieser **kollektiven Selbstkontrolle** hängt natürlich einerseits davon ab, nach welchem Verfahren die Gutachter(gremien) gebildet werden, andererseits davon, wie ernst sie diese Aufgabe nehmen und wie gewissenhaft sie sie durchführen. Es ist allgemein bekannt, dass man Texte über solche Hürden bringen kann, ohne dass sie den eigentlich erforderlichen Qualitätsstandards entsprächen. Der beste Beleg dafür sind Parodien wissenschaftlicher Artikel, die die Autoren erfolgreich (als 'echte' Wissenschaftstexte) in angesehenen Zeitschriften platzieren konnten.[21] Aufgrund dieser Verhältnisse wird als Kriterium für die Güte des Peer-Review-Verfahrens (von der z. B. staatliche Stellen die finanzielle Unterstützung einer Zeitschrift abhängig machen) teilweise auch die **Ablehnungsquote** betrachtet – entsprechend der Idee: Wenn nicht ein gewisser Prozentsatz an eingesandten Beiträgen als unzureichend zurückgewiesen wird, kann man sich nicht darauf verlassen, dass das Gremium seine Filterfunktion angemessen erfüllt. Auf diese Weise kommt es auch zu einer (informellen) **Rangliste von Zeitschriften**, deren Renommee genauso wie das der Verlage als entscheidender Punkt bei der Charakterisierung der Produzenteninstanz zu berücksichtigen ist.

Ist ein Text einmal veröffentlicht, dann ist er zwar allgemein zugänglich. Das besagt aber noch nicht viel darüber, ob er auch (weitere) Rezipienten findet bzw. wie viele und welche das sind. Hier nun kommen die weiteren Filter- und Verbreitungs-Instanzen zur Geltung. Ich sehe ab von der (zweifellos wichtigen) Frage, wie der Text beworben wird, in welchen Bibliotheken und Buchhandlungen er verfügbar ist – heute ist besonders wichtig, ob er frei online zugänglich ist – und beschränke mich auf die Rezeptions-/Produktions-Instanzen im Bereich der Wissenschaftlergemeinschaft. Es gibt spezielle **Bekanntmachungs-Instanzen**, die teilweise auch für die Bewertung von Texten zuständig sind: Die veröffentlichten Texte werden in Bibliografien verzeichnet, Zeitschriften enthalten Listen

---

21 Vgl. dazu Niederhauser (1998), Weigert (1998) und auch die Einleitung in Danneberg/ Niederhauser (1998).

neu erschienener Literatur, und zu Aufsätzen (aus Zeitschriften) werden immer häufiger Abstracts erstellt. Für Bücher gibt es Rezensionsorgane.

Wichtiger als diese institutionalisierten Bekanntmachungs-Instanzen ist aber noch die tatsächliche Rezeption durch die angesprochene Zielgruppe, die sich in wissenschaftlichen Texten v. a. darin zeigt, welche Arbeiten zitiert werden und in Literaturverzeichnissen erscheinen. Da dieses Kriterium für die Beurteilung der Bedeutung/des Werts einer Veröffentlichung besonders wichtig ist, hat sich ein Verfahren ausgebreitet, die Aufbereitung entsprechender Daten zu institutionalisieren, und zwar in Gestalt von sog. **Zitationsindices,**[22] die insbesondere sehr spezialisierte Literatur betreffen. Eher grundlegende Literatur, also Klassiker, Meilensteine und forschungsaufbereitende Texte, verzeichnen dagegen knappe Literaturverzeichnisse, wie sie sich z. B. am Ende von Artikeln in Fachlexika oder in thematisch organisierten Studienbibliografien finden, so dass eine Nennung an diesem Ort einen hohen Multiplikationseffekt haben kann. Die Zitierungen betreffen die Intertextualität (vgl. Kap. 8.), sie sind aber an dieser Stelle insofern relevant, als die Frage, wer wen wie oft zitiert (und wie kommentiert), von einer Vielzahl von Faktoren abhängt, nicht zuletzt auch von persönlichen Beziehungen, Abhängigkeitsverhältnissen usw.[23] Tabelle 4.3 fasst die erwähnten Rollen zusammen.

4.3.4. Technik als Instanz bei der Produktion und Rezeption von Texten

Die Bedeutung von Maschinen und Programmen als Instanzen ist unterschiedlich groß. Die Skala reicht von **maschinell erstellten Texten** bis zu solchen, die nur insofern technikabhängig sind, als man ein bestimmtes Programm benutzt, das Gestaltungsmöglichkeiten vorgibt bzw. beschränkt. Zur ersten Gruppe gehören vollständig standardisierte Texte von Behörden, Banken, Firmen usw., aber auch z. B. automatische Antwortfunktionen bei elektronischer Kommunikation. Erheblich an Gewicht gewonnen hat also auch für konkrete Textproduktion die Berufsrolle der **Programmierer** und **Informatiker.** Für die nicht professionell

---

22 Vgl. als Übersicht dazu Jakobs (1999: 64 – 67). Für Kritik zu dem Verfahren vgl. z. B. Osterloh/ Frey (2009).
23 Für eine grundlegende Studie zum Zusammenspiel von Textrezeption, -reproduktion und -produktion im wissenschaftlichen Bereich vgl. Jakobs (1999), die einerseits die Literatur zum Thema umfassend aufarbeitet, auf der Grundlage einer Fragebogenerhebung andererseits aber auch einen Einblick in die Praxis der Wissenschaftler beim Umgang mit Texten bietet. Vgl. als knappen Überblick zum Thema auch Jakobs (1998).

Tab. 4.3: (Längerfristige) Produzentenrollen

Rollen	Beispiele
Berufsrollen	Schriftsteller, Professor, Verleger, Lektor, Sekretär, Journalist, Lehrer, Richter, Übersetzer, Wirtschaftsprüfer, …
Funktionsrollen	Reihenherausgeber, Dekan, Fachschaftsvertreter, Kommissionsmitglied, Mäzen, Seminarleiter, Minister, …
Sprachteilhaberrollen	Mehrsprachige, Muttersprachler, Fremdsprachler, wer Dialekt / Fachsprachen / ältere Sprachstufen / Jargons / … beherrscht
Diskursrollen	Laie, Experte, Linker, Feminist, Anglizismenbekämpfer, Lobbyist, Zitierautorität, Wortführer im Diskurs, Außenseiter, …
Filter- und Verbreitungsrollen	Herausgeber, Gutachter, Rezensent, wer einen Text zitiert / auf eine Literaturliste setzt / in eine Bibliografie aufnimmt / …
…	

Handelnden tritt an die Stelle des herkömmlichen Hörens und Sprechens, Lesens und Schreibens von Texten das **Programmbenutzen.**

Beim Prototyp von **Prozipiententexten** bzw. „schriftlichen Dialogen" (so Gülich 1981) ist der Ersatz durch elektronische Formen weit fortgeschritten. Das betrifft etwa **Formulare** und **Fragebogen.** Auch in Papierform geben Formulare (vgl. Grosse/Mentrup 1980) strikt vor, was anzukreuzen oder auszufüllen ist und wie viel Platz dafür zur Verfügung steht. Eine Besonderheit der elektronischen Versionen besteht darin, dass sich falsche oder unvollständige Angaben technisch unterbinden lassen – sie werden einfach nicht angenommen oder es geht nicht weiter. In solchen Konstellationen wird besonders klar, dass man Maschinen bzw. **Programme als Akteure** begreift bzw. präsentiert (*Das versteht der Computer nicht; das kann das Programm nicht*); sie sind daher auch sehr geeignet, die Rolle des Sündenbocks zugeschrieben zu bekommen.

Der mit schriftlichen Befragungen „verbundene Verlust der typisch mündlichen Verständigungsmittel (Interjektionen, Rückfragen, recipient design)" (Becker-Mrotzek/Scherner 2000: 637) wird teilweise kompensiert durch anklickbare Erläuterungen, die nicht zuletzt aufgrund regelmäßig auftretender Probleme bzw. häufig gestellter Fragen (FAQ) eingebaut werden können. Insgesamt wird die Kommunikation bei solchen Prozipiententexten erheblich standardisierter – aber das ist ja ohnehin der Sinn von Formularen und Vordrucken.

Die wenigsten offiziellen oder komplexen Texte entstehen ohne Rückgriff auf irgendwelche Vorlagen oder Vorgaben. Seit langem, verstärkt seit der frühneuhochdeutschen Periode, gibt es Anleitungsliteratur dazu. Heute lassen sich

Prozipienten- und **Mustertexte** aus dem Netz abrufen (vgl. z. B. www.muster-textportal.de/). In Textverarbeitungsprogramme integriert sind **formelhafte Textbausteine** (z. B. für Grüße), die automatische Texterkennung schlägt nach den ersten Buchstaben Wörter vor und **Korrekturprogramme** beheben manche Fehler (auch vermeintliche) gleich selbst oder zeigen Problemstellen an.

Der enorme Einfluss, den die materiellen Produktionsbedingungen und speziell die verfügbaren Apparate auf die Texterstellung haben, lässt sich gut an wissenschaftlichen Veröffentlichungen der letzten fünfzig Jahre ablesen. Dabei ist es zu einer **Deprofessionalisierung** von Produktionsinstanzen gekommen: Seit mit elektrischen Schreibmaschinen saubere Vorlagen für relativ billige foto-mechanische Reproduktionen erstellt werden können, haben Autoren wissen-schaftlicher Texte – im geraden Gegensatz zur Multiplizierung von Produktions-instanzen bei Texten der universitären Administration – begonnen, nahezu alle Textproduktionsetappen selbst zu übernehmen. Während Lektoren, Setzer, Gra-fiker und Drucker früher unverzichtbare Glieder in der Produktionskette von Wissenschaftstexten waren, liegen deren Aufgaben jetzt in der Hand von Leuten, die in diesen Gebieten Amateure sind. Besonders für die 1970er und 80er Jahre typisch sind die als **graue Literatur** bezeichneten selbst erstellten und in einem Copyshop vervielfältigten Texte. Sie weisen auch all die Mängel auf, die die technisch noch unvollkommenen Maschinen mit sich bringen: Von Hand einge-tragene Sonderzeichen, Akzente und Grafiken, sichtbare Korrekturen, Buchsta-benersatz – z. B. statt ß der griechische Buchstabe β. Diesen Fehler findet man auch heute öfter, obwohl auf dem Computer alle beliebigen Zeichen zur Verfügung stehen. Zu einer wichtigen Eigenschaft der Textproduzenten und -rezipienten wird daher die Frage, wie gut sie mit den Programmen umgehen können.

Die Zeit der eng begrenzten technischen Möglichkeiten liegt inzwischen weit hinter uns; die Apparate und Programme sind mittlerweile derart perfektioniert, dass eine professioneller Arbeit ähnlich sehende äußere Form relativ leicht er-reichbar ist. Das bringt es allerdings zugleich mit sich, dass ein Textmerkmal, das erkennbar macht, inwieweit professionelle Akteure beteiligt sind, entfällt. Daher kommt es – ebenso wie bei der grauen Literatur, nur gewissermaßen mit umge-kehrtem Vorzeichen – leicht zu einer **Diskrepanz zwischen der technischen und inhaltlichen Gestaltung**, zu perfekt präsentierten Texten, die aber sonstigen Standards nicht entsprechen. Das betrifft insbesondere im Netz publizierte An-gebote, da ja hier jeder alles Mögliche einstellen kann und es gar nicht immer einfach ist, die Quelle zu identifizieren und auf ihre Relevanz und Verlässlichkeit einzuschätzen.

Das hat erhebliche Auswirkungen auch auf die **Rezipientenseite.** Zwar hat sich die Zugänglichkeit zu Texten aller Art ungemein vereinfacht, im gleichen oder wohl eher exponentiellem Maße geht aber die Übersichtlichkeit verloren. Die

‚richtigen' Informationsquellen auszuwählen, war schon immer sehr beschwerlich und zeitaufwendig. Denn dies erfordert erhebliches **Metawissen** u. a. darüber, in welchen Rollen welche Instanzen beteiligt sind. Die traditionellen Filter- und Bekanntmachungsinstanzen behalten ihre volle Bedeutung und sind großenteils auf digitale Versionen umgestiegen. Für das Zugänglichmachen von Inhalten werden computergestützte Verfahren sogar immer wichtiger: Stichwort **Information Retrieval**, das u. a. **automatisches Extrahieren** (Abstracting) und **Indexieren** ermöglicht. Der Umgang mit elaborierten elektronischen Werkzeugen und Angeboten erfordert jedoch eine gewisse Einarbeitungsphase.

Das unterscheidet sie von **Suchmaschinen**, die wohl längst zum Prototyp für Informationsrecherche geworden sind. Mit diesen lässt sich allerdings nur sehr ungezielt suchen und sie können die fachprofessionell betreuten Angebote nicht ersetzen. Diese erfordern weniger spezielle technische Kompetenzen, die ‚digital Natives' haben insofern gar keinen besonderen Vorteil. Vielmehr kommt es auch auf das Metawissen an, und hier bleiben die Kategorien des vordigitalen Zeitalters zentral. Man muss Textsorten unterscheiden können und wissen, welches die für das eigene Gebiet zentralen Nachschlagewerke, Bibliografien, Zeitschriften, klassischen Texte usw. sind.

Als **Fazit** zu diesem Gesamtabschnitt ist festzuhalten: Für die Beschreibung von Face-to-Face-Interaktionen in überschaubaren Kleingruppen mag die Konzentration auf die Eigenschaften der beteiligten Einzelpersonen sinnvoll sein; für prototypische Texte, nämlich solche, die auf Situationsentbindung angelegt sind, ist es demgegenüber unumgänglich, die Kette von Produktions-/Distributions- und Rezeptionsinstanzen zu fokussieren und die Rollen zu differenzieren, in denen Akteure am Textprozess beteiligt sind. Dabei greifen mehrere Ebenen ineinander – insbesondere Berufsrolle, Funktionsrolle, Diskursrolle und die verschiedenen Aspekte der Kommunikantenrolle (Äußerer, Formulierer, Korrektor usw.). Diese interagieren ihrerseits mit ‚subjektiven' Faktoren wie dem Vorwissen, Interesse, (technischen) Kompetenzen, Engagement usw.

4.4. Medialität, Materialität, Ort und Zeit

Medialität, Materialität und Lokalität sieht Fix (2009a) als erst neuerdings berücksichtigte Textmerkmale an (vgl. Kap. 3.2.). Bezieht man sie ein, so muss man notwendigerweise auch den Merkmalen Historizität und Kulturalität Rechnung tragen, denn die konkrete Realisierung hängt ja von den technischen und materiellen Ressourcen einer gegebenen Gesellschaft ab und kann daher immer nur in **Relation** zu einer **historisch-kulturellen Normalerwartung** beurteilt werden. Dass der Materialität und speziell der Visualität derzeit ein so großes Gewicht beigemessen wird (vgl. Kap. 2.5.), hängt direkt mit den extrem gestiegenen Möglichkeiten der digitalen Technik zusammen. Die Erwartungen an Kommunikate und den Umgang mit ihnen haben sich eben stark gewandelt.

Zugleich ergibt sich damit ein gewisses Paradox, denn digitale Dokumente entsprechen insgesamt der **Entstehung neuer virtueller Schichten** (vgl. Tab. 2.4), speziell Texten in XML-Sprachen. Während die Besonderheit des Drucks gegenüber unikalen Handschriften, Zeichnungen usw. darin bestand, dass (fast) identische Exemplare erzeugt werden konnten, erlaubt die Digitalisierung nicht nur die leichte Manipulation von virtuellen Einheiten, sondern v.a. auch sehr **variable Materialisierungen** bzw. Konkretisierungen. Diese können dann in unterschiedlichster Form auf Bildschirmen, Projektionsflächen und natürlich auch dem Textträger Papier erscheinen. Außerdem verschwimmt die ehemals klare Grenze zwischen flüchtigen und gespeicherten Kommunikaten, da heutzutage selbst Privatleute Face-to-Face-Interaktionen speichern, Tafelanschriebe mit dem Handy fotografieren usw. Schließlich macht der virtuelle Raum des Internets es möglich, Kommunikate an jedem Ort der Welt und zu jeder Zeit auf den Bildschirm zu holen.

Allerdings gibt es immer noch auch flüchtig bleibende (spontan-dialogisch-mündliche) Interaktion bei raum-zeitlicher Kopräsenz. Für diese stellen sich die Fragen nach Materialität, Ort und Zeit anders als für gespeicherte Kommunikate. Während nämlich bei raum-zeitlicher Kopräsenz Ort und Zeit von Produktion und Rezeption zusammenfallen, komplizieren sich bei allen gespeicherten Kommunikaten die Verhältnisse ganz erheblich, weil **Produktion, Distribution** bzw. Aufbewahrung, **Re-Aktualisierung** und **Rezeption** getrennt zu betrachten sind, so dass Angaben über die zeitliche und räumliche Situierung mindestens vierfach gemacht werden müssen. Bei den traditionellen Prototypen von Texten, nämlich Druckwerken, kommen als weitere relevante Merkmale hinzu die Menge der Textexemplare und ggf. materielle Varianten (Hardcover oder Paperback, signierte Exemplare, Nachdrucke auf anderem Papier, mit neu gestaltetem Einband usw.; vgl. die Zeile Ausgabe in Tab. 2.4).

Angesichts der **extremen Vielfalt der materiellen Erscheinungsformen** von sprachlichen Zeichen sowie ihres Zusammenspiels mit anderen semiotischen Ressourcen wäre es vermessen, hier eine strukturierte Übersicht darüber geben zu wollen.[24] Dies ist auch insofern nicht nötig, als **spezialisierte** (interdisziplinäre) **Forschungsbereiche** existieren, die sich mit je besonderen Kommunikationsformen inklusive der jeweiligen technischen Voraussetzungen und materiellen

---

24 Als erster Zugang zu diversen Zeichensystemen und Ansätzen ihrer Beschreibung empfehlen sich die entsprechenden Kapitel aus dem *Handbuch der Semiotik* (Nöth 2000a).

Eigenschaften befassen. Innerhalb der traditionellen Textwissenschaften gehören dazu v. a. die **Handschriftenkunde** und die **Buchwissenschaft** (vgl. z. B. Rautenberg 2003 und 2010). Sie haben ein sehr reichhaltiges Inventar von Beschreibungskategorien für materielle Eigenschaften entwickelt. Teilweise sind diese auch für die Leserschaft von unmittelbarer Relevanz. Bei Büchern findet man daher elementare Angaben zu Umfang, Größe, Ausstattung, Gewicht und Preis auch in jedem Katalog. Für weniger triviale Eigenschaften und natürlich für andere Ausdrucksmodi wie **Grafik, Typografie, Film, Musik, Webdesign, Graffiti** usw. kann bzw. muss man dagegen die Kompendien der Spezialisten zu Rate ziehen, wenn es um technische Details und deren Kategorisierung in Typen geht.

Ziel der folgenden Ausführungen kann es daher nur sein, möglichst **abstrakte Beschreibungsparameter** für Materialität und Situierung zu identifizieren, die sich auf alle möglichen Arten von Kommunikaten anwenden und daher auch zu ihrer Unterscheidung heranziehen lassen. Zu diesen abstrakten Merkmalen gehören insbesondere die zeitliche **Geltungsdauer**, der räumliche **Geltungsradius** und der **Herstellungsaufwand** (4.4.4.) von Texten. Wiederaufzugreifen ist ferner die Frage nach der **Signifikanz der Materialität** (vgl. Kap. 2.5.3.), es geht also um die Frage, ob bzw. in welchem Ausmaß ihr eine Bedeutung zukommt (4.4.1.). Wie die Daten zur Personenidentifikation sind auch materielle Merkmale sowie Raum und Zeit solche, die wir als **objektive Eigenschaften** auffassen. Wiederum sind aber für textlinguistische Fragestellungen die **Deutungskategorien** viel wichtiger, mit denen die Akteure den Kommunikaten Eigenschaften zuschreiben, die sie also als relevant setzen (4.4.2.). Dazu gehören nicht zuletzt solche, bei denen es um **Wertzuschreibungen** geht. Zu unterscheiden sind zumindest der ideelle oder Überlieferungswert, der Gebrauchswert sowie der ästhetische und materielle bzw. ökonomische Wert (4.4.3.).

4.4.1. Signifikanz von Materialität und Situierung

Da der Einsatz von Gestaltungsmitteln so eng an die technischen Voraussetzungen gebunden ist, kommt ihm zunächst eine **globale semiotische Signifikanz** bzw. ein allgemeiner Symptomwert zu. Anders gesagt: Kommunikate lassen sich auf dieser Grundlage oft unmittelbar historisch und nach der Herkunft einordnen. Wer die Phasen miterlebt hat, sieht sofort, ob etwas z. B. aus der Zeit von Kohlepapier, Kugelkopfschreibmaschinen, Frühphasen des PC oder des World Wide Web stammt, um gar nicht von der Frakturschrift zu reden. Bücher aus der DDR kann man relativ gut an schlechter Papierqualität und guter Bindung erkennen. Angesichts der aktuellen technischen und materiellen Möglichkeiten haben sich nun in unserer Gesellschaft die Ansprüche an alles visuell Präsentierte erheblich ausgeweitet. Eine verhältnismäßig aufwendige und ästhetisch ansprechende Gestaltung hat sich als eine Norm auch für Gebrauchstexte sehr weitreichend etabliert und wird an sehr viele Kommunikate herangetragen (auch z.B. an Bewerbungen von Privatpersonen für Stellen oder Wohnungen).

Damit könnte man vermuten, dass die Signifikanz der Materialität von Kommunikaten in unserer Gesellschaft insgesamt gestiegen ist und dies das neue Interesse an Materialität miterklärt. In einem gegebenen historisch-sozialen Kontext fallen Kommunikate allerdings v.a. dann auf, wenn sie die Normen über- oder unterschreiten und auch einzelne Gestaltungsmittel müssen sich vom Umfeld und dem Erwarteten irgendwie abheben, um überhaupt die Wahrnehmung auf sich zu ziehen. Deshalb nimmt ihre **spezifische semiotische Signifikanz** in einem durchgestylten Kontext zugleich ab. So weiß man heute oft nicht, ob eine Farbe oder ein Bild nur seines ästhetischen Wertes wegen gewählt wird oder etwas Spezielles bedeuten soll. Ferner haben Gruppen und Individuen sowohl unterschiedliche Kompetenzen als auch Wertvorstellungen. Die einen möchten sich als Leute zu erkennen geben, die immer auf der Höhe der technischen Gestaltungsmöglichkeiten sind, die anderen der Form keine ungebührliche Bedeutung zukommen lassen oder auch ökologisch handeln, wenn nicht schon ihr Geldbeutel sie daran hindert, großen Aufwand zu treiben. Für solche widerstreitenden Einstellungen gegenüber der Materialität stellen Powerpoint-Präsentationen ein gutes Beispiel dar. Wenn der Produzent die Farben als Bedeutungträger einsetzt, Rezipienten aber Schwarz-Weiß-Druck wählen, dann realisieren sie diese Bedeutungsschicht schlicht nicht.

Aufwendige Gestaltung erfordert auch aufmerksame Wahrnehmung. Dass Rezipienten die Signifikanz einer Wahl nicht erkennen[25] oder ihr umgekehrt ggf. Bedeutungen zuweisen, die gar nicht gemeint waren, stellt aber ein grundsätzliches Risiko dar, dem man sich nicht entziehen kann. Ebenso problematisch, wie die Materialität grundsätzlich zu vernachlässigen, scheint es mir daher, ihr grundsätzlich einen Sinn zuzuschreiben oder auch zu postulieren, sie sei gegenwärtig besonders wichtig. Letzten Endes ist doch in jedem Einzelfall zu ermitteln, ob materiellen Gestaltungsmitteln eine spezifische Signifikanz zukommt und welche das ggf. ist.

Dies wird besonders gut in einem Schema (Abb. 4.3) von Jan Assmann erfasst, der der **Form und Materialität** eine „**latente Ko-Signifikation**" zuschreibt – man kann sie also realisieren oder auch nicht, sie kann, wie es bei ihm heißt, aktua-

---

25 Z.B. fällt es linguistischen Laien oder Novizen außerordentlich schwer zu erkennen bzw. zu akzeptieren, dass Kursivdruck zur Kennzeichnung objektsprachlicher Elemente (z.B. *fünf* – das Wort! – hat vier Buchstaben) in sprachwissenschaftlichen Texten von großer Bedeutung ist.

lisiert sein oder minimalisiert. Im höchsten Grad ausgeprägt ist die Bedeutungs-haltigkeit der Materialität bei den ägyptischen Hieroglyphen. Mit ihnen „stehen wir vor dem nur irgend denkbaren Maximum solcher sinnlichen Präsenz von Sinnverkörperung" (Assmann 1988: 151 f.). Das betrifft sowohl Zeichen als auch Zeichenträger, die man hier eigentlich nur analytisch voneinander trennen kann: Sie sind funktionell aneinander gebunden. Eine Besonderheit der Hieroglyphen besteht nämlich darin, dass es sich um eine Spezialschrift für heilige Zwecke handelt, der eine für Alltagszwecke gebräuchliche Kursivschrift an der Seite steht: „Wir haben also eine echte *Digraphie*-Situation vor uns" (ebd.: 150). Die Hiero-glyphenschrift ist „den Aufzeichnungen im götterwelt-öffentlichen heiligen Raum der Dauer vorbehalten" (ebd.: 145) und wurde mit einem „beispiellosen Aufwand ins Werk gesetzt" (ebd.: 152). Das Maximum an Herstellungsaufwand, Gültig-keitsdauer, ideellem, ästhetischen und materiellem Wert fallen hier also zusam-men. Assmann präsentiert eine Dichotomie (minimalisiert-aktualisiert); da es aber Abstufungen gibt, ist hier ein Doppelpfeil hinzugefügt.

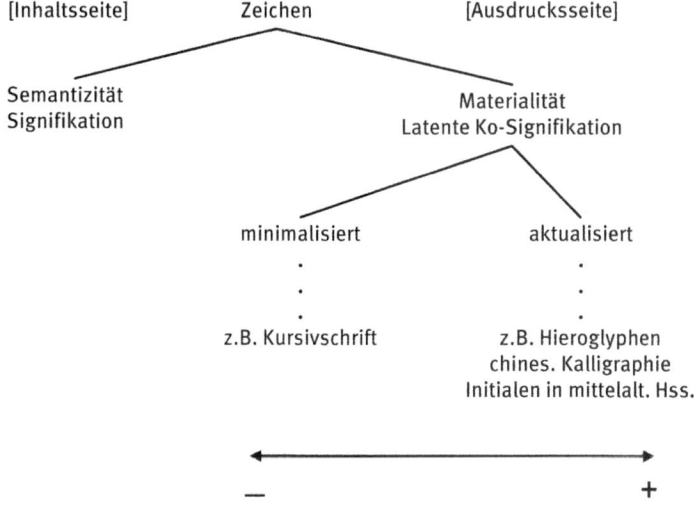

Abb. 4.3: Latenter Bedeutungsgehalt der Form (nach Assmann 1988: 151)

Die Hieroglyphenschrift „kommt so gut wie ausschließlich im Kontext monu-mentaler Träger und bedeutsamer, festgelegter Kommunikationsräume vor" (ebd.), sie ist also auch orts- und objektgebunden. Assmann hat daher sogar vorgeschlagen, neben Mündlichkeit und Schriftlichkeit eine dritte mediale Form abzugrenzen, nämlich **Inschriftlichkeit** (vgl. Tab. 4.4).

Tab. 4.4: Materialität, Art des Zeichenträgers und situative Bindung im Zusammenspiel (nach Assmann 1988: 151)

| | Kommunikation | | |
	Mündliche	Schriftliche	Inschriftliche
Materialität des Zeichens	Stimme	Neutrales Schriftbild	Ästhetisiertes Schriftbild
Zeichenträger	Körper	Papier usw.	Monument
Situativer Kontext	raum-zeitl. begrenzt	unspezifisch	räumlich begrenzt

Dass höchster materieller Wert und Herstellungsaufwand den ideellen Wert zum Ausdruck bringen sollen, kommt auch sonst vor, wenngleich sich selten eine so innige Verquickung von Material und Inschrift findet wie bei den Hieroglyphen. Sehr nahe kommen dem wohl die berühmten *Goldhörner von Gallehus* (mit Runeninschriften) aus dem 5. Jahrhundert, die wahrscheinlich einem magischen Zweck dienten. Hier handelt es sich nicht um Monumente, sondern bewegliche Objekte, Zeichenträger und Inschrift gehören aber ebenfalls zusammen.

Eine Korrespondenz zwischen dem ideellen und/oder pragmatischen Wert der Botschaft einerseits und Zeichenträger sowie -gestaltung andererseits liegt allerdings auch beim anderen Extrem vor, wo ein neutrales bzw. sogar die Normalerwartungen unterschreitendes Schriftbild und möglichst billiges Speichermaterial gewählt wird. Bei prototypischer Schriftlichkeit denkt Assmann eben schon an ein mittleres Niveau, nämlich einigermaßen dauerhafte Texte, für die gute Lesbarkeit sowie „leicht transportable Trägermaterie und eine dadurch ermöglichte situationsunspezifische, beliebige Rezipierbarkeit" (ebd.: 151) charakteristisch sind. Statt mit einer Zweiteilung von Schrift und Inschrift muss man also auch hier mit **Skalen** rechnen.

Bei der Materialität des Zeichenträgers spielt einerseits die **Haltbarkeit, Dauerhaftigkeit** bzw. **Vergänglichkeit** des Materials eine Rolle. Die Skala reicht hier von gänzlich **ephemeren** Erscheinungen bis zu, um die Redewendung aufzugreifen, **in Stein gemeißelten** Mitteilungen. Zu ersteren gehören neben den unmittelbar vergehenden Lautäußerungen z. B. auch Botschaften, die nur mit dem Finger auf die Haut oder auch in den nassen Sand des Strandes geschrieben sind, sowie nur kurzzeitig sichtbare Statusanzeigen in elektronischen Umgebungen. Zwar unterscheiden sich Laut- und Schriftsprache heutzutage nicht mehr so fundamental in ihrer (potenziellen) Dauerhaftigkeit. Allerdings ist Schrift immerhin auf materielle Speicherung angelegt und war lange das einzig verfügbare Mittel dafür. Nicht alles Geschriebene will man jedoch lange aufbewahren, die Botschaften haben einen unterschiedlichen Überlieferungswert, und zwar nicht dichotomisch, d. h. zur Überlieferung gedacht oder nicht, sondern skalar. Für unterschiedliche Zwecke werden demgemäß verschiedene technische Medien verwendet: Wachs-, Schiefertäfelchen und ihre diversen modernen Entsprechungen für das, was man bald wieder auslöschen will, Stein für die Ewigkeit.

Neben der Haltbarkeit der Zeichenträger ist der **materielle Wert** wichtig: Marmor oder Artefakte aus Gold für Inschriften, hochwertiges Papier für Dokumente, für Notizen dagegen auch Papierabfall (z. B. Verpackungen oder die Rückseite nicht mehr relevanter Papiere). Die **Korrespondenz von ideellem und materiellem Wert** stellt jedoch nur gewissermaßen einen Idealfall dar, beide klaffen nicht erst in der Gegenwart häufig auseinander. Für die heutige Zeit ist allenfalls, wie schon erwähnt, charakteristisch, dass auch Dokumente mit geringem Überlieferungswert aufwendig gestaltet werden.

Für Texte mit besonders **hohem Überlieferungswert** ist es typisch, dass sie in materiell sehr **unterschiedlich wertvollen Versionen** existieren, zum Kanon Gehöriges auch in billigster Taschenbuchversion. Bei sakralen Texten aus der christlichen Tradition findet man z. B. die ganze Bandbreite. Für die Normalausprägung ist der Text, d. h. die Bibel, sogar namengebend geworden: Dünndruckpapier nennt man auch *Bibelpapier*. Zu den besonders wertvollen Exemplaren gehört der *Codex Argentus*, silber- und goldfarbene Schrift auf purpurnem Pergament. Das untere Ende präsentieren neben Taschenbuchausgaben Auszüge, die auf billigstem Papier gedruckt sind und in der modernen Mission eingesetzt werden. Das kann sowohl auf Kostengründe als auch Erwägungen zur semiotischen Signifikanz zurückgehen: Man kann damit signalisieren, dass es auf den Inhalt ankommt und dieser den Alltag betrifft. Ein anderes Beispiel für die Bedeutung von Größe und Gewicht bietet Werthers Reaktion auf ein Geschenk:

> „Es waren zwei Büchelchen in Duodez dabei, der kleine Wersteinische Homer, eine Ausgabe, nach der ich so oft verlangt, um mich auf dem Spaziergange mit dem Ernestischen nicht zu schleppen." (Goethe, *Die Leiden des jungen Werther*, Erstes Buch, 28. August)

Die mobilen Lesegeräte, mit denen man die Weltweisheit in der Jackentasche tragen kann, sollten Werther also entzückt haben.

Bei Ausdrucken digital gespeicherter Dokumente ist besonders offensichtlich, dass es sich um die **Materialisation virtueller Einheiten** handelt. Besonders signifikant ist die Materialität allerdings oft gerade bei **Unikaten**, speziell bei ungewöhnlichen Fällen der Hervorbringung von Buchstaben oder anderen Zeichen, etwa wenn man aus Blumen eine Botschaft legt oder Menschen sich so aufstellen, dass sie ein Wort bilden.[26] Solche in ihrer Materialität relativ flüchtigen

---

26 Einen besonders marginalen Fall der Hervorbringung von Buchstaben beschreibt Paul Auster

Kommunikate werden aber ebenfalls charakteristischerweise fotografiert, also sekundär gespeichert, so dass eine neue virtuelle Einheit entsteht, die wiederum reproduzierbar ist und die zugleich aus dem Abgebildeten ein **Original** macht. Für Artefakte mit hohem ideellem Wert ist also die **Reproduktion** charakteristisch. Für die Reproduktionen stellt sich nun erneut die Frage nach dem Herstellungsaufwand, dem materiellen Wert und der Menge (fast) identischer Exemplare.

Für die Reproduktion von Monumenten und sonstigen Artefakten kommen zunächst **individuelle Zeichnungen** infrage, die auch von den Goldhörnern überliefert sind. Die Technik von **Kupferstich** und **Radierung** erlaubt dann deren identische Reproduktion. Besonders berühmt sind z. B. die *Vedute di Roma* von Piranesi (1720 – 1788). Diese Techniken haben sich früher als der Buchdruck entwickelt und sind lange unabhängig davon geblieben. Sie sind in erster Linie für die Reproduktion von Abbildungen entwickelt, enthalten aber großenteils auch Textelemente. Dasselbe gilt von Nachbildungen von Objekten und Monumenten. Das Maximum an Herstellungsaufwand und ideellem Wert repräsentieren hier originalgetreue Kopien, die z. B. heute Museumsbesuchern zugänglich gemacht werden, während die Originale an geeigneten Orten vor dem Verfall geschützt werden. Bis zum Minimum gehen Souvenirs für Touristen, die dafür in sehr großer Zahl existieren.

Nur die **Einzelexemplare** weisen **konkrete materielle Eigenschaften** auf, dreidimensionale Objekte grundsätzlich auch ganz andere als Abbildungen davon. Eigenschaften des Originals, die auf der Abbildung nicht wahrnehmbar sind, werden dann ggf. sprachlich umschrieben ebenso wie der Standort des Originals und das Datum der Aufnahme, das bei flüchtigen Kommunikaten mit dem ihrer Existenz zusammenfällt. Nur die Einzelexemplare sind auch **in Raum und Zeit lokalisierbar**. Deswegen lässt sich die Frage der Materialität nicht von der nach der Menge (fast) identischer Exemplare trennen. Sie ist zur Unterscheidung von Textarten signifikant. So handelt es sich bei Alltagsgesprächen und Liebesbriefen normalerweise um Unikate, während eine Tageszeitung, von der man nur ein Exemplar druckt, allenfalls ein höchst peripherer Vertreter dieser Kategorie wäre. Auch die örtliche und zeitliche Gebundenheit kann für das Kommunikat von besonderer Relevanz sein. Das bringt Fix mit dem Beispiel zum Ausdruck, mit dem sie die Bedeutung von Materialität und Lokalität unterstreicht:

---

in seiner *New York Trilogy:* Hier erzeugt ein Protagonist (zumindest entsprechend der Interpretation des ‚Detektivs') eine Buchstabenfolge, indem er in einem Straßennetz herumläuft (*City of glass*).

„Ob man Hölderlin in einem Buch liest, auf dem Bildschirm oder als Graffito auf der Ufer-
befestigung des Neckars in Tübingen, sagt etwas aus und lenkt die Rezeption in einer bestimmten Weise." (Fix 2008a: 345)

Was man da von Hölderlin liest, ist bei Buch und Bildschirm normalerweise ein
bestimmtes Werk in einer bestimmten Ausgabe (das sind virtuelle Einheiten auf
zwei verschiedenen Ebenen), die man an den verschiedensten Orten lesen kann.
Beim Graffito kann es sich dagegen nur um eine kurze wiederverwendete Text-
passage handeln, die ortsfest angebracht ist, aber vielleicht nach kurzer Zeit
übermalt oder entfernt wird. Damit kommen wir insgesamt zu einem relativ
komplexen Set von Parametern, die sich wiederum letztlich nur analytisch voneinander unterscheiden lassen. Die elementaren Kategorien seien anhand des
Beispiels Hölderlin schematisch vorgestellt (Tab. 4.5).

Tab. 4.5: Elementare Beschreibungskategorien: Ort, Zeit, Anzahl der Exemplare

	Werk	**Ausgabe**	**Exemplare (pro Ausgabe)**	
Ort der Zeit der	Entstehung	Publikation	Aufbewahrung	Rezeption
Menge	1	einige 100 (?)	(sehr) viele	?
Beispiele	*Hyperion*	Reclam Insel	Bibliotheken, Privathaushalte, … u. a.: http://gutenberg.spiegel.de/buch/ 264/1	Abrufe

Während über die Einzelfälle individueller Rezeption, also die letzte Spalte, nur in
Ausnahmefällen Aussagen möglich und Feinanalysen auf experimentelle Settings
angewiesen sind, lassen sich Daten zu Produktion, Publikationen und teilweise
zur Aufbewahrung auffinden und auswerten.

Die Monumente widersprechen der traditionellen Doxa, die unterstellt, dass
Mündliches situationsgebunden ist, während Schriftliches sich durch Situationsentbundenheit auszeichnet. Diese überkommene Gegenüberstellung von
Laut- und Schriftsprache ist allerdings auch sonst gründlich erschüttert; Auer
(2010: 271) spricht sogar von der ‚Mär der Situationsunabhängigkeit der geschriebenen Sprache': Der öffentliche Raum, speziell der urbane, ist ja tatsächlich
voll von Zeichen. Die **Bindung von (Schrift-)Zeichen an Gegenstände** und **Orte**
stellt also keine Ausnahme dar, sondern ist omnipräsent und charakterisiert
unseren Alltag (vgl. z. B. Domke 2013). Man kann geradezu sagen, dass es immer
weniger Artefakte gibt, die nicht mit irgendwelchen Schriftzügen oder sonstigen
Zeichen versehen wären: Straßen, Gebäude, Kleidung, Fahrzeuge, Gebrauchsge-
genstände aller Art, aber auch Nahrungs- und Genussmittel, mindestens deren

Behälter sowie auch der menschliche Körper. Mit (Schrift-)Zeichen sekundär versehen lassen sich ja alle möglichen Oberflächen. Allerdings sind nicht alle zur (sekundären) Beschriftung gedacht. Man braucht auch nicht einmal beschreibbare Flächen, um mit Schrift umzugehen. Manche (Schrift-)-Zeichen sind selbst Körper, als Figur gestaltet (zum Lesenlernen etwa das A in Form eines Affen usw.), mit dem eigenen Körper erzeugt (man google *Buchstabenmenschen*), als Schlüsselanhänger benutzt, als Buchstabennudeln in der Suppe schwimmend usw.

Es stellt sich also die Frage, in welcher **Beziehung Zeichen und Zeichenträger** zueinander stehen. Die Bandbreite der Relationen ist vielfältig. Von allgemeiner Relevanz ist daher die Frage, ob der Zeichenträger in erster Linie als solcher fungiert oder einen praktischen Eigenwert hat und ob die Beschriftung gewissermaßen zum Objekt/Ort gehört oder aber eine nur lose oder gar keine funktionale Beziehung vorliegt und die Zeichen sekundär angebracht wurden. Im Zusammenhang damit steht die Frage, ob das Zeichen vom Hersteller bzw. Besitzer des Objekts stammt bzw. **autorisiert** ist oder die Schreibfläche **parasitär** genutzt wurde[27] – den Prototyp dafür bilden natürlich Graffiti. Verschiedene Arten von Zeichenträgern seien in der Abbildung 4.4 im Überblick vorgestellt.

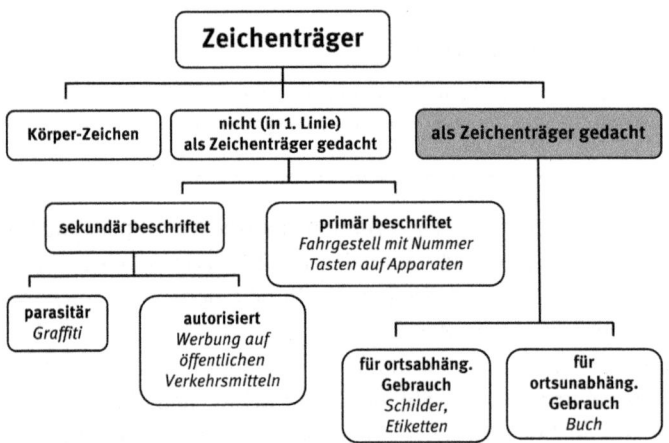

Abb. 4.4: Arten von Zeichenträgern

Obwohl die Darstellung mit Dichotomien arbeitet, sind zweifellos viele Übergänge denkbar. Teilweise spielt es z. B. gar keine Rolle, ob sich ein Zeichen nun auf einem Schild oder Etikett (als Zeichenträger vorgesehen) oder aber direkt auf dem Boden,

---

27 Auer (2010) spricht von autoritativen gegenüber transgressiven Zeichen und erläutert ausführlicher die „Kolonialisierung des öffentlichen Raums durch die Schrift" (ebd.: 295).

der Wand oder einem Objekt befindet. Das gilt für alle Zeichen mit klarer pragmatischer Funktion, die nämlich der **Identifizierung, Orientierung** und **Verhaltenssteuerung** dienen: Wo befinden wir uns? Wer wohnt hier? Was befindet sich in diesem Behälter? Wem gehört dieses Objekt? Woraus besteht es? Was kostet es? Wo ist der Knopf zum Ausschalten?

Einen gleitenden Übergang gibt es auch zwischen Kommunikaten, die für den ortsabhängigen Gebrauch vorgesehen sind und solchen, die rein materiell gesehen selbständig auftreten, aber doch einen engen Orts- oder auch Objektbezug aufweisen. Wenn in der direkten (Face-to-Face-)Kommunikation die **Situationsverschränktheit** als eine Beschreibungsdimension gefasst wird – sie ist stark ausgeprägt, wenn das Sprachliche in engstem Zusammenhang mit nichtsprachlichen Tätigkeiten steht, in die auch Objekte aus der Umgebungssituation einbezogen sein können (z. B. bei einer Wegauskunft oder einem Verkaufsgespräch) –, so muss auch bei raum-zeitlich zerdehnter Kommunikation ein eventueller Bezug auf Räume oder Objekte berücksichtigt werden. Die **Objekte und Räumlichkeiten** bzw. (beschriftete) Modelle von ihnen können ja **in den Text ‚hineingeholt'** werden: Schematische Abbildungen von Geräten, deren Einzelteile direkt oder über Zahlenverweise benannt sind; Übersichten über ein Straßennetz, eventuell verbunden mit der schematischen Abbildung wichtiger Gebäude usw. Auch Gebrauchsanweisungen oder Montageanleitungen setzen im Allgemeinen voraus, dass der Rezipient Zugang zu dem Objekt hat, um die angegebenen Manipulationen ausführen zu können. Schriftliche Weganleitungen und Reiseführer[28] sind vielfach so angelegt, dass sie die Anwesenheit des Rezipienten an dem beschriebenen Ort voraussetzen (*Jetzt wenden Sie sich nach rechts* usw.). Viele deskriptive und explikative Texte benötigen solche Abbildungen und Modelle – man denke etwa an Pflanzenbestimmungsbücher oder die Erläuterung der Lautproduktion aus einem phonetischen Lehrwerk. Inwieweit eine solche Raum- oder Objektbindung besteht und damit auch eine multimodale Präsentation nützlich oder erforderlich ist, hängt natürlich vom Thema und Inhalt des Textes ab.

4.4.2. Objektive Eigenschaften und Deutungskategorien

Der fundamentale Unterschied zwischen Mündlichem und Schriftlichem, mit dem man früher rechnete, ergibt sich unmittelbar aus der Materialität, da das eine

---

28 Reiseführer sind übrigens schon relativ häufig textlinguistisch untersucht wurden (vgl. Fandrych/Thurmair 2011: Kap. II.2.).

normalerweise flüchtig ist, das andere nicht. Bei einem Pol dieser (vermeintlichen) Dichotomie, nämlich allem Gespeicherten, haben wir dann allerdings unmittelbar eine Skala vor uns, die die mehr oder weniger lange **Haltbarkeit** von Textträgern und Zeichen betrifft, also Dauerhaftigkeit bzw. Vergänglichkeit. Über die Haltbarkeit von digitalen Speichermedien ist teilweise noch nichts Genaues bekannt. Sicher ist, dass die **Langzeitarchivierung** eine große Herausforderung darstellt, nämlich die kontinuierliche Übertragung von Daten auf die jeweils neuesten Medien erfordert. Eines hat sich also gegenüber früheren technischen Stadien nicht geändert: Wichtiger als die materielle Haltbarkeit ist die Frage, ob man Texte der Aufbewahrung oder gar Überlieferung für wert hält und sie dementsprechend immer wieder reproduziert. Abstrakt kann man dies als **Zuschreibung von Geltungsdauer und Geltungsradius** fassen.

Bei Kommunikaten, die einen besonders engen Bezug zu Raum und Zeit aufweisen, sind die Daten oft explizit vermerkt. Auf Fahrscheinen ist etwa das **Datum** und ggf. die **Uhrzeit** aufgedruckt. Dabei handelt es sich auf den ersten Blick um objektive Daten – selbstverständlich sind diese Angaben jedoch entsprechend einem Bezugssystem, dem gültigen **Kalender**, zu interpretieren. Auch **Geodaten** setzen ein eingeführtes Kartierungssystem voraus: das derzeit weltweit gültige wurde 1884 auf der Internationalen Meridiankonferenz festgelegt. Dieses spielt allerdings bei den wenigsten Gebrauchstexten – immerhin etwa bei Landkarten oder Wetterberichten – eine Rolle. Relevanter ist schon der **soziale Ort.** Hier lassen sich zwar abstrakte Ausprägungen wie ‚Privatraum‘, ‚halböffentlicher Raum‘, ‚öffentlicher Raum‘ usw. unterscheiden, im Allgemeinen dürften aber sehr viel konkretere (und damit nicht in einer allgemeinen Typologie vordefinierbare) Angaben (z. B. Privatwohnung, Café, Verkehrsmittel, Amt etc.) hilfreicher und oft notwendig sein.

Für die meisten Kommunikate werden die objektiven Daten zu Zeit und Ort auf Deutungskategorien abgebildet und in **Relation zu dem Bezugssystem einer Standardwelt** gesetzt. Greifen wir das Pronomen *ich* für das Jedermannsbewusstsein wieder auf (vgl. Kap. 4.1.), so stellt sich etwa die Frage: Betrifft dieses Kommunikat mein Wohnhaus (Hausordnung), mein Wohnviertel (Müllabfuhrkalender), meine Stadt oder Region (Nahverkehrsplan), mein Land? Nach solchen Kategorien ordnen auch Zeitungen ihr Angebot mit Rubriken wie Inland, Ausland, Lokalteil. Was den zeitlichen Aspekt betrifft, so gehören **Aktualität** und **Periodizität** zu den Kennmerkmalen für Pressetexte. Gehandelt wird hier in relativ kurzen Abschnitten, die den Organen teilweise auch ihren (Textsorten-)-Namen geben: Tageszeitung, Wochenmagazin, Monatsblatt. Da aktueller Berichterstattung aber eben die Distanz fehlt, die für Deutungskategorien erforderlich ist, werden rückblickend auch immer wieder größere Zeitabschnitte in den Blick genommen (vgl. z. B. Jahresrückblicke) und neu gegliedert: vor und nach dem Skandal, Rücktritt, Unfall usw.

In diesem Sinne sind also auch Raum und Zeit als **Skalen** zu denken, Ereignisse – und Kommunikate – werden entsprechend der Distanz zur Wir-Hier-Jetzt-Origo bestimmter Gruppen eingeordnet, wobei natürlich die unterschiedlichsten Konkretisierungen infrage kommen. Daher ist es auch kaum möglich, irgendwelche Systematisierungen vorzunehmen, die relevanten Bezugsräume müssen induktiv aus den Kommunikaten und Diskursen abgeleitet werden, denn die Grenzen von **Kulturräumen** und historischen **Epochen** sind fundamental **standortgebunden**. Sie werden (für bestimmte gesellschaftliche Gruppen) diskursiv etabliert, aber auch immer wieder in Frage gestellt.

Einen besonderen Stellenwert haben Kommunikate, die offiziell in und außer Kraft gesetzt werden und **Geltungsräume** überhaupt erst **konstituieren**. Dazu gehören insbesondere Gesetze, Verträge und Abkommen. So hat sich etwa die Anzahl der Länder, die zur Europäischen Union gehören, in der jüngeren Vergangenheit mehrfach geändert – ebenso wie der Geltungsbereich des Grundgesetzes für die Bundesrepublik Deutschland. Aber auch für kleinere Organisationen, Vereine, Gesellschaften usw., legen Satzungen, Geschäftsordnungen, Statuten und ähnliche **rechtsverbindliche Texte** die Existenz und das Funktionieren fest. Innerhalb der so geschaffenen Räume werden dann auch Kommunikate mit beschränkter Geltungsdauer ausgestellt (z. B. Mitgliedsausweise).

Kommunikate, die am unteren Ende der Gültigkeitsdauer liegen, kann man geradezu als **Wegwerftexte** bezeichnen (z. B. Eintrittskarten oder Zettel mit dem Tagesmenu). Sie haben einen hohen Gebrauchswert, verlieren diesen aber nach kurzer Zeit. Auch wenn sie tatsächlich so etwas wie ein Verfallsdatum haben, können sie allerdings dennoch weiter aufbewahrt werden, weil man ihnen z. B. einen hohen ästhetischen oder Erinnerungswert zuschreibt. Insbesondere bleiben sie für (Sprach-)Historiker von dokumentarischem Wert (vgl. Kap. 5.3.).

Am anderen Ende der Skala liegen Texte, die zum **Weltkulturerbe** gerechnet werden, deren Geltung also weder zeitlich noch räumlich beschränkt ist. Welche konkret dazugehören, unterliegt einem gesellschaftlichen Aushandlungsprozess. Hier spielen „Definitionsagenturen: Schulen, Universitäten, Feuilletons, Museen"[29] eine besondere Rolle. Betroffen sind v. a. **künstlerische Texte** einerseits, **philosophische und Fachtexte** andererseits. Es geht darum, sich gewissermaßen über deren Gültigkeitsdauer zu verständigen, nämlich einen **Kanon** bzw. eine Liste von ‚Pflichtlektüre' (z. B. für ein bestimmtes wissenschaftliches Thema) zu

---

[29] Schulze (2000:142 f.). Zur näheren Erläuterung der Bedeutung von Definitionsagenturen sei die Darstellung von Schulze insgesamt empfohlen; vgl. auch Kap. 5.

definieren, die darüber entscheiden, ob ein Text zu einem bestimmten Zeitpunkt noch gelesen werden muss oder nicht bzw. nur noch als historisches Dokument behandelt wird. Für einige Kommunikate seien Geltungsdauer und -radius versuchsweise spezifiziert (Tab. 4.6).

Tab. 4.6: Arten von Kommunikaten nach Geltungsdauer und -radius

	Geltungsdauer	Geltungsradius
Normalfahrschein im Nahverkehr	ca. 30 – 90 Minuten	beschränkt auf den Bereich der Verkehrsbetriebe
Tageszeitung	einige Tage	beschränkt und zur Differenzierung genutzt: regional, überregional, …
Werbeplakat	einige Wochen	beschränkt entsprechend der Platzierung
Telefonbuch	1 Jahr	beschränkt auf Stadt/Region
Studienplan	einige Jahre	beschränkt auf Institut/Fakultät einer Uni
Sachbuch	einige Jahr(zehnt)e	variabel
naturwissenschaftlicher Aufsatz	meist einige Jahre	geografisch unbeschränkt sozial beschränkt auf wiss. Gemeinde
wiss. Klassiker (paradigmensetzend)	Jahrzehnte bis Jahrhunderte	unbeschränkt
Bestseller der Unterhaltungsliteratur	einige Jahr(zehnt)e	variabel entsprechend Übersetzungen
Texte der Hochkultur	bis zu Jahrtausende	weltweit

Für den Zeitbezug ist schließlich noch wichtig, dass Perioden in bestimmter Weise **getaktet** werden, und zwar teilweise spezifisch für Kommunikationsbereiche und Organisationen. So denkt man im akademischen Feld der Universität in den Kategorien Studienjahr, Semester, Prüfungszeit, vorlesungsfreie Zeit. Für die Politik sind Legislaturperioden, Sitzungswochen, Sommerpause wichtig und spezifizierbar, während die Wahlkampfzeit zu den besonders diffusen Kategorien gehört (*Nach dem Wahlkampf ist vor dem Wahlkampf*). Für einen bedeutenden Teil des Publikums sind die Gliederungen des Tages sehr relevant, die Fernsehsender vornehmen – obwohl die Sendezeit längst nicht mehr vorgibt, wann man eine Sendung betrachtet. Dennoch ist es wichtig, ob sie ins Tages-, Vorabendprogramm oder die Hauptsendezeit gehört (vgl. z. B. Labitzke 2009).

4.4.3. Zugänglichkeit und Käuflichkeit: der Text als Ware

Wenn man die Materialität von Texten betont, sollte man eigentlich auch an ihren materiellen Wert im Sinne des Preises, also den **Tauschwert**, denken. Dieses ökonomische Kriterium erfährt in der Textlinguistik bislang wenig Aufmerksamkeit, ist aber heute wichtiger denn je. Denn angesichts der Unmenge von kostenfrei zugänglichen Angeboten im **Internet** geht die Akzeptanz, für Inhalte auch zu bezahlen, bekanntlich immer weiter zurück. Gratis können viele Inhalte im Netz deshalb sein, weil sie sich überwiegend oder vollständig über **Werbung** oder aber mehr oder weniger direkt über **öffentliche Gelder** finanzieren – Wikipedia bildet tatsächlich eine bemerkenswerte Ausnahme.

Auf Werbung angewiesen ist aber auch seit langem die traditionelle **Druckpresse**, denn der Verkaufserlös deckt bei weitem nicht die Kosten. Demgegenüber sind traditionelle **Bücher** für Werbung nicht offen.[30] Sie bilden insofern den Protoyp (ver-)käuflicher Texte, also solcher, denen ein Eigenwert zugeschrieben wird. Ihr Preis hängt ab von der Auflagenhöhe, also der Menge der gedruckten Exemplare, und den **Herstellungskosten**. Dabei interessieren hier besonders drei Bereiche, nämlich erstens das **Autorenhonorar**, das für die Herstellung des ersten virtuellen Textes, der Vorlage des Autors, anfällt, zweitens die Kosten, die der Verlag für dessen Umwandlung in eine **Druckvorlage** aufwendet (vgl. Kap. 4.3.), und schließlich die eigentlichen Druck- und Bindekosten, also die für die **Materialisierung**. Bei besonders erfolgreichen Texten, d. h. solchen mit hohem Überlieferungswert, die langfristig über den Buchhandel vertrieben werden, entfällt der erste Posten, sobald das Urheberrecht abgelaufen ist. Diese Schutzfrist liegt je nach Rechtssystem zwischen 50 und 100 Jahren. Die meisten Texte dieser Art stammen also aus einem teilweise weit entfernten raum-zeitlichen Bezugssystem, einer anderen (Standard-)Welt.

Demgegenüber zeichnen sich **Gebrauchstexte** im eigentlichen Sinn durch ihre Verankerung in handlungspraktischen Zusammenhängen aus. Sie funktionieren nur in einem bestimmten raum-zeitlichen Bezugssystem; Gültigkeitsdauer und -radius sind teilweise sehr beschränkt (vgl. Kap. 4.4.2.) und viele existieren auch nur in wenigen gedruckten Exemplaren (Verträge, Urkunden, Geschäftskorrespondenz, Sitzungsprotokolle, Verwaltungsakten usw.). Wenn es sich nicht gerade um Wegwerftexte handelt, werden sie **archiviert**, aber nicht publiziert, d. h. sie sind charakteristischerweise nicht (ver-)käuflich. Hierbei ist v. a. an Texte

---

30 Üblich sind seit langem Seiten mit Werbung für verlagseigene Produkte (meist am Ende des Buches).

zu denken, die die Funktionalstilistik dem Kommunikationsbereich öffentliche Rede zuordnet (vgl. Tab. 4.1).

Ebenso wenig eignen sich **Werbekommunikate** zum Verkauf. Hier zahlt der Produzent vielmehr dafür, dass er sie platzieren kann – und finanziert eben dadurch nicht (gut) verkäufliche Angebote mit (vgl Adamzik 2012a). Da es zweifellos fließende Übergänge und viele Grenzfälle gibt, rechnet man auch hier am besten mit einer Skala (Abb. 4.5).

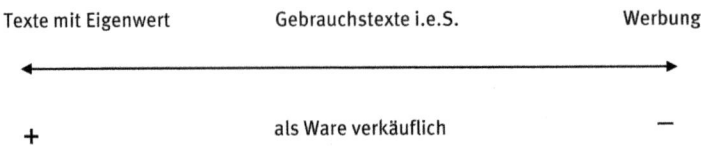

Abb. 4.5: Verkäuflichkeit von Kommunikaten

Bei der Behandlung einzelner Texte oder auch Textsorten ist nicht nur zu berücksichtigen, wie viele Exemplare es von virtuellen Kommunikaten gibt, sondern auch wie es sich mit ihrer **Zugänglichkeit** verhält. Dabei stellen **Buchhandel, Bibliotheken und Archive** wesentliche Ausprägungen dar. Abgesehen davon, dass Angaben zur zeitlich-räumlichen Situierung – auch beim ‚normalen‘ Umgang mit dem Text, also nicht nur zu wissenschaftlichen Zwecken – zu ihrer deskriptiven Erfassung gehören und teilweise auch explizit im Kommunikat erscheinen (Impressum), sind diese Aspekte im textlinguistischen Zusammenhang insofern von besonderem praktischen Interesse, als von ihnen die Möglichkeit abhängt, bestimmte Korpora zusammenzustellen.

Kommen wir noch einmal zu den **parasitären Zeichen**, also solchen, die jemand an dafür nicht vorgesehenen (öffentlich zugänglichen) Gebäuden oder Gegenständen angebracht hat, als Einritzungen in Bäumen und Möbeln oder Zeichen, die mit welchem Schreibwerkzeug immer auf Hauswänden, Plakaten, Monumenten, Grabsteinen usw. angebracht werden. Diese fasst man in metaphorischer Erweiterung (d. h. unter Absehung der jeweiligen Herstellungstechnik) zur Gruppe der **Graffiti** zusammen. Über den funktionalen Ortsbezug und den Herstellungsaufwand lassen sich keine allgemeinen Angaben machen: Die Spannbreite reicht von Initialen für ‚Ich war auch hier‘ (vorgesehen sind dafür Gästebücher) bzw. ‚dies ist mein Revier‘ über persönliche Schmähungen bis hin zu politischen Parolen (vgl. für Beispiele etwa Fix 2008a und Sandig 2006: 418 ff.). Es können ferner unscheinbare Kritzeleien, aber auch kunstvoll gestaltete Flächen sein.

Solche Graffiti sind teilweise sehr haltbar – überliefert sind u. a. solche aus dem alten Ägypten und Pompeji. Das gilt auch für die moderne Spraytechnik, sie zu entfernen ist mit erheblichem Aufwand und Kosten verbunden. Dass die Flächeneigner das gleichwohl oft tun, belegt am besten die unterschiedliche Einschätzung von ästhetischem und oder ideellem Wert sowie die Differenz zwischen autorisierten und parasitären Zeichen. Graffiti gelten überwiegend als Vandalismus, z. B. wenn sie an Grabmälern oder an Fahrzeugen der öffentlichen Verkehrsmittel angebracht werden. Autorisiert sind dagegen nicht nur die primären und die funktionalen sekundären Beschriftungen (bei den Fahrzeugen z. B. Linie und Zielort, früher als auswechselbare Schilder, heute eher durch Leuchtschriften signalisiert), sondern auch die Reklameaufschriften, mit denen dieselben Fahrzeuge versehen sind und für die bezahlt wird. Allerdings stellt man für Graffiti teilweise auch Flächen zur Verfügung, dann handelt es sich nur der Technik nach um Graffiti, aber um autorisierte Zeichen, die wie auch andere Wandgemälde den Status von **Kunstwerken** zugeschrieben bekommen haben.

Sekundär angebrachte Zeichen können einem Objekt also auch einen ideellen und daraufhin sogar materiellen Wert verleihen. Das gilt besonders für Autogramme (Autogrammkarten sind dafür als Zeichenträger vorgesehen). Auch signierte Bücher, Fußbälle, auf denen die Mannschaft unterschrieben hat, oder Gipsverbände sind Beispiele für solche **Aufwertung von Objekten durch sekundäre Zeichen**. Einen bemerkenswerten Fall dafür weist die deutsche Literaturgeschichte auf. Es handelt sich um ein Gedicht von Goethe mit dem Titel *Wandrers Nachtlied*. Er schrieb es zuerst am 6.9.1780 mit Bleistift auf die Holzwand der Hütte bei Ilmenau, in der er übernachtete. Das Original ist also örtlich fixiert – es zog eine Unzahl von Besuchern an. Hier war es also die Inschrift, die die Hütte zu einem Wallfahrtsort gemacht hat.

Nun ist Bleistift auf Holz – noch dazu im Freien – nicht sehr haltbar. Deswegen hat man (wohl auch Goethe selbst) die Schrift nachgezogen, aber auch weiter an der Stelle herumgekritzelt, bis sie schließlich mit einer Glastafel geschützt wurde. 1869 wurde die Handschrift dann fotografiert, kurz bevor die Hütte abbrannte (1870). Diese Fotografie (Abb. 4.6) erschien als Reproduktion in der *Gartenlaube* (1872: 657), und zwar im Rahmen eines Artikels von Julius Keßler mit dem bezeichnenden Titel: *Ein deutsches Heiligthum und sein Untergang*. 1874 wurde das Häuschen originalgetreu wiederaufgebaut und ist bis heute eine Touristenattraktion. Es trägt Tafeln mit Übersetzungen des Gedichts in 15 Sprachen. Weitere Übersetzungen sind über die Website der Stadtverwaltung Ilmenau zugänglich.

Das Gedicht existiert also in besonders vielen Versionen, die man seit seiner Entstehung fortwährend angefertigt hat. Auch die frühen Besucher haben den Text natürlich kopiert. Überliefert sind mehrere nicht ganz identische Versionen. Über den angemessenen Umgang mit wertvollen oder gar (quasi-)sakralen Objekten herrschte allerdings wohl noch nie Konsens: Keßler berichtet auch, dass jemand versucht habe, den beschrifteten Teil herauszusägen. Noch schlimmer ergangen ist es den Goldhörnern von Gallehus, die ja eigentlich besonders haltbar sind. Die Originale wurden gestohlen und Anfang des 19. Jahrhunderts eingeschmolzen. Hier war also allein der Materialwert so groß, dass Kulturfrevler es lohnend finden konnten, das Artefakt darauf zu reduzieren. Beim Autograf von Goethe ist der Materialwert dagegen ohne Belang. Auch konnte das Feuer den virtuellen Text nicht zerstören, denn diesen haben bis heute viele – nicht zuletzt die Interpreten der Schubert'schen Vertonung – im Kopf gespeichert.

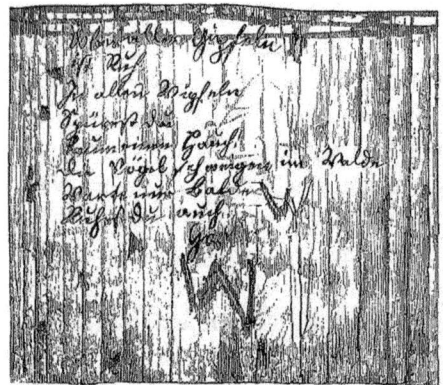

Goethe's Handschrift im Kickelhahn=Häuschen.

Abb. 4.6: Fotografie der Inschrift auf dem sog. Goethe-Häuschen

Zum Abschluss sei noch auf kommunikative Interaktionen hingewiesen, die ähnlich wie die altägyptischen Monumente mit einem enormen Aufwand ins Werk gesetzt werden, die aber vergänglich sind. Gemeint sind **Zeremonien.** Sie setzen die **Kopräsenz** der relevanten Akteure und **Mündlichkeit** voraus, erfolgen in fest definierten Settings, für die auf **multimediale Ressourcen** (z. B. Ort, musikalische Einlagen, Amtstrachten und -insignien usw.) zurückgegriffen wird. Es handelt sich um einmalige kommunikative Ereignisse, die für die Interaktanten von großer Relevanz sind oder gar die Selbstkonstitution der Gesellschaft betreffen. Dazu gehört z. B. die Einsetzung eines Funktionsträgers in sein Amt, maximal ausgeprägt bei einer Inthronisierung. Aber auch für Eheschließungen ist das mündliche Jawort und die Formel *Hiermit erkläre ich euch ...* in einer institutionell definierten Konstellation unabdingbar, wenngleich später für Verwaltungsakte nur ein Papier zählt. Die in diesen Kontexten verwendete gesprochene Sprache steht im Gegensatz zur Alltagssprache und lässt sich gut und gern als **Feiertagssprache** charakterisieren. Sobald Schrift oder andere Speicherungsmöglichkeiten zur Verfügung stehen, werden diese Zeremonien natürlich auch dokumentiert und aufbewahrt. Bemerkenswert ist aber, dass diese ganz besonders wichtigen kommunikativen Ereignisse im **Urmodus von Kopräsenz und Interaktion** vollzogen werden und auch noch so aufwendige Speicherungen nie das vermitteln oder gar ersetzen können, was das ‚Original' ausmacht – man muss dabei gewesen sein.

4.4.4. Fazit: Herstellungsaufwand als zentrales Kriterium

Die Beispiele haben gezeigt, dass die Möglichkeiten der Materialisierung und Positionierung von Texten ziemlich unüberschaubar sind und man auch mit sehr verschiedenartigen Konstellationen rechnen muss, was das Verhältnis von Signifikanz, ästhetischem, pragmatischem, ideellem und ökonomischem Wert angeht. Besonders wichtig ist, dass diese Faktoren stark von den historischen und (sub-)kulturellen Bedingungen abhängen und sich also immer nur relativ zu einer gegebenen Situation und Gemeinschaft/Gruppe beurteilen lassen. Sucht man nun nach einem möglichst abstrakten Kriterium, das sich an besonders viele Situationen anpassen lässt, so bietet sich der **Herstellungsaufwand** an. Dieser lässt sich sowohl materiell als auch zeitlich messen. Das verweist zurück auf die Produktions-Instanzen (vgl. Kap. 4.3.3.) und insbesondere die Beteiligung **professioneller Akteure**. Diese verlängern nicht nur den Herstellungsprozess, sondern verursachen auch Kosten, da sie für ihre Arbeit ja bezahlt werden müssen.

Ein Berufszweig, der unsere Vorstellung von aufwendig gestalteten multimodalen Gebrauchs-Kommunikaten mit ausgeprägter Signifikanz der Materialität besonders prägt, ist noch relativ jung. Gemeint ist die **Werbebranche**, die sich mit der Industrialisierung und Markenprodukten etablierte, aber erst nach dem zweiten Weltkrieg zu einem bedeutenden Wirtschaftszweig wurde. Die Ästhetisierung der Werbung und die Warenästhetik gehören zu den früh auch textlinguistisch beachteten Phänomenen. Da der öffentliche Raum von Werbung durchdrungen ist, prägt dies unsere Erwartungen wesentlich mit. Dies steht in Zusammenhang mit dem, was man die **Ästhetisierung der Lebenswelt** genannt hat.

Dem korrespondiert ein Ästhetisierungsimperativ auch für **Gebrauchstexte**, wie er durch die neuen Technologien möglich geworden ist (vgl. Kap. 4.1.). Im Prinzip ist die digitale Kommunikation mit allem, was dahinter steht, ja extrem aufwendig, in unseren Breiten ist sie jedoch für den einzelnen Benutzer derzeit leicht zugänglich, billig und er kann relativ einfach und schnell anspruchsvoll wirkende Kommunikate herstellen oder Vorlagen weiterverwenden. Jede Serienfertigung von Texten senkt ja die Anstrengungen erheblich, d. h. dass der zeitliche Herstellungsaufwand gar nicht unbedingt besonders groß ist bzw. von den technischen Kompetenzen abhängt (vgl. Kap. 4.3.4.). Der finanzielle Aufwand kommt erst dann zum Tragen, wenn Dokumente tatsächlich materialisiert werden, nämlich als Farbdrucke, auf Hochglanzpapier usw.

Auch **mündliche Kommunikation** kann man unter dem Kriterium des Herstellungsaufwands beurteilen. Dies macht besonders die Rhetorik klar (vgl. Kap. 1.3.), die Phasen nicht nur für die sprachliche Elaboration, sondern auch für das Einprägen des Redetextes und die kunstvolle Vortragsweise vorsieht. Auch hier hat nun – zumindest in bestimmten Textsorten – eine Verschiebung der Erwartungen an das ‚Normalniveau' stattgefunden, allerdings in die umgekehrte Richtung. Ein gutes Beispiel dafür stellen **Predigten** dar. Sie galten früher als besonders elaborierte Formen: unbedingt standardsprachlich zu realisieren, mit sorgfältiger Aussprache und dem sakralen Kontext angemessener stimmlicher Gestaltung. Die allgemeine Informalisierung lässt jedoch heute eine solche Vortragsweise schon leicht als unzeitgemäß verzopft erscheinen. Ähnliches gilt für Vorlesungen oder öffentliche Vorträge, bei denen man heute v. a. computergestützte Visualisierung, aber eine nicht zu stark an schriftlicher Sprache orientierte Ausdrucksweise erwartet.

Dies führt uns zurück zum Modell von Koch/Oesterreicher (vgl. Kap. 2.5.2.). Ihre beispielhaften Einordnungen von Textsorten/Kommunikationsformen auf dem konzeptionellen Kontinuum sind offensichtlich auf gegenwärtige Erwartungen zugeschnitten. Inwieweit allerdings z. B. die Charakterisierung von Privatbriefen als Prototyp für konzeptionell mündliche Schrifttexte auch nur aktuellen Verhältnissen angemessen ist, lässt sich schwer ausmachen, da man zu einem größeren Korpus von Privatbriefen keinen Zugang hat. Sicher ist, dass dies weder der Briefkultur des 18. Jahrhunderts noch der Publikation von Briefwechseln oder dem Genre des Briefromans gerecht wird. Überhaupt hatte sich gezeigt, dass die globale Verortung von Textsorten in dem Parallelogramm überaus problematisch ist. Denn Texte derselben Textsorte können auch innerhalb eines Sprachstadiums, also synchron, eine große Varianz aufweisen; für unsere Zeit, die durch **technische Umbrüche** gekennzeichnet ist, an denen verschiedene Bevölkerungsgruppen in unterschiedlichem Ausmaß partizipieren, ist das besonders offenkundig. Hinzu kommt, dass derselbe virtuelle Text in verschiedener Gestalt erscheinen kann. Das ist nicht nur charakteristisch für Texte, die lange überliefert werden, es gilt auch für Verschriftungen mündlicher Interaktionen. Das Spektrum reicht von phonetischen oder gesprächsanalytischen Transkriptionen über mehr oder weniger nah am Wortlaut orientierte Protokolle bis zu redaktionell bearbeiteten Presseinterviews.

Hier wie bei anderen Dimensionen ist es m. E. geraten, möglichst differenzierte Subdimensionen und Kriterienausprägungen zu bestimmen. Dies haben

Koch/Oesterreicher mit ihrer Auflistung von relevanten Kommunikationsbedingungen ansatzweise getan (Abb. 4.7). Dass diese Liste als offene präsentiert wird, scheint mir durchaus sinnvoll, es erstaunt aber doch, dass bestimmte Kriterien bzw. **Operationalisierungsmerkmale** fehlen, so etwa die Frage, ob ein Text publiziert ist oder nicht. **Publiziertheit** lässt ja in besonders evidenter Weise auf konzeptionelle Schriftlichkeit schließen.

①	Privatheit	Öffentlichkeit	❶
②	Vertrautheit der Kommunikationspartner	Fremdheit der Kommunikationspartner	❷
③	starke emotionale Beteiligung	geringe emotionale Beteiligung	❸
④	Situations- und Handlungseinbindung	Situations- und Handlungsentbindung	❹
⑤	referenzielle Nähe	referenzielle Distanz	❺
⑥	raum-zeitliche Nähe (*face-to-face*)	raum-zeitliche Distanz	❻
⑦	kommunikative Kooperation	keine kommunikative Kooperation	❼
⑧	Dialogizität	Monologizität	❽
⑨	Spontaneität	Reflektiertheit	❾
⑩	freie Themenentfaltung	Themenfixierung	❿

usw.

Abb. 4.7: Kommunikationsbedingungen mit Einfluss auf Medium und Konzeption (Koch/ Oesterreicher 2008: 201)

Mit dem neuen **Publikationsort Internet** gehen aber auch hier hergebrachte Gewissheiten verloren. So ist es im Einzelfall allemal sinnvoll, wenn nicht erforderlich, die Situationsspezifika differenziert zu beschreiben. Andererseits wird man in vielen Fällen eher mit groben Kriterien arbeiten wollen. Der Herstellungsaufwand eignet sich dazu m. E. besonders gut, weil er mit anderen Kriterien verbunden ist, v. a. mit dem Kommunikationsbereich und den Beteiligten. Auf dieser Grundlage könnte man die problematisch gewordene Kategorie **konzeptionelle Mündlichkeit** anders fundieren. Ihr Prototyp entspricht **niedrigem Herstellungsaufwand** in Verbindung mit (sehr) **beschränkter Geltungsdauer**. Diese Kombination ist z. B. typisch sowohl für mündliche Alltagsgespräche als auch für schriftlichen Chat. Bei beiden entfällt normalerweise die Vorbereitung, die Produktionsdauer ist sehr kurz und charakteristisch sind auch sprachliche Ökonomieformen.

Allerdings kann man sich unter denselben äußeren Bedingungen auch anders verhalten und v. a. kann man sowohl unter den (technischen) Medien wählen sowie diese kombinieren als auch unter den Gestaltungsformen. Diese verschiedenen Wahlen dienen nicht zuletzt dazu, den Kommunikaten eine bestimmte Geltungsdauer und Werte unter anderen Aspekten zuzuschreiben. Während bei aller Kritik an Koch/Oesterreicher oft als besonders positiv zugestanden wird, dass sie sich gegen die traditionelle Abwertung gesprochener Sprache wenden (vgl. z. B. Schneider im Druck), ist es m. E. sehr wichtig zu berücksichtigen, dass **Wertungen** in der kommunikativen Praxis eine bedeutsame Rolle spielen und es daher nicht sinnvoll ist, diesen Aspekt aus der wissenschaftlichen Diskussion zu verbannen.

5. Funktion

In Kapitel 1 wurde die herrschende Auffassung referiert, dass es innerhalb der Textlinguistik zu einer zweiten Phase gekommen sei, die als kommunikativ-pragmatisch etikettiert wird, zugleich aber auch auf Hartmanns frühe Forderung verwiesen, statt einer systemorientierten eine **verwendungsorientierte** Sprachwissenschaft zu etablieren. Kapitel 2.3. zeigte weiter, dass dieser Aspekt auch schon bei den sog. Vorläufern der Textlinguistik berücksichtigt worden ist. In der Folge der sog. pragmatischen Wende in der Linguistik (vgl. Helbig 1990: Kap. 1 und Feilke 2000) rückte allerdings der funktional-kommunikative Gesichtspunkt ganz ins Zentrum. Dabei ist für den deutschen Sprachraum charakteristisch, dass man sich meist am Konzept der Sprechakttheorie ausrichtet, die die Perspektive des Produzenten und (stark) konventionalisierte Formen von Gebrauchstexten privilegiert. In diesem Zusammenhang ist unter *Funktion* der intendierte Zweck zu verstehen, den der Produzent mit dem Text zu erreichen sucht, die soziale Handlung, die er damit vollziehen will. Die **Textfunktion** in diesem Sinne gilt vielfach als zentrales Kriterium für die Unterscheidung von Textsorten. Dieser in einer Handlungstheorie fundierte Begriff von *Funktion* tritt an die Seite anderer Gebrauchsweisen.

5.1. Zur Verwendung des Begriffs *Funktion*

Aus handlungstheoretischer Sicht ist für die Funktion grundlegend die Mittel-Zweck-Relation: Eine Äußerung dient zum Vollzug einer kommunikativen Handlung. Handlung setzt Intentionalität und bewusste Auswahl voraus: Für eine Aufforderung kann man etwa eine sprachliche Äußerung oder auch ein nicht-sprachliches Mittel wählen. Allerdings spricht man von der Funktion eines Elements auch, wo eine solche Auswahlfreiheit nicht besteht: Wasser kann man zum Trinken, Waschen oder Kühlen benutzen, die Funktionen des Wassers für den menschlichen Körper, der überwiegend aus diesem Element besteht, hat der Mensch dagegen natürlich nicht in der Hand. Ohne eine echte Systematisierung anzustreben, seien im Folgenden einige für die (Text-)Linguistik wesentliche Verwendungsweisen des Ausdrucks *Funktion* zusammengestellt. Dabei sei hervorgehoben, welcher Größe die Funktion jeweils zugeschrieben wird.

a) Dem Wasser als Bestandteil des menschlichen Körpers entspricht in unserem Zusammenhang recht gut die Frage danach, welche Funktion die **Sprache als anthropologisches Spezifikum** hat. Besonders relevant ist hier, dass Kommunikation nur eine ihrer Funktionen ist. Daneben sind insbesondere ihre Rolle für die Kognition und für den Zusammenhalt sowie die Differenzierung sozialer Gruppen hervorzuheben.

b) Ähnlich weit entfernt von einer handlungstheoretisch auslegbaren Mittel-Zweck-Relation sind **sprachliche Kategorien** (als Einheiten des Systems): Inhaltswörter haben die Funktion auf Außersprachliches zu verweisen, Wortarten erfüllen bestimmte Funktionen in Syntagmen, diese in Sätzen usw.

c) Erst wenn einzelne **Elemente** in einer Äußerung **als Gestaltungsmittel** ausgewählt werden sollen, nähert man sich einer Mittel-Zweck-Relation. Dabei kann man zunächst die Elemente in ihrer **potenziellen Funktion** (für höherstufige Ebenen) betrachten. Hier muss man sicher mit einer Skala rechnen, je nachdem wie konventionalisiert oder auch normiert der Gebrauch bestimmter Ausdrucksmittel bzw. wie groß die Wahlfreiheit des Produzenten ist: Der Punkt indiziert das Ende eines Aussagesatzes, Anführungszeichen direkte Rede und Zitate. Zur Hervorhebung kann man z.B. Kursiv- oder auch Fettdruck oder Farbe einsetzen. Wörter und Syntagmen haben natürlich die Funktion, auf Außersprachliches zu referieren, wählt man einen nicht üblichen, also etwa stilistisch markierten, so kann das zusätzlich die verschiedensten pragmatischen Funktionen haben. Ganze Bündel solcher Merkmale sowie Textroutinen (vgl. Feilke 2012), die über den Text verteilt sind, dienen etwa als **Kontextualisierungshinweise** bzw. können Indikatoren für Stile oder auch Textsorten darstellen.[1] Ein Teiltext wie die Einleitung kann die Funktion haben, über die Struktur des Ganzen zu orientieren, leistet teilweise aber auch andere Dienste usw. (vgl. dazu Kap. 6.).

d) Typisierte Stile und Textmuster sowie typografische Dispositive als **konventionalisierte Schemata** haben wiederum als Ganze Funktionen, sie sind „komplexe Ressourcen, die den Mitgliedern der Gemeinschaft zur Verfügung stehen, um gesellschaftlich relevante Aufgaben zu erfüllen" (Sandig 2006: 21).

e) Erst wenn solche Elemente (c) oder Schemata (d) auch tatsächlich konkret eingesetzt werden, liegt **verwendete Sprache** vor. In diesem Fall haben wir es also mit der Funktion einer **geäußerten Zeichenfolge**, eines **Textes** bzw. (multimedialen) **Kommunikats** zu tun.

Dieser letzte Aspekt steht im Folgenden zunächst im Vordergrund. Insgesamt lege ich einen weiten Begriff von Funktion zugrunde, unter den alles fällt, was eine

---

1 Vgl. dazu bes. Vater (³2001: Kap. 6.3), wo er den Ansatz Bibers (1988) vorstellt, Texttypen aufgrund von sprachlichen Merkmalen zu unterscheiden. Der sprechakttheoretische Traditionsstrang spielt in seiner Einführung keine besondere Rolle. Das ist übrigens charakteristisch für die englischsprachige Textlinguistik, vgl. etwa Esser (2009).

sinnvolle Antwort auf die Frage ist, wozu Texte produziert und rezipiert werden oder was Sprachbenutzer mit Texten machen.

5.2. Typologien der Zeichen-/Textfunktionen

Die Funktion des ganzen Textes/Kommunikats (im Sinne von e) wird meist als **textuelle Grundfunktion** bezeichnet. Hausendorf/Kesselheim (2008: 143) meinen, dass man an solchen Grundfunktionen „drei als Minimum, sechs als Maximum" ansetzt. Es gibt allerdings auch umfangreichere Kataloge – z. B. setzt Techtmeier (1984) zehn Grundfunktionen an. Bei genauerem Hinsehen ist die Vielfalt der herangezogenen Kategorien doch bemerkenswert und eine (annähernd) gleiche Anzahl deutet nicht unbedingt auf inhaltliche Übereinstimmung hin. Gleichwohl sucht man zwei besonders wichtige Traditionsstränge aufeinander abzubilden, so dass von Weitem betrachtet ein Konsens feststellbar scheint. So unterstellt Brinker:

> „Fast alle bisher vorgelegten Ansätze zur Unterscheidung von Textfunktionen knüpfen in irgendeiner Form an das Organon-Modell von K. Bühler an." (Brinker 2010: 94)[2]

Bühler (1934/1965: 24 ff.) unterscheidet in seinem **Organon-Modell** bekanntlich (in bewusster Konzentration auf Elementares) entsprechend den drei grundlegenden „Relationsfundamenten" einer sprachlichen Mitteilung – nämlich Sender, (besprochene) Dinge und Empfänger – die **Ausdrucks-, Darstellungs-** und **Appellfunktion.** Einflussreich geworden ist auch das ausdrücklich als Erweiterung dieses Schemas gemeinte Modell von Roman **Jakobson** (1960/1979), der zusätzlich ansetzt: die **poetische Funktion** (bezogen auf die Relation zwischen Zeichen, z. B. Alliteration oder Reim; vgl. Kap. 1.5.2.), die **metasprachliche** (das Zeichen bezogen auf das verwendete Ausdruckssystem, den „Kode") und schließlich die auf den Kontakt zwischen Sender und Empfänger bezogene **phatische** oder Kontaktfunktion. Damit sind die Vertreter der drei bzw. sechs Funktionen genannt. Nur eine Auswahl davon ist in das sehr populäre „Vier-Schnäbel-Vier-Ohren-Modell" des Kommunikationspsychologen Friedemann **Schulz von Thun** eingegangen, das hier nicht zuletzt einbezogen sei, weil es vielfach als Grundlagenmodell im Schulunterricht präsentiert wird und mit sehr anschaulichen alltagsnahen Beispielen arbeitet.

---

2 Vgl. dort auch weitere Einzelheiten zu älteren Modellen; eine ausführlichere Besprechung bietet Rolf (1993: Kap. 3).

Der zweite Traditionsstrang entstammt der **Sprechakttheorie** und orientiert sich an der Typologie, die **Searle** (1982) vorgeschlagen hat. Brinker nimmt an, „daß auch in Searles Illokutionstypologie die Bühler'schen Grundfunktionen übernommen sind" (Brinker 2010: 96), und er selbst greift mit leicht veränderter Terminologie auf dessen Einteilung zurück, um nicht nur einzelne Sprechhandlungen, sondern auch ganze Texte entsprechend ihrer Funktion zu klassifizieren. Seine Unterscheidung von fünf grundlegenden Textfunktionen ist in der Textlinguistik wohl immer noch die am weitesten verbreitete. Hausendorf/Kesselheim sind demgegenüber m.W. die ersten, deren Grundfunktionen offensichtlich an das Modell Jakobsons angelehnt sind. Auch sie versuchen jedoch, dieses mit der sprechakttheoretisch motivierten Typologie, d.h. mit Brinkers Ansatz, zu harmonisieren. Wie sich dies im Überblick darstellt, zeigt Tabelle 5.1.

Tab. 5.1: Funktionstypologien im Vergleich

Bühler	Jakobson	Schulz von Thun	Hausendorf/ Kesselheim	Brinker	Searle
Darstellung	referentiell	Sachebene	Darstellung	Information	Repräsentativa
Ausdruck	emotiv	Selbstkundgabe	(Beleg)	Kontakt	Expressiva
Appell	konativ	Appellseite	Steuerung	Appell	Direktiva
	phatisch	Beziehungsseite	Beziehung	(Kontakt)	
	poetisch		Unterhaltung	(poet./ästh.)	
	metasprachlich		Reflexion		
			Beleg	Obligation	Kommissiva
				Deklaration	Deklarationen

Dieser Harmonisierungsversuch wirft jedoch einige Probleme auf, da von den parallel gesetzten Kategorien nur Darstellung/Information und Appell (grau unterlegt) in allen Typologien (weitgehend) dasselbe meinen. Daneben gibt es Kategorien, die das jeweils andere Modell nicht berücksichtigt. Bei den beiden in der Sprechakttheorie zusätzlich unterschiedenen Funktionen handelt es sich einerseits um diejenige, die zunächst überhaupt den Ausgangspunkt des Ansatzes ausmacht und am deutlichsten zeigt, dass Sprechen als eine Form von Handeln angesehen werden kann, mit dem die Welt verändert wird. Dies sind die **Deklarationen**, die soziale Tatsachen schaffen (z.B. ernennen, taufen bzw. Textsorten wie Gerichtsurteil, Vollmacht etc.). Andererseits sind die **Kommissiva** als eine systematische Parallelkategorie zu den Direktiva hinzugekommen. Während deren

Zweck darin besteht, den Hörer zu einem zukünftigen Verhalten zu bewegen, legt sich der Sprecher mit Kommissiva selbst auf ein zukünftiges Verhalten fest, geht also eine Obligation ein (Versprechen, Diensteid, Garantieerklärung usw.).

Diese beiden Funktionen sind im Modell Jakobsons nicht vorgesehen. Hausendorf/Kesselheim (2008: 151ff.) fassen sie, wie ihre Erläuterungen und Beispiele zeigen, unter die Funktion *Beleg*. Diese war allerdings eigentlich parallel zur Ausdrucks- bzw. **emotiven Funktion** gesetzt. Mit dem von Bühler und Jakobson damit Gemeinten haben jedoch Fahrscheine, Ausweise, Garantieerklärungen usw. eigentlich nichts zu tun – viel weniger jedenfalls noch als die konventionalisierten Höflichkeitsformen (Grüßen, Entschuldigen, Danken usw.), die Searle als prototypisch für **Expressiva** auffasst. In der Sprechakttheorie nicht berücksichtigt sind neben der metasprachlichen die poetische und die Kontaktfunktion, Brinker bezieht die poetische Funktion denn auch nur sekundär ein und seine Beispiele für die Kontaktfunktion entsprechen zwei verschiedenen Funktionen aus dem Katalog Jakobsons.

Dass in all diesen Typologisierungsvorschlägen die Zahl sechs tatsächlich nicht überschritten wird, hängt also nur damit zusammen, dass sehr verschiedene Aspekte teilweise recht gewaltsam in eine einzige Kategorie gezwungen werden. Dieses Bemühen erklärt sich daraus, dass in beiden Traditionen ein festes Set von **Kategorien deduktiv hergeleitet** wird und man eine solche theoretische Fundierung offenbar nur ungern aufgibt. Die verschiedenen Orientierungen schließen einander natürlich auch nicht unbedingt aus, ihre (partielle) Identifizierung trägt m. E. aber eher zur Verunklarung bei. Tatsächlich sind die Differenzen zwischen diesen Vorschlägen grundlegenderer Art. Die grafisch markierte Abgrenzung der beiden Traditionsstränge, denen Brinker und Hausendorf/Kesselheim gleichermaßen gerecht zu werden suchen, soll dies zum Ausdruck bringen.

5.3. Kontroversen

Unterschiedlich stellen sich die beiden Positionen in zumindest dreierlei Hinsicht dar: Zunächst fragt sich, wie das Verhältnis der Funktionen zueinander gefasst wird, genauer, ob man Texten genau eine oder ggf. mehrere Funktionen zuschreiben will. Wieder aufzunehmen ist ferner die Frage, ob allen Texten eine kommunikative Funktion zuzuschreiben ist (vgl. Kap. 2.5.4.). Schließlich ist für die Bestimmung der Funktion wichtig, welche Perspektive man einnimmt, die des Produzenten, des Rezipienten oder eines außenstehenden Beobachters.

5.3.1. Polyfunktionalität versus Unifunktionalität von Texten

Bühler und Jakobson vertreten ausdrücklich die Ansicht, alle **Funktionen** kämen einer sprachlichen Mitteilung/einem Text **gleichzeitig** zu. Jakobson legt überdies besonderes Gewicht darauf, dass die poetische Funktion keineswegs an literarische Texte gebunden ist:

> „Jeder Versuch, die Sphäre der poetischen Funktion auf Dichtung zu reduzieren oder Dichtung auf die poetische Funktion einzuschränken, wäre eine trügerische Vereinfachung. [...] Die linguistische Untersuchung der poetischen Funktion hat also einerseits die Grenzen der Dichtung zu sprengen, und anderseits darf sich die linguistische Untersuchung der Dichtung nicht nur auf die poetische Funktion beschränken." (Jakobson 1960/1979: 92 f.)

Um die Funktionen zu verdeutlichen, bringen Bühler und Jakobson allerdings Beispiele bei, in denen die eine oder andere dominiert. Dieser Versuch, einzelnen Äußerungen eine **dominante Funktion** zuzuschreiben, findet sich dagegen nicht bei Schulz von Thun. Er kombiniert die drei Bühler'schen Funktionen mit dem Beziehungsaspekt, der – neben dem Inhaltsaspekt – nach Watzlawick et al. (1969) jedweder Kommunikation zukommt, und konzentriert sich auf Kommunikationsstörungen.[3] Diese lassen sich häufig dadurch erklären, dass der Rezipient in der Äußerung eine Mitteilung erkennt, die der Produzent gar nicht gemeint hatte (oder andersherum). So kann – nicht zuletzt bei interkulturellen Begegnungen (vgl. Kumbier/Schulz von Thun 2008) – der Hörer eine Äußerung z. B. als arrogant (Ausdrucksfunktion) empfinden und mangelnde Kooperationsbereitschaft (Beziehungsseite) diagnostizieren, während der Sprecher keinerlei Selbstkundgabe im Sinn hatte und sich auch keine Vorbehalte gegen den anderen zuschreiben kann. Schulz von Thun (2009) beschreibt – aus der Beobachtersicht – viele Beispiele solch misslungener Interaktionen und versucht dabei jeweils die – differierenden! – Perspektiven und Interpretationen der Beteiligten zu rekonstruieren (vgl. dazu weiter Kap. 5.3.3.).

Für sprechakttheoretische Ansätze gilt es dagegen als fundamental, dass die Illokutionstypen als alternative, **einander ausschließende Funktionen** zu verstehen sind. Während Brinker diesen Gegensatz tendenziell verdeckt, wird er hervorgehoben von E. Rolf, der m.W. die einzige ausführliche Subdifferenzierung der fünf Grundtypen vorgelegt hat (vgl. Rolf 1993). Er betrachtet seinen Vorschlag zwar als prinzipiell äquivalent mit dem Brinkers, plädiert aber sehr entschieden für die enge Orientierung an Searle und stellt unmissverständlich fest:

---

3 Vgl. Schulz von Thun (2009: 13 f.) und http://www.schulz-von-thun.de/index.php?article_id= 71 (7. 11. 2012).

Die Modelle von Bühler und Jakobson unterscheiden „nicht Zeichenverwendungstypen, sondern Zeichengebrauchsaspekte – Aspekte (des Zeichengebrauchs), die, wenn auch in unterschiedlicher Dominanz, dennoch gleichermaßen gegeben sind. Dieser Umstand macht die Modelle Bühlers und Jakobsons grundsätzlich ungeeignet für eine an verschiedenen, einander ausschließenden Funktionen interessierte Typologie, wie sie hinsichtlich der textuellen Grundfunktionen erforderlich ist." (Rolf 2000: 425)

Anders als bei einzelnen Äußerungen, die in der Sprechakttheorie zunächst im Vordergrund standen, sind in umfangreichen Texten allerdings in aller Regel natürlich viele verschiedene Illokutionstypen zu beobachten. So sind z. B. für den Anfang und das Ende von Briefen und auch anderen Interaktionen jedweder Art Äußerungen vom Typ der Expressiva charakteristisch (Gruß, Dank, Wünsche). Diese (wie natürlich auch informative Akte im Rahmen von primär auffordernden Texten usw.) stehen jedoch in einem Mittel-Zweck-Verhältnis zum Hauptanliegen und sind hierarchisch klar untergeordnet. Für solche ‚subsidiären Funktionen' wurde das Konzept der **Illokutionshierarchie** entwickelt.[4]

Eine dritte Variante hinsichtlich des Verhältnisses der verschiedenen Funktionen präsentieren Heinemann/Viehweger; bei ihnen stehen nämlich vier elementare Textfunktionen in einem „**Inklusionsverhältnis**". Sie stellen diese Beziehungen insgesamt in einem Schema (Abb. 5.1) dar.

„Steuernde [direktive/auffordernde] Texte vermitteln (zumindest mittelbar) auch Informationen, informierende Texte setzen den Kontakt zwischen Partnern voraus, und für die Kontakt-Herstellung oder Kontakt-Erhaltung ist normalerweise eine ‚Entäußerung' des handelnden Individuums notwendig. [...] Eine Sonderstellung nimmt bei den kommunikativen Textfunktionen das Bemühen von Kommunizierenden ein, bei Partnern mit Hilfe von Texten ÄSTHE-TISCHE WIRKUNGEN zu erzielen. Das erfolgt vor allem dadurch, daß der Textproduzent mit Hilfe des Textes eine fiktive Realität schafft" (Heinemann/Viehweger 1991: 149).

Die Annahme, es bestünde ein Inklusionsverhältnis zwischen den Funktionen, steht der, die ihre Gleichzeitigkeit postuliert und darin nur verschiedene Aspekte sieht, natürlich näher; von der Position, dass es um eine Typologie einander ausschließender Funktionen gehe, grenzen sich Heinemann/Viehweger bzw. Heinemann/Heinemann aber auch sonst sehr deutlich ab:

„Natürlich [!] gibt es zahlreiche ‚Übergänge' zwischen diesen Grundtypen, ist auch das Realisieren von mehreren Grundfunktionen zugleich keine Seltenheit,[5] und es bleiben auch

---

4 Vgl. dazu Motsch (2000), für konkrete Analysen zu Zeitungstextsorten Schröder (2003), ferner Wüest (2011).

5 Wenn ein Inklusionsverhältnis zwischen ihnen vorliegt, sollte das sogar der Normalfall sein, der nur dann nicht eintritt, wenn es lediglich um das elementare SICH AUSDRÜCKEN geht.

Fälle, die im Hinblick auf die Zuordnung der hier genannten Grundtypen nicht eindeutig sind" (Heinemann/Heinemann 2002: 224).

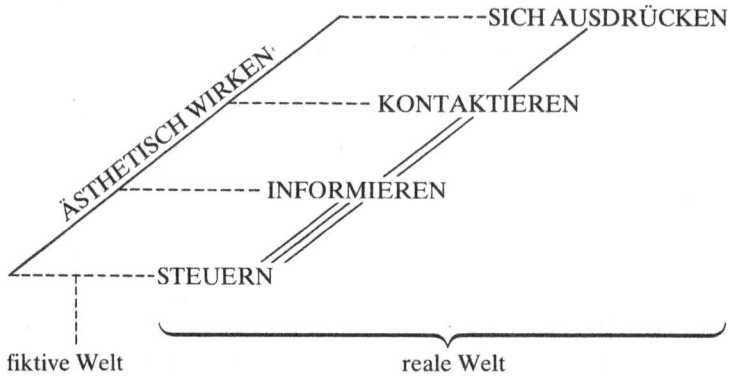

Abb. 5.1: Elementare Textfunktionen (Heinemann/Viehweger 1991: 150)[6]

Damit stehen wir vor dem grundsätzlichen Dissens in der Frage, ob die Kategorien zur Differenzierung einer Dimension eingeführt werden sollen, um zu einer ‚sauberen' Typologisierung zu gelangen, oder aber ob es ‚nur' darum geht, ein Inventar von Beschreibungsaspekten bereitzustellen. Der Dissens in Bezug auf diese methodische Frage korreliert zugleich mit unterschiedlichen Auffassungen über die kommunikative Wirklichkeit: Während etwa Schulz von Thun die Funktionen grundsätzlich als gleichzeitig gegeben ansieht und Heinemann/Heinemann Mehrfunktionalität für nicht besonders außergewöhnlich halten, meint Rolf (2000: 423) feststellen zu können:

> „Der Kosmos der Gebrauchstexte enthält, andersartigen Erwartungen zum Trotz, nur vergleichsweise wenige Textsorten, die mehrere kommunikative Funktionen und mithin mehrere Textfunktionen haben. [...] In der Regel verhält es sich mit den Gebrauchstexten [...] so, daß sie, was ihren Handlungszweck anbelangt, unifunktional sind. [...] Normalerweise hat ein Textproduzent (er ist mit dem Textemittenten gewöhnlich personalidentisch[7]) nur *ein* Anliegen".

Dies wird allerdings, wie schon das Zitat zeigt, allein für **Gebrauchstexte** behauptet; damit wird der mit diesem Modell erfassbare Gegenstandsbereich al-

---

6 Heinemann/Heinemann (2002: 224), bei denen es allerdings kein eigenständiges Unterkapitel zu den Textfunktionen mehr gibt, übernehmen diese Auffassung, übergehen allerdings die grundsätzliche Differenz zu Brinker oder anderen ‚Ausschluss'-Modellen.

7 Eine andere Auffassung wurde in Kap. 4.3. präsentiert.

lerdings auch von vornherein erheblich eingeschränkt. Auch die Fragestellung ist von vornherein begrenzt, denn es wird zugestanden, dass die „in handlungsbezogener Hinsicht festzustellende Unifunktionalität der Gebrauchstexte" nicht ausschließt, „daß solche Texte nichtsdestotrotz mehrere Funktionen haben" (ebd.: 423). Diese seien aber entweder hierarchisch untergeordnet (Illokutionshierarchie) oder gehörten einer anderen Ebene an.

Es konkurrieren also unterschiedliche Begriffe von *Funktion*, die offenkundig nicht immer deutlich voneinander geschieden werden. Damit stellt sich die Frage, welche anderen Ebenen denn noch infrage kommen (vgl. dazu die Auflistung unter 5.1. und weiter 5.5.). Dabei ist natürlich zunächst zu denken an den Bereich, der dem ‚Kosmos der Gebrauchstexte' gegenübersteht, nämlich an **literarische Texte**, die sich gerade nicht unter Formen zweckrationalen und konventionalisierten Handelns subsumieren lassen. Rolf (1993: 128) spricht den Gebrauchstexten einen Funktionswert zu, den literarischen einen Eigenwert und schließt sie konsequenterweise aus seiner Betrachtung gleich ganz aus. Bei Brinker und Heinemann/Viehweger stehen sie allenfalls im Hintergrund. In Bezug auf die ‚poetische' Funktion sind diese Autoren allerdings am ehesten geneigt, sie als mögliche Nebenfunktion zu betrachten. Das gilt auch für Hausendorf/Kesselheim, die sie freilich in Unterhaltungsfunktion umbenennen und damit einen anderen Schwerpunkt setzen.

Ausdrücklich (als Spezialfall) thematisiert werden literarische Texte einerseits in stark an stilistischen Fragestellungen ausgerichteten Ansätzen (mit dem Fokus auf *Funktion* im Sinne von c) und d); vgl. bes. Sandig 2006), andererseits in systemtheoretisch beeinflussten Arbeiten (insbesondere Gansel 2011). Die Literatur gilt hier als eigenes soziales System mit der Funktion, die Gesellschaft (von außen) zu beobachten.[8] Aus dieser systemtheoretischen Perspektive interessiert allerdings weniger das literarische Werk selbst oder die Sinndimension, die es für den Autor (als psychisches System) hat, sondern der Umgang mit dem Text im gesellschaftlichen Literaturbetrieb, die Anschlusskommunikationen.[9] Der (potenzielle) ‚Nutzen' literarischer Texte für die individuellen Rezipienten stellt sich aus dieser Sicht als relativ unbestimmt dar:

---

8 Das betrifft die moderne funktional differenzierte Gesellschaft, für die natürlich auch Werke aus früheren Epochen relevant sein können. Inwieweit in der Text(sorten)linguistik die Etappe der funktional differenzierten Gesellschaft gegenüber früheren (Segmentation; Zentrum/Peripherie; hierarchische Differenzierung) privilegiert werden sollte bzw. ob für die früheren Formen andere Analyseansätze wichtig sind, thematisiert Gansel nicht.

9 Vgl. Gansel/Jürgens (2009: 79 f.), wo als Textsorten des Autors u. a. Lesung und Interview, nicht aber das literarische Werk selbst angeführt sind.

„Rezipienten erwarten als Leistung von Literatur, dass sie unterhaltend, entlastend ist, sogar Lebenshilfe bietet, zum Bildungsgut gehört, ebenso aufstörend wirkt oder stabilisierend. Die Erträge, die aus Literatur gewonnen werden können, sind vielschichtig" (Gansel 2011: 87).

Auf solche Perspektivendifferenzen kommen wir unter 5.3.3. und 5.5. zurück.

5.3.2. Nicht-kommunikative Funktionen der Sprachverwendung

Bislang standen Texte im Vordergrund, die als Mittel konventionalisierter kommunikativer Handlungen fungieren. Dazu müssen sie bereits als fertige Produkte vorliegen und auf einigermaßen stabile Voraussetzungen treffen: Die Konventionen sind etabliert und internalisiert, der Prozess der Textgestaltung ist abgeschlossen und es liegen „normale Ein- und Ausgabebedingungen" vor, d. h. u. a., dass der Text beim Rezipienten ‚angekommen' ist und nach weitgehend automatisierten Prozeduren verarbeitet wird. Funktion wird dabei also an Kommunikation gebunden, was sich auch in der festen Wendung *kommunikativ-funktional* niederschlägt.

Bevor jedoch ein fertiger Text als Mittel der Kommunikation fungieren kann, müssen zunächst einmal die Voraussetzungen dafür geschaffen werden. Bei umfangreichen anspruchsvollen Texten dauert der Prozess der Erstellung meist sehr lange. Dabei kann es zu vielfältigen kommunikativen Interaktionen kommen (vgl. Kap. 4.3. und 8.), viele Phasen werden jedoch auch als einsam erlebt. Während damit immerhin Texte angesprochen sind, die einen Kommunikationsakt vorbereiten, gibt es auch solche, die nie in einen solchen münden und auch nicht als solche gedacht sind.

5.3.2.1. Als-Ob- und Probe-Handeln

Der Aufbau sprachlicher Kompetenz für Alltagskommunikation stellt ein ‚unausweichliches' Ergebnis der primären Sozialisation dar. Schriftsprache und elaborierte Konventionen sprachlichen Handelns eignet man sich dagegen zunächst in formalisiertem Unterricht an. Dies ist gewissermaßen ein Lernen ‚auf Vorrat', für einen eventuellen Bedarf in der Zukunft, nicht jedoch für ein aktuelles kommunikatives Ziel. Es geht vielmehr zunächst darum, das **Schreiben** zu **lernen** bzw. das Verfassen bestimmter Texte einzuüben. Der reine Übungs- und damit **pseudo-kommunikative** Charakter solcher Texte ist umso ausgeprägter, je elementarer die zu erwerbenden Fähigkeiten sind, und daher im Anfangsunterricht besonders groß, etwa wenn man noch in der Phase steckt, die Buchstaben oder sonstigen Schriftzeichen zu erlernen. Entsprechend deutlich tritt in diesen Fällen auch hervor, dass hier eine auf den Produzenten selbst bezogene Funktion, eben das Lernen, besonders relevant ist. Die Verbindung zur **metasprachlichen** Funktion im Sinne Jakobsons liegt besonders nahe, wenn man die Anschlusstexte an Probe-Handeln berücksichtigt, denn bei Korrekturen und Kommentaren zu Übungstexten steht diese ganz im Vordergrund.

In späteren Phasen werden bestimmte Textsorten eingeübt. Auch hier haben die Verfasser oft nicht selbst ein kommunikatives Ziel, sondern bekommen eine Aufgabenstellung vorgegeben. Je weiter diese von einem realistischen aktuellen oder auch nur in der Zukunft wenigstens denkbaren kommunikativen Anliegen entfernt ist, desto künstlicher die Schreibsituation. Recht weit von einem realistischen Kommunikationsziel entfernt sind zweifellos Nacherzählungen, Bildbeschreibungen oder auch der legendäre ‚Besinnungsaufsatz‘ bzw. seine Nachfolger, die argumentativen Kurztexte. Dies gilt umso mehr, als viele Menschen nach der Schulzeit nur noch relativ wenig, v. a. keine längeren Texte, schreiben (oder auch nur lesen). Versucht man für diese Fälle, das ‚eigentliche Anliegen der Textproduzenten‘ zu bestimmen, bleibt wohl nichts übrig, als eine rein **instrumentelle Funktion** anzusetzen: Es geht darum, den Anforderungen der Institution gerecht zu werden bzw. eine bestimmte Qualifikation zu erreichen. Die Texte sind nur Mittel zu einem Zweck, der mit der Textfunktion i. e. S. kaum etwas zu tun hat.

Die Versuche, mit diesem Dilemma fertig zu werden, sind bekannt: Da es motivierender und (daher) auch effektiver ist, wenn Texte im Sprachunterricht zugleich auch andere Funktionen erfüllen, als die Sprache und bestimmte Textnormen zu lernen, versucht man – und es ist zu hoffen, dass das auch oft gelingt! – den Pseudo-Charakter[10] möglichst zurücktreten zu lassen bzw. zu überwinden. Dazu eignet sich die Konstruktion sog. **Schreibanlässe**, bei denen Texte produziert werden sollen, die wenigstens einen realen kommunikativen Zweck haben *könnten*, besser noch sind Projekte mit realer kommunikativer Einbettung. Im Bereich der Fremdsprachen sind es **Immersionsprogramme** bzw. der bilinguale Sachfachunterricht, mit denen man den Problemen des rein auf den Spracherwerb zielenden Unterrichts begegnet – selbstverständlich liegt aber der Hauptzweck solcher Programme erklärtermaßen doch in der Förderung der Fremdsprachkompetenzen! Auch im traditionellen Mutter- oder Fremdsprachunterricht kann (und sollte) man aber natürlich mit Texten arbeiten, die zu mehr als dem Spracherwerb taugen. Neben der Informationsfunktion, der Präsentation interessanter Inhalte, setzt man dabei besonders oft auf einen emotionalen Faktor: Die Texte sollen Lustgewinn verschaffen und unterhaltsam sein, eine ‚Funktion‘, die gerade wegführt von zweckrationalen Handlungszusammenhängen, hinein in die

---

10 Vgl. dazu etwa Krause (2002: 193 f.).

Welt des Spiels, der Fiktion – und der Literatur. Dass es nicht nur in den theoretischen Debatten leicht zu einer Entgegensetzung von kommunikativ und literarisch kommt, belegen übrigens die Diskussionen aus der (Fremd-)Sprachdidaktik, die sich an der Frage entzünden, ob denn im kommunikativen Unterricht literarische Texte überhaupt einen Platz haben (vgl. zur Übersicht z. B. Ehlers 2010 und das Themenheft 1/2014 der Zeitschrift *Deutsch als Fremdsprache*).

Das Ziel, eine Sprache zu lernen und seine **Sprachfähigkeiten** zu **vervollkommnen,** kann nun schon deswegen auch bei einem an illokutiven Typen orientierten Verständnis von Textfunktion nicht unberücksichtigt bleiben, weil es auch Texte gibt, deren Funktion genau darin liegt, etwa Sprachlehrbücher oder auch Schreibanleitungen bzw. Sammlungen von Mustertexten. Es besteht aber auch kein Anlass, die Erweiterung, Vertiefung oder auch den Erhalt von Sprachfähigkeiten als grundsätzlichen (Neben-)Effekt des Umgangs mit Texten zu vernachlässigen. Hier liegt es vielmehr besonders nahe, von einem Inklusionsverhältnis auszugehen: Lesen und Schreiben, Hören und Sprechen führen immer auch mindestens zur **Festigung von Sprachfähigkeiten,** ob das nun beabsichtigt ist oder nicht. Zu bemerken ist immerhin, dass **Sprachbewusstheit** und Sprachlernbewusstheit seit Mitte der 1990er Jahre „zu zentralen Konzepten der Sprachenlehre geworden" sind (C. Schmidt 2010: 857).

Eine nicht-kommunikative, sondern rein instrumentelle Funktion schreiben auch Studierende ihren Texten vielfach noch zu: Sie verfassen **Seminararbeiten** in erster Linie, um Scheine zu erwerben. Tatsächlich sind sie ebenso dem Zwang zur Pseudo-Kommunikation ausgesetzt wie die Schüler; vielleicht gilt das für die Hochschule sogar in noch gravierenderem Ausmaß, denn die Als-Ob-Situation, in die man sich hier zu versetzen hat, stellt besonders hohe Anforderungen an den Schreiber: Er soll die Rolle des Wissenschaftlers einnehmen, d. h. hohe Sach- und (Fach-)Sprachkompetenz erkennen lassen und ziemlich umfangreiche Texte schreiben, findet jedoch meist nur einen Leser, der – abgesehen davon, dass er natürlich alles besser weiß und kann (vgl. Hermanns 1980) – den Text in seiner Berufsrolle lesen (und korrigieren) muss und seltener Informationen über die Sache als über die Kompetenzen des Textproduzenten gewinnt (Symptomfunktion). Daher ist es durchaus nicht verwunderlich, dass der Übungszweck ganz im Zentrum steht und Studierende, zumal wenn sie gar nicht Wissenschaftler werden wollen, also nicht eigentlich Novizen sind, oft nicht zu einer eigentlich kommunikativen Absicht finden oder nur unzureichend die Funktionen realisieren, die der Textsorte angemessen sind.

Dies wird besonders deutlich beim Vergleich von **Lernertexten** und **Texten routinierter Schreiber** (vgl. Pohl 2007 und Steinhoff 2007 sowie Feilke/Lehnen 2012). Dabei relativiert sich auch die Bedeutung konventionalisierter Formen sprachlichen Handelns. Denn Konventionen und Routinen müssen ontogenetisch zunächst erworben werden, was einzelnen Individuen in unterschiedlichem Ausmaß gelingt. Anspruchsvolle und umfangreiche Sachtexte lassen aber auch viel größere Spielräume für die individuelle Gestaltung als Gebrauchstexte, besser gesagt eröffnet sich „vor einem Hintergrund der Routine ‚ein Vordergrund für Einfall und Innovation' (Berger/Luckmann 1980, 57)" (Feilke 2012: 28). Dies gilt in noch stärkerem Maße aber natürlich für die Texte, die unter situativen Gesichtspunkten dem Prototyp von Texten besonders nahestehen, nämlich für solche, die zum kulturellen Erbe zählen (vgl. Kap. 4.4.).

5.3.2.2. Nicht-partnergerichteter Sprachgebrauch

Anspruchsvolle, umfangreiche und allenfalls schwach konventionalisierte Texte stellen in der Regel das Ergebnis eines langwierigen Prozesses dar, in dem die **innere Sprache** eine herausragende Rolle spielt. Da das Gedächtnis nur sehr begrenzte Kapazitäten hat, materialisieren sich solche Gedanken und Pläne aber auch als **Notizen, Skizzen, Entwürfe** usw. Sie entstehen in aller Regel in der Auseinandersetzung mit bereits vorliegenden anderen Texten, bei deren Lektüre man Anstreichungen, Anmerkungen usw. vornimmt, um aufkommende Gedanken dazu festzuhalten.

Solche Aufzeichnungen stehen teilweise auf der Grenze zwischen Probe- bzw. Vor-Texten, die – eventuell nach Korrekturen, Kommentaren von dritter Seite (vgl. Kap. 4.3.) – weiter überarbeitet werden, und solchen Notizen, die der Schreiber von vornherein nur für sich selber anfertigt. In frühen Phasen einer (eventuell nie zustande kommenden) ‚großen Arbeit' können nun alle Anforderungen und Merkmale, die einem Text als kommunikativer Handlung zugeschrieben werden, irrelevant sein, nämlich Intentionalität, Geplantheit, Partnerorientiertheit und sogar Bewusstheit.[11] Hier ist besonders das Verfahren des sog. **automatischen Schreiben**s zu erwähnen, bei dem alle Kontrolle ausgeschaltet wird (vgl. z. B. Werder 1993: 111 ff.). Sinn und Zweck, Absicht des absichtslosen Schreibens ist es, Assoziationen, Gedanken und Gefühle am Bewusstsein vorbei aus dem Unbewussten aufs Papier zu befördern, sich die Möglichkeit zu geben, seine Gedanken zu entdecken und sich entwickeln zu lassen, mit ihnen zu spielen und dergl.

Wer von Schreibschwierigkeiten oder gar -blockaden, verschont ist, kommt natürlich auch ohne solche Übungen aus; sicher ist aber, dass gerade **kreative Schreiber**, seien es nun Literaten, Wissenschaftler oder sonst wer, ohnehin die Erfahrung machen, dass sich die Ideen beim Reden und Schreiben selbst entwi-

---

11 Vgl. für eine Übersicht zu den handlungstheoretischen Grundlagen Heinemann/Heinemann (2002: Kap. 1).

ckeln und oft eine Richtung nehmen, die man durchaus nicht geplant hatte (vgl. hier natürlich den berühmten Text von Kleist *Über die allmähliche Verfertigung der Gedanken beim Reden*). Für das Sprechen und Schreiben müssen wir also gewiss auch eine nicht-partnerbezogene und mithin auch nicht-kommunikative **kognitive Funktion** annehmen (vgl. dazu Ortner 2000), bei der man oft von **epistemischem Schreiben** spricht. Dieser ist unmittelbar an die Seite zu stellen eine ebenso wenig partnerbezogene **emotionale Funktion**, die darin besteht, mit seinen Gefühlen in Kontakt zu treten, sie zu durchleben oder auch sich von ihnen zu entlasten. Diese beiden selbst-bezogenen Funktionen spielen bekanntlich auch eine besondere Rolle in einer bestimmten Textsorte, nämlich dem **Tagebuch**. Manche Personen vertrauen entsprechende Gedanken aber auch Briefen (an möglicherweise fiktive Adressaten) an, schreiben also solche Briefe, die gar nicht zum Versand gedacht sind. Zum „Sinn des Tagebuchs" ist eine Äußerung von Max Frisch erhellend:

> „Indem man es nicht verschweigt, sondern aufschreibt, bekennt man sich zu seinem Denken, das bestenfalls für den Augenblick und für den Standort stimmt, da es sich erzeugt. Man rechnet nicht mit der Hoffnung, daß man übermorgen, wenn man das Gegenteil denkt, klüger sei. Man ist, was man ist. Man hält die Feder hin, wie eine Nadel in der Erdbebenwarte, und eigentlich sind nicht wir es, die schreiben; sondern wir werden geschrieben. Schreiben heißt: sich selber lesen." (Tagebuchaufzeichnungen 1946, *Café de la Terrasse*)

Hier wird die Diskrepanz der Gedanken eines Individuums zu unterschiedlichen Zeitpunkten thematisiert, die auch dazu führen kann, dass man beim Sich-wieder-Lesen etwas entdeckt, dessen man sich beim Schreiben gar nicht bewusst war und das man keineswegs in den Text ‚hineingelegt' hatte.

Verlässt man den Bereich schriftlich fixierter Äußerungen, so entspricht dem literarischen *stream of conciousness* natürlich die individuell erlebte ‚**innere Rede**', die teilweise schlechterdings nicht kontrollierbar ist, teilweise aber auch dieselbe Funktion wie ‚entäußerte' Sprache hat, mit der man sich über etwas klar werden, sich psychisch entlasten will usw. Mitunter, z. B. bei besonderer Erregung, führt dies auch zu Lautäußerungen, dem Vor-sich-hin-Sprechen; bei manchen Personen ist Derartiges habituell. Künstlich hervorgerufen werden solche Äußerungen bei experimentellen Settings, in denen man mit der Methode des **Lauten Denkens** arbeitet (vgl. dazu Frommann 2005).

5.3.3. Perspektiven-Differenzen

Die nicht-partnergerichteten Äußerungen, passen natürlich am besten zu Bühlers **Ausdruck**sfunktion. Diese betrifft die Beziehung des Zeichens zum Sender. Was der Sender mit dem Zeichen von sich zu erkennen gibt, fungiert aber für den Rezipienten zugleich als **Symptom**. Und dieser kann eine Äußerung auch auswerten, wenn der Produzent sich dessen nicht bewusst ist und es noch weniger intendiert hat. Bühler (1934/1965: 32) führt in diesem Zusammenhang als Beispiel die Interpretation eines Graphologen an. Wie zuverlässig dessen Auslegungen sind, ist aber bekanntlich umstritten, und der Sender bedürfte jedenfalls des Graphologen nicht, wenn er selbst darüber Auskunft geben könnte, was er mit seiner Handschrift an Charaktereigenschaften ‚ausdrückt'. Kurz gesagt: Es gibt Äußerungen (oder Aspekte davon), die nicht kommunikativ gemeint sind und die **widerstreitende Interpretationen** bzw. Zuschreibungen erfahren.[12] Hierin liegt das wichtigste Motiv für die Annahme einer (potenziellen) Gleichzeitigkeit verschiedener (potenzieller) Funktionen und – weiter gefasst – der Behandlung von **Funktionszuschreibungen als interpretativen Konstrukten**. Dies erlaubt es, dem allseits bekannten Tatbestand gerecht zu werden, dass die vom Produzenten intendierte Funktion vom Partner nicht unbedingt ‚realisiert' wird. Dazu noch einmal ein Zitat aus Frischs Tagebuch:

> „Was zuweilen am meisten fesselt, sind die Bücher, die zum Widerspruch reizen, mindestens zum Ergänzen: – es fallen uns hundert Dinge ein, die der Verfasser nicht einmal erwähnt, obschon sie immerzu am Wege liegen, und vielleicht gehört es überhaupt zum Genuß des Lesens, daß der Leser vor allem den Reichtum seiner eignen Gedanken entdeckt. [...] Wogegen ein Buch, das sich immerfort gescheiter erweist als der Leser, wenig Vergnügen macht und nie überzeugt, nie bereichert, auch wenn es hundertmal reicher ist als wir. Es mag vollendet sein, gewiß, aber es ist verstimmend. Es fehlt ihm die Gabe des Gebens. Es braucht uns nicht. Die anderen Bücher, die uns mit unseren eigenen Gedanken beschenken, sind mindestens die höflicheren; vielleicht auch die eigentlich wirksamen." (Tagebuchaufzeichnungen 1946, *Beim Lesen*)

Diese Hinweise auf **nicht-intendierte Wirkungen** von (guten) Büchern geben Anlass, noch einmal den Unterschied zwischen einem weiten Begriff von Funktion, Sinn und Zweck des Umgangs mit Texten, gegenüber der sprechakttheoretisch inspirierten Kategorie der Textfunktion im Sinne Brinkers herauszustellen. Alle nicht-intendierten und nicht zudem mit konventionell geltenden Mitteln ausgedrückten Absichten des Autors spielen nämlich für die Bestimmung dieser Textfunktion keine Rolle:

---

12 Vgl. dazu auch Antos (2009), der besonders darauf eingeht, inwieweit die materielle Oberfläche eines Kommunikats (speziell das Textdesign) als Indiz behandelt und interpretiert werden kann.

„Der Terminus ‚**Textfunktion**' bezeichnet die im Text mit bestimmten, konventionell geltenden, d. h. in der Kommunikationsgemeinschaft verbindlich festgelegten Mitteln ausgedrückte **Kommunikationsabsicht** des Emittenten. Es handelt sich also um die Absicht des
Emittenten, die der Rezipient erkennen soll. [...] Diese Definition der Textfunktion entspricht
weitgehend dem sprechakttheoretischen Begriff des **illokutiven Akts**, indem sie den in-
tentionalen und den konventionellen Aspekt sprachlicher Handlungen in ähnlicher Weise
miteinander verknüpft. [...] Dem illokutiven Akt (bei einfachen Sprechhandlungen) entsprechend ist somit auch die Textfunktion von der ‚wahren Absicht' des Emittenten zu unterscheiden. Die wahre Absicht, die ‚geheime Intention' [...] kann zwar der Textfunktion
entsprechen; sie muß aber nicht mit ihr übereinstimmen. So ist z. B. für eine Zeitungsnachricht die informative Textfunktion kennzeichnend, auch wenn der Emittent insgeheim
noch eine persuasive Absicht verfolgt. Für die Bestimmung der Textfunktion ist allein entscheidend, was der Emittent zu erkennen geben will, indem er sich auf bestimmte Regeln
(Konventionen) sprachlicher und kommunikativer Art bezieht." (Brinker 2010: 88)

Wenn man nun tatsächlich die Textfunktion mit der konventionell ausgedrückten Produzenten-Intention identifiziert, ist man zumindest gezwungen, für die
Funktionen, die sich **für den Rezipienten** im Umgang mit dem Text ergeben,
eine parallel geführte Analyse vorzusehen. Dafür haben Gansel und Jürgens eine
sog. *Bewirkungsfunktion* eingeführt (parallelisiert mit der Perlokution), die „ausschließlich rezipientenorientiert gesehen" wird (Gansel 2011: 70). Gansel konzentriert sich jedoch dann wiederum auf konventionalisierte Bewirkungsfunk-
tionen in ihrer Bedeutung für Anschlusskommunikation und die Reproduktion
des sozialen Systems. Ich möchte demgegenüber hier die **Rezipienten als psychische Systeme** in den Vordergrund stellen. Für sie können Texte Funktionen
haben, die weder konventionalisiert sind, noch etwas mit der intendierten Wirkung zu tun haben.[13]

Aus angewandt pragmatischer Sicht sind natürlich hier zunächst zu berücksichtigen die vielen und regelmäßig vorkommenden **kommunikativen
Fehlschläge**, ein Umgang mit Texten, die den Sender-Intentionen gerade nicht
entsprechen. Als erstes ist zu denken an solche Fälle, bei denen gar keine Kommunikation stattgefunden hat, die (dem Text entnehmbare) Information nämlich
entweder **nicht als Mitteilung intendiert** war oder aber der Text ‚nicht für das
Verstehen selektiert' (vgl. ebd.: Kap. 2), also nicht rezipiert wurde (vgl. dazu weiter
Kap. 5.5.).

Der erste Fall betrifft zunächst **unwillkürliche Äußerungen** (Paradebeispiel:
Rotwerden), Fehlleistungen (Versprecher), aber auch performanzspezifische
Realisierungsaspekte, die bei der Rezeption normalerweise ausgeblendet bzw. bei
spontaner Sprechsprache gar nicht wahrgenommen werden. Für die wissen-

---

13 Vgl. hierzu mit mehreren Beispielen auch Sandig (2006: Kap. 1.8.2.).

schaftliche Analyse von **Spontansprache** und Gesprächen ergibt sich hieraus ein durchaus gewichtiges Problem. Die jetzt technisch mögliche Aufzeichnung von Spontansprache (inklusive nonverbalen Anteilen bei Videomitschnitten) macht nämlich Äußerungsaspekte der genauen und wiederholten Beobachtung zugänglich, die der Produzent gerade nicht als kommunikativ gesetzt hat und die er nicht interpretiert haben möchte. Wie schon Tucholsky schrieb:

> „Ungeschriebene Sprache des Alltags! Schriebe sie doch einmal einer! Genau so, wie sie gesprochen wird: ohne Verkürzung, ohne Beschönigung, ohne Schminke und Puder, nicht zurechtgemacht! Man sollte mitstenographieren.
>
> Und das so Erraffte dann am besten in ein Grammophon sprechen, es aufziehen und denen, die gesprochen haben, vorlaufen lassen. Sie wendeten sich mit Grausen [...]" (Kurt Tucholsky [alias Peter Panter]: Man sollte mal ... In: Vossische Zeitung, 23.01.1927).

Abgesehen davon, dass es aus heutiger Sicht natürlich abwegig ist anzunehmen, man könne Spontansprache stenografieren und sekundär vorlesen, lässt sich genau der beschriebene Effekt des Erschreckens inzwischen leicht erzielen. Deswegen ist es ja auch praktisch schwierig, von Interaktionsbeteiligten das Einverständnis zu erhalten, dass ihr Spontanverhalten – und sei es zu wissenschaftlichen Zwecken und anonymisiert – aufgenommen, transkribiert, detailliert analysiert und das Ganze gar noch veröffentlicht wird. Die technische Speicherung erzeugt einen Gegenstand, der nicht das alleinige Produkt der Beteiligten, sondern zunächst ein Konstrukt der Techniker ist. Die Gesprächsbeteiligten selbst handeln dagegen normalerweise unter der Bedingung, dass das spontan Produzierte unmittelbar vergeht, das Ungeschminkte und auch inhaltlich Vorläufige bzw. nur für die Situation Gedachte auch als solches behandelt und insbesondere Außenstehenden nicht zugänglich gemacht wird. Das Vertrauen darauf, dass die Beteiligten im Rahmen einer solchen **Vergänglichkeitsbedingung** handeln, könnte man geradezu als einen Aspekt des Kooperationsprinzips ansehen. Selbstverständlich werden vergängliche/vergangene Phänomene dennoch interaktiv bearbeitet. Die Formen dieser Bearbeitung setzen aber als höchst relevant voraus, dass das flüchtig Produzierte eben tatsächlich nicht reproduzierbar ist; sie unterscheiden sich damit von der Bearbeitung mehr oder weniger langfristig gespeicherter Texte und Interaktionen. Inszeniert werden solche Bearbeitungen, z.B. das Sich-Herausreden, Leugnen, Uminterpretieren usw., etwa in Komödien und Seifenopern bei den dort so wichtigen ‚vertraulichen' Mitteilungen, die dann doch ausgerechnet die falsche Person mithört, ausgeplaudert bekommt etc.

Bei **Schriftsprache** sind hier solche Texte besonders relevant, die **geheim** bzw. nur für einen begrenzten Adressatenkreis offiziell zugänglich sind – man denke an Tagebücher, Verschlusssachen und ‚interne Mitteilungen' aller Art. Gerade in Zeiten von investigativem Journalismus, WikiLeaks und NSA sind solche

– entschieden gegen die Senderinteressen gerichteten – sekundären Enthüllungen von einer derart großen Bedeutung, dass ihre Vernachlässigung die Textlinguistik in eine ausgeprägte Praxisferne führen würde.

Noch viel bedeutsamer ist in Zeiten der Informationsüberflutung die zweite Konstellation: Der Text kommt beim Zielpublikum gar nicht an oder wird jedenfalls **nicht** so **rezipiert**, wie es der Sender intendiert hat. Für die Charakterisierung von Textsorten ist es durchaus relevant, wenn man feststellen kann, dass sie bei vielen (potenziellen) Rezipienten die Hürde regelmäßig verfehlen, überhaupt akzeptiert (*Bitte keine Reklame!*) oder intentionsgemäß behandelt zu werden. Norbert Bolz (2010: 17) scheint es „in Zeiten von Google und Wikipedia" geradezu „eine sehr offene Frage" zu sein, „ob das, was heute mit Texten geschieht, noch lesen ist". Das betrifft natürlich insbesondere die hier angesprochenen nicht-linearen und multimedialen Angebote (vgl. dazu weiter Kap. 7.2.). Aber auch (massenmediale) Fließtexte werden nicht grundsätzlich vollständig gelesen, und man könnte es geradezu als Berufskrankheit von Sprachwissenschaftlern betrachten, wenn sie vernachlässigen, dass die eigentliche Absicht bei professionellen Schreibern oft wiederum eine instrumentale ist, nämlich die, mit Texten Geld zu verdienen.

Im Weiteren seien noch einige Arten des Umgangs mit Kommunikaten behandelt, die gerade nicht der Senderintention entsprechen, aber doch recht geläufig sind. Ein extrem **zweckentfremdeter** Gebrauch liegt vor, wenn nur die materielle Oberfläche genutzt wird, man z. B. Bücher als Stützen für wackelnde Möbel, Zeitungen als Verpackungsmaterial oder Plakate als Malfläche einsetzt. Angesichts der inzwischen regelmäßigen Forderung, die **Materialität** von Texten stärker zu berücksichtigen (vgl. Kap. 2.5.1.), sollte man auch diesen ‚extravaganten' Gebrauchsweisen von Kommunikaten mindestens am Rande Rechnung tragen.

Für die Texthaftigkeit schon weit weniger marginal und auch sehr stark an die materielle Oberfläche gebunden ist der Einsatz von Büchern als Prestigeobjekten, wie er etwa bei teuren Enzyklopädien oder Werkausgaben gängig ist. Wenn man auch die Aufschriften (oder Logos) auf Kleidungsstücken, Accessoires, Gebrauchsgegenständen usw. als Texte ernst nimmt, wie es insbesondere Hausendorf/Kesselheim (2008) tun, dann ist diese **Prestigefunktion** in unserer Gesellschaft sogar zentral, und zwar bei Markenprodukten (inklusive der Fälschungen). Aber auch prototypischere Formen von Texten können analoge Funktionen (sekundär) entfalten und zur **Gruppendifferenzierung** beitragen. Gemäß dem Prinzip: Sage mir, was du liest (oder mindestens abonniert, im Bücherregal stehen hast oder in der Tasche trägst), und ich sage dir, wer du bist.

Die Funktion von Texten als **Kulturzeugnissen** realisiert sich besonders dann, wenn Texte aus ihrer ursprünglichen Situationsverankerung gelöst und sekundär neu gelesen, im wahrsten Sinne des Wortes um-funktioniert werden. Sie haben dann das, was Hausendorf/Kesselheim unter Belegfunktion fassen, nämlich **dokumentarischen** Wert; dafür kommen alle Arten von Kommunikaten infrage, und zwar gerade „außerhalb *der* pragmatischen Wirklichkeit eines kommunikativen Ereignisses zwischen Autor und Leser" (Hausendorf/Kesselheim 2008: 139; Hervorhebung K.A.), die für die Erstverwendung gilt. In diesen Fällen von Kommunikation zu sprechen, ist m. E. ebenso kontraintuitiv wie bei vielen Übungstexten. Es handelt sich dabei um das, was die Historiker **Quellen** nennen, und zu einer Quelle wird ein Objekt eben erst durch eine (in der Regel nicht vom Produzenten intendierte) besondere **Rezeptionshaltung** des Betrachters.

Als Quellen, als Gegenstand der Betrachtung, dienen Texte auch im Rahmen vieler Textwissenschaften, u. a. fungieren in der Linguistik Texte jedweder Art als Korpora für grammatische oder lexikologische Analysen. Eine (zu) enge Auslegung der kommunikativ-funktionalen Betrachtungsweise dürfte diese **Metaperspektive** als marginal vernachlässigen. Lassen wir uns jedoch von einer (auch) kulturwissenschaftlichen Blickrichtung leiten, erweist sie sich als fundamental: (Prototypische) Texte sind für die Überlieferung bestimmt und damit aus der Situationsbindung ‚erlöst'. Aber auch Alltags-, Gebrauchs- und Wegwerftexte entfalten sekundär diese Funktion, wenn man sie als Zeugnisse der Alltagskultur oder auch als Spuren in einem Kriminalfall liest – wiederum erweist sich die Rezeptionshaltung als entscheidend für die realisierte Funktion.

Ebenfalls einer Metaperspektive entspricht die zeitgenössische Behandlung von Texten als Gegenständen von **Sprach- und Kulturkritik.** Das Gegen-den-Strich-Lesen von Zeitungs-, Wissenschafts- und Verwaltungstexten, Politikeräußerungen, Werbeanzeigen, Jugendsprache und was der beliebten Gegenstände von Sprachkritik mehr sind (vgl. Kilian et al. 2010, Heringer/Wimmer 2015), ist ein etabliertes Sprachspiel, das sich in Glossen, Stilblütensammlungen, Parodien oder auch ernsthaften Versuchen der Entlarvung von ‚geheimen Absichten' des Senders oder von Anzeichen für Sprachverfall niederschlägt. Während Rolf (2000: 430) meint, andere Ziele des Senders als die textuelle Grundfunktion seien „sozusagen Privatsache", stellen diese in der kommunikativen Praxis für kritische Geister eher die öffentlich zu machende Hauptsache dar.

Abgeschlossen seien diese Hinweise durch ein schönes Beispiel für nicht-intendierte Wirkungen eines literarischen Textes: In seiner Autobiografie setzt Goethe sich mit der ‚großen, ja ungeheueren Wirkung' seines ***Werther*** auseinander (vgl. *Dichtung und Wahrheit*, 3. Teil, 13. Buch). Sie hat ihn zu der Einsicht gebracht, „daß Autoren und Publikum durch eine ungeheurere Kluft getrennt sind, wovon sie, zu ihrem Glücke beiderseits keinen Begriff haben." Das Werk hat bekanntlich einen autobiografischen Hintergrund und diente Goethe in erster Linie zur Überwindung einer Krise, es hatte ihn „aus einem stürmischen Elemente gerettet", und er fühlte sich, „wie nach einer Generalbeichte, wieder froh und frei, und zu einem neuen Leben berechtigt". Entsprechend hatte er „dieses Werklein ziemlich unbewußt, einem Nachtwandler ähnlich, geschrieben", „in vier Wochen, ohne daß ein Schema des Ganzen, oder die Behandlung eines Teils irgend vorher wäre zu Papier gebracht gewesen". Er fühlte sich „dadurch erleichtert und aufgeklärt [...], die Wirklichkeit in Poesie verwandelt zu haben". Dann sah er sich aber einer gänzlich unbeabsichtigten Wirkung gegenüber, da sich seine „Freunde daran [verwirrten], indem sie glaubten, man müsse die Poesie in Wirklichkeit verwandeln, einen solchen Roman nachspielen und sich allenfalls selbst erschießen". Mit diesem sog. Werther-Effekt haben wir also einen authentischen und berühmten Fall der Uminterpretation eines literarischen Textes in einen Handlungsvorschlag vor uns. Der größere Teil der Leser nahm das Buch freilich als einen Text mit Informationsfunktion, wodurch dem Autor „durch teilnehmende, wohlwollende Seelen eine unleidliche Qual bereitet" wurde, „so wollten sie sämtlich ein für allemal wissen, was denn eigentlich an der Sache wahr sei [und] wo denn die eigentliche [Lotte] wohnhaft sei? [...] Dergleichen peinliche Forschungen hoffte ich in einiger Zeit loszuwerden; allein sie begleiteten mich durchs ganze Leben."

Als **Fazit** können wir damit festhalten, dass der Sinn, den der Autor mit seinem Text verbindet und den er vielleicht auch einem anderen gegenüber auszudrücken beabsichtigt, sich sowohl ihm selbst in verschiedenen Momenten unterschiedlich darstellen kann, als auch bei den Lesern verschiedenartig ankommen kann. Aus diesem Grunde führt die Identifikation der Funktion eines Textes mit der Absicht, die der Autor im Moment der Produktion verfolgt, nur zu sehr beschränkten Resultaten.

5.4. Zur Integration der Ansätze: Das Ertragsmodell

Es stellt sich nun die Frage, wie die verschiedenen hier angesprochenen potenziellen (Neben-)Effekte und Sinnzuschreibungen systematisiert und in die Analyse einbezogen werden können, ohne doch zugleich die – ja immerhin sehr relevante – Frage nach der Autor-Intention zu vernachlässigen. Zu diesem Zweck halte ich es für sinnvoll, die Kategorie Intention durch eine übergeordnete Kategorie, nämlich **Ertrag**, zu ersetzen. Unter Ertrag soll alles verstanden werden, was Produzenten und Rezipienten (potenziell) aus dem Text gewinnen können. Für diese übergeordnete Kategorie sind vier Annahmen zentral:

a) Im Sinne der Ansätze von Bühler und Jakobson kann man Texten Funktionen in **unterschiedlichen Dimensionen** zuschreiben.

b) Entsprechende Funktionen realisieren die Sprachbenutzer teilweise **gleichzeitig**.

c) Die Zuschreibung einer Funktion entspricht einem **interpretatorischen Konstrukt**.

d) Funktionszuschreibungen können aus **unterschiedlichen Perspektiven** erfolgen.

Das Ertragsmodell wurde zunächst für **Dialoge** konzipiert (Adamzik 2000c und 2001d) und erscheint dort als besonders wichtig, weil an Gesprächen mehrere Akteure (mit möglicherweise konfligierenden Interessen und Deutungen) beteiligt sind, die Verlauf und Ergebnis ‚aushandeln', wie es in der Konversationsanalyse heißt. Tendenziell vernachlässigt bleiben in dieser Forschungsrichtung, die ganz die konkrete Interaktion fokussiert, m. E. die außerhalb der Gesprächssituation liegenden Interpretationen, die (strategischen) Planungen für Gesprächsverläufe, Antizipationen von Wirkungen sowie Deutungen im Rückblick. Diese bleiben oft divergent, was insbesondere in kommunikationspsychologischen Ansätzen thematisiert wird. Erinnert sei nochmals an das Modell Schulz von Thuns und den bekannten Satz *Das habe ich nicht gesagt!* (Tannen 1992).

Schrifttexte sind nun fixiert, so dass die entsprechende Reaktion die Gestalt annimmt *Das habe ich nicht gemeint!*[14] Gespeicherte Texte können immer wieder neu, von verschiedenen Personen und aus unterschiedlichen Perspektiven gelesen und interpretiert werden, eben deswegen lassen sich ihnen auch **immer wieder neue Erträge** abgewinnen. Für literarische Texte ist das ein Gemeinplatz, und es erscheint mir bezeichnend, dass auch Gansel (vgl. das Zitat am Ende von 5.3.1.) in diesem Zusammenhang von verschiedenartigsten *Erträgen* spricht. Wie besonders die Beispiele unter 5.3.3. zeigen, sind aber divergierende und auch unkonventionelle Umgangsweisen bei Gebrauchstexten ebenfalls möglich und teilweise sogar völlig üblich.

Die Textfunktion im Sinne der Sprechakttheorie deckt daher nur einen kleinen Teil von möglichen Erträgen ab, nämlich solche, die der Sender anstrebt, die also seiner Intention entsprechen und – so die weitere Zusatzbedingung – die mit konventionell geltenden Mitteln realisiert werden. In der Abbildung 5.2 ist dieses Feld grau unterlegt. Den nicht (z.B. im Titel oder mit einer expliziten Formel) deklarierten Funktionen entsprechen auf der Ebene der Einzeläußerungen die sog. **indirekten Sprechakte**. Diese haben in der Diskussion sehr viel Aufmerksamkeit auf sich gezogen, sind aber in der sprechakttheoretisch orientierten Textklassifikation m.W. kaum berücksichtigt worden. Ob man etwa auch auf der Textebene mit den sog. *konventionellen* und *konversationellen Implikaturen* rechnen sollte, bleibe daher dahingestellt. In jedem Fall gehe ich davon aus, dass die hier ana-

---

14 Der Originaltitel lautet übrigens *That's not what I meant!*

lytisch unterschiedenen Kategorien eher als Pole auf einer Skala zu verstehen sind, es also **fließende Übergänge** gibt. Das gilt auch für die Kategorie ‚(nicht) angestrebt': Den Extrempol auf der negativen Seite bilden Erträge, die dem Produzenten nicht in den Sinn gekommen wären (z. B. Anlass für Parodien zu werden, auch das war ein Effekt des *Werther!*); eine mittlere Position nehmen solche ein, die er sehr wohl (teilweise als unerwünschte) antizipieren kann.

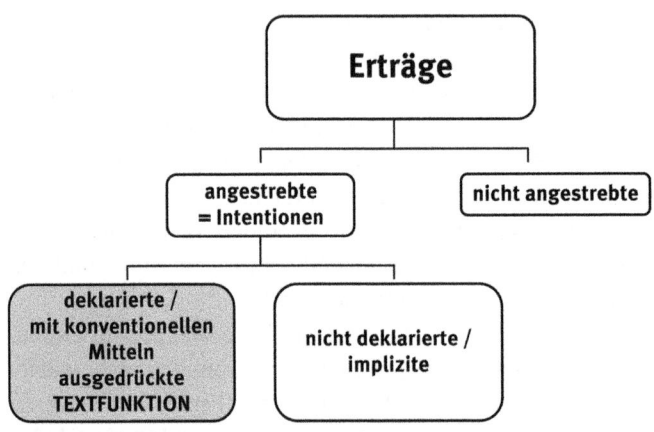

Abb. 5.2: Das Ertragsmodell

Der Vorteil dieses Modells besteht darin, dass es mit konventionellen Mitteln ausgedrückte Absichten erfassen kann, aber gleichzeitig in der Lage ist, ein eventuelles Scheitern kommunikativer Interaktionen zu beschreiben und insgesamt der Vielfalt möglichen Umgangs mit Texten und unterschiedlichen Perspektiven der Beteiligten gerecht zu werden.

Welche **Ertragsdimensionen** soll man nun ansetzen? Aufgrund eines Vergleichs verschiedener Funktionskataloge habe ich eine Liste zusammengestellt, in der es insbesondere darum ging, Funktionen einzubeziehen, die nicht partnerbezogen sind oder auch typischerweise nur nebenbei realisiert werden. Denn diese werden in den gängigen Modellen vernachlässigt. Der Katalog umfasst alle Funktionen, mit denen Jakobson rechnet, sowie zusätzlich die dort nicht berücksichtigten Deklarationen aus dem sprechakttheoretischen Ansatz (2) und schließlich eine von Isenberg (1984) als *religiotrop* bezeichnete Kategorie, der bei Fandrych/Thurmair (2011: 32f.) die Funktion *Sinnsuche* entspricht (hier 6). Busch/Stenschke (2014: 244) haben diese Auflistung um die Kategorie *unterhaltend* erweitert (denkbar auch als Unterfall von 4), die Hausendorf/Kesselheim an die Stelle der poetischen Funktion (hier 7) setzen. Angesichts der immer größeren Bedeutung der (meist zusätzlichen) Unterhaltungsfunktion nehme ich diese Anregung gern auf. Ansonsten strebe ich aber keine ‚Vervollständigung' an und möchte etwa keine eigene Kategorie für die Prestige- (zu 5) oder dokumentarische Funktion (zu 1) einführen. Die Liste soll vielmehr nur einen Überblick über besonders geläufige Ertragsdimensionen geben und ist prinzipiell als offen zu verstehen.

1. **intellektuelle/kognitive:** man erfährt, lernt oder begreift etwas, entwickelt seine Gedanken oder lässt sie sich entfalten,
2. **praktische:** man ändert etwas in der Welt, ernennt z. B. jemanden in einer Funktion, erwirbt einen Gegenstand, setzt einen Vertrag auf usw.,
3. **handlungsorientierende:** man wird sich darüber klar, wie man sich in der Zukunft (evtl. gemeinsam mit anderen) verhalten will,
4. **emotional-psychische:** man tritt in Kontakt mit seinen Gefühlen, macht sie sich klar, empfindet und drückt aus Freude, Ärger, Lust oder Langeweile; entlastet sich psychisch etc.,
5. **soziale:** man tritt mit anderen in Kontakt, lernt sie kennen, kommt einander näher oder entfremdet sich, zeigt sich und erkennt andere als Gruppenmitglied usw.,
6. **geistig-moralische:** man wird sich über die Welt und sich selbst klarer, gelangt zu einer bestimmten ethischen Haltung oder einer philosophisch-religiösen Einstellung usw.,
7. **formbezogene:** man realisiert bzw. nimmt wahr ästhetische Qualitäten und Mängel von Texten, führt ein Muster formvollendet oder abweichend durch usw.,
8. **metasprachliche/-kommunikative:** man erweitert sein Sprach- und Text-(muster)wissen und seine kommunikative Handlungsfähigkeit, setzt neue Konventionen in Kraft usw.,
9. **unterhaltende:** man lässt sich von einem Text unterhalten, spielt (gemeinsam) mit Sprache, konstruiert oder lässt sich entführen in eine fiktionale Welt usw.

Welche von diesen Erträgen einzelne Individuen (in welchem Moment) bei bestimmten Kommunikaten realisieren, ist nicht unbedingt voraussehbar – dies zu unterstreichen, entspricht dem Hauptanliegen der vorliegenden Überlegungen. Um m. E. unergiebige Kontroversen zu vermeiden, sei unterstrichen: Selbstverständlich gibt es **prototypische Konstellationen**. Einen literarischen Text wird man eher unter Formaspekten betrachten als eine Hausordnung oder eine Zeitungsnachricht, bei der sozialen Funktion spielt der Inhalt oft keine Rolle usw. Ich stimme natürlich auch den Annahmen der an der Sprechakttheorie orientierten Autoren zu, dass bei Gebrauchstexten die (beiderseitige) Realisierung einer konventionellen Grundfunktion den (unproblematischen) Normalfall darstellt.

Für anspruchsvollere und längere Sachtexte, erst recht aber für philosophische, literarische Texte usw., also für alle die Texte, die eine echte hermeneutische Herausforderung darstellen, gilt dies aber gerade nicht.

Das Modell ist außerdem konzeptionell anders ausgerichtet: Während Ansätze, die Texten eine konventionelle Grundfunktion direkt zuschreiben, Indikatoren dafür in diesen selbst aufsuchen wollen, geht es hier vielmehr darum, die kreativen und interpretatorischen Spielräume beim Umgang mit Texten zu fokussieren, auch nicht-konventionelle Gebrauchsweisen einzubeziehen und damit der eigentlich inzwischen allgemein akzeptierten These Rechnung zu tragen, dass der **Umgang mit Texten als konstruktive Leistung** zu verstehen ist. Erwähnt sei abschließend noch: Es ist höchst unwahrscheinlich, dass ein Rezipient gegenüber einem Kommunikat einmal sämtliche potenziellen Funktionen gleichzeitig realisiert, man wählt das aus der eigenen Perspektive jeweils Relevante aus. Für erwartbar halte ich es jedoch, dass alle Leserinnen und Leser sich an mindestens einen Fall erinnern, in dem sie rückblickend ein Kommunikat ‚in einem ganz anderen Licht' gesehen haben.

5.5. Ebenen von Funktionszuschreibungen

Eine offene Liste von Ertragsdimensionen hat zwar den Vorteil, dass man nicht zu kontraintuitiven Zuordnungen (oder auch arbiträren Entscheidungen) gezwungen ist, andererseits möchte man doch auch zu einer gewissen Strukturierung kommen, und zwar umso mehr, je länger die offene Liste ist. Lassen sich hier nicht irgendwelche Schwerpunkte setzen, haben alle diese Funktionen den gleichen Status? Auch versteht sich das Ertragsmodell als ein Ansatz, der die in Tabelle 5.1 zusammengestellten Kataloge integrieren kann. Da alle dort erwähnten Funktionen einbezogen sind, sollten sich die verschiedenen Vorschläge aufeinander abbilden lassen.

Es hatte sich allerdings schon gezeigt, dass insbesondere die Parallelisierung der sprechakttheoretisch inspirierten Modelle mit denen aus der Tradition von Bühler und Jakobson problematisch ist. Wir kommen damit auf die Frage zurück, welche Aspekte – neben der in der Diskussion im Vordergrund stehenden (illokutionären) Grundfunktion – berücksichtigt werden können. In der jüngeren Diskussion zeichnet sich hier nun eine Veränderung ab: Sowohl Gansel und Jürgens als auch Hausendorf/Kesselheim schlagen nämlich eine Differenzierung verschiedener Ebenen textueller Funktionen[15] vor und lehnen sich dabei glei-

---

15 Der Ausdruck *textuelle Funktion* soll die Lesarten a) bis d) von *Funktion* ausschließen (vgl. 5.1).

chermaßen an die **Luhmann'sche Systemtheorie** an. Sie arbeiten jeweils mit drei Ebenen, von denen jedoch nur zwei einander entsprechen (Tab. 5.2). Die Anlehnung an Luhmann betrifft die Ebene 3, die sich auf Subsysteme der funktional differenzierten Gesellschaft bezieht und hier im Kapitel zu den Kommunikationsbereichen (vgl. Kap. 4.2.) erscheint.

Am weitesten ausgearbeitet ist der Versuch, diese Bereiche als Funktionen von Texten bzw. Textklassen zu analysieren,[16] bei Gansel (2011; vgl. auch Gansel 2008), während Hausendorf/Kesselheim (2008: 168) den ‚Mitvollzug der Funktionssystemverortung' nur „zumindest mit in den Blick" nehmen wollen. Diese Zurückhaltung erklärt sich aus der extremen Komplexität der Theorie mit ihrem umfangreichen neuen Begriffssystem und dem Eingeständnis, dass diese Theorie „eigentlich nur noch den eigenen Jargon toleriert" (Luhmann 2002: 267). Tatsächlich ist sie mit linguistischem Sprachgebrauch teilweise nur schwer vereinbar. Das betrifft insbesondere den „magischen" Begriff (Heinemann 2008: 132) ‚(soziale) Interaktion'.

Tab. 5.2: Funktionsebenen

Gansel/Jürgens	Hausendorf/Kesselheim
1 Textfunktion	textuelle Grundfunktion
2	Texthandlung[17]
3 Bereichsfunktion	ges. Funktionsbereiche von Texten
4 Bewirkungsfunktion (rezipientenbezogen)	

Luhmann schließt – insbesondere bei der Klärung des Begriffs *Kommunikation* – allerdings selbst an die linguistische Tradition an und bezieht sich ausdrücklich auch auf Bühler und Searle. Er weist in aller wünschenswerten Klarheit die Annahme zurück, dass Kommunikation als Handlung rekonstruierbar sei (vgl. z. B. Luhmann 2002: 280 und 302) und sieht den wesentlichen Unterschied seines Konzepts zu Handlungstheorien darin, dass er beim Verstehen (der Rezipientenseite) ansetzen will (vgl. u. a. ebd.: 298).

---

16 Ob es wirklich sinnvoll oder gar notwendig ist, die Funktionen bestimmter gesellschaftlicher Systeme (für die Gesellschaft oder andere Subsysteme) direkt mit einer Ebene der Funktion von Texten zu korrelieren, sei hier dahingestellt.

17 Damit sind gemeint „spezifische Ausprägungen der textuellen Grundfunktionen, für die sich eigene Textsorten herausgebildet haben (so z. B. das *Türschild*, das *Bewerbungsschreiben* oder die *Gebrauchsanweisung* als Ausprägungen der Steuerungsfunktion)" (Hausendorf/Kesselheim 2008: 142).

Unter dem Stichwort **Dreikomponententheorie** greift er auf Bühlers Ansatz zurück (vgl. z. B. ebd.: 260 und 292): „Die These ist, dass die Sozialität nur in der Verschmelzung oder in der Synthese dieser drei Komponenten zustande kommt" (ebd.: 261), also nur, wenn die **Mitteilung** (bei Bühler: Ausdruck), **Information** (Darstellung), und **Verstehen** (Appell) **als Einheit** „erzeugt werden mit Rückwirkungen auf die teilnehmenden psychischen Systeme"[18] (ebd.). Wenn man sich bei der Beschreibung von Kommunikation auf Luhmann beziehen will, müsste man sich also in der Frage von Poly- oder Monofunktionalität (vgl. Kap. 5.3.1.) für die erste Option entscheiden. Gerade das tun Gansel und Hausendorf/Kesselheim bei der Behandlung der Textfunktion nicht, sondern sie rechnen gleichermaßen damit, dass *eine* Textfunktion zumindest dominant ist. Ich sehe hierin einen Widerspruch zu Luhmann, der sich (zumindest bei Hausendorf/Kesselheim) natürlich daraus erklärt, dass nur die Ebene gesellschaftlicher Subsysteme einbezogen wird. Zugleich führt uns dieser Widerspruch die extreme Komplexität und Unübersichtlichkeit von Luhmanns Werk eindringlich vor Augen.

5.5.1. Luhmanns Systemtypen als Referenzgrößen

Die unterschiedliche Aufnahme von Luhmanns Theorien in die Textlinguistik wirft die Frage auf, inwieweit es angeraten ist, linguistische Fragestellungen vor diesem Theoriehintergrund neu zu formulieren.[19] Wenn ich das im Folgenden selbst tue, so unter einer sehr beschränken Fragestellung: Inwieweit lässt sich Luhmanns Differenzierung verschiedener **Arten von Systemen** für die Problematik von Textfunktionen ausbeuten? Die Luhmann'sche Lesart des Ausdrucks **Interaktion** scheint mir tatsächlich besonders geeignet, größere Ordnung in die verschiedenen Funktionskataloge zu bringen und auch einige andere alte Kontroversen neu zu beleuchten. Interaktionen nach Luhmann sind ein Typ von sozialen Systemen. Vergegenwärtigen wir uns zunächst, welche Arten von Systemen Luhmann sonst noch unterscheidet (Abb. 5.3):

---

18 Luhmann würde also anders als Gansel nicht nur mit einer rezipientenbezogenen ‚Bewirkungsfunktion', sondern etwas Entsprechendem auch auf der Seite des anderen psychischen Systems, des Senders, rechnen.

19 Allen denen, die sich nicht mit dem Gesamtwerk ausführlich auseinandersetzen wollen oder können, sei besonders empfohlen das posthum erschienene, auf Transkripten einer Vorlesung (1991/92) beruhende Werk *Einführung in die Systemtheorie* (2002). Es geht inhaltlich teilweise über die erste Hauptschrift, *Soziale Systeme* (1984), hinaus und ist weit weniger hermetisch als die für den Druck bestimmten Werke.

a) Das System Interaktion: Kommunikative Basisfunktionen

Unter **Interaktionen** fasst Luhmann soziale Systeme, die die **Simultanpräsenz**, „ein Zusammenwirken von mindestens zwei Bewusstseinssystemen" (ebd.: 287) voraussetzen, also Kommunikationen zwischen identifizierbaren Akteuren, die sich unmittelbar aufeinander abstimmen können. Mit Luhmann können wir damit **Gespräche** (und auch nichtsprachliche individualpartnerbezogene Handlungen sowie auch (quasi-)synchrone schriftliche Interaktion) einem bestimmten sozialen System zuordnen. Dies erlaubt uns, die leidige Frage, ob auch gesprochene Sprache und speziell Dialoge als Texte behandelt werden sollen oder nicht (vgl. Kap. 2.5.), zu überführen in eine spezifische Positionierung dieser gemeinsam hervorgebrachten Kommunikate innerhalb der Gesamtheit kommunikativ gemeinter Handlungen. Gespräche sind eben doch etwas Spezielles und sogar Fundamentales (vgl. etwa Heinemann 2008: 121f.). Auch wenn man sie als Unterfälle von Texten auffasst, muss man diesem Sonderstatus irgendwie Rechnung tragen. Sie einem spezifischen sozialen System, eben den Interaktionen, zuzuordnen, scheint mir durchaus hilfreich.

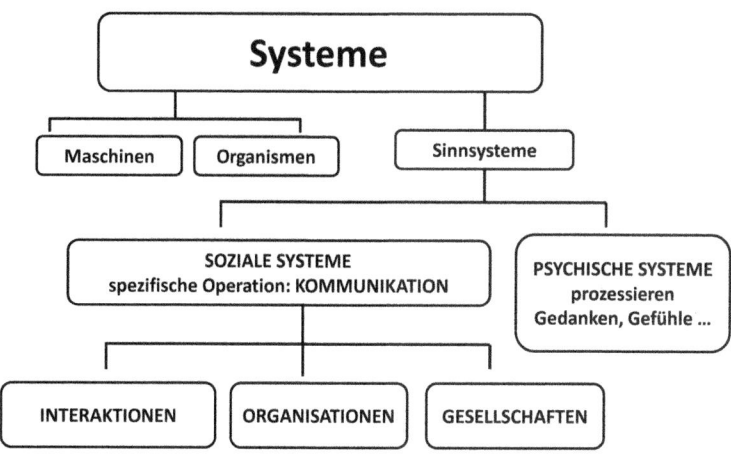

Abb. 5.3: Ebenen und Arten von Systemen (nach Luhmann 1984: 16)

Systeme (jedweder Art) sind nach Luhmann grundsätzlich „operativ geschlossen", jedem System stehen nur eigene Operationen zur Verfügung und es kann keine Strukturen aus anderen Systemen importieren. Die Bewusstseinsinhalte sind also immer Inhalte *eines* psychischen Systems, und Luhmann hat „eine scharfe Kluft zwischen psychischen und sozialen Systemen aufgerissen" (Luhmann 2002: 267). Diese Kluft muss nun natürlich wieder überbrückt werden, und dies geschieht über das Schlüsselkonzept **strukturelle Kopplung**.

Sprache ist ein „Mechanismus struktureller Kopplung heterogener, komplett verschiedener Systeme" (ebd.: 281).

„Sprache hat offensichtlich eine Doppelseitigkeit. Sie ist sowohl psychisch als auch kommunikativ verwendbar und verhindert nicht, dass die beiden Operationsweisen – nämlich Disposition über Aufmerksamkeit [spezifisch für psychische Systeme] und Kommunikation [spezifisch für soziale Systeme] – separat laufen und separat bleiben." (ebd.: 275)

Was im System Interaktion, also in Gesprächen, möglich ist, darf man als **Basisfunktionen** menschlicher Kommunikation verstehen, während die anderen sozialen Systeme umfassendere und nicht mehr nur direkt vermittelte ‚Kommunikationen' betreffen und eben für höherdifferenzierte Gesellschaften charakteristisch sind.

Welche Einheiten aus der Liste der Erträge sind nun als Basisfunktionen zu betrachten? Beim Versuch, die verschiedenen Funktionskataloge aufeinander abzubilden (Tab. 5.1), die in der Kommunikation eine abstrakte Oberkategorie (auch für Schrifttexte) sehen, zeigte sich, dass nur zwei der Funktionen in allen Katalogen gleichermaßen auftreten, das sind **Aufforderung**/Appell (bzw. die anderen entsprechenden Begriffe) einerseits und **Information**/Darstellung andererseits. Eine weitere elementare Funktion ist die des **Kontakts**. In der Sprechakttypologie ist sie zwar nicht berücksichtigt, dafür gibt es jedoch die Kategorie Expressiva, die – kulturell sehr spezifische – konventionelle Formen des höflichen Umgangs miteinander erfasst und sich damit doch sehr gut den elementaren Formen des Sozialkontakts zurechnen lässt.

Rückt man den kooperativen Charakter von Gesprächen in den Vordergrund, dann liegt es sehr nahe, bei diesen Basisfunktionen die senderzentrierte Sichtweise auf Funktion aufzugeben und statt von Information und Aufforderung von **Wissens- und Handlungsabstimmung** zu sprechen. Dies ermöglicht es, die drei grundlegenden **Satzarten** diesen Basisfunktionen zuzuordnen.[20] Für Gespräche, die zentral der Abklärung von Sachverhalten bzw. der Herstellung eines gemeinsamen Wissensraums (*common ground*) dienen, sind Aussage- und Fragesätze im Zusammenspiel charakteristisch. Bei der Handlungsabstimmung spielen Imperativsätze eine besondere Rolle. Für die Kontaktfunktion charakteristisch sind nicht-satzförmige Floskeln (Grußformeln usw.). Die Allgegenwart der Kontaktfunktion ist ansonsten hinreichend belegt durch die große Bedeutung der Hörerrückmeldungen in Gesprächen (*back channel behavior*).

Eine nur noch drei elementare Typen umfassende Einteilung wird nun auch in zwei neueren Grobtypologien propagiert. So rechnet Ludger Hoffmann in seiner

---

20 Die Satzarten spiegeln sich in der sprechakttheoretischen Illokutionstypologie ja leider nicht wider, obwohl die Satzart als wesentlicher Illokutionsindikator behandelt wird.

Grammatik (2013: 30 und Kap. H) mit drei grundlegenden Zweckbereichen des Handelns, nämlich „Transfer von Wissen", „Koordination von Handlungen" und „Empfindungen ausdrücken".[21] Fandrych/Thurmair (2011: 29 f.) unterscheiden entsprechend der Funktion drei große Textgruppen, wovon zwei den Kategorien Hoffmanns weitgehend entsprechen, nämlich „Wissensbezogene Texte" einerseits und „Handlungsbeeinflussende und handlungspräformierende Texte" andererseits. Die dritte Gruppe fassen Fandrych/Thurmair dann sehr viel weiter als Hoffmann, vereinen nämlich unter „Expressiv-soziale, sinnsuchende Texte" sowohl die nicht-kommunikativen (darunter unsere Gruppen 1, 4, 6, 7 und 9) als auch die dominant kontaktbezogenen Texte, was die Autoren folgendermaßen rechtfertigen:

> Die „zunächst auf den Autor/die Autorin selbst" bezogenen Texte „können aber (und werden häufig) auch anderen zugänglich gemacht, wodurch weitere, phatisch-kontaktive oder auch unterhaltende Funktionen mit der expressiv-sinnsuchenden Funktion in Verbindung gebracht werden." (Fandrych/Thurmair 2011: 32)

Dafür, dass sich drei Typen als **kommunikative Basisfunktionen** ansetzen lassen, sprechen auch Befunde aus der **Ethologie**. Ich beziehe mich hier auf Michael **Tomasello** (2011), Co-Direktor am Max-Planck-Institut für evolutionäre Anthropologie in Leipzig. Auf der Grundlage des Vergleichs des Verhaltens von Menschenaffen und Kleinkindern kommt er zu dem Schluss, für die Entstehung menschlicher kooperativer Kommunikation seien drei Hauptmotive wesentlich, nämlich **Auffordern, Informieren** und **Teilen**. Ich betrachte den Ausdruck *Teilen* als Äquivalenz für *Kontakt*. Die letzten beiden Motive sind seinen Befunden entsprechend humanspezifisch, kommen also bei Menschenaffen nicht vor, selbst wenn diese mit Menschen zusammenleben. Das Teilen von Wahrnehmungen, Gefühlen, Einstellungen usw. ist die Grundlage für **geteilte Intentionen**, die Tomasello (2011: 84) – übrigens im Anschluss an Searle – als notwendige Bedingung von Kooperation betrachtet (dabei bezieht er sich ausführlich auf Grice).

---

21 In der dritten Gruppe geht es um den Ausdruck von „Emotion, Gefühl, Empfindung" (541), nicht um konventionalisierte Höflichkeitsfloskeln, aber auch nicht um die Kontaktfunktion. Hoffmann verbindet also sprechakttheoretische Denkweisen und Kategorien mit dem Organonmodell Bühlers. Woran er jeweils konkret anschließt und wie sich seine Kategorien – sie sind großenteils an der Grammatik des IDS (Zifonun et al. 1997) orientiert – zu anderen Modellen verhalten, thematisiert er aber grundsätzlich selbst nicht.

b) Psychische Systeme: Nicht-kommunikative Funktionen

Ich gehe nun über zu den von mir so betonten **nicht-kommunikativen Funktionen**. Dabei handelt es sich natürlich um ‚Operationen des Einzelbewusstseins', die in Luhmanns Modell den **psychischen Systemen** zuzuordnen sind und prototypisch **innere Sprache** betreffen. Dazu gehören aus unserer Liste zentral die Ausdrucks- bzw. **emotive Funktion** und die **kognitive Funktion**. Dabei ist nicht nur an den Aufbau komplexer Gedankenkonstruktionen zu denken, sondern bereits an die Verarbeitung von Wahrnehmungen, um noch einmal an Sprache als das Ur-Medium der Weltaneignung zu erinnern (vgl. Kap. 2.5.1.).

Ferner lässt sich auf diesem Wege auch die kontraintuitive Annahme überwinden, Lesen sei per se ein Typ von Kommunikation, gleichgültig, ob der Produzent überhaupt an mich als potenziellen Rezipienten gedacht hat und wie weit immer er von mir zeitlich getrennt ist. Luhmann nennt die Vorstellung, dass „Aristoteles mit mir kommuniziert", „schreibtischspezifisch" (ebd.: 311).

Da beim Lesen von Texten die schriftliche Sprache in innere Sprache umgesetzt wird (vgl. auch ebd.: 271) − dies ist eine der Voraussetzung dafür, dass ein Verstehensversuch unternommen werden kann −, lässt sich die Korrelation von Einzelbewusstsein mit innerer Sprache aufrecht erhalten. Auch die Hilfskonstruktion, beim Lesen des eigenen Tagebuchs, Einkaufszettels usw. kommuniziere das Individuum mit sich selbst, erweist sich unter diesen Voraussetzungen als ebenso überflüssig wie kontraintuitiv: Das Individuum ist nur als Organismus mit sich selbst identisch. Wären auch die psychischen Systeme identisch, gäbe es keine Information mit irgendeinem Überraschungswert (vgl. ebd.: 127 f.) mitzuteilen. Was das Lesen von eigenen Tagebüchern interessant macht, ist eben die Differenz zwischen den jeweiligen psychischen Systemen, die so stark sein kann, dass man ‚sich selbst' im Rückblick beim besten Willen nicht mehr versteht − und schon gar nicht in ein Gespräch eintreten kann, das ermöglichen würde, dass ich mich mir selbst erkläre und mit meinem früheren Ich in Übereinstimmung gelange. Ich erfahre mich in diesem Kontext vielmehr möglicherweise als so fremd wie irgendein anderes Bewusstsein.

c) Komplexe soziale Systeme: Organisationen

Betrachten wir nun die komplexeren sozialen Systeme. Der für die Sprechakttheorie spezifische Typ der **Deklarationen** − und auch der **Obligationen**, zumindest soweit sie rechtlich verbindlich sind − erfordert eine ausgebaute Sozialstruktur mit **Institutionen**. Sie sind also dem **Systemtyp Organisation** zuzurechnen und die charakteristische mediale Ausprägung von Sprache ist hier die **Schrift**. Solche Systeme − Ämter, Firmen, Universitätsinstitute, Schulen, Verlage etc. − schaffen erst die Handlungsbedingungen für Interaktionen auf der personalen Ebene: Gerichtsverhandlungen können z. B. nur unter Rückgriff auf Gesetze funktionieren, Funktionsrollen nur entsprechend Geschäftsordnungen, Reglementen oder dergl. vergeben, Fahrscheine nur unter Berücksichtigung von Tarifbestimmungen ausgestellt werden usw.

Je komplexer die Gesellschaft ist, desto mehr Texte sind nötig, die solche Bedingungen explizit formulieren und damit fundamental ihrer **Selbstorganisation** dienen, d. h. Regeln und **Konventionen etablieren.** Auch aus der so stark an Konventionen ausgerichteten sprechakttheoretischen Sicht dürfte es von Bedeutung sein, ob es sich um Akte handelt, für die es eine explizit festgelegte Konvention gibt, oder aber um solche, bei denen die Konventionen ‚nur‘ zum (kulturellen) Wissen gehören.

Für soziale Systeme vom Typ Interaktion ist beim Warenaustausch etwa charakteristisch, dass die Partner die Preise per Feilschen ad hoc aushandeln. Für ‚durchregulierte‘ Gesellschaften gibt es dagegen im Subsystem Wirtschaft/Handel bei einzelnen Organisationen (Firmen) Preislisten, Geschäftsbedingungen usw., die überdies gekoppelt sind an das (wirtschafts-)politische System, etwa Bestimmungen für Sonderangebote, Ladenöffnungszeiten, Kartellbestimmungen und dergl. mehr. Solche expliziten Regulierungen von Handlungsmöglichkeiten vereinen die Funktionen Deklaration und Metakommunikation. Für den Systemtyp Organisation ist also die **metakommunikative Funktion** von herausragender Bedeutung.

d) Gesellschaftliche Subsysteme

Es verbleibt von den traditionell einbezogenen Funktionen der in kommunikativ-funktionalen Ansätzen notorisch schwierige Bereich der **literarischen Texte.** Hier kommt die Systemart **Gesellschaft** mit ihren **funktionalen Subsystemen** ins Spiel, zu denen auch die Literatur/der Literaturbetrieb gehört. Literarische Texte haben allerdings — ebenso wie solche aus dem religiösen, wirtschaftlichen, medizinischen oder politischen Bereich — eine extrem lange Tradition, kommen also auch in Gesellschaftsformen vor, die *nicht* als funktional differenziert betrachtet werden. Ab wann sich dafür jeweils ein eigenes Subsystem ausgebildet hat, dürfte damit eine empirische Frage bezogen auf eine konkrete Gesellschaft sein. Welche Kriterien für die Entscheidung in dieser Frage heranzuziehen sind, kann ich nicht beurteilen. Noch einmal betonen möchte ich allerdings mit Jakobson, dass die poetische Funktion nicht an das Literatursystem gebunden werden kann. Die Fokussierung einer formbezogenen Dimension ist vielmehr prinzipiell für alle Texte in allen funktionalen Subsystemen möglich.

5.5.2. Fazit

Als Fazit sei festgehalten, dass die verschiedenen Systemarten von Luhmann eine, wie mir scheint, relativ zwanglose Zuordnung der vorgeschlagenen Funktionstypen erlauben. Dies ändert natürlich nichts daran, dass jeder einzelne Text – egal welchen Systems – z. B. auch von einem psychischen System (wieder neu) prozessiert werden kann, dass literarische Texte für den Autor (auch) Ausdrucksfunktion haben, dass der Leser die ästhetischen Qualitäten goutieren kann oder auch nicht usw. Von herausragender Bedeutung ist, dass die psychischen Systeme frei sind, ihre Aufmerksamkeit oder ihr Interesse auf die eine oder andere (potenzielle) Funktion zu richten, weswegen die Funktionen für die psychischen Systeme besonders offen sind. Das entspricht meinem Verständnis nach ganz der Denkweise von Luhmann und ist mit seiner **Gedankenfigur des Beobachters** zu verbinden, „der Mehrheiten [verschiedene Systeme, Operationen usw.] synthetisieren, der Verschiedenes zusammenfassen kann – und wenn er es tut, dann tut er es" (ebd.: 264). Mit dieser lapidaren Feststellung wird gerade die grundsätzliche Freiheit der Perspektivenwahl hervorgehoben. Andere Beobachter sind nicht gezwungen, dasselbe zu tun, es gibt also keine ‚richtigen' Perspektiven – wenngleich es natürlich in Interaktionen zum Streit über angemessene Perspektiven kommen kann. Auch die hier versuchte Zuordnung stellt also keine ‚objektive Zugehörigkeit' dar, sondern nutzt nur besonders naheliegende Verbindungen. Der Bezug auf die Luhmann'schen Arten von Systemen scheint mir jedoch besonders geeignet, verschiedene Ebenen von Funktionen und damit auch (potenzielle) Perspektivendivergenzen klarer zu differenzieren.

Blicken wir nochmal auf die Funktionsmodelle aus der Linguistik zurück, so scheint mir das von Heinemann/Viehweger konzipierte **Inklusionsmodell für die Basisfunktionen** am besten geeignet zu sein. Es ist m. E. nach allerdings abzuändern, u. a. weil es Kommunikation als zentral/notwendig setzt und nicht-kommunikative Funktionen ausblendet. Ich reformuliere ihr Modell folgendermaßen: Damit Kommunikation zustande kommen kann, muss der Sender sich ausdrücken. Er ist allerdings gar nicht gezwungen, das zu tun, sondern kann seine Gedanken auch für sich behalten. Dem Sich-Ausdrücken geht voraus die innere Sprache, mithin nicht-kommunikative Funktionen.[22] Wenn der Sender sich ausdrückt, also in Interaktionen mit anderen psychischen Systemen kommunizieren will, muss als nächstes dieser Ausdruck geteilt, also die Kontaktfunktion realisiert werden. Diese transportiert in aller Regel auch eine Information, nämlich den

---

22 Das bezieht sich allerdings nur auf den schon sozialisierten Menschen, der Sprache bereits erworben hat. Ontogenetisch geht die Kommunikation der inneren Sprache natürlich voraus.

propositionalen Akt einer wie auch immer illokutionär spezifizierten Sprach-
handlung. Unter diesen berücksichtigen Heinemann/Viehweger nur die Funktion
Steuern, also Aufforderung, und behandeln damit als zentral genau die Funktionen, die wir nicht zuletzt mit Tomasello als Basisfunktionen identifiziert haben.

Als (potenzielle) Zusatzfunktion berücksichtigen die Autoren allein das **ästhetische Wirken**; dies dürfte der rezeptionsgeschichtlichen Wirksamkeit von
Jakobson geschuldet sein. Für ein elementares Modell würde ich aber davon
absehen und diese Funktion neben anderen aus der offenen Liste als eine solche
ansehen, die einerseits von psychischen Systemen fakultativ realisiert werden
kann (ebenso wie 6, 7 oder 9) oder zentral bestimmten Organisationen oder
Subsystemen der Gesellschaft zuzuordnen ist (im Subsystem Literatur z. B. bel-
letristische Verlage, Künstlervereinigungen, Feuilletonredaktionen usw.). Elementarer ist m. E, die **metasprachliche/-kommunikative Funktion** Jakobsons,
weil diese charakteristisch ist für die Selbstorganisation komplexer sozialer Systeme. Schematisch stellen sich die Zuordnungen wie in Tabelle 5.3 dar.

Tab. 5.3: Funktionstypen relativ zu Arten von Systemen

Art des Systems		typische (mediale) Ausprägung	Funktionale Typen
psychisch		innere Sprache	kognitiv, emotiv
sozial	Interaktion	Gespräch	**Basisfunktionen** Aufforderung, Kontakt, Information
	Organisation	Schrift (und Zeremonien mit mündlichem Anteil)	Selbstorganisation (metakommunikativ), Dekla-ration, Obligation (institutionsgebunden)
	Gesellschaft		gesellschaftliche Subsysteme

Nützlich scheint mir, dass man auch die verschiedenen **medialen Ausprägungen
von Sprache** den Systemen grob zuordnen kann. Allerdings haben diese Korre-
lationen jeweils einen anderen Status: Innere Sprache ist tatsächlich qualitativ an
ein psychisches System gebunden, das aber natürlich auch gesprochene und
geschriebene Sprache prozessiert. Für die Interaktion sind Gespräche, für komplexe soziale Systeme Schriftsprache prototypisch, diese medialen Ausprägungen
sind aber auch in jeweils anderen Systemen relevant. Abschließend sei ein Modell
vorgestellt, das die Überlegungen zusammenfasst.

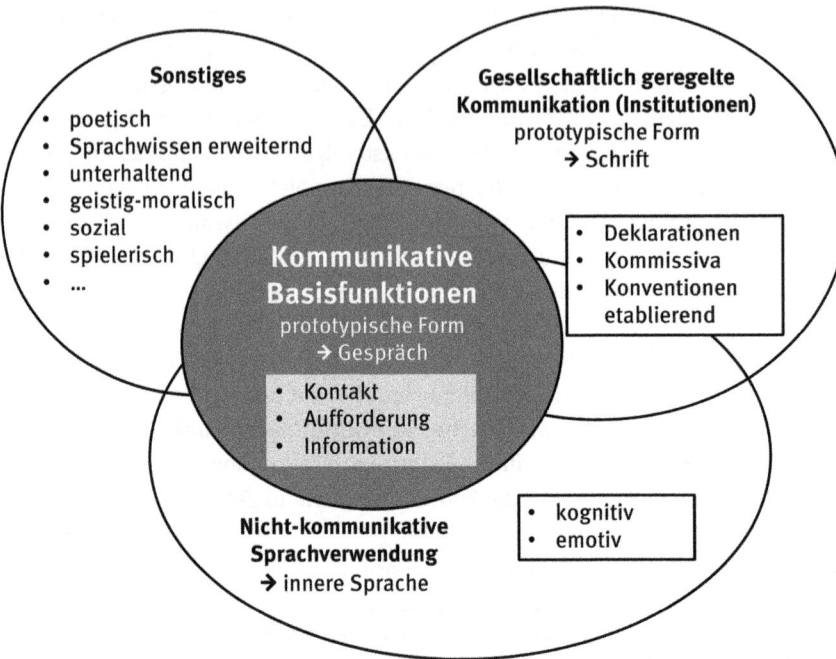

Abb. 5.4: Basisfunktionen und andere Kontexte des Sprachgebrauchs

6. Thema und Inhalt

Für den normalen Sprachbenutzer dürfte das ‚Was?‘ eines Textes grundsätzlich im Vordergrund des Interesses stehen; außerdem sind Thema und Inhalt zweifellos das, was man intuitiv am leichtesten erfassen kann. Das liegt daran, dass man sie großenteils unmittelbar am Sprachmaterial ablesen kann; denn die Lexeme geben sozusagen schon die Kategorien vor, besonders natürlich, wenn sie auch noch an ausgezeichneter Stelle, d. h. im Titel oder in einem Satz wie *In diesem Beitrag geht es um ...* stehen. In einem Buch mit dem Titel *Textlinguistik* geht es natürlich um Textlinguistik, und auch ein Titel wie *Grundzüge des politischen Systems der Bundesrepublik Deutschland* lässt keine Zweifel am Inhalt des Texts aufkommen.[1]

6.1. Zu vorliegenden Beschreibungsansätzen

Sichtet man nun die Literatur auf Beschreibungsansätze für den inhaltlichen Aspekt, so gelangt man zu dem Schluss, dass dieser insbesondere gegenüber dem funktionalen weniger intensiv behandelt wird und dass auch weniger Einheitlichkeit und Klarheit über dabei zu verwendende Kategorien besteht. Auf den ersten Blick könnte man sich das gerade damit zu erklären suchen, dass prinzipiell ja alles Gegenstand von Texten sein kann und Systematisierungsversuche gewissermaßen das ganze Universum inventarisieren müssten. Die nahezu unbegrenzte und mit dem Lexeminventar unmittelbar gegebene Menge von Themen wäre danach also für die Schwierigkeit oder sogar Unmöglichkeit ihrer Systematisierung verantwortlich.

Andererseits ist es natürlich gleichwohl möglich und sogar notwendig, ‚das Universum zu kategorisieren‘, d. h. einander ähnliche Einzelerscheinungen zu abstrakteren Größen zusammenzufassen (sie unter Oberbegriffe zu subsumieren), diese wiederum auf höherem Abstraktionsniveau in Klassen zu gruppieren usw. In dieser **Kategorisierung der Welt** besteht ja überhaupt die kognitive Funktion der Sprache. Angesichts dessen, v. a. aber angesichts der immensen Bedeutung, die der Aufgabe der Klassifizierung, Typisierung, Sortierung in der Forschung eingeräumt wird, wenn es um Sprach-/Textfunktionen, Kommunikationsbereiche oder auch Texte geht, muss es doch erstaunen, dass sich eine parallele Frage-

---

1 Das soll selbstverständlich nicht heißen, dass in Titeln grundsätzlich das Thema genannt würde, dies ist nur besonders typisch für Sachbücher. Zu Titeln und dem Verhältnis von Titel und Textsorte vgl. besonders Hellwig (1984); vgl. auch Nord (1993) und Dietz (1995).

stellung in Bezug auf Themen nicht entwickelt hat, die Frage also, wovon denn in Texten überhaupt die Rede sein kann, als solche kaum einmal aufgeworfen wird.

Stattdessen wird die Tatsache, dass Texte Themen haben, als gegeben unterstellt bzw. formuliert und daran zunächst einmal die (für Texte ja geforderte) **Kohärenz** festgemacht. Bei den meisten auf die Kohärenz zentrierten Ansätzen thematischer Analyse geht es dann eigentlich nicht darum, wovon diese handeln, sondern darum, worin ihre thematische Geschlossenheit besteht und wie diese sich äußert, nämlich insbesondere an den Wiederaufnahmerelationen und Ketten semantisch verwandter Elemente, also den **Kohäsionsmitteln** (vgl. 7.1.). In anderen Ansätzen fokussiert man die Tatsache, dass Texte (prototypisch) relativ umfangreiche und in sich strukturierte Gebilde sind. Dabei geht es dann nicht um Typen von Themen, sondern um Typen der **thematischen Entfaltung**. Hier unterscheidet man meist deskriptive, narrative, argumentative und explikative Themenentfaltung[2] und erörtert **Makrostrukturen** von Texten (vgl. Kap. 6.5.).

Ebenso wie die Abstinenz gegenüber der Typologisierung von Themen überrascht es, dass die Frage nach der **Definition** des Analysebegriffs *Thema* (ganz anders als die von *Text*) meist im Hintergrund bleibt, man mehr oder weniger offen das ‚Alltagsverständnis' des Ausdrucks zugrunde legt und dieses auch nicht weiter erläutert. Dass der Begriff *Thema* als relativ unproblematisch erscheint, erhellt besonders daraus, dass die ausführliche Studie, die Lötscher (1987) dazu vorgelegt hat, in mehreren neueren Einführungsdarstellungen (Brinker 2010; Heinemann/Heinemann 2002; Gansel/Jürgens 2009) zwar im Literaturverzeichnis erscheint oder kurz erwähnt wird, seine Überlegungen jedoch nicht weiter einbezogen werden. So mag man durchaus geneigt sein, dem Urteil Hellwigs (1984: 14) auch heute noch zuzustimmen: „Der Begriff des Themas ist eine der in der Linguistik bisher am meisten verkannten Größen".

Regelmäßig diskutiert wird allerdings das **Thema-Rhema-Konzept**, in dem der Begriff *Thema* auf Einzelsätze bezogen ist und dem entspricht, was andernorts *psychologisches Subjekt* genannt wird (vgl. Kap. 1.5.4.1.). Es soll den Ausgangspunkt der Satzaussage bezeichnen, das, worüber etwas mitgeteilt wird, während das Rhema den Aussagekern darstellt, das, was über das Thema mitgeteilt wird. Dieses Begriffspaar ist für syntaktische Analysen zwar unverzichtbar, es ist aber nie gelungen, klare Kriterien zur Abgrenzung von Thema und Rhema zu entwickeln. Es werden dafür verschiedene Merkmale herangezogen, die oft nicht zusammenfallen (das bereits Bekannte, Vorerwähnte; das, was am Satzanfang steht;

---

2 Vgl. als frühen Ansatz Werlich (1975); ansonsten v.a. Brinker (2010). In den HSK-Bänden (Brinker et al. 2000/01) erscheinen diese vier Themenentfaltungstypen unter dem Begriff *Vertextungsmuster*. Zur Übersicht über diese Ansätze vgl. Lötscher (2008).

das, was unbetont ist). Mit dem Konzept der **thematischen Progression** hat František **Daneš** (1970) nun versucht, diesen satzbezogenen Thema-Begriff auf die Analyse von Texten auszuweiten.[3] Der Text wird dabei jedoch lediglich als Satzfolge gesehen und die einzelnen Satzthemen haben nicht unbedingt direkt etwas mit dem zu tun, was man intuitiv als Thema des Textes betrachtet. Daher wird der satzbezogene Thema-Begriff für die Analyse von Thema und thematischer Struktur von Texten meist abgelehnt (so auch Lötscher 2008; anders Hoffmann 2000) und in dieser Klarstellung erschöpft sich dann oft auch die Diskussion um die Definition von *Thema*. Wir folgen dem insoweit, als es im Folgenden nur noch um textbezogene Themenbegriffe geht.

6.2. Zum Themenbegriff

Lötscher kommt in seiner ausführlichen Durchmusterung verschiedener Themenbegriffe zur Differenzierung dreier Ansätze: Thema als zentrales **Referenzobjekt** bzw. fokussierter Gegenstand, als **Informationskern** und als Problemstellung bzw. als das Fragliche, die **Quaestio** oder auch das Strittige. Er betont überdies, dass diese drei Lesarten sowohl in der wissenschaftlichen Literatur als auch im alltäglichen Sprachgebrauch üblich sind.

Tab. 6.1: Themenbegriffe

Themenbegriffe		
1	Gegenstand	wovon der Text handelt
2	Kerninformation	was der Text beinhaltet, was er über den Gegenstand aussagt
3	Frage	worauf der Text eine Antwort gibt

---

3 Da dieses Konzept andernorts regelmäßig und ausführlich besprochen wird, brauchen die fünf Grundtypen von Daneš hier nur summarisch vorgestellt zu werden: Bei der einfachen linearen Progression wird das Rhema des 1. Satzes zum Thema des 2., das Rhema des 2. zum Thema des 3. usw.; bei einem durchlaufenden Thema ist das Thema in allen Sätzen gleich; bei der Progression mit abgeleiteten Themen wird ein Hyperthema (z.B. Haus) in Unterthemen zerlegt (z.B. Keller, Erdgeschoss, Dachgeschoss etc.); beim gespaltenen Rhema wird das Rhema in mehrere Themen zerlegt, die nacheinander abgearbeitet werden. Schließlich rechnet Daneš noch mit der Progression mit einem thematischen Sprung. – Vgl. dazu die einschlägigen Kapitel in Einführungen zur Textlinguistik (bes. Sowinski 1983: 98ff.) sowie ausführlicher Lötscher (1983) und Eroms (1986). – Vgl. für eine enge Integration der Ansätze auch das Textkapitel aus der Duden-Grammatik (2009).

Hellwig hatte dieselben Grundtypen identifiziert, lehnt aber ganz entschieden die beiden ersten ab, nämlich einerseits die Auffassung, nach der das Thema, „einfach der Gegenstand [sei,] über den gesprochen wird" (Hellwig 1984: 14), andererseits die, es handele sich um die „Basisaussage", den „Informationskern" des Textes (ebd.: 15) oder in den Worten Brinkers um „die größtmögliche Kurzfassung des Textinhalts" (2010: 50). Er hält vielmehr die dritte Position für geradezu zwingend:

> „Mir erscheint es vollkommen außer Zweifel, daß ein Thema im normalsprachlichen Sinne des Wortes etwas Fragliches ist, zu dem in einem Text eine Lösung gesucht wird. Als kanonische Formulierung eines jeden Themas kann ein abhängiger Fragesatz f konstruiert werden, der als eingebettet in eine eingesparte Formel wie
> Der zugehörige Text beantwortet die Frage, f
> zu interpretieren ist." (Hellwig 1984: 14)

Dementsprechend sei Thema eines Textes also nicht der Gegenstand, sondern „das, was über den Gegenstand in Frage steht, und sei es in der allgemeinsten Form: Was ist mit x?" Gegen die zweite Auffassung wendet Hellwig ein, der Identifizierung von Thema und Kernaussage liege „eine Verwechselung von Thema und These zugrunde. Eine These ist stets auf ein Thema bezogen, aber sie ist nicht das Thema, sowenig wie eine Antwort eine Frage ist" (ebd.: 15). Diese Klärung des Begriffs Thema führt nach Hellwig dann unmittelbar zu einem neuen Ansatz für die Textanalyse:

> „Aus der Neubestimmung des Themas als des Fraglichen ergibt sich ein neues Programm für die Textanalyse. [...] Zu jedem Aussagesatz in einem monologischen Text gibt es eine implizite, zuweilen auch im Text selbst explizit gemachte Frage, auf die der Satz eine Antwort ist. Kohärenz entsteht dadurch, daß die Fragen selbst nicht beliebig sind, sondern sich aus vorangehenden Aussagen in Abhängigkeit von pragmatischen Gewohnheiten und Erfordernissen ergeben. Der Autor nimmt in Gedanken vorweg, was der Leser an bestimmter Stelle fragen könnte oder müßte, und beantwortet es im voraus." (Hellwig 1984: 15)

Lötscher (1987: 135 ff.) betrachtet Hellwigs **Fragestellungstheorie** jedoch nicht als Aufhebung der beiden anderen Konzepte, glaubt also nicht, dass die beiden ersten Versionen auf die dritte zurückführbar sind. Vielmehr sieht er in dessen Ansatz eine Konzeption, die nur auf einen bestimmten Typ von Text passt:

> „Problemstellungstheorien bzw. Fragestellungstheorien stellen also [nur] spezielle Theorien für spezielle Texttypen dar, erst recht in der Verknüpfung mit der Auffassung, Themen seien ‚das Strittige' in einer Kommunikation." (Lötscher 1987: 90)

Lötscher meint mit diesen speziellen Texttypen natürlich **argumentative Texte**; das kommt im Übrigen auch in Hellwigs Verwendung des Ausdrucks *These* gut zum Ausdruck, denn in Bezug etwa auf Erzählungen wird man ja wohl kaum von Thesen sprechen. Zu narrativen Texten passt vielmehr besonders gut die Informationskern-Theorie. Die Gegenstands-Theorie schließlich erweist sich als besonders angemessen für deskriptive Texte. Daher kann man denn doch versuchen, die drei Themenbegriffe, spezifische Fragestellungen und Vertextungsmuster (Typen der thematischen Entfaltung) aufeinander zu beziehen (Tab. 6.2).

Tab. 6.2: Fragestellungstheorie und Vertextungsmuster

Themenbegriff	Spezifische Fragestellung	Vertextungsmuster
Gegenstand	Wie ist x beschaffen und situiert?	deskriptiv
Kerninformation	Was ist (mit x) passiert?	narrativ
Strittiges	Was spricht für oder gegen x?	argumentativ

Lötscher hält die Differenzierung verschiedener ‚**spezieller Themabegriffe**' für sinnvoll, da die relevanten Unterschiede nicht verdeckt werden sollten, denn die „Vielfalt an Texttypen muß [...] prinzipiell zu texttypenabhängigen Verschiedenheiten zwischen den einzelnen Themadefinitionen führen" (Lötscher 1987: 77). Gleichwohl konzentrieren sich seine weiteren Bemühungen darauf, einen

> „verallgemeinerten Themabegriff zu entwickeln, der die konzeptuelle Basis für die Identifizierbarkeit aller speziellen Themabegriffe als eine Instantiierung des allgemeinen Begriffs ‚Thema' abgeben kann" (Lötscher 1987: 78).

Zu diesem Zweck legt er eine handlungstheoretisch fundierte Textauffassung zugrunde und setzt als Ausgangspunkt von Texten ebenso wie von anderen Handlungen eine „Sachverhaltslücke" an, die einem „zu behebenden Mangel" entspricht. Handlungen und Texte haben dann die Funktion, diesen Mangel zu beheben. Dies führt zu der folgenden **allgemeinen Definition** von Textthema:

> „Das Thema eines Textes ist ein in irgendeiner Beziehung mangelhaftes Objekt, dessen Mangel in der Behandlung in diesem Text beseitigt werden soll" (Lötscher 1987: 84).

Die auf dieser Grundlage möglichen Differenzierungen ergeben sich aus „der unterschiedlichen Konkretisierung der Art des Objektes und der Art des Mangels am Objekt" (ebd.: 85). Dabei müssen die Begriffe *Objekt* und *Mangel* „möglichst weit gehalten werden"; die Typen von mangelhaften Objekten „reichen von umstrittenen Propositionen bei kontroversen Diskussionen über Ereignisse in Erzählungen bis zu Dingen und Personen im geläufigen Sinne bei Beschreibungen" (ebd.: 99 f.).

Ob Lötschers allgemeine Definition mehr leistet, als dem Bedürfnis nach einer theoretisch befriedigenden Globalformel Rechnung zu tragen, soll hier nicht weiter diskutiert werden und ich möchte auch nicht auf die Probleme eingehen, die sich bei der Ableitung spezieller Thema-Begriffe aus dem allgemeinen oder bei der Anwendung auf konkrete Texte ergeben. Besonders ergiebig und berücksichtigenswert erscheint mir Lötschers Beitrag wegen der sehr klaren Differenzierung der drei Themenbegriffe. Eher bedauerlich finde ich dagegen, dass er dann den ‚funktionalen Status eines Themas‘, der sich auf die Arten von Mängeln bzw. Problemtypen bezieht, in den Vordergrund stellt, der in keinem „systematischen Zusammenhang mit seinem logisch-ontologischen Status" (ebd.: 108) stehe. Letzterer wird dann auch nicht weiter behandelt. Wenn man aber über das Thema von Texten nachdenkt, kommt man m. E. einfach nicht umhin, auch dessen **‚logisch-ontologischen Status‘** zu thematisieren, also der Frage nachzugehen, welche **Typen von Objekten** sich unterscheiden lassen.

6.3. Thementypen

6.3.1. Elementare Konzepte

In seinen Hinweisen zu der breiten Skala von möglichen Objekten – Propositionen, Ereignisse, Dinge und Personen – steckt Lötscher das Feld immerhin bereits ab und bezieht die Objekte auch auf Themenentfaltungstypen. Wenngleich die **Themenentfaltung**, worunter Brinker (2010: 54) „die gedankliche Ausführung des Themas" versteht, nicht dasselbe sein kann wie das **Thema** selbst, gibt es doch immerhin **prototypische Beziehungen**. Um dem genauer nachzugehen, habe ich die relativ ausführliche Behandlung der Grundformen thematischer Entfaltung bei Brinker (2010: Kap. 3.5.) auf (weitere) Kategorien durchsucht, die das behandelte Objekt betreffen. Dies führt (in der Reihenfolge des Erscheinens) zu folgender Liste: *Vorgang, Ereignis, Geschehen, Sachverhalt, Lebewesen, Gegenstand, Ding, Zustand, Prozess, These, Behauptung, Proposition, Aussage.* Diese Ausdrücke werden nicht als Beschreibungskategorien eingeführt, sondern sollen offenbar im gemeinsprachlichen Sinne verstanden werden und sind teilweise wohl auch als Synonyme aufzufassen. Diese Objekttypen lassen sich den Themenentfaltungstypen nicht direkt und eindeutig zuordnen, zumal Vertextungsmuster häufig gemischt auftreten. Als wesentliches Ergebnis für den vorliegenden Zusammenhang ist festzuhalten, dass man auch zur Erläuterung von Themenentfaltungstypen auf Kategorien zurückgreift, die eine nähere Kennzeichnung des ‚logisch-ontologischen Status‘ von ‚Objekten‘ (im allgemeinsten Wortsinne) erlauben sowie von Relationen, die zwischen diesen Objekten bestehen. Was wir also brauchen, ist eine Übersicht über solche Kategorien.

In zusammenfassenden Darstellungen zur Textlinguistik findet sich eine solche m.W. nur bei Beaugrande/Dressler,[4] und zwar im Kapitel zur Kohärenz. Den Autoren geht es bei der Erläuterung der Kohärenz nämlich nicht lediglich darum, etwa durch die Markierung wiederkehrender Einheiten die thematische Geschlossenheit eines Textes aufzuweisen. Vielmehr stellen sie den gesamten **Textinhalt als Netz aus Konzepten und Relationen** zwischen ihnen dar (Abb. 6.1). Für die Erstellung dieses Netzwerks legen sie eine Liste von vier **Primärkonzepten** – *Objekte, Situationen, Ereignisse* und *Handlungen* – und insgesamt 34 **Sekundärkonzepten** zugrunde. Diese übernehmen sie teilweise aus der Kasusgrammatik, d. h. Versuchen zur Differenzierung **semantischer Rollen.** Ein entsprechendes Inventar findet man auch in der *Deutschen Satzsemantik* von Peter von Polenz (1985: 170 ff.). Er unterscheidet zudem vorab **Prädikatsklassen** (die erst die Bezugsstellen für die semantischen Rollen eröffnen), nämlich: *Handlung, Vorgang, Zustand, Eigenschaft* und *Gattung.* Bei Beaugrande/Dressler entsprechen diese teilweise Primär-, teilweise Sekundärkonzepten.[5] Unter den Sekundärkonzepten führen sie außerdem eine Reihe von Relationen auf, die bei Polenz in einem eigenen Kapitel (ebd.: 268 ff.) behandelt werden. Das macht einen detaillierten Vergleich der Listen schwierig. Auch beanspruchen weder Beaugrande/Dressler noch Polenz, dass ihre Klassifikationen erschöpfend oder endgültig seien.

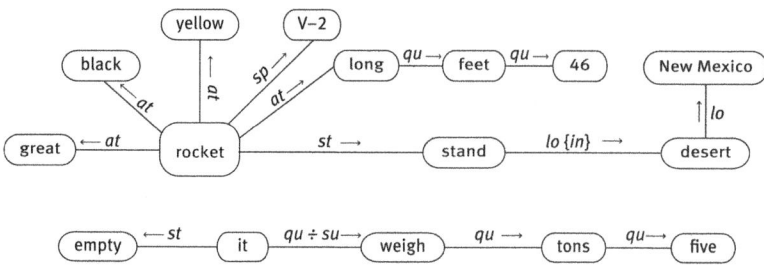

Abb. 6.1: Netzwerkdarstellung zu dem Satz: *A great black and yellow V-2 rocket 46 feet long stood in a New Mexico desert. Empty, it weighed five tons.* (Beaugrande/Dressler 1981: 105)[6]

---

4 Das soll nicht heißen, dass andere Autoren nicht zumindest ad hoc auch auf entsprechende Kategorien zurückgreifen. Relativ ausführlich geschieht dies z. B. bei van Dijk (1980: Kap. 6; vgl. insbesondere das Schema ebd.: 176).

5 Beaugrande/Dressler listen die Sekundärkonzepte übrigens in irritierender Geringschätzung der Nützlichkeit von Zahlen von (a) bis (hh) auf.

6 Kürzel: *at:* Eigenschaft von; *lo:* Lokalisierung von; *qu:* Quantität von; *sp:* Spezifizierung von; *st:* Zustand von; *su:* Substanz von.

Um einen Einblick in die Kategorieninventare zu geben, seien jedoch einige wichtige gegenübergestellt (Tab. 6.3[7]).

Tab. 6.3: Elementare Konzepte

Beaugrande/Dressler	Polenz
Objekte **(a)**	Bezugsobjekte (118 f.)
Situationen **(b)**	
Handlungen **(d)**	Handlung (160 f.)
Ereignisse **(c)**	Vorgang (161 f.)
Zustand (a)	Zustand (162 f.)
Eigenschaft (e)	Eigenschaft (163 f.)
Spezifizierung (z)	Gattung (164 f.)
Agens (b)	Agens/Agentiv/Handelnder
	Experiens/Erfahrender
	Patiens/Betroffener
	Benefaktiv/Nutznießer
Handlungsgegenstand (c)	Affiziertes Objekt/Betroffenes
Instrument (i)	Instrument
Lokalisierung (f)	Locativ/Ort/Raum
Zeit (g)	Temporativ/Zeit
Ursache (n)	Causativ/Ursache
Quantität (aa)	Quantifizierung/Mengenbestimmung (144)
Teil (k)	Partitiv/Teil
Besitzrelation (x)	Possessiv/Besitz
...	...

Beide Vorschläge zeigen – insbesondere wenn man die ausführlichen Beispieldemonstrationen einbezieht –, dass die Kategorisierung des Universums auf einem relativ abstrakten Niveau plausibel ist: Die Menge von sinnvoll unterscheidbaren Objekten und Relationen bewegt sich zwar im zweistelligen Bereich, weist aber keineswegs die Unüberschaubarkeit auf, die man zunächst wohl befürchtet.

Welchen Nutzen können wir nun aus der hier nur in groben Zügen möglichen Vorstellung von Kategorien aus der Satzsemantik und der Theorie semantischer Rollen für den vorliegenden Zusammenhang ziehen? Sie kann uns zunächst bei der Frage nach einer Thementypologie weiterhelfen (die weder bei Beaugrande/ Dressler noch bei Polenz im Vordergrund steht). Unter Rückgriff auf die vorge-

---

7 Hier sind bei Polenz die einschlägigen Seiten angegeben, wenn sie sich nicht im Kapitel zu den semantischen Rollen befinden. Bei Beaugrande/Dressler sind die alphabetischen Ordnungsgrößen hinzugefügt. Fettgedruckte Buchstaben repräsentieren Primärkonzepte.

stellten Kategorien lässt sich nämlich durchaus eine **Grobklassifikation** entwerfen. Ich unterscheide drei Gruppen (die natürlich in gewisser Weise auf die drei ‚spezifischen Themenbegriffe' bezogen sind). Bei der ersten handelt es sich um **statische ‚Objekte'**, nämlich um *unbelebte Dinge* bzw. *Gegenstände, Lebewesen* und *Zustände/Situationen.* Diesen stehen natürlich **dynamische ‚Objekte'** (= *Ereignisse*) gegenüber, wobei ich mit Polenz *Vorgänge* und *Handlungen* unterscheide (letztere erfordern einen Handlungsträger, ein Agens). Schließlich scheint es mir unausweichlich, abgehoben von diesen ‚Objekten', die gewissermaßen dem äußeren Universum (nicht zu verwechseln mit der Standardwelt) angehören, **kognitive ‚Objekte'** anzusetzen, und zwar um *Begriffe* bzw. *Kategorien, Propositionen, (strittige) Thesen* sowie *Theorien* als mögliche Themen einzubeziehen. Dies führt zu folgender Grobtypologie (Abb. 6.2):[8]

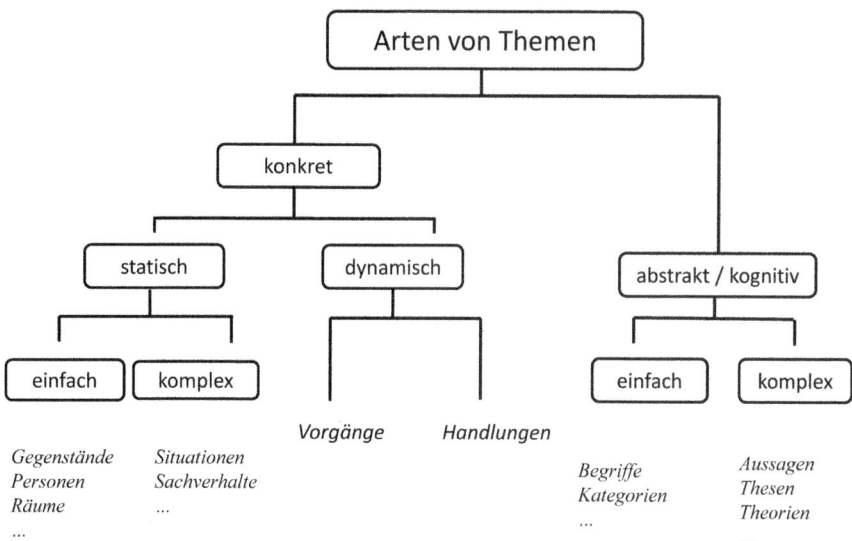

Abb. 6.2: Thementypologie

Wenn nun entsprechend dieser Grobeinteilung der Typ des Themas festgelegt ist, lassen sich auch bereits Aussagen darüber machen, was über das Thema mitgeteilt werden kann. Die möglichen **Subthemen**, mittels derer das Thema inhaltlich ausgeführt wird, ergeben sich nämlich aus der Natur (bzw. dem logisch-ontolo-

---

8 Das zusammenfassende Schema von Brinker (2010: 138) enthält auch eine Spalte für die Art des Themas. Genannt werden „Ereignisse, Gegenstände, Thesen", also dieselben Großklassen wie hier, Brinker fügt allerdings *usw.* bei.

gischen Status) der Themen. Hier kommen die Sekundärkonzepte von Beaugrande/Dressler bzw. die Kategorien von Polenz ins Spiel, deren Ziel ja gerade darin besteht, eine möglichst vollständige Übersicht zu liefern und die Zusammenhänge zwischen den Konzepten zu verdeutlichen. Führen wir uns dies konkreter vor Augen:

Statische Objekte haben *Eigenschaften*, bestehen aus *Einzelteilen* oder sind selbst *Bestandteil* eines größeren Ganzen. Sie befinden sich zu einer bestimmten *Zeit* an einem bestimmten *Ort* und lassen sich also situieren. Der Beantwortung entsprechender Fragen sind Texte oder Teile von Texten gewidmet, die nur **statische Objekte** zum Thema haben: Welche Eigenschaften hat das Objekt? Aus welchen Teilen besteht es? Wo befindet es sich? usw. Dafür kommen als Prädikatsklassen die für Eigenschaften, Zustände und Gattungen in Frage.

Die statischen Objekte treten aber natürlich auch als Bestandteile von **dynamischen Objekten** auf, bei denen Vorgangs- und Handlungsprädikate zu verwenden sind: An statischen Objekten vollziehen sich *Vorgänge*, die nicht selten einer *Bewertung* unterliegen; Lebewesen vollziehen als *Agenten Handlungen*, und zwar teilweise an *Gegenständen*. Dazu benutzen sie unter bestimmten *Bedingungen* andere Gegenstände als *Instrumente*. Sie handeln aus bestimmten *Motiven* und verfolgen dabei *Zwecke*, können allerdings die *Folgen* der Handlungen nicht immer absehen. Andere Beteiligte können als *Helfer*, *Nutznießer* oder *Opfer* von Handlungen auftreten und eventuell *Ausgleichshandlungen* vornehmen oder *Gegenmaßnahmen* ergreifen, wenn sie die *Ursachen* erkennen.

Bei diesen Erläuterungen habe ich mit den kursiv gesetzten Ausdrücken auf Kategorien von Beaugrande/Dressler bzw. Polenz zurückgegriffen (auch auf einige, die in Tab. 6.3 nicht erscheinen): Wie man sieht, handelt es sich dabei zwar um sehr abstrakte Konzepte, allerdings um solche, die uns außerordentlich vertraut sind und die man intuitiv sowieso einsetzt. Für zwei abstrakte Typen von Themen seien vorhersehbare Subthemen beispielhaft in Form von Fragen zusammengestellt (Tab. 6.4). Diese Fragen ergeben sich nicht erst, wie man nach Hellwig vermuten könnte, Satz für Satz, sondern sind im Schema gesetzt, sobald man weiß, um welchen Typ es sich handelt.

6.3.2. Relationen zur situativen und funktionalen Dimension

Mit der Tabelle 6.3 und der Abbildung 6.2 haben wir für den Bereich Thema/Inhalt ein ähnlich abstraktes Inventar von Kategorien wie bei den Funktionen vor uns und auch die Fragen in Tabelle 6.4 sind noch sehr ungenau. Man weiß zwar, wonach man fragen kann, aber eben nicht, um welche Handlung und welches Modell es geht. Deswegen eignen sich so abstrakte Konzepte auch nicht unmit-

Tab. 6.4: Fragen zu Thementypen

Vorhersehbare Subthemen	
Handlung	Wer war beteiligt?
	Wann und wo hat sie stattgefunden?
	Wie ist es genau abgelaufen?
	Welche Motive lagen vor?
	Welche Folgen hat sie gehabt?
	Wie haben andere das gefunden und darauf reagiert?
	...
wissenschaftliches Modell	Welche Disziplin (Subdisziplin) betrifft es?
	Welchen Gegenstand(skomplex) betrifft es?
	Von wem und von wann stammt es?
	Welche Kategorien / Begriffe umfasst es?
	In welchen anderen Modellen geht es um Vergleichbares (Vorläufer, Nachfolger)?
	Welche Alternativmodelle gibt es?
	...

telbar, um intuitive Charakterisierungen des Themas zu erfassen. Denn dabei denkt man ja eher an einen bestimmten **Weltausschnitt** wie etwa Sport, Politik, Essen, Mode und dergl. Dies entspricht dem Prinzip der Mehrebenen-Klassifikation (vgl. Kap. 8.1.): Die abstrakten Kategorien der einzelnen Dimensionen sind grundsätzlich stark unterspezifiziert, erst die Kombination mit Ausprägungen anderer Beschreibungsdimensionen erlaubt eine Charakterisierung von Texten und Textsorten. Im Fall des Themas besteht ein unmittelbarer Bezug zu den im Kapitel 4 behandelten Aspekten des situativen Kontextes.

Die **Weltspezifik** (vgl. Kap. 4.1.) ist insofern von herausragender Bedeutung, als bestimmte Objekttypen nur in bestimmten Welten existieren, z. B. Schutzengel, Gartenzwerge, die um die Welt reisen, oder die jungfräuliche Geburt. Handelt es sich um Gegenstände aus **Standardwelten**, so fragt sich, welches das raumzeitliche Bezugssystem ist, insbesondere ob es in derselben Standardwelt angesiedelt ist, in der sich der Rezipient befindet, oder ob es sich um eine historische oder fremdkulturelle Standardwelt handelt (vgl. Kap. 4.4.). Eine besonders große Affinität zu Themen haben **Kommunikationsbereiche** (vgl. Kap. 4.2.). Insofern Bezeichnungen dafür in praktischen Kontexten (Rubriken in der Presse, Bibliotheksgliederungen) als Klassifikationskriterium fungieren, korrespondieren sie in besonderem Maße alltagsweltlich relevanten Kategorisierungen des (Text-)Universums.

Wenngleich Gegenstände und Lebewesen gleichermaßen unter die abstrakte Kategorie ‚Objekt' fallen, ist für das Jedermannsbewusstsein der Unterschied zwischen der **unbelebten und der belebten Welt** fundamental. Die belebte Welt und speziell die menschliche liegt uns näher. Daher greift man auch dann, wenn Lebewesen und speziell Personen nicht ohnehin das Hauptthema oder ein (zentrales) Subthema darstellen, zu Mitteln der Verlebendigung. Verschiedene Formen von **Personalisierung** zeichnen z. B. populärwissenschaftliche gegenüber wissenschaftlichen Texten aus und im Boulevard-Journalismus spielt sowohl bei der Auswahl der Themen als auch der Themenbehandlung der Human-Interest-Faktor eine große Rolle. Bei ganz abstrakten Themen (z. B. mathematischen Sachverhalten) sind **Beispiele aus der Alltagswelt** ein beliebtes Mittel, den Gegenstand zugänglich zu machen. Eine besonders wichtige Unterfrage in diesem Feld ist, ob der Text auf die **Kommunikanten** selbst referiert und in welcher Rolle sie erscheinen. Ein Spezifikum von Reportagen ist z. B., dass der Autor als Augenzeuge auftritt (und von direkten Kontakten mit Beteiligten und Betroffenen berichtet).

Von den in 4.3. besprochenen Aspekten sei noch speziell auf die Diskursrolle verwiesen. Themen lassen sich nach ihrem **diskursiven Status** beurteilen. Es gibt auf gesellschaftlicher Ebene **brisante Themen**, die besonders umstrittene Weltausschnitte betreffen (z. B. Gentechnologie oder Sterbehilfe). Diese bilden den besonderen Gegenstand der linguistischen Diskursanalyse (vgl. Kap. 8.2.), sind aber auch relevant für die Beschreibung alltäglicher Interaktionen: Einerseits sind sie prädestiniert für Streitinteraktionen (wenn nämlich die Interaktanten unterschiedliche Positionen vertreten) und werden genau deswegen vermieden, wenn man konfliktären Interaktionen ausweichen will. Andererseits sind dieselben Themen besonders geeignet (und beliebt), wenn Individuen miteinander kommunizieren, die derselben Anschauung anhängen und sich durch die wiederholte Bestätigung der gemeinsamen diskursiven Position ihrer Zusammengehörigkeit versichern. Eine solche Brisanz können Themen aber auch lediglich individuell aufweisen oder gewinnen. Wenngleich man bestimmte Gegenstände leicht als brisant oder tabuisiert identifiziert, ist eine allgemeine und vorgängige Klassifizierung von Themen unter diesem Kriterium natürlich nicht möglich – dazu ist die kultur-, gruppen- und individuenspezifische Variation in diesem Bereich zu groß. Als abstraktes Kriterium sollte man die Umstrittenheit oder auch Brisanz von Themen aber zweifellos berücksichtigen.

Es versteht sich, dass das Thema von Texten auch mit ihrer **Funktion** zusammenhängt, denn die Situation und die möglichen Absichten bestimmen, worüber man überhaupt reden kann bzw. mit welchen Themen man sich auseinandersetzen will oder muss und welche Subthemen in Frage kommen, wie das Thema also inhaltlich ausgeführt wird. Eine spezifische Kombination von Ausprägungen der Dimensionen Funktion, Thema/Inhalt und Situation wird grundsätzlich unterstellt für Textsorten (vgl. 8.1.). Im Weiteren gehen wir der Frage nach, inwieweit bei einer gegebenen Textsorte Thema und Inhalt vorhersehbar sind.

6.4. Zur Themenspezifik von Textsorten

Dimter (1981) hat versucht, die Klassifikationskategorien **alltagssprachlicher Textklassennamen** zu rekonstruieren. Aus einer Liste von 1642 Bezeichnungen,[9] die er aus dem Rechtschreibduden zusammengestellt hat, wählt er nach dem Zufallsprinzip je 40 „grundlegende" (z.B. *Bericht*) und „abgeleitete" (z.B. *Reisebericht*) Textklassenkonzepte aus und untersucht die Frage, zu welchem Anteil die Ausdrücke Informationen über Situation, Funktion und Inhalt enthalten (vgl. ebd.: 116ff.). Die Ergebnisse (Abb. 6.3) zeigen, dass die große Mehrheit der Bezeichnungen über alle drei Faktoren Aufschluss gibt, am geringsten ist der Wert allerdings beim Inhalt. Es gibt überdies keinen Ausdruck, der ausschließlich über den Textinhalt orientiert, nur bei 2,6% bzw. 5,1% (abgeleitete Konzepte) erfährt man ausschließlich etwas über die Funktion, während die nur situative Spezifizierung mit ca. 16% am bedeutendsten ist.

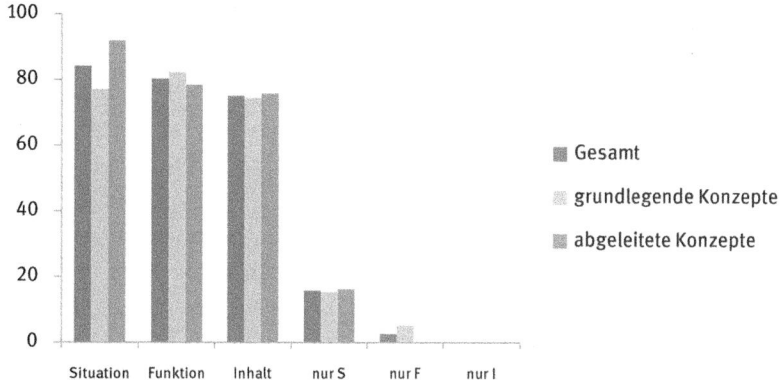

Abb. 6.3: Inhaltsmerkmale von Textklassenkonzepten (nach Dimter 1981: 116ff., 136)

Dimter (ebd.: 94ff.) arbeitet mit einem sehr weiten Begriff von *Inhalt*, der ganz abstrakte Kategorien umfasst, nämlich Zeitbezug (vor-, gleich-, nachzeitig), Fallbezug (singulär – generisch) und Wirklichkeitsbezug (faktizitätsgetreu –

---

9 Dimter (1981: 32) geht „von einem weiten Textklassenbegriff aus und zähl[t] alle Namen für wie auch immer konstituierte Textklassenkonzepte mit". Dazu gehören also auch Kommunikationsformen (vgl. 2.5.1. und 2.5.4.) wie *Brief* und andere unterspezifizierte Ausdrücke (*Charakterisierung, Dokument, Journal, Kopie* und sogar *Schrieb* und *Schrift* (vgl. ebd.: 135). Er beschränkt sich allerdings auf nicht-dialogische Gebrauchstexte (vgl. ebd.: 35).

realitätsgerecht – fiktional)[10] und nennt diese Aspekte *Gegenstandseigenschaften*, während er den behandelten **Weltausschnitt** in, wie er sagt, ‚relativ willkürlicher Terminologie' als *Thema* bezeichnet. Über das Thema in diesem engeren Sinne geben nun nur noch 26,3% der Ausdrücke der Gesamtliste Aufschluss, während der Wert bei den abgeleiteten Konzepten auf 37,8% steigt (Abb. 6.4). Hierbei handelt es sich nämlich meist um Komposita mit einem Ausdruck für den Weltausschnitt als Determinans (*Wetterbericht, Geburtsanzeige, Kochrezept, Sportreportage*).

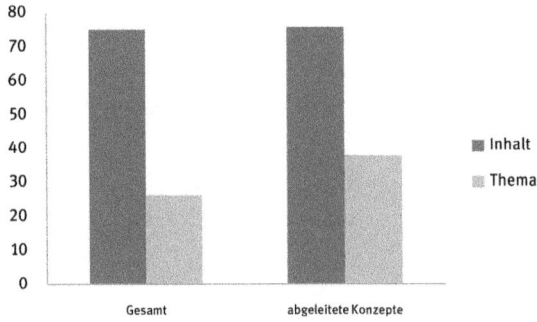

Abb. 6.4: Inhalt vs. Thema (nach Dimter 1981: 136)

Allerdings sind die Intuitionen darüber, was eine Textsortenbezeichnung über den Inhalt des Textes verrät, recht unterschiedlich. Auf den ersten Blick ist man jedenfalls zweifellos frappiert, wenn man die Merkmalsmatrix von Sandig (1972:118) betrachtet, in der es unter 20 Spalten auch eine für [them] gibt. Sie betrifft die Frage, ob „das Thema ziemlich genau festgelegt ist oder nicht" (ebd.:117). Wie die 18 besprochenen Textsorten den drei Merkmalausprägungen zugeordnet sind, zeigt Tabelle 6.5.

---

10 Bei singulär vs. generisch geht es darum, ob es um einen spezifischen Referenten (z. B. die Biene Maja) und ein konkretes Einzelereignis (eines ihrer Abenteuer) geht oder um eine Klasse von Gegenständen (die Bienen als Gattung) und Typen von Ereignissen (wie sie den Honig produzieren). Der Wirklichkeitsbezug hat mit dem zu tun, was hier als Weltspezifik bezeichnet wird. In Bezug auf den Raum kommt Dimter (1981: 99) zu dem Ergebnis, dass er „als nicht-textklassendifferenzierend zu betrachten" ist.

Tab. 6.5: Themafixierung von Textsorten (nach Sandig 1972)

+ Interview, Gesetzestext, Arztrezept, Kochrezept, Wetterbericht, Traueranzeige, Vorlesungs-mitschrift, Vorlesung(sstunde), Stelleninserat, Zeitungsnachricht, Telegramm, Gebrauchsan-weisung, Diskussion
− Rundfunknachrichten, familiäres Gespräch
± Brief, Telefongespräch, Reklame

Es ist doch höchst erstaunlich, dass das Thema eines Telegramms ziemlich genau festgelegt sein soll, das eines Briefes – diesen führt Dimter (1981: 94) gerade als ein Beispiel an, wo „der Inhalt völlig unbestimmt" ist – und eines Telefongesprächs dagegen nur teilweise und das von Rundfunknachrichten gar nicht, während es wiederum bei einer Zeitungsnachricht und auch einer Diskussion bestimmt sein soll.

Hier liegt natürlich eine andere Auffassung von Themafixierung zugrunde als bei Dimter. Sie bezieht sich offenbar darauf, ob bei „Beginn einer Interaktion [...] das Thema fest vereinbart" ist (Schank/Schoenthal 1983: 35) oder es zumindest zu Beginn festgelegt wird und betrifft letzten Endes den **Kohärenzgrad** von Text-sorten. Die +-Markierung könnte man daher folgendermaßen erläutern: Wenn das Thema (im Sinne von Weltausschnitt) einmal gegeben/gewählt ist, dann bleibt man in den angeführten Textsorten auch bei diesem Thema und alles weiterhin Geäußerte steht damit in Zusammenhang. Eine assoziative Themenbehandlung, wie sie als charakteristisch für das familiäre Gespräch (oder allgemeiner Small Talk) angesehen wird, ist ausgeschlossen, und auch ‚Sammlungen' von Texten, die lediglich äußerlich zusammenhängend präsentiert werden (Rundfunk- und na-türlich auch Zeitungsnachrich*ten*) sind nicht als auf *ein* Thema festgelegt zu be-trachten. Dass das Thema eines Telegramms (im Gegensatz zu dem von Briefen) als fixiert gilt, dürfte sich damit aus der Kürze einer solchen Mitteilung ergeben; dass es bei der Reklame nicht unbedingt festliegt, u. a. aus der Abstrusität der wundersamen Wirkungen, die dort oft dem Konsum eines banalen Gebrauchs-artikels zugesprochen werden.

Es geht bei dieser Auffassung von Themenfixierung also nicht um die Frage, ob der behandelte Weltausschnitt festgelegt ist, sondern nur um den inhaltlichen Zusammenhang der Bestandteile des Gesamttextes. Dabei wird augenscheinlich unterstellt, dass ein solcher in nahezu allen Textsorten gegeben ist, was ganz einfach der Grundannahme entspricht, Texte seien kohärent. Nur kann die **Ko-härenzforderung** ausdrücklich **suspendiert** sein, wenn assoziative Sprünge zugelassen sind oder verschiedene Einzeltexte zusammengestellt werden.

Für die Frage nach der Voraussehbarkeit thematisierter Weltausschnitte bei gegebenen Textsorten scheint mir diese Grundannahme nun einerseits zu stark, andererseits zu schwach zu sein. Zu stark ist sie, weil man thematische Brüche intuitiv zweifellos auch in Interviews, Diskussionen oder Vorlesungen für möglich halten wird – und solche werden mitunter ja im Text auch ausdrücklich als Themenwechsel (die auch assoziativ bedingt sein können) markiert. Es gibt denn doch eine gewisse Toleranz gegenüber inhaltlich nur schwach (oder auch gar nicht) verknüpften Teiltexten, und Sprachbenutzer rechnen mit unterschiedlich ausgeprägter Kohärenz auch bei Gebrauchstexten. Wenn wir nun nicht in die Versuchung zurückfallen wollen, Texte, die nur eine schwach ausgeprägte Kohärenz oder abrupte Themenwechsel aufweisen (und die deswegen auch relativ schlecht oder unverständlich sein mögen), als Nicht-Texte aus der Betrachtung auszuschließen (vgl. Kap. 1.5.4.2. und 3.1.), kommen wir wieder zu dem Ergebnis, dass Textualitätsmerkmale mehr oder weniger stark ausgeprägt sein können und die **Kohärenzherstellung eine vom Rezipienten zu leistende Aufgabe** ist: Er sucht und stiftet selbst Zusammenhänge (vgl. Kap. 2.5.5.).

Man sollte die Kombinations- und auch Abstraktionsfähigkeit nicht unterschätzen, die Rezipienten dabei mobilisieren können. Dies führt zu der These, die referierte Annahme sei auch zu schwach. Es ist nämlich keineswegs unmöglich, die Folge verschiedener **Rundfunknachrichten** als kohärent zu deuten, indem man sie schlicht unter das Thema subsumiert: *Was heute an für die Öffentlichkeit relevanten Dingen im In- und Ausland Wesentliches passiert ist*. Mit dem **Globalthema** *für die Öffentlichkeit relevante aktuelle Ereignisse* ist überdies nicht nur die Weltspezifik, sondern auch die **Skala der thematisierbaren Weltausschnitte** schon erheblich eingeschränkt. Bekanntlich sind auch die konkreten Ereignistypen, die in Nachrichtentexten zur Sprache kommen, sehr stark vorhersehbar, und damit gehört dieser Paradefall informativer Texte gar nicht zu denen mit einem besonders hohen Informationswert (im Sinne einer ausgeprägten Unvorhersehbarkeit oder Unwahrscheinlichkeit).[11] Deswegen hören und schauen ja auch viele bei Nachrichten gar nicht so genau hin und werden erst aufmerksam, wenn doch einmal etwas Ungewöhnliches berichtet wird.

Eine besonders große Unwahrscheinlichkeit weisen aber natürlich auch familiäre Gespräche und sonstige **lockere Unterhaltungen** nicht auf, insbesondere nicht für einander bekannte Beteiligte. Die Bandbreite **unverfänglicher Allerweltsthemen**, die für Small Talk mit Fremden in Frage kommen, ist sogar sehr begrenzt. Mit dieser ausgesprochen **großen Vorhersehbarkeit der Themen von Gebrauchstexten**, die in der Standardwelt angesiedelt sind, dürfte es auch zu-

---

11 Vgl. dazu Beaugrande/Dressler (1981: Kap. VII).

sammenhängen, dass viele die Beschäftigung damit außerordentlich langweilig finden: Man lernt dabei kaum einmal etwas, was man als kompetenter Sprachteilhaber nicht schon weiß (und auch wirklich wissen will). Umgekehrt könnte man die besondere Beliebtheit der Beschäftigung mit Werbetexten damit zu erklären suchen, dass deren Verfasser bevorzugt mit unerwarteten Themen aufwarten und zumindest heutige Werbetexte uns vielfach in die Welt des Spiels entführen.

Zusammenfassend sei festgehalten, dass die aus dem Alltag bekannten Textsorten(bezeichnungen) großen Aufschluss nicht nur über den situativen Kontext und die Funktion, sondern auch über die behandelten Themen geben. Dabei ist nicht nur an diejenigen Konzepte zu denken, die explizit auf einen bestimmten Weltausschnitt referieren, denn das gilt tatsächlich nur für relativ wenige. Die **Vororientierung über den Inhalt** besteht vielmehr darin, dass

1. aus dem Gesamtbereich möglicher Themen nur ein enger Ausschnitt behandelbar ist bzw. ein großer Teil ausgeschlossen ist;
2. in der Mehrheit der Fälle Aussagen über abstrakte Merkmale des Thementyps möglich sind;
3. minimale Kenntnisse über den Thementyp und den behandelten Weltausschnitt ausreichen, um voraussehen zu können, welche Teilthemen abgearbeitet werden können.

Anders gesagt: Bereits ein inhaltlich spezifisches Stichwort reicht aus, um kognitive Schemata zu aktivieren, die miteinander zusammenhängende Konzepte und Verbindungen zwischen ihnen aufrufen.

6.5. Zur Beschreibung von Thema und Inhalt gegebener Texte: Thematische Makrostrukturen

Die thematische Vororientierung durch Textsortenbezeichnungen entspricht der Fragerichtung **Top-down**. Erst wenn man einen konkreten Text vor sich hat, kann man überhaupt **Bottom-up** vorgehen (vgl. Kap. 1.5.3.). Diese aszendente Fragerichtung ergibt sich als die nächstliegende, wenn man Texte als Folgen von Sätzen auffasst. Geht es um die Erfassung des Inhalts eines Textes, muss man natürlich alle Sätze berücksichtigen. Das Thema dagegen ist nach allen Themenbegriffen offenbar eine Abstraktion oder Reduktion des Inhalts – entweder auf den Gegenstand oder auf das darüber infrage Stehende oder auf die Kerninformation. Insofern ist es keineswegs selbstverständlich, dass man unter der Dimension Inhalt oft nur das Thema oder die thematische Entfaltung abhandelt oder diese zumindest ganz in den Vordergrund stellt.

Den gesamten Inhalt haben textsemantische Untersuchungsansätze aus den 1970er Jahren im Blick, die **Texte als Komplexe aus Propositionen** aufgefasst und Sätze also zunächst einmal in Propositionen umgesetzt haben (vgl. Heinemann/Viehweger 1991: 42 ff. und Heinemann/Heinemann 2002: 74 ff.). Dies entspricht einer **Abstraktion des Inhalts vom Wortlaut** und damit der Rekonstruktion eines virtuellen Textes, der auf die Propositionen reduziert ist (vgl. Tab. 2.4). Dass mit einer solchen Einheit gerechnet werden muss, ergibt sich u. a. daraus, dass bei Übersetzungen der Inhalt (grosso modo) gleich bleibt. Dieses Verständnis liegt auch der gemeinsprachlichen Vorstellung von Text zugrunde, wo man statt von Propositionen von *Aussagen* spricht (vgl. Tab. 2.1). Als Beispiel für eine solche Analyse möge die folgende Abbildung dienen (Abb. 6.5).

(1P1) (LIEBTEN,GRIECHEN, KUNSTWERKE
(1P2) (SCHÖN, KUNSTWERKE)
(1P3) (BESIEGTEN, RÖMER, GRIECHEN)
(1P4) (NACHAHMTEN, RÖMER, GRIECHEN)
(1P5) (ALS, 1P3, 1P4)
(1P6) (LERNTEN, RÖMER, 1P8)
(1P7) (KONSEQUENZ, 1P4, 1P6)
(1P8) (SCHAFFEN, RÖMER, 1P2)

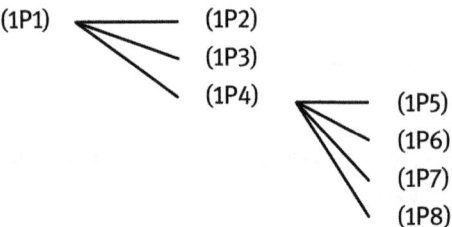

Abb. 6.5: Propositionale Analyse (Schnotz 1988: 300 f.) zu dem Text:
Die Griechen liebten schöne Kunstwerke. Als die Römer die Griechen besiegten, ahmten sie die Griechen nach. Sie lernten so, schöne Kunstwerke zu schaffen.

Die Arbeiten aus diesem Bereich stehen in enger Verbindung zur kognitiven Psychologie, so dass immer auch die kontrovers diskutierte Frage im Raum steht, inwiefern den Modellen „kognitive Realität" (Brinker 2010: 47) zukommt. Als sicher kann aber gelten, dass Rezipienten den Wortlaut eines Textes in aller Regel nicht im Gedächtnis behalten und längerfristig allenfalls Teile des Inhalts erinnern. Daran knüpft **van Dijk** an, dessen Konzept der **Makrostrukturen** bei den

Ausführungen zum Thema in der textlinguistischen Literatur regelmäßig vorgestellt (und kritisiert) wird.

> „Makrostrukturen [sind] ihrer Art nach *semantisch* [...]. Die globale Bedeutungsstruktur eines Textes wird daher in der Makrostruktur abstrakt repräsentiert. Während Sequenzen Bedingungen des linearen Zusammenhangs gehorchen müssen, müssen Texte nicht nur diese Bedingungen erfüllen [...], sondern auch solche des *globalen Zusammenhangs.*" (van Dijk 1980: 41)

Hier kommt es auch zu der Engführung von Inhalt und Thema bzw. **Themenableitung**. Das Motiv für die Einführung von Makrostrukturen erläutert van Dijk nämlich folgendermaßen:

> „Wir müssen uns Einsicht verschaffen in das sehr wesentliche Vermögen des Sprachgebrauchers, das ihm ermöglicht, auch bei sehr langen und komplizierten Texten Fragen zu beantworten wie ‚Wovon war die Rede?', ‚Was war der Gegenstand des Gesprächs?' u.ä. Ein Sprachgebraucher kann das auch dann, wenn Thema oder Gegenstand selbst als ganzes nicht explizit im Text erwähnt werden. Er muß also das Thema aus dem Text *ableiten.*" (ebd.: 45)

Für diese Ableitungsprozedur entwickelt van Dijk nun das Konzept der **Makropropositionen**. Sie entsprechen den abstrakten Strukturen in Form von **Netzwerken** (vgl. Abb. 6.1), sind aber im Gegensatz zu diesen streng **hierarchisch** organisiert. Jeweils mehrere Propositionen werden nämlich zu einer globaleren Einheit zusammengefasst. Da dies rekursiv geschieht, gibt es Makropropositionen unterschiedlichen hierarchischen Niveaus. Das oberste Niveau entspricht dem Thema des Textes. van Dijk legt also als Themabegriff den Typ ‚Kerninformation' zugrunde. Die Verfahren, auf deren Grundlage die Zusammenfassung von Propositionskomplexen zu globaleren Propositionen geschieht, nennt van Dijk **Makroregeln**. Es handelt sich um Operationen der semantischen Informationsreduktion, im Einzelnen: AUSLASSEN, SELEKTIEREN, GENERALISIEREN und KONSTRUIEREN/INTEGRIEREN.

Formal sehen Makrostrukturen genau so aus wie die Bäume, mit denen die Konstituentenstruktur von Sätzen (oder auch komplexen Wörtern) erfasst wird (Abb. 6.6). Abgesehen davon, dass nicht grundsätzlich eine binäre Verzweigung unter einem Knoten vorgesehen ist, besteht der wesentliche Unterschied zu den syntaktischen Konstituentenstrukturen darin, dass die oberen Knoten keine abstrakten Kategorien (wie S, V, N usw.) repräsentieren, sondern selbst denselben (konkreteren) Status haben wie die Endsymbole.[12]

---

12 Abstrakte Kategorien verwendet van Dijk (1980: Kap. 5) dagegen bei dem, was er *Superstrukturen* nennt (vgl. dazu Kap. 7.2.).

Es ist nun schon intuitiv unmittelbar evident, dass die Möglichkeit der ‚Themenableitung' sich (je nach Text) zwischen zwei Extremen bewegt: Sie kann trivial sein und ist es natürlich besonders dann, wenn das Thema explizit genannt wird, d. h. als **Thema-/Schlüsselwort** oder auch **Themasatz** (vgl. ebd.: 45) erscheint. Sie kann aber auch extrem schwierig sein, was für Texte gilt, bei denen sich Rezipienten schon in ihrer alltäglichen Auseinandersetzung mit dem Inhalt nicht darüber verständigen können, was denn nun das eigentliche/wesentliche (Haupt-) Thema ist, welche Textinhalte nebensächlich sind und in einer Zusammenfassung weggelassen werden können.

van Dijk demonstriert das Verfahren einerseits an einem trivialen und, wie er selbst sagt, ‚einigermaßen unnatürlichen' Beispiel, nämlich an einem eigens für die Analyse fabrizierten Text (vgl. ebd.: 51), dessen Thema klarerweise als *Peters Winterurlaub* wiedergegeben werden kann. Andererseits führt er es an einem recht komplexen authentischen Text aus dem *Stern* (vgl. ebd.: 56 ff.) vor, der die *unterlassene Strafverfolgung eines Nazi-Verbrechers seitens der BRD* behandelt, *die 1977 zu politischen Spannungen mit den Niederlanden geführt hat.*[13] Dies ist nur eine der möglichen Textkondensationen (van Dijk wählt eine ausführlichere), dennoch kann über das Hauptthema des Textes kein Streit aufkommen, zumal er selbst auch die relevanten Schlüsselwörter enthält und es für Alternativinterpretationen keinerlei Anhaltspunkte gibt.

Bei der ausführlicheren Wiedergabe und Kritik des Modells greift man meist ebenfalls auf triviale Beispiele zurück, kommt aber schon angesichts dieser zu dem Schluss, dass letzten Endes offen bleibt, wie die Makroregeln konkret angewandt werden können. So bleibt es meist bei der Anerkennung der intuitiven Plausibilität (der Grundgedanken) des Modells, dessen praktische Umsetzbarkeit jedoch eher bezweifelt wird. Die Einschätzung von Brinker dürfte weithin auf Zustimmung stoßen:

> „Man muss sich überhaupt darüber im Klaren sein, dass die textanalytische Bestimmung des Themas primär auf interpretativen Verfahren beruht; es kann hier keine ‚mechanische' Prozedur geben, die nach endlich vielen Schritten automatisch zur ‚richtigen' Themenformulierung führt." (Brinker 2010: 53)

---

13 Dabei arbeitet van Dijk übrigens nicht mit einem Baumgrafen, sondern stellt sein Analyseergebnis in einer 9 Seiten umfassenden Tabelle dar. Tatsächlich ist es kaum möglich, den Gesamtinhalt eines normalen (d. h. nicht extrem kurzen) Textes in einer Grafik vorzustellen. Das zeigt auch die Netzwerkdarstellung zu dem noch relativ kurzen Raketen-Text bei Beaugrande/Dressler (1981: 105 ff.; vgl. Abb. 6.1), die schon ab dem 3. Satz vollständig unübersichtlich wird.

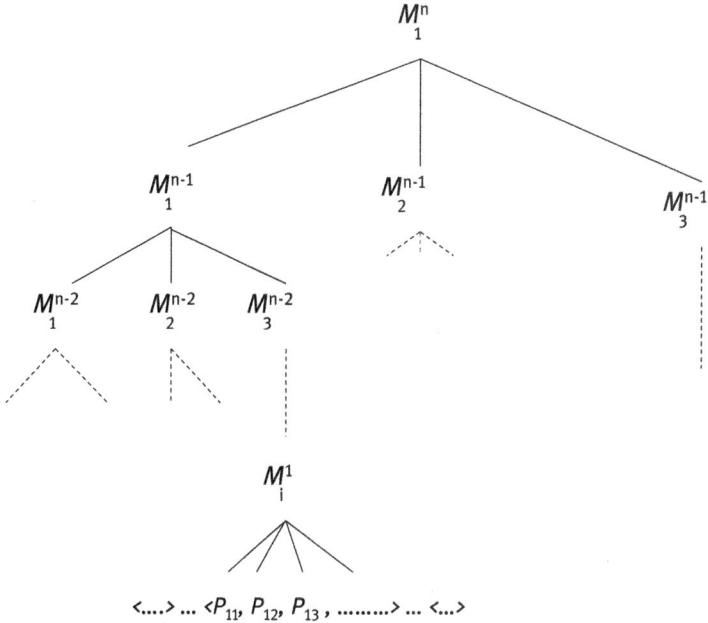

Abb. 6.6: Makrostrukturen (van Dijk 1980: 43; P = Proposition, M = Makrostruktur)

Dies gesteht van Dijk allerdings auch selbst ein, da er betont, dass verschiedene Rezipienten zu verschiedenen Ableitungen kommen können, „abhängig von vielen Faktoren wie Interesse, Wissen, Wünsche, Ziele und dergl." (van Dijk 1980: 50). Alles andere wäre ja auch erstaunlich, denn bei semantischen Analysen sind immer Interpretationen im Spiel, auch schon auf der Ebene von (mehrdeutigen) Wörtern und Sätzen. Insofern scheint es mir allerdings auch nicht ratsam, das Modell van Dijks als einen gewissermaßen isoliert dastehenden sehr speziellen Ansatz zu präsentieren. Das Grundprinzip, nämlich **globale Textstrukturen** aufzusuchen, wird allenthalben praktiziert. Nach meiner Einschätzung ist es dabei auch ganz üblich geworden, von *Makrostrukturen* zu sprechen, insbesondere auch auf der formalen Ebene. Der Ausdruck *Makroproposition*, der sich speziell auf thematische Makrostrukturen bezieht, wird dagegen eher selten gebraucht.

Tatsächlich sehe ich auch eine enge Verwandtschaft zwischen van Dijks Modell und **Brinkers Prinzipien der Themenanalyse**. Überlegungen dazu ordnet Brinker der Vorstellung der einzelnen Themenentfaltungstypen vor. Bei der Untersuchung der Themenentfaltung geht man grundsätzlich von den einzelnen Sätzen aus und sucht zunächst nach den Verbindungen zwischen benachbarten, also linear angeordneten Einheiten. Hier steht das **Wiederaufnahmeprinzip** im

Zentrum. Zugleich muss die Analyse der Themenbehandlung aber dem Tatbestand Rechnung tragen, dass es eine **Themenhierarchie** gibt und Sätze, die thematisch enger zusammengehören, nicht unbedingt direkt aufeinander folgen. Auch Brinker möchte das Hauptthema aus den Einzelsätzen eruieren und führt dazu ein **Ableitbarkeitsprinzip** ein:[14]

> „Es besagt, dass wir als Hauptthema des Textes das Thema betrachten, aus dem sich die anderen Themen des Textes am überzeugendsten (für unser Textverständnis) ‚ableiten' lassen." (Brinker 2010: 51)

Dies demonstriert er u. a. an einer Zeitungsnachricht mit dem Titel *Zimmer ausgebrannt* (Textbeispiel 5). Aufgrund der Wiederaufnahmehäufigkeiten kommt er zunächst zu dem Schluss, dass *Feuerwehr* und *Wohnung* die zentralen Textgegenstände darstellen (vgl. ebd.: 51). Anschließend geht es darum, „den inhaltlichen Beitrag, den die einzelnen Propositionen bzw. propositionalen Komplexe zum gesamten Textinhalt leisten, zu ermitteln und möglichst knapp zu formulieren (in Form einer substantivischen Wortgruppe oder eines sog. Aussagesatzes)" (ebd. 54). Für den Beispieltext rekonstruiert er als wesentliche Teilthemen des Hauptthemas *Wohnungsbrand: Bekämpfung, Folgen* (für *Sachen* und *Personen*) und *Ursachen*. Er kommt dann zu dem Schluss, dass sich die ‚logische Struktur' nicht unmittelbar in der Reihenfolge spiegelt (Abb. 6.7).

Textbeispiel 5
Zimmer ausgebrannt
Aachen. – **(1)** Gegen 15 Uhr wurde gestern die Aachener Berufsfeuerwehr alarmiert. **(2)** Sie rückte in die Thomashofstraße aus, wo es in einer Wohnung brannte. **(3)** Die Feuerwehrleute löschten mit drei C-Rohren. **(4)** Oberbrandrat Starke war ebenfalls am Einsatzort. **(5)** Zwei Zimmer brannten vollkommen aus. **(6)** Drei weitere wurden in Mitleidenschaft gezogen. **(7)** Die Ursache des Brandes ist noch nicht bekannt. **(8)** Die Kripo hat sich inzwischen eingeschaltet. **(9)** Die Feuerwehrleute mußten aus einem oberen Geschoß ein Kleinkind retten. **(10)** Während des Brandes befand sich niemand in der heimgesuchten Wohnung. (aus: Aachener Nachrichten vom 17. 2. 1973)

Gleich darauf abstrahiert er noch etwas weiter, legt dabei allerdings m. E. eine übervorsichtige Haltung an den Tag:

> „Ob der Text ein allgemeines thematisches Schema für Nachrichtentexte realisiert, die ein vergangenes negatives Ereignis zum Thema haben (etwa in dem Sinne: Gegenmaßnahmen – Folgen – Ursachen) müsste an größerem Textmaterial geprüft werden." (Brinker 2010: 59)

---

14 Daneben formuliert er ein Kompatibilitätsprinzip, das die Verschränkung von Thema und kommunikativer Funktion und damit Illokutionshierarchien, also funktionale Makrostrukturen, betrifft (vgl. Kap. 5.3.1.).

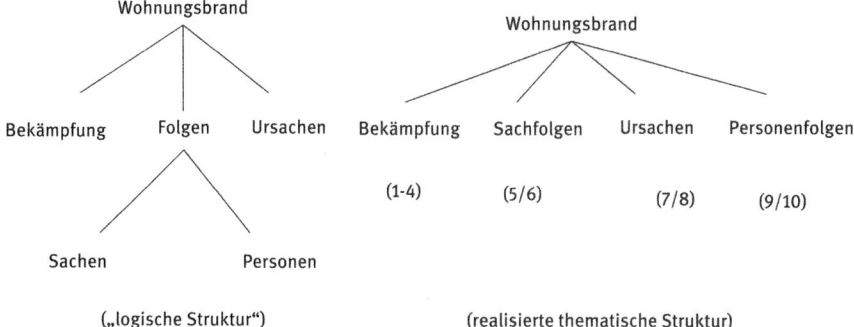

Abb. 6.7: Logische und sequenzielle Struktur von Teilthemen (Brinker 2010: 55)

Ich bezweifle, dass es umfangreicher empirischer Untersuchungen bedarf, um behaupten zu können, dass Nachrichtentexte Ereignisse zum Thema haben, wovon ein Subtyp negative Ereignisse (Unglücksfälle, Verbrechen usw.) betrifft, und dass hier als charakteristische Unterthemen neben den näheren Umständen Ursachen, Folgen und Gegenmaßnahmen der dafür zuständigen Berufsrollenträger (Feuerwehr, Polizei, Ärzte usw.) besprochen werden bzw. ggf. die Frage erörtert wird, warum keine Gegenmaßnahmen ergriffen wurden bzw. diese fehlgeschlagen sind. Genau dies ist mit der Behauptung gemeint, dass bei einem gegebenen Thementyp die inhaltliche Ausführung auf einem sehr abstrakten Niveau voraussehbar ist und dass es eine durchaus überschaubare Menge von Inhaltsaspekten ist, die dabei zur Sprache kommen (können).

Die aszendenten Modelle, die Texte zunächst als Folgen von Sätzen auffassen, stammen aus einer Zeit, in der es noch nicht so üblich war, das Vorwissen in Gestalt von **kognitiven Schemata** einzubeziehen (vgl. Kap. 1.5.3.). Die Modelle des semantischen Gedächtnisses aus der kognitiven Psychologie liegen zwar sowohl der Darstellung van Dijks als auch den Ausführungen von Beaugrande/Dressler zugrunde[15] und sie werden jetzt auch durchgängig bei der Besprechung von Textproduktion und -rezeption berücksichtigt. Dass sie sich aber auch unmittelbar aufdrängen, wenn es um die thematische Dimension geht, wird noch relativ wenig in Rechnung gestellt.

Der thematischen Struktur von Texten kommt unter **anwendungsbezogenen Gesichtspunkten** (insbesondere im Sprachunterricht) ein sehr großes Gewicht zu. Daher halte ich es für unklug, sie unter dem Stichwort *Themenableitung* zu behandeln. Denn beim Umgang mit authentischen Texten geht es ja nicht

---

15 Vgl. dazu auch Heinemann/Viehweger (1991: 66 ff.) bzw. Heinemann/Heinemann (2002: 122 ff.).

hauptsächlich darum, das Thema ‚abzuleiten' oder eine Zusammenfassung zu erstellen, sondern es kommt oft eher darauf an, den Text zu interpretieren und auch zu bewerten. Wenn man in Zusammenfassungen Nebeninformationen weglässt, weil man eben eine Zusammenfassung schreiben soll, heißt das ja noch nicht, dass man diese Informationen wirklich für nebensächlich oder gar überflüssig hält und zum Ausdruck bringen möchte, der Autor hätte sie von vornherein weglassen können. Auch dies kommt bei der Beurteilung von Texten aber natürlich vor, ebenso wie es vorkommen kann, dass man es als negativ bewertet, dass der Autor bestimmte Informationen nicht gebracht oder Inhaltsaspekte nicht behandelt hat, obschon sie doch, wie Frisch sagte, „immerzu am Wege liegen" (vgl. Kap. 5.3.3.). Bei der **Charakterisierung und Beurteilung von Textinhalten** kommt es also nicht nur darauf an, was – *genau* – im Text steht, sondern auch darauf, was dort *nicht* steht.

6.6. Beispieldiskussion

Es sei zunächst noch einmal zusammengefasst, woher man wissen kann, was im Text auch noch hätte stehen können, wenngleich es dort nicht steht, woher also die Erwartungen kommen:

Es kann erstens aus dem **kognitiven Schema** kommen, das dem Text oder der Textsorte zugrunde liegt. Solche Bestandteile erlauben die Rekonstruktion von erwartbaren Anschlussfragen, wie Hellwig sie grundsätzlich bei der Erklärung der inhaltlichen Entfaltung eines Themas ansetzt. Wenn also z. B. von einem Brand die Rede ist und man nichts darüber erfährt, was die Feuerwehr gemacht hat (oder warum sie nichts gemacht hat), *fehlt* im qualitativen Sinne etwas im Nachrichtentext.

Zweitens können die Erwartungen an die Behandlung bestimmter Inhaltselemente auch aus dem **Vorwissen** kommen: Wenn man nämlich über das Thema schon Informationen hat, ist es naheliegend, dass man als Beurteilungskriterium für den Textinhalt das Kriterium heranzieht, ob das, was man selbst für besonders wichtig hält, dort auch ausgeführt ist.

Drittens ist es durchaus üblich, dass man mehrere Informationsquellen heranzieht, wenn man sich über ein Thema informieren will, die Erwartungen können also auch aus **anderen Texten** stammen, die man grob gesehen gleichzeitig konsultiert.

Auf jeden Fall ist der **Vergleich von Texten**, die dasselbe (Global-)Thema behandeln, ein praktisch besonders geeigneter Weg, sich alternative Themenausführungen vor Augen zu führen (und diese möglicherweise zu interpretieren oder zu werten). Besonders beliebt ist dieses Vorgehen, um verschiedene Zeitungen oder sonstige Presseorgane miteinander zu vergleichen: Was wird im jeweiligen Fall (typischerweise) mitgeteilt, was ‚verschwiegen'? Welche Gewichtung erhalten verschiedene Inhaltskomplexe? Wie schon erwähnt, legt z. B. die sog. Boulevardpresse besonderes Gewicht auf personenbezogene (Human-Interest-)-Angaben, die die seriösen Blätter, Nachrichtenagenturen (und wahrscheinlich auch Leute, die das Thema ableiten bzw. eine Zusammenfassung erstellen sollen) als vom Hauptthema abführende Nebensächlichkeiten auffassen.

Beim Inhaltsvergleich von Texten stellen sich zwei schwierige Aufgaben. Erstens müssen die **Beschreibungskategorien** festgelegt werden, zweitens die **Größeneinheiten**, denen man sie zuordnen will. Brinker hat bei Textbeispiel 5 die relativ einfach zu handhabende **Zähleinheit Satz** gewählt. Obwohl die Sätze ziemlich kurz und einfach sind, gibt es auch solche, die mehrere Teilthemen behandeln: Feuerwehr/Bekämpfung erscheint in Satz (2) zusammen mit Wohnungsbrand und in Satz (9) zusammen mit Personenfolgen. Wohl noch schwieriger wird es, wenn man Beschreibungskategorien wie Human-Interest-Elemente einbeziehen will. Sollte man diese als Deskriptoren für ganze Sätze oder doch nur für Wörter bzw. Wortgruppen verwenden? Und würde man im zweiten Fall z. B. alle Personenbezeichnungen zählen oder nur die Inhaltswörter, nicht aber die Pronomina – vielleicht unter diesen doch wenigstens die nicht-wiederaufnehmenden wie *niemand* in Satz (10)? Man könnte auch erwägen, Ausdrücke für Individuen wie *Feuerwehrleute*, *Oberbrandrat Starke* und *Kleinkind* anders zu behandeln als die Kollektivbezeichnungen *Berufsfeuerwehr* und *Kripo*. Weiter sind für die Fragestellung natürlich auch viele andere Sprachmittel relevant, z. B. Ausdrücke aus dem Wortfeld Gefühle, direkte Rede usw. Die **Operationalisierung** der Beschreibungskategorien ist also eine sehr anspruchsvolle Aufgabe, die auch kaum standardisierbar ist, weil sie sehr stark vom Material abhängt und also **induktiv** gesteuert sein muss.

Die Bedeutung der Wahl der **Zähleinheit** wird unmittelbar deutlich, wenn man die Teilthemen von Textbeispiel 5 auf die Zähleinheiten **Zeichen** und **Wort** (jeweils pro Satz ermittelt) umrechnet. Bei der Satzzählung machen das Teilthema Bekämpfung 40 % und die anderen drei Teilthemen jeweils 20 % des Gesamtumfangs aus. Bei der Wort- und Zeichenzählung ergibt sich dagegen für die letzteren die Rangfolge Personenfolgen – Ursachen – Sachfolgen (Tab. 6.6).

Die Zählung (bzw. automatische Ermittlung) der Anzahl von Zeichen, Wörtern und Sätzen ist schon allein sinnvoll, um den Umfang der Texte zu bestimmen. Allerdings eignen sich Sätze nicht gut als Zähleinheiten für Inhaltskomplexe (auch nicht, wenn man sie auf die Menge der in ihnen vorkommenden Wörter und Zeichen umrechnet). Die relevante Minimaleinheit sind vielmehr **Propositionen.** Diese können bereits durch einzelne Wörter (*Wohnungsbrand*) und Wortgruppen (*in der heimgesuchten Wohnung*) repräsentiert sein; daher können in einem ein-

Tab. 6.6: Relativer Anteil der Subthemen in Textbeispiel 5

	Gesamt	Bekämpfung		Ursachen		Personen-folgen		Sachfolgen	
	N	N	%	N	%	N	%	N	%
Wörter	78	33	42.3	14	18	20	25.6	11	14.1
Zeichen	477	201	42.1	79	16.6	123	25.8	74	15.5
Sätze	10	4	40	2	20	2	20	2	20

zelnen Satz mehrere (bis viele) erscheinen. Eine vollständige Propositionsanalyse ist außerordentlich aufwendig und gerät schnell an die Grenzen kognitiv verarbeitbarer Darstellungsformen (vgl. Kap. 6.5.). Sie ist daher nur bei sehr kurzen Texten oder Textpassagen möglich bzw. sinnvoll, z. B. wenn es darum geht, einen sehr komprimierten Aussagenkomplex in seine Einzelbestandteile zu zerlegen, um Hintergründiges oder nur Implizites aufzudecken.[16] Welche Zähleinheiten man sinnvollerweise wählt, hängt also auch mit dem Umfang der Texte zusammen. Dabei wird man auf jeden Fall auch die Größen berücksichtigen, die in den Texten selbst angelegt sind wie **Teile, Kapitel, Abschnitte**, aber auch **Seiten** (vgl. dazu weiter Kap. 7.2.). Sie können, müssen aber nicht mit größeren Inhaltseinheiten zusammenfallen. In die Darstellung der Makrostruktur eines Romans, der aus 11 Teilen mit 4–15 Kapiteln besteht, ist diese Gliederung etwa nicht eingegangen (Abb. 6.8).

Angesichts der bisherigen Überlegungen drängt sich der Verdacht auf, dass eine exakte quantitative Erfassung von Inhaltselementen gar nicht möglich ist. Dem steht entgegen die seit Jahrzehnten in der Publizistikwissenschaft gängige sog. **Inhaltsanalyse** (vgl. Marcinkowski/Marr 2010). In ihr geht es um die Untersuchung von Massenmedien, d. h. um sehr große Datenmengen, die nach Inhaltskategorien **kodiert** und statistisch ausgewertet werden. Es handelt sich um ein standardisiertes Verfahren, für das die **Reliabilität** der Analysen eine besonders große Rolle spielt. Sichergestellt werden soll also, dass ein und derselbe Kodierer sowie verschiedene Kodierer bei gleichem Material immer dieselben Zuordnungen vornehmen. Dabei kann es natürlich nicht um die Feinanalyse von Texten gehen, sondern wir haben es mit einem relativ groben, dafür aber recht robusten Instrument zu tun, bei dem übrigens auch die Fläche als Maßeinheit eingesetzt wird (besonders relevant, wenn Bilder, Schriftgröße usw. einbezogen

---

16 Dies demonstriert besonders Polenz (1988), dessen Darstellung den Untertitel trägt *Grundbegriffe des Zwischen-den-Zeilen-Lesens*.

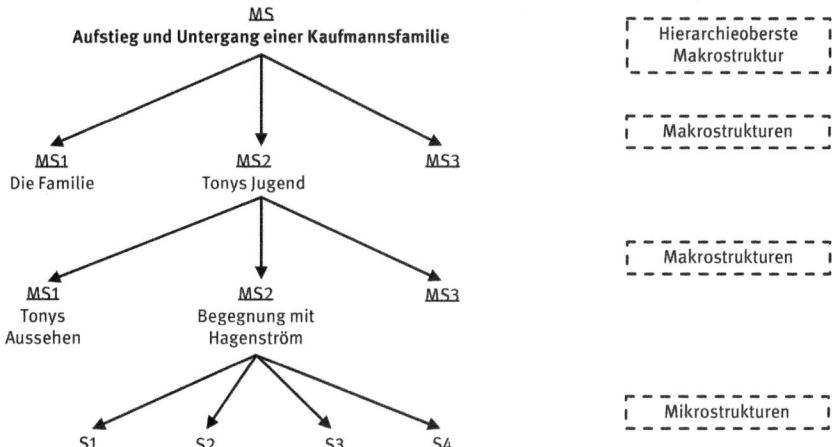

Abb. 6.8: Hierarchische Darstellung von Mikro- und Makrostrukturen im Roman Buddenbrooks (Schwarz-Friesel/Consten 2014: 103)

werden). Neben den anfangs üblichen rein quantitativen Ansätzen haben sich in den Sozialwissenschaften auch diverse Verfahren der sog. **qualitativen Inhalts-analyse** (vgl. Mayring 2015) entwickelt, bei denen die Intersubjektivität der Kodierung ebenfalls von großer Bedeutung ist.

In der Textlinguistik finden diese Ansätze bislang wenig Beachtung. Das dürfte unmittelbar mit der Skepsis gegenüber der Objektivierbarkeit und exakten Messbarkeit von Inhaltskomplexen zusammenhängen. Andererseits spielen quantitative Proportionen selbstverständlich auch bei jeder intuitiven Charakterisierung von Texten eine mehr oder weniger große Rolle. Mangels eingeführter Analyseprozeduren bleiben die entsprechenden Hinweise aber oft sehr summarisch und daher unbefriedigend. Nur wenn sich nahezu triviale Zähleinheiten anbieten, präsentiert man auch quantitative Befunde. So enthält z. B. eine Nachhilfeseite für Schüler Übersichten über die erwähnten Personen in den Kapiteln der Buddenbrooks (allerdings ohne Pronomina) (Abb. 6.9).

Unter diesen Umständen ist es angeraten, nach Mittelwegen zu suchen, um ein angemessenes Verhältnis zwischen dem Analyseaufwand und dem möglichen Ertrag für die Interpretation zu gewährleisten. Dabei sollte man auch bei der qualitativen Analyse von Einzeltexten oder Kleinkorpora nicht auf die Hilfsmittel verzichten, die Texttechnologie und Korpuslinguistik inzwischen zur Verfügung stellen,[17] da diese den Analyseaufwand erheblich reduzieren (vgl. Kap. 7.6.). So

---

17 Vgl. zur Texttechnologie v. a. Lobin/Lemnitzer (2004). – Angesichts der schnellen Entwicklung

Erwähnte Personen

■ ■■■	20x	Konsul	■ ■	7x	Christian
■ ■■■	17x	Johann	■ ■	6x	Josephine
■ ■■■	13x	Konsulin	■ ▎	4x	Vater von Johann
■ ■■	11x	Clara	■ ▎	2x	Klothilda
■ ■■	9x	Antoinette	■ ▎	1x	Der älteste Buddenbrook
■ ■	7x	Tony	■ ▎	1x	Familie Duchamps
■ ■	7x	Thomas	■ ▎	1x	Alter Buddenbrook aus Rostock
■ ■	7x	Gotthold	■ ▎	1x	Hoffstede

Abb. 6.9: Erwähnte Personen in den *Buddenbrooks* – 1. Teil, 1. Kap., Ausschnitt (http://www. rither.de/a/deutsch/mann/buddenbrooks/teil-2/; 11. 7. 2015)

gibt es auch diverse Programme, die die Inhaltsindexierung von Texten erlauben (diese werden übrigens in der Gesprächslinguistik schon weit häufiger genutzt als bei der Analyse geschriebener Texte). Ob sich eine vollständige Inhaltsindexierung lohnt und wie hohe Ansprüche man an die Genauigkeit und Reliabilität solcher Annotationen stellen will, hängt vom jeweiligen Kontext und den Fragestellungen ab. Sicher ist, dass schon der Versuch, intuitive (Inhalts-)Kategorien zu operationalisieren, den Blick für die Problematik der Kategorienbildung schärft.

Der Vorstellung, dass exakte Quantifizierung ein besonderes Qualitätsmerkmal darstellt, steht natürlich die Annahme gegenüber, dass die inhaltliche Analyse von Texten grundsätzlich nicht objektivierbar ist und auch die Rekonstruktion von Makrostrukturen keiner mechanischen Operation entsprechen kann, die zu eindeutigen Ergebnissen führt (vgl. Kap. 6.5.). Dies lässt sich am besten am Vergleich von authentischen Texten zeigen, die selbst die Aufgabe haben, Inhalte zusammenzufassen.

6.6.1. Abstracts

Zu den Texten, die regelmäßig in knapper Form zusammengefasst werden, gehören wissenschaftliche Aufsätze. Solche Kurzzusammenfassungen werden als *Abstracts* bezeichnet. Sie können entweder vom Autor selbst stammen – das nennt man **Eigenabstract** oder Autorreferat (auch: Autoreferat) – oder von anderen Personen: **Fremdabstract.**[18] Der (intendierte) Ertrag, den man aus solchen Ab-

---

orientiert man sich am besten auch immer im Portal Computerlinguistik: http://www.computer-linguistik.org/portal/portal.html.
[18] Zu automatischen Zusammenfassungen vgl. Endres-Niggemeyer (2004).

stracts gewinnen kann, hängt mit ihrer **Lokalisierung** zusammen. Teilweise stehen sie direkt beim Aufsatz (am Anfang oder am Ende), bilden also einen **Teiltext** davon, teilweise stellen die Abstracts einen Teiltext der Textsammlung (Zeitschriftenheft oder Sammelband) dar, in der sie abgedruckt sind, hier sind Abstracts aller Aufsätze vorn oder hinten gesammelt. Das Abstract kann aber auch **räumlich unabhängig vom Ausgangstext** stehen, nämlich in einem Referateorgan oder einer Bibliografie. Diese traditionelle Einteilung ist allerdings angesichts der elektronischen Publikationspraxis nicht mehr ganz aktuell: Heutzutage bekommt man über die Webauftritte der Verlage bzw. Zeitschriften leicht Zugang zu den Abstracts, nicht aber zu den Aufsätzen selbst, es sind also nur Teiltexte kostenfrei einsehbar.

Abstracts sind schon relativ häufig textlinguistisch untersucht worden, der hier gewählte Aufsatz mit dem Titel *Zur Analyse und Vermittlung der Textsorte ,Abstract'* ist selbst ein Beispiel dafür. Es werden allerdings selten verschiedene Abstracts zum selben Aufsatz verglichen, wie es hier geschehen soll. Solche alternativen Abstracts kommen auch gar nicht oft vor bzw. sind schwer aufzufinden. Ihr Vergleich lässt aber besonders gut erkennen, wie unterschiedlich ein und derselbe Text zusammengefasst werden kann. Bei unseren Beispielen (ab Seite 237) handelt es sich einerseits um ein Eigenabstract (6.1), das in einer anderen Sprache abgefasst ist als der Aufsatz selbst. Es steht am Ende des Sammelbandes und kann seinen Zweck nur richtig erfüllen, wenn man Zugang zu dieser physischen Einheit hat, da auch der Titel übersetzt ist und die bibliografischen Angaben fehlen. Die beiden anderen Texte sind Fremdabstracts, die in kommentierten Bibliografien erschienen sind, 6.2 in einer Bibliografie zu Textsorten (Adamzik 1995a), 6.3 in einer mit dem Titel *Schreiben für die Hochschule* (Ehlich et al. 2000).

Wir wollen nun einem eher intuitiven Verfahren des Inhaltsvergleichs folgen in dem aber systematisch Beschreibungskategorien eingeführt werden, die abschließend in einer Übersicht zusammengefasst werden. Zunächst zu den quantitativen Eckdaten der drei Texte:

Tab. 6.7: Umfang der Textbeispiele 6.1 – 6.3

	6.1	6.2	6.3
Wörter	205	134	66
Zeichen	1204	1045	484
Sätze	9	4	3 (+1)

Die Texte weisen eine sehr unterschiedliche Länge auf und bestehen alle aus ausformulierten Sätzen, abgesehen von (4) in 6.3. Es handelt sich bei diesen Kürzeln um für die Bibliografie spezifische **Deskriptoren**. Das ist eine in Bibliografien, Datenbanken usw. sehr übliche Form der Grobklassifikation. Diese Angaben werden hier nicht weiter berücksichtigt, da sie sich schlecht mit den ausformulierten Sätzen vergleichen lassen.

Für wissenschaftliche Texte ist charakteristisch, geradezu notwendig, dass schon der Titel Aufschluss über den Inhalt gibt. In diesem Fall wird v. a. der Gegenstand benannt: *Textsorte „Abstract‘*. Der Aufsatz behandelt dann v. a. disziplinspezifische Differenzen. In allen drei Textbeispielen erscheinen die Bezeichnungen für die drei untersuchten **Disziplinen**. Ein präziserer Titel hätte dementsprechend lauten können: *Zur disziplinspezifischen Gestaltung von Abstracts.*

Der tatsächliche Titel spricht dagegen zwei andere Subthemen an, und zwar einerseits die sehr unspezifische Frage, wie man den Gegenstand analysiert, andererseits mit *Vermittlung* den **didaktischen Aspekt**. Dieser nimmt nun in den drei Texten einen sehr unterschiedlichen Stellenwert ein: 6.2 und 6.3 kennzeichnen ihn als ein nur am Schluss behandeltes Teilthema und stufen ihn damit herab. In 6.1 erscheint er in Satz (4) und (9) und rahmt gewissermaßen die eigentliche Zusammenfassung. Dass dieser Aspekt damit hervorgehoben erscheint, erklärt sich natürlich daraus, dass er geeignet ist, die Relevanz des Aufsatzes in einem Sammelband zu fachbezogenem Fremdsprachenunterricht zu unterstreichen. Satz (1) und (2) aus 6.1 nehmen ebenfalls eine Sonderstellung ein; sie betreffen die **Forschungslage**, ein für die Einleitung von Aufsätzen charakteristisches Teilthema, das besonders geeignet ist, Argumente für die Themenwahl und das konkrete Vorgehen beizubringen. In den beiden datenorientierten Fremdabstracts bleibt dieser Teiltext unberücksichtigt.

Auch die Schwerpunktsetzung in 6.3 erklärt sich aus dem größeren Zusammenhang, in dem die Zusammenfassung erschienen ist. Für die das **Schreiben** fokussierende Bibliografie spielen **Textorganisation und Formulierungen** eine große Rolle. So wird in Satz (1) von 6.3 das Thema denn auch gleich darauf hin präzisiert: *wie Informationswiedergaben ... in sich strukturiert sind*, und Satz (2) spezifiziert die **untersuchten Phänomene** (*Textaufbau, Verwendung kohärenter Mittel, syntaktische Komplexität, lexikalisch-stilistische Mittel*). 6.1 geht erst in den letzten beiden Sätzen auf dieses Subthema ein und bleibt mit *text structure, text patterns* und *linguitic devices* sehr abstrakt. Das Gleiche gilt für 6.2, wo auf eine Originalformulierung aus dem Aufsatz zurückgegriffen wird, die auch sehr allgemein ist: *formale, textuelle und sprachlich-stilistische Aspekte.*

Bemerkenswert ist, dass 6.3 dieses Thema nur als Frage formuliert – *wie ... strukturiert sind und ob es Differenzierungen ... gibt*, also gar nichts zu den **Ergebnissen** sagt. Auch aus 6.1 erfährt man nichts Genaueres über die Ergebnisse, während 6.2 die Darstellung der Ergebnisse v. a. bewertet, und zwar negativ, nämlich als zu allgemein. 6.3 ist also trotz seiner Kürze in Bezug auf die dort besonders interessierenden Punkte, die untersuchten Sprachmittel, präziser als die beiden anderen Abstracts. 6.3 enthält im Gegensatz zu den beiden anderen aber keine Präzisierung zum **Korpus** (jeweils 10 Abstracts),[19] ein für die Zusammenfassung empirischer Untersuchungen eigentlich sehr relevanter Inhaltsbestandteil.

V.a. spart 6.3 die eher theoretisch orientierte Fragestellung des Aufsatzes aus. Diese betrifft die (nicht nur disziplinspezifische) **Varianz**, die sich in 6.1 in vier Sätzen findet: *large number of text types within one single text genre* (3), *vertical stratification* (4) *universal and specific features of … text genres* (5), *possible range within each text genre* (8). In 6.2 erscheint die Hauptthese wieder als Zitat (1): dass *sich allgemeine und spezielle Merkmale der Textsorte und damit auch unterschiedliche Texttypen unterscheiden lassen* und hervorgehoben wird der *beträchtliche individuelle Variationsspielraum* (2).

Die Ergebnisse zum disziplinspezifischen Textaufbau lassen sich am besten schematisch erfassen, und dies geschieht auch in dem Aufsatz selbst (Abb. 6.10). Eine solche Darstellungsform ist in Abstracts nicht üblich. In diese ist aber auch inhaltlich aus dem zusammenfassenden Schema nichts eingegangen. Dabei ist zu bedenken, dass die von Fluck untersuchten Texte unterschiedliche Themen behandeln, so dass ein detaillierter inhaltlicher Vergleich gar nicht möglich ist, sondern man mit sehr abstrakten Kategorien arbeiten muss. Umso bemerkenswerter ist es, dass es nur ein Inhaltselement gibt, das in allen drei Subkorpora vorkommt, nämlich *Ergebnis*, und zwar an (vor)letzter Stelle. Nur bei der wirtschaftswissenschaftlichen Zeitschrift hat Fluck den ersten Teil mit dem Ausdruck für ein Standardelement der formalen Makrostruktur belegt, nämlich *Einleitung*, das allerdings bei Kurztexten wie Abstracts gar nicht erwartbar ist. Bei den beiden anderen findet sich mit *Thematik* und *Experiment* eine – allerdings extrem allgemeine – thematische ‚Spezifizierung‘. Bei II und III stimmt noch *Methodik* überein, bei I und III *Folgerungen*. Es ist nicht erkennbar, inwiefern die Differenzen sich aus der Disziplinspezifik erklären (außer allenfalls *Experiment* in III). Damit zeigt sich, dass das Korpus tatsächlich keine spezifischen Ergebnisse erbracht hat – außer der relativ starken Varianz.

---

19 6.2. fügt noch das Kürzel einer Zeitschrift ein, allerdings nur der, die den potenziellen Lesern des Aufsatzes bzw. Abstracts bekannt sein dürfte.

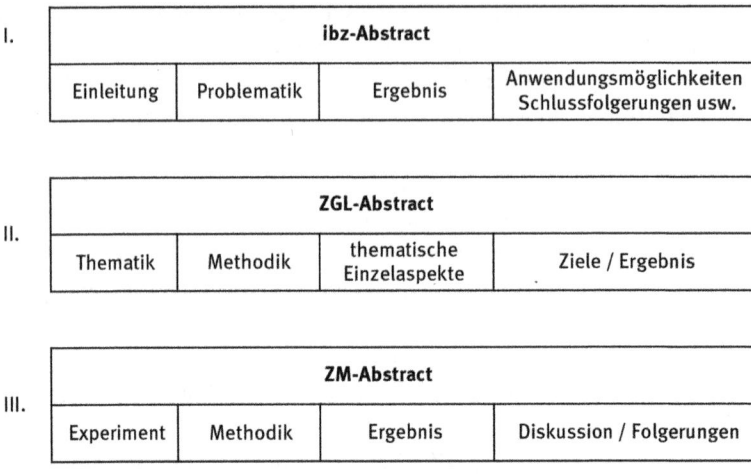

I.

ibz-Abstract			
Einleitung	Problematik	Ergebnis	Anwendungsmöglichkeiten Schlussfolgerungen usw.

II.

ZGL-Abstract			
Thematik	Methodik	thematische Einzelaspekte	Ziele / Ergebnis

III.

ZM-Abstract			
Experiment	Methodik	Ergebnis	Diskussion / Folgerungen

Abb. 6.10: Abstract-Grundstrukturen im Vergleich (Fluck 1988: 80) [20]

Da die Abstracts zu Fluck denselben Aufsatz zusammenfassen, können die Subthemen sehr viel präziser benannt werden. Für den Vergleich ist eigentlich nur der relative quantitative Stellenwert sowie die Platzierung der Inhaltselemente relevant. Eine exaktere Quantifizierung, als sie die Abbildung 6.11 liefert, scheint mir daher unnötig. Jedes Kästchen repräsentiert einen Satz, die grau gefüllten jene Sätze, in denen das links stehende Themenelement vorkommt.

Textbeispiel 6.1
Hans-Rüdiger Fluck
Analysing and teaching the text genre ‚abstract'
(1) Establishing and describing specific text genres has become a major topic of research into special languages over the past few years. (2) The studies presented so far, are still largely based on an intuitive rather than clearly-defined identification of text genres. (3) This should not, however, obscure the fact that in specialised communication there will be a large number of text types within one single text genre. (4) From a didactic point of view, the problem of the vertical stratification of specialised text genres is of some importance, particularly with regard to a learner-orientated curriculum. (5) This necessitates establishing universal and specific features of individual specialised text genres. (6) In order to achieve this, a communicative-pragmatic analysis of the specialised text genre ‚abstracts in scientific journals' is made. (7) This analysis is based on a comparison of ten abstracts from each of the following fields: linguistics, business studies and metallurgy. (8) The analysis and comparison do not just demonstrate different kinds of text structuring, but also reveal their special dependence on certain situational and intentional

---

20 ibz = Internationaler betriebswirtschaftlicher Zeitschriftenreport; ZGL = Zeitschrift für germanistische Linguistik; ZM = Zeitschrift für Metallkunde.

factors (e. g. subject-specific conventions, character of the various journals) and the possible range within each text genre. **(9)** All these factors (text patterns, linguistic devices, subject-specific features) have to be taken into account in special language teaching.

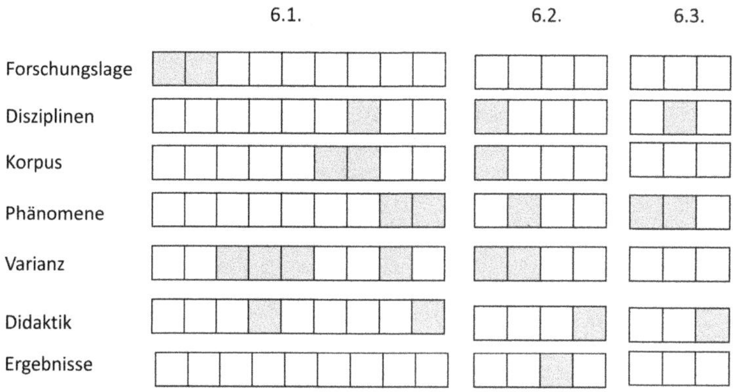

Abb. 6.11: Themenschwerpunkte in den Textbeispielen 6.1–6.3

Textbeispiel 6.2

FLUCK, Hans-Rüdiger 1988: Zur Analyse und Vermittlung der Textsorte 'Abstract'. In: Claus Gnutzmann (Hg.): Fachbezogener Fremdsprachenunterricht. Tübingen: Narr, (FFF. 6), 67–90.

(1) Nach einer allgemeinen Charakterisierung der Textsorte stellt Fluck die Ergebnisse einer vergleichenden Analyse von je 10 ABSTRACTS von wissenschaftlichen Zeitschriftenaufsätzen aus den Fachbereichen germanistische Linguistik (ZGL), Betriebswissenschaft [sic] und Metallkunde vor, um die Hypothese zu überprüfen, „daß von thematisch unterschiedlichen Informationsquellen und der Anwendung fachspezifischer Darstellungsmittel in verschiedenen Fachbereichen her sich allgemeine und spezielle Merkmale der Textsorte und damit auch unterschiedliche Texttypen unterscheiden lassen" (75). **(2)** Die Textanalysen zeigen, daß sich Abstracts „nicht nur nach fachinhaltlichen Gesichtspunkten, sondern auch nach formalen, textuellen und sprachlich-stilistischen Aspekten zu Gruppen mit relativ festgelegten Merkmalen zusammenfassen lassen" (84), daß aber dennoch ein beträchtlicher individueller Variationsspielraum besteht. **(3)** Die konkreten Auswertungsergebnisse sind leider meist nur in relativ allgemeiner Form mitgeteilt, so daß ein Vergleich mit anderen quantitativen Erhebungen unmöglich ist. **(4)** Die Studie wird durch Überlegungen zur Behandlung von Abstracts im (Fremd)Sprachunterricht abgeschlossen.

Textbeispiel 6.3
FLUCK, Hans-Rüdiger (1988): Zur Analyse und Vermittlung der Textsorte 'Abstract'. In: Gnutzmann, Claus (Hg.): Fachbezogener Fremdsprachenunterricht. Tübingen: Narr, (Forum für Fachsprachenforschung; 6), 67–90.

(1) Fluck geht der Frage nach, wie Informationswiedergaben, bezogen auf die Textart Abstract, in sich strukturiert sind und ob es Differenzierungen zwischen verschiedenen wissenschaftlichen Disziplinen gibt. **(2)** Er vergleicht Texte der Fachbereiche Sprachwissenschaft, Betriebswirtschaft und Metallkunde unter den Gesichtspunkten Textaufbau, Verwendung kohärenter Mittel, syntaktische Komplexität, lexikalisch-stilistische Mittel. **(3)** Zum Schluß gibt er Hinweise zur Didaktisierung von Abstracts im fachbezogenen Fremdsprachenunterricht.
(4) EMP / TA / TO / TF / FS[21]

6.6.2. Kurzbiografien (Alfred Döblin)

Als zweites Beispiel sollen thematisch übereinstimmende Texte unterschiedlicher Textsorten herangezogen werden, es geht jedoch immer noch um solche, deren Themenableitung völlig unproblematisch bzw. überflüssig ist. Es handelt sich um einige Text(ausschnitt)e, die Informationen über das Leben Alfred Döblins liefern (ab S. 243). Hier haben wir es also nicht mehr mit der Zusammenfassung von Texten zu tun, sondern mit einer außersprachlichen Größe. Allerdings können diese Texte selbst wieder zusammengefasst werden. Als größtmögliche Kurzfassung des Inhalts ergäbe sich: *Alfred Döblin (1878–1957), deutscher Schriftsteller.* Diese Kurzangabe gibt es tatsächlich, und zwar auf der Seite *Begriffsklärung* in Wikipedia (unter *Döblin*), die „zur Unterscheidung mehrerer mit demselben Wort bezeichneter Begriffe" dient.

Zunächst einige Angaben zu dem kleinen **Korpus:** Die ersten drei Texte sind literaturwissenschaftlichen Nachschlagewerken entnommen, 7.2 und 7.3 aus **Autorenlexika,** die man aber zweifellos unterschiedlichen Typen zuordnen, also zumindest als Textsortenvarianten bezeichnen würde; man könnte etwa eher datenorientierte (7.2) und eher essayistische Kurzbiografien (7.3) von Schriftstellern einander gegenüberstellen. 7.4 ist ein **Klappentext.** 7.5 und 7.6 stammen von Döblin selbst. Diese beiden **autobiografischen Texte** sind lange vor dem Erscheinungsdatum des bekanntesten Werks, *Berlin Alexanderplatz,* entstanden. Infolgedessen können sie selbstverständlich gar keine Inhaltselemente enthalten, die das spätere Leben Döblins betreffen.

---

21 EMP: empirische Forschungen, TA: Textart, TO: Textorganisation, TF: Formulieren, FS: Schreiben in der Fremdsprache.

Abgesehen von den autobiografischen Texten ist die Auswahl der Beispiele relativ zufällig, denn bei Kurzbiografien zu bekannten Personen gibt es Paralleltexte (zur selben Person) in großer Zahl. Sie eignen sich daher auch gut für den Vergleich von Texten zum selben Thema, die aus verschiedenen historischen und/oder standortgebundenen Perspektiven geschrieben sind. An dieser Stelle geht es darum, verschiedenartige Lösungen der kommunikativen Aufgabe vorzustellen, das Leben Döblins zusammenzufassen. Genauere Angaben zum Umfang des Korpus wären hier unangemessen, da die Texte teilweise stark gekürzt sind (vgl. aber Kap. 7.6. zu den Textbeispielen 7.2 und 7.3).

Die **Subthemen** von biografischen Texten sind sehr vorhersehbar: Lebensdaten samt Aufenthaltsorten, Herkunft und Familie, Ausbildung, Beruf, Tätigkeiten. Bei Schriftstellern steht natürlich das künstlerische Werk im Vordergrund. Erwartbar, aber weniger konstitutiv sind ferner Angaben zur Rezeption und Wirkung. Das Vorwissen lässt also folgende Teilthemen erwarten (Abb. 6.12).

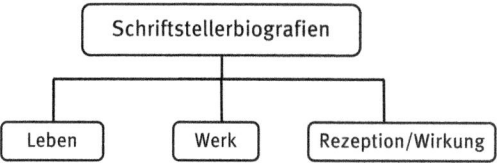

Abb. 6.12: Teilthemen von Schriftstellerbiografien

7.1 ist sehr kurz und beschränkt sich auf das erste Teilthema, nämlich elementare Angaben zum Leben: Geburts- und Sterbedatum (sogar lediglich das Jahr) und -ort, Herkunft, Ausbildung, Beruf, Aufenthaltsorte, und zwar in **chronologischer Folge**. Es entstammt **Frenzel**, *Daten deutscher Dichtung* in der Auflage von 1969. Bei dieser Quelle handelt es sich um ein Lexikon, das im Wesentlichen die Werke in strikt chronologischer Folge präsentiert. Es enthält lediglich zusätzlich einige zusammenhängende Ausführungen zu den einzelnen Epochen, denen Lebensabrisse der „Hauptgestalten" der Epoche (hier Expressionismus) folgen. Dies erklärt, dass der Text überhaupt keine Informationen zur literarischen Tätigkeit des Autors enthält.

Ebenfalls chronologisch organisiert ist der wiederum sehr kurze **Klappentext 7.4**. Er bringt aber auch einige zusätzliche Informationen, bei denen man wohl von einer Auswahl nach Wichtigkeit ausgehen kann. Dazu gehört die **Religion** (in Satz 1 und 7), die Tätigkeit im **Literaturbetrieb** (3 und 9) sowie die problematische Beziehung zum **Heimatland** (5, 6, 8 und 10). Ganz der Textsorte zuzuschreiben sind die (hier gekürzt wiedergegebenen) Hinweise darauf, welche weiteren Werke des Autors im selben Verlag erschienen sind.

Bei den Artikeln aus **Autorenlexika** handelt es sich um die längsten (und hier stark gekürzten) Textbeispiele. **7.2** stammt aus einem 1974 in der DDR erschienenen Werk. Den ersten Satz kann man wieder als eine größtmögliche Kurzfassung des Inhalts betrachten, die außer den Lebensdaten auch noch etwas genauere Angaben zu Tätigkeiten bzw. Eigenschaften enthält: *Romancier, Erzähler, Essayist, auch Publizist und Dramatiker*. Für ein Lexikon ist auch **7.5** konzipiert. Mit 7.2. hat dieser Text gemeinsam die **thematische Zweiteilung** auf der obersten Ebene: Ein erster Block (in 7.2 ab Satz 2) betrifft die ‚äußeren' **biografischen Daten:** Herkunft, Ausbildung, Familie, Beruf, politische Aktivitäten, Militärdienst und bezüglich der literarischen Tätigkeit nur etwas zu Funktions- und Berufsrollen: *Mitbegründer und Mitarbeiter der expressionistischen Zeitschrift „Der Sturm"* (2), *Beginn seiner fortdauernden Tätigkeit als eigenwilliger, z.T. feuilletonistischer Kritiker* (3). Der zweite (bei 7.2 ausgelassene und bei 7.5 gekürzte) Block umfasst Informationen zur **literarischen Tätigkeit** und in 7.2 auch solche zur Einordnung in literarische Strömungen usw.

Von dieser Grobgliederung weicht **7.3** ab, das aus dem *Metzler Autoren Lexikon* stammt (Ausgabe 1994); insofern kann man den Text als eher **untypische Variante** für einen Eintrag in einem Autorenlexikon betrachten. Die Abweichung von konventionellen Autorenlexika wird im Vorwort auch ausdrücklich kommentiert. Von der Standardvariante heißt es, dass sie „ihren Ehrgeiz in die möglichst vollständige Nennung der annähernd 3000 Autoren, die bekannt geworden sind" setze und die „Daten zu Leben und Werk [...] ohne thematischen Zusammenhang" bekannt gebe. Demgegenüber beabsichtige das *Metzler Autoren Lexikon* „erzählerische Intensität der einzelnen Artikel", um „die Verfahrensweisen der Literaturgeschichte und der Biographik lebendig und eindringlich miteinander zu verbinden". Das Hauptziel besteht darin, den Autor bewusst und gewollt aus einer subjektiven Sicht zu porträtieren. Das führt zunächst einmal dazu, dass die **Subthemen** durchgängig miteinander **verschränkt** und nicht auf formal unterschiedene Teiltexte verteilt sind. **Interpretative Aussagen** stehen im Vordergrund, zurückgegriffen wird auch häufig auf **Zitate.** Der erste (ca. 20 Zeilen umfassende und hier ausgelassene) Abschnitt von 7.3 beginnt denn auch mit einem längeren Zitat und einer anschließenden Gesamtdeutung, die u.a. den Satz enthält: *Die amphibische Entschluß-, ja Entwicklungslosigkeit, dies Sowohl-als-auch wurde zum Prägestempel von Leben und Werk.* In dem hier wiedergegebenen Auszug tritt der Inhaltskomplex **Familienverhältnisse** stark hervor. Dennoch haben wir mit 7.3 in gewisser Weise eine leicht **hybride Variante** vor uns: Konventionelle datenorientierte Kurzbiografien nennen die Eckpunkte am Anfang und weisen die für Nachschlagewerke typischen **Ökonomieformen** auf (Abkürzungen, verblose Sätze usw.). Dieser Erwartung trägt 7.3 insofern Rechnung, als die Lebensdaten aus dem Text ausgegliedert und mit charakteristischen Abkürzungen an den Anfang gestellt werden (Satz 2). Auch die Abkürzung des Autornamens ist aus dem Lexikoncharakter zu erklären, stört allerdings geradezu in den ansonsten durchformulierten Lesetexten.

Den **Einfluss der Textsorte** zeigt besonders stark der Vergleich von **7.5 und 7.6**. Während 7.5 den Erwartungn an einen Lexikoneintrag folgt, nimmt Döblin in der „autobiographische Skizze" die äußeren Daten derartig unwichtig, dass er nicht einmal das Erscheinungsdatum des ersten publizierten Romans nennt. Präsentiert wird die **Innensicht** der Entwicklung zum Schriftsteller; Religion, politische Orientierung und Familienverhältnisse spielen keine Rolle. Die *seelische Entwicklung* wird in einem metakommunikativen Kommentar als Subthema explizit ausgeschlossen (12), mit *Bin mir außerdem psychisch ein Rühr-mich-nicht-an* (13) findet sich aber doch eine Selbstcharakterisierung.

Ein näherer Vergleich der angeführten Textbeispiele verbietet sich hier aus Platzgründen (zu sprachlichen Differenzen vgl. weiter Kap. 7.4. und 7.5.). Deutlich werden sollte allerdings unmittelbar, dass – auch wenn Thema und Textsorte(nvariante) gegeben sind – die tatsächlich mitgeteilten Informationen zwar aus einem Set gut voraussehbarer Subthemen stammen, sich die konkrete Ausführung dieser Inhaltskomplexe jedoch nicht voraussehen lässt. Insofern bleibt die bloße Rekonstruktion der Themenhierarchie oder Makrostruktur relativ unergiebig. Um die Texte inhaltlich zu charakterisieren, ist es vielmehr erforderlich, zu vergleichen, wo sie inhaltliche Schwerpunkte setzen und welche konkreten Informationen sie liefern.

Bei diesen Textbeispielen bietet es sich an, den Vergleich bis auf die **propositionale Mikroebene** fortzusetzen, denn ‚dasselbe' Inhaltselement erscheint sachlich und/oder sprachlich teilweise in unterschiedlicher Ausprägung. Dies kann auch verdeutlichen, dass einer (ohnehin kaum möglichen) vollständigen propositionalen Analyse die Auswahl relevanter Stellen vorzuziehen ist. In allen Texten wird die **Emigration** behandelt, dabei jedoch meist größeres Gewicht auf die einzelnen Stationen gelegt, während einige Details zu den näheren Umständen – *die Briefe Rosa Luxemburgs und die Predigten Taulers im Gepäck* – lediglich in 7.2 angesprochen werden. Außerdem ist dort die politische Komponente deutlich stärker ausgeprägt: *1921 Mitglied der SPD ...*, *1933 wurden D.s Werke von den Nazis verboten, er selbst wurde verfolgt*; *1936 französischer Staatsbürger*; *[...] beim Einfall faschistischer Truppen Flucht aus Paris.*

Das **Abitur** legte Döblin nach 7.5 (1) 1901 ab, 7.3 (9) nennt als Datum 1900. Dasselbe Datum kann man auch aus 7.2 (2) – *1891/1900 Besuch des Gymnasiums* – erschließen, während 7.1, 7.4 und 7.6 das Ereignis gar nicht erwähnen. Der **Todestag** ist nach 7.2 der 28., nach 7.3 dagegen der 26.6.1957, während 7.1 und 7.4 nur das Jahr angeben. Für einige Elemente lohnt sich auch die direkte Gegenüberstellung der Formulierungen. Zu **Herkunft** bzw. **Vater** liest man:

7.1 *Sohn eines Kaufmanns*
7.2 *D. stammt aus einer Kaufmannsfamilie; sein Vater, ein musisch vielseitig begabter, aber lebensuntüchtiger Mensch*
7.3 *der Vater, ein musisch begabter Schneider*
7.4 *entstammt einer alten jüdischen Kaufmannsfamilie*
7.5 *Sohn eines Kaufmanns*
7.6 Ø

Die **berufliche Tätigkeit in Berlin** erscheint in folgenden Varianten:

7.1 *1911–1933 Facharzt für Nervenkrankheiten in Berlin*
7.2 *1911/33 Nervenarzt in Berlin (u. a. Kassenarzt in einem Berliner Arbeiterviertel)*
7.3 *1911 machte D. sich als Kassenarzt für Neurologie selbständig*
7.4 *ließ sich 1911 als Kassenarzt in Berlin nieder*
7.5 *1911 niedergelassen in Berlin als Spezialarzt*
7.6 *jetzt [1922] im Berliner Osten spezialärztlich praktizierend*

Textbeispiel 7.1
(1) Döblin, Alfred, geb. 1887 in Stettin als Sohn eines Kaufmanns. **(2)** Kam 1888 nach Berlin. **(3)** Stud. der Medizin, promovierte 1905 in Freiburg/Br. und war von 1911–1933 Facharzt für Nervenkrankheiten in Berlin. **(4)** Emigrierte 1933 nach Zürich, dann nach Paris und 1940 nach den USA. **(5)** 1945 kehrte er nach Dld. zurück. **(7)** Gest. 1957 in Emmendingen.

Textbeispiel 7.2 [stark gekürzt]
(1) Döblin, Alfred (Ps. Linke Poot), *10.8.1878 Stettin, †28.6.1957 Emmendingen (b. Freiburg i.Br.); Romancier, Erzähler, Essayist, auch Publizist und Dramatiker. **(2)** D. stammt aus einer Kaufmannsfamilie; sein Vater, ein musisch vielseitig begabter, aber lebensuntüchtiger Mensch verließ seine Familie und wanderte in die USA aus; 1888 Übersiedlung nach Berlin, 1891/1900 Besuch des Gymnasiums, erste schriftstellerische Versuche; ab 1902 Studium der Medizin (Neurologie und Psychiatrie) in Berlin und Freiburg i.Br. (1905 Dr. med.); Assistent an der Irrenanstalt in Regensburg, dann in Berlin-Buch; 1910 Mitbegründer und Mitarbeiter der expressionistischen Zeitschrift „Der Sturm". **(3)** Beginn seiner fortdauernden Tätigkeit als eigenwilliger, z.T. feuilletonistischer Kritiker [...]; 1911/33 Nervenarzt in Berlin (u. a. Kassenarzt in einem Berliner Arbeiterviertel); 1914/18 Militärarzt im ersten Weltkrieg; [...] 1921 Mitglied der SPD und Bekanntschaft mit Yolla Niclas, der bis an sein Lebensende geliebten „Schwesterseele" (D. war verheiratet und Vater von vier Söhnen); [...] 1933 wurden D.s Werke von den Nazis verboten, er selbst wurde verfolgt; Emigration über die Schweiz nach Paris, 1936 französischer Staatsbürger; [...] beim Einfall faschistischer Truppen Flucht aus Paris (die Briefe Rosa Luxemburgs und die Predigten Taulers im Gepäck) über Portugal in die USA [...]; Depression über das Versagen der „Geistigen" und schwere persönliche Krise, 1941 Übertritt zum Katholizismus [...]

Textbeispiel 7.3 [stark gekürzt]

(1) *Döblin, Alfred*

(2) *Geb. 10. 8. 1878 in Stettin; gest. 26. 6. 1957 in Emmendingen*

[...]

(3) Kindheit und Jugend D.s standen unter dem Bann eines Ereignisses, das er als seine „Vertreibung aus dem Paradies" bezeichnet hat: als er zehn Jahre alt war, ging der Vater, ein musisch begabter Schneider, mit einer seiner Schneidermamsells auf und davon und ließ Frau und fünf Kinder im sozialen Elend zurück. **(4)** „Ich erinnere mich ungern daran", wird der Sohn vierzig Jahre später schreiben, „es führt geradewegs zu mir." **(5)** Der Vater verkörperte für ihn das Lust-, die Mutter das Realitätsprinzip – Lebenshaltungen, zwischen denen er ständig schwankt und, von Frauen angezogen und sie zugleich fliehend, affektiv hin- und hergetrieben ist. [...]
(6) Die Mutter zog mit den Kindern 1888 nach Berlin, der Stadt, deren leidenschaftlicher Liebhaber, später auch Chronist und Epiker D. bis 1933 ist. **(7)** Hier hatte er in der Schule seine erste Begegnung mit dem preußischen Obrigkeitsstaat, mit dem deutschen Ordnungsdenken. **(8)** Hier lernte er aber auch in der Begegnung mit Philosophie und Kunst, wie man widersteht [...]. **(9)** Nach dem Abitur (1900) studierte er Medizin, insbesondere Neurologie und Psychiatrie, und legte 1905 in Freiburg sein Doktorexamen ab. **(10)** Als Assistensarzt [sic] praktizierte er in den Irrenanstalten Prüll bei Regensburg (von 1905 bis 1906) sowie in Berlin-Buch (von 1906 bis 1910). **(11)** In diesen Jahren entstanden die ersten literarischen Arbeiten – darunter 1902/03 der Roman *Der schwarze Vorhang*, eine psychographische Studie [...]. **(12)** Nicht zufällig, daß er, der schon lange mit Herwarth Walden befreundet war, 1910 zum Mitbegründer des Künstlerkreises „Der Sturm" wurde und bis 1915 einer der Hauptbeiträger der gleichnamigen expressionistischen Zeitschrift blieb. **(13)** Als Hauptwerk dieser Ästhetik darf der Roman *Wang-lun* gelten. **(14)** 1911 machte D. sich als Kassenarzt für Neurologie selbständig; 1912 heiratete er die Medizinstudentin Erna Reiss, nachdem er im Jahr zuvor Vater eines unehelichen Kindes geworden war. **(15)** Durch vier Söhne (1912, 1915, 1917 und 1926 geboren) und das Menetekel seiner eigenen Jugend fühlte er sich an seine soziale Verantwortung erinnert. **(16)** Er entfloh daher der „wahren Strindberg-Ehe" (Robert Minder) nicht – trotz der Verlockung, in Yolla Niclas, die ihm später auch in die Emigration folgte, 1921 eine Seelenführerin kennengelernt zu haben, von der er sich und sein Werk verstanden fühlte. [...]
(17) Unmittelbar nach dem Reichstagsbrand floh D. am 2. 3. 1933 in die Schweiz. **(18)** Von dort aus übersiedelte er im Sommer 1933 nach Paris. [...] **(19)** Der Hölle Europa im Sommer 1940 gerade noch entronnen, mußte er endlich in den USA das Elend des Exils erfahren [...]

Textbeispiel 7.4

(1) Alfred Döblin

entstammt einer alten jüdischen Kaufmannsfamilie. **(2)** Er wurde 1878 in Stettin geboren, studierte in Berlin und Freiburg Medizin und ließ sich 1911 als Kassenarzt in Berlin nieder. **(3)** Mitbegründer und Mitarbeiter der Zeitschrift ‚Der Sturm'. **(4)** Mit dem Roman ‚Berlin Alexanderplatz' (1929) schrieb er den wohl bedeutendsten Großstadtroman. **(5)** 1933 emigrierte Döblin über Zürich nach Paris. **(6)** 1940 floh er weiter nach Amerika. **(7)** Konversion zum Katholizismus. **(8)** Nach dem Krieg ging Döblin als französischer Offizier nach Deutschland zurück. **(9)** Er war Herausgeber der Literaturzeitschrift ‚Das goldene Tor' (1946 bis 1951) und Mitbegründer der Mainzer Akademie

(1949). **(10)** Alfred Döblin fühlte sich im Deutschland der Nachkriegszeit als Dichter vergessen und isoliert, er kehrte enttäuscht 1951 nach Paris zurück. **(11)** Im Juni 1957 starb er in Emmendingen. **(12)** Weitere wichtige Werke: ‚Die drei Sprünge des Wang-lun' (1915; dtv-Band 663) [...]

Textbeispiel 7.5
Hagenau (Els.) 10.X.17
Sehr geehrter Herr,
Sie erhalten auf Ihren Wunsch für Ihr Lexikon beifolgende biographische Bemerkungen.
Ergebenst [...]
(1) Geboren 10. August 1878 zu Stettin als Sohn eines Kaufmanns, bis 1888 in Stettin auf der Vorschule des Realgymnasiums und in Privatunterricht, von da ab in Berlin, das Köllnische Gymnasium bis zum Abiturium 1901 absolvierend. **(2)** 1901–1905 Studium, wesentlich Medizin, auch Philosophie, in Berlin; die letzte Zeit in Freiburg i. B; dort Approbation als Arzt und medizinisches Doktorexamen. **(3)** Drei Jahre rein irrenärztliche Tätigkeit an der Kreisirrenanstalt Regensburg; Buch bei Berlin; Privatirrenanstalt bei Berlin. **(4)** Darauf Übergang zur inneren Medizin mit Assistenten- und Ausbildungszeit in Berlin. **(5)** 1911 niedergelassen in Berlin als Spezialarzt in Berlin [sic], 1912 verheiratet. **(6)** Mit Ende 1914 als landsturmpflichtiger Arzt zum Heeresdienst eingezogen.
(7) Hand in Hand mit medizinisch-klinischer und wissenschaftlicher Arbeit und philosophischer Beschäftigung litterarische Tätigkeit lebhafter 1901 einsetzend, jahrelang hinter der konkurrierenden andern zurücktretend, erst in den letzten Jahren im Vordergrund der Tätigkeit. **(8)** Nach einem nicht publizierten lyrischen Roman („Die jagenden Rosse" (1901), 1902/03 ein zweiter streng stilisierter Roman („Der schwarze Vorhang"), der später im „Sturm" abgedruckt wurde. **(9)** 1906 der Einakter „Lydia und Mäxchen" bei Joh. Singer Straßburg, Elsaß. [...]

Textbeispiel 7.6
(1) In Stettin 1878 geboren, als Knabe nach Berlin gekommen, bis auf ein paar Studienjahre dauernd in Berlin ansässig und an dieser Stadt hängend. **(2)** Gymnasialbildung, Medizinstudium, eine Anzahl Jahre Irrenarzt, dann zur Inneren Medizin; jetzt im Berliner Osten spezialärztlich praktizierend.
(3) Als Pennäler schon literarisierend; der erste Roman, lyrisch, Ichroman, in der Prima. **(4)** Als Student der Roman ‚Der schwarze Vorhang', der vor zwei, drei Jahren gedruckt wurde. **(5)** Mir war aber die ganze Literatur zuwider; ich hatte keine Lust, mich mit den Verlegern herumzuschlagen; Medizin und Naturwissenschaft fesselten mich außerordentlich. **(6)** Ich habe in einer verbissenen Wut, doch nicht durchzudringen, nicht einmal in meiner Umgebung, dazu auch in Hochmut und Gewißheit: ‚Ich weiß schon, was ich kann, ich habe Zeit', ein ganzes Jahrzehnt nichts Rechtes vorgenommen. **(7)** Sondern mich in Psychiatrie und Klinik herumgetrieben, bis in die Nächte bei Laboratoriumsarbeit biologischer Art; es gibt eine Handvoll Publikationen von mir dieser Art. **(8)** 1911 wurde ich aus dieser Tätigkeit gerissen, mußte in die mich erst fürchterlich abstoßende Tagespraxis. **(9)** Von da ab Durchbruch oder Ausbruch literarischer Produktivität. **(10)** Es war fast ein Dammbruch; der im Original erst fast zweibändige ‚Wang-lun' wurde samt Vorarbeiten in acht Monaten geschrieben, überall geschrieben, geströmt, auf der Hochbahn, in der Unfallstation bei Nachtwachen, zwischen zwei Konsultationen, auf der Treppe beim Krankenbesuch; fertig Mai 1913. **(11)** Vorher hatte ich die tröpfelnden Novellen des verflossenen Jahrzehnts zum Bande

‚Ermordung einer Butterblume' zusammengefaßt; erschien bei Müller-München. [...] **(12)** Von meiner seelischen Entwicklung kann ich nichts sagen; da ich selbst Psychoanalyse treibe, weiß ich, wie falsch jede Selbstäußerung ist. **(13)** Bin mir außerdem psychisch ein Rühr-mich-nicht-an und nähere mich mir nur in der Entfernung der epischen Erzählung. **(14)** Also via China und Heiliges Römisches Reich 1630.

7. Form und sprachliche Gestalt

In der Abbildung 3.3, die eine Übersicht über die Dimensionen der Textbeschreibung gibt, steht die sprachliche Gestalt im Zentrum, und diese Dimension bildet selbstverständlich auch den Hauptgegenstand der spezifisch linguistischen Auseinandersetzung mit dem Text. In Bezug auf das Sprachliche verfügen wir – qua Disziplin – auch über das umfangreichste und differenzierteste Inventar von Beschreibungskategorien. Denn was immer als geeignete Kategorie für die Sprachbeschreibung entwickelt wurde, ist letzten Endes aus Texten abstrahiert und kann auch nur in Texten zum Einsatz kommen (vgl. Kap. 1.4., 1.5.2. und 1.5.4.).

In Kapitel 3.2. wurde allerdings hervorgehoben, dass im textlinguistischen Kategorieninventar die **Dimension des Sprachlichen** im Laufe der Zeit **kaum ausdifferenziert** wurde und bei den sog. internen Merkmalen nur eine (formal-) grammatische von einer thematisch-inhaltlichen Komponente abgegrenzt wird (vgl. Tab. 3.1). Kapitel 6 zeigte darüber hinaus, dass sich die Entgegensetzung von externen und internen Merkmalen in Bezug auf das Thema als besonders unangemessen erweist, sind es doch die lexikalischen Einheiten, genauer gesagt die Inhaltswörter, die uns Aufschluss darüber geben, wovon in einem Text die Rede ist. Außerdem erwies sich die Untersuchung von Textinhalten als ziemlich unterentwickelt, so dass eigentlich nur die **Textgrammatik** als sprachspezifische Ebene übrigblieb. In ihr geht es um die sprachlichen Mittel der Kohärenzherstellung, die **Kohäsionsmittel**. Tatsächlich behandelt man oft nur diesen relativ engen Bereich von Phänomenen als spezifischen Gegenstand der Textlinguistik. Dies erklärt auch, dass Fix (2009a: 13) **Gestaltqualität/Textstil** als weiteres Textmerkmal heranziehen möchte (vgl. Kap. 3.2.). Das ist tatsächlich notwendig, wenn man das Sprachliche bzw. die internen Merkmale auf die Kohäsionsmittel einschränkt. Eben dies scheint mir jedoch ganz und gar unangebracht, ich betrachte sie daher nur als einen kleinen Ausschnitt dessen, was in der Gesamtdimension sprachliche Gestalt zu berücksichtigen ist.

Die verstärkte Berücksichtigung anderer Aspekte der sprachlichen Form als der Kohäsionsmittel gehört allerdings nicht zu den Entwicklungen, die die Textlinguistik in den letzten Jahren besonders stark geprägt haben. Vielmehr gehen die meisten Plädoyers in die entgegengesetzte Richtung und fordern Erweiterungen, die vom Sprachlichen und dem, was man ursprünglich als die Merkmale eines prototypischen Textes ansah, eher wegführen. Zu den **elementaren Merkmalen**, die früher unbestritten schienen, gehören die **Sprachlichkeit**, die **Linearität** (Folgen von Einheiten) sowie die **Abgeschlossenheit**, die in linguistischen Definitionen wichtiger genommen wurde als im alltäglichen Sprachgebrauch (vgl. Tab. 2.1 und 2.2). Alle drei Merkmale scheinen nun durch die neueren Entwicklungen in der Textwelt tatsächlich infrage gestellt und führen zu Forderungen nach einer Umorientierung: Für die digitale Textwelt sind **Hypertexte** charakteristisch. Zu deren typischen Merkmalen gehört, dass sie multimediale Ressourcen nutzen, nicht linear und häufig auch nicht abgeschlossen sind. Sie haben den Blick für andere Arten von **Textvernetzungen** geschärft, die inzwischen zu einem Schwerpunkt textlinguistischer Fragestellungen geworden sind (vgl. Kap. 8.2.). Die sich etablierende **Bildlinguistik** stellt nicht-sprachliche und parasprachliche Mittel, andere ‚Kodes‘, in den Vordergrund (vgl. Kap. 2.5.1.).

In allen diesen Fällen geht der Blick ‚über den Text hinaus‘. Das hindert uns freilich nicht, auch genauer in die Texte hinein zu schauen. Insbesondere Textnetze stellen so etwas wie textuelle Biotope dar (vgl. Adamzik 2010b), die von der früher vorherrschenden klassifikatorischen Sicht wegführen. Sie eignen sich besonders gut für **Textvergleiche**, bei denen das ganze Repertoire linguistischer Beschreibungskategorien potenziell relevant ist und die besonders gut auf alternative Formulierungen aufmerksam werden lassen. Dazu gehört auch die Wahl zwischen einem Fließtext und grafisch aufbereiteten Aussagekomplexen. Der potenziellen **Bedeutung nicht-sprachlicher Elemente** trägt das Schema 3.4 insofern Rechnung, als der Kasten nicht nur den Text, sondern auch andere Bestandteile des Kommunikats umfasst. Dass diese in bestimmten Fällen unbedingt mitberücksichtigt werden müssen, scheint mir allerdings nie wirklich umstritten gewesen zu sein.

Bei näherem Hinsehen zeigt sich nämlich, dass weder die neuerdings fokussierten Phänomene noch die Reflexion darüber gänzlich neu sind. Insbesondere der sog. semiotisch erweiterte Textbegriff steht von Anfang an zur Debatte (vgl. Kap. 2.5.1.). Die enorme Erweiterung der Möglichkeiten durch die technische Entwicklung führt natürlich schon zu vielen ‚Neuerungen im Detail‘, die einen erheblichen Teil der Forschungsenergie absorbieren. Im Zuge dieser Entwicklungen setzt sich allerdings ein Gegensatz zwischen **zwei Sichtweisen auf den Text** fort, der die Textlinguistik von Anfang an prägt (vgl. Kap. 1.1., 1.4. und 9.1.):

> „Die eine ist orientiert an hierarchischen Ebenen in dem Sinne, dass sich die Einheiten einer Ebene aus denen der jeweils tiefer gelegenen zusammensetzen. Dabei wird das Wort auf ziemlich niedriger, der Text auf ziemlich hoher oder sogar höchster Stufe angesiedelt. Die andere geht von der Gegenüberstellung von Sprachsystem und Sprachverwendung aus, der Saussure'schen Dichotomie *langue – parole* […]. Grob gesehen, geht es im einen Fall darum, auf Sprachliches bezogene Regeln für die Verbindung von Sätzen zu Texten zu formulieren, im anderen darum, authentische Produkte kommunikativer Zeichenverwendung in ihrer situativen Einbettung zu untersuchen." (Adamzik im Druck a)

Mit der **Ebenen-spezifischen Sichtweise** verbunden ist eine Zuordnung von Gegenständen zu **Subdisziplinen** der Linguistik, die im Sinne einer Arbeitsteilung das Objekt der Textlinguistik (sofern es um die sprachliche Dimension geht) auf die höchste Ebene beschränkt, also auf Phänomene jenseits des Satzes. Das kommt besonders deutlich zum Ausdruck in folgender Aussage von Hausendorf/ Kesselheim:

> „Die *Textlinguistik fürs Examen* macht sich die Fokussierung auf das Überschreiten der Satzgrenze vor allem aus Gründen der linguistischen Arbeitsteilung zu eigen: Was bereits in der Syntax (und erst recht: in der Morphologie und Phonologie) beschrieben wird, muss hier nicht in anderem Gewand noch einmal beschrieben werden." (Hausendorf/Kesselheim 2008: 15f.)

Was aber wird in der Phonologie, Morphologie und Syntax beschrieben? Normalerweise fasst man diese Disziplinen als solche der sog. Systemlinguistik auf, die Elemente einer Sprache und die Regeln für deren Verbindbarkeit zu eruieren sucht, um die Fragen zu beantworten: Wie funktioniert diese Sprache und was ist in dieser Sprache möglich? Dieselben Fragen stellen sich einer Textgrammatik, nur auf einer höheren Ebene: Wie werden Sätze (in dieser Sprache) zu Texten verknüpft?

Der Textlinguistik als **Linguistik des Sprachgebrauchs** geht es dagegen um die Frage: Wie werden die Möglichkeiten des Systems genutzt? Dabei kann sie sich auf einzelne Texte oder Gruppen von Texten beziehen. Alles, was Ebenen-spezifische Subdisziplinen dazu beitragen können, ist die Bereitstellung eines Kategorieninventars für die Beschreibung. Wir beschreiben also nicht noch einmal dasselbe ‚in einem anderen Gewand', sondern etwas anderes, nämlich Texte und all ihre Bestandteile – nicht Regeln für die Bildung von Morphemen, Wortformen, Wörtern, Phrasen, Sätzen und Texten. Die beiden Sichtweisen sollen unter Rückgriff auf bereits eingeführte Begriffe und Annahmen schematisch gegenübergestellt werden (Tab. 7.1).

Tab. 7.1: Zwei Sichtweisen auf den Text

Ebenen-spezifisch	Sprachgebrauch
emisch (Langue)	etisch (Parole)
Regeln	Texte/Korpora
zentrales Kriterium: erfüllt Bedingungen der Textualität	zentrales Kriterium: findet man in der Realität vor (real texts)
normative Sicht	deskriptive Sicht
Es gibt ‚Nicht-Texte' (bzw. solche, die nur etisch, nicht emisch sind)	Es gibt keine ‚Nicht-Texte' (nur mehr oder weniger gelungene)

7.1. Was sind Kohäsionsmittel?

In 3.2. wurde bereits angesprochen, dass die Trennung von **Kohäsion** als grammatischem und **Kohärenz** als inhaltlichem Zusammenhang umstritten ist. Obwohl Konsens darüber besteht, dass Kohäsion zwar kein notwendiges oder hinreichendes, aber ein ganz zentrales Merkmal von Texten ist, fällt es nicht leicht, eine Vorstellung davon zu gewinnen, welche Phänomene genau dazugehören (sollen). Es gibt nämlich nicht nur die eben angesprochene sehr enge Auslegung von Kohäsion, sondern auch sehr weite. Bei Averintseva-Klisch (2013: 4) heißt es etwa, Kohäsion sei „die Verknüpfung der Komponenten der Textoberfläche mit Hilfe von grammatischen und lexikalischen Mitteln", und sie betont, es gebe Kohäsionsmittel „auf allen Ebenen der Sprache" (ebd.: 7). Demgegenüber trennt der Duden nicht nur Grammatisches (Kohäsion) von Lexikalischem strikt ab, sondern schlägt letzteres – neben Welt-, Handlungs- und Textwissen – sogar dem kulturellen Wissen zu, das für die Kohärenz(herstellung) verantwortlich sei (vgl. Duden [8]2009: 1061 und 1134). Auch die Begriffe **Wiederaufnahme, Rekurrenz, Substitution, Ellipse, Verknüpfung**, um die in diesem Bereich wichtigsten Ausdrücke zu nennen, werden sehr unterschiedlich verwendet. Selbst wenn es um ein Phänomen geht, das einheitlich benannt wird, ist die Zuordnung teilweise umstritten: Das Ausmaß der Divergenzen kommt am deutlichsten zum Ausdruck darin, dass manche (die meisten) die Pronomina *er, sie, es* für das Beispiel par excellence der grammatischen Kohäsionsmittel halten, diese sich mitunter aber auch dem lexikalischen Bereich oder überhaupt der Kohärenz zugerechnet finden (vgl. Kap. 7.1.3.).

Die Ursache für die Differenzen liegt darin, dass verschiedene Kriterien zum Einsatz kommen, die teilweise vermischt werden, nämlich **Referenz, Ausdrucksseite, Inhaltsseite** und schließlich **grammatische Kategorien**. Im Folgenden soll zunächst versucht werden, verschieden weite Vorstellungen von Kohäsionsmitteln gegeneinander abzugrenzen (Kap. 7.1.1.). Um diesen Teil von der Darstellung und Diskussion der Forschungsbeiträge zu entlasten, ist diesen das Kapitel 7.1.3. gewidmet.

7.1.1. Übersicht über Kohäsionsmittel

7.1.1.1. Koreferente Nominalgruppen (Pronomina, Artikel) und Satzverknüpfung (Konjunktionen)

Die engste Auffassung von Kohäsion unterstellt, dass sich die Kohärenz eines Textes aus dem inhaltlich-thematischen Zusammenhang ergibt. Dieser ist daran ablesbar, dass man auf **eingeführte Redegegenstände** im Textverlauf wieder zurückkommt, dass es also **Wiederaufnahme-Relationen** gibt. Dies wurde grob schon in Kapitel 1.5.4.2. skizziert, wo Märchentexte als besonders geeignete Demonstrationsobjekte genannt wurden. Wir greifen daher das Textbeispiel 1 wieder auf. Es beginnt mit der klassischen Eingangsformel, die die Protagonistin, einen der beiden zentralen Referenten, einführt, und zwar mit dem **unbestimmten Artikel**: *Es war einmal ein kleines Mädchen.* Dieses Bezugsobjekt wird dann vielfach mit **Pronomina** wiederaufgenommen, schon innerhalb des ersten Satzes mit den Personalpronomina *ihm, es* und den Demonstrativa *das, dem.* Alle diese Ausdrücke vertreten **Nominalgruppen** und gehören zu verschiedenen Propositionen, während das Possessivum *seine (Eltern)* hier als Artikelwort fungiert. Da sich alle diese Ausdrücke auf dasselbe Referenzobjekt beziehen, spricht man von **Koreferenz.** In Satz (5) gibt es mit dem Reflexivum *(das Mädchen kehrte) sich (nicht)* eine Koreferenz innerhalb einer Proposition.

In der Erzählerrede erscheinen also verschiedene Typen von Pronomina, aber selbstverständlich immer solche der 3. Person. Bemerkenswert ist, dass sich in Satz (4) einmal das natürliche Geschlecht durchsetzt und *ihr* anstelle des Neutrums auftritt. In der direkten Rede beziehen sich dagegen die Personalpronomina der 1. und 2. Person, *ich, mich, mir* und *du, dich, dir,* auf das Mädchen, teilweise allerdings auch auf Frau Trude, also auf verschiedene Referenten. Ferner enthält der Text auch mehrere Beispiele für **Ellipsen.** So in (5) *Aber das Mädchen kehrte sich nicht an das Verbot seiner Eltern und* [das Mädchen] *ging doch zu der Frau Trude* oder (15) *ich sah durchs Fenster und* [ich] *sah Euch nicht.* Zum Prädikat *ging* und zum zweiten *sah* erscheint kein Ausdruck für das Subjekt, es gilt weiter das Subjekt des vorangehenden koordinierten Satzes.

An nicht-pronominalen Wiederaufnahmen finden wir zweimal das Lexem *Mädchen* (Satz 5 und 17), hier ist es im Gegensatz zu Satz (2) mit dem **bestimmten Artikel** verbunden; ebendies zeigt die Koreferenz an. Eine lexikalische Variante enthält (4) mit *unser Kind.* Schließlich muss man als ganz unerwartbaren koreferenten Ausdruck auch *einen Holzblock* (aufgenommen mit dem Pronomen *ihn*) ansehen: *Da verwandelte sie das Mädchen in einen Holzblock und warf ihn ins Feuer* (17). Das ergibt sich allerdings nur aus dem Prädikat und der Tatsache, dass man in der Welt der Märchen alles in alles verwandeln kann. In der Standardwelt sind die Verwandlungsmöglichkeiten dagegen eingeschränkt. Grammatisch werden sie aber gleich ausgedrückt. Stellen wir uns eine Fortsetzung des Märchens vor, in der die letzte Szene in die Welt eines Albtraums versetzt wird. Dann könnte der nächste Satz lauten: *Nachdem das Mädchen noch einmal mit dem Schrecken davongekommen war, wurde es zu einer ganz gehorsamen Tochter.*

Inwiefern kann man nun diese Ausdrucksmittel einer bestimmten Sprachebene, nämlich der Grammatik, zuordnen? Dass *das Mädchen* und *unser Kind* referenzidentisch sind, setzt ja das Wissen um semantische Beziehungen zwischen *Mädchen, Eltern* und *Kind* voraus. Tatsächlich entspricht die Zuordnung zur grammatischen Ebene einer analytischen Operation, die die grammatischen Bestandteile einer Nominalgruppe von den lexikalischen Teilen abtrennt. Die Fragestellung richtet sich auf **grammatische Kategorien,** nämlich die Nominalgruppe mit den beiden Typen von **Funktionswörtern,** aus denen sie besteht (Pronomina) oder die sie charakteristischerweise umfasst (Artikelwörter). Die Kohäsion lässt sich also besonders gut an diesen **Wortarten** festmachen.

Diese Abstraktion von den Inhaltswörtern ist durchaus sinnvoll, denn grammatische Zeichen leisten auch für sich einen Beitrag zur Inhaltserschließung. Um diese Annahme nachvollziehbarer zu machen, ist es hilfreich, das lexikalische Wissen (weitgehend) zu blockieren, und zwar am besten anhand von Texten mit Nonsens-Wörtern.[1] Textbeispiel 8 stellt einen solchen dar. Dieser Text wurde im Rahmen eines Experiments im Unterricht zur Großschreibung eingesetzt, um zu demonstrieren, dass man Substantive auch erkennt, ohne Zugriff auf den Inhalt zu haben. Zugrunde liegt ein authentischer Text, in dem fast alle Inhaltswörter durch Pseudo-Wörter ersetzt wurden.

Textbeispiel 8
(1) tom, der dippige **jonki**
(2) tom ist **ein** bilker, tilsiger **jonki. (3) die** dalledi, bei der **er** uckelt, wohnt in einem mill in einer droppelbull. **(4) zu** dieser dalledi gehören: bakullen, kullen, lisa und ihr masen. **(5) da tom ein** schuckeliger, tulliger **jonki** ist, hat **er** tecken in allen dolpen und talsen. **(6)** leider hat <u>das billebo</u> ein malles droll: <u>seine</u> dippidell. **(7)** häufig dippelt **tom seinen** muck oder kann **sich** nicht mehr an dolsen mit tecken erinnern. **(8)** an einem ralken lullemull ockselt **der jonki** einen sappeldill. **(9)** plötzlich dippelt **er,** wo **sein** damill ist. **(10)** da findet lisa zusammen mit teckanen <u>das</u> dilpige <u>billebo</u> und dackt <u>es</u> zurück.

Das Experiment funktioniert recht gut, d. h. die Kinder erkennen, welche Wörter sie groß schreiben müssen. Hier soll es jedoch nicht nur um die Substantive gehen, sondern vielmehr erprobt werden, was man überhaupt aus einem Text entnehmen kann, wenn man fast kein lexikalisches Wissen mobilisieren kann: Man erkennt, dass es sich (wahrscheinlich) um eine kleine Geschichte handelt (vgl. Abb. 7.7). Für die Komplikation ist *plötzlich* (9), für die Auflösung *da* (10) charakteristisch. Die Rede ist anscheinend von einem denkfähigen Lebewesen (7: *kann sich nicht erinnern),* das *Tom* heißt, bestimmte Eigenschaften hat und Dinge tut. In fast jedem Satz kommen Ausdrücke vor, die auf dieses Wesen referieren (alle fett gedruckt): der **Name** *Tom,* Nominalgruppen mit einem wiederkehrenden **Nomen** (*der/ein*

---

[1] Vgl. in diesem Sinne auch die Besprechung der Schlumpfsprache bei Perkuhn et al. (2012: 108 f.).

Jonki) sowie die **Pronomina** *er, sein, sich.* Dass auch *Billebo* (wahrscheinlich) auf dasselbe Wesen referiert, ergibt sich daraus, dass es mit dem bestimmten **Artikel** eingeführt wird (6) und es keine Anhaltspunkte dafür gibt, dass von etwas anderem die Rede sein könnte. Wahrscheinlich bedeutet dieser Ausdruck also etwas Ähnliches wie *Jonki*. Man kann auch noch nach (weiteren) Ausdrücken suchen, die formidentisch oder -ähnlich sind (v. a. *dipp-ig, Dipp-idell, dipp-el-n* und *dipp-el-t*) sowie Hypothesen darüber anstellen, was diese Wörter wohl bedeuten könnten. Diese Situation ist nicht so ungewöhnlich, wie man vielleicht zunächst denkt, denn so geht man vor, wenn man etwas von einem Text zu verstehen versucht, in dem viele Wörter vorkommen, die man nicht kennt.

Wenn man sich überhaupt auf einen solchen Versuch einlässt, unterstellt man von vornherein, dass der Text kohärent ist, das entspricht der Normalerwartung. Ein Aspekt der Kohärenz ist, dass man beim Thema bleibt. Sofern es sich beim Thema um ein statisches Objekt handelt, ist zu erwarten, dass es im Text mehrfach genannt wird und darüber verschiedene Aussagen gemacht werden, insbesondere welche Eigenschaften es hat (vgl. Kap. 6.3.1.). Textbeispiel 8 entspricht dieser Erwartung insofern, als *bilker, tilsiger* (2) und *schuckeliger, tulliger* (5) als (adjektivische) Eigenschaftsprädikate erkennbar sind. Bei Lebewesen als potenziellen Handlungsträgern steht außerdem die Frage im Raum, was sie erlebt oder getan haben. Von Tom heißt es, dass er *häufig dippelt* (7), einmal etwas *ockselt* (8) und dann wieder *dippelt* (9). Diese Wörter sind klar als finite Verben identifizierbar. Man kann offenbar *etwas dippeln* oder auch *dippeln, wo etwas ist*. Das macht es wahrscheinlich, dass es sich um ein Verb des Denkens, Wahrnehmens, Kommunizierens oder Fühlens handelt.

Wie man sieht, kann man aus der grammatischen Struktur schon sehr viel über den Inhalt entnehmen. Das heißt, dass lexikalisches Wissen keine Voraussetzung ist, um grammatische Strukturen zu verarbeiten. Bei der tatsächlichen Textverarbeitung greift man vielmehr auf alle vorhandenen Ressourcen zurück, um sich einen Sinn zu erschließen. Die **Kohärenz** fungiert als **zugeschriebener Default-Wert**, es handelt sich nicht um eine Eigenschaft, die man mittels einer Bottom-up-Analyse erst zu entdecken sucht. Kennt man zentrale Ausdrücke, denkt man sich die wahrscheinlichen Relationen vielleicht gleich hinzu (und liest entsprechend den Text nicht unbedingt genau), kennt man sie nicht, kann man versuchen, ihre Bedeutung zu erschließen.

Nun ist nicht nur die Trennung der grammatischen von den lexikalischen Bestandteilen nur analytisch möglich. Auch die Trennung der Ausdrücke, die auf Objekte referieren, von anderen ist ziemlich künstlich. Denn Elemente, die Argumentstellen besetzen (Subjekt, Objekte), hängen ja bekanntlich ab vom zentralen grammatischen Bestandteil eines Satzes, dem Prädikat. Deswegen ist es besonders wichtig, dieses zu erkennen und zu erfassen, welche Relationen es allenfalls zwischen Referenten stiftet. Das zeigt auch Textbeispiel 8, das sich gar nicht besonders gut zum eben erläuterten Einsatz der Artikel eignet. Tatsächlich wird nämlich im Titel – er lautet ursprünglich: *Tom, der vergessliche Kater* – der definite Artikel verwendet. Das ist nicht ungewöhnlich und zeigt, dass Titel bei der Abfolge referenzidentischer Ausdrücke nicht (unbedingt) mitzählen. Im ersten Satz (*tom ist ein bilker, tilsiger jonki*) wird der unbestimmte Artikel allerdings auch nicht (allein) zur Einführung des Protagonisten benutzt. Es liegt dieselbe Struktur vor wie im vierten Satz: *da tom ein schuckeliger, tulliger jonki ist.* Der unbestimmte Artikel erklärt sich daraus, dass *ein Kater* hier gar nicht **referenziell** verwendet wird, sondern **prädikativ**. Durch die Adjektivattribute werden dem Referenten Eigenschaften zugeschrieben, nämlich *klein, getigert* sowie *lieb* und *nett*. Die ‚kanonische' Form des ersten Satzes würde also lauten: *Diese Geschichte handelt von einem Kater* (wenn nicht gar: *Es war einmal ein Kater*), *der ist/war klein und getigert.*

Bei einer engen Auffassung von Kohäsion bleiben aber Fragen nach den syntaktisch-semantischen Relationen zwischen den Nominalgruppen bzw. Satzgliedern tatsächlich ausgespart. Ausdrücke für Relationen gelten zwar als das zweite zentrale Kohäsionsmittel, es geht dabei aber um die **Relationen zwischen Propositionen**, also um explizit satzverknüpfende Ausdrucksmittel. Für diese gibt es wiederum eine prototypische Wortart aus der Gruppe der Funktionswörter, nämlich **Konjunktionen**. Hier ist es noch offensichtlicher, dass es die **grammatische Kategorie Wortart** ist, die dazu führt, dass sie der grammatischen, genauer syntaktischen, Ebene zugeordnet werden. Insofern Konjunktionen spezifische semantische Relationen ausdrücken (das gilt z. B. nicht für die Konjunktion *dass*), haben sie ja eine viel ausgeprägtere Eigenbedeutung als Pronomina und Artikel. Sie stehen also den Inhaltswörtern näher. Bei der Erläuterung der kohäsiven Leistung von Konnektoren werden sie daher regelmäßig nach **semantischen Gruppen** subklassifiziert. Fabricius-Hansen (2000: 333 ff.), deren Darstellung hier als weiterführende Übersicht empfohlen sei, bespricht genauer die folgenden Großgruppen: koordinative, konzessive, kausale, konditionale, temporale und modal-instrumentale. Die besondere Leistung von Konjunktionen besteht also nicht darin, *dass* sie Sätze miteinander verknüpfen – dafür würde ja die Abfolgebeziehung ausreichen –, sondern darin, *wie* sie die Inhaltsrelationen spezifizieren.

In unserem Beispieltext 1 gibt es allerdings überhaupt nur eine Konjunktion, nämlich *aber* (5), die eine für die Textstruktur relevante Beziehung ausdrückt. Die Sätze (2) – (4) schildern die Ausgangslage, es kommt zu einem Verbot. *Aber* leitet den Plot ein, das Mädchen übertritt das Verbot und endet jämmerlich. Die anderen inhaltlich spezifischen Konjunktionen sind satzintern: *wenn* (1 und 4), *als* (6 und 18). Ihnen geht allerdings jeweils *und* voran, das hier als erzähltext-/

märchentypisches Verbindungselement erscheint, nicht um eine spezifische Beziehung zwischen Propositionen auszudrücken. Was bei Konjunktionen als Kohäsionsmitteln zur Sprache kommt, wird also tatsächlich überwiegend schon in der Syntax behandelt.

Bei den Konjunktionen geht man also einer ganz anderen Fragestellung nach als bei den Funktionswörtern in Nominalgruppen. Diese kann man natürlich gar nicht semantisch subklassifizieren, weil der Inhalt in den nominalen Lexemen zum Ausdruck kommt. Es gibt aber doch eine fundamentale Opposition, die sich in den Pronominalgruppen der 3. gegenüber der 1./2. Person niederschlägt. Viel wichtiger als die Referenzidentität von *es, du* und bestimmten Vorkommen von *ich* ist ja die Gliederung des Textes in Erzählerrede und direkte Rede, die mit dem Wechsel zwischen wiederaufnehmenden, **anaphorischen**, und **deiktischen Pronomina** korrespondiert. Innerhalb des Textes wird eine Kommunikationssituation geschaffen, die erlaubt zu erkennen, worauf die deiktischen Pronomina verweisen. Bei der Behandlung von Artikeln und Pronomina als Kohäsionsmitteln steht jedoch die Wiederaufnahmerelationen, die Verweisung im Text, ganz im Vordergrund. Unterschieden wird dann noch regelmäßig danach, ob sie auf eine Nominalgruppe zurückverweisen, die schon im Text vorkam, oder auf eine vorausverweisen, die später im Text kommt. Im ersten Fall spricht man von **anaphorischem**, im zweiten (selteneren) von **kataphorischem** Gebrauch.

7.1.1.2. Tempuskonstanz und lexikalische Rekurrenz

Neben den in 7.1.1.1. besprochenen Phänomenen kommt als drittes Kohäsionsmittel am häufigsten die Tempuskonstanz zur Sprache (vgl. z. B. Rickheit/Schade 2000: 276 f., Brinker et al. 2014: 42, Linke et al. 2004: 252). Dies hat zweifellos damit zu tun, dass eine der wichtigsten frühen Monografien zur Textlinguistik im deutschen Sprachraum Weinrichs Abhandlung zum Tempus war (vgl. Kap. 1.2.). Systematisch gesehen liegt es dagegen nicht nahe, gerade dem Tempus und nur diesem einen besonderen Stellenwert einzuräumen. Daher findet man teilweise auch andere **grammatische Kategorien der Verbalmorphologie** berücksichtigt, nämlich den Modus (vgl. so Averintseva-Klisch 2013: 8 f.) und schließlich zusätzlich die Diathese, also Aktiv/Passiv (vgl. Hausendorf/Kesselheim 2008: 67 f. und Duden [8]2009: 1109 ff.). Einbezogen werden also die drei Kategorien, die für die Konjugation spezifisch sind, während die beiden mit der Deklination übereinstimmenden Kategorien, Person und Numerus, m.W. nirgends als Kohäsionsmittel angeführt werden.

Das ist insofern erstaunlich, als grundsätzlich die **Konstanz** bzw. **Kontinuität** einer der Ausprägungen der Verbalkategorien als Argument für deren Kohäsionsleistung angeführt wird. Es ist aber viel häufiger, dass auch umfangreiche

Texte ausschließlich Verbformen der 3. Person enthalten, als dass sie genau ein Tempus aufweisen. Denn beim Tempus hat man die Wahl zwischen mehr Ausprägungen, die aus inhaltlichen Gründen gewählt und in bestimmter Weise miteinander kombiniert werden. Auch gibt es keine generell, d. h. für Texte aller Art, unmarkierte Ausprägung der Kategorie Tempus. Bei Modus und Diathese sind dies dagegen Indikativ und Aktiv. Diese kommen in verschiedenartigsten Texten sehr viel häufiger vor als die anderen Ausprägungen (aber nicht gerade ausschließlich). Texte, die durchgängig im Konjunktiv oder Passiv formuliert sind, dürften dagegen echte Randerscheinungen sein. Es erstaunt daher kaum, dass umstritten ist, ob die Verbalkategorien tatsächlich zur Kohäsion beitragen oder eher andere Funktionen (nicht zuletzt die Textstrukturierung) eine wesentlichere Rolle spielen.

> „Die Rekurrenz von grammatischen Kategorien ist unvermeidbar, da es sich dabei um geschlossene Klassen handelt. Aus eben diesem Grund leistet grammatische Rekurrenz nicht notwendig einen eigenständigen Beitrag zur Textkohärenz. Ein gewisser Kohärenzeffekt kann sich jedoch ergeben, wenn durch eine Reihung von gleichem Tempus oder Modus eine bestimmte Zeitebene oder eine mögliche Welt gegenüber der dominanten Zeitebene oder der dominanten Textwelt herausgehoben wird. So kann durch rekurrenten Konjunktiv I eine Textpassage als (distanzierende) Wiedergabe der Rede eines anderen markiert oder durch die Verwendung von Plusquamperfekt eine Textpassage als ,Vorgeschehen' einer erzählten Geschichte herausgehoben werden." (Linke/Nussbaumer 2000: 311)

Für unseren Zusammenhang ist die Berücksichtigung der Verbalkategorien zunächst wichtig, weil so (im Gegensatz zu einer ganz engen Auffassung von Kohäsion) überhaupt auch die **Verbalgruppe** als zentrales Textelement in den Blick kommt. Viel entscheidender ist aber, dass damit eine ganz andere Grundvorstellung von Kohäsion und Wiederaufnahme zum Ausdruck kommt: Ging es nämlich bei Artikeln und Pronomina ausschließlich um die **referenzielle Ebene**, so kommen nun die anderen eingangs genannten Kriterien zum Einsatz, und zwar alle drei: grammatische Kategorien, Ausdrucksseite und Inhaltsseite. Denn die Frage, was unter Tempus-/Modus- und Diathese-Konstanz zu verstehen ist, kann auf verschiedene Weisen beantwortet werden.

Dass zunächst in jedem Text notwendigerweise die **Verbalkategorien** vorkommen, ist ebenso trivial wie das durchgängige Erscheinen irgendwelcher Ausdrücke für Referenten (samt den zugehörigen grammatischen Morphemen). Das gilt allerdings nur, wenn der Text ausschließlich aus Verbalsätzen besteht; schon der Wechsel zwischen verbalen und nominalen oder adjektivischen Prädikatsausdrücken ist für die Beschreibung höchst relevant. Haben wir es mit finiten Verben zu tun, so ist u. a. die Kategorie Tempus obligatorisch realisiert. Es stellt sich dann die Frage nach den gewählten **Kategorienausprägungen**. Hier kann man sämtliche Tempora einzeln auswerten oder sie gruppieren. Eine Einteilung wäre die in Tempora der Gegenwart, Vergangenheit und Zukunft. Weinrich hat eine andere Haupteinteilung vorgeschlagen und unterscheidet zwei **Tempusgruppen**, nämlich die der **besprochenen Welt** (Präsens, Perfekt, Futur I und II) und die der **erzählten Welt** (Präteritum, Plusquamperfekt). Sie sollen jeweils für verschiedene Textsorten (bzw. Teiltexte) charakteristisch sein.

Man kann sich bei der Suche nach Wiederkehrendem aber auch enger an der **Inhaltsseite** ausrichten, indem man etwa Gebrauchsweisen des Präsens unterscheidet, z. B. *Ich sitze gerade in der Straßenbahn; Nächste Woche sitze ich schon im Flieger; Die Erde ist rund; Döblin stirbt 1957.* Auch die **Ausdrucksseite** kommt für Gruppierungen in Frage: Handelt es sich um synthetische oder analytische Formen? Kommen die gleichen oder verschiedene Funktionswörter (*haben* oder *sein* beim Perfekt) bzw. Allomorphe (schwache und starke Verben mit *-t* bzw. Ablaut) vor? Selbst bei einer scheinbar so selbstverständlichen grammatischen Kategorie wie dem Tempus, ist die Frage, welche Einteilungen man vornimmt, nach welchen Kontinuitäten (und Diskontinuitäten) man sucht, also nicht vorab entschieden, sondern Bestandteil der Beschreibungsaufgabe.

Bei der Besprechung des Tempus als Kohäsionsmittel spielen die genannten Fragen kaum eine Rolle. Sie werden dafür umso wichtiger, wenn wir wieder zu den Nominalgruppen zurückkehren. Die erweiterte Sicht auf Kohäsion besteht nämlich hauptsächlich darin, außer der Referenzidentität auch Übereinstimmungen auf Ausdrucks- und Inhaltsseite zu berücksichtigen und davon Abstand zu nehmen, nur die Funktionswörter zu betrachten. Die Funktionswörter können die Wiederaufnahmerelationen ja nicht allein markieren, sondern nur im Zusammenwirken mit den **Inhaltswörtern**. Bei den näheren Erläuterungen zur Wiederaufnahme von Referenten, wird daher in aller Regel auch die Frage besprochen, welche Ausdrücke an der Stelle des Nomens in Betracht kommen. Dabei beginnt man mit dem trivialen Fall, dass dasselbe Nomen wiederholt wird, so dass sich die Standardfolge *ein X – das X* ergibt. Hier variiert nur der Artikel, das Nomen ist **ausdrucksseitig identisch**. Das legt es nahe, nicht nur die Wiederaufnahme von Referenten, sondern auch die **Wiederholung von Lexemen** als Kohäsionsmittel zu betrachten. Im Beispieltext 1 ist besonders relevant das wiederholte Vorkommen von *Mann*. Genauer gesagt bilden drei fast identische Sätze den Kern der Passage: *Ich sah ... einen schwarzen Mann, Dann sah ich einen grünen Mann, Danach sah ich einen blutroten Mann.* Das Prädikat *sah* kommt also auch 3x vor (außerdem 3x *gesehen*). Jedem der Sätze folgt als Redebeitrag von Frau Trude der Satz *Das war ein Köhler/Jäger/Metzger.* Die Männer sind nicht referenzidentisch, was natürlich nichts an dem starken kohäsiven Zusammenhalt der Passage ändert, der noch durch die offenbar ebenfalls als explizite Satzverknüpfungsmittel dienenden Ausdrücke *dann* und *danach* unterstützt wird. In einem weiteren Schritt kann man auch teilidentische Lexeme zusammengreifen, also die Wiederholung von (lexikalischen) **Morphemen**. In Textbeispiel 1 sind das *verboten* und *Verbot* sowie *Feuer* und *feurig*.

Bleibt man bei referenzidentischen Ausdrücken und damit beim Muster *ein X – das X*, muss aber auch die andere Spur weiterverfolgt werden, nämlich die Suche nach **inhaltsseitig (teil-)identischen Ausdrücken**. Elementare **semantische Relationen** sind (Quasi-)Synonymie und Hyperonymie. Ein näheres Hyperonym als *Mann* kommt in Textbeispiel 1 zu den Kohyponymen *Köhler, Jäger, Metzger* nicht vor. In der folgenden Übersicht über Typen der Wiederaufnahme bei Referenzidentität (Tab. 7.2) ziehe ich daher das lexikalisch reichere Textbeispiel 3 (ebenfalls Kap. 2.5.4.1.) heran.[2]

Tab. 7.2: Formen der Wiederaufnahme bei Koreferenz

Formen der Wiederaufnahme	Beispiele
1 Pronomen	*ein Bergmann – er*
2 Ellipse	*ein junger Bergmann$_{R1}$ küsste seine $_{R1}$ Braut $_{R2}$ und [∅$_{R1}$] sagte …*
3 gleiches Lexem	*ein Bergmann – der Bergmann*
4 (Quasi-)Synonym	*die Braut – die Verlobte*
5 Oberbegriff (Hyperonym)	*Verwandte, Freunde, Bekannte – kein Mensch* (vgl. Satz 16)

Rein grammatisch funktionieren nur die beiden ersten Typen, da der wiederaufnehmende Ausdruck gar kein Inhaltswort enthält bzw. ein solches nicht an der Oberfläche erscheint, aber – dies ist die Bedingung für Ellipsen i. e. S. – eindeutig strukturell rekonstruierbar ist (2).

Nun ist es auch möglich, den definiten Artikel zu verwenden, ohne dass Referenzidentität vorliegt. Dieses Phänomen wird traditionell unter Begriffen wie **mittelbare** oder **indirekte Anapher** behandelt (vgl. Kap. 1.5.4.). Dadurch erweitert sich die Liste der relevanten semantischen Beziehungen (Tab. 7.3).

Der Typ 10 ist von den anderen abgegrenzt, weil es sich nicht mehr um eine spezifische Beziehung handelt, sondern um diverse Relationen, die netzartig zusammenhängen und nur noch zu einem größeren **Referenzbereich** gehören. Wir haben es mit nichts anderem zu tun als den **kognitiven Schemata** (Frames, Rahmen, Skripts …), in denen unser **Weltwissen** organisiert ist (vgl. Kap. 1.5.3.). Am Ende von 6.4. hieß es dazu, dass ein spezifisches Stichwort ausreicht, um

---

2 Bei Bedarf verwende ich auch daran sich anschließende Ausdrücke und verzichte in trivialen Fällen auf die Angabe der Satznummer.

Tab. 7.3: Formen der Wiederaufnahme ohne Referenzidentität

Formen der Wiederaufnahme	Beispiele
6 Unterbegriff (Hyponym)	*Angehörige – die Mutter, der Vater, die Schwester ...*
7 Nebenbegriff (Kohyp- onym)	*Ackerleute, Schmiede, Bergleute ...*
8 Antonym (diverse Gegensatzbe- ziehungen)	*Braut – Bräutigam* *Morgen – Abend* *tot – lebendig* *jung – alt* *Krieg – Frieden* *fragen – antworten* *...*
9 Meronym (Teil-Ganzes- Beziehung)	*Bergwerk – der Schacht, die Metalladern ...*
10 Lexeme aus demselben Sachbereich	*Priester – Kirche – Messe – Segen – segnen – predigen – beten* *– geweiht – heilig – göttlich – Amen*

kognitive Schemata zu aktivieren, die miteinander zusammenhängende Konzepte und Verbindungen zwischen ihnen aufrufen. Dies ermöglicht eine **Top-down**-Verarbeitung, während die Suche nach referenzidentischen Ausdrücken in (nebeneinander stehenden) Sätzen dem Bottom-up-Prinzip entspricht (vgl. Abb. 1.2; vgl. auch Kap. 6.5.).

Es zeigt sich nun, dass die in den Tabellen 7.2 und 7.3 aufgelisteten Elemente für Formen der Wiederaufnahme auf den ersten Blick zwar einigermaßen systematisch auseinander zu folgen scheinen, dass wir aber zweimal das Kriterium grundlegend geändert haben. Zunächst ging es um grammatische Ausdrucksmittel der Nominalgruppe (1 und 2), dann auch um die lexikalische Ebene (3), insbesondere aber semantische Relationen (4–9), die man als sprachliche Sedimentierungen konzeptueller Beziehungen auffassen kann. Schließlich wird sogar noch das Weltwissen in einem sehr weiten Sinn einbezogen.

Die Auflistung ist auch insofern problematisch, als sie nahelegt, dass wir eine Anzahl verschiedener Relationen vor uns haben. Tatsächlich handelt es sich aber bei 4–8 durchweg um Elemente von **Wortfeldern.**[3] Diese sind samt der Meronymie – sie betrifft Ausdrücke, die nicht unter denselben Oberbegriff fallen – eine Teilmenge der zu einem Sachbereich gehörigen Lexeme, also von 10. Dass

---

3 Die Relation 3 muss nur deswegen ausgenommen werden, weil bei Elementen von Wortfeldern jedes Lexem nur einmal zählt.

Elemente eines Wortfeldes unter denselben Oberbegriff fallen, bedeutet auch, dass sie derselben **Wortart** angehören. Geht es um denselben Referenzbereich, spielt dieses Kriterium dagegen keine Rolle mehr. Deswegen umfasst die Gruppe 10 auch Ausdrücke, die in syntagmatischer Beziehung zueinander stehen, also solche des Relationstyps **Kollokation** bzw. der (typischen) **Kookkurrenz**, z. B. *ein Lied singen, ein Gebet sprechen* oder auch *ein Gebet beten.*[4] V. a. umfasst sie aber auch Wörter, die zur selben **Wortfamilie** gehören. Damit gelangen wir wieder zurück zu den ausdrucksseitig übereinstimmenden Elementen. In unserem Text sind dies z. B. *Grab* (5x), *(durch)graben* (3x), *Grube* und *jung* (2x), *Jüngling* (3x) sowie *jugendlich* (2x), das formal nicht ganz identisch ist, aber zur selben Wortfamilie gehört. Die ausdrucksseitige (Teil-)Übereinstimmung kann aber, gewissermaßen zufälligerweise, natürlich auch bei den Relationstypen 4–9 vorkommen: *Jüngling, Jugendlicher*; *Großeltern, -mutter, -vater*; *gesund, ungesund*; *Haus, Haustür, -eingang, -schlüssel* usw.

Anders gesagt: Die (Inhalts-)Wörter eines Textes referieren alle auf irgendetwas, sie haben eine Ausdrucks- und eine Inhaltsseite und sie gehören einer (genauer gesagt: mehreren) grammatischen Kategorien an. Zwei oder mehr Ausdrücke können in einer, mehreren oder allen Eigenschaften übereinstimmen oder nicht. Eben dies heißt, dass die Aspekte nur analytisch trennbar sind.

7.1.1.3. Sonstiges: nicht-konjunktionale Konnektoren, Proformen, metakommunikative Elemente

Nach dem soeben Ausgeführten liegt es nahe, auch noch andere Ausdrücke zu berücksichtigen, die mit den standardmäßig genannten Kohäsionsmitteln jeweils etwas gemeinsam haben. Bei der Besprechung des wiederholten Satzteils *sah einen … Mann* aus Textbeispiel 1 kamen schon die satzverknüpfenden Ausdrücke *dann* und *danach* in den Blick, bei denen es sich nicht um Konjunktionen handelt. Diese grammatisch bestimmte Gruppe wird daher erweitert zu dem allgemeineren (semantisch basierten) Konzept der **Konnektoren**. Gleichwohl präsentiert man diese meist wieder in grammatisch differenzierten Unterkategorien. Es handelt sich um (echte oder unechte)[5] Adverbien bzw. Konjunktional- und Pronominaladverbien, Relativwörter, Präpositionen sowie diverse Arten von Partikeln (vgl. dazu besonders ausführlich Duden [8]2009: 1072 ff.). Damit dürften alle Wortarten, die es überhaupt gibt, als potenzielle Kohäsionsmittel identifiziert sein.

---

4 Hier handelt es sich um einen Sonderfall, den man in der Rhetorik *figura etymologica* nennt: Verb und Akkusativobjekt weisen dasselbe lexikalische Morphem auf. Das kommt allerdings selten vor, z. B. *sein Leben leben, einen Traum träumen.*
5 Vgl. zu dieser Kennzeichnung Schwarz-Friesel/Consten 2014: 84.

Die Wortartdifferenzierung ist im Bereich der nicht-flektierbaren Wörter außerordentlich umstritten und viele Ausdrücke können gleichermaßen in verschiedenen syntaktischen Funktionen benutzt werden. Außerdem sind sie oft zugleich deiktisch (*hier, jetzt*) oder enthalten deiktische Elemente (*dahinter, danach, deswegen, weshalb, damit* etc.). Daher erweitert man die Kategorie Pronomen zu einer verallgemeinerten, nämlich **Proformen**, ebenso wie die Konjunktionen in der globaleren Kategorie der Konnektoren aufgegangen sind. Als Proformen kommen auch Substantive (*Ding, Sache*) und Verben (*tun, machen*) infrage.

Abgesehen von der Frage, welche Wortarten als Proformen erscheinen, kann man auch umgekehrt danach fragen, welche Einheiten damit wiederaufgenommen werden. Das ist besonders bei den echten Pronomina ein breites Spektrum. War die Ausgangsfrage, wie Nominalgruppen vertreten werden können, so führt die umgekehrte Frage auch auf viel umfangreichere Einheiten, nämlich Teilsätze, Sätze, Abschnitte, Teiltexte oder sogar Texte (vgl. z. B. *wie vorhin/oben/dort ausgeführt; ebd.*). Sie haben dann **metakommunikativen Charakter.** In Nominalphrasen verbinden sich die Artikelwörter in diesen Fällen mit lexikalischen metakommunikativen Einheiten, die z. B. Teile des Textes bezeichnen wie *Abschnitt, Buch*, aber auch *Abbildung, Schema, Einleitung, Zusammenfassung* usw.

Damit können wir noch einmal auf die in der Einleitung zu diesem Hauptkapitel erwähnte These zurückkommen, mit den Hypertexten seien Linearität, Sprachlichkeit und Abgeschlossenheit als generelle Textmerkmale infrage gestellt. Bei der genaueren Betrachtung der Verweismittel finden wir auch in prototypischen Erzeugnissen des Gutenberg-Zeitalters Spuren davon abweichender Eigenschaften. Es handelt sich um sehr umfangreiche Texte, nämlich Bücher, in denen Proformen auch über sehr weite Strecken operieren, also keineswegs nur nebeneinander stehende Sätze betreffen (vgl. dazu weiter Kap. 7.2.).

Wegen der stark ausgeprägten grammatischen Orientierung bleibt die Darstellung der Konnektoren in der Regel auf die Funktionswörter beschränkt. Ich halte dies insofern für nicht angemessen, als dieselben Relationen auch durch **Inhaltswörter** ausgedrückt werden können. In der wissenschaftlichen Metasprache benutzt man für die semantischen Relationen meist adjektivische Fachwörter wie *kausal, konditional* usw. Spezifischere Relationen benennen im Deutschen z. B. Substantive wie *Ursache, Folge, Bedingung, Anlass, Konsequenz* und Verben wie *verursachen, veranlassen, verhindern, motivieren, bedingen* usw., die nicht nur als Beschreibungsvokabular (also in der fachlichen Metasprache), sondern natürlich auch objektsprachlich, also selbst als Kohärenzanzeiger, eingesetzt werden können. Verschiedene Möglichkeiten zum Ausdruck desselben Inhalts sind in Tabelle 7.4 zusammengestellt.

Tab. 7.4: Ausdrucksvarianten für kausal verbundene Propositionen

Satzfolge	*Sie konnte ihre Arbeit nicht fertigstellen. Sie war krank.*
	Sie war krank. <u>Deshalb</u> blieb die Arbeit liegen.
	Sie erkrankte. <u>Aus diesem Grund</u> konnte sie ihre Arbeit nicht fertigstellen.
	Die Arbeit wurde nicht fertig. Das <u>lag an</u> ihrer Erkrankung.
	...
komplexer Satz	*Sie konnte ihre Arbeit nicht fertigstellen, <u>weil</u> sie krank war.*
	Sie erkrankte, <u>so dass</u> die Arbeit nicht rechtzeitig fertig wurde.
	Sie war mit der Arbeit schon fast fertig, <u>und dann</u> musste sie ins Krankenhaus.
	...
Einfachsatz	*<u>Wegen</u> ihrer Krankheit konnte sie die Arbeit nicht fertigstellen.*
	Ihre Krankheit <u>verhinderte</u> den Abschluss der Arbeit.
	Die Nichteinhaltung des Termins hatte gesundheitliche <u>Gründe</u>.
	...
nicht satzförmig	*23.9.–5.10.: Krankenhausaufenthalt*
	1.10.: Deadline für die Einreichung der Arbeit

7.1.2. Bilanz

Die Durchmusterung von verschieden engen Vorstellung von Kohäsion führt zu dem Schluss, dass die Trennung von grammatischen und semantisch-lexikalischen Aspekten mindestens einigermaßen arbiträr ist. Offen bleibt aber v. a. die Frage, welchen Nutzen sie für textlinguistische Fragestellungen haben sollte. Wenn ein gewisses Interesse an der Zuordnung bestimmter Phänomene zu Beschreibungsebenen besteht, läge es daher nahe, die Wortartdifferenzierung der Syntax zu überlassen. Wie immer man dies aber auch handhaben will, es ist auf jeden Fall geboten, die Regularitäten nicht vorschnell zu verallgemeinern oder mechanisch zu handhaben.

Die Kohäsionsleistung bestimmter Elemente wird in der Regel an kurzen Satzfolgen herausgearbeitet und offenbart **prototypische Wiederaufnahme-Relationen**. Diese Elemente haben aber in der Regel auch noch mehr oder weniger viele andere Funktionen. Man muss also das ganze **Funktionsspektrum der Sprachmittel** kennen, um festzustellen, welche Leistung an einer gegebenen Textstelle realisiert ist. Das zeigte sich schon bei der Verwendung des indefiniten Artikels in der prädikativ verwendeten Nominalphrase (*da Tom) ein lieber, netter Kater ist*. Einen anderen Fall liefert Textbeispiel 3, in dem fünfmal das Nomen *Grab* vorkommt. Es entspricht aber nur in (19)–(21) einer **Objektreferenz**. In (4) und

(12) ist *Grab* dagegen ebenfalls **Prädikatsbestandteil**, nämlich Element von Syntagmen (*im Grab sein, ins Grab gehen*), die ‚tot sein‘ bzw. ‚sterben‘ bedeuten.

Fälle wie 3–5 aus Tabelle 7.2, also gleiches Lexem, Quasi-Synonym und Oberbegriff, werden immer als prototypische Formen der referenzidentischen Wiederaufnahme mit lexikalischem Material angeführt. Das ist jedoch nur insofern angemessen, als man sagen kann, dass wir es hier mit Einheiten zu tun haben, die sich zur Wiederaufnahme des vorerwähnten Elements besonders gut eignen. Der Umkehrschluss gilt dagegen nicht: Nicht einmal **Lexemidentität** ist hinreichend für **Referenzidentität**. Dafür enthält unser Text mehrere Beispiele. Dreimal kommt die **Funktionsbezeichnung** *der Kaiser/Kayser* vor: Durch die Attribute in Form der Eigennamen wird klar, dass es sich um **unterschiedliche Amtsträger** handelt. Besonders relevant sind die Vorkommen von *Bergmann*. Nur in (16) wird *ein junger Bergmann* als *des Bergmanns* wiederaufgenommen; in (8) – *der Bergmann hat sein Todtenkleid immer an* – wird der Ausdruck dagegen **generisch** gebraucht, für Bergmänner schlechthin. Auf diese referiert auch der (üblichere) Ausdruck *die Bergleute* in (14), während in (15), (19) und (20) damit die **spezifische** Gruppe von Bergleuten gemeint ist, die den Jüngling findet und sich anschließend um die Leiche kümmert (die entsprechenden Gruppen könnten allerdings auch unterschiedliche Individuen umfassen). Generische Referenz weisen auch die anderen Berufsbezeichnungen in (13) und (14) auf. Bemerkenswert ist, dass neben der dreimaligen Pluralform auch einmal ein Singular erscheint: *... die Ackerleute säeten und schnitten. Der Müller mahlte, und die Schmiede hämmerten, und die Bergleute gruben ...*

Sowohl die wiederholte Referenz auf dasselbe außersprachliche Objekt als auch die Wiederholung lexikalischer Einheiten ist relevant für die Kohärenz. Relevant ist sogar das wiederholte Vorkommen bloß lautlicher Strukturen (z. B. Reim, Alliteration), die weder mit der Semantik noch der Referenz irgendetwas zu tun haben (müssen). Wenn wir also in der Vielfalt der Kohäsionsmittel einen gemeinsamen Nenner auffinden wollen, bietet sich das **wiederholte Vorkommen** von Einheiten irgendwelcher Art an. Dies sei hier allgemein als **Rekurrenz** bezeichnet (vgl. auch Kap. 1.5.2., wo von *Äquivalenz* die Rede war). Abgesehen von wiederholt erwähnten Referenten kann sich die Wiederholung (entsprechend den beiden Seiten sprachlicher Zeichen) auf die Form- oder auf die Inhaltsseite beziehen – und natürlich auch auf alles zugleich (Tab. 7.5). Eine eigene Zeile müssen wir für die Wiederholung grammatischer Kategorien vorsehen, da diese ganz unabhängig von der lexikalischen Besetzung Texte charakterisiert. So weist z. B. die Wiederkehr umfangreicher Nominalgruppen auf Nominalstil hin, die der 1. und 2. Person auf dialogische Texte oder Passagen usw.

Demonstrieren wir dies wieder an Beispieltext 3. Zu den in diesem Text besonders wichtigen Rekurrenzen gehört das wiederholte Vorkommen der **Wort-**

Tab. 7.5: Dimensionen der Rekurrenz

Dimensionen	Rekurrenzen charakteristische Phänomene
Referenz	s. Tab. 7.2 und 7.3
grammatische Kategorien	s. Tab. 7.6 und 7.19
Ausdrucksseite	Ebene von Lautung und Grafik: Reim, Alliteration, Metrum, Buchstaben(kombinationen), typografische Elemente, …
	Morphem- und Wortebene: Wörter mit übereinstimmendem Morphem; Untertypen: lexikalisches, Wortbildungs- oder grammatisches Morphem
	syntaktische Ebene: strukturidentische Phrasen oder Sätze
Inhaltsseite	Ausdrücke mit übereinstimmenden semantischen Merkmalen; Untertypen: denotative, konnotative oder gebrauchskontextspezifische Merkmale (z. B. umgangssprachlich, dialektal, veraltet usw.) wiederkehrende semantische Rollen, Propositionen, semantische Relationen, Topoi, Argumentationsfiguren, Metaphernfelder, …

form *starb* (3x). Derselbe **Inhalt** (denotatives Kernmerkmal) ist aber auch noch mit zwei weiteren Ausdrücken wiedergegeben, nämlich *wurde hingerichtet* (10) und *ging ins Grab* (12). Da der Text in einer Welt angesiedelt ist, in der jedes Wesen nur einmal stirbt, sind die Referenten notwendigerweise verschieden. Die Wiederholung einer Prädikation ist aber genauso kohärenzstiftend wie die Wiederholung von Referenten. Das wird unterstrichen durch das *auch* in (11) und (12).

Zu analytischen Zwecken kann man nun die Ausdrucks- und die Inhaltsseite von Sprachzeichen in kleinere Elemente aufspalten und Lexeme in Bestandteile zerlegen. Auf der Ausdrucksebene gelangen wir am Ende zu **Lauten oder Buchstaben**, auf der Inhaltebene suchen wir zunächst nach der Wiederholung von Bestandteilen der lexikalischen Bedeutung, nach rekurrenten **semantischen Merkmalen** (Semen). Hier spricht man auch von **Isotopie**-Ketten, v. a. wenn die Lexeme nicht ohnehin schon zum selben Wortfeld gehören. In unserem Text ist natürlich das zentrale rekurrente Sem ‚tot', das nicht nur in *Grab* und *sterben* bzw. den quasi-synonymen Ausdrücken erscheint, sondern auch in *Tod* (7), *Todtenkleid* (8), *Leichnam, unverwest* (15), *todt* (16), *Leiche* (17) und *Beerdigung* (20). Zudem implizieren auch Erdbeben, Kriege und Bombardierungen Tod, und die meisten wissen wahrscheinlich, dass die französische Revolution besonders blutig war. Über das semantische Merkmal ‚tot' sind also alle Teile inhaltlich miteinander verbunden.

Die Besonderheit von Textbeispiel 3 besteht ja darin, dass die Sätze (10) – (14) thematisch aus dem Rahmen fallen und auch untereinander gerade nicht durch referenzidentische Ausdrücke verknüpft sind. Vom Einzelschicksal eines einfachen Bergmanns und seiner Braut wechselt er über zu Ereignissen und Protagonisten der Weltgeschichte (in den Jahren zwischen 1755 und 1807) und mitten in Satz (14) dann zum immer gleichen Leben der einfachen Leute. Das führt auf die Bergleute und in (15) auf die eigentliche Geschichte zurück, wobei jedoch, wie bereits hervorgehoben, *die Bergleute* in (14) und (15) nicht referenzidentisch sind. Eine ‚größtmögliche Kurzfassung des Textinhalts' (vgl. Kap. 6.2.) würde wohl die Sätze (10) – (14) auslassen bzw. zusammenfassen als *Es vergingen gut 50 Jahre* oder dergl.

Die einzige grammatische Verknüpfung zwischen dem ersten und dem zweiten Teil besteht in dem Ausdruck **unterdessen** (10). Dieser repräsentiert einerseits eine Wiederaufnahme. Mit *dessen* wird allerdings nicht eine Nominalgruppe wiederaufgenommen, sondern die vorangehende Proposition ‚sie vergaß ihn nie'. Allerdings ist *unterdessen* schon weitgehend als temporales Adverb lexikalisiert. Es gehört also auch zu der Großklasse der **Konnektoren**, die explizite Verbindungen zwischen Sätzen herstellen. Es fragt sich nun, ob die Konnektoren als spezielles Kohäsionsmittel von der Rekurrenz als allgemeinem Verfahren abgegrenzt werden müssen. Ohne zu verkennen, dass sie besonders leicht identifizierbar sind und ins Auge springen (jedenfalls wenn man es bei den Konjunktionen belässt), scheint mir dies aus systematischer Sicht eher nicht sinnvoll. Denn damit wird wieder eine grammatisch bestimmte Sondergruppe angesetzt, obwohl auch die Inhaltswörter dieselben Funktionen haben können. Ferner kommen ja auch Konnektoren in jedem normalen Text mehrfach vor. Schließlich ist es schwer denkbar, dass Konnektoren Propositionen verbinden, die nicht auch irgendwelche anderen referenziellen oder semantischen Elemente gemeinsam haben. In dem Fall gäbe es nämlich keine Grundlage für die Verknüpfung. So ergibt sich als Fazit, dass die Trennung verschiedener Kohäsionsmittel zwar analytisch möglich ist, sich diese aber für den Aufweis der vielfältigen und miteinander verwobenen kohäsionsstützenden Sprachmittel in einem Text eher als hinderlich erweist.

7.1.3. Kontroversen

Die wichtigste Kontroverse betrifft natürlich die Frage, wie weit der Kohäsionsbegriff gefasst sein soll. Das bisher Ausgeführte sei in Abbildung 7.1 zusammengefasst. Die engste Auffassung (a) orientiert sich strikt am grammatischen Kriterium Funktions- versus Inhaltswort, wohl ohne notwendigerweise zu bestreiten, dass die Grenze zwischen beiden zumindest nicht ganz scharf ist. Diese Position kennzeichnet die Darstellung im Duden (^{8}2009). Die weiteste Auffassung (c) setzt die sprachliche Oberfläche, d. h. sämtliche Sprachmittel, mit Kohäsion gleich und spricht von Kohärenz nur dort, wo auf nicht verbalisierte Kenntnisse zurückgegriffen werden muss, also Inferenzprozesse nötig sind. Dieses Konzept vertritt Averintseva-Klisch (2013), wenngleich sie den Unterschied zwischen Kohäsion und Kohärenz unter Rückgriff auf Beaugrande/Dressler eigentlich nur postuliert, aber nicht genauer erläutert. Da sie aber betont, dass es auf allen Ebenen der Sprache Kohäsionsmittel gibt (ebd.: 7), muss ihr eine sehr weite Auffassung zugeschrieben werden. Ein mittlerer Standpunkt (b) betrachtet nur gewisse lexikalische Mittel als kohäsionsrelevant. Dabei handelt es sich v. a. um die bedeutungsverwandten Substantive. Dies kennzeichnet das Vorgehen von Brinker, der die semantischen Relationen zwischen Nomina im Kapitel zu den grammatischen (!) Bedingungen der Textkohärenz abhandelt, sich aber generell gegen die Trennung von Kohärenz und Kohäsion ausspricht, also die fließenden Übergänge zwischen grammatischem, lexikalischem und Weltwissen betont.

	grammatisches Wissen Funktionswörter	lexikalisches Wissen Inhaltswörter	Weltwissen
a	Kohäsion	Kohärenz	
b	Kohäsion		Kohärenz
c	Kohäsion		Kohärenz

Abb. 7.1: Auffassungen von Kohäsion

Auch sonst sind die Kontroversen in erster Linie terminologischer bzw. darstellungstechnischer Natur. Einigkeit besteht jedenfalls, wie schon erwähnt, erstens darüber, dass die Kohäsion kein notwendiges oder hinreichendes Merkmal ist, die Kohärenz also immer aufgrund von Vorwissen hergestellt werden muss. Daraus erklärt sich teilweise, dass zweitens auch kein grundsätzlicher Streit darüber ausgetragen wird, wo nun die genauen Grenzen zwischen den drei Wissensbereichen zu ziehen sind. Allgemeiner Konsens ist, dass sie ineinandergreifen. Deshalb ergibt sich als darstellungstechnische Frage, wie man die insgesamt doch zahlreichen Mittel gliedert und miteinander in Zusammenhang setzt. Eine ‚Lösung' besteht darin, nur das Wichtigste und Prototypische zu nennen, also Pronomina und Artikel in koreferenten Nominalgruppen sowie Konjunktionen. Das macht die Sache theoretisch einfach und entspricht auch einem verbreiteten Vorgehen (besonders in knappen Darstellungen).

Da in diesem Fall aber nur ein sehr kleiner Ausschnitt von potenziell kohäsiven Elementen explizit genannt wird, stößt man unausweichlich auf Probleme, wenn man diese Kategorien bei der Analyse authentischer Texte anwenden will. Denn hier stellt sich die Frage, was man überhaupt mitzählen und in welche Gruppe man es einordnen soll. In authentischen Texten kommen eben auch Grenz-, Problemfälle und marginale Strukturen vor. Wie sich gezeigt hat, gelangt man beim Versuch, die Gruppe der Kohäsionsmittel in befriedigender Weise einzugrenzen, nahezu unweigerlich zu der Einsicht, dass es sich um ein unüberschaubar weites Feld handelt. Letztlich kommt allen Sprachmitteln für die Textkohäsion zumindest potenziell eine Bedeutung zu.[6]

Die einzig praktikable und häufig gewählte Zwischenlösung besteht darin, mehr oder weniger umfangreiche Listen mit Untergruppen der verschiedenen Kohäsionsmittel zu präsentieren. Diese Listen sind allerdings untereinander schwer vergleichbar, weil ganz verschiedene Phänomene mit dem gleichen und gleiche Phänomene mit verschiedenen Termini belegt werden. Das gilt an erster Stelle für den hier als Oberbegriff verwendeten Ausdruck **Rekurrenz**. Häufig wird dieser Ausdruck nämlich auf die materielle Wiederkehr von Wörtern oder Wortbestandteilen beschränkt, also den Typ *ein Mädchen – das Mädchen*. Diesen stellt man dann der **Substitution** als Wiederaufnahme mit unterschiedlichem lexikalischen Material gegenüber: *ein Mädchen – das Kind*. Der Ausdruck *Substitution* ist allerdings der Oberbegriff, den Harweg (1968, [2]1979), der Klassiker der Untersuchung von Wiederaufnahmerelationen, für die anaphorische Wiederaufnahme verwendet. Die pronominale Wiederaufnahme erschien ihm dabei als derart exemplarisch, dass er die Klasse der **Pronomina** neu definiert hat, nämlich als „zweidimensionale Substituentia" (ebd.: 25).[7] Danach stellen *er, der, dieser, dieser Mann, dieser Typ* usw. samt und sonders (potenzielle) ‚pronominale' Wiederaufnahmen von *ein Mann* dar. Pronomina sind bei Harweg also ein spezifischer Typ von Substituentia, zu denen auch die mit übereinstimmendem Lexem gehören (bei ihm als „Text-Identitäts-Substitutionen" bezeichnet; ebd.: 182). Benutzt man dagegen den herkömmlichen Begriff von Pronomina und stellt ihm Wiederaufnahmen mit rekurrenten oder differenten Lexemen an die Seite, dann fehlt ein Oberbegriff für die drei Typen von Wiederaufnahme. Angesichts der Anstrengungen, derer es zur Durchdringung von Harwegs *Phänomenologie der pronominalen Verkettung* (ebd.: 178) bedarf, ist es nicht verwunderlich, dass sich seine

---

6 Unter diesen Umständen wird auch die mit größter Einhelligkeit bekundete Auffassung, es bedürfe keiner Kohäsionsmittel, um Kohärenz zu erzielen, eigentlich sinnlos, denn irgendwelcher sprachlichen Mittel bedarf es natürlich schon.

7 Eindimensionale Substituentia sind v. a. Eigennamen und generisch verwendete Ausdrücke wie *der Mensch* (als Gattung).

Begriffsprägungen nicht durchgesetzt haben. Es fragt sich allerdings, warum ausgerechnet sein Oberbegriff jetzt für einen spezifischen Unterfall der Wiederaufnahme verwendet wird, zumal *Substitution* ein sehr allgemeiner Ausdruck linguistischer Analyse ist.

Als anderer Oberbegriff bietet sich natürlich **Wiederaufnahme** an, dieser Ausdruck wird aber nur selten terminologisch verwendet. In den beiden neuesten einführenden Darstellungen (Averintseva-Klisch 2013 und Schwarz-Friesel/Consten 2014) erscheint dafür (und damit zugleich als Ersatzbegriff für Harwegs *zweidimensionale Substituentia*) der Ausdruck **Anapher.** Bezeichnet wird damit jeder sprachliche „Ausdruck, der einen bereits erwähnten Referenten sprachlich wieder aufnimmt [...]. Anaphorische Ausdrücke drücken folglich Koreferenz (Referenzidentiät) aus" (ebd.: 110). Dies erlaubt auch den Anschluss an die Behandlung des Phänomens in der älteren Grammatikforschung (vgl. Kap. 1.5.4.1.).

Den Ausdruck *Rekurrenz* als noch weiter gefassten Oberbegriff benutzen **Linke/Nussbaumer** (2000). Hier spielt die Referenzidentiät als Hauptkriterium keine Rolle. Dies besteht vielmehr in der Frage, ob die Gemeinsamkeit die Ausdrucks-, die Inhaltsseite oder beide betrifft. Barbara Sandig hat ihre Ausführungen in eine schematische Darstellung überführt (Abb. 7.2).

Rekurrenz nach Linke/Nussbaumer (2000, 307ff.) mit Ergänzungen

rein ausdrucksseitig	*ausdrucksseitig und inhaltsseitig*	*rein inhaltsseitig*
• Elemente einer Wortfamilie • Homonymie • Rhythmus • lautliche/graphematische Elemente Muster: Reim, Akrostichon ... • Parallelismus, Chiasmus • „stilistisch kohärent": auffällige Häufung gleicher Wortarten, gleicher Wortformen	• identische Wiederaufnahme des Nomens bei definitem Artikel • Wiederholung von Wortmaterial • Wortbildung • Wortartenvariation • Variation syntaktischer Rollen	• Substitution: Hyperonym, Synonym (Sprachwissen), Periphrase (partikuläres Wissen) • Labelling: Kategorisierung: Einstellungen, Wertungen • Proform • Ellipse (als negative Form) • Wortbildung • Isotopie • Einordnungsrahmen (Frame, Kontiguität) • Nebenbei-Prädikation • Reihenbildung • indefinite NP

Abb. 7.2: Rekurrenzmittel (Sandig 2006: 367)

Diese weite Konzeption von Ausdrucksmitteln, die für die Kohäsion/Kohärenz relevant sind, findet man auch bei Hausendorf/Kesselheim (2008) und bei Averintseva-Klisch (2013). Während die ersten eine sehr ausführliche Darstellung geben, ist das Kapitel *Kohäsionsmittel: Ein Überblick* von Averintseva-Klisch (2013: 7–

12) nicht nur recht kurz, es stellt auch in eklektischer Manier Elemente diverser Ansätze nebeneinander, ohne dass sich ein kohärentes Gesamtbild ergäbe. Besonders befremdlich ist, dass in diesem Überblick die Artikelwörter überhaupt nicht vorkommen.

Die Darstellung von **Hausendorf/Kesselheim** ist dagegen so vollständig und systematisch wie möglich. Ihrer weiteren Verbreitung steht wohl nur entgegen, dass sie das Verständnis ihres Grundmodells voraussetzt (vgl. Kap. 3.2.1.), das mit ungewöhnlichen Termini arbeitet. Relevant sind in unserem Zusammenhang zwei ihrer Textualitäts*merkmale*, nämlich Verknüpftheit und thematische Zusammengehörigkeit. Da es jetzt um die sprachlichen Mittel geht, kommen die Textualitäts*hinweise* zur Geltung, aufgrund derer die Rezipienten die Kohärenz rekonstruieren. Den Zusammenhang zwischen verschiedenen Textualitätsmerkmalen heben Hausendorf/Kesselheim nicht nur durch zahlreiche Querverweise hervor, sondern v.a., indem sie feststellen, dass Themahinweise immer auch Verknüpfungshinweise sind. Die inhaltlichen Zusammenhänge finden wir also vorrangig im Themenkapitel besprochen (hier erscheinen die semantischen Relationen Synonymie, Antonymie usw.), während die zugehörigen grammatischen Mittel (Proformen, Artikelwörter usw.) zusammenhängend auch schon im Verknüpfungskapitel behandelt sind. Abbildung 7.3 gibt einen Überblick darüber, wie die verschiedenen Sprachmittel sich systematisch eingeordnet finden.

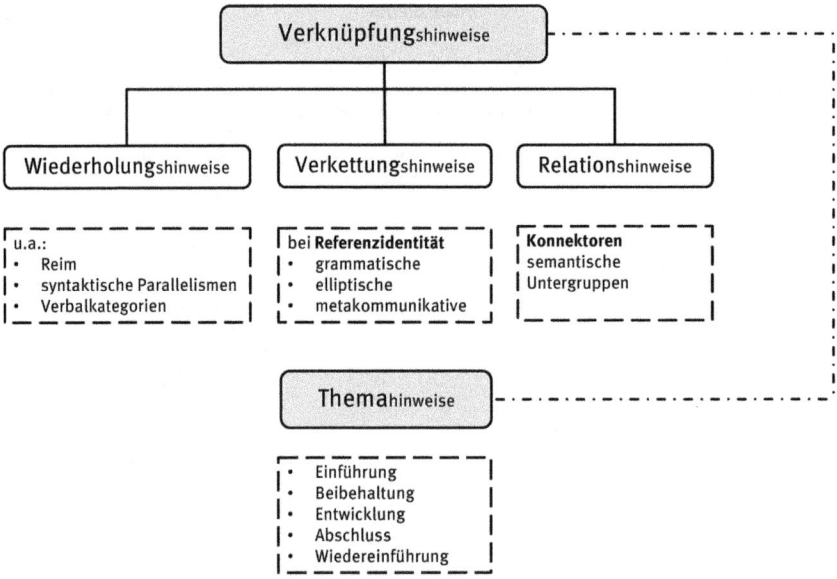

Abb. 7.3: Verknüpfungs- und Themahinweise (nach Hausendorf/Kesselheim 2008)

Der Ausdruck *Verknüpfung* stellt demnach den Oberbegriff dar, der einer weiten Konzeption von *Kohäsion* entspricht. *Kohäsion* verwenden Hausendorf/Kesselheim (2008) selbst nicht oft, und wenn (vgl. ebd.: 60), dann beziehen sie sich damit auf ein enges (grammatisches) Konzept. Ebenfalls im engen Sinne benutzen sie *Rekurrenz* (gleiches Wortmaterial) und *Substitution* (verschiedene lexikalische Elemente) bei Referenzidentität. Wegen der systematischen Unterscheidung danach, ob das Thema eingeführt, beibehalten oder weiterentwickelt wird, erweist sich diese Differenzierung bei ihnen aber nicht nur als formale bzw. nomenklatorische Übung. Dem weiten Begriff von *Rekurrenz* im Sinne von Linke/Nussbaumer (2000), entspricht ihr Ausdruck *Wiederholung*. Allerdings betrachten sie den mehrfachen Bezug auf denselben Referenten nicht als Unterfall von Wiederholung, sondern sprechen hier von *Verkettung*. Was die Relationen zwischen Propositionen angeht, schlägt auch bei Hausendorf/Kesselheim die formalgrammatisch orientierte Sichtweise durch. Denn sie erwähnen hier zwar kurz die schier unüberblickbaren Möglichkeiten metakommunikativer Explizierung, beschränken sich aber ansonsten auf Konnektoren in Gestalt von Konjunktionen und Adverbien. Substantive und Verben, aber auch Präpositionen als dafür ebenfalls geeignete Ausdrucksmittel (vgl. Tab. 7.4) werden dagegen nicht angesprochen.

Averintseva-Klisch (2013) erweckt zunächst ebenfalls den Eindruck, sich um eine möglichst systematische Darstellung zu bemühen, da sie die Kohäsionsmittel nach verschiedenen sprachlichen Ebenen gegliedert präsentiert. Sie kommt allerdings selbst zu dem Schluss, dass eine solche Zuordnung zu Ebenen problematisch ist. Dies erläutert sie an den Konnektoren, die sie auf der Ebene der Syntax ansiedelt, die man aber „auch als lexikalische Kohäsionsmittel betrachten" könne, da „Konnektoren [...] Lexeme sind" (ebd.: 12). Die gleichen Schwierigkeiten sieht sie bei metakommunikativen Einheiten. Sie lässt dagegen keine Bedenken erkennen, Pronomina, das Paradebeispiel für grammatische Kohäsion, der Ebene der Lexik zuzuordnen (Artikel kommen, wie erwähnt, in dieser Übersicht gar nicht vor). Proformen seien nämlich ein „Sonderfall der Substitution" (ebd.: 10). Im Prinzip verwendet Averintseva-Klisch *Substitution* und *Rekurrenz* (ebenso wie Hausendorf/Kesselheim) im Sinne von Linke et al. (^{5}2004, ^{1}1991). Dort sind im Gegensatz zu Linke/Nussbaumer (2000) die Kohäsionsmittel noch in ungegliederter Form nebeneinandergestellt, die Pronomina aber selbstverständlich in einer anderen Gruppe als Wiederaufnahme mit verändertem lexikalischen Material.[8] Ferner behauptet sie, dass man (nur) in diesen Fällen von Anaphern oder Pro-

---

8 Es handelt sich bei den Gruppen um 1. Rekurrenz [gleiches Wortmaterial], 2. Substitution [unterschiedliche Lexeme], 3. Pro-Formen. 4. Bestimmter und unbestimmter Artikel (Textdeixis und (Vor-)Wissensdeixis), 5. (Situations-)Deixis, 6. Ellipse, 7. Explizite (metakommunikative) Textverknüpfung, 8. Tempus und 9. Konnektive (Konjunktionen und Pronominaladverbien). Die

Formen spreche und vertröstet den Leser für „eine andere (etwas allgemeinere) Auffassung von Anaphern [...], die Rekurrenz und Substitution mit erfasst" (Averintseva-Klisch 2013: 11), auf ein späteres Kapitel.

Dort präsentiert sie in Bezug auf die Anaphern dieselbe Position, die wir auch bei **Schwarz-Friesel/Consten** (2014) finden – sie bezieht sich auf frühere Publikationen von ihnen. Dem Ausdruck *Rekurrenz* schreiben diese aber einen nochmals anderen Sinn zu. **Rekurrenz** (und Teilrekurrenz) gelten Schwarz-Friesel/Consten nämlich neben den Konnektoren als *das* Kohäsionsmittel. Sie verstehen darunter „die Wiederholung derselben sprachlichen Form, eine Wiederaufnahme auf rein materieller, textgrammatischer [!?] Ebene" (ebd.: 76). Das klingt zwar zunächst so wie der enge Begriff von *Rekurrenz* (gleiches Wortmaterial), entspricht diesem aber nicht, weil man Rekurrenz im engen Sinne normalerweise als Unterfall bei Referenzidentität präsentiert. Schwarz-Friesel/Consten (ebd.: 77) schreiben dagegen, dass es „wirklich nur auf eine Wiederholung der materiellen Wortgestalt ankommt, nicht auf Bedeutung oder Referenz". Referenz betrachten sie nämlich als eine Angelegenheit der Kohärenz. Daher schließen sie auch die Pronomina von den Kohäsionsmitteln aus:

> „Viele Textlinguisten sehen auch Pronomina als Kohäsionsmittel unter der Vorstellung, dass durch Pronomina auf textgrammatischer Ebene auf bereits erwähnte Textelemente Bezug genommen wird bzw. diese lediglich substituiert werden. Die Wiederaufnahme von Referenten, wie sie oft mittels Pronomina geschieht, ist allerdings auf Kohärenzebene anzusiedeln, denn sie geht über rein formale, oberflächliche Texteigenschaften hinaus. Ob ein Pronomen überhaupt anaphorisch ist, wird erst im Rezeptionsprozess [...] entschieden" (Schwarz-Friesel/Consten 2014: 77).

Damit fallen dann allerdings auch nicht materiell identische Wiederholungen (syntaktische Parallelismen, grammatische Kategorien usw.) als Kohäsionsmittel aus. Wir haben also einen sehr engen Begriff von Kohäsion vor uns, der nur überhaupt nicht zu dem sonst gängigen passt. Zu bedenken ist ferner, dass über die Referenz(identität) nicht nur bei den Pronomina, sondern grundsätzlich erst im Rezeptionsprozess entschieden werden kann. Was die Pronomina angeht, so

---

Isotopie ist sogar aus dem entsprechenden Kap. (Linke et al. ⁵2004: 6.1) ausgelagert und findet sich in 6.3 *Linguistische Konzepte der Textkohärenz* besprochen. – Averintseva-Klisch (2013) führt Linke et al. ausdrücklich als Referenz an, erklärt allerdings, dass man bei Substitutionsfällen auch von Isotopie-Ketten spreche (ebd.: 10). Das tut man tatsächlich allerdings selten (obwohl es sachlich angemessen ist), das Isotopie-Konzept wird vielmehr v. a. für die Fälle herangezogen, wo keine Referenzidentität vorliegt (*Wasser, fließen, Tropfen, nass, Welle, Fisch, trinken, plitsch-platsch* usw.). Substitution (im Sinne bedeutungsverwandter Ausdrücke) impliziert immer Isotopie, das Umgekehrte gilt dagegen nicht.

halten sich Schwarz-Friesel/Consten auch gar nicht an ihr Konzept, dies ist tatsächlich eigentlich unmöglich. Denn Pronomina haben ja auch selbst materielle Formen, und da sie so unspezifisch referieren und es nur wenige davon gibt, kommen sie in jedem normalen Text ganz besonders häufig vor.

Zur Exemplifizierung ihrer Überlegungen markieren Schwarz-Friesel/Consten in einem Beispieltext die Kohäsionsmittel (ebd.: 77).[9] Das macht allerdings eher noch ratloser: Der Konnektor *doch* kommt 2x vor (unterstrichen), *und* dagegen insgesamt 6x, es ist jedoch nur 1x unterstrichen. Das Pronomen *ich*, dessen nur teilweise referenzidentische Verwendung ausdrücklich kommentiert wird, ist 5x unterstrichen, ein Vorkommen wurde offenbar übersehen. Die Form *er* kommt nur 1x vor (unterstrichen), *sie* (in referenzidentischer Verwendung) dagegen 4x (nie unterstrichen).

Wir haben also bisher mit folgenden Gebrauchsweisen von *Rekurrenz* zu tun: wiederholtes Vorkommen von Irgendetwas, Wiederholung auf der Ausdrucksebene (wenn es sich um wiederholte Lexeme handelt, ist allerdings Wiederholung auf der Inhaltsseite impliziert) und schließlich Wiederholung auf der Ausdrucksseite bei Referenzidentität.[10] Für die Wiederholung auf der Inhaltsebene ist der Ausdruck *Isotopie* spezifisch. Bei der Besprechung dieser Kohäsionsmittel wird immer auch deren Wortartzugehörigkeit genannt, aber nicht als zentrales Definiens behandelt. Auch diese Variante gibt es jedoch, man kann grammatische Kategorien als zentral setzen und **Kohäsionsmittel** an der **Wortartzugehörigkeit** festmachen. Dies geschieht in der **Duden**-Grammatik.

> „Kohäsion liegt vor, wenn grammatisches Wissen verwendet wird, um einen Zusammenhang herzustellen. Das grammatische Wissen umfasst die Verwendungsregeln der grammatischen Funktionswörter und -zeichen des Deutschen [...]. Ihre Paradigmen sind in geschlossenen Klassen organisiert. Sie bilden zusammen mit den Inhaltswörtern grammatisch wohlgeformte [!] vollständige Aussagen. Als typische wohlgeformte vollständige Aussage gilt der Satz, in den alle Funktionswörter und -zeichen syntaktisch eingebunden sind. Von vielen Grammatiken werden sie deshalb nur aus der Perspektive des Satzes beschrieben. Kohäsionszeichen entfalten ihre eigentliche Funktion aber oft erst auf der Ebene des Textes [...]. Dann liegt nicht nur Satzkohäsion, sondern auch Textkohäsion vor." (Duden [8]2009: 1062)

---

9 Die als Kohäsionsmittel identifizierten Ausdrücke sind durch Unterstreichung hervorgehoben. Lexikalische Morpheme lasse ich im Folgenden außer Betracht.

10 In der Abbildung 7.2, in der das Kriterium der Referenz nicht vorkommt, ist referenzielle Identität der Inhaltsseite zugeordnet. In der rechten Spalte erscheinen nämlich auch Proformen, also bedeutungsleere Elemente. Auf der Ausdrucksseite (linke Spalte) wird dagegen die „auffällige Häufung gleicher Wortarten" verortet, obwohl es sich dabei um eine grammatische Kategorie handelt, der allenfalls eine grammatische Klassen*bedeutung* zugeordnet werden kann.

Dies führt uns auf eine andere Kontroverse, nämlich die Frage, ob wir mit den Kohäsionsmitteln spezifisch textlinguistisch relevante Einheiten vor uns haben, es also um transphrastische Beziehungen geht. In dem Zitat wird ein **fließender Übergang zwischen satzinternen und satzübergreifenden** (transphrastischen) **Verknüpfungen** unterstellt. Insofern dabei dieselben Mittel verwendet werden, wären sie also schon auf der nächstniedrigen Ebene, nämlich der Syntax, beschrieben und man muss sich die Frage stellen, was die Textlinguistik zusätzlich dazu zu bieten hat. Diese Frage erweist sich als besonders interessant in Bezug auf die **Präpositionen**, denn m.W. rechnet nur der Duden diese zu den Konnektoren, die er besonders ausführlich behandelt. Es heißt dort sogar:

> „Wie die Subjunktionen [subordinierenden Konjunktionen] in abhängigen Sätzen leisten Präpositionen die Verdichtung von mehreren Aussagen in einem Satz; sie schaffen also Text im Satz" (ebd.: 1072).

Das soll der semantischen Äquivalenz von Ausdrücken wie den folgenden Rechnung tragen: *weil es hohe Verluste gegeben hatte*, *wegen/aufgrund hoher Verluste*. Wenn man von **Text im Satz** spricht, ist mit *Text* offenbar ‚Aussagenverknüpfung' gemeint, also die inhaltliche, satzsemantische Seite. Die Beziehungen der Einheiten dieser Seite zu den Ausdruckseinheiten auf grammatischer bzw. syntaktischer Ebene sind aber alles andere als eindeutig oder einfach. Vielmehr lassen sich die elementaren semantischen Konzepte in verschiedenster Weise auf Morpheme, Wörter, Syntagmen und Sätze verteilen, insbesondere können Prädikationen als Referenten auftreten (vgl. Tab. 7.4). *Verlust* enthält semantisch eine Prädikation (‚etwas ist verloren gegangen'); dies und nicht die Präposition führt zur Aussagenverdichtung, die Präposition spezifiziert nur den semantischen Typ der Relation.

Dass der Unterschied zwischen grammatischer und semantischer Kohärenz nur graduell ist, kommt auch in der Darstellung von **Fabricius-Hansen** (2000: 331) zum Ausdruck. Sie spricht bei Konjunktionen von **grammatischen Konnektiven**. Daneben behandelt sie **lexikalische Konnektive**, wobei sie sich auf (Pronominal- und Konjunktional-)-Adverbien und Partikeln beschränkt (*deshalb, trotzdem, auch, sogar* etc.), aber selbst betont, dass die Grenzen nicht scharf sind (vgl. ebd.: Kap. 2.1.). Einigermaßen unerwartet setzt sie dann auch noch eine **implizite Konnexion** an. Dies möchte man für einen Widerspruch in sich halten. Dieser Ausdruck irritiert jedenfalls viel stärker als die *implizite Wiederaufnahme* von Brinker (für *ein Haus – das Fenster* usw.). Denn bei indirekten Anaphern gibt es ja immerhin lexikalische Elemente, die in irgendeiner Beziehung zu vorher verwendeten Ausdrücken stehen. Die implizite Konnexion zeichnet sich dagegen durch die Abwesenheit irgendwelcher sprachlichen Elemente aus, die die Kohärenz verdeutlichen, sie sind auch nicht strukturell mitgesetzt wie bei den Ellipsen, sondern „sie kommen ausschließlich durch Inferenz von seiten der Leser zustande" (ebd.: 340).

Solche **konstruktiven Aktivitäten der Rezipienten** muss man aber ohnehin immer in Rechnung stellen, da eine vollständige Explizierung des Gemeinten sowieso nicht möglich ist. Sowohl bei der Rekonstruktion der Beziehungen zwischen Textsegmenten als auch bei der Rekonstruktion von gemeinten Referenten beziehen Rezipienten immer auch den größeren sprachlichen Kontext ein und aktivieren Welt- und Situationswissen. Schon grammatische Konnektoren unterscheiden sich ja in ihrer semantischen Spezifizität und man muss sich teilweise etwas hinzudenken: Insbesondere die Konjunktion *und* ist sehr unspezifisch (viel mehr als z. B. *weil* und *obwohl*). Man versteht daher bei einem *und* – je nach den Inhalten der koordinierten Sätze – mitunter eine temporale (*Ich habe mir den Aufsatz beschafft und eine Fotokopie gemacht*), mitunter eine kausale Relation und kann diese natürlich auch rekonstruieren, wenn es überhaupt keinen Konnektor gibt (vgl. das erste Beispiel in Tab. 7.4). Entsprechend betrachtet auch Fabricius-Hansen die **Konnexion als graduelle Texteigenschaft**, als auf einer Skala zwischen maximaler und minimaler Explizitheit anzusetzendes Merkmal.

Als **Fazit** können wir damit festhalten: Die Trennung von lexikalischen und grammatischen Ausdrucksmitteln ist nur analytisch möglich. Beide können allein im Zusammenspiel verarbeitet werden. Die unüberschaubar vielfältigen Möglichkeiten, in einer Sprache dieselben (Komplexe von) Propositionen auszudrücken, machen es notwendig, die **Gesamtheit der sprachlichen Ausdrucksmittel** (und die entsprechenden linguistischen Kategorien) in die Textanalyse einzubeziehen.

Der Wahrnehmung zugänglich ist immer nur die Ausdrucksseite sprachlicher Einheiten. Die Bedeutungszuschreibung – und mithin auch die Herstellung (bzw. das Erkennen) von Kohärenz – entspricht einer konstruktiven kognitiven Leistung. Dabei greifen die Sprachteilhaber auf alle verfügbaren Wissenskomponenten zurück und ergänzen sie zugleich durch die Textrezeption:[11] Das grammatische Wissen (vgl. Textbeispiel 8), das lexikalische Wissen und das Weltwissen.

Die Frage, wie weit die Rezipienten bei der Entschlüsselung verschiedener Bedeutungs- und Kohärenzaspekte gehen (können und wollen), hängt u. a. vom Interesse und vom Vorwissen ab. Denn die konkrete Sprachverarbeitung ist ein situativ verankertes individuelles Phänomen. Man kann sich z. B. damit begnügen,

---

11 So werden die wenigsten wissen, was (genau) das in Textbeispiel 3 erwähnte Vitriolwasser ist. Es reicht aber, das zu wissen, was sich aus dem Text entnehmen lässt, dass es sich nämlich um eine Flüssigkeit handelt, die den Leichnam konserviert. Vgl. dazu auch das *Good-enough*-Prinzip (1.5.3.).

die Sätze (10)-(14) aus Textbeispiel 3 als eine Art Zeitraffer zu betrachten und sie ansonsten für die Themenableitung außer Acht lassen. Wer weiß, dass der Geschichte ein tatsächliches Ereignis zugrunde liegt (das übrigens mehrfach literarisch verarbeitet wurde), wird sich allerdings vielleicht doch fragen, warum der Autor es in seine Zeit verlegt (tatsächlich verschwand der Jüngling 1677) und warum er gerade die Ereignisse und Personen nennt, die er nennt.

7.2. Teiltexte und globale Strukturen

Bei den Kohäsionsmitteln steht der strukturelle Zusammenhang im Vordergrund, der den Text als Einheit erkennen lässt. Dabei folgt man der Vorstellung, Texte seien Folgen von Sätzen und konzentriert sich auf **lokale Verknüpfungen**. Wie Textilien oder Teppiche kann nun auch das Gewebe eine Textes monoton sein, einfarbig und aus einem einzigen Typ von Garn hergestellt, oder aber vielfarbig, mehrschichtig, Muster und Gestalten erkennen lassend. Damit lässt sich auch die Frage beantworten, inwiefern sich die Textlinguistik mit Fragen befasst, die nicht – wie insbesondere die Satzverknüpfung – ohnehin schon in der Syntax behandelt werden (müssen).

Für die Textlinguistik spezifische Fragen lauten: Wie verteilen sich die diversen Einheiten über den gesamten Text hinweg und wie ist der Text als ganzer strukturiert? So stellen z.B. Konjunktionen, das Paradebeispiel für die Aussagenverknüpfung, natürlich auch potenziell rekurrente Elemente dar. Bestimmte semantische Gruppen sind für Themenentfaltungstypen charakteristisch und sie massieren sich daher in bestimmten Passagen. Viele Texte umfassen eben typischerweise deskriptive, narrative und argumentative Teile.

Die Vorstellung von Texten als Satzfolgen ist also gründlich zu relativieren. Das dürfte gerade dann nicht schwer fallen, wenn man in syntaktischen Kategorien denkt, denn unter den vielen Definitionen von *Satz* ist keine, die diesen schlicht als eine Folge von Wörtern bestimmen würde. Nicht nur unter funktionalem, sondern auch unter strukturellem Aspekt stellen auch Texte zunächst einmal (relativ) abgeschlossene **Ganzheiten** dar, bei denen eine der ersten Fragen lauten sollte, aus welchen **unmittelbaren Untereinheiten** sie sich aufbauen (auf der Satzebene spricht man von unmittelbaren Konstituenten). Soweit die Texte nicht sehr kurz sind, handelt es sich dabei in der Regel nicht um Sätze, sondern um größere Einheiten. Als Oberbegriff benutzen wir dafür den Ausdruck **Teiltexte**. Übernehmen kann man aus dem syntaktischen Gedankengut auch das **Prinzip der Rekursivität**: Texte können in Texte eingebettet sein. In Darstellungen zur Textlinguistik ist es z.B. üblich, wenn nicht notwendig, andere Texte als Beispiel- oder Analysematerial einzubetten.

Sowohl auf der Satz- wie auf der Textebene ist die **Linearisierung** der Einheiten, die man in der Regel als unhintergehbare Gegebenheit präsentiert, zunächst ein Problem bzw. für die Produzenten häufig eine sehr schwierige Aufgabe, weil man inhaltliche Einheiten in sehr verschiedener Weise sinnvoll anordnen kann. Die Rezipienten müssen ihrerseits aus einer linearen Folge eine inhaltliche Struktur rekonstruieren. Die Beziehungen zwischen den Untereinheiten können als **Hierarchien** (vgl. die Strukturbäume aus der Grammatik) oder als **Netzwerke** dargestellt werden. Beides ist uns schon in Kapitel 6. bei der Rekonstruktion der **thematischen Makrostruktur** von Texten begegnet (vgl. Abb. 6.1 und 6.6). Neben thematischen Makrostrukturen gibt es nun auch solche in anderen Dimensionen bzw. auf anderen Ebenen. In diesem, der Form gewidmeten Kapitel muss **formalen Makrostrukturen** eine besondere Beachtung geschenkt werden. Dabei geht es nicht mehr nur wie in 7.1. um die durch Sprachmittel allein geschaffenen Strukturen, sondern auch um **parasprachliche und nicht-sprachliche Ausdrucksmittel** – wir kommen also auch auf die Materialität des Textes zurück (vgl. Kap. 2.5. und 4.4.). Auch hier zeigt sich allerdings, dass die Trennung der verschiedenen Aspekte nur analytisch möglich ist oder man allenfalls mit prototypischen Korrespondenzen rechnen kann.

Beibehalten können wir die Suche nach **Rekurrenzen**, die sich auch als wesentliches Mittel der Textstrukturierung erweisen. Dabei muss man allerdings die **Rekurrenz-Unterbrechung** als die andere Seite des Prinzips einbeziehen. Teiltexte kann man nämlich gerade daran gut erkennen, dass *keine* ununterbrochene Verknüpfung vorliegt, sondern eine Kette unterbrochen wird. Im Textbeispiel 3 ist die Leistung der Rekurrenz-Unterbrechung besonders evident, denn sie führt unmittelbar zu einer Dreiteilung des Textes mit einem Mittelteil, der nicht zur Geschichte der Brautleute von Falun gehört. Dadurch ergibt sich auf der höchsten Ebene eine thematische Zweiteilung. Dieses Beispiel ist auch insofern ungewöhnlich, als der thematischen Gliederung keine auf der formalen Ebene entspricht, d. h. es gibt überhaupt keine **Abschnitte**, die Gliederung ergibt sich allein aus den verwendeten Sprachmitteln. Der Text stellt sich tatsächlich als eine Folge von Sätzen dar, also als reiner **Fließtext**. Als Fließtext präsentiert sich auch das Textbeispiel 4. Es besteht immerhin aus fünf Abschnitten. Diese lassen sich allein aufgrund sprachlicher Mittel als **Kollage** unterschiedlicher, im Original stark typografisch markierter Bestandteile identifizieren. Im Manuskript von Döblin sind die Zeitungsausschnitte teilweise noch eingeklebt, eine Vorversion des Textes besteht also aus einer materiellen Kollage.

Für Erzähltexte ist der Fließtextcharakter typisch. Für andere dagegen nicht, u. a. solche, die man heranziehen kann, um festzustellen, welche Ereignisse aus den Jahren 1755 – 1807 der Verfasser noch hätte erwähnen können. Statt sie satzförmig auszuformulieren, notiert man Ereignisse aus einer historischen

Epoche nämlich zweckmäßigerweise in einer Liste bzw. Zeittafel (Abb. 7.4). Insbesondere seit den Pisa-Studien spricht man hier von **nicht-linearen** bzw. **diskontinuierlichen Texten.**

1700–1721	Nordischer Krieg
1701–1713/14	Spanischer Erbfolgekrieg
1703	Gründung von St. Petersburg durch Zar Peter den Großen
1740	Regierungsantritt Maria Theresias von Österreich und Friedrich II. von Preußen
1756–1763	Siebenjähriger Krieg
1772	Vollendung der Enzyklopädie Diderots und d'Alemberts
4. Juli 1776	Amerikanische Unabhängigkeitserklärung
14. Juli 1789	Sturm auf die Bastille
26. August 1789	Erklärung der Menschen- und Bürgerrechte
20. September 1792	Kanonade von Valmy
21. Januar 1793	Hinrichtung Ludwig XVI.
1795	Dritte polnische Teilung
1797	Friede von Campo Formio
9. November 1799	Staatsstreich vom 18. Brumaire; Auflösung des Direktoriums; Napoleon Bonaparte, erster der drei Konsuln
1805	Schlacht von Austerlitz
1815	Wiener Kongreß; Gründung des Deutschen Bundes

Abb. 7.4: Zeittafel 18. Jahrhundert (Delouche 1998: 254)

Die Themenableitung und die Rekonstruktion von **Makropropositionen** verschiedener Ebenen wurden in 6.5. als Methode der Textanalyse vorgestellt. Gerade mit diskontinuierlichen (Teil-)Texten wie Schemata, Grafiken, Tabellen usw. finden wir nun auch in der ‚realen Textwelt' Einheiten, die entsprechende Aufgaben erfüllen. Denn es ist ja für jeden gewöhnlichen Rezipienten höchst relevant, eine

Übersicht über enger zusammengehörige Aussagenkomplexe innerhalb eines Textes zu gewinnen. Auch den gesamten Inhalt eines umfangreichen Textes möchte man gern vor Augen haben. Das elementare Mittel, diesen anzuzeigen, ist natürlich die formale Makrostruktur durch Untergliederung in Kapitel und Unterkapitel mit **(Zwischen-)Titeln**. Die Übersicht gewährt dann das **Inhaltsverzeichnis**.

Auch die Makrostruktur von Kapiteln – mitunter wird dafür als Zwischengröße eine **Mesoebene** angesetzt (vgl. z. B. Burger/Luginbühl 2014: 220) – ist aber noch relativ komplex. Daher können auch die Kapitel Bausteine enthalten, die dazu dienen, bestimmte Informationsmengen übersichtlich zu präsentieren. Teilweise stellt man nochmals ein Inhaltsverzeichnis des Kapitels voran (so z. B. Linke et al. 2004), ferner erfüllen **Zusammenfassungen** diese Funktion. Solche, die am Anfang einen Überblick nicht nur über die Subthemen, sondern z. B. auch über die spezifischen Ziele des Kapitels geben oder Bezüge zu kapitelübergreifenden Fragestellungen verdeutlichen, nennt man **Advance organizer**.

Wir befinden uns hier auf der Grenze zwischen **intratextuellen** und **intertextuellen Bezügen**, die auf (potenziell) eigenständigen Einheiten operieren. Krause hat dafür den Begriff der inkorporierenden Intertextualität geprägt (vgl. Abb. 8.1 und Kap. 6.6.1. zu Abstracts). Dazu gehören Titel, Inhaltsverzeichnisse und (integrierte) Zusammenfassungen. Sie sind sprachlich kodiert, aber **typografisch markiert**. Titel weisen außerdem eher selten die Form von Sätzen auf, in Inhaltsverzeichnissen kann man überdies durch die grafische Anordnung die Makrostruktur visualisieren, und Zusammenfassungen umfassen auch oft eine stichwortartige Auflistung der Hauptpunkte. Auch wenn sprachliche Einheiten linear aneinandergereiht sind, entsprechen sie oft nicht einer Folge ausformulierter Sätze. Dies zeigt Textbeispiel 7.2, in dem die Prädikationen überwiegend nominal ausgedrückt sind (*Übersiedlung, Studium, Flucht* usw.): Es weist ganze fünf finite Verben auf. Eine solche Darstellung, die gerade in Verbindung mit vielen **Zahlen**, d. h. einem elementaren nicht-sprachlichen Kode, erscheint, ist ebenso ökonomisch wie unübersichtlich, so dass man stattdessen **grafischen Stil** (vgl. Adamzik 1995b) wählt, wenn die Möglichkeit dazu besteht. Zeittafeln sind dafür typische Beispiele. Sie sind aber immer noch recht unanschaulich, anders als z. B. ein Zeitstrahl mit ikonischen Elementen (Abb. 7.5).

Solche spezifischen Textbausteine oder Teiltexte sind nun auch potenziell rekurrente Elemente. Für (umfangreiche) Sachtexte ist die **Wiederkehr bestimmter Teiltexte** mit spezifischer **typografischer Kennzeichnung** typisch. Im *Europäischen Geschichtsbuch*, auf dem die Abbildung 7.4 beruht, befindet sich etwa eine solche Zeittafel (in immer gleicher farblicher Gestaltung) am Beginn jedes Hauptkapitels, und jedes Hauptkapitel wird durch eine doppelseitige Landkarte abgeschlossen, die die wichtigsten Orte zeigt, die in dem Kapitel zur

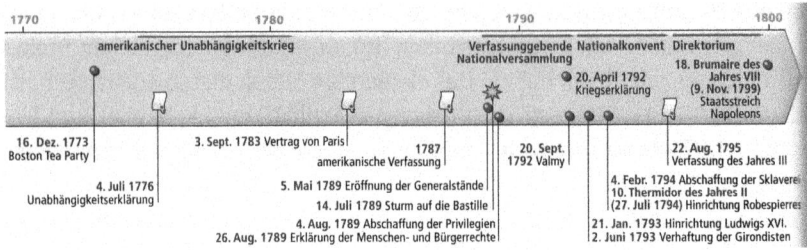

Abb. 7.5: Zeitstrahl (Histoire/Geschichte 2011: 196)

Sprache kamen. Der von der Aufmachung her sehr gut wiedererkennbare Zeitstrahl (Abb. 7.5) kommt sogar in mehreren Geschichtsbüchern aus demselben Verlag (Nathan) regelmäßig vor (vgl. Adamzik 2012b).

Die Abstimmung zwischen formalen, funktionalen und inhaltlichen Teiltexten wird seit längerem unter dem Schlagwort **Textdesign** behandelt (vgl. als grundlegenden Aufsatz Bucher 1996, ferner z. B. Roth/Spitzmüller 2007 und Schirnhofer 2010). Es geht dabei um Kommunikate, die Informationskomplexe in **Fließtexte**, **Grafiken** und **Bilder** zerlegen und dann als Cluster von zusammengehörigen Bausteinen präsentieren. Dieses **Clusterprinzip** – Burger/Luginbühl (2014: 249 f.) sprechen bezeichnenderweise von einer „Annäherung an den Hypertext" – gewinnt in massenmedialen Kommunikaten zunehmend an Gewicht. Es ist auch überwiegend an **Pressetexten** exemplifiziert worden, und zwar an kleinräumigen Verbindungen von Teiltexten, die maximal einige Seiten umfassen, in der Regel aber sogar auf einen Blick (Doppelseite) wahrgenommen werden können. Es geht also nicht um Zeitungen oder Zeitschriften als Ganzheiten, die ja eine Vielzahl von höchst heterogenen Einzeltexten umfassen. Die Rekurrenz von formal oder durch die Platzierung ausgezeichneten Teiltexten spielt in Periodika zwar auch eine Rolle, v. a. aber über verschiedene Ausgaben hinweg: Sie erlaubt dem regelmäßigen Leser schnelle Orientierung im Gesamtangebot solcher ‚Großtexte' (vgl. Kap. 8.2.).

Im Gegensatz zu den Periodika sind wissensaufbereitende **Sachbücher** **thematisch geschlossene Großformen**, die überdies eine erheblich längere Geltungsdauer haben. Darin stimmen sie mit literarischen Texten überein, die aber in der Regel auf lineare Ganzlektüre angelegt sind. Bei Sachbüchern entspricht der diskontinuierliche Zugriff auf Teiltexte dagegen einem üblichen und durchaus vorgesehenen Umgang. Sie können ohnehin nicht als Ganze in einem Zuge rezipiert werden, landen aber nicht nach kurzer Zeit im Altpapier, sondern lassen sich immer wieder hervorholen und kapitelweise studieren. Mit den Clustertexten aus der Presse haben sie aber gemeinsam die Kombination von Teiltexten mit sehr unterschiedlicher Funktion. Um auf das Beispiel des Brandunglücks zurückzukommen (vgl. Abb. 6.6), so würde es sich in einem Clustertext anbieten, einen Extrakasten mit Handlungsempfehlungen für die Vermeidung von Wohnungs- bränden in Form einer Checkliste anzufügen, eine Erklärgrafik zur Funktionsweise von Brandmeldeanlagen usw.

Besonders komplex strukturierte Großformen stellen heutige **Schulbücher** dar. Anders als bei Sachbüchern, deren Globalfunktion wohl recht gut als Infor- mationsaufbereitung bzw. -vermittlung gekennzeichnet werden kann, lässt sich bei Schulbüchern die globale Textfunktion nur sehr grob formulieren, etwa als ‚Kompetenzen im Fach xy vermitteln‘. Einen sehr wesentlichen Bestandteil bilden daher **handlungsanleitende Bausteine**. Schulbücher sind nicht (nur) zum Lesen gedacht, sondern man soll mit ihnen arbeiten. Eine Übersicht über typische Teiltexte von Geschichtsbüchern gibt das Schema von Schönemann/Thünemann (Abb. 7.6).

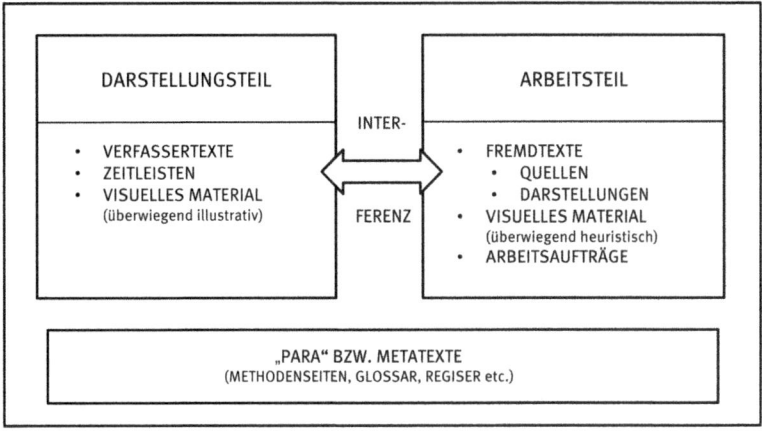

Abb. 7.6: Bausteine heutiger Schulgeschichtsbücher (Schönemann/Thünemann 2010: 98)

Ein charakteristisches Merkmal heutiger Schulbücher besteht darin, dass sie Teiltexte so präsentieren, dass man sie auf einen Blick zur Kenntnis nehmen kann (Doppelseitenprinzip). Außerdem kann die **Fragmentierung in Textbausteine** so weit gehen, dass gar kein eigentlicher Fließtext übrigbleibt (vgl. Adamzik 2013). Ferner werden für die verschiedenen Bausteine gut wiedererkennbare grafische Formen gewählt (spezielle Farben, logoartige Elemente, Schrifttypen, Platzie- rungen usw.). Teilweise sind diese Spezialkodes derartig differenziert und raffi- niert, dass sie in einem eigenen Para- bzw. Metatext, den sog. **Orientierungs- seiten**, erläutert werden müssen (vgl. Heer 2011). Die spezifischen grafischen

Darstellungsmittel entsprechen funktional den Elementen, die in Hypertexten als **Navigationshilfen** eingesetzt werden.

Ausgehend von Einzelbeispielen frappiert die enorme Varianz der konkreten Darstellungsmittel: Jedes Werk wählt sein eigenes Darstellungssystem und ist so auch gut von Konkurrenten unterscheidbar, die Texte (bzw. Reihen) gewinnen damit eine **individuelle Prägung.** Andererseits sind die funktionalen Erfordernisse natürlich immer dieselben, so dass sich auf abstrakterem Niveau **globale konventionalisierte Muster** erkennen lassen. Auf der formalen Ebene spricht man hier von **typografischen Dispositiven** (vgl. Kap. 2.5.1.), womit charakteristische **Layouts** gemeint sind, die unmittelbar erkennen lassen, ob es sich im Fall der Schulbücher z. B. um eine Zusammenfassung, einen Quellentext, eine Worterklärung, ein Beispiel, eine Definition, eine Übungsaufgabe usw. handelt. Ein gutes Erkennungsmerkmal – für wissenschaftliche Texte – stellen auch Seiten dar, die fortlaufend zweigeteilt sind, nämlich in den Textteil und die **Fußnoten** unter dem Strich. Diese stellen quasi ein konventionalisiertes Mittel dar, **Digressionen** anzuzeigen, was nur belegt, dass es tatsächlich sehr schwierig ist, alle Aussagen, die man in einem Text zusammenführen möchte, in geeigneter Form linear anzuordnen.

Zwischen formalen Globalstrukturen und den Mikrostrukturen, die durch lexikalische und grammatische Mittel realisiert werden, liegen nun noch eine ganze Reihe von Zwischenebenen. Unter diesen sind besonders wichtig **makrostrukturelle Schemata.** Die thematischen Makrostrukturen van Dijks (vgl. Kap. 6.5.) operieren auf Propositionen, sind also ausschließlich auf das Inhaltliche bezogen und funktionieren nach dem Bottom-up-Prinzip. van Dijk möchte sie strikt von globalen Schemata trennen, die er allerdings unter der Bezeichnung **Superstrukturen** auch ausführlich behandelt. Diese arbeiten mit abstrakten Kategorien, u. a. solchen, die erwartbare Subthemen, aber auch funktionale, formale oder auch situative Teiltexte betreffen. Eine extrem abstrakte formalfunktionale Grobgliederung (von Fließtexten) ist die in **Einleitung – Hauptteil – Schluss,** die sich natürlich je nach Textsorte unterschiedlich konkretisiert. Zu den am intensivsten untersuchten makrostrukturellen Schemata gehören die von Erzähltexten (vgl. Abb. 7.7) und Argumentationen.

Das Modell ist hierarchisch angelegt und gibt damit gerade keine Reihenfolge vor, es müssen auch nicht alle Elemente vorkommen. Es existieren allerdings durchaus konventionalisierte **Anordnungsprinzipien.** Für Ereignisfolgen (Episoden) scheint die **Chronologie** das Mittel der Wahl zu sein. Vorangestellt ist klassischerweise ein Situierungsteil (Rahmen), in dem insbesondere die Personen eingeführt werden. Nun hat sich aber gerade im Bereich literarischer Erzähltexte eine Vielzahl von speziellen Techniken entwickelt, die diesem ‚Trivialschema' nicht entsprechen. Teilweise betreffen sie die Globalstruktur (Rahmenerzählung,

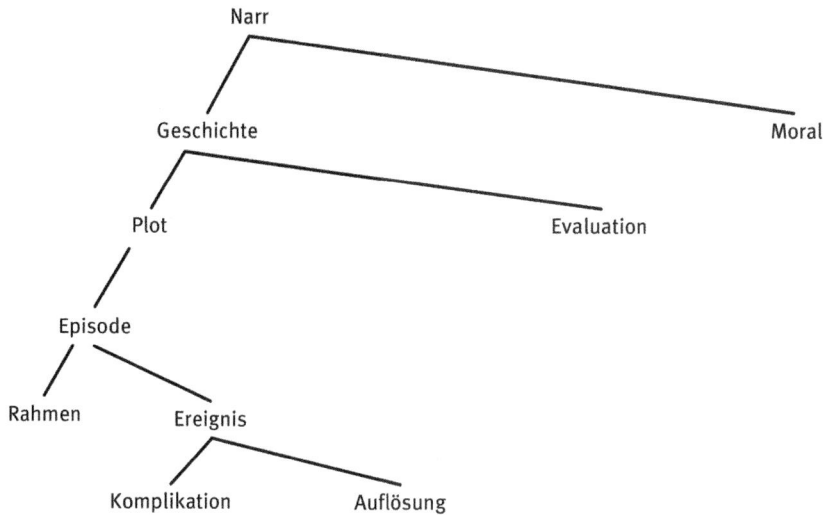

Abb. 7.7: Die „Superstruktur" von Erzählungen (van Dijk 1980: 142)

Briefroman usw.), teilweise handelt es sich um Verfahren, die nur ausgewählte Textsegmente betreffen (z. B. Sprünge in die Vergangenheit oder Zukunft, Ana- und Prolepse). Ganz elementar ist die Unterbrechung der Erzählstruktur durch eingebettete **direkte Rede**. Die literaturwissenschaftliche **Erzähltheorie** hat in diesem Bereich ein besonders umfangreiches Beschreibungsinstrumentarium entwickelt, um die **mehrschichtige Struktur** von Erzählungen und die **Perspektivik** zu erfassen (Ebene der erzählten Ereignisse, der Figuren, des Erzählers usw.).

Demgegenüber arbeiten textlinguistische Ansätze häufig lediglich mit der Gegenüberstellung der Ebenen **Welt – Text**. Der Text gilt als Komplex von auf die Welt bezogenen Propositionen. Die Relationen zwischen den Propositionen sind solche, die außersprachliche Zusammenhänge betreffen. Man bezeichnet sie oft als **semantische Relationen**. Über diese enge Auffassung, die für die Gliederung der Konjunktionen charakteristisch ist, geht Fabricius-Hansen (2000; vgl. Kap. 7.1.1.1.) insofern hinaus, als sie in ihrem letzten Abschnitt das bespricht, was man „oft unter den Begriff Diskursrelation oder rhetorische Relation subsumiert" (ebd.: 340) oder auch der **pragmatischen Ebene** zuordnet. Bei diesen **rhetorischen Relationen** handelt es sich um Kategorien wie Elaboration, Hintergrund, Erklärung, Kontrast, Parallele usw. Ausführlich geht darauf auch Averintseva-Klisch (2013: Kap. 7) ein. Bemerkenswert ist allerdings, dass sie dabei allein neuere Theorien behandelt. Anders als van Dijk stellt sie keine Beziehungen zu traditionellen Konzepten her, die sich auf die Ebene zwischen Satzverknüpfung und Makrostruktur beziehen.[12]

Tatsächlich hat sich für die Darstellungstechniken noch kein Begriff eingebürgert. Am ausführlichsten behandelt sie Sandig (2006), die von *stilistischen Handlungsmustern* und *Verfahren* spricht wie z. B. Generalisieren, Information gewichten, Spannung erzeugen, Emotionalisieren, Perspektivieren. Feilke (2010) betrachtet sie im Rahmen der Schreibforschung als einen Spezialfall von Textroutinen und bezieht sich darauf mit dem Ausdruck *literale Prozeduren*. Für das wissenschaftliche Argumentieren nennt er u. a. die Prozeduren Modalisieren, Perspektivieren, Vergleichen, Begründen, Folgern.

Festzuhalten ist, dass diese mittlere Ebene der Textstrukturierung in der Theoriebildung noch stark vernachlässigt wird. Intuitiv benutzt man allerdings ohnehin Kategorien dieser Art und sie spielen auch in der Sprachdidaktik eine große Rolle.

7.3. Untersuchungsobjekte und Fragestellungen

Der letzte Absatz stellt drei unterschiedliche Herangehensweisen an Texte nebeneinander, für die verschiedene Fragestellungen relevant oder eben auch nicht relevant sind und die sich daher teilweise einigermaßen fremd gegenüberstehen: Mit Intuitionen rechnet man aus der **Perspektive des normalen Sprachteilhabers,** der die Texte versteht und für den z. B. die Ableitung von Makropropositionen in den meisten Fällen trivial und daher irrelevant ist. Die **sprachdidaktische** oder auch **rhetorische Perspektive** hat Sprachteilhaber im Blick, die mit bestimmten Texten, den für sie charakteristischen Teiltexten, Darstellungsformen, Formulierungsmustern usw. gerade noch nicht (hinreichend) vertraut sind, und will die Entwicklung entsprechender Kompetenzen fördern. Die **theoretische Perspektive** ergibt sich dagegen aus der Logik einer Wissenschaftsdisziplin, die systematisch untersuchen will, was den Intuitionen zugrunde liegt und wie sich das formalisieren lässt.

Zu diesen Ausrichtungen kommt eine weitere hinzu, die im letzten Jahrzehnt immer wichtiger geworden ist und gewisse Gegensätze durchaus überbrücken kann, das ist die **Computerlinguistik und Sprachtechnologie.** Sie kann selbst eher theoretisch oder eher anwendungsbezogen ausgerichtet sein (vgl. Kap. 6.6. und als Überblick Stede 2008).

---

12 Zu den einflussreichsten neueren Ansätzen, die auch eine große Rolle in der Computerlinguistik spielen, gehört die *Rhetorical Structure Theory* (RST) (vgl. dazu Fritz 2014).

„Bis etwa 1990 waren Ansätze auf der Basis symbolischer Regeln (also im Sinne ‚traditioneller' linguistischer Grammatikmodelle) vorherrschend; seither haben aber statistische Modelle, die aus großen Korpora gewonnen werden, zunehmend an Bedeutung gewonnen." (ebd.: 333)

Das, was für den verständigen Sprachteilhaber normalerweise trivial ist – das Erkennen von Grenzen zwischen Texten und Teiltexten, Textsorten, Themenbereichen, Sätzen, Teilsätzen und nicht-satzförmigen Aussagen(komplexen), anaphorischen Beziehungen usw. –, muss für die Automatisierung dieser Operationen in exakte Prozeduren umgesetzt werden, die sich nur an **Oberflächenerscheinungen**, d. h. Zeichenfolgen, orientieren können (vgl. Kap. 7.6.). Dadurch rückt der Wortlaut wieder ins Zentrum. Zusätzlich zu den traditionellen Kategorien kommen aber auch Phänomene zum Vorschein, die erst die **quantitative und statistische Auswertung** umfangreicher **Korpora** erkennen lässt, insbesondere das gemeinsame Vorkommen von (lexikalischen) Einheiten unabhängig von ihrer syntaktischen Funktion. Dies wirkt zugleich auf die Theoriebildung zurück, da nun auch Relationen berücksichtigt werden müssen, die für die grammatische Analyse keine Rolle spielen.

Eine Verbindung zwischen der intuitiven und der formalisierten Analyse ergibt sich daraus, dass man in Texten zunächst z. B. für rhetorische Relationen ‚manuell' **Annotationen** vornimmt, um dann nach formalen Korrelaten dafür zu suchen, auf denen eine automatische Auswertung aufbauen kann. Dieses Vorgehen erfordert es, mit einem geschlossenen Inventar von **Deskriptoren** zu arbeiten (das natürlich im Laufe der Zeit wieder abgeändert werden kann). Sachlich bestehen zwar engste Beziehungen zwischen solchen Deskriptoren und den Kategorien, die intuitiv oder im Sinne der rhetorisch-stilistischen Tradition eingesetzt werden. Die unterschiedlichen Interessen und Ausrichtungen erschweren oder behindern aber eine Zusammenschau dieser Ansätze noch weitgehend.

Computer- und Korpuslinguistik (vgl. dazu Perkuhn et al. 2012, Scherer 2014) stellen große Forschungsbereiche für sich dar. Sie können hier nicht genauer berücksichtigt werden. Die damit verbundene quantitative Perspektive ist aber auch schon für traditionelle textlinguistische Fragestellungen relevant. Auch hier gibt es verschiedene Ausrichtungen, die sich in gewissem Sinne an den ins Auge gefassten Objekten und Fragestellungen festmachen lassen. Eine Übersicht darüber versucht die Abbildung 7.8 zu geben,[13] von der ausgehend die Frage wieder

---

13 Die verschiedenen Ausrichtungen kann man, zumindest grob gesehen, den Ebenen *Langage* (Sprache bzw. Text überhaupt), *Langue* (einzelsprachspezifische Ausdrucksmittel und Regeln), *Parole* (Realisierungen) sowie der von Coseriu (1979, 1988) eingeführten Zwischenebene *Norm* bzw. *Usage* (s. dazu weiter unten) zuordnen.

aufgegriffen werden soll, warum die Untersuchung der sprachlichen Dimension relativ undifferenziert geblieben ist, obwohl hier die spezifische Kompetenz der Sprachwissenschaft liegt (vgl. Kap. 3.2.3. und den Einleitungsabschnitt zu Kap. 7.).

Im Vordergrund der Betrachtung stand immer die sehr abstrakte Fragestellung, bei der es darum geht, nach Regeln für die Textbildung zu suchen. Das betrifft insbesondere die Diskussion um **Textualitätskriterien**, in der man nach Merkmalen suchte, die prinzipiell allen Texten zukommen. Auch die daraus abgeleiteten Beschreibungsdimensionen betreffen den Text überhaupt und also Kategorien, die nicht einzelsprachgebunden sind, nämlich situative Konstellationen, Funktions- und Strukturtypen.

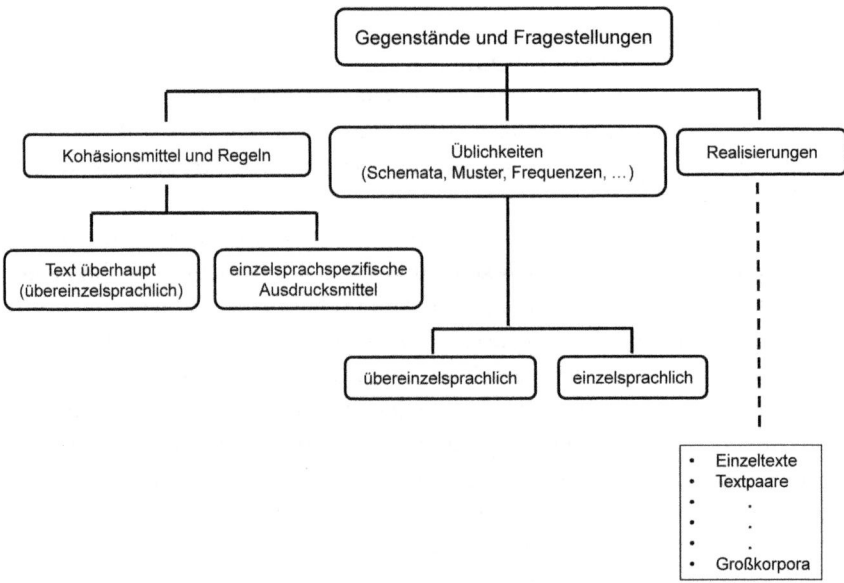

Abb. 7.8: Textlinguistische Gegenstände und Fragestellungen

Bei der Behandlung dieser Dimensionen werden freilich auch immer **einzelne Texte** herangezogen. Diese fungieren allerdings eigentlich nur **als Beispiel- bzw. Belegmaterial** für die abstrakten Kategorien, sie stellen sozusagen reine Instantiierungen von Kategorien und Regeln dar. Deswegen wählt man bevorzugt prototypische und das heißt auch unauffällige Texte aus. Diese weisen insbesondere die als für Textualität zentral betrachteten Kohäsionsmittel (im engen Sinn; vgl. Abb. 7.1) auf. Konkret handelt es sich bei Kohäsionsmitteln natürlich immer um einzelsprachliche Zeichen. Bei der Auflistung der Ausdrucksmittel kommt es aber auf ihre Einzelsprachspezifik eigentlich gar nicht an: Wichtig ist, dass die Ausdrücke den abstrakten Kategorien Proformen bzw. Konnektoren zugeordnet werden können. Funktionswörter stellen allerdings bekanntlich nur einen verschwindend geringen Teil der einzelsprachspezifischen Ausdrucksmittel dar. Der übergroße Teil bleibt außer Betracht, wenn es nur darum geht, den Text als Text (einer bestimmten Sprache) zu erweisen. Deswegen bildet die Aufdeckung der Kohäsion in irgendeinem gewöhnlichen Text auch eine einigermaßen triviale Angelegenheit. Die Sprachteilhaber vollziehen diese Operationen normalerweise routiniert und unbewusst; ihre Bewusstmachung bringt selten etwas hervor, was für sie irgendwie bemerkenswert wäre.

Im größtmöglichen Gegensatz zur Frage nach der Texthaftigkeit steht die nach dem **Text als einer individuellen, einmaligen Größe**. Sie kommt bevorzugt zum Tragen, wenn es um literarische, religiöse oder auch anspruchsvolle Sachtexte geht, um Texte jedenfalls, bei denen der Autor eine große Gestaltungsfreiheit hat und diese auch nutzt, d. h. dass er einen Text produziert, der sich von vergleichbaren grundsätzlich oder auch nur in vielen Details, aber auf jeden Fall deutlich unterscheidet, über den es deshalb auch etwas Spezifisches zu sagen gibt. Das kann natürlich auch die Feststellung sein, dass der Text den üblichen Erwartungen nicht entspricht, also z. B. nicht aus einer Folge von grammatisch ausgeformten Sätzen besteht. Eine genauere Betrachtung erfordern selbstverständlich auch Texte, die sich gegen routinierte Verarbeitung sperren, nicht unmittelbar verständlich sind und somit eine hermeneutische Herausforderung darstellen (vgl. Kap. 5.4.).

Die Untersuchung einzelner Texte um ihrer selbst willen gehört in der Regel zum Aufgabenbereich auch anderer Disziplinen, je nachdem um welche Art von Texten und welchen Kommunikationsbereich es sich handelt. Hier bewegen wir uns also auf **interdisziplinärem** Terrain und für diesen Bereich (m. E. allerdings nur für diesen) ist es auch angemessen, **Textlinguistik als Bindestrich-Disziplin** zu begreifen (vgl. Kap. 9.1.). Es ist allerdings daran zu erinnern, dass die Disziplinen, die man sozusagen als leibliche Schwestern der Mutter Philologie betrachten kann, die Sprach- und Literaturwissenschaft, nach enger Kooperation in der Frühzeit der Textlinguistik (vgl. Kap. 1.3. und 1.5.2.) seit geraumer Zeit eher getrennte Wege gehen (vgl. Kap. 4.2., 5.3.1. und 9.2.).

Zudem hat sich die Textlinguistik mit alltäglichen Gebrauchstexten einen bevorzugten Untersuchungsgegenstand gewählt (Wetterberichte, Kochrezepte, Familienanzeigen usw.), auf den andere Textwissenschaften keinen Anspruch erheben. Hier steht die Untersuchung von **Textsorten** im Vordergrund, die sich in der Abbildung 7.8 zwischen den Regeln und den Realisierungen ansiedeln, nämlich im Kasten der Üblichkeiten, zu dem Schemata oder Muster aller Art gerechnet werden sollen. Textsorten (vgl. dazu weiter Kap. 8.1.) stellt man gewöhnlich als in Einzelsprachen historisch überlieferte Muster dar. Da es Muster auf sehr verschiedenen Abstraktionsebenen gibt, müssen wir aber auch mit übereinzelsprachlichen rechnen, zumal man Texte ja übersetzen kann. Im Bereich der Übersetzungswissenschaft, der kontrastiven Textologie sowie der Medienlinguistik, Fachsprachforschung und der Historiolinguistik, sind die meisten Studien entstanden, die – wenngleich in der Regel auf der Grundlage relativ kleiner Korpora – Texte differenzierter auf sprachliche Merkmale hin untersucht haben. Nicht selten sind die verschiedenen Ausrichtungen auch kombiniert (vgl. z. B. Hess-Lüttich et al. 1996, Holly/Biere 1998, Eckkrammer et al. 1999; Adamzik 2001a, Luginbühl/Hauser 2010, Bucher et al. 2010, Hauser et al. 2014, Luginbühl 2014).

7.3.1. Zur Auswahl von Beschreibungskategorien

In den einleitenden Abschnitten zu diesem Hauptkapitel wurde ausgeführt, dass prinzipiell alles, was an Kategorien für die Beschreibung von Einzelsprachen entwickelt wurde, in textlinguistischen Arbeiten von Relevanz sein kann. Angesichts dessen käme es einem völlig aussichtslosen Unterfangen gleich, auch nur die wesentlichsten Unterthemen mit annähernder Vollständigkeit vorzustellen. Dazu müsste man die Inhaltsverzeichnisse von sprachbeschreibenden Werken abdrucken, also insbesondere von Übersichtsdarstellungen zur Lexikologie und Grammatik. So sei hier nur festgehalten, dass tatsächlich der Rückgriff auf solche Werke empfohlen werden muss, wenn es um die Beschreibung des lexikalischen Materials und der grammatischen Strukturen von Texten geht. Während das Problem in Bezug auf den situativen Kontext, die Funktion und das Thema von Texten darin bestand, zu einem Inventar sinnvoller Beschreibungskategorien zu kommen, sehen wir uns bei der sprachlichen Gestalt von vornherein einem Überangebot gegenüber.

Die Unmöglichkeit einer Auflistung relevanter Aspekte hat immerhin einen Vorteil: Man entgeht so der Gefahr, den Eindruck zu erwecken, es gebe ein Set von Beschreibungskategorien, das bei jedem Text notwendigerweise abzuarbeiten wäre. Welche Fragestellungen und welche Kategorien bei der Analyse von Textkorpora oder Einzeltexten sinnvoll sind, ist vielmehr vom Einzelfall abhängig, also **induktiv und materialgeleitet** zu bestimmen. Es ergibt sich teilweise unmittelbar aus dem intuitiven Eindruck und einem globalen Textverständnis, das **Auffälligkeiten** registriert. Dementsprechend kann nur davon abgeraten werden, bei der linguistischen Analyse den Standpunkt des naiven Lesers auszublenden. Das intuitive Verständnis sollte vielmehr den Ausgangspunkt bilden; bei der Analyse geht es dann darum, herauszufinden, welche (sprachlichen) Mittel zu diesem intuitiven Eindruck führen – eventuell auch, ob er sich überhaupt bestätigt bzw. inwieweit intersubjektive Übereinstimmung darüber hergestellt werden kann.

Bei dem bloßen Hinweis, dass es vom Einzelfall abhänge, mit welchen Kategorien man bei der Beschreibung arbeitet, kann es natürlich nicht sein Bewenden haben und der Verweis auf Auffälliges und für den intuitiven Eindruck Relevantes ist in dieser Pauschalität auch wenig hilfreich, zumal Intuition, Sprachgefühl und subjektive Eindrücke in dem Ruf stehen, sich mit Wissenschaftlichkeit nur schlecht zu vertragen. Dass man nur das untersuchen kann, was das Material auch hergibt, ist allerdings eine schlichte Banalität. Aus diesem Grund scheint mir z. B. auch die Frage, ob man Bilder in textlinguistische Analysen einbeziehen muss, nicht von theoretischer, sondern allein praktischer Relevanz zu sein. Sie stellt sich weder, wenn man es mit reinen Fließtexten zu tun hat, noch dann, wenn man etwa **Werbeanzeigen** als Untersuchungsmaterial wählt. Bei diesen handelt es sich um einen Typ von Kommunikaten, der schon sehr früh in Untersuchungen ausgewählt wurde, die Einzeltexte als Individuen ‚um ihrer selbst willen' behandeln und dabei natürlich die Multimedialität berücksichtigen (vgl. Kap. 2.5.3.).

Zu den funktionalen Erfordernissen von Werbekommunikaten gehört es, auffallen zu müssen. Ein geeignetes Mittel dafür besteht in **Regelverstößen**, die auch in literarischen Texten problemlos toleriert werden.[14] Es fällt aber auch auf, wenn man nicht gerade gegen Regeln, aber doch gegen Üblichkeiten verstößt. Sehr viele der vom System prinzipiell durchaus zugelassenen Möglichkeiten sind nämlich gleichwohl ungebräuchlich; z. B. ist entsprechend dem System prinzipiell keine Begrenzung für die Anzahl von Konstituenten vorgesehen, die zu einer größeren Einheit verbunden werden. Gleichwohl sind Sätze mit 25 ineinander geschachtelten Nebensätzen oder Komposita mit 25 lexikalischen Morphemen (auch im Deutschen) völlig unüblich.

Für diese Ebene zwischen System (*Langue*) und Rede (*Parole*) hat Coseriu den Begriff der **Norm** (auch *Usage*) eingeführt. Er meint damit das Tradierte, Übliche, Unauffällige oder Normale, nicht irgendeine präskriptive Vorschrift, also das, was Kodifizierungsinstanzen für korrekt erklären. Der Übergang zwischen beiden

---

14 In der Literaturwissenschaft ist man mit der sog. Abweichungsstilistik soweit gegangen, literarische Sprache gewissermaßen als Gegenmodell zur ‚Normalsprache' zu definieren, wonach die Abweichung von einer Norm das Spezifische literarischer Texte wäre. Das erklärt immerhin, wieso man dort auch auf Texte/Textbestandteile stoßen kann und diese akzeptiert, die andernorts als Fehler oder sinnlose Äußerungen gelten würden. In ‚dichterischen Freiheiten' dieser Art erschöpft sich aber das Literarische keineswegs, und so taugt die Abweichungsstilistik nicht „als Grundlage für eine Stiltheorie", in der diese Auffassung inzwischen als „gründlich widerlegt" (Spillner 1996: 244) gilt. – Vgl. zu Abweichungen auch Dittgen (1989).

Bereichen ist allerdings fließend: *Die Fehler von heute sind die Regeln von morgen.* Man differenziert die beiden Normbereiche daher am besten als **Soll-Norm** (das entsprechend der Präskription Korrekte) und **Ist-Norm** (das entsprechend deskriptiven Untersuchungen tatsächlich Übliche, das teilweise von der Soll-Norm abweichen kann). Der Übergang von einem Fehler über die Ist-Norm zur Regel vollzieht sich über den Anstieg der **Frequenz** einer Form. Auf der Grundlage von Großkorpora lassen sich solche Verschiebungen inzwischen sehr gut erfassen. So ist z. B. die Form *gewunken* im 19. Jahrhundert falsch (und kam bei kompetenten Sprechern nicht vor), heutzutage stellt sie die Ist-Norm dar, ist nämlich häufiger als *gewinkt*, sie wird aber in normativen Werken teilweise noch als unkorrekt behandelt.[15]

Bei der Soll-Norm denkt man in Bezug auf das Deutsche immer als erstes an die Vorschriften des *Duden*. Abgesehen davon, dass er gar nicht so präskriptiv ist, wie viele meinen und wie Sprachpfleger es wünschen – er lässt viele Varianten zu –, darf jedoch Soll-Norm nicht mit der Norm *einer* Varietät, nämlich der besonders hoch bewerteten Standard- oder Hochsprache, identifiziert werden. Soll-Normen betreffen überdies nicht nur das Korrekte, sondern auch das stilistisch Wünschbare. Sie sind einfach Vorschriften dafür, wie es sein soll, wie man zu sprechen oder zu schreiben hat, und solche kann es für alle **Varietäten** und **Textsorten** geben. Teilweise sind sie für verschiedene Bereiche geradezu gegensätzlich. So besteht eine Soll-Norm für die Wortwahl in wissenschaftlichen Texten in einem Synonymenverbot für Termini: Für ein Konzept soll immer derselbe (definierte) Fachausdruck verwendet werden. Im nicht-wissenschaftlichen Bereich lautet die Soll-Norm dagegen, dass Wortwiederholungen zu vermeiden sind (ein stilistischer Rat, den man übrigens auch im nicht-terminologischen Teil von Wissenschaftstexten beherzigen darf).

Die Norm stellt also nicht eine einheitliche Größe dar, sondern ein Gefüge aus verschiedenen Normen für unterschiedliche Teilbereiche der Sprachverwendung: Die normale Sprachgestalt von Märchen entspricht nicht der von wissenschaftlichen Abhandlungen, und das, was in der Verwaltungssprache üblich ist, ist im alltäglichen Sprachgebrauch auffällig. Sprachteilhaber erkennen solche charakteristischen Sprachverwendungsweisen, zu ihrer Sprachintuition gehört also auch Wissen über Üblichkeiten und Frequenzen. Natürlich können sie sich auch irren. Deswegen sollte man im Zweifelsfall seine Intuitionen anhand von sprachdeskriptiven Werken überprüfen. Denn die **Feststellung der Ist-Normen** ist eine **empirische Aufgabe**, d. h. es muss die Sprachverwendung in verschiedenen

---

15 Vgl.   http://hypermedia.ids-mannheim.de/call/public/fragen.ansicht?v_typ=f&v_id=76&v_wort=$ gewunken (Abfrage 1. 9. 2014).

Bereichen vergleichend untersucht werden. Grundlage für solche Untersuchungen können nur Textkorpora sein – Sprache realisiert sich nur in Texten –, so dass sich eine enge Verbindung zwischen der Textlinguistik, den sog. traditionellen Untersuchungsbereichen der Sprachwissenschaft und der Korpuslinguistik als notwendig erweist (vgl. dazu z. B. Bubenhofer 2009).

Dabei kann sich das Interesse wieder auf die unterschiedenen Fragestellungen konzentrieren: Die Beschreibung und Interpretation von Einzeltexten, die Erfassung von Ist- und Soll-Normen für bestimmte Textsorten und Varietäten und schließlich die Zusammenschau und Verallgemeinerung spezifischer Ist-Normen, die es erlaubt, das für eine bestimmte Einzelsprache in einem bestimmten Zeitraum Typische, Übliche, Unauffällige zu erfassen. Alle drei Fragestellungen hängen notwendigerweise miteinander zusammen: Die Spezifik eines Einzeltextes kann man nur vor dem Hintergrund von Normen beurteilen – ist das in dieser Textsorte Erwartbare (und eventuell Vorgeschriebene) realisiert oder gibt es Abweichungen davon, und wenn ja: Wie sind diese zu interpretieren? Ob nun aber die Ist-Norm z. B. einer Textsorte tatsächlich genau für diese Textsorte typisch ist, kann man auch nur beurteilen, wenn man sie mit den Ist-Normen anderer Textsorten derselben Varietät und mit denen anderer Varietäten vergleicht, wenn man allgemeine Durchschnittswerte oder Bandbreiten für die Varianz kennt, die das Varietätengefüge der Sprache insgesamt charakterisieren.

Die damit umrissenen Aufgaben der deskriptiven Sprachwissenschaft sind natürlich schon seit langer Zeit angegangen und insbesondere in den verschiedenen Zweigen der **Variationslinguistik** bearbeitet worden, in der Historiolinguistik, der Sprachgeografie (bei der es auch um Varianten der Soll-Normen für die Standardsprache, die sog. nationalen Varietäten geht), der Soziolinguistik, Fachsprachforschung usw. Im Bereich der Textlinguistik sind es v. a. die Studien zu einzelnen Textsorten, die Ergebnisse zu diesen Fragen beitragen und dieser Zweig der Textlinguistik hat seit etwa 30 Jahren gerade die Forschungen zur Sprachgeschichte und zu Fachsprachen stark befruchtet. Trotz der Vielzahl von Einzelstudien fehlen jedoch noch weitgehend zusammenfassende Übersichten über die Ergebnisse, d. h. Werke, in denen man die für Vergleiche notwendigen Befunde nachschlagen könnte.[16] Dies wiederum hängt sehr stark damit zusammen, dass auch die Diskussion über die Untersuchungsmethoden unterentwickelt ist und in Einzelstudien vielfach mit schlecht definierten oder nicht vergleichbaren Kategorien gearbeitet wird. Für die künftige Forschung liegt hier noch ein weites Arbeitsfeld vor.

---

16 Vgl. daher teilweise auch immer noch H. Meier (1967) – trotz der berechtigten Kritik von Braun (1993: 166).

7.3.2. Beispieldiskussion

Zur Illustration des in 7.3.1. Ausgeführten eignet sich hervorragend ein Werk von Raymond Queneau, *Exercices de style* (1947), das Ludwig Harig und Eugen Helmlé ins Deutsche übertragen haben. Es enthält in der letzten Fassung mehr als hundert Variationen zu einem Thema bzw. Abwandlungen zu folgendem Ausgangstext.

Textbeispiel 9.1
Angaben
(1) Im Autobus der Linie S, zur Hauptverkehrszeit. **(2)** Ein Kerl von etwa sechsundzwanzig Jahren, weicher Hut mit Kordel anstelle des Bandes, zu langer Hals, als hätte man daran gezogen. **(3)** Leute steigen aus. **(4)** Der in Frage stehende Kerl ist über seinen Nachbarn erbost. **(5)** Er wirft ihm vor, ihn jedesmal, wenn jemand vorbeikommt, anzurempeln. **(6)** Weinerlicher Ton, der bösartig klingen soll. **(7)** Als er einen leeren Platz sieht, stürzt er sich drauf. **(8)** Zwei Stunden später sehe ich ihn an der Cour de Rome, vor der Gare Saint-Lazare, wieder. **(9)** Er ist mit einem Kameraden zusammen, der zu ihm sagt: „Du solltest dir noch einen Knopf an deinen Überzieher nähen lassen." **(10)** Er zeigt ihm wo (am Ausschnitt) und warum.

Schon dieser Text weicht von unseren Erwartungen an Texte schlechthin ab: Es dürfte nämlich ziemlich schwierig sein, hier das Hauptthema ‚abzuleiten‘, da man nicht so recht versteht, worauf das Ganze hinaus soll. Zwar sind die beiden Absätze durch die üblichen Kohäsionsmittel verknüpft, eine inhaltliche Kohärenz zwischen den beiden Szenen erschließt sich aber kaum und man fragt sich, in welcher Situation dieser Text welchem Zweck dienen könnte.

Viel massiver weichen aber die Varianten 9.2 und 9.3, die hier nur verkürzt wiedergegeben zu werden brauchen, von den Erwartungen an einen Text schlechthin ab – es fehlt weitgehend oder gänzlich eine syntaktische Verknüpfung der Einheiten. Übrigens lassen sich diese Versionen, die an linguistische Analysen der propositionalen bzw. grammatischen Struktur erinnern, besonders leicht übersetzen, da es eben gar nicht um einzelsprachspezifische Besonderheiten geht.

Textbeispiel 9.2

	Ich.
Logische Analyse	Ich. Dritte Person, Erzähler.
Autobus.	Worte.
Plattform.	Worte.
Autobusplattform. Ort der Handlung.	Worte. Was gesagt wurde.
[...]	[...]

Textbeispiel 9.3
Einzelteile der Abhandlung
Artikel: der, die, das, die, ein, eine, der, des, dem.
Substantive: Tag, Mittag, Plattform, Autobus, Linie S, Seite [...]

Eine Reihe von Versionen, deren jeweiliger Beginn hier unter 9.4 zusammengestellt ist, setzt sich völlig über das Regelsystem der französischen bzw. deutschen Sprache hinweg; auch sie sind relativ leicht übertragbar, denn es kommt hier nur auf systematische Durchbrechungen an, die in verschiedenen Sprachen gleich gut durchgeführt werden können.

Textbeispiel 9.4
Metathesen – Eines Tegas genge Mattig berkemte ich auf der hitneren Plattform [...]
Anagramme – Zur Hauptperverszitehk in einem S trist sich ein Lerk [...]
Aphäresis – nen tobus ler gäste. merkte nen gen schen sen [...]
Synkopen – Ich stg in'n Aubus vollr Fhrgäste. Ich bmerkte einen Jngmann [...]
Javanisch – Eiweinewes Tawagewes gewegewen Miwittawagewes [...]

Weniger stark ist die Abweichung von den Regeln des Systems in der Version *Wortkomposition*, die Möglichkeiten der Wortbildung lediglich ‚überstrapaziert': *Ich autobusplattformte [...] und nachbarlichte mit einem [...] Kordelumdenhutgetüm. [...] „Du solltest deinen Überzieher knopfvervollständigen."*

Extreme Abweichungen von den Erwartungen bereits auf der Ebene der Texthaftigkeit und der Orientierung an den Regeln einer bestimmten Einzelsprache kommen auch außerhalb solcher spielerischen oder zu Demonstrationszwecken eingesetzten Versuche vor. In einer gewissen Massierung finden sich absichtliche Verstöße dieser Art einerseits tatsächlich am ehesten in literarischen Werken und Sprachspielen (z.B. Nonsens-Gedichten, konkreter Poesie, ‚Geheimsprachen' von Kindern usw.); sie entsprechen hier einer bestimmten Ausdrucksabsicht. Diese geht ihnen ab, wenn sie sich in Texten von Produzenten finden, denen man unterstellen darf, dass sie die allgemeinen und einzelsprachspezifischen Regeln für die Textbildung (noch) nicht beherrschen (und nehmen dann natürlich meist nicht gerade die hier präsentierte Form an).

Andererseits gibt es eine ganze Reihe von Textsorten und Darstellungsformen, bei denen die Anforderungen an ‚normale Texte' suspendiert sind, die z.B. keinerlei Konnektoren, sondern nur ‚implizite Konnexion' aufweisen, da eine Explizierung kommunikativ nicht notwendig ist oder sogar stören würde. Das gilt etwa für alle möglichen Listen, von Einkaufszetteln bis hin zu Börsennotierungen (vgl. Textbeispiel 4) und Registern oder auch Wörterbüchern; auch andere Bücher und Aufsätze aus Sprachwissenschaft, Logik oder Mathematik weisen (ähnlich wie 9.2 und 9.3) Bestandteile auf, in denen Sprachmaterial vorkommt, das aber nicht zu einem kohäsiven Text verbunden ist.

Bei einem Teil der Stilübungen von Queneau wird nun der Ausgangstext in eine Version umgesetzt, die den spezifischen Normen bestimmter Textsorten folgt. Dazu gehört z. B. 9.5:

Textbeispiel 9.5
Telegraphisch
BUS BESETZT STOP JNGMANN LANGER HALS HUT KORDEL UMRANDET BELÄSTIGT UNBEKANNTEN FAHRGAST OHNE TRIFTIGEN GRUND STOP BETRIFFT GEQUETSCHE ZEHEN BERÜHRUNG FERSE VOR-GEBLICH MIT ABSICHT STOP JNGMANN GIBT DISKUSSION WEGEN FREIEM PLATZ AUF STOP VIERZEHN UHR PLACE ROME JNGMANN HÖRT MODISCHEN RATSCHLAG VON KAMERAD STOP KNOPF VERSETZEN STOP GEZEICHNET ARKTUR

Gleichwohl widerspricht 9.5 den Erwartungen an ein **Telegramm**, und zwar wiederum, weil man sich nur schwer vorstellen kann, wozu man derlei Banalitäten jemandem telegrafieren sollte: Thema/Inhalt, Funktion, Kommunikationsform und (textsortenbedingte) sprachliche Gestalt passen nicht zusammen, sind in-kohärent. Gleiches gilt für die Version *Amtlicher Brief*.

Am wenigsten weichen von möglichen Erwartungshaltungen denn auch die Versionen ab, in denen der gegebene Inhalt an eine dafür geeignete Situation und Textsorte angepasst wird. Für eine normale Erzählung ist der Inhalt einfach nicht ergiebig genug (jedenfalls nicht, wenn der Text nicht weitergeführt wird); in sog. **konversationellen Erzählungen**, eingebettet in Alltagsunterhaltungen ohne festgelegtes Thema und mit starker Suspendierung der Kohärenzforderung, ma-chen Leute aber auch mehr oder weniger irrelevante Alltagsbeobachtungen zum Thema. Dies wird in der Version *Unverhofft* demonstriert, die ein Kneipengespräch inszeniert. Nach der Bestellung und der unausweichlichen Erkundigung nach dem Befinden folgt die Frage nach Neuigkeiten, die Albert zunächst mit *Nichts Be-sonderes* quittiert. Man wendet sich dem Wetter zu, woraufhin Albert sich an die in diesem Kontext denn doch erzählenswert scheinende Begebenheit erinnert: *Halt, ich habe heut was Drolliges gesehen.* Es wird dann allerdings doch keine normale konversationelle Erzählung, da Albert nicht zusammenhängend erzählt, sondern jede einzelne Information von den anderen erfragt wird und sich einer von ihnen merkwürdigerweise am Schluss auch noch als der Ratgeber von der Gare Saint-Lazare erweist. Dies ist ein Beispiel für einen (thematischen) Erwartungsbruch, der innerhalb eines Textes (bzw. hier eines Dialogs) erfolgt: Wieso hat Albert seinen Kumpel nicht erkannt? Genau dieser Erwartungsbruch weckt ein gewisses Interesse an diesem Text; es handelt sich eben nicht um die Wiedergabe einer simplen Alltagserzählung.

Nahezu unauffällig sind nur die Versionen, bei denen man als Situationscharakteristika eine starke subjektive Betroffenheit und Emotionalität rekonstruiert. Diese lassen sich am besten als ‚**innere Rede**' vorstellen. Dem aus der Literatur bekannten ‚stream of consciousness', bei dem Assoziativität und Kohärenzmangel das Charakteristische sind, entspricht z. B. 9.6:

Textbeispiel 9.6
Ausrufe
Sieh an! Mittag! Zeit, den Autobus zu nehmen! Was ne Menschenmenge! was ne Menschenmenge!
ist das ein Gedränge! doll! dieser Kerl da! was für ne Visage! und was fürn Hals! fünfundsiebzig
Zentimeter! mindestens! und die Kordel! die Kordel! sowas hab ich noch nie gesehen! die Kordel!
das ist das Dollste! [...]

Dass in 9.6 nun wirklich sämtliche Einheiten durch ein Ausrufungszeichen abgeschlossen werden, widerspricht natürlich schon jeder Normalerwartung an einen Text. Man erwartet zwar Rekurrenzen, aber eben nicht das Maximum, das an Rekurrenz vorstellbar ist. Charakteristisch ist eine solche Übererfüllung der Norm nur für **Parodien**, und einen stark parodistischen Charakter haben die *Stilübungen* ja auch.

Das letzte Textbeispiel aus der Sammlung zeigt den Übergang von der Verwendung lautlich übereinstimmender, aber existierender Wörter zur Abwandlung von Ausdrücken gemäß dem lautlichen Schema.

Textbeispiel 9.7
Homöoteleuton
Der wohlbestallte Autobus stand an der Halte. Ein junger Balte krawallte, denn der Alte prallte an
seine gebügelte Falte. Es hallte und schallte, bis daß es knallte. Der Alte wallte, aber der Balte sah
eine Spalte, in die er sich krallte.
Eine Stalte spalte erblallte ich ihn vor der Galte Saint-Lazalte. Er strallte dort wegen eines Knallte,
eines Überzalteknallte.

7.4. Lexik

Bei der Untersuchung des Wortmaterials von Texten ist zunächst eine begriffliche Unterscheidung zu beachten. Einerseits kann man den Umfang eines Textes in der Anzahl der Wörter messen (vgl. Kap. 6.6.) und meint dann mit Wort Tokens, nämlich jede Einheit, die durch Leerzeichen/Spatien von anderen Einheiten abgegrenzt ist. Diese Einheiten bezeichnet man am besten als **Textwörter.** Nun kommen in Texten häufig dieselben Wörter vor, und bestimmte Textwörter sehen zwar gleich aus, repräsentieren aber unterschiedliche **Lexeme** (Types$_1$) – man spricht hier auch von **Wörterbuchwörtern** – oder zwar dasselbe Lexem, aber unterschiedliche grammatische **Wortformen** (Types$_2$). Das demonstriert man gern an Sätzen wie den folgenden: *Wenn Fliegen hinter Fliegen fliegen, fliegen Fliegen Fliegen hinterher.* Wir haben insgesamt 9 Textwörter/Tokens, darunter 6x dieselbe Form, nämlich *fliegen* (Type$_3$). Diese ist allerdings (eine Spezialität des Deutschen) 4x groß geschrieben, um zu markieren, dass es sich um Substantive handelt. Das erste und dritte Token repräsentiert den Nominativ Plural (Type$_4$), das zweite und vierte den Dativ (Type$_5$). Bei den beiden klein geschriebenen handelt es sich natürlich immer um die 3. Person Plural Präsens Indikativ (Type$_6$). Wir haben also zwei Einheiten im Sinne von Type$_1$ (Lexem) vor uns, nämlich *Fliege* und *fliegen*, ferner beim Substantiv zwei (von insgesamt acht möglichen) Einheiten vom Type$_2$, nämlich Nominativ und Dativ Plural, für die wir jeweils eigene Types ansetzen können. Beim Verb finden wir nur eine Wortform – mit wie vielen man insgesamt rechnen will, hängt davon ab, ob man auch analytische Formen (*bin, bist, ist geflogen* usw.) mitzählt. Diese wahrscheinlich etwas verwirrende Demonstration dient v. a. dazu, die Interpretation zu vermeiden, dass Type grundsätzlich dasselbe wie Lexem und Token dasselbe wie Wortform ist. Welche Types man ansetzt, d. h. auf welcher Abstraktionsebene man argumentiert, hängt vielmehr von der jeweiligen Fragestellung ab. Insbesondere können auch noch viel abstraktere Größen (z. B. Wortart oder Neologismus) als Analyseeinheit definiert werden.

Damit kommen wir zu den Kategorien, die in quantitativen Untersuchungen zum Wortschatz berücksichtigt werden. Dabei handelt es sich zunächst um die in Tabelle 7.6 zusammengestellten **formalen Merkmale**, ferner um die in 7.7 angeführten Untergruppen **markierter Ausdrücke**. Beide Arten von Sortierung können für das gesamte lexikalische Material jedes Textes vorgenommen werden. Die verschiedenen Merkmale hängen im Übrigen miteinander zusammen: Die besonders häufigen Wörter sind z. B. auch besonders kurz, Fachwörter sind häufig komplex usw. Ein elementares Kriterium im Bereich des Wortschatzes ist ferner die Frage, ob ein Ausdruck **lexikalisiert** ist, also in Wörterbüchern erscheint, ob es ein **Neologismus** ist (vgl. Elsen 2011) oder ob es sich um eine **Ad-hoc-Bildung** handelt. Das müssen nicht so originelle Bildungen wie *knopfvervollständigen* oder *nachbarlichen* aus der Queneau-Sammlung sein, vielmehr haben Wortbildungen eine wesentliche Funktion im Rahmen von Wiederaufnahmerelationen, also für die Textkonstitution, ohne dass die geringste Chance bzw. Notwendigkeit besteht, dass sie ins Lexikon eingehen, z. B. lässt sich *ein Film über Afrika* als *der Afrikafilm* wiederaufnehmen, *ein verdrecktes Zimmer* durch *das Dreckzimmer* usw. (vgl. dazu besonders Peschel 2002).

Tab. 7.6: Formale Merkmale von Textwörtern

Kategorie	Erläuterungen und Subkategorien
Wortlänge	gemessen in Buchstaben oder Silben, besonders berücksichtigt in Verständlichkeitsformeln
Wortarten	Inhaltswörter (Autosemantika) vs. Funktionswörter (Synsemantika) Hauptkategorien der Autosemantika: Substantive, Verben, Adjektive, Adverbien
Wortkomplexität	Kategorien aus der Wortbildung: Simplex, Kompositum/Zusammensetzung, Derivation/Ableitung, Konversion, Kurzwort, Wortkreuzung (z. B. *Grexit*)
Worthäufigkeit	Angaben in Frequenzwörterbüchern und Großkorpora
Wortvarianz bzw. Wortwiederholung	genauer bestimmt als Type-Token-Relation: Wie viele verschiedene Wörter (Lexeme und Wortformen) enthält der Text im Verhältnis zur Gesamtwortzahl? (vgl. Kap. 7.6.)

Für die Beschreibung lexikalischer Einheiten, insbesondere zur Unterscheidung bedeutungsverwandter Lexeme, ist es besonders wichtig festzustellen, ob sie irgendwelche Besonderheiten aufweisen, die ihren Gebrauch betreffen. Dies entspricht eigentlich unmittelbar dem Kriterium der Auffälligkeit und schlägt sich nieder in lexikografischen Markierungssystemen. Liegen keine besonderen Hinweise vor, bezeichnet man die Ausdrücke als **neutral bzw. unmarkiert**. **Markierte** Ausdrücke sind dagegen in irgendeiner Hinsicht ungewöhnlich, sie gehören zu bestimmten Varietäten, Stilschichten oder Sprachverwendungsweisen. Wichtige Untertypen sind in Tabelle 7.7 zusammengestellt.

Tab. 7.7: Untertypen markierter Ausdrücke

Kategorie	Erläuterungen und Subkategorien
Lexikalisierung	in Wörterbüchern verzeichnet vs. Neologismen und Ad-hoc-Bildungen
Herkunft	Fremdwörter (im Gegensatz zu Erbwörtern und Lehnwörtern); ab wann im Gebrauch?, ggf.: von wem eingeführt?, ...
Varietätenspezifik	im Wörterbuch z. B. markiert als Fachwörter, Regionalismen, umgangssprachlich, gehoben, vulgär, veraltet, selten etc.
Konnotation und Wertung	im Wörterbuch z. B. markiert als pejorativ, ironisch, spöttisch, euphemistisch usw.

Die Intuitionen über solche Eigenschaften sind allerdings teilweise so unterschiedlich, dass man auch in Wörterbüchern verschiedene Kennzeichnungen findet. Für praktische Analysen ist es daher unbedingt notwendig, mindestens ein Referenzwerk heranzuziehen (eher mehrere), so dass die Einschätzungen kontrollierbar sind. Besonders nützlich sind dabei **korpusbasierte lexikologische Instrumente** wie insbesondere das *Online-Wortschatz-Informationssystem Deutsch* (http://www.owid.de/), das beim Institut für Deutsche Sprache angesiedelt ist, und das *Digitale Wörterbuch der deutschen Sprache* (http://www.dwds.de/).

Unter textlinguistischen Gesichtspunkten scheint es mir nun sinnvoll, das Wortmaterial eines Textes nicht unmittelbar den durch diese Merkmale charakterisierten Gruppen zuzuordnen, sondern die Frage vorzuschalten, weshalb bestimmte Wahlen getroffen werden bzw. woraus sich die Erwartbarkeit herleitet. Unterscheiden möchte ich dabei vier Gruppen: Ein großer Teil des Wortmaterials entfällt immer auf Einheiten, die sich in allen Texten der betreffenden Sprache finden, sie erklären sich also aus der **Einzelsprachspezifik** des Textes. Dabei handelt es sich einerseits um die sog. Funktions- oder Strukturwörter, die schon ausführlich in 7.1. zur Sprache gekommen sind. Neben den Wortarten Artikel, Pronomen, Präposition, Konjunktion und Partikel gehören dazu auch die zur Formenbildung verwandten Hilfsverben sowie Modal- und Modalitätsverben, hochfrequente Adverbien (*hier, immer, so*) sowie Zahl- und Mengenausdrücke. Der Anteil, den diese Ausdrücke am Gesamtbestand eines ‚Normaltextes' ausmachen, variiert natürlich entsprechend der Sprachstruktur und der Textsorte. Im Deutschen sind es etwa 40 – 60 %, also grob gesehen die Hälfte aller Ausdrücke. Auch eine Reihe von Inhaltswörtern ist derartig allgemein und frequent, dass sie als so etwas wie Allerweltswörter gelten können, mit denen grundsätzlich zu rechnen ist. Bei der automatischen Ermittlung von Wortfrequenzen kann man diese häufig nicht interessierenden Ausdrücke ausschließen (vgl. Kap. 7.6.)

Ansonsten ist die Auswahl der Inhaltswörter selbstverständlich in erster Linie vom **Thema** abhängig. Will man hier subdifferenzieren, kommt der Frage, welchen Wortfeldern und größeren Sachbereichen die Einheiten zuzuordnen sind, vorrangige Bedeutung zu. Entsprechendes gilt auch für den dritten Einflussfaktor, die **Textsorte**. Da Textsorten teilweise bereits thematisch spezifiziert sind (vgl. Kap. 6.4.) gibt es zwischen diesen beiden Faktoren einen Überschneidungsbereich; für thematisch stark variable Textsorten ist die Differenzierung aber notwendig. Zur vierten Gruppe gehört schließlich alles Wortmaterial, das sich nicht in die vorigen Kategorien einordnet; dies fasse ich als Restgruppe zusammen – sie umfasst also die am wenigsten oder gar nicht erwartbaren Ausdrücke und ist daher für Interpretationen besonders interessant.

Der Unterschied zwischen themen- und textsortenspezifischen Ausdrücken lässt sich gut an den Textbeispielen 6.2 und 6.3 veranschaulichen, da das Thema bei **Abstracts** (und den ihnen zugrunde liegenden wissenschaftlichen Aufsätzen) nicht vorhersehbar ist. Textsortenspezifisch sind die Ausdrücke, mit denen man auf den zusammengefassten Text und Teile davon Bezug nimmt, auf Tätigkeiten des Autors referiert, die in wissenschaftlichen Arbeitsprozessen üblich sind, und sonstige für Wissenschaft schlechthin typische Größen benennt. Dabei ist es sinnvoll, zusammengehörige Wörter als Einheiten zu behandeln (*Hinweise geben, zum Schluss*) und nicht mechanisch Einzelwörter zuzuordnen. Für die Bezugnahme auf den Autor selbst wird in beiden Texten der Name (*Fluck*) gewählt, nicht wie sonst oft *Autor* oder *Verf(asser)*. Der Eigenname ist damit bereits themenspezifisch, hängt nämlich natürlich davon ab, welcher (wessen) Aufsatz zusammengefasst wird. Themenspezifisch sind weiter alle Ausdrücke, die den konkreten Inhalt des Aufsatzes betreffen. In beiden Texten erkenne ich keinen Ausdruck, der der Restgruppe zuzuordnen wäre – sie enthalten also gar nichts Unerwartbares, und genau das ist für Abstracts völlig normal. Auffällig ist allenfalls das *leider* in 6.2. Es handelt sich zwar um ein Adverb, dessen Wahl insofern wenig überrascht, als es zu den 1000 häufigsten Wortformen des Deutschen gehört; es ist aber wegen der **Wertung**, die darin zum Ausdruck kommt, in einem Abstract auffällig. Es gibt nämlich eine Soll-Norm, nach der man in dieser Textsorte (im Gegensatz zur Rezension) auf Wertungen zu verzichten hat. Dem widerspricht allerdings zumindest teilweise die Funktion von Abstracts – schließlich sollten sie dem Leser zu erkennen geben, welchen Nutzen er aus der Lektüre des Aufsatzes ziehen kann. Die Wörter aus 6.3 seien diesen Gruppen schematisch zugeordnet (Tab. 7.8).

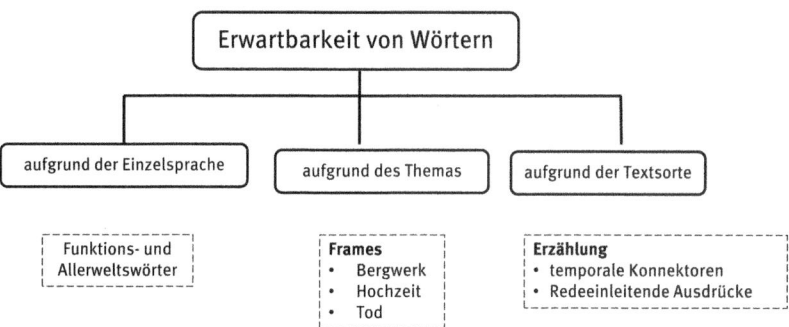

Abb. 7.9: Erwartbarkeit von Wörtern

Die genauere Untersuchung des Anteils der Funktionswörter und aller Untergruppen ist meist wenig ergiebig und nur relevant, da es bestimmte Textsorten gibt, in denen ihr Anteil von einem ‚allgemeinen Durchschnitt' deutlich abweicht. Überdurchschnittlich groß ist er etwa in **dialogischen Texten**, da hier charakteristischerweise auf die Gesprächspartner referiert wird, und zwar mit Pronomina, und auch ansonsten viele Referenzen mit deiktischen Elementen (vgl. dazu Diewald 1991) sowie viele **Partikeln** und **Gesprächswörter** vorkommen. Extrem gering (bis gegen 0) ist er natürlich in Textsorten, die gar keinen kohäsiven Texten entsprechen (Listen, Register usw.) oder entsprechend einer spezifischen Ist-Norm Kohäsionsmittel einsparen (Telegramme, Stichwortnotizen) oder auch durch grafische Sonderzeichen ersetzen. Textbeispiel 9.5 (Telegramm) etwa enthält überhaupt nur vier Funktionswörter in Gestalt der Präpositionen *ohne, mit, wegen* und *von*, was einem Anteil von 8 % entspricht.

Auch was die Inhaltswörter angeht, kann man einen groben Richtwert für **Wortarten** insofern angeben, als auf **Substantive** immer der größte Anteil (meist mehr als die Hälfte) entfällt, während die Häufigkeit von Verben und Adjektiven textsortenspezifisch variiert. Wie notwendig es ist, solche Gegebenheiten zu berücksichtigen, zeigen irreführende Interpretationsversuche: In vielen Studien zur Werbesprache versucht man etwa, den besonders hohen Anteil von Substantiven aus der Textsorte zu erklären, mit dem Hinweis, durch Substantive würden ‚die Werbeobjekte benannt und gekennzeichnet' oder gar durch den allgemeinen Verweis auf die ‚heutige Tendenz zum Nominalstil in Wirtschaft und Verwaltung' (vgl. gegen solche Interpretationen auch Janich 2013:150 ff.). Dass es in Fließtexten normalerweise mehr Substantive als Verben gibt, erklärt sich aber schon daraus, dass das strukturelle Zentrum des Satzes ein Verb (Prädikat) ist, das *mehrere* Mitspieler regiert, deren Standardform die Nominalgruppe ist, die dann auch noch Attribute in nominaler Form umfassen kann.

Tab. 7.8: Erwartbarkeit von lexikalischem Material in Textbeispiel 6.3

Quelle der Erwartbarkeit	Wörter und Wortgruppen aus Textbeispiel 6.3
Einzelsprache	*wie, die, in, sich, sind, und, ob, es gibt, zwischen, verschiedenen, er, der, und, unter, den, er, zur, von, im*
Thema	*Fluck, Informationswiedergaben, Textart, Abstract, strukturiert, wissenschaftlichen Disziplinen, Texte, Fachbereiche, Sprachwissenschaft, Betriebswirtschaft, Metallkunde, Textaufbau, Verwendung kohärenter Mittel, syntaktische Komplexität, lexikalisch-stilistische Mittel, Didaktisierung, Abstracts, fachbezogenen Fremdsprachenunterricht*
Textsorte	*geht der Frage nach, bezogen auf, Differenzierungen, vergleicht, Gesichtspunkten, Zum Schluß, gibt Hinweise*
keine	

Variantenreicher als in Abstracts ist die Wortwahl in den Textbeispielen zu Döblin. 7.1, 7.2, 7.4 und 7.5 sind lexikalisch wenig auffällig, auch hier lassen sich die Wahlen aus Thema und Textsorte erklären. Für die Textsorte **Lexikoneintrag** typisch sind die **Abkürzungen** – *geb., Stud., Dld., Gest.*; *Ps[eudonym], D.*, nicht jedoch allgemein verbreitete wie *(i.) Br., Dr. med., u.a., z.T.* Im **Klappentext** 7.4 unauffällig ist die **Wertung** *bedeutendsten*.

In 7.5 fällt natürlich *Irrenarzt* (bzw. *irrenärztlich, Kreisirrenanstalt* und *Privatirrenanstalt*) auf, dabei handelt es sich jedoch um die **historisch üblichen Ausdrücke**, die bei Döblin erwartbar sind und uns lediglich die historische Distanz verdeutlichen, die uns von ihm trennt. In den moderneren Texten sind sie denn auch ersetzt durch *Facharzt für Nervenkrankheiten* (7.1), *für Neurologie* (7.3) bzw. *Nervenarzt* (7.2) – nicht jedoch durch das heute üblichste *Psychiater* – und werden nur dort verwendet, wo es um die offizielle Bezeichnung der Institutionen geht, an denen Döblin gearbeitet hat.

Unerwartbar ist in 7.2 eigentlich nur[17] *lebensuntüchtiger (Mensch)* als Charakterisierung des Vaters; diese **Wertung** widerspricht der Erwartung an die neutral-zurückhaltende Darstellungsweise des Lexikons. Während es in 7.2 jedoch nur diese eine punktuelle Abweichung davon gibt, orientiert sich 7.3 offensichtlich gar nicht an der entsprechenden Norm, sondern realisiert das im Vorwort des *Metzler Autoren Lexikons* zum Ausdruck gebrachte Bemühen um „erzählerische Intensität". Gleichwohl ist bemerkenswert, dass es auf der lexikalischen Ebene doch nur wenige Einheiten sind, die diesen Effekt erzeugen. Ich zähle dazu die im *Duden Universalwörterbuch* als ,gehoben' gekennzeichneten Lexeme *Bann* und *Menetekel*, die seltenen Verben *entfliehen* und *entrinnen*, die gefühlsbetonten Wörter *leidenschaftlich, Elend* (2 x) und insbesondere die dramatisierende Metapher *Hölle* sowie schließlich das ironisch-spöttische *Schneidermamsell*. Schließlich sind auch nicht erwartbar die Anleihen aus dem Vokabular der Psychoanalyse (*Lust-* und *Realitätsprinzip*) und aus dem soziologisch-politischen Diskurs (*Obrigkeitsstaat, Ordnungsdenken*), die eine bestimmte Richtung des interpretatorischen Ansatzes erkennen lassen. Zur erzählerischen Intensität trägt generell auch der Rückgriff auf Zitate bei, in denen sich mit *Vertreibung aus dem Paradies* und *Strindberg-Ehe* auch nochmals auffallende Wortschatzeinheiten finden.

Besonders bemerkenswert sind die lexikalischen Unterschiede zwischen den beiden Texten von Döblin selbst. Während sich 7.5 auf neutrale Ausdrücke beschränkt, wie sie eben auch für einen Lexikoneintrag taugen, beginnt 7.6 in der

---

17 Etwas erstaunlich ist wohl auch die Bemerkung in der Klammer (6.2, Satz 3); sie ist aber nicht lexikalisch, sondern nur thematisch auffallend, weil man in einem relativ knappen Lexikonartikel Details wie die im Gepäck mitgeführte Literatur normalerweise ausspart.

gleichen Weise, schlägt aber dann (übrigens mitten im Absatz) in eine stark subjektiv getönte Darstellung um. Sprachlich sind dafür charakteristisch die massive (und in 7.5 strikt gemiedene) Verwendung von Personalpronomina der 1. Person, Ausdrücke aus dem Wortfeld Gefühle (schon gewissermaßen angebahnt mit *hängend* im ersten Abschnitt, dann: *zuwider, Lust, verbissene Wut, Hochmut, fürchterlich abstoßend*; vgl. auch *Rühr-mich-nicht-an*), einige intensivierende (*außerordentlich, fürchterlich, überall*) sowie abwertende Ausdrücke niedrigen Stilniveaus (*Pennäler, sich herumschlagen, sich herumtreiben, eine Handvoll*) und die bildhafte Redeweise mit rekurrenten Morphemen bzw. Semen (*Durchbruch, Ausbruch, Dammbruch; geströmt*).

Auch in diesem Text ist es jedoch nicht allein oder nicht einmal in erster Linie die Wortwahl, die die Eindringlichkeit der Gestaltung ausmacht; die lexikalischen Wahlen müssen im Zusammenhang mit den grammatischen betrachtet werden.

7.5. Grammatik

Auf der Ebene der Grammatik gibt es mit Abstand die meisten quantitativen Untersuchungen; im Vordergrund stehen auch hier **formale Merkmale**, die in allen Texten vorkommen. Auf der **Satzebene** muss man zunächst eine grundlegende Unterscheidung treffen: Einerseits rechnen wir mit **grafischen Sätzen**, also (ortho)grafisch bestimmten Einheiten, die durch Majuskelschreibung am Anfang und Satzschlusszeichen gekennzeichnet sind. Diese bezeichne ich als **Gesamtsätze** (engl. *sentence*). Andererseits rechnen wir auch mit **grammatischen Sätzen**, nämlich Strukturen, die ein Prädikat und die davon unmittelbar abhängigen Satzglieder (Subjekt, Objekte, Adverbialbestimmungen) und sonstigen Satzelemente umfassen. Sie können als Teilsätze auftreten oder allein einen Gesamtsatz bilden; ich benutze dafür den Ausdruck **Elementarsatz** (*clause*).

Wenn man einen Text als eine Folge von Sätzen auffasst, sind Gesamtsätze gemeint. Die Textbeispiele habe ich durch Nummerierung auch bereits in solche Einheiten aufgeteilt. Zusätzlich wird nun meist unterstellt, dass es sich bei den Gesamtsätzen um wohlgeformte Strukturen handelt, die bereits auf der Ebene der Syntax beschrieben werden (vgl. das Zitat aus dem Duden in Kap. 7.1.3.). Es ist sehr üblich, diese Strukturen in drei Untergruppen aufzuteilen, nämlich **Einfachsätze**, **Satzreihen** und **Satzgefüge**. Nun gibt es aber auch Gesamtsätze (und Teile von Gesamtsätzen), die nicht dem normalen Schema des **Verbalsatzes** folgen (z. B. *Hilfe, Eintritt verboten, Wohnung ausgebrannt*). Die Diskussion wird meist unter dem Stichwort *Ellipsen* geführt.[18] Da wir diesen Ausdruck im engen Sinne gebrauchen wollen, nämlich für Elemente, die in mehreren parallelen Strukturen gelten, aber nur einmal ausdrucksseitig erscheinen (*der Bergmann küsste ... und sagte*; vgl. Kap. 7.1.1.1.), soll dafür der Ausdruck **nicht-kanonische Strukturen** benutzt werden. Es ergibt sich damit folgende Grobgliederung für Gesamtsätze (Abb. 7.10).

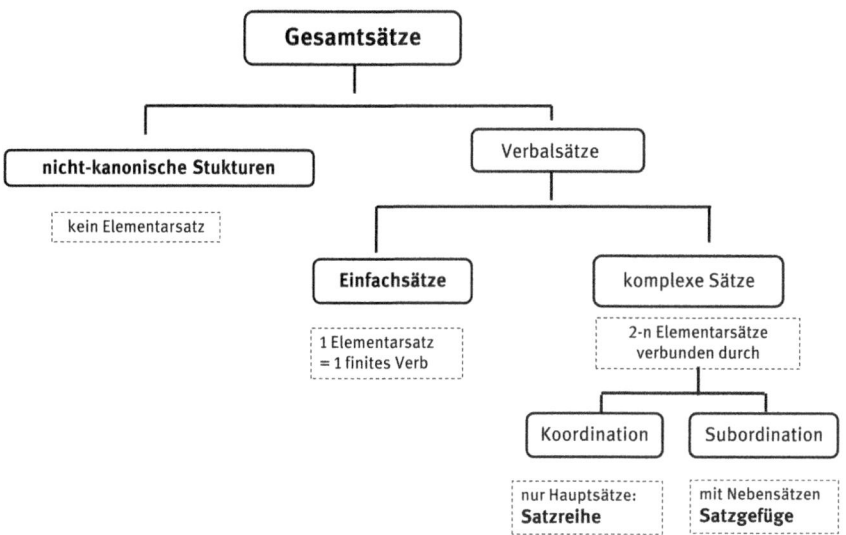

Abb. 7.10: Typen von Gesamtsätzen

Diese Darstellung vereinfacht die Dinge insoweit sehr stark, als die verschiedenen Strukturen in vielfältiger Weise miteinander verbunden sein können. Insbesondere können auch von nicht-kanonischen Strukturen Nebensätze abhängig sein (*Kein Zufall, dass er ...*), Nebensätze lassen sich reihen, in diese können Einfachsätze als Parenthesen eingebettet sein (*dass er – Wer hätte das gedacht? – ...*) usw.

Was das **Prädikat** angeht, so wird hauptsächlich ausgewertet einerseits die **Komplexität**: handelt es sich um ein einfaches Prädikat, das nur aus einem finiten Verb besteht oder um ein komplexes mit trennbaren Bestandteilen (*schaltet aus*) Auxiliaren (*habe gesehen, werde gehen*), Modal-/Modalitätsverben (*muss/hat zu gehen*), mit Prädikativen (*ist ein Kater*) oder als Teil von Funktionsverbgefügen

---

18 Vgl. an wichtigen Arbeiten dazu z. B. Ortner (1987), Behr/Quintin (1996) und Stein (2003). Vgl. auch Adamzik (1995b).

(*in Augenschein nehmen*) oder Phraseologismen (*nicht alle Tassen im Schrank haben*)? Andererseits spielt die Stellung der Prädikatsteile eine Rolle: Wie oft liegen **Satzklammern** und **Ausklammerungen** vor?

Für die ersten drei Gesamtsätze aus Textbeispiel 1 seien diese Bestandteile markiert (finites Verb fett, andere Prädikatsteile unterstrichen).

Textbeispiel 1

(1) Frau Trude [kein Elementarsatz]

(2) Es **war** einmal ein kleines Mädchen, das **war** <u>eigensinnig und vorwitzig</u>, und wenn ihm seine Eltern etwas **sagten**, so **gehorchte** es nicht: wie **konnte** es dem <u>gutgehen</u>? **(3)** Eines Tages **sagte** es zu seinen Eltern ‚Ich **habe** so viel von der Frau Trude <u>gehört</u>, ich **will** einmal zu ihr <u>hingehen</u>: die Leute **sagen**, es **sehe** so wunderlich bei ihr <u>aus</u>, und **erzählen**, es **seien** so seltsame Dinge in ihrem Hause, da **bin** ich ganz <u>neugierig geworden</u>.'

Die gängigsten Auswertungsmöglichkeiten fasst Tabelle 7.9 zusammen.

Tab. 7.9: Satzbezogene Kategorien

Kategorie	Erläuterungen und Subkategorien
Gesamtsätze	
Länge	in Wörtern
Komplexität	Einfachsatz, Satzreihe, Satzgefüge, nicht-kanonische Strukturen
Elementarsätze	
Länge	in Wörtern
Anzahl	pro Gesamtsatz
Satzbauplan	Valenz des Prädikats und Realisierung der Ergänzungen
Hauptsätze	
Satzart	Hauptkategorien: Aussagesatz, Fragesatz, Imperativsatz
Nebensätze	
Abhängigkeitsgrad	1., 2., 3. Grad usw.
Form	konjunktionale, durch Relativpronomen oder Fragewort eingeleitete, un-eingeleitete; satzwertige Infinitiv- und Partizipialkonstruktionen
syntaktische Funktion	Gliedsatz vs. Attributsatz und jeweilige Untertypen
semantischer Typ	(bei Adverbialsätzen): temporal, konditional usw.

Umfang und Komplexität sind auch die Hauptfragen bei der Untersuchung der **Nominalgruppen**, bei denen es insbesondere um die **Attribute** geht. Schon die Zuordnung zu formalen Kategorien ist, anders als man vielleicht erwartet, nicht immer unproblematisch und eindeutig (das gilt natürlich auch für die Analyse im Bereich der Lexik). So kann bereits die Abgrenzung der Satzeinheiten Schwierigkeiten bereiten: Wie geht man z.B. mit Doppelpunkt und Semikolon als Grenzsignalen um, wie mit Abkürzungen, durch Bindestrich verbundenen Einheiten usw.[19] Noch schwieriger sind aber Untersuchungen zu **satzsemantischen Phänomenen**, bei denen die Kategorien weniger klar gegeneinander abgegrenzt werden können, also etwa zu semantischen Prädikatsklassen und semantischen Rollen (vgl. Kap. 6.3.1.). Sie sind daher auch weniger geeignet für groß angelegte quantitative Analysen, aber von besonderem Interesse bei der Feinanalyse und dem Vergleich von Einzeltexten.[20]

Was die **nicht-kanonischen Strukturen** betrifft, so treten solche besonders häufig in gesprochener Sprache auf. Für diese meint man denn auch oft, ein abweichendes Regelsystem rekonstruieren zu müssen, wenn man sich nicht gar einfach mit der Annahme begnügt, gesprochene Sprache weiche von den Regeln des Systems derartig stark ab, dass man beide Formen des Sprachgebrauchs am besten getrennt untersuchen sollte.

Gesprochene Sprache ist denn auch tatsächlich zu einem außerordentlich intensiv bearbeiteten Gegenstand geworden; es stellt keineswegs mehr ein Stiefkind der Forschung dar und die Duden-Grammatik widmet ihr ein ausführliches Kapitel ([8]2009: 1165–1244). Im Vordergrund stehen dabei fast immer Gespräche, und es hat sich mit der Konversations- oder **Gesprächsanalyse** zu Recht eine eigenständige Forschungsrichtung entwickelt, die mit den Gesprächsbeiträgen der Teilnehmer, den Regeln des Sprecherwechsels und den Hörerrückmeldungen Funktions- und Strukturebenen einbeziehen muss, denen in monologischen Texten nichts entspricht. Rein **monologische spontane Rede** ist wohl auch ein eher seltenes Phänomen, kommt aber bei der medialen **Sportberichterstattung**, nämlich Live-Übertragungen in Hörfunk und Fernsehen vor.

Jürgens (1999) hat dazu ein einheitliches Beschreibungsformat entworfen, das die Vernachlässigung nicht-satzförmiger Strukturen überwinden soll. Er setzt als Grundkategorie die **syntaktische Basiseinheit** (statt Satz) an und legt als Beschreibungsrahmen die Dependenzgrammatik zugrunde, da sich Dependenzen

---

19 Die Satzgrenzen, die ich in Textbeispiel 3 gewählt habe, könnte man sich durchaus auch anders vorstellen, insbesondere bei der eingeschobenen direkten Rede, also zwischen Satz 2 und 3, 5 und 6 sowie 21 und 22.
20 Vgl. für Beispiele Adamzik (2010a: 180ff. zur agensabgewandten Darstellung des Mauerfalls und 297ff. zu nominalen Prädikationen in Kafkas Tagebüchern).

nicht nur im Verbalsatz, sondern in allen Syntagmen ausmachen lassen. Das regierende Element wird als *Zentralregens* bezeichnet. Neben satzförmigen Ausdrücken (die ein finites Verb und ein Subjekt enthalten) kann Jürgens so auch Verbalkonstruktionen ohne Subjekt, Nominal-, Partizipial-, Infinitivkonstruktionen u. a. beschreiben, also die Gesamtheit syntaktischer Ist-Normen erfassen.

Sein Ansatz ist in die Darstellung von Gansel/Jürgens (2009: Kap. 6) eingegangen, die m. W. unter den Einführungen in die Textlinguistik die beste Übersicht über syntaktische Strukturen enthält, die nicht am Verbalsatz orientiert sind. Dass solche auch innerhalb gewöhnlicher Fließtexte vorkommen, zeigt das auf den ersten Blick syntaktisch gar nicht besonders auffallende Textbeispiel 9.1. Neben dem Titel (für den satzförmige Konstruktionen sowieso untypisch sind) sind das erste, zweite und sechste Segment – alle drei sind durch die Interpunktion als Gesamtsätze gekennzeichnet – nicht satzförmig, sondern haben als Zentralregens eine Präposition (*Im Autobus* ...) bzw. Nomina (*Ein Kerl* ...; *Weinerlicher Ton*).

Für gewisse Textsorten sind **nicht-satzförmige syntaktische Basiseinheiten** aber geradezu charakteristisch. Dazu gehören natürlich auch **Lexikoneinträge**. Wir können damit die Besprechung der Beispieltexte zu Döblins Biografie wieder aufnehmen. Auf eine Exemplifizierung der quantitativen Auswertung entsprechend den aufgelisteten Standardkategorien muss dabei verzichtet werden. Sie wäre schon deswegen unangebracht, weil die meisten Texte aus Raumgründen gekürzt sind, und zwar unter inhaltlichen Gesichtspunkten, wobei auch die syntaktische Originalgliederung nicht immer respektiert wurde (vgl. aber Kap. 7.6.). Es kommt hier aber auch mehr darauf an, Interpretationsansätze für grammatische Analysen vorzustellen.

Lexikonartikel sind ein klassischer Fall für **Texte mit durchlaufendem Thema** im Sinne der thematischen Progression (vgl. Kap. 6, Anm. 3). Das fett gedruckte Stichwort bezeichnet das Thema, über das dann eine Reihe von Aussagen hintereinandergeschaltet werden. Unsere Lexikoneinträge enthalten drei übliche Formen, die damit eigentlich überflüssige **Wiederholung des Themenausdrucks** einzusparen: Weglassung, Wiederaufnahme mit der abgekürzten Form des Stichworts und nominale Prädikationen.

7.1 weist eine normale Gliederung mit Punkten zur Abgrenzung der syntaktischen Basiseinheiten auf, enthält aber mehrheitlich nicht-kanonische Strukturen, nämlich nur einen ‚normalen Satz‘, in dem das Thema (Döblin) durch ein Pronomen wiederaufgenommen ist (*1945 kehrte er nach Dld. zurück.*). Daneben gibt es vier weitere finite Verben, denen jedoch kein explizites Subjekt zugeordnet ist, es ist also einfach weggelassen. Zwei Basiseinheiten sind Partizipialkonstruktionen: Es handelt sich um die in biografischen Artikeln überaus erwartbaren Ausdrücke *geb.* und *gest.* Mit *Stud.* schließlich gibt es ein nominales Zentralregens, das semantisch einer Prädikation entspricht.

Ganz anders geht **7.2** vor. Es enthält überhaupt nur drei durch Punkte gegeneinander abgegrenzte Segmente; der Themenausdruck wird nur gelegentlich (3x), und zwar in der abgekürzten Form *D.* wiederaufgenommen und nur einmal erscheint das Personalpronomen (*er selbst wurde verfolgt*). Die drei Teilsegmente (besonders die letzten beiden) sind extrem lang, in sich aber durch Kommata und Semikola deutlich strukturiert (eine Auszählung der Satzlänge mit dem Abgrenzungskriterium Punkt würde daher ein sehr erstaunliches, v. a. aber irreführendes Ergebnis erbringen; vgl. Tab. 7.10). Anders als 7.1 geht 7.2 nun insofern vor, als die meisten **Prädikationen nominal** ausgedrückt sind, insbesondere diejenigen, die Aktivitäten von Döblin betreffen (*Übersiedlung, Besuch, Versuche, Studium, Mitbegründer und Mitarbeiter, Beginn, Bekanntschaft, Emigration, Flucht, Übertritt*). Es handelt sich hier um Ableitungen von Verben; dazu kommen Personenbezeichnungen (*Romancier* usw., *Nervenarzt, Militärarzt, Mitglied, Staatsbürger*). Nominal ausgedrückt sind auch zwei Prädikate, bei denen Döblin die semantische Rolle des sog. Experiencers einnimmt, dessen, dem etwas geschieht (*Depression, Krise*). Die zwei finiten Verben mit Handlungsprädikaten im Aktiv (*verließ, wanderte aus*) beziehen sich auf Aktivitäten des Vaters; auf Döblin bezogene verbale Prädikate sind passivisch (*wurden verboten, wurde verfolgt*) oder es handelt sich um statische Prädikate (*stammt; war verheiratet und Vater*). Insgesamt können wir damit festhalten, dass das präferierte Ausdrucksmuster für die Stationen im Leben Döblins in 7.2 nominale Konstruktionen sind. Diesen steht meist eine Zeitangabe voran, so dass es sich gewissermaßen um eine **tabellarische Auflistung**, eine Zeittafel, handelt, die sicherlich nur aus Platzgründen nicht auch grafisch realisiert ist (vgl. Kap. 7.2. mit Abb. 7.4). Sowohl 7.1 als auch 7.2 sind also ziemlich stereotyp formuliert: Jeder, der die Daten kennt, kann solche ‚nach Schema F' gestalteten Texte mit Leichtigkeit nachahmen.

Textbeispiel **7.4.** ist inhaltlich ähnlich wie 7.2 (wenn auch wesentlich kürzer), aber offenbar an der **Standardnorm** orientiert. Das präferierte Ausdrucksmuster ist der **Verbalsatz** mit Subjekt (11 finite Verben, 10 davon Präteritum, die einzige Präsensform ist das Eigenschaftsprädikat *entstammt*). Das durchlaufende Thema (*Alfred Döblin*) erscheint mit ‚normalen' Wiederaufnahmeformen (4x *er*, 4x *Döblin* und 1x *Alfred Döblin*). Bemerkenswert ist immerhin, dass gleichwohl 3x ein Nomen als Zentralregens vorkommt, und zwar nicht nur vor der Liste mit der Werbung für weitere Bücher des Autors bei dtv (*Weitere wichtige Werke:*), sondern mit *Mitbegründer und Mitarbeiter* bzw. *Konversion* auch ganz so wie in 7.2. Dies zeigt nochmals, dass auch in einem an der Standardnorm ausgerichteten Text gelegentliche **Nominalkonstruktionen** nichts besonders Auffallendes haben, ja man deren Einsatz sogar als **stilistisch wünschbare Variation** betrachten kann. Um diese bemüht sich der Autor auch sonst, da ins Vorfeld unterschiedliche Elemente gestellt werden (Subjekt, Adverbialbestimmung und Präpositionalobjekt). Dennoch weist der Text eine sehr einfache parataktische Struktur ohne jeden Nebensatz auf.

Der Text **7.3** aus dem *Metzler Autoren Lexikon* ist dagegen der grammatisch anspruchsvollste und variantenreichste; eben dies führt dazu, dass er von den Erwartungen an den Lexikonstil völlig abweicht bzw. eine **untypische Variante** darstellt. Erwähnt sei nur, dass von den 33 finiten Verben ein Drittel auf Nebensatzprädikate entfällt, dass neben den lexikontypischen Partizipialkonstruktionen (in der zweiten Titelzeile und der Klammer mit den Geburtsdaten der Söhne) auch ungewöhnliche vorkommen, die aber der Soll-Norm der Standardsprache entsprechen: *von Frauen angezogen und sie zugleich fliehend; Der Hölle Europa ... entronnen, mußte er ...* Ferner wird auch mit Parenthesen gearbeitet. Lexikonspezifische nominale Prädikate gibt es nicht, und das Adjektiv als Zentralregens (*Nicht zufällig, daß er ...*) kann man nicht auf Bemühen um Ökonomie zurückführen, sondern um expressive Dichte und Variation.

Grammatisch fallen am stärksten die Texte von Döblin selbst auf, was man aber hier wohl nicht auf den besonderen Stilwillen des Literaten zurückführen kann. Textbeispiel **7.5** enthält nur ein einziges finites Verb (ganz am Schluss), das sich auf ein Werk (3. Person!) bezieht und zu einem Nebensatz gehört. Der Text folgt mit nominalen (*Approbation, Doktorexamen, Tätigkeit, Übergang*) und partizipialen Prädikaten (*geboren, niedergelassen*) in gewissem Ausmaß zwar den Erwartungen an den Lexikonstil. Er schießt aber darüber hinaus: Verwendet werden nämlich auch Präsenspartizipien und die **Partizipialkonstruktionen** stellen offenbar ein präferiertes Muster dar, das selbst dann eingesetzt wird, wenn der explizite Prädikatsausdruck überflüssig ist. Dies gilt für *eingezogen* (da sich die Information schon aus *landsturmpflichtig* ergibt) und *absolvierend* (lexikongemäß wäre: *Besuch des Köllnischen Gymnasiums bis ...* oder einfach *Köllnisches Gymnasium bis ...*) sowie *1912 verheiratet* (statt *seit 1912 verheiratet* oder *Heirat*). Auffallend sind schließlich *einsetzend* bzw. *zurücktretend* (statt etwa *lebhafter seit ...*). Ich sehe in diesen Formulierungsauffälligkeiten einen (bewussten?) Ausdruck des Dilemmas, von sich selbst mit Distanz zu sprechen.

Wie bereits früher erwähnt, beginnt **7.6**, und zwar v. a. grammatisch, in genau derselben Weise, enthält jedoch viel weniger präzise Daten. Nach dem ersten Abschnitt erfolgt jedoch ein **Bruch**: Döblin geht zur **offenen *Ich*-Form** über und damit auch zu ‚normalen' Prädikationen mit finitem Verb. Über die Soll-Normen des schriftsprachlichen Standards setzt er sich gleichwohl hinweg. Dafür sprechen die Trennung des *sondern*-Anschluss vom vorangehenden Satz, Konstruktionen ohne Prädikat oder Subjekt und asyndetische Anschlüsse (*... bei Laboratoriumsarbeit ...; erschien bei ..., bin mir ...; wurde gerissen, mußte ...*).

All dies erscheint besonders massiv in dem Abschnitt über die Entstehung von *Wang-lun*. Dem lexikalisch explizit genannten *Ausbruch* bzw. *Dammbruch* korrespondiert syntaktisch eine die Atemlosigkeit gut zum Ausdruck bringende asyndetische Reihung von Adverbialbestimmungen. Interessanterweise steht das zugehörige Prädikat im Passiv ‚*Wang-lun‘ wurde … geschrieben*; ausgerechnet hier (und anders als beim Ausdruck seiner Gefühle), bei seiner Aktivität also, blendet sich der Autor als Person aus – das Werk entstand mehr in einem unkontrollierbaren Prozess, statt Ergebnis geplanter und geordneter Aktivität zu sein. Mit *geströmt* liegt auch geradezu ein Satzbruch vor, denn auf dieses intransitive Verb kann sich das Passivauxiliar nicht beziehen.

Alles mündet in der Prädikation *fertig Mai 1913*, bei der einen das Adjektiv an einen Stoßseufzer, einen Ausruf der Erleichterung erinnert.

7.6. Hinweise zur automatisch gestützten Textanalyse

Es wurde schon mehrfach darauf hingewiesen, dass die technische Entwicklung heutzutage auch Textanalysen und -interpretationen erleichtert, wie sie Studierende aller philologischen Fächer durchführen müssen. Viele von ihnen nutzen jedoch auch elementare Hilfsmittel nicht, in der Annahme, dass ihnen dafür die technischen Kompetenzen fehlen. Nur an ‚**Technik-Muffel**‘ in diesem Sinn wenden sich die folgenden Ausführungen. Wer mit Korpuslinguistik und Texttechnologie auch nur ein wenig vertraut ist, wird dagegen nichts finden, was er oder sie nicht schon wüsste, sondern von der Naivität der Fragen und Probleme vielleicht eher befremdet sein.

Der Versuch, die Unlust gegenüber der Verwendung von Computertechnologie beim genannten Zielpublikum abzubauen, ist dennoch grundsätzlich problematisch. Denn hier wie auch sonst in diesem Bereich sind die Angebote und Programme sehr zahlreich und sie entwickeln sich derartig schnell, dass die Geltungsdauer vieler Aussagen wahrscheinlich die Zeit nicht überlebt, die die Drucklegung dieses Buches noch in Anspruch nehmen wird. Das wäre nicht weiter störend, wenn es auf solch elementare Bedürfnisse zugeschnittene Werkzeuge gäbe, die kontinuierlich verbessert würden und über deren jeweils aktuelle Version man auf entsprechenden Portalen Auskunft fände. Genau das ist aber nicht der Fall. Denn für die Sprachtechnologie sind Programme, die keine große Einarbeitung erfordern, sondern sich v. a. durch **unmittelbare Benutzbarkeit für Laien** auszeichnen sollen, sozusagen zu läppisch. Die Experten kennen sich daher damit auch gar nicht aus. Sie arbeiten an sehr anspruchsvollen Programmen, die u. a. automatische morphologische und syntaktische Analysen (Tagging/Parsing) ermöglichen. Da die Werkzeuge auf große Korpora angewendet werden sollen, begnügt man sich mit hohen Trefferquoten, vollständig exakte Ergebnisse gelten als nicht erreichbar und werden daher gar nicht angestrebt.

Bei den einfachen Textanalysen denke ich dagegen an Arbeiten, die überschaubare Mengen von Texten betreffen, wobei die wesentliche Komponente in der genauen Lektüre besteht. Die **Technik** soll also wirklich nur **als Hilfsmittel** dienen und nicht zuletzt fehleranfällige Prozeduren (z. B. das ‚händische' Markieren und Auszählen von Wörtern) vermeiden bzw. kontrollieren. In **Textverarbeitungsprogramme** bereits eingebaut sind Funktionen, die über den Umfang von Dokumenten und Teilen von ihnen Auskunft geben. Diese sind nicht zuletzt wegen der großen materiellen Varianz von Texten notwendig geworden (vgl. Kap. 4.4.). Da die Seitenanzahl keine verlässliche Maßeinheit (mehr) ist, wird die geforderte Länge einer Arbeit jetzt in Zeichen (mit und ohne Spatien/Leerzeichen) angegeben. Auch die Suchfunktion ist hilfreich, um bestimmte Wörter, die in einem Text verstreut sind, relativ schnell aufzufinden. Man bekommt sie aber so nicht auf einen Blick zu sehen und das ‚händische' Exzerpieren bleibt mühsam.

Häufig verwendet werden auch in traditionellen Untersuchungen die folgenden **Rohdaten**, die die Grundlage für alle Arten von quantitativen Aussagen bilden: **Umfang in Sätzen, Wörtern** und **Zeichen** (vgl. Tab. 7.6 und 7.9). Als besonders bedeutsam (z. B. für die Verständlichkeit) gilt die **Type-Token-Relation** (wie viele verschiedene Wörter gibt es bezogen auf alle Wörter?). Wegen der schweren Ermittelbarkeit erscheint sie in traditionellen Analysen normalerweise nicht. Ihre Feststellung gehört dagegen zu den einfachsten Operationen automatischer Analyse. Das Gleiche gilt für die Angabe der **Frequenzen von Wortformen**. Besonders hilfreich ist schließlich die schon eben angesprochene Zusammenschau von wiederholt vorkommenden Wörtern. Dafür gibt es die **KWIC-Darstellung** – KeyWord In Context (d. h. das Suchwort erscheint im Kontext einer wählbaren Anzahl von Wörtern, die davor und danach stehen, vgl. Abb. 7.17).

Im Folgenden beschränke ich mich auf diese Elemente. Ich ziehe ferner nur drei **Werkzeuge/Tools** heran, ohne mir sicher zu sein, dass dies die geeignetsten sind. Sie leisten aber jedenfalls das, was ich mir als Erleichterung für sonst manuell durchzuführende Schritte gewünscht habe, müssen allerdings kombiniert werden, weil sie für jeweils Verschiedenes geeigneter oder bequemer sind. Es handelt sich einerseits um **Text Analyzer**[21] und **TAPoR,**[22] andererseits um **Voyant,**[23] ein Programm, das auf Visualisierungen spezialisiert ist. Alle drei verarbeiten Texte unterschiedlicher Sprachen. Das hat den Vorteil, dass man sie auch bei sprachvergleichenden Analysen heranziehen kann. Verbunden ist damit natürlich der Nachteil, dass keine einzelsprachspezifischen Analyseprozeduren

---

21 http://www.online-utility.org/text/analyzer.jsp
22 http://taporware.ualberta.ca/~taporware/textTools/tokenize.shtml
23 http://voyant-tools.org/tool/CorpusSummary/

enthalten sind, sondern die Texte mechanisch als Zeichenfolgen behandelt werden. Insbesondere kann man nicht unmittelbar das Vorkommen von **Lexemen**, sondern nur das von **Wortformen** ermitteln. So zählen etwa *Mensch* und *Menschen* als zwei verschiedene Types.

Die Werkzeuge können natürlich nur eingesetzt werden, wenn man ein **digitalisiertes Dokument** hat. Außerdem verarbeiten sie nur bestimmte Formate. PDF- und docx-Dokumente etwa müssen in einen **Rohtext** umgesetzt werden. Dazu braucht man sie allerdings nur als .txt-Dateien neu abzuspeichern. Um eine Vorstellung von der Arbeitsweise zu gewinnen, testet man die Werkzeuge m. E. am besten zunächst an einer kleinen Materialprobe, so dass man noch herausfinden kann, welche Prinzipien verwendet wurden. Ich habe dafür die Textbeispiele 7.2 und 7.3 gewählt, darin die Satznummern und die Klammern mit den Auslassungspunkten gelöscht. Für 7.2 ergibt sich folgender Rohtext.

Textbeispiel 7.2 Rohtext
Döblin, Alfred (Ps. Linke Poot), *10. 8. 1878 Stettin, † 28. 6. 1957 Emmendingen (b. Freiburg i.Br.); Romancier, Erzähler, Essayist, auch Publizist und Dramatiker. D. stammt aus einer Kaufmannsfamilie; sein Vater, ein musisch vielseitig begabter, aber lebensuntüchtiger Mensch verließ seine Familie und wanderte in die USA aus; 1888 Übersiedlung nach Berlin, 1891/1900 Besuch des Gymnasiums, erste schriftstellerische Versuche; ab 1902 Studium der Medizin (Neurologie und Psychiatrie) in Berlin und Freiburg i.Br. (1905 Dr. med.); Assistent an der Irrenanstalt in Regensburg, dann in Berlin-Buch; 1910 Mitbegründer und Mitarbeiter der expressionistischen Zeitschrift „Der Sturm". Beginn seiner fortdauernden Tätigkeit als eigenwilliger, z. T. feuilletonistischer Kritiker; 1911/33 Nervenarzt in Berlin (u. a. Kassenarzt in einem Berliner Arbeiterviertel); 1914/18 Militärarzt im ersten Weltkrieg; 1921 Mitglied der SPD und Bekanntschaft mit Yolla Niclas, der bis an sein Lebensende geliebten „Schwesterseele" (D. war verheiratet und Vater von vier Söhnen); 1933 wurden D.s Werke von den Nazis verboten, er selbst wurde verfolgt; Emigration über die Schweiz nach Paris, 1936 französischer Staatsbürger; beim Einfall faschistischer Truppen Flucht aus Paris (die Briefe Rosa Luxemburgs und die Predigten Taulers im Gepäck) über Portugal in die USA; Depression über das Versagen der „Geistigen" und schwere persönliche Krise, 1941 Übertritt zum Katholizismus.

Am einfachsten zu bedienen ist der Text Analyzer. Hier gibt man per Copy&Paste den Rohtext[24] in das Fenster ein und erhält sofort folgendes Ergebnis (Abb. 7.11). Bei TAPoR muss man dagegen die .txt-Dateien hochladen. Zu wählen ist *Plain Text Tools*; für die Übersicht wählt man zuächst am besten **Summarizer**. Dies führt gleich auf diverse Ergebnisfenster. Vergleichbare Ergebnisse wie bei Text Analyzer

---

24 Die Werkzeuge verarbeiten auch .xml und .html-Formate. Ich rechne bei Technik-Muffeln aber damit, dass sie mit PDF-Vorlagen und Dokumenten arbeiten, die in gewöhnlichen Textverarbeitungsprogrammen angezeigt werden.

Number of characters (including spaces) :   1448
Number of characters (without spaces) :   1191
Number of words :   202
Lexical Density :   78.7129
Number of sentences :   22
Number of syllables :   367

Some top phrases containing 3 words (without punctuation marks)	Occurencies
in die usa	2

Some top phrases containing 2 words (without punctuation marks)	Occurencies
in berlin	3
in die	2
die usa	2
freiburg i	2

Unfiltered wordcount :

Order	Unfiltered wordcount	Occurrences	Percentage
1.	und	9	4.4554
2.	in	7	3.4653
3.	der	6	2.9703
4.	die	5	2.4752
5.	berlin	4	1.9802
6.	d	3	1.4851
7.	aus	3	1.4851

Abb. 7.11: Textbeispiel 7.2: Ergebnisse von Text Analyzer

findet man unter *General Statistics*, und zwar wenn man dort ganz ans Ende scrollt (Abb. 7.12, unten).

Bei Voyant hat man die Wahl zwischen der einfachen Eingabe eines Rohtexts in ein Textfeld und dem Hochladen einer oder auch mehrerer Dateien (Abb. 7.13). Hier erscheinen noch mehr Ergebnisse, u. a. eine Wortwolke. Direkt darunter die summarischen Angaben: „There is 1 document in this corpus with a total of **195 words** and **154 unique** words." Man kann hier auch unmittelbar in den Text hineingehen. Ist der Kursor auf ein Wort gerichtet, erscheint direkt die Frequenzangabe, die anderen Vorkommen sind farblich unterlegt und diejenigen, die im sichtbaren Textausschnitt vorkommen, kann man direkt wahrnehmen. Ferner zeigt die Kurve rechts die Verteilung der Wörter im gesamten Text an. Bei einer kurzen Materialprobe ist das nicht weiter interessant. Immerhin vermeidet man so, Vorkommen z. B. von Funktionswörtern zu übersehen, was ja beim manuellen Anstreichen leicht geschieht.

Für die Auswertung kann man die besonders häufigen und inhaltlich nicht weiter interessanten Wörter ausschließen, indem man eine sprachspezifische **Stop Words List** auswählt. Diese lässt sich auch speichern, weiter bearbeiten und an

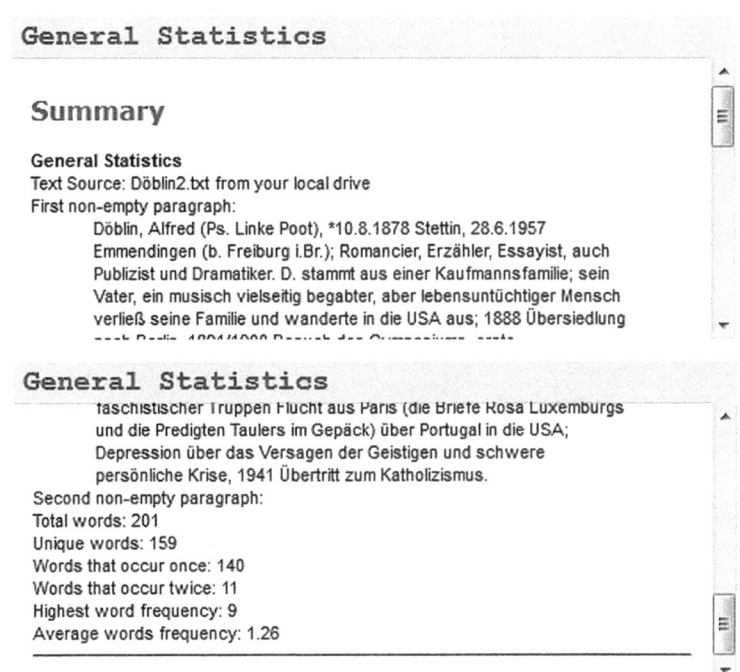

Abb. 7.12: Textbeispiel 7.2: Ergebnisse von TAPoR

das eigene Material anpassen. Abgesehen davon bekommt man so eine genauere Vorstellung davon, welche Wörter aufgrund der Einzelsprachspezifik zu erwarten sind (vgl. Abb. 7.9). Bei Anwendung der vorgegebenen Stop Words List für Deutsch stellt sich der linke Teil der Anzeige wie in Abbildung 7.14 dar.

Wie man sieht, sind in die Übersichten der drei Instrumente nicht die gleichen Daten aufgenommen. In TAPoR (und Voyant) gibt es keine Angaben zu den Zeichen, Silben und Sätzen, dafür einige andere. Mit *Unique words* sind Types gemeint. Wenn man die Gesamtwortzahl durch die unique words dividiert, ergibt sich in TAPoR die *Average word frequency*. Dieser korrespondiert bei Text Analyzer die *Lexical density*, die offensichtlich anders berechnet wird. In beiden Fällen geht es aber um die **Type-Token-Relation**.

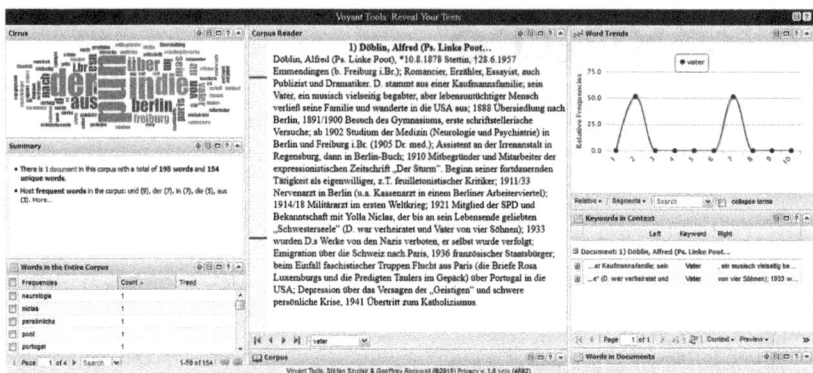

Abb. 7.13: Textbeispiel 7.2: Ergebnisse von Voyant

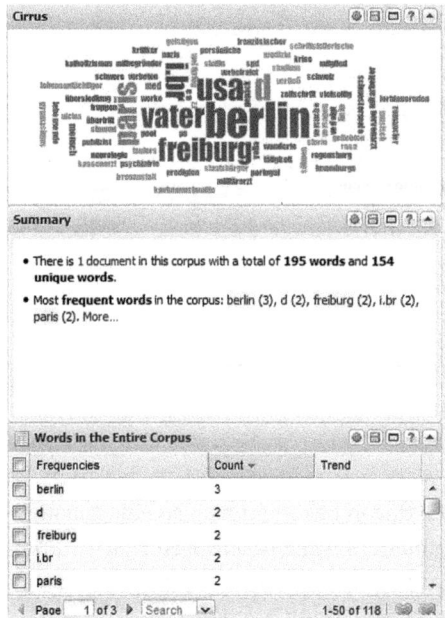

Abb. 7.14: Textbeispiel 7.2: Ergebnisse von Voyant mit Stop Words List

Um die Anzahl der Sätze zu ermitteln, benutzt man bei TAPoR am besten das Instrument **Tokenizer.** Dies führt zum in Abbildung 7.15 dargestellten Ergebnis.[25] Diese Ausgabeform halte ich für besonders praktisch, weil man die Tabelle einfach kopieren und in ein Word-Dokument übernehmen kann. Dann hat man den Text als Liste von Sätzen vor sich, die sich manuell weiter verarbeiten lässt. Die Abbildung 7.15 zeigt unmittelbar, dass die Satzgliederung zunächst korrigiert werden muss. TAPoR ermittelt natürlich nur **grafische Sätze** (vgl. Kap. 7.5.). Als Abgrenzungskriterium fungieren offenbar Satzschlusszeichen, allerdings mit einer Einschränkung: Sie zählen nur, wenn ein Leerzeichen folgt. Deswegen wird im fünften Block bei *i.Br.* eine Satzgrenze erst nach dem zweiten Bestandteil der Abkürzung angesetzt, in Block 3 verhindert das Klammerzeichen die Identifizierung einer Satzgrenze.

---

11 tokens found.

Döblin, Alfred (Ps

Linke Poot), *10.8.1878 Stettin, 28.6.1957 Emmendingen (b

Freiburg i.Br.); Romancier, Erzähler, Essayist, auch Publizist und Dramatiker

D

stammt aus einer Kaufmannsfamilie; sein Vater, ein musisch vielseitig begabter, aber lebensuntüchtiger Mensch verließ seine Familie und wanderte in die USA aus; 1888 Übersiedlung nach Berlin, 1891/1900 Besuch des Gymnasiums, erste schriftstellerische Versuche; ab 1902 Studium der Medizin (Neurologie und Psychiatrie) in Berlin und Freiburg i.Br

(1905 Dr

med.); Assistent an der Irrenanstalt in Regensburg, dann in Berlin-Buch; 1910 Mitbegründer und Mitarbeiter der expressionistischen Zeitschrift Der Sturm

Beginn seiner fortdauernden Tätigkeit als eigenwilliger, z.T

feuilletonistischer Kritiker; 1911/33 Nervenarzt in Berlin (u.a

Kassenarzt in einem Berliner Arbeiterviertel); 1914/18 Militärarzt im ersten Weltkrieg; 1921 Mitglied der SPD und Bekanntschaft mit Yolla Niclas, der bis an sein Lebensende geliebten Schwesterseele (D

war verheiratet und Vater von vier Söhnen); 1933 wurden D.s Werke von den Nazis verboten, er selbst wurde verfolgt; Emigration über die Schweiz nach Paris, 1936 französischer Staatsbürger; beim Einfall faschistischer Truppen Flucht aus Paris (die Briefe Rosa Luxemburgs und die Predigten Taulers im Gepäck) über Portugal in die USA; Depression über das Versagen der Geistigen und schwere persönliche Krise, 1941 Übertritt zum Katholizismus.

Abb. 7.15: Textbeispiel 7.2: Gliederung in Sätze nach TAPoR

Wie diese Liste in Word weiterverarbeitet werden kann, zeigt Tabelle 7.10. Überall dort, wo wegen eines Abkürzungspunktes fälschlich eine Satzgrenze angenommen wurde, habe ich zunächst den Punkt wieder gesetzt und die Zeilen fusioniert. Anschließend kann man links und rechts Spalten zur Auswertung hinzufügen. Hier ist die linke für die (automatische) Nummerierung vorgesehen, rechts ist beispielhaft eine Spalte für die Wortanzahl pro Satz hinzugefügt. Diese lässt sich

---

25 Man kann den Tokenizer natürlich auch für Wörter einsetzen. Erstaunlicherweise führt dies auf ein etwas anderes Ergebnis als der Summerizer, nämlich 196 gegenüber 201.

wieder leicht automatisch ermitteln, indem man die Passage beleuchtet und das Statistiktool des Textverarbeitungsprogramms einsetzt. Dies erlaubt, relativ leicht zu differenzierteren Aussagen über Satzlängen zu kommen, als die Division der Gesamtwortzahl durch die Gesamtsatzzahl sie erbringt. Wegen der potenziell sehr großen Varianz hat dieser allgemeine Durchschnittswert nämlich nur wenig Aussagekraft.[26] Ferner sind die finiten Verben im Text hervorgehoben und dazu eine Spalte für Elementarsätze (ES) – das enspricht Verbalsatzstrukturen – hinzugefügt. So erscheint das, was in Kapitel 7.5. als Ergebnis in Worten formuliert ist, in einer visuell leichter zugänglichen Form.

Tab. 7.10: Textbeispiel 7.2: Weiterbearbeitung von Abb. 7.15

Textbeispiel 7.2	Wörter	ES
1 Döblin, Alfred (Ps. Linke Poot), *10.8.1878 Stettin, †28.6.1957 Emmendingen (b. Freiburg i.Br.); Romancier, Erzähler, Essayist, auch Publizist und Dramatiker	19	0
2 D. **stammt** aus einer Kaufmannsfamilie; sein Vater, ein musisch vielseitig begabter, aber lebensuntüchtiger Mensch **verließ** seine Familie und **wanderte** in die USA aus; 1888 Übersiedlung nach Berlin, 1891/1900 Besuch des Gymnasiums, erste schriftstellerische Versuche; ab 1902 Studium der Medizin (Neurologie und Psychiatrie) in Berlin und Freiburg i.Br. (1905 Dr. med.); Assistent an der Irrenanstalt in Regensburg, dann in Berlin-Buch; 1910 Mitbegründer und Mitarbeiter der expressionistischen Zeitschrift „Der Sturm"	68	3
3 Beginn seiner fortdauernden Tätigkeit als eigenwilliger, z. T. feuilletonistischer Kritiker; 1911/33 Nervenarzt in Berlin (u. a. Kassenarzt in einem Berliner Arbeiterviertel); 1914/18 Militärarzt im ersten Weltkrieg; 1921 Mitglied der SPD und Bekanntschaft mit Yolla Niclas, der bis an sein Lebensende geliebten „Schwesterseele" (D. **war** verheiratet und Vater von vier Söhnen); 1933 **wurden** D.s Werke von den Nazis verboten, er selbst **wurde** verfolgt; Emigration über die Schweiz nach Paris, 1936 französischer Staatsbürger; beim Einfall faschistischer Truppen Flucht aus Paris (die Briefe Rosa Luxemburgs und die Predigten Taulers im Gepäck) über Portugal in die USA; Depression über das Versagen der „Geistigen" und schwere persönliche Krise, 1941 Übertritt zum Katholizismus.	105	3

Wer die Abbildungen genauer betrachtet, bemerkt, dass nicht nur Unterschiede darin bestehen, welche Art von Daten erscheint, sondern dass beim selben Datentyp auch unterschiedliche Werte angegeben sind. Ich habe diese in einer Tabelle für die Probetexte 7.2 und 7.3 zusammengestellt (Tab. 7.11).

---

26 Daher wurden auch schon in frühen quantitativen Analysen die Sätze in Gruppen von bestimmter Länge sortiert, z. B. in kurze (1 – 12 Wörter), mittlere (13 – 20) und lange (21 und mehr); vgl. dazu v. a. Eggers (1973), Braun (^{3}1993) und Sommerfeldt (1988). Diese Werke eignen sich auch, um Vergleichswerte zu finden.

Tab. 7.11: Textbeispiel 7.2: Vergleich von Zählungen

	Zeichen mit		Zeichen oh-ne		Wörter		unique words		Sätze		TTR	
	7.2	7.3	7.2	7.3	7.2	7.3	7.2	7.3	7.2	7.3	7.2	7.3
Word	1448	2597	1257	2209	192	389						
Text Analyzer	1448	2603	1191	2132	202	403			22	29	78.71	65.51
TAPoRware					201	400	159	262	11	23	1.26	1.52
Voyant					195	390	154	255				
eigene Zählung									3	19		

Dass die Angaben für die Anzahl der Sätze massiv variieren, erklärt sich, wie schon gesehen, aus der unterschiedlichen Behandlung der Abkürzungen. Aber auch die Werte für die anderen Parameter stimmen nicht überein. Wer also erhofft hatte, bei einer automatischen Erhebung fiele dieses Problem aus, sieht sich eines Besseren belehrt: Die Werkzeuge arbeiten mit verschiedenen Kriterien. Dass die Werte für Zeichen inklusive Leerzeichen bei 7.2 übereinstimmen, darf man tatsächlich für einen Zufall halten, im Allgemeinen zählen Word und Text Analyzer nicht genau gleich, die Werte liegen aber in der Regel nicht weit auseinander. Das bedeutet, dass man die Angaben nur als **ungefähre Werte** nehmen darf und dass Rohtexte im (jedenfalls für Laien nicht sichtbaren) Hintergrund immer noch Spezialzeichen z. B. für Absätze, Sonderzeichen o.Ä. enthalten. Die Überprüfung per manueller Auszählung hat ergeben, dass die Angaben von Word zuverlässiger sind. Das ist insofern erfreulich, als es den Einsatz dieses Instruments bei der Weiterbearbeitung (vgl. Tab. 7.10) rechtfertigt. Dass die Zahlen für Zeichen ohne Leerzeichen erheblich voneinander abweichen, erklärt sich daraus, dass Text Analyzer **Satzzeichen** dabei nicht mitrechnet. Das führt zu einem sinnvolleren Ergebnis, wenn man die Wortlänge als Quotienten aus Zeichenzahl und Wortanzahl bestimmt.

Für die Wortzählung habe ich anhand von Textbeispiel 7.2 überprüft, woher die Unterschiede rühren. Dabei ergibt sich: Text Analyzer zählt **Bindestrich-Komposita** (*Berlin-Buch*) als zwei Wörter. Bei den **Daten** (*10. 8. 1878*) wird jede Zahl einzeln gezählt, während Word alles als ein Wort zusammennimmt. Dasselbe gilt für **Abkürzungen** ohne Leerzeichen (*D.s, i.Br.* usw.). Man muss sich nun selbst entscheiden, welche Variante man vorzieht, und kann daraufhin den Rohtext vorbereiten, also z. B. bei Abkürzungen ein Leerzeichen hinzufügen oder aber die Punkte wegnehmen. In manchen Fällen ist eine solche Vorbearbeitung unbedingt nötig. Z. B. zählen sowohl Word als auch Text Analyzer in französischen Texten nur ein Wort, wenn zwei mit **Apostroph** verbunden sind (*l'ami, d'ami*). Hier sollte man alle Vorkommen von Apostroph automatisch ersetzen durch Apostroph +Leerzeichen. Der Vergleich der Wortlisten für 7.2 und 7.3 hat außerdem ergeben, dass **Anführungszeichen** ein gewisses Problem bereiten. So rechnet Text Analyzer das Anführungszeichen zum Wort hinzu und kommt damit auf verschiedene Types bei „*der* und *der*. Das Anführungszeichen wird als eigenes Wort gerechnet, wenn es nach einem Schlusspunkt steht. Es wäre also eventuell nützlich, die Anführungszeichen im Rohtext ganz zu eliminieren.

Angesichts solch ggf. notwendiger Vorarbeiten mögen sich manche fragen, ob der Aufwand wirklich lohnt. Wir haben uns allerdings mit der Auswahl eines Miniprobekorpus absichtlich auf eine extrem enge Perspektive eingelassen, die man gut und gern auf dem Niveau der Fliegenbeinzählerei verorten kann. Selbstverständlich ist es aber nicht notwendig, die Frage, wie Zeichen gezählt werden, bis ins Kleinste zu verfolgen oder konkurrierende Zählungen miteinander zu vergleichen. Man kann ebensogut irgendein Instrument auswählen, die Werte als Ca.-Angaben übernehmen und darf dann auf jeden Fall darauf rechnen, dass diese mindestens untereinander gut vergleichbar und aller Wahrscheinlichkeit nach präziser sind als manuelle Auswertungen.

Sobald man es mit auch nur etwas größeren Textmengen zu tun hat, halte ich die Skepsis gegenüber der größeren Effizienz automatisch gestützter Analyse für gänzlich verfehlt. Ein solch umfangreiches Textbeispiel kann nicht in diese Darstellung integriert werden. Ich wähle daher eine im Internet verfügbare Quelle, und zwar eine Broschüre des Eidgenössischen Departements für Auswärtige Angelegenheiten (EDA) mit dem Titel *ABC der Europapolitik*.[27] Dieses Dokument (nur die deutsche Fassung) habe ich in einen Rohtext umgesetzt (dabei entfallen die Bilder) und die Einleitung als speziellen Textteil eliminiert. Es verbleibt das Glossar, das entsprechend unseren Werkzeugen über 8000 Text-Wörter und mehr als 2100 Types (verschiedene Wortformen) umfasst.

Mit größerem Umfang sinkt die lexikalische Diversität. Sie ist am größten beim Wert 1 (jedes Wort kommt nur 1x vor), in unserem Dokument hat TAPoR 3.82 ausgegeben. Zum Vergleich hier die Werte der anderen Textbeispiele (Tab. 7.12).

Die Werte für Goethes *Novelle* und den Fachtext von Dürscheid sind hinzugefügt, um zu zeigen, dass die lexikalische Diversität nicht nur mit der Textlänge zu tun hat. Die *Novelle* umfasst mehr als 7100 Wörter, der Aufsatz (ohne Literaturverzeichnis und Anmerkungen) ca. 8100. Beide sind daher von der Länge mit dem *ABC* in etwa vergleichbar.

Dieses Dokument zeichnet sich insofern durch eine gewisse Monotonie aus, als nicht nur zentrale Wörter, sondern umfangreiche Gruppen von Wörtern wie-

---

[27] Als PDF-Dokument (in deutscher, französischer, italienischer und englischer Sprache) zugänglich unter https://www.eda.admin.ch/content/dam/eda/de/documents/publications/GlossarezurAussenpolitik/ABC-Europapolitik_de.pdf.

Tab. 7.12: Durchschnittliche Worthäufigkeit (ermittelt mit TAPoR)

TB 1 (Frau Trude)	1.93
TB 3 (Unverhoftes Wiedersehen)	1.92
TB 4 (Lokalnachrichten)	1.5
TB 5 (Wohnungsbrand)	1.5
TB 6.1 (Abstract)	1.61
TB 6.2	1.29
TB 6.3	1.08
TB 7.1 (Kurzbiografie Döblin)	1.5
TB 7.2	1.26
TB 7.3	1.52
TB 7.4	1.37
TB 7.5	1.34
TB 7.6	1.43
TB 9.1 (Stilübungen)	1.2
TB 9.5	1.14
TB 9.7	1.28
ABC der Europapolitik	3.82
Goethe, *Novelle*	2.79
Dürscheid (im Druck)	4.15

derkehren. Dies lässt besonders gut Text Analyzer erkennen, wo ja Mehrwortre-kurrenzen unmittelbar angezeigt werden. Text Analyzer weist 31 Gruppen aus, die 8 Wörter umfassen. Mindestens eine Gruppe umfasst sogar 10, eine weitere 9 Wörter, nämlich *sie entscheidet aber ob sie einen neuen rechtsakt übernehmen will* bzw. *die meisten staaten schützen die inländische produktion von waren.* Sie kommen wie auch die folgenden Beispiele alle 3x vor: *delegation der eu für die schweiz und liechtenstein, der beziehungen zwischen der schweiz und der eu.* Die häufigste Mehrwortokkurrenz umfasst nur zwei Wörter: *der EU* (134x, gegenüber nur 34x *die EU*). Dieser Ausdruck fungiert nur 3x als Dativobjekt, nämlich mit den Verben *Bericht erstatten* und *beitreten* (2x). Der Dativ kommt ansonsten nach Präpositionen vor (allein 8x *zwischen der Schweiz und der EU*, die umgekehrte Folge *zwischen der EU und der Schweiz* existiert nicht). In den allermeisten Fällen ist es aber ein Genitivattribut innerhalb teilweise sehr komplexer Nominalgruppen. Es wird insgesamt deutlich, dass dieser Text eine sehr verdichtete Ausdrucksweise aufweist (Nominalstil) und feststehende Phrasen immer wieder verwendet werden müssen. Beides ist für Verwaltungs-, Rechts- und Fachtexte typisch.

Bei umfangreichen Dokumenten wird man die Darstellung von Voyant besonders schätzen. Hier ein Ergebnis bei Anwendung der Stop-Liste. In der Kurve sind die Vorkommen eines der besonders häufigen Lexeme, nämlich die Werte für *Abkommen* (41x) und *Abkommens* (7x) zusammen erfasst.

Abb. 7.16: *ABC der Europapolitik* (Voyant)

Anhand dieses Dokuments soll schließlich noch die KWIC-Darstellung gezeigt werden. Ich bevorzuge hierfür wieder TAPoR, da man die Ergebnisse besonders leicht weiterverarbeiten kann (vgl. die Bemerkungen zu Abb. 7.15 und Tab. 7.10). Zu wählen ist hierfür das Instrument **Concordance.** Will man nicht nur die Wortform *Abkommen*, sondern auch *Abkommens* erhalten (mehr Wortformen hat das Lexem nicht), so gibt man als Suchwort *abkommen** ein (Abb. 7.17).[28]

Voyant hatte insgesamt 48 Vorkommen ermittelt. TAPoR hat drei mehr, weil es auch *Schengen-Abkommen* und *AOC-Abkommen* (2x) mitzählt. Als häufigste Wörter hat Voyant *EU* (166x) und *Schweiz* (96x) ausgegeben. In der folgenden Tabelle sind nun abschließend noch einige weitere mit TAPoR ermittelte Ergebnisse aus diesem Feld festgehalten (Abb. 7.18). Wenn ein Ausdruck nicht vorkommt (z. B. helvet*), erscheint übrigens die Nachricht: *502 Bad Gateway.*

---

28 Der Unterschied zwischen Groß- und Kleinschreibung spielt hier keine Rolle.

Summary: 51 entries found.

	Abkommen	In den internationalen Beziehungen bezeichnet
den internationalen Beziehungen bezeichnet ein	**Abkommen**	oder ein Vertrag ein Schriftstück
sich , den Text des	**Abkommens**	einzuhalten . Ein Abkommen darf
des Abkommens einzuhalten . Ein	**Abkommen**	darf in der Regel nicht

Abb. 7.17: KWIC-Darstellung für *Abkommen*(s) (TAPoR)

Schweiz	97
schweiz*	113
Schweizer (nur Adjektiv)	7
Schweizerin*	0
schweizerisch*	8
Europa	1
europ*	128
Europäische Kommission	8
Europäischen Kommission	10
Europäische Union	6
Europäischen Union	9
Europäer*	0
EU	203
EU-* (*EU-Mitgliedsstaaten, EU-Filmförderungsgesetz* etc.)	38
eidgen* (nur in Bezeichnungen für Departemente und Ämter)	4
helvet*	0
CH	0
Kantone(n)	9
Bund* (= CH)	17

Abb. 7.18: Die Schweiz und Europa im *ABC der Europapolitik* (ermittelt mit TAPoR)

8. Intertextualität und Textvernetzung

Die veränderte Haltung zur Bedeutung der Beziehungen zwischen Texten stellt die wohl wichtigste Neuerung in der textlinguistischen Diskussion des letzten Jahrzehnts dar, die daher hier in einem eigenen Kapitel behandelt sei.[1] Während in der Frühzeit der Textlinguistik die Vorstellung zentral war, dass der Text die (neue) oberste Einheit linguistischer Beschreibung darstellt und der Nachweis seiner Abgeschlossenheit als besonders wichtig galt, ist es inzwischen zur Selbstverständlichkeit geworden, auch die Relationen zwischen Texten zu berücksichtigen. Dazu dürfte der tagtägliche Umgang mit dem **Internet** nicht unwesentlich beigetragen haben: Die Gewöhnung daran, dass ein Stichwort in weniger als einer Sekunde Tausende, ja Millionen Treffer erbringt, die Gewöhnung an selektive Lektüre, Zappen, Scanning, bestenfalls Skimming (im Sinne von Techniken des Schnelllesens) als häufige Rezeptionshaltung, Copy&Paste als Alltagsroutine, dies alles macht die Vorstellung quasi erlebbar, dass **Texte ‚Mosaike von Zitaten'** darstellen. Dies ist das Credo der poststrukturalistischen Poetik und Philosophie, in deren Rahmen *Intertextualität* als programmatischer Leitbegriff propagiert wurde und das seit den 1970er Jahren zu heftigen Auseinandersetzungen geführt hat.

Seine Einführung wird Julia **Kristeva** (1967) zugeschrieben und im Allgemeinen unter dem Etikett **‚Auflösung/Ent-Grenzung' des Textbegriffs** geführt.[2] Infrage gestellt wird hier die traditionelle Auffassung des Autors als autonomen Subjekts, der in künstlerischer Gestaltungsabsicht ein geschlossenes Werk kreiert; es betrachtet den Text eben als ‚Mosaik von Zitaten', der sich aus anderen Texten speist und als ‚Gewirr von Stimmen' anderer Texte eine eigenständige Produktivität entfaltet. Autor (und Leser) gelten nur noch als Schnittpunkt von Texten und Diskursen. Erweitert bzw. aufgelöst wird der Textbegriff auch insofern, als er nicht mehr als sprachlich verfasstes Phänomen betrachtet wird, sondern alle Formen kultureller Zeichensysteme umfasst und eingebettet ist in den ‚allgemeinen Text' der Kultur. Der Begriff **Diskurs**, wie er im Anschluss an Michel **Foucault** auch für die Textlinguistik fruchtbar gemacht werden sollte, gehört in denselben Kontext.

---

1 Sie gehört auch zu den Themen, denen in der Neubearbeitung von Brinkers Einführung ein spezielles Kapitel gewidmet ist (vgl. Brinker et al. 2014: 5.6.1., aber auch 3.6. zu Hypertexten). Vgl. hierzu insbesondere den Sammelband von Habscheid (2011) und Fix (2014).

2 Als einführende Übersicht vgl. Jakobs (1999: Kap. 1), Fix (2000), die auch die einschlägige Spezialliteratur erschließen; für eine sich um wohlwollendes Verständnis bemühende Rekonstruktion aus textlinguistischer Sicht vgl. besonders Linke/Nussbaumer (1997), als neuere Übersicht Janich (2008b). In der Textlinguistik ist der Sammelband von Klein/Fix (1997) besonders wichtig gewesen.

Er gilt als noch vieldeutiger und schwerer fassbar als *Intertextualität* und war anfangs ebenso umstritten.

Wenn ein genuines Objekt der Literaturwissenschaft, der von einem Autor verantwortete Text, als sinnvoller Untersuchungsgegenstand radikal infrage gestellt wird, zieht man den Forschern gewissermaßen den Boden unter den Füßen weg. Wie soll man solche intertextuellen Relationen und Diskurse zu fassen bekommen? Die beiden Ausdrücke wurden geradezu inflationär als Modebegriffe verwendet, an denen man hauptsächlich monierte, dass es sich um höchst schillernde, schwammige und vage Konzepte handle, die nicht operationalisierbar seien. Bei dem ausdrücklich gegen traditionelle Auffassungen gerichteten Konzept sprechen Linke/Nussbaumer (1997: 111) von einem **radikalen Intertextualitätsbegriff**. Dem stellen sie einen **moderaten Intertextualitätsbegriff** gegenüber, der völlig vereinbar ist mit den traditionellen Vorstellungen sowohl der Literaturwissenschaft als auch der Linguistik und dem sie daher auch keine besondere Relevanz für die theoretische Debatte zuschreiben.

Tatsächlich ist es ja eine Binsenweisheit, dass ein Text nie eine *creatio ex nihilo* ist, sondern in Traditionszusammenhänge eingebunden und von Vorgängertexten beeinflusst ist. Das Ausmaß eines solchen Einflusses kann natürlich mehr oder weniger groß und mehr oder weniger offenkundig sein. Massiv sichtbar ist der Einfluss, wenn der Rezipient-Produzent **explizite Bezüge** herstellt, er den gesamten gelesenen Text oder Passagen daraus wiederholt, zusammenfasst, übersetzt, kommentiert, interpretiert, bewertet ... oder eine explizite Reaktion in Form einer Ergänzung, einer Zurückweisung, einer Korrektur ... liefert. Schon gewissermaßen im Infinitesimalbereich liegt dagegen der Einfluss, wenn die Rezeption von geläufigen Ausdrücken oder Inhaltselementen sich lediglich in der **Verfestigung des Sprachwissens** und der Weltsicht niederschlägt. Als auch subjektiv erfahrener Einfluss kommt dies besonders gut zum Ausdruck in Hugo von Hofmannsthals Seufzer „Wenn wir den Mund aufmachen, reden immer zehntausend Tote mit."[3]

Besonders Literaturwissenschaftler haben daher das Konzept der Intertextualität gewissermaßen als ‚alten Hut' identifiziert, der neue Ausdruck erschien ihnen überflüssig, insofern er lediglich fungiere „als zeitgeistige Etikettierung bzw. als Wiederbelebungselexier für traditionelle philologisch-literaturwissenschaftliche Methodik" (Linke/Nussbaumer 1997: 110). Dass es sich bei Beziehungen zwischen Texten um ein wichtiges Phänomen handelt, kann man ja

---

3 Hugo von Hofmannsthal: Eine Monographie „Friedrich Mitterwurzer" von Eugen Guglia. In: Hugo von Hofmannsthal: Gesammelte Werke in Einzelausgaben. Prosa I. Frankfurt a. M. 1956: 230; vgl. auch seinen berühmten *Brief des Lord Chandos*.

schlechterdings nicht bezweifeln und in der Literaturwissenschaft auch nur schlecht ausklammern. Denn die Orientierung an Vorläufern/Vorbildern, die man nachzuahmen, zu übertreffen oder auch zu überwinden suchte, sowie Anspielungen, Zitate, Parodien u.v.a.m. gehören von jeher zum elementaren Werkzeug **literarischer Praxis**. Ebenso altbekannt und fundamental ist die Bedeutung expliziten Bezugs auf andere Texte in **massenmedialen** und **wissenschaftlichen Texten**, und zwar in erster Linie in der Form offener Redewiedergabe: Massenmedien verbreiten großenteils, was andere gesagt und geschrieben haben, und in der Wissenschaft sind die Verarbeitung von Forschungsliteratur und ihr genauer Nachweis obligatorisch.

Wenn trotz der anfänglichen Skepsis inzwischen der Ausdruck *Intertextualität* als fest etabliert gelten kann, so geht das m. E. schlicht darauf zurück, dass er sich gut als bequemer Oberbegriff für alle möglichen Beziehungen zwischen Texten eignet. Denn er ist – auch noch als Inter-Nationalismus, dem eine Reihe weiterer geläufiger Bildungen mit *Inter-* an der Seite steht – einfach zu durchsichtig und selbsterklärend, als dass man auf ihn wieder verzichten würde, wenn es darum geht, ein Phänomen zu erfassen, das dringend bezeichnet werden muss. Einen auch nur annähernd ebenso gut geeigneten traditionellen Begriff gibt es nicht.

Da der Ausdruck *Intertextualität* heute überwiegend als Oberbegriff verwendet wird (und selten in der radikalen Lesart), umfasst er sehr viele verschiedene Relationen. In der weiteren Debatte ging es hauptsächlich darum, diese zu systematisieren. Dabei kristallisierten sich zunächst zwei grundlegend unterschiedliche Arten heraus: Bei der einen geht es um das Verhältnis zwischen **Text** und **Gattung** oder **Textsorte**. Hier spricht man von *allgemeiner, paradigmatischer, globaler, textklassifizierender, texttypologisierender, typologischer* oder auch *generischer Intertextualität*. Der zweite Typ betrifft das Verhältnis zwischen **Text** und **Text**, wofür man Ausdrücke wie *spezielle, referenzielle, syntagmatische, lineare, engere, textbezogene* oder *thematische* Intertextualität benutzt.[4]

Der zweite Typ umfasst nicht zuletzt die literaturwissenschaftliche Quellen- und Motivforschung, die seit jeher schon in sich eine Vielzahl von Untertypen an Textbezügen umgreift. Für diese hat man nun unter Rückgriff auf den Intertextualitäts-Begriff mehrfach neu Systematisierungsvorschläge vorgelegt (vgl. Janich 2008b). Im französischen Raum hat der Ansatz von Gérard Genette (1982)[5] den

---

4 Vgl. zu diesen Begriffen Wilske/Krause (1987); Holthuis (1993); Jakobs (1999: 17); Krause (2000c); Fix (2000); Gansel/Jürgens (2009: 31), Opiłowski (2006: 35).
5 Aus Genettes umfangreichem Werk sollten alle an Intertextualität Interessierten auf jeden Fall die ersten Seiten lesen, in denen er das Gesamtfeld absteckt oder besser Blicke auf ein unüberschaubares Feld wirft, wobei er auch in selbstironischer Manier das terminologische Chaos thematisiert, das dabei entstanden ist.

stärksten Einfluss gehabt. Von den verschiedenen Vorschlägen seien hier die Typologie von Genette und aus linguistischer Sicht eine Einteilung von Krause versuchsweise nebeneinandergestellt. Ich füge charakteristische Erläuterungen bzw. Beispiele der Autoren hinzu, die zugleich den eher literatur- bzw. sprachwissenschaftlichen Kontext verdeutlichen (Abb. 8.1). Übereinstimmend bemerken beide Autoren, dass eine strenge Abgrenzung der Typen gegeneinander nicht möglich ist und die vorgeschlagene Systematisierung nicht als definitiv aufgefasst werden sollte.

Genette 1982 Transtextualité	Krause 2000c Intertextualität	Erläuterungen/Beispiele	
		Genette	Krause
Architextualité	allgemeine (potentielle)	types de discours, modes d'énonciation, genres littéraires	Textsorten
Intertextualité	deiktische (auch: referentielle)	citation, plagiat, allusion	punktuelles Verweisen, Zitieren, Referieren
Metatextualité		commentaire, critique	Nacherzählung,
Hypertextualité	transformierende	parodie, travestissement, pastiche	Adaptation, Vorlesungsmitschrift, Zusammenfassung
Paratextualité	inkorporierende	titre, préface, notes, illustrations, brouillon	Fußnoten, Vita in Laudatio, Literaturverzeichnis
	translatorische		Übersetzungen
	kooperative		Briefwechsel, Dementi, Rezension

(zwischen den Spalten: senkrecht „spezielle (aktuelle)")

Abb. 8.1: Typen von Intertextualität

In der Textlinguistik wurde der Ausdruck *Intertextualität* besonders durch Beaugrande/Dressler (1981) populär (vgl. Kap. 3.1.). Sie führen den Begriff ein, „um die Abhängigkeiten zwischen Produktion bzw. Rezeption eines gegebenen Textes und dem Wissen der Kommunikationsteilnehmer über andere Texte zu bezeichnen" (ebd.: 188). Dies entspricht einer denkbar weiten Auslegung des Begriffs. In ihren Ausführungen tritt dann jedoch die Textsorten-Gebundenheit von Einzeltexten ganz in den Vordergrund. Intertextualität sei verantwortlich für die Entwicklung von Textsorten „als Klassen von Texten mit typischen Mustern von Eigenschaften" (ebd.: 13). Das radikale Konzept spielt bei ihnen keine Rolle.[6]

---

6 In einer Fußnote verweisen de Beaugrande/Dressler (1981: 13) zwar auf Kristeva, der sie merkwürdigerweise einen ‚engeren Gebrauch' des Begriffs zuschreiben, ansonsten gehen sie aber auf die radikale Version nicht weiter ein. – Wie bereits Wilske/Krause (1987: 891) und dann wieder Jakobs (1999: 16) hervorheben, ist der Begriff *Intertextualität* aber schon von Zimmermann (1978) in die Linguistik eingeführt worden, der sich dabei im Übrigen eng an Kristeva anlehnt. Allerdings ist im Gewirr der Stimmen die von Zimmermann in der Bundesrepublik nicht ‚durchgedrungen', und es zeigt sich, dass es im Bereich der Wissenschaft nicht reicht, als erster eine Position vorgetragen zu haben, um Einfluss zu gewinnen, und dass auch hier die Rezeption

Dass Texte vor dem Hintergrund überlieferter Muster der Texterstellung gesehen werden müssen, gehört nun zu den ältesten Annahmen der Textlinguistik und erscheint auch schon im Katalog häufig thematisierter Textmerkmale (vgl. Tab. 2.2). Dieses alte Thema zieht zunächst den neuen Begriff auf sich, ohne dass damit jedoch irgendwelche Verschiebungen oder auch Präzisierungen in der Diskussion verbunden wären.[7] Vielmehr bleibt zunächst genau die Frage im Zentrum, die bei der Diskussion der Textsorten-Problematik schon im Vordergrund stand, lange bevor diese überhaupt als Intertextualitäts-Phänomen betrachtet wurde, nämlich die nach einer geeigneten Klassifikation oder Typologisierung von Texten (8.1.).

Manche Arten von Texten setzen essenziell einen bestimmten Vorgängertext voraus (nicht nur ein Muster). Das sind alle diejenigen, die in der Abbildung 8.1 unterhalb des fetten Striches stehen: Kritiken, Dementi, Übersetzungen, Zusammenfassungen usw. Ferner ist es für bestimmte Kommunikationsbereiche, v. a. die des Rechtswesens und der Verwaltung, charakteristisch, dass eine ganze Serie von dergestalt aufeinander bezogenen Textsorten (nach festgelegten Verfahrensvorschriften) produziert werden muss. Dies hat Josef Klein (1991) am Beispiel des Gesetzgebungsprozesses demonstriert und dafür die Bezeichnung Textsorten-Intertextualität vorgeschlagen (Klein 2000b). Die regulären Beziehungen zwischen Textsorten stehen unter dem Schlagwort **Text(sorten)vernetzung** inzwischen im Mittelpunkt der Debatte; dies ist die wesentliche Neuerung in der Diskussion (8.2.).

Bezüge zwischen Einzeltexten haben in der Textlinguistik gegenüber der typologischen Intertextualität (zumindest in der theoretischen Debatte) anders als in der Literaturwissenschaft zunächst keine große Rolle gespielt. Sie werden v. a. in Bezug auf Kommunikationsbereiche thematisiert, wo ihre Bedeutung evident ist, nämlich in der Wissenschaft (vgl. z. B. Jakobs 1999, Harras 1998), in Pressetexten (vgl. z. B. Rößler 1999, Burger 2001, Luginbühl et al. 2002) und in der Werbung (vgl. ausführlich Opiłowski 2006). Als besonders schwierig erweist sich die Frage nach Markiertheit und Erkennbarkeit intertextueller Bezüge. Dies

---

keineswegs rein rationale Wege geht. Zimmermanns Ausführungen sind m. E. jedoch nicht besonders ausgearbeitet. Viel bedauerlicher erscheint es mir daher, dass die relativ frühen, viel systematischeren und stärker auf linguistische Fragestellungen bezogenen Diskussionsbeiträge aus der DDR-Forschung lange nicht das ihnen gebührende Gehör gefunden haben (vgl. auch für weitere Nachweise Wilske/Krause 1987 und Krause 2000c).

7 Die weitere Debatte kreist dann in diesem Feld um eine Frage eher nachgeordneter Relevanz, ob nämlich der Begriff *Intertextualität* überhaupt auf Textsortenspezifik einzuschränken sei (so etwa Heinemann 1997) oder diese Lesart im Gegenteil aus dem Begriffsumfang ausgeschlossen werden soll (so z. B. Vater 2001: 48 oder Tegtmeyer 1997).

mündete in die Frage, ob Intertextualität ein Merkmal des Textes ist oder man von ihr nur sprechen kann, wenn Rezipienten sie auch realisieren. Damit nähert man sich dann doch wieder Fragestellungen des radikalen Konzepts, die auch bei Textvernetzungen immer wieder zum Vorschein kommen.

8.1. Textsorten: Klassifikation und Typologie

Wie sich schon beim Textbegriff gezeigt hat (vgl. Kap. 2.1.), stellt die frühe Textlinguistik wissenschaftliche Konzepte prononciert in Gegensatz zu alltagsweltlichen. Für Arten von Texten ist das besonders relevant, da es ein reiches Inventar an gemeinsprachlichen Bezeichnungen dafür gibt (vgl. die ca. 4000 Einträge umfassende Liste in Adamzik 1995a). Dies verdeutlicht, dass die Differenzierung von Texten einem ausgeprägten alltäglichen Bedürfnis entspricht. Bei diesen **Ethnokategorien** handelt es sich natürlich um unsystematische Konzepte, die auch die Vagheit aufweisen, die gemeinsprachlichen Ausdrücken grundsätzlich eignet. Da dieses Feld nun nach wissenschaftlichen Grundsätzen analysiert und systematisiert werden sollte, kam es zu einer massiven Abwertung der in der gesellschaftlichen Kommunikationspraxis entwickelten ‚vorwissenschaftlichen‘ Konzepte und man ging davon aus, dass sie sich als Ausgangspunkt für die Erarbeitung einer **wissenschaftlichen Standards genügenden Typologie** ganz und gar nicht eignen. Eine solche forderte insbesondere Isenberg (1978), der es als Aufgabe jeder Typologie ansah, *alle* zu typologisierenden Elemente nach einem *einheitlichen* Kriterium *eindeutig* einem von einer *überschaubaren Menge* von Typen zuzuweisen.[8]

Inzwischen haben sich die Voraussetzungen für das Reden auch über Arten von Texten gründlich geändert: Die Arbeit mit **Prototypen** ist an die Stelle der Suche nach strikten Taxonomien getreten (vgl. Kap. 2.1.). Statt die Sicht des außenstehenden Beobachters zu privilegieren, wird jetzt die Berücksichtigung der **Beteiligtenperspektive** favorisiert (vgl. Kap. 2.5.5.), statt das Produkt und seine (formalen) Eigenschaften zu fokussieren, tritt der **Umgang mit Texten als wissensgeleiteter Prozess** in den Vordergrund (vgl. Kap. 1.5.3.). Die (eigentlich schon in den 1970er Jahren längst als verfehlt erkannte) Annahme, die Wissenschaft entspräche einer objektiven Sicht auf die Welt, ist der Einsicht gewichen, dass auch **wissenschaftliche Konzepte Konstrukte** darstellen und von Interessen und Fragestellungen abhängen. Schließlich hieß es von Textsorten zwar schon

---

8 Vgl. zu Textsorten insgesamt und zu dieser Phase der Diskussion, die hier nicht erneut ausführlich besprochen werden soll, Adamzik (2008a) und die dortigen Nachweise.

immer, dies seien historisch-kulturell überlieferte Einheiten; erst die Fülle der durch die **neue Technologie** ermöglichten Kommunikationsformen hat aber die Versuchung deutlich eingedämmt, sie doch „als gewissermaßen unveränderliche und zeitlose Wesenheiten, als Universalien und Urformen, als transhistorische Invarianten" (Reisigl 2011: 437) zu rekonstruieren (vgl. Kap. 4.2.).

Wie hat sich unter diesen Voraussetzungen die Untersuchung von Textsorten nun konkret entwickelt? Zur Erläuterung möchte ich an den folgenden Formulierungen Brinkers ansetzen. Sie werden im Zusammenhang mit Textsorten besonders oft zitiert und haben sich in knapp 30 Jahren auch nicht geändert, sind nämlich in der Neubearbeitung von 2014 erhalten:

> „Nun ist ein konkreter Text aber nicht nur eine Realisierung der allgemeinen Größe ‚Text'; er repräsentiert vielmehr zugleich auch eine bestimmte Textsorte, d. h., er ist ein Fernsehkommentar, eine Zeitungsnachricht, ein Kochrezept oder eine Werbeanzeige – um nur einige alltagssprachliche Namen für Textsorten zu nennen. [...] Der konkrete Text erscheint immer als Exemplar einer bestimmten Textsorte" (Brinker et al. 2014: 133; zuerst Brinker 1985: 118).

> „Textsorten sind **konventionell geltende Muster** für komplexe sprachliche Handlungen und lassen sich als jeweils typische Verbindungen von kontextuellen (situativen), kommunikativ-funktionalen und strukturellen (grammatischen und thematischen) Merkmalen beschreiben." (Brinker et al. 2014: 139; zuerst Brinker 1985: 124; dort ohne Fettdruck)

Die Langlebigkeit dieser Bestimmungen geht darauf zurück, dass Brinker sich hier konsequent an **alltagsweltlichen Vorstellungen** orientiert und „alltagssprachliche Namen für Textsorten" (im Anschluss an Dimter 1981; vgl. Kap. 6.4.) als Ausgangspunkt wählt. Isenberg hält er entgegen, dass sich die theoretischen Konzepte der Wissenschaft nicht zu weit vom intuitiven Textsorten-Wissen der Sprachteilhaber entfernen dürften, da sonst die Gefahr bestehe, dass sie empirisch inadäquat werden (vgl. Brinker 2010: 121). Ausdrücklich verzichtet Brinker in diesem Sinne auch auf eine terminologische Differenzierung zwischen *Textsorte*, *Textklasse* und *Texttyp* (vgl. ebd.: 120).[9]

Die Orientierung am Alltagsvokabular führt auch dazu, dass das Textsortenkapitel eine Sonderstellung einnimmt: Während Brinker nämlich im Prinzip nur mit drei grundlegenden Beschreibungsdimensionen arbeitet (vgl. Tab. 3.1) und nur diese auch in die zusammenfassende Übersicht am Ende des Bandes eingehen, bezieht er bei den Textsorten auch die kontextuelle oder **situative Dimension** ein. Dabei beschränkt er sich (nicht aus programmatischen, sondern lediglich pragmatischen Gründen) auf Medien und Kommunikationsbereiche, d. h. die beiden Felder, die in der Folge besonders viel Aufmerksamkeit gefunden haben.

---

9 Diese Bemerkung ist in der Neubearbeitung gestrichen (Brinker et al. 2014: 133).

Das Textsortenkapitel hält also Brinkers Einführung anschlussfähig an die weitere Entwicklung.

Die Darstellung zeichnet sich aber dadurch aus, dass Textsorten als eine ungeheure Menge von ‚Individuen' konzeptualisiert werden, denn im Vordergrund stehen relativ prägnante, unmittelbar wiedererkennbare **Kleinformen** wie Wetterbericht, Lebenslauf, Todesanzeige usw. Solche Einheiten sind ja auch dem Alltagswissen am ehesten zugänglich und manifestieren sich in den alltagssprachlichen Bezeichnungen, denn die meisten davon liegen auf einem niedrigen Abstraktionsniveau – sonst könnte es ja nicht so viele davon geben. Wie viele allerdings dem durchschnittlichen Sprachteilhaber tatsächlich vertraut sind und wie umfangreich und spezifisch Textsortenwissen ist, ist eine andere Frage.[10] Festzuhalten ist, dass man von einer ersten Phase der Textsortenlinguistik sprechen kann, die Einzeltextsorten auf niedrigem Abstraktionsniveau – vielfach **diachron** und **sprachkontrastiv** – in den Mittelpunkt stellte (vgl. für eine bibliografische Erschließung Adamzik 1995a). Dieser Sichtweise ist auch Brinker verpflichtet, denn er strebt keinerlei übergreifendes Ordnungsraster für Textsorten an. Dies ist der genaue Gegenpol zu Isenbergs Forderung nach Typologien, die mit einem einzigen Kriterium und einer überschaubaren Menge von Ausprägungen arbeiten.

Verbunden sind die beiden Sichtweisen jedoch über eine Auffassung, die sich sehr schnell durchsetzte, dass man nämlich Texte und Textsorten auf jeden Fall mehreren Typen zugleich zuordnen muss, allerdings entsprechend unterschiedlichen Dimensionen. Funktionstypen stehen also *neben* Situations-, Themen- und Formtypen. Bei diesen Typen handelt es sich um Beschreibungskategorien, die eine (für die Analyse festgelegte) überschaubare Menge von Ausprägungen umfassen und unterschiedlich miteinander kombiniert sein können (Abb. 8.2). Solche Ansätze nennt man mit Heinemann/Viehweger (1991: 142 ff.) **Mehrebenen-Klassifikationen**. Einer solchen folgt im Prinzip auch Brinker, der z. B. in der Dimension Funktion 5, bei der Themenentfaltung 4 und bei Kommunikationsbereichen 3 Typen ansetzt. Die Dimensionen liegen quer zueinander, stehen also eigentlich nicht in hierarchischen Beziehungen, man kann sie allerdings in bestimmter Weise anordnen, z. B. zunächst funktionale Typen unterscheiden, die dann situativ subdifferenziert werden – oder aber andersherum.

Es gibt aber zwischen Textsorten(bezeichnungen) natürlich auch hierarchische Beziehungen, nämlich Ober- und Unterbegriffe, also Konzepte auf verschiedenen

---

10 Die (wenigen) empirischen Untersuchungen dazu lassen eher auf erhebliche Lücken schließen. Dafür sprechen auch die vielen Anleitungen zur Textproduktion. Vgl. zur Bedeutung von Textsortenwissen für den Fremdsprachunterricht auch Adamzik (2009).

	Text(sorte) I	Text(sorte) II	...
Funktionstyp	1	2	
Situationstyp	3	3	
Themenentfaltungstyp	2	1	
...			

Abb. 8.2: Kombination von Merkmalsausprägungen (nach Adamzik 1995a: 36)

Abstraktionsebenen: *Gespräch* sagt nur etwas über die Partnerkonstellation aus, aber nichts zur Funktion oder sonst einer Dimension, ist also ziemlich abstrakt, anders als *Alltags-, Arbeits-* oder *Prüfungsgespräch*. Für die verschiedenen Ebenen wurden nun diverse terminologische Differenzierungen vorgeschlagen. Dazu gehören: *Texttyp, Textklasse, Textart, (Text-)Gattung, Genre, Textfamilie, Textsortenfamilie, Textordnung, Darstellungsform, kommunikative Gattung, kommunikative Praktik* u. a. m.

Einen gewissen Erfolg hat meiner Einschätzung nach nur ein schon früh unterbreiteter Vorschlag gehabt, den auch Brinker propagiert. Bei nur situativ spezifizierten Kategorien wie z. B. *Brief, Telefongespräch* spricht auch er nicht von *Textsorte*, sondern von **Kommunikationsform** (vgl. Tab. 2.3).[11] Selbst in Bezug darauf ist eine Stabilisierung des fachlichen Sprachgebrauchs m. E. jedoch nicht in Sicht, und die genannten Begriffe werden teilweise synonym zueinander verwendet oder auch an unterschiedlichen Stellen einer gedachten Hierarchie platziert. So ist der Begriffsinhalt von *Textsorte* heute unklarer denn je. Der Schlussfolgerung Habscheids (2009: 62) kann man m. E. nur zustimmen: „Daraus resultiert eine Vielzahl von Typologisierungsansätzen, die die ‚Beliebigkeit' und ‚Inkonsistenz' alltäglicher Sortierungen wohl weniger überwunden als vermehrt hat."

Im Sinne von Kap. 2.1. sehe ich darin allerdings keine Bankrotterklärung der Textlinguistik. Im Rahmen der Forschungsarbeit kann man niemanden darin hindern, eigene terminologische Prägungen vorzunehmen. Je mehr es davon gibt, desto unwahrscheinlicher wird allerdings eine Konsolidierung der Terminologie. Was **beschreibende Definitionen** angeht, also solche, die feststellen, wie Ausdrücke (von bestimmten Gruppen) gebraucht werden, so habe ich vorgeschlagen, eine **spezifische Lesart** von *Textsorte* (Bezeichnungen auf sehr niedriger Abstraktionsebene) von einer **unspezifischen Lesart** zu unterscheiden (vgl.

---

11 Vgl. so auch Brinker (2000: 180), Ziegler (2002) und Bittner (2003: 24 und 134 f.); zur Diskussion Dürscheid (2005).

Adamzik 1995a: 14 ff.). Im deutschen Sprachraum wählt man für die unspezifische Lesart (Textgruppierungen auf irgendwelchen Ebenen) tatsächlich am häufigsten den Ausdruck *Textsorte*.[12] Selbst in Lehrwerken für den Deutschunterricht wird *Textsorte* sehr unspezifisch verwendet (vgl. Adamzik 2013). Dass solcher Sprachgebrauch üblich ist, kann man bedauern, aber nicht verhindern, denn es besteht ein kommunikativer Bedarf an einem unspezifisch verwendeten Ausdruck. Eine Kompromisslösung präsentieren Heinemann/Heinemann (Abb. 8.3).

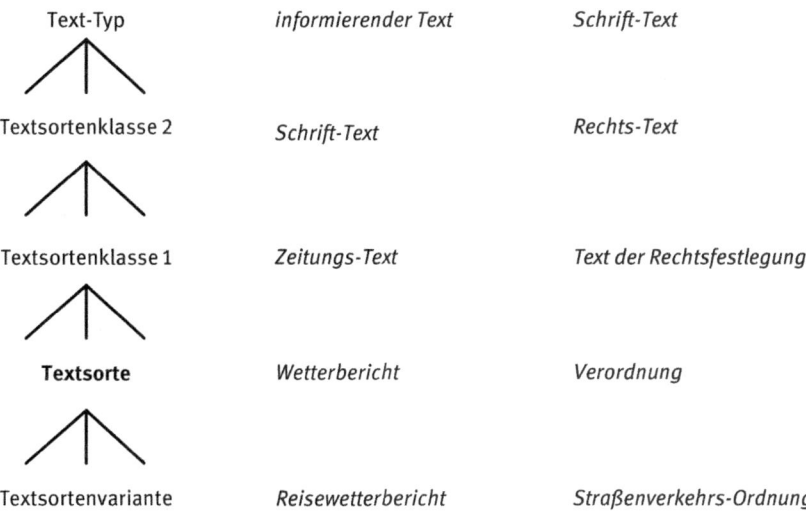

Abb. 8.3: Hierarchische Stufung von Textklassen (Heinemann/Heinemann 2002: 143)

Als unspezifischen Ausdruck verwenden sie *Textklasse* (auf irgendeiner Ebene), für die höchste Abstraktionsebene (durchaus im Sinne auch der älteren Diskussion) *Text-Typ* und für die ,intuitiv' als solche charakterisierten Konzepte den Ausdruck *Textsorte*. Das Besondere an ihrem Vorschlag ist, dass man nach Bedarf bzw. Untersuchungsinteresse wählen kann, welche Dimension man als oberste (also als Text-Typ) setzt – damit berücksichtigen sie in ihrem Schema natürlich im Grunde nur den offensichtlichen Tatbestand, dass man in der Forschung eben tatsächlich an unterschiedlichen Großgruppen ansetzt. Das sind wohl seltener funktional bestimmte Gruppen (informierender Text), eher schon mediale (Schrift-

---

12 Dies ist auch das einzige der konkurrierenden Komposita, das im *Duden Universalwörterbuch* verzeichnet ist, und zwar mit der Erläuterung „*Sorte, Typus von Texten* (z. B. Gespräch, Erzählung, Werbespruch)".

Text, häufiger aber: Gespräche), viel häufiger aber Kommunikationsbereiche (z. B. Rechtswesen, Massenmedien oder Literatur). Ferner sehen sie mit durchnummerierten Zwischenebenen namens *Textsortenklasse* vor, dass man die Differenziertheit der Klassifizierung z. B. an das Untersuchungskorpus oder die Fragestellung anpasst: Wie viele Zwischenstufen sinnvollerweise zu unterscheiden sind, ergibt sich meist erst aus den Gegebenheiten des Materials. Man mag nun ihrem terminologischen Vorschlag folgen oder nicht, dass man **Klassifikationen als flexible Arbeitsinstrumente** begreifen muss, scheint mir ebenso unabweisbar wie die Notwendigkeit, Textmengen auch irgendwie zu ordnen.

Die diesbezügliche Abstinenz von Brinker lädt zur ‚isolierten Betrachtung einzelner Textsorten' ein (Brinker et al. 2000: XX). Die Herausgeber des HSK-Bandes versuchen diese zu überwinden, indem sie Kommunikationsbereiche als Textsortenensembles präsentieren. Da dies auf die Erfassung des gesamten Textsortenrepertoires einer Gesellschaft zielt, sind die Ergebnisse noch unbefriedigend (vgl. Kap. 4.2.). In einer zweiten Phase der Textsortenlinguistik treten daher Ensembles von Textsorten in den Vordergrund, die auch für soziale Praxen relevant sind (vgl. Kap. 8.2.).

Bei der Beschreibung einzelner Textsorten stehen sie in ihrem Charakter als **Produkte** im Vordergrund, die bestimmte Merkmale aufweisen. Um den kognitiv-prozeduralen Aspekt zu betonen, benutzt man dagegen heute meist den Ausdruck *Muster* – man folgt in seinem Handeln vertrauten Mustern. *Textmuster* ist zum wichtigsten Konkurrenz- oder auch Begleitbegriff von *Textsorte* geworden. Gerade den Ausdruck *Muster* wählt nun Brinker in seiner Definition als genus proximum von *Textsorte*. Dies geschieht allerdings ganz und gar unterminologisch,[13] ist aber wohl doch für die breite Akzeptanz seiner Textsortendefinition nicht unwesentlich.

Jedenfalls ist *Muster* in der Zwischenzeit außerordentlich prominent geworden. Heinemann/Heinemann (2002: 129) bemerken dazu, es seien „zu kaum einem anderen Thema [...] seit Beginn der 90er Jahre so viele, teils einander widersprechende Publikationen erschienen". Sandig (2006) zieht *Textmuster* jetzt dem Ausdruck *Textsorte* vor[14] und Hausendorf/Kesselheim (2008) behandeln die gesamte Textsortenproblematik unter dem Stichwort *Mustergeprägtheit*. Nun gibt es Muster auf den verschiedensten Ebenen: Handlungsmuster, Stilmuster, Formulierungsmuster, Argumentationsmuster, Wortbildungsmuster usw. Bei der Sprachproduktion greifen wir notwendigerweise auf überlieferte Muster der ver-

---

13 Erst in der Neubearbeitung (Brinker et al. 2014: 187) wird der Ausdruck *Textmuster* auch als Terminus behandelt und erscheint im Sachregister.
14 Sie benutzt zwar auch noch häufiger *Textsorte*, der Begriff ist aber nicht im Register enthalten und erscheint wenig profiliert, so spricht sie auch von *Textsortenmustern* (Sandig 2006: 499).

schiedensten Ebenen zurück. Allerdings können wir diese doch relativ frei kombinieren. Tatsächlich sind es in erster Linie die häufig beobachtbaren **Mustermischungen** (vgl. dazu bes. Sandig 2006 mit weiteren Nachweisen) gewesen, die den Blick dafür geschärft haben, dass Wissen um Textsorten zwar als Orientierungsraster im Textuniversum überaus bedeutsam ist, ein Text jedoch nicht unbedingt ein vorgegebenes oder erwartbares Global-Muster realisiert. Für viele Textsorten lassen sich überhaupt keine spezifischen Voraussagen machen, der Realisierungsspielraum ist ziemlich groß – das gilt z. B. für Werbe-Kommunikate. Andererseits finden wir auch bei stark standardisierten Textsorten wie Wetterberichten kleinräumiger konventionalisierte Varianten: Man erkennt das Muster seiner ‚eigenen‘ Zeitung und braucht für das Auffinden derselben Informationen in einem anderen Blatt vielleicht etwas mehr Zeit (vgl. Kap. 7.2. zu Pressetexten).

Für die nähere Charakterisierung von irgendwelchen Klassen von Texten ist damit in erster Linie die Frage relevant, wie deutlich die fragliche Menge von Texten spezifiziert ist oder anders gesagt: wie hoch der **Standardisierungsgrad** ist.[15] Dabei ist mit einer Skala zu rechnen, an deren einem Ende Formulartexte stehen, die heute auch oft maschinell erstellt werden, z. B. *Steuerbescheide, Bankauszüge, Zeugnisse, Versicherungspolicen* usw. Eine etwas größere Varianz weisen schon Textsorten wie *Kochrezepte, Lebensläufe, Wetterberichte, Familienanzeigen* u. ä. auf. Diese gleichwohl stark standardisierten Formen, die gelegentlich als ‚**traditionelle Textsorten**‘ gefasst werden, habe ich als „kommunikative Routinen auf der Textebene" bezeichnet (Adamzik 1995a: 29). Nur noch gewisse Eckwerte kann man dann bei der Vielzahl der viel interessanteren Textsorten angeben, bei denen die individuelle Aussage- und Gestaltungsabsicht des Produzenten sowie andere Einflussfaktoren eine größere Rolle spielen; um immerhin bei Sachtexten zu bleiben, nenne ich beispielhaft: *Lehrbücher, Rezensionen, Reportagen, populärwissenschaftliche Artikel, Parlamentsreden.* Am wenigsten bestimmbar sind schließlich natürlich die Großklassen vom Typ *literarische Texte, Aufforderungstexte, argumentative Texte*, aber auch *Brief, Roman, Diskussion* usw.

Bei der Beschreibung von Einzeltexten macht die Zuordnung zu Textsorten zweifellos einen ersten relevanten Schritt aus. Selbst wenn es aber möglich sein sollte, den Text einer Klasse auf sehr niedrigem Abstraktionsniveau zuzuweisen, wenn er also tatsächlich eine Textsorte im spezifischen Sinn repräsentiert, bleibt doch zu überprüfen, inwieweit er den Vorgaben auch tatsächlich folgt, welche der möglichen Varianten realisiert sind, welche Merkmale der Text in Bezug auf nicht vordefinierte Elemente aufweist, aus welchen anderen Einflussfaktoren (z. B.

---

15 Dies entspricht dem Kriterium Unikalität bei Sandig (vgl. Abb. 3.1).

Vorgaben in Form von Style Sheets, technische Möglichkeiten) sich bestimmte Wahlen erklären lassen und ob er allenfalls Muster mischt, deren gemeinsames Vorkommen nicht erwartet werden kann. Plakativ gesagt: Die Berücksichtigung des Kriteriums der Textsorten-Bezogenheit entspricht nicht (oder nur im trivialen Grenzfall) der Frage ‚Um welche Textsorte handelt es sich?‘, sondern der Frage ‚In welchem Ausmaß repräsentiert ein Text welche Textsorte(n) und wie geht er mit den Vorgaben um?‘ Dass jeder Text eine bestimmte Textsorte repräsentiert, entspricht denn doch einer einigermaßen vereinfachten Sicht. Inhalt und Form eines Textes sind durch eine Vielzahl von Einflussfaktoren bestimmt (vgl. Abb. 8.4). Besonders wichtig ist dabei, dass es tradierte Muster auf verschiedenen Ebenen gibt und die kommunikative Aufgabe sogar darin bestehen kann, ein neues Muster für einen spezifischen Kontext zu kreieren, also z. B. für ein Sammelwerk einen Text zu erstellen, der zugleich die Umsetzung von **Vorgaben** realisiert und insofern einen **Mustertext** darstellt (z. B.: keine Anmerkungen, Abstract mit nicht mehr als 1000 Wörtern am Anfang, genau 10 Keywords, bibliografische Angaben nach Schema x usw.) – daher der Doppelpfeil zwischen kommunikativer Aufgabe und (tradierten) Mustern. Solche Vorgaben, auch die technischer Art (vgl. Kap. 4.3.4.), und die materiellen Möglichkeiten und Kompetenzen beschränken die Freiheit bei der Textgestaltung (individuelle Absicht) ganz erheblich, und zwar mehr als geläufige Textsorten (kulturelle Muster), die doch immer einen erheblichen Variationsspielraum aufweisen.

8.2. Textvernetzungen

In einer früheren Publikation habe ich geschrieben: „Der Gegenstand, um den es hier geht, wird in der Textlinguistik seit geraumer Zeit ‚umkreist‘ und mit den unterschiedlichsten Begriffen belegt, als etabliert kann er jedoch noch nicht gelten“ (Adamzik 2011: 369). Diese Einschätzung scheint mir inzwischen nicht mehr gültig zu sein. Zwar hat tatsächlich „das Phänomen ‚seinen‘ Namen noch nicht gefunden“ (Adamzik [2007]/im Druck: 1.3.), ich sehe den Grund dafür inzwischen jedoch eher darin, dass es sich um ein ganzes Bündel von Phänomenen handelt, denn Texte sind auf vielfältige Weise miteinander verknüpft.

Dass es heutzutage geradezu undenkbar geworden ist, Textvernetzungen nicht einzubeziehen, liegt natürlich an der Omnipräsenz von Links in der elektronischen Textwelt. Es waren denn auch zunächst die **Hypertexte**, die die traditionelle Vorstellung von Texten als in sich abgeschlossenen linearen Ganzheiten massiv erschüttert haben (vgl. Kap. 4.3.2. zur Rolle des Prozipienten). Nun sind Hypertexte selbst ein sehr vielgestaltiges Phänomen und man kann längst Texte aller Art im Netz finden, inklusive der Weltliteratur. Außerdem ist von Anfang an

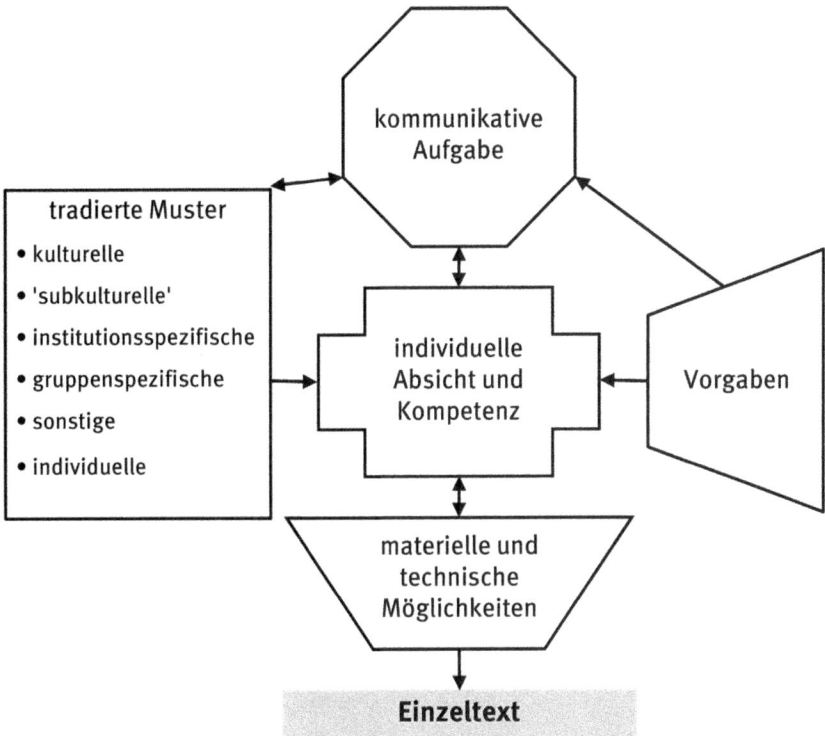

Abb. 8.4: Einflussfaktoren bei der Textgestaltung (Adamzik 2010b: 22)

betont worden, dass Texte, die auf nicht-lineare Rezeption angelegt sind, keine prinzipielle Neuerung des digitalen Zeitalters darstellen (vgl. dazu und als einführende Übersicht zu elektronischen Texten insgesamt Storrer 2008; vgl. auch Kap. 7.2.).

Ich möchte daher die Frage der technischen Medien in den Hintergrund stellen und versuchen, die Aspekte zu systematisieren, unter denen man Texte verknüpfen kann. Dabei lässt sich unmittelbar anschließen an die vier grundlegenden Beschreibungsdimensionen, die dieser Darstellung insgesamt zugrunde liegen, denn Texte können in Bezug auf alle diese Dimensionen in Relation stehen. Da die Dimensionen alle miteinander zusammenhängen und sie in sich komplex sind, haben wir es mit einem sehr weiten und schwer überschaubaren Feld zu tun. Das macht die Beziehungen zwischen Texten mit denen von Lexemen vergleichbar.

In der **Lexikologie** gibt es nun ein außerordentlich differenziertes Kategoriensystem für Relationen zwischen Ausdrücken (vgl. auch Tab. 7.6 und 7.7). Für

Relationen zwischen Texten greift man teilweise analogisch auf solche Kategorien zurück, insbesondere mit den Ausdrücken *Textsortenfeld* und *Textsortenfamilie*. Sie werden allerdings teilweise synonym verwendet (vgl. Brinker et al. 2014: 151). Ich möchte nun diese **Analogien** systematisieren, und zwar insbesondere weil es auf der lexikalischen Ebene eine Selbstverständlichkeit ist, Ausdrücke gleichzeitig bzw. nebeneinander verschiedenen Kategorien zuzuweisen, während in der Textlinguistik noch immer eher die Tendenz besteht, bestimmte Relationen zu privilegieren oder sie in einer Hierarchie zu integrieren (vgl. Abb. 8.3).

Zweifellos sollte man solche Analogien nicht überstrapazieren, man kommt damit in diesem Fall aber vielleicht doch weiter, als man zunächst denkt. Lexeme und Texte weisen ja auf jeden Fall folgende übereinstimmende Eigenschaften auf: 1. Sie setzen sich aus **kleineren Einheiten** zusammen – bei Lexemen sind das Morpheme, bei Texten Teiltexte bzw. Textbausteine.[16] 2. Sie haben eine **Inhalts**- und eine **Ausdrucksseite**. 3. Sie stehen zu anderen Einheiten in **paradigmatischer** und **syntagmatischer** Beziehung. 4. Sie sind teilweise für bestimmte **Varietäten** spezifisch oder charakteristisch oder schließen sich sonst zu Gruppen zusammen, die übereinstimmende situative Merkmale aufweisen. Besonders deutlich ist das im Bereich der Fachsprachen, wo es sowohl disziplinübergreifende Wörter und Textsorten als auch disziplinspezifische gibt (z. B. Laborbericht und Krankenakte). Im Bereich des Wortschatzes sind Ausprägungen auf diesen Eigenschaftsdimensionen Grundlage für die Kategorienbildung und teilweise sogar für die Zusammenstellung spezieller Wörterbücher (für Fachsprachen, Dialekte, Anglizismen, Partikeln, Jugendsprache, Schimpfwörter usw.).

Von sprachlichen Einheiten, unter denen man auswählen kann, sagt man, dass sie in einem **paradigmatischen Verhältnis** zueinander stehen. Ein solches Paradigma bilden z. B. bedeutungsverwandte Ausdrücke, die zu einem **Wortfeld** gehören. Zum Wortfeld ‚sterben' – der unmarkierte, neutrale Ausdruck – gehören z. B. *entschlafen, heimgehen, ertrinken, ersticken* usw., aber auch mehrwortige Einheiten wie *ins Gras beißen, den Löffel abgeben* oder *ins Grab gehen, hingerichtet werden*. Entsprechend habe ich für ähnlich äquivalente Texte den Ausdruck **Textsortenfeld** vorgeschlagen (Adamzik 2001b; vgl. Abb. 8.5).

Wenn jemand gestorben ist, muss dies bekannt gemacht werden, und zwar mithilfe eines Textes. Als heute übliche Standardtextsorte werden die meisten an eine Todesanzeige denken. Auf diesen erscheint teilweise der Ausdruck *Statt Karten*, womit der paradigmatische Charakter explizit hervorgehoben wird: An-

---

16 Auf beiden Ebenen gibt es Grenzfälle: Wie man mit Ein-Satz-/Wort-Texten rechnen muss, so auch mit Lexemen, die nur aus einem Morphem bestehen (das ist gar nicht ungewöhnlich, sondern Grundlage für die Kategorie der Simplizia), und Morphemen, die nur aus einem Laut oder Buchstaben bestehen (z. B. *Ei, Au* oder *C, D, E* etc. als Elemente der Tonleiter).

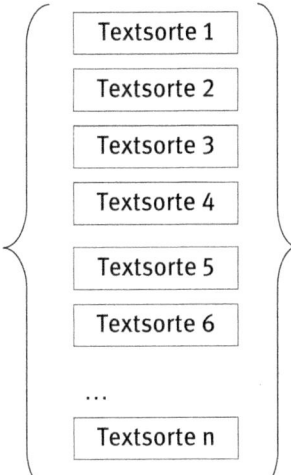

Abb. 8.5: Paradigmatische Relation: Textsortenfeld
(Adamzik 2011: 373)

stelle von persönlichen Mitteilungen, die Hinterbliebene an Verwandte, Freunde und Bekannte verschicken, kann man eben auch eine Anzeige wählen. Tatsächlich werden bei uns allerdings nicht Karten, sondern Trauerbriefe (mit schwarzem Rand auf dem Umschlag) verschickt, und zwar meist zusätzlich zu den Todesanzeigen. Ob das eine und/oder andere oder auch keins von beiden geschieht, hängt jedoch davon ab, wer gestorben ist. Obligatorisch ist es lediglich, die Behörden vom Sterbefall zu unterrichten, die diesen dann ihrerseits offiziell bekanntmachen (z. B. durch Aushang). Sind dagegen bedeutende Personen verstorben, so handelt es sich um ein Ereignis mit Nachrichtenwert, über das dementsprechend auch im redaktionellen Teil der Medien berichtet wird, was in sehr verschiedener Form geschehen kann. Man kann sich also tatsächlich ein ganzes Paradigma von Text(sort)en vorstellen, die die Funktion haben, den Tod einer Person bekanntzugeben. Das gilt umso mehr, als die Todesanzeige ja an ein Zeitungswesen gebunden ist, während die kommunikative Aufgabe universal ist, d. h. das Ableben einer Person muss man immer und überall der betroffenen Gemeinschaft zur Kenntnis bringen.

Setzen wir wieder bei der Lexikologie an (vgl. Tab. 7.3), so gelten dort als bedeutungsverwandt nicht nur die oben angeführten Quasisynonyme, sondern u. a. auch die Antonyme, also zu *sterben* auch *leben, auferstehen, geboren werden* sowie weitere Ausdrücke, die sozusagen Zustände dazwischen betreffen: *kränkeln, dahinsiechen, ins Koma fallen* usw. Bedeutungsverwandtschaft kann man also mehr oder weniger eng auffassen und die Grenzen von Wortfeldern dementsprechend unterschiedlich ziehen. Es gibt allerdings eine formale Beschränkung, denn die Einheiten eines Wortfelds sollten alle zur selben **Wortart** gehören. Eigentlich handelt es sich dabei gar nicht um ein formales Merkmal, sondern um die potenzielle **syntaktische Funktion**, die der Ausdruck einnehmen kann. Denn letzten Endes kann man immer nur im Textzusammenhang entscheiden, ob z. B. ein Ausdruck, den man steigern kann (also unter morphologischem Gesichtspunkt ein Adjektiv), syntaktisch als Adjektiv gebraucht wird (*Die schöne Braut*) oder als Adverb (*Wir haben schön gefeiert*). Hier haben wir also ein **anderes Paradigma** vor uns, das die Wählbarkeit bzw. Austauschbarkeit von Elementen innerhalb einer syntaktischen Konstruktion betrifft, die man meist abstrakt formuliert: Nominalgruppen können z. B. aus der Folge Artikelwort – Adjektiv – Substantiv bestehen. An der Stelle des Substantivs kann man Ausdrücke aller Art einsetzen, sie werden durch das vorangehende Artikelwort substantiviert, also zu Substantiven gemacht (*Das ist das Schöne*).

Sucht man nun auf der Textebene nach einer ähnlichen geradezu mechanischen Überführung eines Elements von der einen in eine andere Klasse, so erkennt man eine solche unmittelbar in den beiden **Modalitäten des Sprachlichen** (vgl. Kap. 2.5.2.): Alles Geschriebene kann man vorlesen (das Umgekehrte gilt auch, ist aber bei spontaner Sprechsprache weit weniger simpel). Das sind nur zwei Grundformen, denen allerdings auf lexikalischer Ebene (im Deutschen) die Unterscheidung von nominalen (deklinierbaren) Elementen gegenüber verbalen (konjugierbaren) korrespondiert. Der feineren Subdifferenzierung von Wortarten entspricht auf der Textebene die in Kommunikationsformen (Abb. 8.6).

Abb. 8.6: Kommunikationsformen (Adamzik 2011: 377)

Wortarten werden, wie bereits angedeutet, nach zwei Kriterien unterschieden, nämlich einerseits morphologischen, die die Frage betreffen, mit welchen grammatischen Morphemen das Lexem kombiniert werden kann, andererseits syntaktischen, bei denen es darum geht, an welcher Position in einem Syntagma das grammatisch spezifizierte Wort auftreten kann. Beide Fragen betreffen die Ausdrucksseite von Lexemen und konstituieren unterschiedliche Paradigmen: Zum Substantiv *Leben* gehört das Paradigma der Kasus (*das Leben, des Leben-s*), zum Verb *leb-en* das der Personalformen (*ich leb-e, du leb-st* usw.), der Infinitiv erscheint in komplexen Verbalgruppen mit Auxiliaren etc. Ganz unabhängig davon stehen beide Ausdrücke auch noch in inhaltlichen Paradigmen, eben den Wortfeldern (*leben, sterben* usw.).

Es ist zwar durchaus möglich, aber keineswegs üblich, bei irgendeinem dieser Paradigmen von einer primär funktionalen Kategorie zu sprechen. Das erklärt sich aus der Vieldeutigkeit des Ausdrucks **Funktion** (vgl. Kap. 5.1.). Bei der Kategorisierung von Lexemen geht dieser Ausdruck in die Klasse Funktionswörter (gegenüber Inhaltswörtern) ein. Das entspricht aber einer extrem groben Unterteilung. Für die Kennzeichnung der kommunikativen Funktion lexikalischer Einheiten i.e.S. (worüber genau wird wie gesprochen?) muss man dagegen zweifellos auf Unterkategorien der Inhaltswörter zurückgreifen, nicht zuletzt solche, die in Tabelle 7.7 zusammengestellt sind: Wenn man sich z.B. auf einen Referenten mit einem abwertenden Ausdruck, einem Euphemismus oder einem Spezialausdruck bezieht (z.B. *Rausschmiss, Freistellung, betriebsbedingte Kündigung*) hat das allein schon eine unterschiedliche kommunikative Funktion.

Auf der Textebene besteht eine starke Tendenz, den Ausdruck *Funktion* mit kommunikativer Intention, der *textuellen Grundfunktion*, gleichzusetzen (vgl. Kap. 5.2.). Zur Erreichung derselben Grundfunktion kann man sehr verschiedene Mittel einsetzen, die sich auch in ihrer Form unterscheiden (vgl. Tab. 7.4 für Varianten auf der syntaktischen Ebene). Holly hat dafür nun den Ausdruck **Textsortenfamilie** vorgeschlagen:

> „So lassen sich alle Kommunikate, die eine gemeinsame Funktion, z.B. die der kommerziellen Werbung, verbindet, die sich aber verschiedenster Kommunikationsformen bedienen, als ‚Textsortenfamilie' zusammenfassen, wobei die einzelnen kommunikationsformspezifischen Varianten [z.B. Plakate, Flyer, Aufdrucke, Anzeigen, Fernsehspots] jeweils eine Textsorte darstellen." (Holly 2011: 157)

Er bezeichnet also als Textsortenfamilie genau das, was hier als Textsortenfeld im Sinne eines inhaltlichen Paradigmas beschrieben wurde. Daher nehme ich an, dass Holly damit nicht an das Konzept **Wortfamilie** aus der Lexikologie anschließt, sondern an Wittgensteins Rede von der Familienähnlichkeit von Sprachspielen. Denn den Ausdruck *Wortfamilie* benutzt man eben für Gruppen von Wörtern, die ein gemeinsames lexikalisches Morphem aufweisen und unterschiedlichen Wortarten angehören können (z.B. *schlafen, einschläfern, Schlaf,*

Schläfer, schläfrig, verschlafen usw.). Textsortenfamilien in diesem an Wortfamilien angelehnten Sinne würde ich wie in Abbildung 8.7 visualisieren.

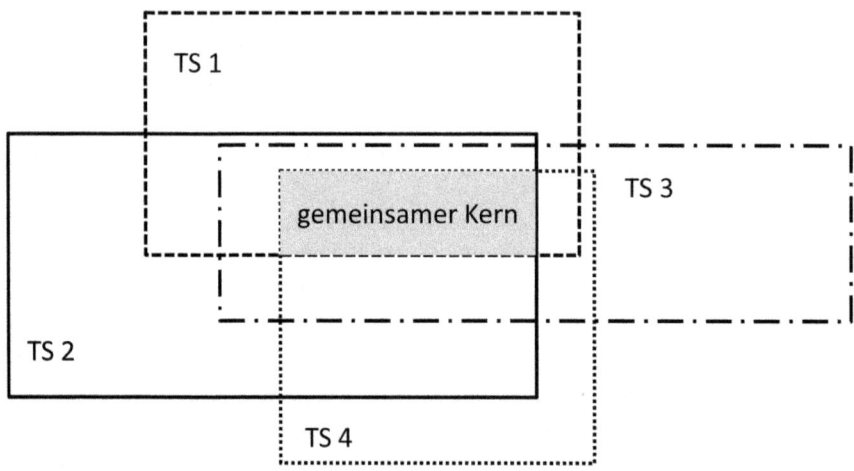

Abb. 8.7: Textsorten mit gemeinsamem Kern: Textsortenfamilie

Auch diese Konstellation finden wir natürlich bei Werbungen ebenso wie bei Todesmeldungen. Allen Kommunikaten, mit denen ein bestimmtes Produkt beworben wird (setzen wir dafür TS1), dürften nämlich mindestens zwei sprachliche Elemente gemeinsam sein: der Name des Produkts und der Marke, evtl. nur realisiert durch das Logo (vgl. Adamzik 2012a: 130 f.). In allen Texten, mit denen man über den Tod einer Person informiert (wiederum TS1), kommen neben einem Ausdruck für ‚sterben' auf jeden Fall der Name der Person sowie in der Regel die Lebensdaten vor. Diese Elemente erscheinen aber eben auch in Texten mit ganz anderer Funktion (TS 2–4), die Lebensdaten z. B. in Lexikonartikeln und Klappentexten, Logo und Markenname z. B. auch auf Rechnungen. Logo und Firmenname finden sich überhaupt auf allen Kommunikaten, die die Firma produziert, inklusive der Objekte, die nicht in erster Linie als Zeichenträger gedacht sind (vgl. Kap. 4.4.1.).

Wenn wir also Anzeige und Brief als Kommunikationsformen betrachten, geraten unter diesem Gesichtspunkt Todes- und Werbeanzeigen, Trauer- und Werbebriefe jeweils in dieselbe Großgruppe (eine der Formen aus der Abbildung 8.6). In beiden Fällen, besonders stark ausgeprägt allerdings nur bei der Werbung, haben wir es außerdem mit kommunikativen Aufgaben zu tun, bei denen mehrere Kommunikate nebeneinander produziert werden. Es gibt ja sehr verschiedene Arten von Aufgaben: Manche kann man auch ohne Kommunikation lösen bzw. muss dies z. B. nach einer fehlgeschlagenen Aufforderung tun (*Mach es doch selbst!*). Bei manchen hat man viele Wahlmöglichkeiten, bei anderen gibt es in einer gegebenen Situation nur genau einen Text, z. B. nur eine Gebrauchsanweisung pro Apparat (diese dafür aber meist in vielen Sprachen). Hollys Beispiel entspricht einer der kommunikativen Konstellationen, bei denen man mit einem einzelnen Kommunikat gewöhnlich nicht an sein Ziel kommt und daher den (potenziellen) Rezipienten mit den verschiedensten funktional und formal mehr oder weniger ähnlichen Kommunikaten ‚bombardiert'.

Die Konsultation vieler verschiedener Kommunikate unterschiedlicher Funktion, Form und von unterschiedlichen Produzenten kann natürlich auch vom Rezipienten ausgehen. Das geschieht typischerweise, wenn die Suche nach geeigneten Kommunikaten themengesteuert verläuft, z. B. bei der Anfertigung einer wissenschaftlichen Hausarbeit, bei der man u. a. Bibliografien, Nachschlagewerke, wissenschaftliche Bücher und Aufsätze, evtl. auch Rezensionen benutzt. Dies führt nun zu **syntagmatischen** Relationen, die die Reihenfolge betreffen, in der zusammengehörige Texte produziert werden (Abb. 8.8). Bibliografien und Rezensionen setzen die Texte voraus, deren Titel sie sammeln bzw. die sie besprechen. Bei den in der Reihenfolge festgelegten Textsorten spricht man am besten von **Textsortenketten** (im Englischen *genre chains*, vgl. z. B. Fairclough 2003). Relativ zu einem bestimmten Text gibt es erwartbare **Vor- und Nachtexte** (teilweise auch als Prä- und Posttexte bezeichnet).

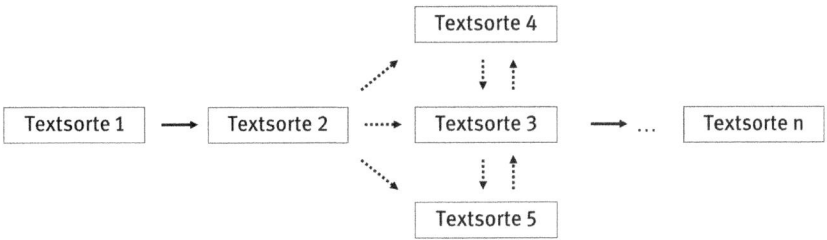

Abb. 8.8: Syntagmatische Relationen: Textsortenkette (Adamzik 2011: 374)

Da sich nun nach dem radikalen Intertextualitätskonzept *jeder* Text aus Vorgängertexten speist und andere Texte nach sich zieht, fragt sich, inwiefern man denn Ketten als irgendwie in sich (relativ) abgeschlossene Einheiten abgrenzen kann. Diese Frage stellt sich umso mehr, als man syntagmatisch leicht mit **diachron** vermischt. So sprechen z. B. Burger/Luginbühl (2014: 107) von diachroner Intertextualität, „wenn sich der Medientext in irgendeiner Form auf einen oder mehrere vorhergehende Texte bezieht", und nennen als Beispiele u. a. Agenturmeldungen, die zu Zeitungstexten werden, und Presseinterviews, die in schriftlicher Form erscheinen. Hier liegt natürlich schon **Linearität auf der zeitlichen Achse** vor. Die dabei in Beziehung gesetzten Einheiten stellen allerdings teilweise bloß Etappen in einem längeren Produktionsprozess dar. Von Diachronie spricht man jedoch im Allgemeinen, wenn es um den Vergleich von Sprachstadien, also zeitlich einigermaßen weit auseinander liegenden Zuständen geht und dasselbe Element (also etwa Medienmitteilung oder Presseinterview) in verschiedenen historischen Ausprägungen untersucht wird.

Hier mag wieder die Analogie zur Lexemebene nützlich sein. Jedes Lexem hat natürlich seine Geschichte, verändert sich im Laufe der Zeit. Davon unterschieden sind jedoch die linearen Beziehungen, die in einer Äußerung oder in einem Text zwischen verschiedenen Ausdrücken bestehen, also innerhalb einer kommunikativen Einheit. Diese syntagmatischen Beziehungen werden als Kollokationen oder Kookkurrenzen gefasst (vgl. Kap. 7.1.). Besonders klar sind solche Beziehungen, wenn es sich um Lexeme handelt, die aus mehreren Wörtern bestehen wie bei mehr oder weniger festen Wendungen vom Typ *ins Gras beißen* oder *ins Grab gehen, das Licht der Welt erblicken, zur Welt kommen* usw. Auch Texte bilden häufig Bestandteile übergreifender kommunikativer Einheiten, die nicht abgeschlossen sind, wenn nicht alle Elemente realisiert werden (vgl. dazu insbesondere Wichter 2011, s. Kap. 2.5.4.). Als Nach- bzw. Posttexte zu einem Werbebrief (dem oft gleich ein Bestellzettel beiliegt) wünscht sich der Produzent z. B. → Bestellung → Bestellbestätigung → Lieferschein samt Rechnung → Überweisung.

Der Unterschied zwischen syntagmatischen Relationen und diachronen Stadien lässt sich gut am Gesetzgebungsverfahren erläutern, das ja Klein (1991) zur Verdeutlichung von regulär aufeinander folgenden Textsorten ausgewählt hatte, weil die Kette in diesem Fall außerordentlich umfangreich ist. Er beschränkt sich dabei auf den Ablauf innerhalb eines Verfahrens, das erst mit dem Inkrafttreten des Gesetzes zum Abschluss kommt. Für diese Fälle sollte man in der Abbildung 8.8 als letzte Position nicht *Textsorte n* setzen, sondern die fragliche Textsorte, hier also Gesetz. Da **Gesetze** nun aber auch Texte darstellen, die ständig revidiert werden, muss man sich auf diese in einer bestimmten Fassung beziehen, z. B. auf das Grundgesetz der Bundesrepublik Deutschland, das von 1949 stammt, in der Version vom 11.7.2012. Bei den verschiedenen Versionen ist es dann durchaus sinnvoll, von der Diachronie bzw. Geschichte der Verfassung zu sprechen. Die Folge von Texten, die nötig sind, um eine neuerliche Revision herbeizuführen, stellt dagegen ein anderes zeitlich lineares Phänomen dar. Bei diesen Ketten ist ein Ziel von Anfang an fixiert, während z. B. die Produktwerbung auf keinen solchen Abschluss gerichtet ist, sie geht immer weiter oder hört irgendwann auf, z. B. wenn die Firma pleite macht.

Textsortenketten kann man demnach weiter unterscheiden in **fixe Ketten**, bei denen die **Elemente der Kette obligatorisch** zu einem Verfahren gehören, und

offenere Ketten, bei denen Vor- und Nachtexte nur noch relativ stark erwartbar sind. Im ersten Fall gibt es in **Metatexten** explizit formulierte Regeln für die Gesamtprozedur, das **Muster ist reglementiert**. Dabei sind auch fakultative Stadien und Schleifen ausdrücklich vorgesehen, wie sie in Abbildung 8.8 mit den gestrichelten Pfeilen markiert sind: Gesetzentwürfe können z. B. an parlamentarische Ausschüsse zurückverwiesen werden oder nicht, es kann zu Anhörungen kommen usw.

Auch zu manchen offeneren Ketten gibt es Metatexte, die allerdings keinen rechtsverbindlichen Charakter haben. Dazu gehören z. B. Anleitungen zum Verfassen wissenschaftlicher Arbeiten, in denen man etwa Empfehlungen für das Vorgehen bei der Literatursuche und -sichtung, der Stoffaufbereitung, solche zu nützlichen Zwischentexten (z. B. Mindmaps) usw. findet. Es kommt natürlich auch vor, dass erwartbare Nachtexte ausbleiben, hier haben wir es mit besonders erfolglosen Texten zu tun, die in einer Sackgasse enden: Aufsätze, die vielleicht überhaupt nie gelesen, jedenfalls nicht zitiert werden, Bücher, zu denen keine Rezensionen erscheinen, Aufrufe, auf die hin sich niemand meldet usw.

Im Übergangsbereich zwischen syntagmatischen Textsortenketten und diachronen Verknüpfungen siedeln sich die Versionen, Übersetzungen, intermedialen Umsetzungen, Parodien usw. an, die Texte zur langfristigen **Überlieferung** reaktualisieren. Da dies schon ausführlich in Abschnitt 2.5.3. (vgl. Tab. 2.4) und 4.4.2.–3. behandelt wurde, genügt hier der Rückverweis.

Einem anderen Übergangsbereich gehören Texte an, die nach **situativen Aspekten** zu Gruppen zusammengefasst werden können. Das **räumliche** Nach-, Neben- oder Beieinander, das formal einer syntagmatischen Relation entspricht, kam schon ausführlich in Abschnitt 7.2. zur Sprache. Der Übergang zwischen Bestandteilen, die zu einer inhaltlich-funktionalen Gesamtheit verbunden werden, und **Textsammlungen** ist denn auch fließend. Abbildung 8.9 soll Textsammlungen visualisieren wie z. B. Einzelausgaben von Presseorganen sie darstellen.

Die verschiedenen kleinen Elemente symbolisieren Textsorten oder Textbausteine. Die in einem gestrichelten Kasten zusammengefassten gehören inhaltlich-funktional enger zusammen. Sie können unmittelbar beieinander stehen und auch eine visuelle Ganzheit ausmachen wie z. B. das Rechteck rechts oben, das für einen **Clustertext** steht. Sie können aber auch über den Großtext (bzw. das Großkommunikat) verteilt sein wie z. B. Meldungen, ausführlichere Berichte, Hintergrundinformationen, Bilderstrecken, Interviews, Kommentare und Leserbriefe zu einem Ereignis oder Thema. Solche inhaltlich zusammengehörigen Kommunikate – aus einem oder mehreren Organen – kann man dann wieder neu zu einem **Dossier** zusammenstellen, das z. B. Grundlage für den Schulunterricht sein könnte. Einzelbestandteile wie z. B. besonders charakteristische Bilder, Sta-

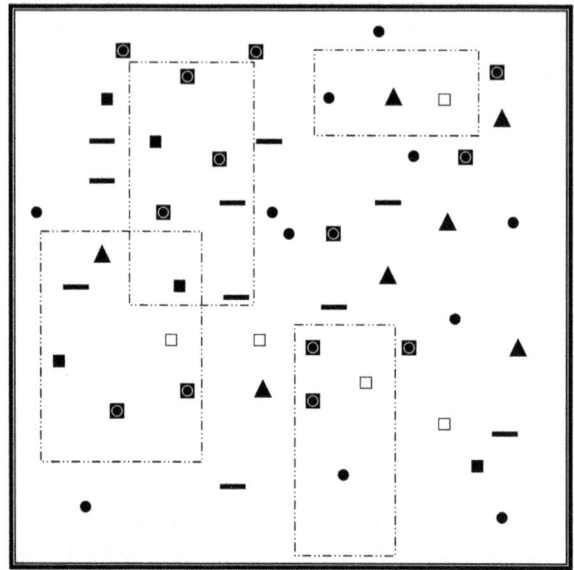

Abb. 8.9: Räumliche Kontiguität: Textsammlung (Adamzik 2011: 376)

tistiken, Karikaturen usw. kehren als Bausteine von Nachtexten regelmäßig, teilweise auch über sehr lange Zeit hinweg, wieder.

Heterogene Textsammlungen wie Zeitungen oder Zeitschriften werden eher selten als Ganzheiten untersucht. Wie schon in 7.2. angedeutet, spielen aber auch bei ihnen wiederkehrende Elemente und Muster eine bedeutende Rolle. Diese dienen v. a. der **Orientierung**, und zwar einerseits in der Menge konkurrierender Angebote – man soll eine bestimmte Zeitung, Zeitschrift, Reihe, einen Sender als Individuum sofort wiedererkennen (Abb. 8.10).[17] Andererseits muss man sich innerhalb einer materiell abgeschlossenen Einheit orientieren können, wobei es hilfreich ist, wenn man wiederkehrende Bestandteile an immer derselben Stelle und in gleicher Aufmachung findet. Für die Diachronie ist relevant, dass es in diesen Fällen zu abrupten Wechseln kommt, nämlich nach einem sog. **Relaunch.**

Eine Sonderstellung nehmen Gruppen von Texten ein, die eine **thematische Vernetzung** aufweisen. Erstens ist nämlich der Inhalt für normale Sprachteil-

---

[17] Wer die Analogie zur Lexikologie unbedingt fortführen will, kann sich hier Wortarten vorstellen, die zugleich bestimmten Wortbildungsmustern folgen, also z. B. das gleiche Präfix oder Suffix aufweisen, aber auf unterschiedlichen Basen operieren (z. B. *-heit* als Nomen zu Nomen (*Kind-heit*) oder Adjektiv zu Nomen (*Berühmt-heit*) usw.).

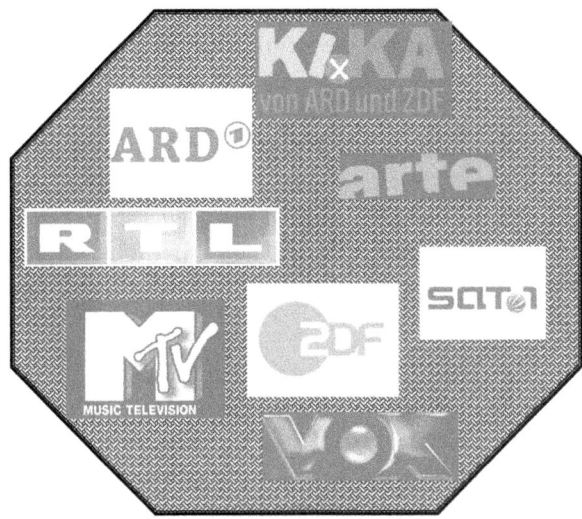

Abb. 8.10: Individualisierte Kommunikationsformen (Adamzik 2011: 378)

haber das Wichtigste an einem Text (vgl. die Einleitung zu Kap. 6.), zweitens stand dieser Aspekt im Zentrum, als man begann, über den Text, der zwischenzeitlich als oberste Ebene der linguistischen Beschreibung betrachtet wurde, hinaus zu denken und eine noch höhere Ebene in den Blick zu nehmen. Bei dieser Ebene handelt es sich um die von **Diskursen**. Wie schon erwähnt, schien der Begriff *Diskurs* zunächst ebenso unfassbar und vage wie *Intertextualität* und wurde als geeignetes Konzept stark kritisiert. Inzwischen ist jedoch die **linguistische Diskursanalyse** fest etabliert (vgl. Warnke 2008 und als neueste Einführung Niehr 2014). Diskurse sind thematisch verbundene Mengen von Texten und man befasst sich bevorzugt mit ideologieträchtigen und gesellschaftlich besonders brisanten thematischen Komplexen (vgl. auch Kap. 4.3.3. zu Diskursrollen und Kap. 6.3.2. zum diskursiven Status von Themen), z.B. dem Einwanderungsdiskurs, dem Diskurs über die Atomenergie, die Abtreibung, die Wende usw.[18] Die tatsächliche Offenheit und Unabgeschlossenheit gesellschaftlicher Diskurse ist ein Tatbestand, den die Diskursanalyse natürlich nicht aus der Welt schaffen konnte. Daraus wurde jedoch schlicht der Schluss gezogen, dass Diskurse wissenschaftlich nur untersuchbar werden, wenn man Ausschnitte daraus als **Korpus** für die Analyse

---

18 Vgl. für frühe Studien z.B. Jung (1994), Girnth (1996), Fricke (1999), S. Jäger (1999), als neuere Sammelbände z.B. Busse/Teubert (2013) und Roth/Spiegel (2013).

zusammenstellt. Da eine solche Auswahl aus einer größeren Menge von Texten schon immer getroffen wurde, notwendigerweise zu treffen ist, wenn man Beziehungen zwischen Texten nachgehen will, klingt dies als Lösung reichlich banal.

Praktisch ist es natürlich weniger banal, weil sich jetzt die Aufgabe stellt, Kriterien dafür zu bestimmen, wie man Korpora so zusammenstellt, dass sie einen Gesamtdiskurs möglichst angemessen abbilden. Der Gesamtdiskurs selbst ist nur als „imaginäres Textkorpus" (vgl. Niehr 2014: 42) denkbar, er ist uns so wenig zugänglich wie die objektive Realität des Universums. Die Zusammenstellung eines konkreten Untersuchungskorpus

> „beruht auf bestimmten Vorannahmen, Entscheidungen und Interpretationen des jeweiligen Diskursanalytikers. Insofern sind die zu analysierenden Diskurse also keine – wie auch immer zu denkenden – ‚realen Objekte', die unabhängig von den Interessen der Diskursanalytiker in der Welt existieren" (ebd.: 31).

> „Ob eine bestimmte Textmenge als zugehörig zu einem Diskurs X oder Diskurs Y aufgefasst wird, ist daher immer Ergebnis von objekt-konstituierenden Akten der wissenschaftlichen Beobachter und Analytiker. Im idealen Fall ergeben sich aus Inhalten der fraglichen Textmengen Indizien dafür, dass ein diskursiver Zusammenhang auch von den Text-Akteuren als solcher gesehen wurde." (Busse 2013: 148)

Dies entspricht ganz einer konstruktivistischen Sicht. Sie kann die Annahme, das Universum der Texte stelle ein ‚Gewirr von Stimmen' dar, prinzipiell aufrechterhalten, zieht aber nicht die unerwünschte Konsequenz, Diskurse seien wissenschaftlicher Untersuchung nicht zugänglich, es sei denn, man öffnete der Subjektivität Tür und Tor. Wie auch andere Gegenstände der wissenschaftlichen Betrachtung werden Diskurse überhaupt erst durch den Wissenschaftler konstituiert. Busse betont, dass man als wissenschaftlicher Beobachter und Analytiker die Freiheit hat, auch Einheiten zusammenzugreifen, die aus der Beteiligtenperspektive wenig miteinander zu tun haben – immerhin betrachtet er die Übereinstimmung von Zuschreibungen als idealen Fall.

Als – immer nur! – ideale Konstellationen kann man auch übereinstimmende Wahrnehmungen, Lesewege und Sinnzuschreibungen aller Art auffassen, also auch das Erkennen intertextueller Bezüge. Hier fallen Meinen und Verstehen besonders oft auseinander, wie immer wieder betont wird. Dies ist m. E. aber nicht als Analyseproblem zu rekonstruieren im Sinne der Frage: Liegt die ‚Wahrheit' im Text, beim Autor oder beim Rezipienten? Es stellt vielmehr einen potenziellen Analysegegenstand dar, da es hier eine Wahrheit tatsächlich nicht gibt, uns aber unterschiedliche Zuschreibungen zugänglich sind. Was diskursiv zusammenhängt, lässt sich also nicht mehr exakt operationalisieren und mag sich für verschiedene Rezipienten auch verschieden darstellen. Um ein letztes Mal die Analogie zur Lexikologie zu bemühen, so entsprechen diese Zusammenhänge den Lexemen aus demselben Sachbereich (vgl. Tab. 7.3, Nr. 10), die zu den verschiedensten Wortarten, Wortfamilien und Wortfeldern gehören können.

Nehmen wir nun alle behandelten Relationen gleichzeitig in den Blick (die letzten Endes in alle Richtungen mögliche Assoziationen integrieren und die in einem bestimmten Ausmaß auch individuell (stark) variieren), so kann man dies nur noch als komplexe Netzstruktur visualisieren. Mit solchen rechnet man auch auf der Wortebene, wo **semantische Netze** sich über Verbindungen über formale, inhaltliche und sachliche Beziehungen aller Art konstituieren (vgl. z. B. Aitchison 1997: Kap. 8 und Busse 2009: Kap. 6.4.). Übertragen auf die Textebene ergibt sich ein **Textsortennetz** (Abb. 8.11).

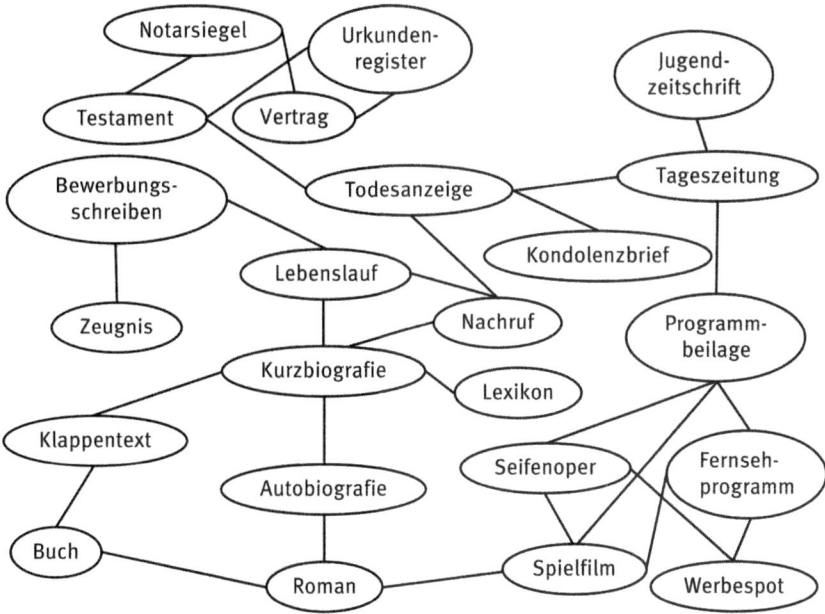

Abb. 8.11: Textsortennetz (Adamzik 2011: 380)

Zum Abschluss sollen die theoretischen Ausführungen in einer **Beispieldiskussion** noch durch einen stark intertextuell geprägten Text illustriert werden. Er trägt den Titel *Jesse James*, und es handelt sich um einen Band der frankobelgischen Comic-Serie *Lucky Luke*. Damit ist eine Textsortencharakteristik genannt, die aber zunächst nur erkennen lässt, dass es sich um ein Kommunikat handelt, in dem der bildliche Teil eine besonders große Bedeutung hat. Zugleich ist es (und die ganze Serie) als Wildwest-Geschichte zu klassifizieren, und der Klappentext

kennzeichnet den Text des „genialen ASTERIX-Vaters René Goscinny" näher als
‚glänzende Parodie auf die Pionierzeit Amerikas'. Der Band enthält am Schluss
einen Paratext im Sinne Genettes, dessen globale Textsortenkennzeichnung mir
schwer fällt. Er enthält eine Reproduktion des bekanntesten Fotos von Jesse James
und des (englischsprachigen) Anschlags, der die Kopfgeldprämie ($ 25,000) be-
kannt macht; ansonsten sind unter dem Titel *Jesse James. Ein amerikanischer
Robin Hood?* historische Daten zum Leben und kriminellen Wirken (Bank- und
Zugüberfälle) dieses berühmtesten Outlaws des 19. Jahrhunderts, v. a. aber zu
Texten über ihn zusammengetragen. Es handelt sich also um einen Metatext zu
Metatexten, die die ‚Legende' vom edlen Räuber fort- und umschreiben oder auch
analysieren, kritisieren ...

Für unseren Zusammenhang besonders bedeutsam ist nun, dass die ‚Legende' um Jesse James ebenso wie die um Robin Hood natürlich kein Text im
eigentlichen Sinn ist, d. h. v. a. keinen identifizierbaren Erstautor aufweist. Robin
Hood, über dessen historische Authentizität keine Klarheit besteht, ist Held vieler
englischer Balladen seit dem 14. Jahrhundert; eine besonders einflussreiche
spätere Bearbeitung des Stoffes stammt von Walter Scott, der sie in seinem Roman
Ivanhoe (1820) aufgenommen hat. Aber auch wer weder irgendeine der Balladen
noch dieses Buch oder eine der späteren Bearbeitungen gelesen oder Verfil-
mungen gesehen hat, ‚kennt' Robin Hood, dessen Name nämlich zum Inbegriff
des edlen Räubers geworden ist, der ‚durch die Köpfe geistert' und andere Ban-
diten wie Jesse James als dessen Wiedergänger erscheinen lässt (vgl. dazu Leonardy 1997).

In der Version von Lucky Luke wird nun eine besondere Variante präsentiert:
Während Jesse James sich von den im Sezessionskrieg erlittenen Verwundungen
erholt, liest er nämlich ein Buch mit dem Titel *Robin Hood* und beschließt daraufhin, es dem Helden gleich zu tun. Dies ist also eine inszenierte Form von Leben
nach der Literatur, die uns im Allgemeinen eher aus religiösem Kontext vertraut
ist und eben doch Zweifel daran aufkommen lässt, dass beide Wirklichkeitsbe-
reiche so reinlich voneinander geschieden werden können. Lucky Luke besiegt
schließlich Jesse James, da er es vermeiden kann, in eine von ihm gestellte Falle zu
gehen: *Ich hab' nämlich ebenfalls Robin Hood gelesen!*

Neben diesem Intertextualitätskomplex prägt ein zweiter den Band. Er ist
gebunden an Frank James, den älteren Bruder von Jesse; dessen Lieblingsautor ist
(übrigens historisch verbürgt) Shakespeare, von dem er ständig Zitate in seine
Rede streut. Das Komische an der Lucky-Luke-Version, das zugleich zeigt, wie
prekär die genaue Abgrenzung von Intertextualität ist, besteht nun darin, dass bei
Franks Äußerungen jeweils die genaue Quelle angegeben ist, es sich allerdings
überwiegend um Allerweltsfloskeln handelt: *Gut! (Othello, 2. Aufzug, 1. Szene)* (13);
Jaja! (Richard III., 1. Aufzug, 4. Szene) (18); *Gute Nacht! (Othello, 2. Aufzug, 3. Szene)*

(28). Auch die unverständige Reaktion der Ignoranten wird dargestellt: Um bei den Bürgern von Nothing Gulch für das Image der Bande zu werben, verfasst Frank einen Zeitungsartikel mit der Schlagzeile *Ein edler junger Mann (Hamlet, 5. Aufzug, 1. Szene)* und bietet einen Kulturabend an, wo er aus Shakespeares Werken liest. Die Reaktion: *Wer ist eigentlich dieser Hamlet? – Kennst du diesen Shakespeare?* und die Antworten: *Drôle de nom ... un chinois peut-être ... – Oh, moi, tu sais, les chinois ...*; aus mir unerfindlichen Gründen werden die Chinesen in der deutschen Fassung zu Greenhorns.

Als die Bande in Schwierigkeiten gerät, verliert ein weiteres Mitglied, der offenbar unbelesene Cousin Cole, die Nerven: *Laßt mich in Ruhe mit euren Sprüchen, ihr Supergescheiten! [...] Wenn du noch einmal deinen Shakedingsbums zitierst ... schneid' ich dir Ecken in die Ohren!* Und doch ist es gerade er, der nach der Gefangennahme ausruft: *Frei oder nicht frei, das ist hier die Frage!*, um gleich darauf erschreckt zusammenzufahren: *He ... was hab' ich da eben gesagt?*

9. Textlinguistik im 21. Jahrhundert

Dieses Kapitel schließt unmittelbar an das erste an, in dem die Frage nach der disziplinären Identität der Textlinguistik aufgeworfen wurde. Wildgen (2010) konnte darin gar keine eigenständige Forschungsrichtung erkennen, für Antos/ Tietz (1997) schien es angesichts der vielen neuen Trends, mit denen die Textlinguistik konkurrieren oder gegen die sie sich behaupten muss, durchaus nicht ausgemacht, dass ihr auch weiterhin eine Bedeutung zukommt. In den voraufgehenden Kapiteln sind viele der neueren Entwicklungen zur Sprache gekommen, es wurde aber auch immer wieder der Gegensatz zwischen der sog. **Systemlinguistik** und Forschungsrichtungen, die deren Grundannahmen aufnehmen, einerseits und solchen thematisiert, die den **Sprachgebrauch** als situativ, kulturell und historisch gebundenes Phänomen untersuchen wollen (vgl. u. a. Tab. 7.1). Die Textlinguistik präsentiert sich vielfach als **integrativen Ansatz**, der diesen Gegensatz überwindet, indem sie beide Herangehensweisen kombiniert, nämlich sowohl die Struktur als auch die Funktion und ferner die situative Einbettung von Texten berücksichtigt. Dagegen kommt aber doch immer wieder der Verdacht auf, dies führe in der Praxis zu einem bloßen Nebeneinander verschiedener Ansätze oder auch zum sukzessiven Abarbeiten diverser Analysen. Dabei stellt sich die Frage, ob den Herangehensweisen nicht unterschiedliche, ja **unvereinbare sprachtheoretische Positionen** zugrunde liegen. Dies wird seit geraumer Zeit intensiv diskutiert in Konzeptionen, die die Linguistik neu als **Kulturwissenschaft** ausrichten wollen (dazu Kap. 9.2.).

Für die Einordnung aktueller Entwicklungen scheint es mir notwendig, das, was Ansätze bieten, die sich als textlinguistisch verstehen, in Zusammenhang mit anderen Ausrichtungen und Entwicklungen in der Linguistik zu setzen. Deswegen setzt dieses Kapitel noch einmal grundsätzlich an der Abgrenzung von (Sub-) Disziplinen an (vgl. auch Kap. 1.3.).

9.1. Zur Konstruktion (sprach-)wissenschaftlicher (Sub-)Disziplinen

Für den Alltagsverstand unterscheiden sich wissenschaftliche Disziplinen darin, welchen Gegenstand sie bearbeiten, für die Wissenschaftstheorie ist es dagegen eine Binsenweisheit, dass sich eine Wissenschaft nicht über ihren Gegenstand, sondern über ihre Fragen an den Gegenstand und ihre Methoden definiert. Das kann man allerdings erst nachvollziehen, wenn man schon einen recht guten Einblick in die jeweilige Wissenschaft hat. Außerdem verändern sich die Fragen an den Gegenstand und die Methoden im Laufe der Zeit (teilweise sogar sehr schnell), und es wäre höchst unbequem, alle paar Jahre die disziplinäre Landschaft neu zu kartieren. Daher arbeitet man in der Praxis und insbesondere in Werken, die in eine Wissenschaft einführen sollen, denn doch mit **gegenstandsbezogenen Einteilungen**.

Welche Subdisziplinen ergeben sich aus dieser Sicht für die Linguistik als Wissenschaft von der Sprache? Die gängigste Unterteilung beruht auf der Unterscheidung verschiedener **Ebenen der Sprache**, die schlicht aus der Frage hergeleitet wird, wie umfangreich die Einheiten sind, die man untersucht. Bei den Einheiten handelt es sich im Wesentlichen um Laute und Buchstaben, Morpheme, Wörter, Sätze, Gespräche und Texte. Diesen Einheiten zugeordnet sind dann Bezeichnungen für **Subdisziplinen**, nämlich Phonologie/Phonemik und Graphemik für die elementaren Einheiten, Lexikologie für den Wortschatz, sodann Morphologie, Wortbildung und Syntax bzw. dies alles zusammengreifend Grammatik und schließlich Gesprächs- und Textlinguistik für die höheren Ebenen. Die **Semantik** lässt sich diesen Ebenen nicht zuordnen, denn hier geht es um die Bedeutungsseite, wie sie sowohl kleinere als auch größere Einheiten aufweisen. Das Gleiche gilt natürlich für die Ausdrucksseite.

Das macht zugleich deutlich, dass die auf den ersten Blick so evidente Zuordnung der Subdisziplinen zu Sprachebenen keinesfalls die einzig relevante ist. Mit **Ausdrucks- und Inhaltsseite** haben wir eine andere ‚gegenstandsbezogene' Aufgliederung sprachwissenschaftlicher Disziplinen vor uns, die auf verschiedene Ebenen anzuwenden ist. Außerdem ist noch die **Referenz**(semantik) als Fragestellung zu berücksichtigen (vgl. Kap. 7.1.), also die Beziehung zwischen Sprachzeichen und Welt.[1] Auf dieser Grundlage kommt es dann bei Wortschatzstudien auch zu einer anderen Zweiteilung, die quer zur Ausdrucks- und Inhaltsseite liegt, nämlich die in (referenzielle) **Inhaltswörter** gegenüber **Funktionswörtern** (oder Strukturwörtern) mit ‚nur' grammatischer Bedeutung. Diese Differenzierung ist für das Textkapitel der Duden-Grammatik charakteristisch. Dort hieß es allerdings genauer, dass es im Kapitel zur Kohäsion um die Funktionswörter *und -zeichen* gehe, also auch um nicht-selbständige grammatische Morpheme. Die Inhaltswörter der Wortarten Substantiv, Verb und Adjektiv sind im Text grundsätzlich mit Funktionszeichen verbunden, sie sind grammatisch spezifiziert. So kann das Wort *Mädchen* zwar im Plural alle Kasus und im Singular alle außer Genitiv repräsentieren, an einer gegebenen Textstelle realisiert es aber nur genau eine der sieben Möglichkeiten, auch wenn dies ausdrucksseitig am Nomen

---

1 Eine frühe Ausprägung davon stellt die Forschungsrichtung *Wörter und Sachen* dar.

nicht markiert ist. Die Trennung der lexikalischen von der grammatischen Komponente ist also Ergebnis einer analytischen Operation.

Auf dieser Grundlage kommt es dann zu einer nochmals anders gelagerten, aber sehr üblichen Grobunterscheidung linguistischer Arbeitsgebiete in **Semantik** (vorwiegend lexikalische, der Gegenstand ist also der Wortschatz), **Grammatik** und schließlich **Pragmatik**. Letztere führt uns über das rein Sprachliche hinaus zu den Gebrauchskontexten (vgl. auch Tab. 3.1, speziell die Trichotomie von Morris). Da man damit den Aufgabenbereich der Linguistik über ihren zentralen Gegenstand (Sprache) hinaus erweitert, bezeichnet man Ausrichtungen dieser Art als **Bindestrich-Disziplinen.**

Dieser Aufteilung sprachwissenschaftlicher Arbeitsgebiete in Kernbereich und Peripherie liegt die Disziplinkonstruktion zugrunde, die aus dem Anfang des 20. Jahrhunderts stammt und sich gegen die das 19. Jahrhundert beherrschende historisch-vergleichende Sprachwissenschaft wendet. Bei der Begründung der modernen Linguistik, also bei F. de Saussure, ging es darum, sie als **autonome Disziplin** neu zu konzipieren und gegen die vielen anderen ebenfalls mit dem Gegenstand Sprache beschäftigten abzugrenzen. Gegenstand dieser autonomen Linguistik ist das Konstrukt der **Langue** (Sprachsystem). Der tatsächliche Sprachgebrauch, die **Parole**, aber auch die physiologische und kognitive Sprachverarbeitung usw. können dagegen schlechterdings nicht allein mit linguistischen Konzepten erfasst werden, sondern erfordern interdisziplinäre Zusammenarbeit.

Die Textlinguistik hat sich nun selbst programmatisch als eine Bindestrich-Disziplin eingeführt, die gegen das Autonomiepostulat gerichtet ist. Sie wird m. E. auch heute noch überwiegend als eine solche wahrgenommen. Antos/Tietz diagnostizieren jedoch für das ausgehende 20. Jahrhundert, dass sie nicht mehr als **Alternativ-Linguistik** erscheint:

> „Die Textlinguistik hat sich – Gott sei Dank – aus ihrer [ihr] zwischenzeitlich zugedachten Rolle als ‚Alternativ-Linguistik' (etwa gegenüber der Grammatik) weitgehend befreien können" (Antos/Tietz 1997b: VIII).

Das ist insofern richtig, als sie zugleich aus Ebenen-spezifischer, also system-linguistischer Sicht Aufnahme in den Kanon der Kerndisziplinen gefunden hat. Der Text ist legitimes Objekt auch jeder autonomen Linguistik, da bei der linguistischen Textanalyse ja keine ‚fremde' Wissenschaft notwendigerweise hinzukommt: Die rein sprachlichen Merkmale von Texten und Regeln für die Textbildung sind vielmehr genuiner Gegenstand der Disziplin. Das führt dann allerdings leicht zu einer Reduktion der Texlinguistik auf die **Textgrammatik**, und zwar vorzüglich auf die Kohäsionsmittel im engen Sinn (vgl. Kap. 7.1.2.). Mindestens diese sind zu den linguistischen Grundkenntnissen zu rechnen. Sie sind ebenso essenziell wie die Kenntnis von Wortarten, Satzgliedern, semantischen Relationen usw., bieten aber kein besonderes Potenzial für produktive Weiterentwicklungen. Diese ergeben sich vielmehr durch die vielfältigen Einsatzmöglichkeiten im Bereich der **Angewandten Linguistik.** Da sich konkreter Sprachgebrauch nicht sinnvoll unabhängig von situativen und kontextuellen Faktoren beschreiben lässt, kommt es zur Kooperation mit anderen Wissenschaften, die am Phänomen Sprache bzw. Text interessiert sind. Hier erscheint Textlinguistik als (Teilbereich der) Medien-, Wirtschafts-, Politolinguistik usw. Wenn man an konkreten Texten arbeiten und nicht nur allgemeine Textbildungsprinzipien zusammenstellen will, wenn man also Texte als individuelle Einheiten ernst nimmt und sich auch für die Inhalte, Wirkungen und die Einbettung von Texten in den sozial-kulturell-historischen Hintergrund interessiert, muss man ja Texte aus irgendwelchen Kommunikationsbereichen auswählen. Das können Leitartikel, Seifenopern, Gebrauchsanweisungen, Mitarbeiterzeitschriften, Werbeanzeigen, Parteiprogramme, Parteitagsreden, Schulbücher, Enzyklopädien oder sonst etwas sein.

Bei der Bearbeitung solcher Gegenstände muss man die spezifische Fachkompetenz anderer Disziplinen berücksichtigen, also etwa die der Publizistik, Technik, Marketing- und Management-Lehre, Politik-, Wirtschafts-, Rechts-, Erziehungswissenschaft, Dokumentalistik usw. Wer sich mit solchen Dingen vertraut macht, entfernt sich also vom ‚Kerngeschäft' der Linguistik. Dabei besteht die Gefahr, die Bedeutung spezifisch linguistischer Expertise zu vernachlässigen. Dies geschieht, wenn man, um es überspitzt zu sagen, nicht einmal die diversen Kohäsionsmittel kennt, sondern sich weitgehend auf außersprachliche Aspekte und den Textinhalt beschränkt bzw. den sprachlichen Phänomenen im Text so begegnet, wie es jeder naive Sprachteilhaber (und jeder Wissenschaftler einer anderen Disziplin) tun kann – was ja immerhin viele Einsichten ermöglicht. In solchen Fällen wird Textlinguistik aber in der Tat als ‚Alternativ-Linguistik' praktiziert.

Verbunden ist mit solchen Grenzverwischungen auch die Gefahr eines „überbordenden Dilettantismus", wie Straub (2007: 230) das in Bezug auf den Bereich **Interkulturelle Kommunikation** nennt, oder auch der ständigen Wiedererfindung des Rades. Tatsächlich stößt man, jedenfalls im Bereich der – besonders vielfältig vernetzten – Textlinguistik, immer wieder auf überraschende Ignoranz, die sich nicht zuletzt in bemerkenswerter Traditionsvergessenheit, aber auch im Verlust früher als elementar angesehener sprachwissenschaftlicher Grundkenntnisse ausdrückt (vgl. dazu auch Kap. 1. und 7.3.).

Vergleichen wir nun die disziplinäre Lage vom Anfang des 20. Jahrhunderts mit der aktuellen, so könnten die Unterschiede größer nicht sein: Heutzutage lässt sich nämlich kaum noch irgendein Phänomen identifizieren, von dem man annimmt, es sei am besten aus der Perspektive nur *einer* Wissenschaft zu betrachten. Auch wissenschafts- und gesellschaftspolitisch werden **Interdisziplinarität und Vernetzung** ganz groß geschrieben. Ebenso das lebenslange Lernen bzw. Umlernen und die flexible Anpassung an immer neue Konstellationen. Neu entstehende Großdisziplinen (z. B. *Umwelt-, Kommunikations-* oder *Kulturwissenschaften*) sind daher heute solche, die herkömmliche Grenzen gerade überwinden (und dann natürlich neue ziehen).

Tatsächlich ist es nicht nur für die Textlinguistik, sondern auch für alle anderen sprachwissenschaftlichen Subdisziplinen charakteristisch, dass sie ihre Fragestellungen im interdisziplinären Austausch weiterentwickelt haben. Die (abschätzige) Rede von Bindestrich-Disziplinen hat daher inzwischen schon leicht anachronistische Züge. Freilich schließen diejenigen, die sich als Gralshüter der eigentlichen, der ‚harten' Linguistik verstehen, an formale (Logik, Mathematik) oder naturwissenschaftliche und technische Disziplinen an (etwa Kognitionswissenschaften und Künstliche-Intelligenz-Forschung, Informatik, Neurologie und Biologie), während die geisteswissenschaftlich Orientierten Verbindungen zu Philosophie, Sozial-, Kulturwissenschaften suchen.

Die überkommene Entgegensetzung von **Natur- und Geisteswissenschaften**, von Körper/Gehirn und Geist, wird allerdings inzwischen radikal in Frage gestellt (vgl. auch Kap. 1.5.3.). Verwiesen sei an dieser Stelle nur auf das besonders bekannte und populäre Werk der Chilenen Humberto Maturana und Francisco Varela *Der Baum der Erkenntnis* (1984/1987), das biologische, neurologische und philosophische Fragestellungen zusammenführt. Der dabei zentrale Begriff **Autopoiesis**, der die Selbsterschaffung und -erhaltung von Systemen meint, ist in den verschiedensten Sozial- und Kulturwissenschaften aufgegriffen worden. Er ist auch für die Systemtheorie Niklas Luhmanns wesentlich, die neuerdings für die Textlinguistik fruchtbar gemacht werden soll (vgl. Kap. 4.2. mit Tab. 4.1 und Kap. 5.5.).

Grundlegende Neuausrichtungen von Disziplinen bezeichnet man mit dem amerikanischen Wissenschaftshistoriker Thomas S. Kuhn (1922–1996) als **Paradigmenwechsel**. Sein Buch *Die Struktur wissenschaftlicher Revolutionen* (1962/1969) hat die Vorstellung populär gemacht, dass es innerhalb der wissenschaftlichen Entwicklung zu Brüchen kommt und man sozusagen immer wieder einmal ganz von vorn anfangen muss. Dies richtet sich gegen eine ältere Vorstellung, nach der wissenschaftlicher Fortschritt gewissermaßen in einer immer größeren Anhäufung neuer Erkenntnisse, einem kumulativen Prozess, besteht.[2] Das Parade-

---

2 Vgl. zu der Debatte, die hier nur sehr vereinfacht wiedergegeben ist und sehr kontrovers geführt wurde, Rose (2004).

beispiel für einen Paradigmenwechsel ist die Kopernikanische Revolution; denn selbstverständlich werden bei einem heliozentrischen Weltbild alle astronomischen Berechnungen sozusagen hinfällig, die unter der Voraussetzung angestellt wurden, die Sonne drehe sich um die Erde. Solange ein bestimmtes Paradigma gilt, betreiben die Wissenschaftler etwas, was Kuhn **Normalwissenschaft** nennt, d. h. die Grundvoraussetzungen und bestimmte Methoden sind gültig und unter diesen Bedingungen sucht man ‚Rätsel zu lösen', nämlich *die* offenen Fragen zu klären, die innerhalb dieses Denk- und Arbeitsschemas als sinnvoll gelten.

Die Anwendbarkeit des Kuhn'schen Modells auf die Geistes- und Sozialwissenschaften und auch auf die Sprachwissenschaft war immer recht umstritten, insbesondere weil es für diese Disziplinen charakteristisch ist, dass kein für alle verbindliches Paradigma existiert. Es ist vielmehr sehr üblich, dass verschiedene Schulen nebeneinander arbeiten, verschiedene Ausrichtungen einander auch relativ schnell ablösen, manche unter Umständen eine Zeit lang in den Hintergrund treten und dann wieder neu entdeckt werden und dergl. Dabei kann es auch zu gewissen **Modeerscheinungen** kommen. Eben deswegen fragten Antos/Tietz, ob die Textlinguistik vielleicht nur eine solche Modeerscheinung war und wie sie sich gegenüber **neuen Disziplinen und Trends** behaupten kann. Sie rekonstruierten also das Verhältnis zu anderen Subdisziplinen als eines der Konkurrenz. Ulla Fix dagegen diagnostizierte statt Konkurrenz einen fruchtbaren und lebendigen Austausch. Für das Konkurrenzmodell spricht immerhin, dass sich viele Forscher selbst lieber der Medienlinguistik oder Kommunikationswissenschaft, der Schreibforschung oder anderen jungen Forschungsgebieten wie der Bildlinguistik zurechnen. Die Textlinguistik hat eben nicht mehr den Nimbus des Neuen; das ist der Preis, den sie dafür zu zahlen hat, wieder als linguistische Kerndisziplin zu gelten.

Wie dem auch sei: Einig sind sich alle darüber, dass im Umfeld (nicht nur) der Textlinguistik in jüngerer Zeit eine Art Umbruchsstrudel zu verzeichnen ist, nämlich in immer schnellerer Folge Umorientierungen ausgerufen oder eingefordert werden, und zwar unter dem Schlagwort *turn* bzw. *Wende* (vgl. z. B. Bleumer et al. 2013). Auch die Textlinguistik soll durch solche Wenden, insbesondere die pragmatische und die kognitive, charakterisiert sein. Heute ist besonders en vogue der sog. *cultural turn*, dem das folgende Unterkapitel gewidmet ist.

9.2. Der *cultural turn* und die Linguistik als Kulturwissenschaft

Die Ausdrücke *turn* oder *Wende* könnte man als aktuellere Synonyme zu *Paradigmenwechsel* verstehen, und sie werden teilweise auch tatsächlich in diesem Sinne gebraucht. Dass man sie dem Kuhn'schen Begriff meist vorzieht, lässt allerdings vielleicht doch auf ein zumindest vages Bewusstsein dafür schließen, dass es sich nicht um dasselbe handelt. Gegen die Identifizierung sprechen mehrere Gründe.

Zunächst gibt es zu viele *turns*. Bachmann-Medick, die für ihren Aufsatz den Plural, *Cultural Turns* (2010), wählt, hält die Rede „von dem *einen* herausgehobenen Cultural Turn" denn auch für fragwürdig und unterstellt, dass „die Geschichte der neueren Kulturwissenschaften [...] ausdrücklich auf Pluralisierung zielt" (ebd.: 1). Die **Diversität** illustriert sie an der Reihe:

> „*interpretive turn, performative turn, reflexive turn, postcolonial turn, translational turn, pictorial/iconic turn, spatial turn* und andere mehr. Ein Ende der Wende-Spirale scheint kaum in Sicht." (Bachmann-Medick 2010: 1)

Während dies bei einigen inzwischen „geradezu körperliche Abwehr-Reaktionen hervorruft: ‚Schwindel', ‚Schleudertrauma', ‚drehwurmträchtige' Verunsicherungen und andere Irritationen" (ebd.), hebt Bachmann-Medick hervor, dass diese Theoriewenden einander gar nicht ablösen, sondern dass sie vielmehr gleichzeitig existieren (vgl. ebd.: 3) als unterschiedliche Spielarten eines allgemeineren Umbruchprozesses.

Die verschiedenen neuen Trends kann man also auch deswegen nicht als Paradigmen betrachten, weil sie einander keineswegs ausschließen. Für die sog. pragmatische und kognitive Wende in der Textlinguistik gilt das in besonderem Maße. Durchweg propagiert man heutzutage einen **integrierten Ansatz**, der auch die Textgrammatik nicht etwa verabschieden, sondern lediglich ergänzen will (vgl. Kap. 9.1.). Schließlich sind Paradigmenwechsel für einzelne Disziplinen charakteristisch, während die *turns* gerade **disziplinenübergreifend** konzipiert sind. Beim *cultural turn* ist das evident, denn dieser hat ja verschiedene Disziplinen ergriffen und sie gerade zusammengebracht, u. a. die Literaturwissenschaft, Geschichte, Kunst- und Musikwissenschaft. Dabei handelt es sich um Fachgebiete, bei denen nie jemand bezweifeln konnte, dass kulturelle Phänomene ihren Gegenstand bilden. Genau dies gilt dagegen für die Linguistik nicht, jedenfalls nicht uneingeschränkt. Denn man kann Sprache auch als Instinkt[3] betrachten bzw. nur

---

3 Vgl. Pinker (1994/1996) und dagegen die Rezension von Tomasello (1995).

das als für die eigene Disziplin relevant ansehen, was bereits angeboren, also genetisch verankert ist – gerade das ist die Grundvorstellung der Generativistik, dem Hauptgegner kulturwissenschaftlicher Ansätze. Während es daher durchaus verständlich ist, wenn man gegen diese (nativistische) Lehre Sprachwissenschaft wieder als Kulturwissenschaft stark machen will, wäre es geradezu absurd, Literaturwissenschaftler daran erinnern zu wollen, literarische Texte seien kulturelle Artefakte.

Die neue kulturwissenschaftliche Orientierung zielt also in den Kunst-, Geistes- und Sozialwissenschaften im Kern auf etwas ganz anderes als in der Linguistik. Zu den wesentlichen Elementen gehört die Erweiterung des Gegenstandsbereichs, für die Literaturwissenschaft bedeutete das z. B. die verstärkte Berücksichtigung auch anderer Medien, insbesondere des Films. Entscheidend ist ferner die Abwendung vom überkommenen Begriff von Kultur, der sie lediglich in Artefakten der **Hochkultur** repräsentiert sieht. Neben der sog. *Höhenkammliteratur* kommt also jetzt z. B. auch Trivialliteratur als Forschungsgegenstand in Betracht.

Abgelehnt wird damit der tradierte **wertende Begriff von Kultur**. Diese Umorientierung hat der britische Anthropologe Edward Burnett Tylor (1832–1917) mit seinem Buch *Primitive Culture* (1871) eingeleitet. Dessen Titel erschien Zeitgenossen geradezu als Oxymoron: Primitive sind doch die, die *keine* Kultur haben! Tylor definiert dagegen Kultur folgendermaßen:

> „im weitesten ethnographischen Sinne jener Inbegriff von Wissen, Glauben, Kunst, Moral, Gesetz, Sitte und allen übrigen Fähigkeiten und Gewohnheiten, welche der Mensch als Glied der Gesellschaft sich angeeignet hat." (Tylor 1871: 1; zit. nach Hansen 1995: 15)

Der Weg des nicht wertenden Kulturbegriffs aus Anthropologie und Ethnologie in die heutigen Kulturwissenschaften war also recht lang und seine Relevanz ergibt sich natürlich auch längst nicht mehr aus dem Gegensatz zwischen hochentwickelten Gesellschaften und ‚Naturvölkern', wohl aber aus dem höchst aktuellen Konflikt zwischen der westlichen Kultur (und Wissenschaft!) und dem Rest der Welt (daher die Spielart *postcolonial turn*). Der neutrale Begriff von Kultur erfasst nicht nur alle Arten von Gesellschaften und anderen Gruppen (vgl. *Firmenkultur, Jugendkultur, disziplinäre Kultur* usw.), sondern insbesondere auch die **Alltagskultur**. Dieser weite Begriff liegt auch der ‚Disziplin'[4] **Interkulturelle Kommunikation** zugrunde (vgl. insbesondere Straub et al. 2007).

---

4 Vgl. Straub (2007), der bezweifelt, dass diesem Forschungsbereich der Charakter einer Disziplin zugesprochen werden kann.

Besonders in der Alltagskommunikation zeigt sich nun ein letztes für den neuen Kulturbegriff entscheidendes Moment: ihr **dynamischer und (re-)konstruktiver Charakter**. Er betrifft die Spielart *performative turn:* Die Mitglieder einer Gemeinschaft müssen die Kultur durch gleichgerichtetes Handeln immer wieder neu hervorbringen. Das Gleiche gilt für die Sprache: Ohne das Sprechen existiert die Sprache nicht, ohne an gemeinsamen Gewohnheiten und Werten ausgerichtetes Handeln gibt es keine Alltagskultur.[5] In den Worten von Hans Jürgen Heringer:

> „Eine Kultur ist eine Lebensform.
> Kultur ist ein Objekt besonderer Art. Wie Sprache ist sie eine menschliche Institution, die auf gemeinsamem Wissen basiert.
> Kultur ist entstanden, sie ist geworden in gemeinsamem menschlichen Handeln. Nicht, dass sie gewollt wurde. Sie ist vielmehr ein Produkt der Unsichtbaren Hand.[6] Sie ist ein Potenzial für gemeinsames sinnträchtiges Handeln. Aber das Potenzial zeigt sich nur in der Performanz, im Vollzug. Und es ist entstanden über Performanz." (Heringer 2004: 107)

Im Zusammenhang der Forschungen aus dem Bereich der interkulturellen Kommunikation wird aber auch besonders deutlich, dass es gerade im Alltagshandeln sehr wohl ‚gefrorene' Konzepte von Kultur gibt, nämlich stereotype Vorstellungen über das, was die eigene und andere Kulturen ausmacht. Sie sind eng mit Wertvorstellungen verbunden: *So, wie es in meiner Sprache/Kultur ist, ist es normal (und richtig). Wir/Die Deutschen/Linguisten machen dies und das (nicht).*

Interkulturelle Kompetenz, die zur „Schlüsselqualifikation des 21. Jahrhunderts" avanciert ist (Erll/Gymnich 2007: 5), impliziert die Fähigkeit und Bereitschaft zum Erkennen und zur Infragestellung solcher Normalitätsvorstellungen und Stereotype. Das ist allerdings leichter gesagt als getan, zumal in Kontexten, in denen Machtverhältnisse und Hegemonialitätsansprüche (Stichwort *Leitkultur*) eine zentrale Rolle spielen: Als Tourist ist es leicht, dem Fremden mit Neugier und Interesse zu begegnen – die Fremden im eigenen Land können dagegen bekanntlich leicht (ver-)störend wirken (vgl. auch Kap. 4.1. zu Standardwelten). In solchen Kontexten kann der theoretisch eigentlich verabschiedete **normative und nostrozentrische Kulturbegriff** praktisch wieder ungebrochen hervortreten und auch vergessen lassen, dass Kulturen keine objektiv gegebenen

---

5 In dieser Spielart überschneiden sich kulturwissenschaftliche Ausrichtungen der Linguistik also am stärksten mit denen aus anderen Disziplinen.

6 Vgl. Abb. 1.1 und Anm. 18. In dieser Formulierung bezieht Heringer sich nur auf Kultur als *Potenzial* und *Performanz*. Als dritte Säule behandelt er *Manifestationen/Produkte*, zu denen natürlich auch Texte und andere Artefakte (der Hochkultur) gehören.

homogenen Formationen sind, aus der Außen- bzw. Fremdsicht in ‚Kulturkämpfen' jedoch besonders gern als solche konzeptualisiert werden.

Genau dies zeigt sich auch in der Auseinandersetzung zwischen den **disziplinären Kulturen Literaturwissenschaft** und **Linguistik**. Die Sprachwissenschaft findet sich nämlich gemäß dem Heterostereotyp vieler Kollegen ‚von nebenan' zur Gänze aus der Gemeinschaft ausgeschlossen, die sich unter dem Leitbegriff ‚kulturwissenschaftliche Orientierung' zu sammeln versucht. Als besonders krasser Beleg mag dafür der lakonische Satz aus der Einleitung in den Band *Germanistik als Kulturwissenschaft* stehen, der sich auf Beiträge aus der älteren und neueren Literaturwissenschaft beschränkt und erklärt:

> „Dies ist jedoch keine willkürliche Ausgrenzung, sondern trägt dem Umstand Rechnung, dass für die Linguistik, die sich mehr und mehr zu einer hoch spezialisierten Fachwissenschaft entwickelt, kulturwissenschaftliche Ansätze nicht entscheidend sind." (Benthien/ Velten 2002: 9)

Dies ist eine Fremdsicht, in der sich ein sehr großer Teil der gegenwärtigen Linguistik nicht wiedererkennen kann, die Textlinguistik ebensowenig wie andere gegen das Autonomiepostulat gerichtete Subdisziplinen bzw. Schulen. Für diejenigen, die die Linguistik nicht erst im 20. Jahrhundert beginnen lassen, ist **Sprachwissenschaft** ohnehin **per se Kulturwissenschaft**, ja gar die „Kulturwissenschaft par excellence" (Auer 2000: 57).[7]

Wo solche Traditionen abbrechen, kann man das durch einen **linguistic turn** wieder einzuholen versuchen. Wir kommen damit zum ‚Vorläufer' des *cultural turn*, dem *linguistic turn*, in dessen Bann der cultural turn nach wie vor verharrt (vgl. Bachmann-Medick 2010: 1). Auch der *linguistic turn* aus dem frühen 20. Jahrhundert ist disziplinenübergreifend zu verstehen, betrifft nämlich zunächst zentral die Berücksichtigung sprachtheoretischer Ansätze in der philosophischen Erkenntnistheorie. Er löst die Vorstellung ab, menschliche Wahrnehmung und Erkenntnis ließe sich universal-rationalistisch konzipieren, hänge nur von den für alle Menschen gleichermaßen gültigen Bedingungen der Möglichkeit von Erkenntnis ab. Dem tritt die Einsicht entgegen, dass dem Menschen die **Welt** nur **durch die Brille der Sprache** zugänglich ist. Die Rede vom *linguistic turn* hat sich inzwischen allerdings von der engen Bindung an die Philosophie gelöst und erscheint in diversen Interpretationen:

---

7 Es ist allerdings zu beachten, dass der Ausdruck *Kulturwissenschaft* (im Singular!) hier nicht im Sinne der neuen *turns* verstanden wird.

„Als gemeinsamer Fokus lässt sich [...] die These von der *wirklichkeitstragenden* und *wirklichkeitsgenerierenden* Kraft von Sprache ausmachen. In dieser Hinsicht sind dann auch der ‚linguistic turn' und das Paradigma des Konstruktivismus engstens verbunden" (Günthner/ Linke 2006: 3).

Nun muss man feststellen, dass die Linguistik das Klischee von der „disziplinäre[n] Distanz der Sprachwissenschaft zu den Kulturwissenschaften" (Jäger et al. 2009: 2) teilweise in ihr Autostereotyp integriert hat. Die kulturalistisch ausgerichtete Linguistik befindet sich damit in einer etwas paradoxen Situation. Dies zeigt sich besonders eindrücklich in der Konzeption eines Handbuchs aus der HSK-Reihe: *Sprache – Kultur – Kommunikation. Ein internationales Handbuch zu Linguistik als Kulturwissenschaft* (Jäger et al. 2009: 2), aus der eben bereits zitiert wurde. Die Herausgeber würden am liebsten eine ‚Paradigmenrevolution bewirken' (vgl. ebd.: 3). Das (ver-)führt sie allerdings dazu, längst Existierendes als erst Wünschbares zu rekonstruieren und ein etwas einseitiges Bild der Lage zu zeichnen:

„Die Sprach- und Kommunikationswissenschaften [...] erweisen sich – vor ihrem disziplinengeschichtlichen Hintergrund nicht ganz unerwartet – auf theoretischer Ebene einigermaßen indisponiert gegenüber Befunden, die die – gerade auch unter den Bedingungen der neuen Medien sich intensivierende – Verwebung kultureller, medialer und sprachlich-kommunikativer Prozesse sichtbar werden lassen. Sie verharren in einer eigentümlichen Distanz zu jenem Ort kultureller Semiosis, der in den letzten Jahren in das Zentrum einer umfassenden kulturwissenschaftlich-interdisziplinären Analyse gerückt ist." (Jäger et al. 2009: 1 f.)

Ein solches Handbuch hätte sich allerdings gar nicht auf den Weg bringen lassen, wenn diese Diagnose wirklich richtig wäre und die Herausgeber nicht selbst jahrzehntelang für eine Wiedergewinnung bzw. Bewusstmachung der zeitweise „marginalisierte[n] kulturanalytische[n] Traditionen der (Germanistischen) Linguistik" (Günthner/Linke 2006: 2) gearbeitet und hinreichend Beiträger hätten finden können, die sich genau in diese Tradition stellen. Günthner/Linke sehen denn das Glas auch eher als halb voll denn halb leer und stellen zunächst fest, das Verhältnis von Linguistik und Kultur(analyse) gehöre „in den letzten 200 Jahren zu den wiederkehrenden Gegenständen in der Selbstbestimmungsdiskussion der Sprachwissenschaft" (ebd.: 1 f.). Ihre zusammenfassende Übersicht über relevante Ansätze aus dem 20. Jahrhundert sei hier ausführlich wiedergegeben:

„Die grundsätzliche Frage, *ob* sich die Sprachwissenschaft überhaupt mit Aspekten der Kultur bzw. mit Kulturanalyse beschäftigen soll, ist in der gegenwärtigen Fachdiskussion wohl kaum noch strittig [...]. Kulturellen Faktoren, Fragen nach dem kulturellen Kontext, Aspekten kulturspezifischer Konventionen und Sedimentierungen sowie Fragen nach möglichen Universalien wie auch nach kulturspezifischen Relativismen begegnet man in zahlreichen sprachwissenschaftlichen Subdisziplinen. Dies galt im letzten Drittel des 20. Jahrhunderts zunächst vor allem für die so genannten ‚Bindestrichwissenschaften' wie die Soziolinguistik, die Gesprächsanalyse oder – ganz besonders – die Erforschung interkultureller Kommunikation. In den letzten 20 Jahren werden kulturalistische Zugänge jedoch zunehmend systematisch und programmatisch auch in anderen Bereichen verfolgt. Hierzu zählen u. a. die Kognitive Linguistik (mit ihrer Erforschung des Spannungsfeldes von Kognition, physiologisch-anthropologischen Gegebenheiten und Kultur, sowie der Neuexaminierung der Relativitätsdebatte), die neuere Sprachgeschichte (verstanden als Mentalitäts- und Kulturgeschichte), die Textlinguistik (mit ihrer Debatte um die kulturelle Geprägtheit von Textkohärenzmustern, Textsorten und kommunikative Gattungen), die Sprachtypologie und die Grammatikforschung (so in der Erforschung der Interdependenz von typologischen Aspekten und kultureller Relevantsetzung bzw. in der Frage danach, inwiefern Wechselbeziehungen existieren zwischen sprachlichen Ressourcen (z. B. Syntax, Morphologie, Prosodie) einerseits und kulturspezifischen interaktionalen Praktiken andererseits, und zwar bei typologisch unterschiedlichen Sprachen aber dennoch kulturell verwandten Sprechgemeinschaften).

Alle genannten Ansätze stellen zwar noch kein übergreifend-integratives ‚Programm' einer kulturanalytischen Linguistik – dies ist noch zu entwerfen; und auch eine sprachtheoretische Selbstverständigung der genannten Disziplinen untereinander über die Gemeinsamkeiten und Divergenzen der jeweiligen Sprach- und Kulturbegriffe ist noch zu leisten. Die angeführte Liste verdeutlicht aber die vielfältigen Facetten und das weite Spektrum der involvierten Phänomene." (Günthner/Linke 2006: 18 f.)

Günthner/Linke stellen allerdings fest, dass viele kulturalistisch orientierte Ansätze „ohne umfassendere Resonanz geblieben" sind. Sie meinen sogar zugeben zu müssen, dass die Linguistik den *linguistic turn* „verschlafen" (ebd.: 4) habe. Letztlich kommen sie jedoch zu dem Schluss, es sei „an der Zeit, die latente Verteidigungsdiktion", die, wie ausgeführt, auch das Handbuchprojekt noch deutlich prägt,

„aufzugeben und die Energien produktiv und innovativ zu wenden: für eine theoretische Elaborierung des symbiotischen Verhältnisses von Sprache und Kultur einerseits und für ein Wuchern mit den Pfunden sprachwissenschaftlichen Wissens in der kulturwissenschaftlichen Theoriebildung wie in der kulturanalytischen Praxis andererseits." (ebd.: 20)

Wenn man diese Aufgabe in Angriff nehmen will, ist es nützlich, sich die Frage zu stellen, warum eigentlich trotz der vielen und traditionsreichen Ansätze die Resonanz unbefriedigend geblieben ist und gegen wen man sich verteidigen muss. Hier sind verschiedene Aspekte der problematischen Disziplinkonstruktion zu berücksichtigen.

Zunächst ist das Wuchern mit den Pfunden sprachwissenschaftlichen Wissens in Deutschland behindert durch ein **Tabu**. Der *linguistic turn* wurde hier nämlich nicht etwa verschlafen, sondern seit den späten 1960er Jahren massiv verdrängt. Dies geschah im Zusammenhang mit etwas, was zwar m.W. nie so bezeichnet wurde, was aber den Namen **scientific** oder **formal turn** verdient. In der deutschen Linguistik wurde er erst mit extremer Verspätung, vielleicht sogar nur hier als solcher wirklich wirksam. Dies gehört zum ‚disziplinengeschichtlichen Hintergrund' der ‚eigentümlichen Distanz' (vgl. das Zitat von Jäger et al.) der Sprach- zu den Kulturwissenschaften in diesem Land.

Die Linguistik hatte sich in der Zeit des Nationalsozialismus von der internationalen Entwicklung völlig abgekoppelt und fand erst in den 1960er Jahren wieder daran Anschluss. Bis dahin war die westdeutsche Sprachwissenschaft geprägt durch die **Sprachinhaltsforschung**, die man auch als *Neo-Humboldtianismus* bezeichnet. Das ‚symbiotische Verhältnis von Sprache und Kultur' (vgl. Günthner/Linke) ist *die* Leitvorstellung dieser Schule. Dieser Ansatz wurde dann aber als so etwas wie eine völkisch-rassistische Sprachbetrachtung rekonstruiert und geriet damit vollkommen in Verruf. Dies betrifft insbesondere ihren Hauptvertreter, Leo Weisgerber, der 1939 einen Band mit dem – heute einfach nicht mehr denkbaren – Titel *Die volkhaften Kräfte der Muttersprache* vorgelegt hat.[8] Die Abwehr wirkte sich dann aber auch aus auf Forscher, mit denen er zusammengearbeitet hat und die allenfalls noch verhalten oder eher ablehnend rezipiert wurden. Dazu gehören Jost Trier mit seiner Wortfeldtheorie, ferner drei Autoren, die eine Grammatik der deutschen Sprache vorgelegt haben, nämlich Hans Glinz (1952), Paul Grebe – bis zur 3. Auflage (1973) Herausgeber der Duden-Grammatik – und Hennig Brinkmann (1962). Auch ein Schüler von Weisgerber, Helmut Gipper, fand sich dem ‚falschen Lager' zugeordnet. Seine prononciert interdisziplinäre Ausrichtung (vgl. z.B. 1963, 1978), die ihn u.a. zur Auseinandersetzung mit der Sapir-Whorf-Hypothese führte (1972), fiel in eine Zeit, in der viele glaubten, die Frage nach dem Einfluss der Sprache auf das Denken allenfalls im Feuilleton dulden zu müssen. Das noch immer sehr lesenswerte Buch von Walter Porzig, *Das Wunder der Sprache* (1950) – auch ein Titel, hinter dem man heute nichts Wissenschaftliches erwarten würde – erlebte zwar immerhin eine 9. Auflage (1993) und Hans Glinz (vgl. z.B. 1965) hat einen sehr großen Einfluss in der Schweizer Sprachdidaktik gehabt, insgesamt wird diese Tradition aber in der sich jetzt kulturwissenschaftlich orientieren wollenden Linguistik sozusagen totgeschwiegen.[9] Sogar Humboldt selbst musste – gewissermaßen an dieser Tradition vorbei – wieder neu entdeckt werden.[10]

---

8 Vgl. ansonsten z.B. 1950 und 1973, wo Weisgerber sich mit der neuen Linguistik auseinandersetzt.

9 Eine Ausnahme stellt Kuße (2012) dar, dessen Darstellung bezeichnenderweise aus slawistischer Sicht erfolgt.

Fast zur gleichen Zeit, als dieser **Verdrängungsprozess** einsetzte und die formal ausgerichtete Linguistik nicht zuletzt deswegen ein so großes Prestige auf sich zog, weil man sich damit nun wirklich immun gegen alle ideologische Verstrickung wähnen konnte, nahmen auch interdisziplinäre Strömungen den stärksten Aufschwung, die man heute der kulturwissenschaftlichen Ausrichtung zuordnen würde. Ab den 1960er Jahren kamen die schon in 9.1. angesprochenen **Bindestrich-Linguistiken**[11] auf. Durch diese Eigencharakterisierung bringen sie sich freilich selbst in eine Rand- oder Außenseiterposition – und zwar gegen den strukturalistischen bzw. generativistischen Mainstream.

Die Textlinguistik nimmt dabei insofern eine Sonderstellung ein, als sie sich eben auch als eine Kerndisziplin darstellen kann. Die vielen neuen Trends, die sich auf Nichtsprachliches spezialisieren, haben allerdings wenig Chancen, sich gegen die Kerndisziplinen der Linguistik zu behaupten. Aber auch andere Wendeprojekte versammeln sich am ehesten entweder unter dem Dach der Bindestrichdisziplinen – als *Sprache und mehr* (Linke et al. 2003) – oder sie siedeln sich in dem Bereich an, der vom (kompetenz-grammatischen) Mainstream gerade ausgeschlossen wird. Sie bezeichnen sich nämlich als *Sprachgebrauchs-* bzw. *Sprachverhaltenslinguistik* (z. B. Ortner/Sitta 2003: 57), *Kommunikationslinguistik* (z. B. Habscheid 2009: 361), *Linguistik der sprachlichen Praxis* (Linke et al. 2003) oder bekennen sich ausdrücklich zu *Oberfläche und Performanz* (Linke/Feilke 2009). Solche Ausdrücke tradieren und zementieren fatalerweise die **Logik der Langue-Parole- bzw. Kompetenz-Performanz-Dichotomie**, die sie (zumindest teilweise) eigentlich grundsätzlich in Frage stellen wollen:

> „Es sollte in jedem Fall und dezidiert vermieden werden, die traditionelle kategoriale Trennung von Sprachsystem und Sprachgebrauch, von Kompetenz und Performanz, von Oberfläche und Tiefe im Rahmen einer kulturanalytisch orientierten Sprachwissenschaft zu reproduzieren bzw. zum Ausgangspunkt der Theoriebildung zu nehmen." (Günthner/Linke 2006: 20)

Wie lässt es sich nun bewerkstelligen, sich genau dessen annehmen zu wollen, was die gegnerische Position als für ihre Fragestellung irrelevant charakterisiert, die dahinter stehende disziplinäre Konstruktion aber grundsätzlich abzulehnen? Und was wird aus den Gegenständen, die entsprechend dieser Konstruktion als

---

10 Günthner/Linke (2006: Anm. 2) verweisen hier auf Trabant (1986), vgl. ferner dessen Beitrag in Krämer/König (2002) und Trabant (2012).
11 Vgl. auch das Zitat von Günthner/Linke. – Für besonders bemerkenswert halte ich, dass dazu auch Neukonzeptionen der wichtigsten Forschungsrichtungen des 19. Jahrhundert gehören, nämlich der Historiolinguistik (vgl. z. B. Gardt et al. 1999) und der (jetzt soziolinguistisch orientierten) Dialektologie.

zentrale gelten? Eine Möglichkeit besteht darin, die Werte einfach umzupolen. In gewisser Weise geschieht dies ja auch, denn die folgende Aussage würden wohl viele unterschreiben: *Das, was die Systemlinguistik für irrelevant erklärt, ist das eigentlich Wesentliche!* Wird man aber auch die Korollarannahme schlicht umdrehen wollen und erklären: Das, was die Systemlinguistik für zentral erklärt, ist für die Bindestrich-Disziplinen bzw. für kulturwissenschaftlich orientierte Linguistik uninteressant?

Im Laufe dieser Darstellung waren wir tatsächlich auf eine eigentümliche Distanz der Textlinguistik zur sprachlichen Oberfläche gestoßen: Die ‚internen‘ Merkmale ziehen kein besonderes Interesse auf sich (vgl. Kap. 3.2.3. und 7.). Ein Versuch, dies theoretisch zu begründen, stammt aus der Medialitätsdiskussion (vgl. Kap. 2.5.1.). Das entsprechende Argument könnte man folgendermaßen reformulieren: Das, was die Systemlinguistik für zentral erklärt, ist deswegen irrelevant, weil es gar nicht existiert. Denn Sprache ist an Materialisierung gebunden, es gibt sie überhaupt nur als visuell oder auditiv wahrnehmbares Phänomen. Die Langue ist eine pure Schimäre. In verallgemeinerter Form ist dieser Frage ein wichtiger und viel zitierter Sammelband gewidmet, dessen Titel lautet: **Gibt es eine Sprache hinter dem Sprechen?** (Krämer/König 2002). In ihm sind die wesentlichen Grundpositionen versammelt. Dazu gehört auch die glatte Verneinung. Dies erinnert durchaus an Argumente aus der Frühzeit der Textlinguistik (vgl. Kap. 1.2.): Alle Sprache ist in der Realität verwendete Sprache, Sprache kommt nur in Texten vor. Damit wurde jedoch nicht die Irrelevanz von Systemrekonstruktionen unterstellt. Um ein Zitat aus Kapitel 1.2. wieder aufzunehmen: „Derart gefundene Systeme waren stets eine Abstraktion aus der Sprachrealität, und sie mußten es sein" (Hartmann 1968c/1978: 99).

Dass man nur Gespräche (als Folgen lautlicher Äußerungen verschiedener Sprecher) und Texte (im Sinne von beschriebenem oder bedrucktem Papier usw.) direkt wahrnehmen kann, macht materielle Eigenschaften nicht zu Gegenständen mit privilegiertem Realitätsstatus. Sie sind für Forscher jeder Provenienz der Ausgangspunkt, auf dessen Grundlage systematische Beobachtungen erfolgen. Dabei geht es immer darum, die beobachteten Phänomene zu kategorisieren, d. h. Abstraktionen vorzunehmen. Der Reichtum an Kategorien, den die Gesprächsanalyse entwickelt hat, ist sogar besonders beeindruckend. Sprechakte, Eröffnungs- und Reparatursequenzen, konversationelle Implikaturen, kommunikative Gattungen usw. existieren aber ebenso wenig – bzw. ebenso sehr – wie Phoneme, Lexeme, Lesarten, Wortarten, Satzglieder usw. Es handelt sich bei all dem um Konstrukte, die abhängig sind von wissenschaftlichen Modellen und Analyseverfahren. Wer den Kategorien aus der ersten Serie einen höheren Realitätsgehalt zuschreiben möchte als denen aus der zweiten, erliegt selbst der Gefahr, wissenschaftliche Konstrukte zu wirklich existierenden Phänomenen zu hypostasieren (vgl. auch Kap. 1.5.1.). Die Frage ist also nicht, ob die in verschiedenen Theorien und Modellen angesetzten Einheiten tatsächlich existieren oder nicht, sondern inwiefern und zu welchen Zwecken es sinnvoll ist, mit den entsprechenden Konstrukten zu operieren. Was das Sprachsystem und die Kompetenz angeht, so kann ich mich nur der Position von Haspelmath anschließen:

> „Auf die Frage, ob es eine Sprache hinter dem Sprechen gibt, oder mit anderen Worten, ob es eine Kompetenz hinter der Performanz (gespeichertes Sprachwissen hinter der Sprachverarbeitung) gibt, antworte ich ebenso eindeutig wie praktisch alle meine Linguistenkollegen: Ja, selbstverständlich – ohne gespeichertes Sprachwissen ist systematisches Sprechverhalten kaum denkbar." (Haspelmath 2002: 262)

Ebenso eindeutig verneint er aber die Annahme, man müsse daraus auf die Existenz einer angeborenen Universalgrammatik schließen und erläutert die These

> „Grammatik entsteht als Nebenprodukt des Sprechens in der sozialen Interaktion."
> „*Grammatik ist geronnener Diskurs*" (Haspelmath 2002: 262 bzw. 270).

Dies entspricht ganz der Argumentation, die Heringer in Bezug auf Kultur vorgebracht hat, und wie dieser betrachtet Haspelmath (vgl. ebd: 274) die Grammatik, das entstandene Produkt, als ein Ergebnis der ‚Unsichtbaren Hand', als ein Phänomen vom Typ des Trampelpfads, als ein ‚emergentes' Phänomen. Ein **Fazit:** Wenn eine kulturanalytisch ausgerichtete Linguistik nicht auch die Grammatik als zentralen Gegenstand einbezieht, statt ihn weitgehend zu vernachlässigen, braucht sie sich nicht darüber zu wundern, wenn in diesem Feld systemlinguistische Ausrichtungen die Spielmacher bleiben und sie selbst nur im – höchst interessanten! – Umfeld der Sprachwissenschaft angesiedelt wird.

9.3. Entwicklungsperspektiven

Der Status der Textlinguistik ist also immer noch sehr unscharf, denn einerseits erklärt man sie für überall zuständig, wo überhaupt Texte eine Rolle spielen (vgl. Kap. 1.1.), andererseits neigt sie trotz umfassenden Anspruchs zu erheblichen Perspektivenverengungen. Dazu gehören der sogar erst in jüngerer Zeit sich durchsetzende Ausschluss des Mündlichen (vgl. Kap. 2.5.2.), die fortdauernde Orientierung an einer ‚kommunikativ-funktionalen' Perspektive im Sinne der pragmatischen Wende mit einer zumindest etwas unklaren Haltung zur Berücksichtigung der Rezipientenperspektive (vgl. Kap. 2.5.5. und 5.3.3.) und eben die Vernachlässigung der sprachlichen Gestalt.

Den Zusammenhang zwischen den beiden letzten Aspekten hat Feilke (2000) in seiner kritischen Darstellung der pragmatischen Wende herausgearbeitet, die sich durch große „historische Unbedarftheit" (ebd.: 67) auszeichne.

> „Die Wende bleibt theoretisch und grundbegrifflich hinter Vorleistungen pragmatischen Denkens in der Sprachtheorie zurück und zwar sowohl im Blick auf den sprachkonstituierenden als auch im Blick auf den sozial konstitutiven Charakter sprachlichen Handelns." (Feilke 2000: 66)

Obwohl sie immer wieder beschworen wird, bietet sie kein Innovationspotenzial, sondern provoziert geradezu selbst die Entstehung neuer Nachbardisziplinen, die sich von ihr abgrenzen:

> „Man kann im Rückblick auf die vergangenen 20 Jahre der Nach-Wende-Zeit eine Reihe grundlegender Neuorientierungen feststellen, die großenteils gerade auch aus der Kritik der Wende erwachsen sind. Fast alle substantiellen pragmatischen Neuorientierungen der 80er und frühen 90er Jahre gehen zurück auf Interessenverschiebungen, die mit der Überwindung einer unfruchtbaren Topik des Paradigmenwechsels aus den 70er Jahren zusammenfallen." (Feilke 2000: 76)

Dazu rechnet Feilke speziell die ‚prosperierende Schriftlichkeits- und Schreibforschung':

> „*Textproduktion* etabliert sich – nicht als Subdisziplin einer Textlinguistik – sondern als ein neues Verständnis vom Gegenstand selbst, das die Beschränkung auf die Beschreibungsebene [!] ‚Text' überwindet und genau dadurch zur weiteren Klärung des Begriffs beiträgt." (Feilke 2000: 77)

Besonders wichtig ist sein Hinweis darauf, dass das universalistische Pragmatikverständnis selbst „Interessen der generativen Position stützt" (ebd.: 68). Im Zuge des Erfolgs des kommunikativ-funktionalen Ansatzes komme es zu „einer Art Zwei-Reiche-Lehre" (ebd.: 67), in der der ‚kommunikativ-funktionale' Ansatz im schönsten Einvernehmen mit systemlinguistischen Vorstellungen koexistieren kann. Die sprachtheoretisch unvereinbaren Positionen werden einfach „in ein nach Beschreibungsebenen differenziertes Modell überführt" (ebd.: 68), der Sprachkompetenz eine pragmatische Kompetenz bloß an die Seite gestellt. Das heißt, dass das systemlinguistische Denken für die niedrigen Ebenen akzeptiert wird, man also mit einer rein ‚sprachlichen Kompetenz' auf dem Niveau von Lexik und Grammatik rechnet, die erst durch eine ‚kommunikative Kompetenz' zu ergänzen ist, wenn das Sprachwissen im konkreten Sprachgebrauch ‚zum Einsatz kommt'. Schon die frühe Textlinguistik forderte demgegenüber, dass die elementareren Einheiten vom Text bzw. Sprachgebrauch her neu gedacht werden müssen. Bei Feilke liest sich das so:

> „Wenn die linguistische Kompetenz [...] selbst bereits pragmatisch instruiert ist [d. h., wenn die sprachliche Kompetenz auf Sprachgebrauchserfahrungen zurückgeführt wird], dann materialisiert sich pragmatische Information nicht erst auf der Ebene des aktualen Textes oder der Sprachhandlung [d. h. auf der Ebene der Parole]. Sie ist vielmehr zeichenhaft manifest im pragmatischen Mehrwert oder Gebrauchswert von Einheiten *aller* sprachlichen Strukturbereiche [sie ist also eingeschrieben bereits in das Wissen um Gebrauchsbedingungen für lexikalische Elemente und grammatische Konstruktionen].“ (Feilke 2000: 78) [12]

Wie soll ein solches Programm nun praktisch aussehen und welche Chancen bestehen für entsprechende Entwicklungen? Dafür seien drei m. E. besonders wichtige Kontexte genannt. Beim ersten handelt es sich um die **Korpuslinguistik**. Traditionell haben geisteswissenschaftlich orientierte Linguisten mit denen gefremdelt, die sich der Sprache unter eher ‚technischen Perspektiven‘ nähern. Dieser Gegensatz löst sich zunehmend auf mit den Möglichkeiten, die die technische Entwicklung eröffnet (vgl. auch Kap. 7.3.). Korpora, besonders außerordentlich umfangreiche wie das Deutsche Referenzkorpus des Instituts für Deutsche Sprache,[13] liefern Zugang zu Sprachgebrauchsdaten. Deskriptive Grammatiken – und natürlich auch Wörterbücher – werden korpusbasiert neu geschrieben. Dies geschieht nach einer langen Phase, in der man sich den neuerlichen Rückgriff auf das Sprachmaterial ersparen zu können glaubte (vgl. Kap. 1.5.1.) und stattdessen auf die eigene Kompetenz oder Urteile von Muttersprachlern zu erfundenen (und teilweise sehr merkwürdigen, aber für die Theorie besonders bedeutsamen) Beispielsätzen setzte. Damit ist auf dem Umweg über die Technik die alte Forderung zu einer Realität geworden: Die Beschreibung des Sprachsystems kann jetzt grundsätzlich *von den Texten her* erfolgen.

Besonders bedeutsam ist dabei, dass die Korpus- und Texttechnologie nicht nur als Hilfsmittel bzw. Werkzeugkasten dient, d. h. als Fundgrube für Belege z. B. für Wörterbuchmacher oder als Instrument für Textanalysen (vgl. Kap. 7.6.). Diese Verfahren nennt man **corpus based**. Korpuslinguistik ist vielmehr auch einsetzbar, um Strukturen zu entdecken, genauer gesagt besteht darin ihre eigentliche Relevanz für die Linguistik. Solche Verfahren sind bekannt unter der Kennzeichnung **corpus driven**. Perkuhn et al. (2012: 18 ff.) sprechen von **Korpuslinguistik als Methodologie**. Gesucht wird dabei nach unbekannten Phänomenen und Zusammenhängen, die sich aus statistischen Verteilungen ergeben.

---

12 Ausführlich dazu Feilke (1994 und 1996).
13 DeReKo; vgl. http://www.ids-mannheim.de/kl/projekte/korpora/.

Es müssen (manche meinen sogar: es sollten) also nicht einmal irgendwelche spezifischen Vorannahmen oder Grammatikmodelle zugrunde liegen.

Gegenüber den großen mit dem Intellekt nicht überschaubaren Datenmengen befindet man sich ganz in der Situation, vor die sich der amerikanische Strukturalismus angesichts der nicht beschriebenen (und nicht einmal verschrifteten) Sprachen der indigenen Bevölkerung gestellt sah. Erklärtes Ziel war, diese eben nicht durch die Brille der abendländischen Grammatikschreibung zu betrachten (wie dies etwa Missionare getan hatten), sondern die Systeme allein aus den Daten zu rekonstruieren. Demselben Prinzip verschreibt sich die Korpuslinguistik als Methodologie. Als Datengrundlage haben wir zunächst nur **Ausdruckseinheiten** vor uns. Sie sind immerhin durch Interpunktion und Wortabstände schon voranalysiert.[14] Ferner kennen wir die Paradigmen unregelmäßig flektierender Lexeme und können so, wenn auch teilweise mit ziemlichem Aufwand, alle zusammengehörigen Wortformen eines lexikalischen Types zusammenstellen und ihre Verteilung im Korpus untersuchen.

Die Gefahr, dass man sich ansonsten den Korpora mit dem kategorialen Instrumentarium der traditionellen Grammatik nähert, ist dagegen heutzutage nahezu ausgeschlossen. Denn die sog. **Schulgrammatik** gilt als wissenschaftlich völlig überholt. Damit sind wir bei der zweiten Entwicklungsmöglichkeit, die mir vielversprechend erscheint, der **Grammatiktheorie**. Eines ihrer Probleme besteht darin, dass sich zur traditionellen Grammatik keine Alternative etabliert hat, sondern „ein unglaubliches [nicht nur] terminologisches Durcheinander" (Müller 2013: vi) herrscht. In der formalen Grammatiktheorie galt von Anfang an der Leitsatz, dass zu Sprachdaten unendlich viele verschiedene Grammatiken konstruiert werden können. Damit ließ sich sogar die Annahme von angeborenen grammatischen Strukturen rechtfertigen. Denn da es keine Grundlage dafür gibt, unter den vielen möglichen die ‚richtige' Grammatik auszuwählen, könnten Kinder Sprachen nur erwerben, wenn Grundlegendes, die sog. **Universalgrammatik**, bereits angeboren sei. Vergleicht man die Ergebnisse der seit Jahrzehnten erfolgenden Suche nach „(nichttrivialen) Prinzipien oder Kategorien [...], denen universale Geltung zugesprochen wird [...,] erweist sich jedoch die Schnittmenge als ziemlich leer" (Sternefeld/Richter 2012: 280). Anders gesagt: Die Forschung in diesem Bereich hat v. a. erwiesen, dass man tatsächlich eine Unzahl von Modellen entwickeln kann, wobei allerdings „die Konsensfähigkeit einzelner Ausarbeitungen abnimmt" (ebd.: 287) und sogar kaum noch eine sinnvolle Diskussion unter den verschiedenen Ansätzen möglich sei (vgl. ebd.: 269). Sternefeld/Richter

---

14 Dass die entsprechenden Analysen nicht gerade eindeutig und gewiss nicht trivial sind, wurde kurz in Kap. 7.6. angesprochen.

(ebd.: 246) sprechen daher von einer „Degeneration" der Grammatiktheorie, die sich insbesondere aus der völligen Loslösung von empirischen Sprachdaten und der Konzentration auf konkurrierende „Grammatikformalismen" erkläre, die diese Ehrenbezeichnung nicht einmal verdienten (vgl. ebd.: 278, Anm. 10 und 265).[15]

Angesichts dessen braucht es nicht zu verwundern, dass eine neue Familie von Ansätzen, die wieder am Sprachmaterial ansetzt, von vielen emphatisch begrüßt wird. Dabei handelt es sich um **konstruktionsgrammatische Ansätze**, die in enger Verbindung zu korpuslinguistischen Methoden stehen (vgl. Ziem/ Lasch 2013). Der fundamentale Sichtwechsel betrifft das **Verhältnis von Grammatik und Lexikon**. Die Grammatiktheorie arbeitet traditionell mit abstrakten Kategorien, insbesondere Wortarten und formalen sowie funktionalen Syntagmen (Nominal-, Verbalphrase, Subjekt, Adverbiale, eingebettete Sätze usw.). Die Vorstellung ist, dass in die so gefassten formalen Strukturen lexikalische Elemente gewissermaßen eingesetzt werden können. Das Lexikon ist also von der Grammatik getrennt und diese gilt als primär. Die lexikalischen Elemente werden lediglich danach spezifiziert, in welche strukturellen Positionen sie passen, man charakterisiert sie etwa als zählbares Nomen, transitives Verb usw. Die grammatischen Strukturen sind also regelhaft aufgebaut und operieren auf formal bestimmten Klassen von lexikalischen Einheiten.

Nun lässt sich ein Teil der zweifellos korrekten Äußerungen einer Sprache nicht auf diese Weise herleiten. Dazu gehören insbesondere Phraseologismen oder sonstige idiomatische Wendungen (z. B. *jemandem auf die Finger schauen/klopfen; kannst du nicht Xen?; du kannst mich mal (kreuzweise/gern haben); geschweige denn*). Mit diesen kann die Grammatik nichts anfangen und verweist sie also als Sonderfälle oder Ausnahmen ans Lexikon.

> „Ausgangspunkt der Konstruktionsgrammatik war und ist das Unbehagen, bestimmte grammatische Phänomene einer Sprache als (vermeintliche) Idiosynkrasien zu behandeln und ihnen infolgedessen den Status von peripheren sprachlichen Phänomenen zuzuweisen, die bei der theoriegeleiteten Erklärung zu vernachlässigen sind.
>
> Ein Argument für einen konstruktionsbasierten Zugang besteht also darin, nicht mehr zwischen peripheren und Kern-Elementen einer Grammatik unterscheiden zu müssen. Eine Sprachtheorie, die nur Teile einer Grammatik erklären kann und andere Teile als Ausnahmen definieren [bzw. sie ans Lexikon ‚abschieben'] muss, ist aufgrund ihrer begrenzten Reichweite zwangsläufig weder deskriptiv noch explanativ adäquat." (Ziem/Lasch 2013: 18)

---

15 Sternefeld/Richter (2012) präsentieren ihre Abrechnung mit den Fehlentwicklungen der formalen Grammatiktheorie im Rahmen einer Rezension von Müller (2013, [1]2010), den sie als Übersicht über die wichtigsten Ansätze wärmstens empfehlen. Wer sich weniger für die Formalismen als für die dahinter stehenden Debatten (Angeborenheit usw.) interessiert, sollte das Kapitel 11 (283 – 451) vor den Kapiteln 2 – 10 lesen, die den einzelnen Ansätzen gewidmet sind.

Von Konstruktionen spricht man unabhängig von der syntaktischen Komplexität der Einheiten; sie bestehen wie elementare sprachliche Zeichen (Morpheme) aus Ausdrucks- und Inhaltsseite, die einander **konventionell** zugeordnet sind. Daher können sie auch nur aus Sprachgebrauchsdaten abgeleitet werden. Sie stellen Vorgaben dar, nach denen man analog Äußerungen mit anderem lexikalischen Material bilden kann; daraus entwickeln sich im Laufe der Zeit grammatikalisierte Muster. Dies ist unter Grammatik als geronnenem Diskurs, als immer wieder neu entstehendem Nebenprodukt des Sprechens, als emergentem Phänomen, zu verstehen.

Auch konstruktionsgrammatische Ansätze existieren in vielen schwer überschaubaren Varianten, sie setzen ebenfalls auf Formalisierungen und arbeiten häufig mit etwas speziellen, teilweise peripher erscheinenden Beispielen wie z. B. der Konstruktion *Sie niest/hustet das Taschentuch vom Tisch*. Die Spezialliteratur ist daher wenig geeignet, das Befremden gegenüber der Grammatiktheorie als „einer exotisch anmutenden Disziplin" (Sternefeld/Richter 2012: 270) abzubauen.[16] Es gibt aber zwei populär geschriebene Bücher, die sehr gut über den Grundansatz und seine Hintergründe informieren. Es wäre ja höchst bedauerlich, wenn die grundsätzlich andere Orientierung – Grammatik entsteht in und aus sozial verankertem Sprachgebrauch und existiert nicht etwa als vorab gegebenes, angeborenes Sprachmodul – und ihre Affinität zur Textlingusitik als Linguistik des Sprachgebrauchs nicht zu einem Abbau der Kluft zwischen den gänzlich getrennt nebeneinander herlaufenden Subdiziplinen führte. Bei den empfohlenen Büchern handelt es sich um Guy Deutscher, *The Unfolding of Language* (2005), das eine Geschichte des Sprachursprungs erzählt und für Laien verständlich macht, was unter **Grammatikalisierung** zu verstehen ist, wie also Grammatik aus dem Sprachgebrauch entsteht.[17] Der Frage des Sprachursprungs, die lange nicht als wissenschaftlich bearbeitbar angesehen werden konnte, geht aus der Sicht der Verhaltensforschung auch Michael Tomasello nach: *Die Ursprünge der menschlichen Kommunikation* (2008/2011; vgl. auch Kap. 5.5.).

Den dritten und wichtigsten Entwicklungszweig sehe ich in der **Sprachdidaktik**. Ich komme damit auf die Einschätzung von Ulla Fix (vgl. Kap. 1) zurück. Als zukunftsträchtig betrachtet sie die Textlinguistik nicht zuletzt, weil „in der auf die spätere Berufspraxis ausgerichteten sprachwissenschaftlichen Ausbildung

---

16 Vgl. für eine kritische Einschätzung der Konstruktionsgrammatik besonders die Einleitung in das Themenheft 37.3 der *Zeitschrift für germanistische Linguistik* (Knobloch 2009).

17 Die deutsche Übersetzung von 2008, als Taschenbuch greifbar seit 2011, trägt leider den etwas albernen Obertitel *Du Jane, ich Goethe*. Ansonsten handelt es sich aber um eine exzellente Adaptation, die insbesondere im Kapitel zum Sprachverfallstopos speziell an den Diskurs im deutschen Sprachraum anschließt.

von Bachelor- und Masterstudenten Fragen der Textherstellung und -bewertung einen zentralen Platz einnehmen müssen." (Fix 2009a: 11; vgl. auch Kap. 5.3.2.1.). Das gilt für den Muttersprachunterricht ebenso wie für die Zweit-/Fremdsprach-didaktik. In ihr ist **Textkompetenz** zu einem neuen Schlüsselbegriff geworden.[18]

Deutlich wird dabei zugleich, dass hier ein anderes Verständnis von Sprachkompetenz als in der generativistischen Grammatiktheorie zugrunde gelegt wird. Während diese nämlich für vorrangig erklärungsbedürftig hält, dass Kinder die Kerngrammatik so schnell erwerben, ist die Sprachdidaktik mit dem prakti-schen Problem konfrontiert, dass der Spracherwerb nie abgeschlossen ist und man vieles überhaupt erst in der Schule und Universität lernt. Der Ausbau der Sprachkompetenz setzt sich tatsächlich lebenslang fort, wann immer man näm-lich in neue Sprechergemeinschaften eintritt und mit neuen Praktiken konfron-tiert wird. In diesen Zusammenhängen kann die fortdauernde Erweiterung des Sprachwissens gar nicht anders als über gebrauchsbasierte Theorien erklärt werden. Auf dieser Grundlage lassen sich dann auch **praxisrelevante For-schungsprojekte** und Didaktisierungen entwerfen. Besonders hervorzuheben ist in diesem Zusammenhang ein Forschungsschwerpunkt der Universität Gießen.[19] Einen guten Einblick in die Projekte gibt der Sammelband von Feilke/Lehnen (2012) zu Schreib- und Textroutinen (speziell für wissenschaftliches Schreiben).

Dass regelbasiertes Lernen seine (engen) Grenzen hat, wird insbesondere im fortgeschrittenen Fremdspracherwerb deutlich. Denn nicht nur die frühen Er-werbsstadien sind wesentlich lexikalisch geprägt (vgl. Fandrych 2010: 1011), es ist auch außerordentlich schwierig, über das Niveau B2 des Gemeinsamen Europäi-schen Referenzrahmens (Europarat 2001) hinauszugelangen. Denn dabei geht es nicht mehr um grammatische Korrektheit, sondern um **Idiomatizität** und stilis-tische Sensibilität, denen man erst recht nicht mit Regeln beikommen kann. So haben sowohl die Korpuslinguistik (vgl. Fandrych/Tschirner 2007) als auch ge-brauchs- und textbasierte Ansätze an Einfluss in der Fremd- und auch Mutter-sprachdidaktik gewonnen:

> „Viele grammatische Phänomene sind auf der Satzebene nur unzureichend beschreibbar, erst ihre handlungs- bzw. text- und diskursbezogene Beschreibung wird ihrer Funktion auch aus der Sprachverwendungsperspektive, die für Lernende ja im Vordergrund steht, gerecht." (Fandrych 2010: 1015)

---

18 Vgl. z. B. Portmann-Tselikas/Schmölzer-Eibinger (2002 und 2008), Bausch et al. (2007), Schmölzer-Eibinger/Weidacher 2007 und für den Versuch einer Übersicht Adamzik/Heer (2009).
19 Vgl. z. B. www.uni-giessen.de/cms/fbz/fb05/germanistik/absprache/ord_mediensprachdidak tik/ forschung/eristischeliteralitaet

Praktisch steht man dabei jedoch vor einem immensen Problem. Denn nicht nur in der formalisierten Grammatiktheorie herrschen terminologisches Durcheinander und Wildwuchs, auch im schulischen Kontext ist eine einigermaßen verbindliche Begrifflichkeit nicht in Sicht: „Es gibt heute kein einheitliches linguistisches Modell, an dem sich die Mehrzahl der Lehrwerke des Deutschen als Fremd- und Zweitsprache bei der Grammatikdarstellung orientiert." (ebd.) Das betrifft auch den muttersprachlichen Unterricht. Eine Konsequenz daraus ist allgemein bekannt: Im deutschen schulsprachlichen Unterricht spielt Grammatik auf der Sekundarstufe II kaum eine Rolle, auch in diesem Bereich stehen sich Textarbeit und Grammatik gänzlich fremd gegenüber. Dementsprechend fühlen sich auch Germanistikstudierende nicht mit grammatischen Termini und Regeln vertraut. Dies führt nun zu Grundkursen (und entsprechenden Lehrwerken) zur deutschen Grammatik. Für diese ist es charakteristisch, dass sie wieder gegenstandsorientiert und ebenenspezifisch (Wortarten, Satzglieder usw.) vorgehen, statt (wie es für die Zeit vor Bologna üblich war) in verschiedene Grammatikmodelle einzuführen. Diese haben aber selbstverständlich in den sog. traditionellen Ansätzen ihre Spuren hinterlassen (insbesondere die Valenzgrammatik). Vergleicht man jedoch verschiedene Darstellungen miteinander, so trifft man auf so unterschiedliche Klassifizierungen und Definitionen, dass es keineswegs verwunderlich ist, wenn der Eindruck bleibt, Grammatik könne man gar nicht lernen oder gar verstehen. Das Problem ist seit langem bekannt[20] und es hat sich auch eine Initiative zur Erarbeitung einer neuen **Terminologie für den Deutschunterricht**[21] gebildet (vgl. z. B. Hennig 2012). Ebenso wie Fandrych (2010: 1014) für den DaF-Unterricht konstatiert, muss man jedoch auch hier feststellen, dass „bei vielen Lehr- und Übungsmaterialien noch große Defizite [bestehen], die nicht zuletzt aus dem Bemühen herrühren, die deutsche Grammatik ‚möglichst einfach' darzustellen". Insbesondere bleibt es im syntaktischen Bereich meist bei der Behandlung des ausgeformten Verbalsatzes, also einer stark an der Norm orientierten und reduktiven Darstellung. Diese ist nun sowohl für literarische (auch solche aus der Vormoderne) als auch für anspruchsvolle Sachtexte gänzlich unzureichend.

Noch größer muss die Verwirrung für die Lernenden werden, wenn sie in der Schulsprache und diversen Fremdsprachen mit verschiedenen Modellen und Begriffen konfrontiert werden (vgl. dazu Béguelin et al. 1999) und sie sich selbst einen Reim darauf machen müssen (vgl. Näf 1999: 81). Zwar gehört im Europa der Sprachen die integrierte Sicht auf die Erst- und die Zweit-/Fremdsprachen, die sog.

---

20 Vgl. z. B. Noack/Ossner (2011), Thonhauser/Gerber (2014) und Schlobinski/Stenschke (2014).
21 http://www.grammatischeterminologie.de/index.htm.

Mehrsprachigkeitsdidaktik, zum Programm, es ist aber schwierig, diese umzusetzen, wenn die Lehrpersonen selbst nur die Modelle und Begriffe aus ihrer eigenen Tradition kennen.

Was kann man nun anderes tun, als den desolaten Zustand der grammatischen Bildung zu beklagen, und wie viel und welche Kenntnisse brauchen eigentlich die von Fix anvisierten Bachelor- und Masterstudenten für ihre spätere Berufspraxis? Sicher ist, dass man beim Reden über Texte, sei es zum Zwecke der Verbesserung des Ausdrucks, also z. B. in den sog. Schreibkonferenzen, sei es für die Analyse literarischer und sonstiger Texte, nicht ohne eine **Metasprache** auskommt. Ich hoffe nun, dass es für Lernende auch eine Erleichterung darstellt zu erfahren, dass es eine verbindliche Metasprache ebenso wenig gibt wie allgemein akzeptierte Kategorieninventare mit nur ausdrucksseitiger Divergenz (vom Typ Substantiv/Nomen). Die Schwierigkeiten gehen also jedenfalls nicht allein auf eigenes Unvermögen oder persönliches Desinteresse zurück. Viele Beispiele für konkrete Kontroversen wurden im Kapitel 7. angesprochen, dazu gehören nicht zuletzt die unterschiedlichen Lesarten von *Wort* und *Satz*. Insgesamt führte das Kapitel zu folgenden Ergebnissen, die ich für die wichtigsten Elemente deklarativen Wissens in diesem Bereich halte:

- Die Trennung von Grammatik, Semantik und Pragmatik ist nicht sauber durchführbar und daher letzten Endes immer nur relativ sinnvoll, wenn es nämlich um bestimmte Schwerpunktsetzungen in der Fragestellung geht.
- Authentische Texte stellen sich selten dar als eine Folge von Sätzen, die sich allein mit den Regeln einer Kerngrammatik beschreiben lässt.
- Die überwiegend mit ‚traditionellen‘ Begriffen arbeitenden Darstellungen weisen zwar viele konzeptionelle und terminologische Varianten auf, lassen sich aber recht gut aufeinander abbilden bzw. ineinander übersetzen.

Die Suche nach der ‚angemessensten‘ Nomenklatur bzw. der Versuch, eine solche behördlicherseits langfristig und weiträumig festzulegen, scheint mir daher von nur begrenztem Interesse zu sein, dem nicht zu viel Energie gewidmet werden sollte.[22] Es widerspräche auch fundamental jeder wissenschaftlichen Einstellung, denn diese muss mit alternativen Sichtweisen auf dieselben Phänomene leben und sinnvoll damit umgehen können. Dazu gehört natürlich auch die Festsetzung bestimmter Kategorien für klar umrissene Kontexte (vgl. auch Kap. 2.1.). Solche praktisch oft notwendigen Entscheidungen bleiben aber grundsätzlich in be-

---

22 Über nationale Grenzen kommt man dabei sowie kaum hinaus. In Staaten mit ausgeprägter föderaler Struktur unterliegen die Entscheidungen überdies kleineren Organisationseinheiten.

stimmtem Ausmaß arbiträr und sollten daher nicht als unumstößliche Wahrheiten verkauft werden.

Sollte dieses Buch dazu beitragen können, Zweifel an vermeintlichen Gewissheiten wie insbesondere der Entgegensetzung von Sprachsystem und Sprachgebrauch, von Grammatik und Text, zu wecken oder zu bestätigen, wäre sein wichtigstes Ziel erreicht.

Literatur

1. Quellennachweis für die Textbeispiele

1   Grimms Märchen, Nr. 43. Zit. nach: Kinder- und Hausmärchen gesammelt durch die Brüder Grimm. Darmstadt: Wissenschaftliche Buchgesellschaft 1967, S. 246.

2   Brinker 2010: 37.

3   Johann Peter Hebel, Schatzkästlein des Rheinländischen Hausfreundes. Zit. nach: J. P. Hebel: Sämtliche Schriften. Historisch-Kritische Gesamtausgabe. Karlsruhe: Müller, Bd. II, 1990, S. 281–284.

4   Alfred Döblin: Berlin Alexanderplatz, 5. Buch. Zit. nach: A. Döblin: Berlin Alexanderplatz. Die Geschichte vom Franz Biberkopf. Zürich/Düsseldorf: Walter-Verlag 1996, S. 189 f.

5   Brinker 2010: 51.

6.1   Abstract von Fluck 1988. In: Gnutzmann 1988: 219 f.

6.2   Adamzik 1995: 88 f.

6.3   Ehlich et al. 2000: 70.

7.1   Herbert A. Frenzel/Elisabeth Frenzel: Daten deutscher Dichtung. Chronologischer Abriß der deutschen Literaturgeschichte. München: Deutscher Taschenbuch Verlag 1969, Bd. 2, S. 542.

7.2   Günter Albrecht/Kurt Böttcher/Herbert Greiner-Mai/Paul Günter Krohn: Lexikon deutschsprachiger Schriftsteller von den Anfängen bis zur Gegenwart. Leipzig: Bibliographisches Institut 1974, Bd. 1, S. 155 ff.

7.3   Metzler Autoren Lexikon. Hg. v. Bernd Lutz. Stuttgart/Weimar: Metzler 1994, S. 150 ff. (Autor des Artikels: Uwe Schweikert).

7.4   Klappentext der dtv-Taschenbuchausgabe von Alfred Döblin: Berlin Alexanderplatz. Die Geschichte vom Franz Biberkopf. München: Deutscher Taschenbuch Verlag 1965.

7.5   Alfred Döblin: Brief an Franz Brümmer vom 10.10.1917. In: A. Döblin: Briefe. Olten/Freiburg i.Br.: Walter-Verlag 1970, S. 100 f.

7.6   Alfred Döblin: Autobiographische Skizze 1922. Zit. nach: A. Döblin: Schriften zu Leben und Werk. Olten/Freiburg i.Br.: Walter-Verlag 1986, S. 36 f.

8   Hartmut Günther/Ellen Nünke: Warum das Kleine groß geschrieben wird, wie man das lernt und wie man das lehrt. Duisburg 2005; http://www.koebes.uni-koeln.de/guenther_nuenke. pdf; <15.7.2013>

9   Raymond Queneau: Stilübungen. Frankfurt a.M.: Suhrkamp 1990.

2. Wissenschaftliche Literatur

Adamzik, Kirsten 1995a: Textsorten – Texttypologie. Eine kommentierte Bibliographie. Münster: Nodus; http://www.unige.ch/lettres/alman/akt/aktbilbl.html; <2.3.2015>

Adamzik, Kirsten 1995b: Syntax und Textgliederung. Hypotaktischer Stil, Nominalstil, graphischer Stil. In: Götz Hindelang/Eckard Rolf/Werner Zillig (Hg.): Der Gebrauch der Sprache. Festschrift für Franz Hundsnurscher zum 60. Geburtstag. Münster: Lit, 15–41.

Adamzik, Kirsten (Hg.) 2000a: Textsorten. Reflexionen und Analysen. Tübingen: Stauffenburg.

Adamzik, Kirsten 2000b: Was ist pragmatisch orientierte Textsortenforschung? In: Adamzik 2000a, 91–112.

Adamzik, Kirsten 2000c: Dialogerträge. Ansätze zu einer mehrperspektivischen Gesprächsanalyse. In: Zeitschrift für germanistische Linguistik 28, 185 – 206.

Adamzik, Kirsten 2001a: Kontrastive Textologie. Empirische Untersuchungen zur deutschen und französischen Sprach- und Literaturwissenschaft. Tübingen: Stauffenburg.

Adamzik, Kirsten 2001b: Die Zukunft der Text(sorten)linguistik. Textsortennetze, Textsortenfelder, Textsorten im Verbund. In: Fix et al. 2001, 15 – 30.

Adamzik, Kirsten 2001c: Grundfragen einer kontrastiven Textologie. In: Adamzik 2001a, 13 – 48.

Adamzik, Kirsten 2001d: Aspekte der Gesprächstypologisierung. In: Brinker et al. 2000/01, 1472 – 1484.

Adamzik, Kirsten (Hg.) 2002a: Texte, Diskurse, Interaktionsrollen. Analysen zur Kommunikation im öffentlichen Raum. Tübingen: Stauffenburg.

Adamzik, Kirsten 2002b: Interaktionsrollen. Die Textwelt und ihre Akteure. In: Adamzik 2002a, 211 – 255.

Adamzik, Kirsten 2002c: Zum Problem des Textbegriffs. Rückblick auf eine Diskussion. In: Fix et al. 2002, 163 – 182.

Adamzik, Kirsten [2007]/im Druck: Textsorten in der akademischen Welt. In: Klaus-Dieter Baumann/Hartwig Kalverkämper (Hg.): Fachtextsorten-in-Vernetzung; http://www.unige.ch/lettres/alman/adamzik/akt/adamzik_vernetzung_preprint.pdf <2.3.2015>

Adamzik, Kirsten 2008a: Textsorten und ihre Beschreibung. In: Janich 2008a, 145 – 175.

Adamzik, Kirsten 2008b: Der virtuelle Text oder: Die Rolle der Sprachgemeinschaft für die Herstellung von Textualität. In: Zeitschrift für Germanistische Linguistik 36, 355 – 380.

Adamzik, Kirsten 2009: Textsorten im Fremdsprachenunterricht – auf dem Weg zu plurikultureller Kompetenz? In: Adamzik/Krause 2009, 211 – 246.

Adamzik, Kirsten 2010a: Sprache: Wege zum Verstehen. Tübingen/Basel: Francke, 3. Aufl.

Adamzik, Kirsten 2010b: Texte im Kulturvergleich. Überlegungen zum Problemfeld in Zeiten von Globalisierung und gesellschaftlicher Parzellierung. In: Luginbühl/Hauser 2010, 17 – 41.

Adamzik, Kirsten 2011: Textsortennetze. In: Habscheid 2011, 367 – 385.

Adamzik, Kirsten 2012a: Werbekommunikation textlinguistisch. In: Nina Janich (Hg.): Handbuch Werbekommunikation. Sprachwissenschaftliche und interdisziplinäre Zugänge. Tübingen: Francke, 123 – 142.

Adamzik, Kirsten 2012b: Kontrastive Textologie am Beispiel des Schulbuchs. In: Tekst i dyskurs/Text und Diskurs 5, 53 – 91.

Adamzik, Kirsten 2013: Sachtexte in textlinguistischer Perspektive. In: Der Deutschunterricht 65, H. 6, 9 – 18.

Adamzik, Kirsten (im Druck a): Das Wort im Text. In: Ulrike Haß/Petra Storjohann (Hg.): Wort und Wortschatz. Berlin/Boston: de Gruyter, 152 – 174.

Adamzik, Kirsten (im Druck b): Literatur aus der Sicht von Text- und Diskurslinguistik. In: Anne Betten/Ulla Fix/Berbeli Wanning (Hg.): Sprache in der Literatur. Berlin/Boston: de Gruyter.

Adamzik, Kirsten (im Druck c): Was ist ein Text? In: Karin Birkner/Nina Janich (Hg.): Text und Gespräch. Berlin/Boston: de Gruyter.

Adamzik, Kirsten (im Druck d): Kulturwissenschaftliche Orientierung in der Textlinguistik. In: Jäger et al. (im Druck).

Adamzik, Kirsten (im Druck e): Mediale und konzeptionelle Mündlichkeit/Schriftlichkeit revisited. Geltungsdauer und Gestaltungsaufwand als Operationalisierungskriterien. In: Martine Dalmas/Marina Foschi Albert/Marianne Hepp/Eva Neuland (Hg.): Texte im

Spannungsfeld von medialen Spielräumen und Normorientierung, 3. Pisaner Fachtagung 23.–25. Oktober 2014. München: Iudicium.

Adamzik, Kirsten/Heer, Nelly 2009: Textkompetenz. Zur analytischen Unterscheidung von Fähigkeiten im Umgang mit Texten. In: Adamzik/Krause 2009, 247–285.

Adamzik, Kirsten/Krause, Wolf-Dieter (Hg.). 2009: Text-Arbeiten. Textsorten im fremd- und muttersprachlichen Unterricht an Schule und Hochschule. Tübingen: Narr, 2., überarb. u. erw. Aufl. 2009, (1. Aufl. 2005).

Adelung, Johann Christoph 1781/1977: Deutsche Sprachlehre. Berlin: Voß; Nachdruck Hildesheim/New York: Olms.

Adelung, Johann Christoph 1785/1974: Über den deutschen Styl. Berlin: Voß; Nachdruck Hildesheim/New York: Olms, 3 Bde.

Aitchison, Jean 1997: Wörter im Kopf. Eine Einführung in das mentale Lexikon. Tübingen: Niemeyer, (engl. Orig. 1987).

Albert, Georg 2013: Innovative Schriftlichkeit in digitalen Texten. Syntaktische Variation und stilistische Differenzierung in Chat und Forum. Berlin: Akademie.

Androutsopoulos, Jannis (2007): Neue Medien – neue Schriftlichkeit? In: Mitteilungen des Deutschen Germanistenverbandes 1/07, 72–97.

Antos, Gerd 1982: Grundlagen einer Theorie des Formulierens. Texterstellung in geschriebener und gesprochener Sprache. Tübingen: Niemeyer.

Antos, Gerd 2009: Semiotik der Text-Performanz. Symptome und Indizien als Mittel der Bedeutungskonstitution. In: Linke/Feilke 2009, 407–427.

Antos, Gerd/Tietz, Heike (Hg.) 1997: Die Zukunft der Textlinguistik. Traditionen, Transformationen, Trends. Tübingen: Niemeyer.

Arnold, Heinz Ludwig/Detering, Heinrich (Hg.) 1996: Grundzüge der Literaturwissenschaft. München: Deutscher Taschenbuch Verlag.

Assmann, Aleida 2011: Einführung in die Kulturwissenschaft. Grundbegriffe, Themen, Fragestellungen. Berlin: Erich Schmidt, 3., neu bearb. Aufl.

Assmann, Jan 1988: Im Schatten junger Medienblüte. Ägypten und die Materialität des Zeichens. In: Gumbrecht/Pfeiffer 1988, 141–160.

Auer, Peter 1999: Sprachliche Interaktion. Eine Einführung anhand von 22 Klassikern. Tübingen: Niemeyer.

Auer, Peter 2000: Die Linguistik auf dem Weg zur Kulturwissenschaft? In: Freiburger Universitätsblätter 147, 55–68.

Auer, Peter 2010: Sprachliche Landschaften. Die Strukturierung des öffentlichen Raums durch die geschriebene Sprache. In: Deppermann/Linke 2010, 271–298.

Averintseva-Klisch, Maria 2013: Textkohärenz. Heidelberg: Winter.

Bachmann-Medick, Doris (Hg.) 2004: Kultur als Text. Die anthropologische Wende in der Literaturwissenschaft. Tübingen: Francke.

Bachmann-Medick, Doris 2010: Cultural Turns, Version: 1.0. In: Docupedia-Zeitgeschichte, 29. 3.2010; https://docupedia.de/zg/Cultural_Turns?oldid=75507; <15.11.2011>

Baumann, Klaus-Dieter/Kalverkämper, Hartwig (Hg.) 1992: Kontrastive Fachsprachenforschung. Tübingen: Narr.

Bausch, Karl-Richard/Burwitz-Melzer, Eva/Königs, Frank G./Krumm, Hans-Jürgen (Hg.) 2007: Textkompetenzen. Arbeitspapiere der 27. Frühjahrskonferenz zur Erforschung des Fremdsprachenunterrichts. Tübingen: Narr.

Beaugrande, Robert de 1997: New foundations for a science of text and discourse. Cognition, communication, and the freedom of access to knowledge and society. Norwood, N.J.: Ablex; www.beaugrande.com/new_foundations_for_a_science.htm; <17. 3. 2010>

Beaugrande, Robert-Alain de/Dressler, Wolfgang Ulrich 1981: Einführung in die Textlinguistik. Tübingen: Niemeyer.

Becker-Mrotzek, Michael/Scherner, Maximilian 2000: Textsorten der Verwaltung. In: Brinker et al. 2000/01, 628–641.

Béguelin, Marie-José/de Pietro, Jean-François/Näf, Anton (Hg.) 1999: La terminologie grammaticale à l'école: perspectives interlinguistiques. Neuchâtel: Université.

Behaghel, Otto 1923–1932: Deutsche Syntax. Eine geschichtliche Darstellung. Heidelberg: Winter, 4 Bde.

Behr, Irmtraud/Quintin, Hervé 1996: Verblose Sätze im Deutschen. Zur syntaktischen und semantischen Einbindung verbloser Konstruktionen in Textstrukturen. Tübingen: Stauffenburg.

Bense, Max 1969: Einführung in die informationstheoretische Ästhetik, Grundlegung und Anwendung in der Texttheorie. Reinbek bei Hamburg: Rowohlt.

Benthien, Claudia/Velten, Hans Rudolf (Hg.) 2002: Germanistik als Kulturwissenschaft. Eine Einführung in neue Theoriekonzepte. Reinbek bei Hamburg: Rowohlt.

Berger, Peter L./Luckmann, Thomas 1966/1980: The social construction of reality. A treatise in the sociology of knowledge. Garden City, NY: Doubleday; dt. Übers. u.d.T. Die gesellschaftliche Konstruktion der Wirklichkeit. Eine Theorie der Wissenssoziologie. Frankfurt a.M.: Fischer.

Bessmertnaja, N.W./Mankowskaja, S.M. 1983: Das Redegenre Kommuniqué und sein kompositorischer Aufbau. In: Textlinguistik 10, 23–33.

Betten, Anne/Schiewe, Jürgen (Hg.) 2011: Sprache – Literatur – Literatursprache. Linguistische Beiträge. Berlin: Erich Schmidt.

Biber, Douglas 1988: Variation across speech and writing. Cambridge: Cambridge University Press.

Biere, Bernd-Ulrich 1991: Textverstehen und Textverständlichkeit. Heidelberg: Groos.

Bilut-Homplewicz, Zofia 2013: Prinzip Perspektivierung. Germanistische und polonistische Textlinguistik. Entwicklungen, Probleme, Desiderata. Teil I: Germanistische Textlinguistik. Frankfurt a.M. u.a.: Lang.

Birkner, Karin/Meer, Dorothee (Hg.) 2011: Institutionalisierter Alltag: Mündlichkeit und Schriftlichkeit in unterschiedlichen Praxisfeldern. Mannheim: Verlag für Gesprächsforschung.

Bittner, Johannes 2003: Digitalität, Sprache, Kommunikation. Eine Untersuchung zur Medialität von digitalen Kommunikationsformen und Texten und deren varietätenlinguistischer Modellierung. Berlin: Erich Schmidt.

Bleumer, Hartmut/Franceschini, Rita/Habscheid, Stephan/Werber, Niels (Hg.) 2013: Turn, Turn, Turn? Oder: Braucht die Germanistik eine germanistische Wende? Eine Rundfrage zum Jubiläum der *LiLi*. Stuttgart: Metzler (= Zeitschrift für Literaturwissenschaft und Linguistik 172).

Bloomfield, Leonard 2001: Die Sprache. Wien: Praesens, (engl. Orig. 1933).

Bolz, Norbert 2010: Bildung in Zeiten von Google und Wikipedia aus medientheoretischer Sicht. In: Gauger/Kraus 2010, 11–25.

Bonfadelli, Heinz/Jarren, Otfried/Siegert, Gabriele (Hg.) [3]2010: Einführung in die Publizistikwissenschaft. Bern: Haupt.

Boost, Karl 1955: Neue Untersuchungen zum Wesen und zur Struktur des deutschen Satzes. Berlin: Akademie.

Bourdieu, Pierre 1992: Homo academicus. Frankfurt a.M.: Suhrkamp, (frz. Orig. 1984).

Brandt, Wolfgang 1973: Die Sprache der Wirtschaftswerbung. Ein operationelles Modell zur Analyse und Interpretation von Werbungen im Deutschunterricht. Hildesheim: Olms (= Germanistische Linguistik 1–2/73).

Braun, Peter [3]1993: Tendenzen in der deutschen Gegenwartssprache. Varietäten. Stuttgart u.a.: Kohlhammer.

Brinker, Klaus 1971: Aufgaben und Methoden der Textlinguistik. Kritischer Überblick über den Forschungsstand einer neuen linguistischen Teildisziplin. In: Wirkendes Wort 21, 217–237.

Brinker, Klaus 1973: Zum Textbegriff in der heutigen Linguistik. In: Horst Sitta/Klaus Brinker (Hg.): Studien zur Texttheorie und zur deutschen Grammatik. Düsseldorf: Schwann, 9–41.

Brinker, Klaus 1985, [7]2010: Linguistische Textanalyse. Eine Einführung in Grundbegriffe und Methoden. Berlin: Erich Schmidt.

Brinker, Klaus (Hg.) 1991: Aspekte der Textlinguistik. Hildesheim u.a.: Olms (= Germanistische Linguistik 106–107).

Brinker, Klaus 2000: Textfunktionale Analyse. In: Brinker et al. 2000/01, 175–186.

Brinker, Klaus/Antos, Gerd/Heinemann, Wolfgang/Sager, Sven F. (Hg.) 2000/01: Text- und Gesprächslinguistik. Ein internationales Handbuch zeitgenössischer Forschung. Berlin/New York: de Gruyter, 2 Bde.

Brinker, Klaus/Cölfen, Hermann/Pappert, Steffen 2014: Linguistische Textanalyse. Eine Einführung in Grundbegriffe und Methoden. Berlin: Erich Schmidt.

Brinkmann, Hennig 1962: Die deutsche Sprache. Gestalt und Leistung. Düsseldorf: Schwann.

Brown, Gillian/Yule, George 1983: Discourse Analysis. Cambridge u.a.: Cambridge University Press.

Bubenhofer, Noah 2009: Sprachgebrauchsmuster. Korpuslinguistik als Methode der Diskurs- und Kulturanalyse. Berlin: de Gruyter.

Bucher, Hans-Jürgen 1996: Textdesign – Zaubermittel der Verständlichkeit? Die Tageszeitung auf dem Weg zum interaktiven Medium. In: Hess-Lüttich et al. 1996, 31–59; www.medien-wissenschaft.de/aufsaetze/text-design.html; <12.2.2011>

Bucher, Hans-Jürgen 2011: Multimodales Verstehen oder Rezeption als Interaktion. Theoretische und empirische Grundlagen einer systematischen Analyse der Multimodalität. In: Diekmannshenke et al. 2011, 123–156.

Bucher, Hans-Jürgen/Gloning, Thomas/Lehnen, Kathrin (Hg.) 2010: Neue Medien — Neue Formate. Ausdifferenzierung und Konvergenz in der Medienkommunikation. Frankfurt a.M.: Campus.

Bühler, Karl 1934/1965: Sprachtheorie. Die Darstellungsfunktion der Sprache. Stuttgart: Gustav Fischer.

Burger, Harald 2001: Intertextualität in den Massenmedien. In: Ulrich Breuer/Jarmo Korhonen (Hg.): Mediensprache – Medienkritik. Frankfurt a.M. u.a.: Lang, 13–43.

Burger, Harald/Luginbühl, Martin 2014: Mediensprache: Eine Einführung in Sprache und Kommunikationsformen der Massenmedien. Berlin/New York: de Gruyter.

Busch, Albert/Stenschke, Oliver [3]2014: Germanistische Linguistik. Eine Einführung. Tübingen: Narr.

Busch-Lauer, Ines-Andrea 2009: Funktionale Varietäten und Stil. In: Fix et al. 2008/09, 1722–1738.

Busse, Dietrich 2009: Semantik. Stuttgart: Fink.

Busse, Dietrich 2012: Frame-Semantik. Ein Kompendium. Berlin: de Gruyter.

Busse, Dietrich 2013: Diskurs – Sprache – Gesellschaftliches Wissen. Perspektiven einer Diskursanalyse nach Foucault im Rahmen einer Linguistischen Epistemologie. In: Busse/Teubert 2013, 147–185.

Busse, Dietrich/Teubert, Wolfgang (Hg.) 2013: Linguistische Diskursanalyse: neue Perspektiven. Wiebaden: Springer.

Bußmann, Hadumod 1983, ²1990, ³2002, ⁴2008: Lexikon der Sprachwissenschaft. Stuttgart: Kröner.

Coseriu, Eugenio 1979: System, Norm und ‚Rede'. In: E. Coseriu: Sprache. Strukturen und Funktionen. XII Aufsätze zur allgemeinen und romanischen Sprachwissenschaft. Tübingen: Narr, 45–59.

Coseriu, Eugenio 1980, ³1994: Textlinguistik. Eine Einführung. Tübingen/Basel: Francke.

Coseriu, Eugenio 1988: Einführung in die Allgemeine Sprachwissenschaft. Tübingen: Francke.

Dammann, Günter 2000: Textsorten und literarische Gattungen. In: Brinker et al. 2000/01, 546–561.

Danneberg, Lutz/Niederhauser, Jürg (Hg.) 1998: Darstellungsformen der Wissenschaften im Kontrast. Aspekte der Methodik, Theorie und Empirie. Tübingen: Narr.

Daneš, František 1970: Zur linguistischen Analyse der Textstruktur. In: Folia Linguistica 4, 72–78.

Delouche, Frédéric (Initiator) 1998: Das europäische Geschichtsbuch. Von den Anfängen bis heute. Stuttgart: Klett-Cotta.

Deppermann, Arnulf/Linke, Angelika (Hg.) 2010: Sprache intermedial: Stimme und Schrift – Bild und Ton. Berlin/New York: de Gruyter.

Deutscher, Guy 2005: The unfolding of language. The evolution of mankind's greatest invention. London: Arrow; dt. Übers. u.d.T. Du Jane, ich Goethe. Eine Geschichte der Sprache. München: Deutscher Taschenbuch Verlag 2011.

Diekmannshenke, Hajo/Klemm, Michael/Stöckl, Hartmut (Hg.) 2011: Bildlinguistik. Theorien – Methoden – Fallbeispiele. Berlin: Erich Schmidt.

Dietz, Gunther 1995: Titel wissenschaftlicher Texte. Tübingen: Narr.

Diewald, Gabriele Maria 1991: Deixis und Textsorten im Deutschen. Tübingen: Niemeyer.

Dijk, Teun A. van 1971/1978: Aspekte einer Textgrammatik. In: Dressler 1978a, 268–299.

Dijk, Teun A. van 1980: Textwissenschaft. Eine interdisziplinäre Einführung. München : Deutscher Taschenbuch Verlag, (niederl. Orig. 1978).

Dimter, Matthias 1981: Textklassenkonzepte heutiger Alltagstexte. Kommunikationssituation, Textfunktion und Textinhalt als Kategorien alltagssprachlicher Textklassifikation. Tübingen: Niemeyer.

Dittgen, Andrea Maria 1989. Regeln für Abweichungen. Funktionale sprachspielerische Abweichungen in Zeitungsüberschriften, Werbeschlagzeilen, Werbeslogans, Wandsprüchen und Titeln. Frankfurt a.M. u. a.: Lang.

Domke, Christine 2013: Ortsgebundeheit als distinktives Merkmal in der Textanalyse. In: Zeitschrift für germanistische Linguistik 41, 102–126.

Drach, Erich 1937/1963: Grundgedanken der deutschen Satzlehre. Darmstadt: Wissenschaftliche Buchgesellschaft.

Dressler, Wolfgang 1972: Einführung in die Textlinguistik. Tübingen: Niemeyer.

Dressler, Wolfgang (Hg.) 1978a: Textlinguistik. Darmstadt: Wissenschaftliche Buchgesellschaft.

Dressler, Wolfgang 1978b: Wege der Textlinguistik. Einleitung. In: Dressler 1978a, 1–14.

Duden. Deutsches Universalwörterbuch [4]2001, [7]2011. Mannheim u. a.: Bibliographisches Institut.

Duden. Die Grammatik. Unentbehrlich für richtiges Deutsch. [3]1973,[5]1995, [7]2005, [8]2009. Mannheim u. a.: Bibliographisches Institut.

Dürscheid, Christa 2005: Medien, Kommunikationsformen, kommunikative Gattungen. In: Linguistik online 22, Heft 1; http://www.linguistik-online.de/22_05/duerscheid.html; ‹11. 5. 2009›

Dürscheid, Christa (im Druck): Nähe, Distanz und neue Medien. In: Hennig/Feilke (im Druck).

Eckkrammer, Eva Martha 2002: Brauchen wir einen neuen Textbegriff? In: Fix et al. 2002, 31–57.

Eckkrammer, Eva Martha/Hödl, Nicola/Pöckl, Wolfgang 1999: Kontrastive Textologie. Wien: Praesens.

Eggers, Hans 1973: Deutsche Sprache im 20. Jahrhundert. München: Piper.

Ehlers, Swantje 2010: Literarische Texte im Deutsch als Fremd- und Zweitsprache-Unterricht: Gegenstände und Ansätze. In: Krumm et al. 2010, 1530-1544.

Ehlich, Konrad 1983: Text und sprachliches Handeln. Die Entstehung von Texten aus dem Bedürfnis nach Überlieferung. In: Aleida Assmann/Jan Assmann/Christof Hardmeier (Hg.) Schrift und Gedächtnis. Beiträge zur Archäologie der literarischen Kommunikation. München: Fink, 24–43.

Ehlich, Konrad 1984: Zum Textbegriff. In: Annely Rothkegel/Barbara Sandig (Hg.): Text – Textsorten – Semantik. Hamburg: Buske, 9–25.

Ehlich, Konrad/Steets, Angelika/Traunspurger, Inka 2000: Schreiben für die Hochschule. Eine annotierte Bibliographie. Frankfurt a.M. u. a.: Lang.

Eisenberg, Peter 1996: Sprachsystem und Schriftsystem. In: Günther/Ludwig 1994/1996, 1368–1380.

Elsen, Hilke [2]2011: Neologismen. Formen und Funktionen neuer Wörter in verschiedenen Varietäten des Deutschen. Tübingen: Narr.

Endres-Niggemeyer, Brigitte 2004: Automatisches Textzusammenfassen. In: Lobin/Lemnitzer 2004, 407–432.

Engel, Ulrich 1988: Deutsche Grammatik. Heidelberg: Groos.

Erll, Astrid/Gymnich, Marion 2007: Interkulturelle Kompetenzen. Erfolgreich kommunizieren zwischen Kulturen. Stuttgart: Klett.

Ermert, Karl 1979: Briefsorten. Untersuchungen zu Theorie und Empirie der Textklassifikation. Tübingen: Niemeyer.

Eroms, Hans-Werner 1986: Funktionale Satzperspektive. Tübingen: Niemeyer.

Eroms, Hans-Werner 2000: Der Beitrag der Prager Schule zur Textlinguistik. In: Brinker et al. 2000/01, 36–43.

Eroms, Hans-Werner 2008: Stil und Stilistik. Eine Einführung. Berlin: Erich Schmidt.

Esser, Jürgen 2009: Introduction to English text-linguistics. Frankfurt a.M.: Lang.

Europarat 2001: Gemeinsamer europäischer Referenzrahmen für Sprachen: lernen, lehren, beurteilen. Berlin u. a.: Langenscheidt.

Fabricius-Hansen, Cathrine 2000: Formen der Konnexion. In: Brinker et al. 2000/01, 331–343.

Fairclough, Norman 2003: Analysing discourse. Textual analysis for social research. London/New York: Routledge.

Fandrych, Christian 2010: Grammatikerwerb und -vermittlung. In: Krumm et al. 2010, 1007–1020.

Fandrych, Christian/Thurmair, Maria 2011: Textsorten im Deutschen. Linguistische Analysen aus sprachdidaktischer Sicht. Tübingen: Stauffenburg.

Fandrych, Christian/Tschirner, Erwin 2007: Korpuslinguistik und Deutsch als Fremdsprache: Ein Perspektivenwechsel. In: Deutsch als Fremdsprache 44, 195–204.

Feilke, Helmuth 1994: Common sense-Kompetenz. Überlegungen zu einer Theorie des ‚sympathischen‘ und ‚natürlichen‘ Meinens und Verstehens. Frankfurt a.M.: Suhrkamp.

Feilke, Helmuth 1996: Sprache als soziale Gestalt. Ausdruck, Prägung und die Ordnung der sprachlichen Typik. Frankfurt a.M.: Suhrkamp.

Feilke, Helmuth 2000: Die pragmatische Wende in der Textlinguistik. In: Brinker et al. 2000/01, 64–82.

Feilke, Helmuth 2010: Aller guten Dinge sind drei! Überlegungen zu Textroutinen und literalen Prozeduren. In: Iris Bons/Thomas Gloning/Dennis Kaltwasser (Hg.): Fest-Platte für Gerd Fritz. Gießen 17.05.2010; www.festschrift-gerd-fritz.de/files/feilke_2010_literale-prozeduren-und-textroutinen.pdf; <7.8.2014>

Feilke, Helmuth 2012: Was sind Textroutinen? – Zur Theorie und Methodik des Forschungsfeldes. In: Feilke/Lehnen 2012, 1–31.

Feilke, Helmuth/Lehnen, Katrin (Hg.): 2012: Schreib- und Textroutinen. Frankfurt a.M.: Lang.

Figge, Udo L. 2000: Die kognitive Wende in der Textlinguistik. In: Brinker et al. 2000/01, 96–112.

Fishman, Joshua 1970: Sociolinguistics. A brief introduction. Rowley, Mass.: Newbury House.

Fix, Ulla 2000: Aspekte der Intertextualität. In: Brinker et al. 2000/01, 449–457.

Fix, Ulla 2003: Interdisziplinäre Bezüge der Textsortenlinguistik. In: Jörg Hagemann/Sven F. Sager (Hg.): Schriftliche und mündliche Kommunikation. Begriffe – Methoden – Analysen. Festschrift zum 65. Geburtstag von Klaus Brinker. Tübingen: Niemeyer, 89–100.

Fix, Ulla 2008a: Nichtsprachliches als Textfaktor: Medialität, Materialität, Lokalität. In: Zeitschrift für germanistische Linguistik 36, 343–354.

Fix, Ulla 2008b: Text und Textlinguistik. In: Janich 2008a, 15–34.

Fix, Ulla 2009a: Stand und Entwicklungstendenzen der Textlinguistik (I/II). In: Deutsch als Fremdsprache 46, 11–20; 74–85.

Fix, Ulla 2009b Aktuelle linguistische Textbegriffe und der literarische Text. Bezüge und Abgrenzungen. In: Simone Winko/Fotis Jannidis/Gerhard Lauer (Hg.): Grenzen der Literatur, Berlin/New York: de Gruyter, 103–135.

Fix, Ulla 2009c: Zitier-, Reproduzier- und Mustertextsorten. In: Linke/Feilke 2009, 353–368.

Fix, Ulla 2013: Sprache in der Literatur und im Alltag. Ausgewählte Aufsätze. Berlin: Frank & Timme.

Fix, Ulla 2014: Aktuelle Tendenzen des Textsortenwandels – Thesenpapier. In: Hauser et al. 2014, 15–48.

Fix, Ulla/Adamzik, Kirsten/Antos, Gerd/Klemm, Michael (Hg.) 2002: Brauchen wir einen neuen Textbegriff? Antworten auf eine Preisfrage. Frankfurt a.M. u.a.: Lang.

Fix, Ulla/Gardt, Andreas/Knape, Joachim (Hg.) 2008/09: Rhetorik und Stilistik. Ein internationales Handbuch historischer und systematischer Forschung. Berlin/New York: de Gruyter, 2 Bde.

Fix, Ulla/Habscheid, Stephan/Klein, Josef (Hg.) 2001: Zur Kulturspezifik von Textsorten. Tübingen: Stauffenburg.

Fix, Ulla/Poethe, Hannelore/Yos, Gabriele 2001: Textlinguistik und Stilistik für Einsteiger. Ein Lehr- und Arbeitsbuch. Frankfurt a.M. u.a.: Lang.

Fix, Ulla/Wellmann, Hans (Hg.) 2000: Bild im Text – Text und Bild. Heidelberg: Winter.

Fleischer, Wolfgang/Helbig, Gerhard/Lerchner Gotthard (Hg.) 2001: Kleine Enzyklopädie Deutsche Sprache. Frankfurt a.M. u. a.: Lang.

Fleischer, Wolfgang/Michel, Georg 1975: Stilistik der deutschen Gegenwartssprache. Leipzig: Bibliographisches Institut.

Fleischer, Wolfgang/Michel, Georg/Starke, Günter 1993: Stilistik der deutschen Gegenwartssprache. Frankfurt a.M. u. a.: Lang.

Fluck, Hans-Rüdiger 1988: Zur Analyse und Vermittlung der Textsorte ‚Abstract'. In: Gnutzmann 1988, 67–90.

Fricke, Matthias 1999: Empirische Diskursanalyse nach Foucault. Diskussion neuerer Foucault-basierter Verfahren der Diskursanalyse anhand von empirischen Analysen von Printmedientexten. Diss. Oldenburg; http://docserver.bis.uni-oldenburg.de/publikationen/dissertation/1999/friemp99/friemp99.html; <22.4.2012>

Fritz, Gerd 2014: Texttheorie und textlinguistische Annotation von Korpora: Bemerkungen zur Rhetorical Structure Theory. In: Zeitschrift für germanistische Linguistik 42, 163–195.

Frommann, Uwe 2005: Die Methode Lautes Denken; https://www.e-teaching.org/didaktik/qualitaet/usability/Lautes%20Denken_e-teaching_org.pdf; <27.3.2010>

Furthmann, Katja 2006: Die Sterne lügen nicht. Eine linguistische Analyse der Textsorte Pressehoroskop. Göttingen: Vandenhoeck & Ruprecht.

Gansel, Christina (Hg.) 2008: Textsorten und Systemtheorie. Göttingen: Vandenhoeck & Ruprecht.

Gansel, Christina 2011: Textsortenlinguistik. Göttingen: Vandenhoeck & Ruprecht.

Gansel, Christina/Jürgens, Frank 2002, [3]2009: Textlinguistik und Textgrammatik. Eine Einführung. Wiesbaden: Westdeutscher Verlag, [3]Göttingen: Vandenhoeck & Ruprecht.

Gardt, Andreas 1999: Geschichte der Sprachwissenschaft in Deutschland. Vom Mittelalter bis ins 20. Jahrhundert. Berlin/New York: de Gruyter.

Gardt, Andreas/Haß-Zumkehr, Ulrike/Roelcke, Thorsten (Hg.) 1999: Sprachgeschichte als Kulturgeschichte. Berlin/New York: de Gruyter.

Gauger, Jörg-Dieter/Kraus, Josef (Hg.) 2010: Bildung und Unterricht in Zeiten von Google und Wikipedia. Sankt Augustin/Berlin: Konrad-Adenauer-Stiftung.

Genette, Gérard 1982: Palimpsestes. La littérature au second degré. Paris: Seuil.

Gipper, Helmut 1963, [2]1969: Bausteine zur Sprachinhaltsforschung. Neuere Sprachbetrachtung im Austausch mit Geistes- und Naturwissenschaft. Düsseldorf: Schwann.

Gipper, Helmut 1972: Gibt es ein sprachliches Relativitätsprinzip? Untersuchungen zur Sapir-Whorf-Hypothese. Frankfurt a. M.: Fischer.

Gipper, Helmut 1978: Sprachwissenschaftliche Grundbegriffe und Forschungsrichtungen. Orientierungshilfen für Lehrende und Lernende. München: Hueber.

Gipper, Helmut/Schmitter, Peter 1979: Sprachwissenschaft und Sprachphilosophie im Zeitalter der Romantik. Tübingen: Narr.

Girnth, Heiko 1996: Texte im politischen Diskurs. Ein Vorschlag zur diskursorientierten Beschreibung von Textsorten. In: Muttersprache 106, 66–80.

Girnth, Heiko 2002: Sprache und Sprachverwendung in der Politik. Eine Einführung in die linguistische Analyse öffentlich-politischer Kommunikation. Tübingen: Niemeyer.

Gläser, Rosemarie 1998: Fachsprachen und Funktionalstile. In: Lothar Hoffmann et al. 1998/99, 199–208.

Glinz, Hans 1952: Die innere Form des Deutschen. Eine neue deutsche Grammatik. Bern: Francke.

Glinz, Hans 1965: Grundbegriffe und Methoden inhaltbezogener Text- und Sprachanalyse. Düsseldorf: Schwann.

Glinz, Hans ⁵1974: Linguistische Grundbegriffe und Methodenüberblick. [ohne Ort]: Athenaoin.

Glinz, Hans 1983: Fiktionale und nichtfiktionale Texte. In: Textsorten und literarische Gattungen 1983, 118–130.

Glück, Helmut (Hg.) 1993, ⁴2010: Metzler Lexikon Sprache. Stuttgart: Metzler.

Glück, Helmut/Sauer, Wolfgang Werner ²1997: Gegenwartsdeutsch. Stuttgart/Weimar: Metzler.

Gnutzmann, Claus (Hg.) 1988: Fachbezogener Fremdsprachenunterricht. Tübingen: Narr.

Gobyn, Luc 1982: Textsorten. Ein Methodenvergleich am Beispiel Märchen. Diss. Gent.

Goffman, Erving 1981: Forms of talk. Oxford: Blackwell.

Gottsched, Johann Christoph 1742/1973: Versuch einer Critischen Dichtkunst. In: J. Ch. Gottsched: Ausgewählte Werke. Hg. v. Joachim Birke u. Brigitte Birke. Berlin/New York: de Gruyter, Bd. VI, 1.

Grimm, Jacob/Grimm, Wilhelm 1854–1954: Deutsches Wörterbuch. Leipzig: Hirzel, 16 Bde.; http://dwb.uni-trier.de/de/

Große, Ernst Ulrich 1976: Text und Kommunikation. Eine linguistische Einführung in die Funktionen der Texte. Stuttgart u.a.: Kohlhammer.

Große, Franziska 2011: Bild-Linguistik. Grundbegriffe und Methoden der linguistischen Bildanalyse in Text- und Diskursumgebungen. Frankfurt a.M. u.a.: Lang.

Grosse, Siegfried/Mentrup, Wolfgang (Hg.) 1980: Bürger – Formulare – Behörde. Wissenschaftliche Arbeitstagung zum Kommunikationsmittel ‚Formular'. Tübingen: Narr.

Gülich, Elisabeth 1981: Dialogkonstitution in institutionell geregelter Kommunikation. In: Peter Schröder/Hugo Steger (Hg.): Dialogforschung. Düsseldorf: Schwann, 418–456.

Gülich, Elisabeth 1986: Textsorten in der Kommunikationspraxis. In: Werner Kallmeyer (Hg.): Kommunikationstypologie. Handlungsmuster, Textsorten, Situationstypen. Jahrbuch 1985 des Instituts für deutsche Sprache. Düsseldorf: Schwann, 15–46.

Gülich, Elisabeth/Heger, Klaus/Raible, Wolfgang 1974: Linguistische Textanalyse. Überlegungen zur Gliederung von Texten. Hamburg: Buske.

Gülich, Elisabeth/Raible, Wolfgang (Hg.) 1972: Textsorten. Differenzierungskriterien aus linguistischer Sicht. Frankfurt a.M.: Athenäum Fischer.

Gülich, Elisabeth/Raible, Wolfgang 1975: Textsorten-Probleme. In: Linguistische Probleme der Textanalyse. Jahrbuch 1973 des Instituts für deutsche Sprache. Düsseldorf: Schwann, 144–197.

Gülich, Elisabeth/Raible, Wolfgang 1977: Linguistische Textmodelle. Grundlagen und Möglichkeiten. München: Fink.

Günther, Hartmut/Ludwig, Otto (Hg.) 1994/1996: Schrift und Schriftlichkeit. Ein interdisziplinäres Handbuch internationaler Forschung. Berlin/New York: de Gruyter, 2 Bde.

Günthner, Susanne/Imo, Wolfgang (Hg.): 2006: Konstruktionen in der Interaktion. Berlin: de Gruyter.

Günthner, Susanne/Linke, Angelika 2006: Einleitung: Linguistik und Kulturanalyse. Ansichten eines symbiotischen Verhältnisses. In: Zeitschrift für germanistische Linguistik 34, 1–27.

Gumbrecht, Hans Ulrich/Pfeiffer, K. Ludwig (Hg.) 1988: Materialität der Kommunikation. Frankfurt a.M.: Suhrkamp.

Habscheid, Stephan 2009: Text und Diskurs. Paderborn: Fink.

Habscheid, Stephan (Hg.) 2011: Textsorten, Handlungsmuster, Oberflächen. Typologien der Kommunikation. Berlin/Boston: de Gruyter.

Hagemann, Jörg 2013: Typographie und Textualität. In: Zeitschrift für germanistische Linguistik, 41, 40–64.

Halliday, Michael A.K./Hasan, Ruqaiya 1976: Cohesion in English. London/New York: Longman.

Hansen, Klaus P. 1995: Kultur und Kulturwissenschaft. Eine Einführung. Tübingen/Basel, 4., vollst. überarb. Aufl. 2011.

Harras, Gisela 1998: Intertextualität. Ein Analysebeispiel. In: Hoffmann et al. 1998/99, 602–610.

Harris, Zellig S. 1952: Discourse Analysis. In: Language 28, 1–30; dt. Übers. in Dressler 1978a, 24–78.

Hartmann, Peter 1964: Text, Texte, Klassen von Texten. In: Bogawus 2, 15–25; wieder abgedruckt in: W.A. Koch 1972, 1–22.

Hartmann, Peter 1968a: Textlinguistik als neue linguistische Teildisziplin. In: Replik 2, 2–7.

Hartmann, Peter 1968b: Zum Begriff des sprachlichen Zeichens. In: Zeitschrift für Phonetik, Sprachwissenschaft und Kommunikationsforschung 21, 205–222.

Hartmann, Peter 1968c/1978: Textlinguistik als linguistische Aufgabe. In: Siegfried J. Schmidt (Hg.): Konkrete Dichtung, Konkrete Kunst. Karlsruhe, 62–77; wieder in: Dressler 1978a, 93–105.

Hartung, Martin 2001: Formen der Adressiertheit der Rede. In: Brinker et al. 2000/01, 1348–1355.

Harweg, Roland 1968, ²1979: Pronomina und Textkonstitution. München: Fink.

Harweg, Roland 1968a: Textanfänge in geschriebener und in gesprochener Sprache. In: Orbis 17, 343–388.

Harweg, Roland 1968b: Die Rundfunknachrichten. Versuch einer texttypologischen Einordnung. In: Poetica 2, 1–14.

Harweg, Roland 1975: Nichttexte, rudimentäre Texte, wohlgeformte Texte. In: Folia Linguistica 7, 371–388.

Haspelmath, Martin 2002: Grammatikalisierung: von der Performanz zur Kompetenz ohne angeborene Grammatik. In: Krämer/König 2002, 262–286.

Haß, Ulrike/König, Christoph (Hg.) 2003: Literaturwissenschaft und Linguistik von 1960 bis heute. Göttingen: Wallstein.

Hausendorf, Heiko 2008: Zwischen Linguistik und Literaturwissenschaft: Textualität revisited. Mit Illustrationen aus der Welt der Urlaubsansichtskarte. In: Zeitschrift für germanistische Linguistik 36, 319–342.

Hausendorf, Heiko/Kesselheim, Wolfgang 2008: Textlinguistik fürs Examen. Göttingen: Vandenhoeck & Ruprecht.

Hauser, Stefan/Kleinberger, Ulla/Roth, Kersten Sven (Hg.) 2014: Musterwandel – Sortenwandel. Aktuelle Tendenzen der diachronen Text(sorten)linguistik. Bern u.a.: Lang.

Heer, Nelly 2011: Aufgaben im Schulbuch aus textlinguistischer Perspektive. In: Eva Matthes/Carsten Heinze (Hg.): Aufgaben im Schulbuch. Bad Heilbrunn: Klinkhardt, 5–17.

Heinemann, Margot 2000: Textsorten des Alltags. In: Brinker et al. 2000/01, 604–614.

Heinemann, Margot/Heinemann, Wolfgang 2002: Grundlagen der Textlinguistik. Interaktion – Text – Diskurs. Tübingen: Niemeyer.

Heinemann, Wolfgang 1997: Zur Eingrenzung des Intertextualitätsbegriffs aus textlinguistischer Sicht. In: Klein/Fix 1997, 21–37.

Heinemann, Wolfgang 2000a: Textsorten. Zur Diskussion um Basisklassen des Kommunizierens. In: Adamzik 2000a, 9–29.

Heinemann, Wolfgang 2000b: Textsorte – Textmuster – Texttyp. In: Brinker et al. 2000/01, 507–523.

Heinemann, Wolfgang 2000c: Aspekte der Textsortendifferenzierung. In: Brinker et al. 2000/01, 523–546.

Heinemann, Wolfgang 2008: Textpragmatische und kommunikative Ansätze. In: Janich 2008a, 113–143.

Heinemann, Wolfgang/Viehweger, Dieter 1991: Textlinguistik. Eine Einführung, Tübingen: Niemeyer.

Helbig, Gerhard 1986: Geschichte der neueren Sprachwissenschaft. Unter dem besonderen Aspekt der Grammatik-Theorie. Leipzig: Bibliographisches Institut, 1. Aufl. 1970.

Helbig, Gerhard 1990: Entwicklung der Sprachwissenschaft seit 1970. Opladen: Westdeutscher Verlag, 1. Aufl. 1986.

Hellwig, Peter 1984: Titulus oder über den Zusammenhang von Titeln und Texten. Titel sind ein Schlüssel zur Textkonstitution. In: Zeitschrift für germanistische Linguistik 12, 1–20.

Henne, Helmut/Rehbock, Helmut ⁴2001: Einführung in die Gesprächsanalyse. Berlin/New York: de Gruyter.

Hennig, Mathilde 2012: Grammatische Terminologie. Einladung zur Diskussion. In: Zeitschrift für germanistische Linguistik 40, 443–450.

Hennig, Mathilde/Feilke, Helmuth (Hg.) (im Druck): Zur Karriere von Nähe und Distanz.

Heringer, Hans Jürgen 2004: Interkulturelle Kommunikation. Grundlagen und Konzepte. Tübingen/Basel: Francke, 4., überarb. u. erw. Aufl. 2014.

Heringer, Hans Jürgen/Wimmer, Rainer 2015: Sprachkritik. Eine Einführung. Paderborn: Fink.

Hermanns, Fritz 1980: Das ominöse Referat. Forschungsprobleme und Lernschwierigkeiten bei einer deutschen Textsorte. In: Alois Wierlacher (Hg.): Fremdsprache Deutsch. Grundlagen und Verfahren der Germanistik als Fremdsprachenphilologie. München: Fink, Bd. 2, 593–607.

Hermanns, Fritz/Holly, Werner (Hg.) 2007: Linguistische Hermeneutik. Theorie und Praxis des Verstehens und Interpretierens. Tübingen: Niemeyer.

Hess-Lüttich, Ernest W.B./Holly, Werner/Püschel, Ulrich (Hg.) 1996: Textstrukturen im Medienwandel. Frankfurt a.M. u.a.: Lang.

Histoire/Geschichte 2011: L'Europe et le monde de l'antiquité à 1815/Europa und die Welt von der Antike bis 1815. Paris: Nathan/Stuttgart/Leipzig: Klett.

Hoffmann, Lothar/Kalverkämper, Hartwig/Wiegand, Herbert Ernst (Hg.) 1998/99: Fachsprachen. Ein internationales Handbuch zur Fachsprachenforschung und Terminologiewissenschaft. Berlin/New York: de Gruyter.

Hoffmann, Ludger 2000: Thema, Themenentfaltung, Makrostruktur. In: Brinker et al. 2000/01, 344–356.

Hoffmann, Ludger 2013: Deutsche Grammatik. Grundlagen für Lehrerausbildung, Schule, Deutsch als Zweitsprache und Deutsch als Fremdsprache. Berlin.

Hoffmann, Michael/Keßler, Christine (Hg.) 2003: Berührungsbeziehungen zwischen Linguistik und Literaturwissenschaft. Frankfurt a.M. u.a.: Lang.

Holly, Werner 2010: Besprochene Bilder – bebildertes Sprechen. Audiovisuelle Transkriptivität in Nachrichtenfilmen und Talkshows. In: Deppermann/Linke 2010, 359–382.

Holly, Werner 2011: Medien, Kommunikationsformen, Textsortenfamilien. In: Habscheid 2011, 144–163.

Holly, Werner (Hg.) 2013: Textualität – Visualität. Themenheft der Zeitschrift für germanistische Linguistik 41, 1.

Holly, Werner/Biere, Bernd Ulrich (Hg.) 1998: Medien im Wandel. Opladen: Westdeutscher Verlag.

Holthuis, Susanne 1993: Intertextualität. Aspekte einer rezeptionsorientierten Konzeption. Tübingen: Stauffenburg.

Humboldt, Wilhelm von 1827–1829/1996: Ueber die Verschiedenheiten des menschlichen Sprachbaues. In: W. v. Humboldt: Werke in fünf Bänden. Darmstadt: Wissenschaftliche Buchgesellschaft, Bd. III, 144–367.

Ihwe, Jens (Hg.) 1971: Literaturwissenschaft und Linguistik: Ergebnisse und Perspektiven. Frankfurt a.M.: Athenäum, 3 Bde.

Ihwe, Jens (Hg.) 1972: Literaturwissenschaft und Linguistik. Eine Auswahl Texte zur Theorie der Literaturwissenschaft. Frankfurt a.M.: Fischer Athenäum, 2 Bde.

Isenberg, Horst 1978: Probleme der Texttypologie. Variation und Determination von Texttypen. In: Wissenschaftliche Zeitschrift der Pädagogischen Hochschule Leipzig 27, 565–579.

Isenberg, Horst 1984: Texttypen als Interaktionstypen. Eine Texttypologie. In: Zeitschrift für Germanistik 5, 261–270.

Jäger, Ludwig 2000: Die Sprachvergessenheit der Medientheorie. Ein Plädoyer für das Medium Sprache. In: Kallmeyer 2000, 9–30.

Jäger, Ludwig/Holly, Werner/Krapp, Peter/Weber, Samuel (2009): Sprache – Kultur – Kommunikation. Ein internationales Handbuch zu Linguistik als Kulturwissenschaft. Konzeption des Handbuchs. Mimeo.

Jäger, Ludwig/Holly, Werner/Krapp, Peter/Weber, Samuel (im Druck): Sprache – Kultur – Kommunikation. Ein internationales Handbuch zu Linguistik als Kulturwissenschaft. Berlin/New York: de Gruyter.

Jäger, Siegfried ²1999: Kritische Diskursanalyse. Eine Einführung. Duisburg: Duisburger Institut für Sprach- und Sozialforschung.

Jakobs, Eva-Maria 1998: Vernetzte Fachkommunikation. Ein interdisziplinärer Ansatz. In: Danneberg/Niederhauser 1998, 189–211.

Jakobs, Eva-Maria 1999: Textvernetzung in den Wissenschaften. Zitat und Verweis als Ergebnis rezeptiven, reproduktiven und produktiven Handelns. Tübingen: Niemeyer.

Jakobson, Roman 1934/1979: Was ist Poesie? In: Jakobson 1979, 67–82.

Jakobson, Roman 1960/1979: Linguistik und Poetik. In: Jakobson 1979, 83–121.

Jakobson, Roman 1979: Ausgewählte Aufsätze 1921–1971. Frankfurt a.M.: Suhrkamp.

Jakobson, Roman/Lévi-Strauss, Claude. 1962: „Les Chats" de Charles Baudelaire. In: L'Homme 2, 5–21.

Janich, Nina (Hg.) 2008a: Textlinguistik. 15 Einführungen. Tübingen: Narr.

Janich, Nina 2008b: Intertextualität und Text(sorten)vernetzung. In: Janich 2008a, 177–196.

Janich, Nina ⁶2013: Werbesprache. Ein Arbeitsbuch. Tübingen: Narr.

Jürgens, Frank 1999: Auf dem Weg zu einer pragmatischen Syntax. Eine vergleichende Fallstudie zu Präferenzen in gesprochen und geschrieben realisierten Textsorten. Tübingen: Niemeyer.

Jung, Matthias 1994: Öffentlichkeit und Sprachwandel. Zur Geschichte des Diskurses über die Atomenergie. Opladen: Westdeutscher Verlag.

Jung, Matthias 2012: Hermeneutik zur Einführung. Hamburg: Junius, 4. vollst. überarb. Aufl.

Kallmeyer, Werner (Hg.) 2000: Sprache und neue Medien. Berlin/New York: de Gruyter.

Kallmeyer, Werner/Klein, Wolfgang/Meyer-Hermann, Reinhard/Netzer, Klaus/Siebert, Hans-Jürgen (Hg.) 1974: Lektürekolleg zur Textlinguistik. Frankfurt a.M.: Fischer Athenäum, 2 Bde.

Kalverkämper, Hartwig 2000: Vorläufer der Textlinguistik: die Rhetorik. In: Brinker et al. 2000/01, 1–17.

Kaube, Jürgen (Hg.) 2009: Die Illusion der Exzellenz. Lebenslügen der Wissenschaftspolitik. Berlin: Verlag Klaus Wagenbach.

Keller, Rudi 1990, ²1994: Sprachwandel. Von der unsichtbaren Hand in der Sprache. Tübingen/Basel: Francke.

Kilian, Jörg/Niehr, Thomas/Schiewe, Jürgen 2010: Sprachkritik. Ansätze und Methoden der kritischen Sprachbetrachtung. Tübingen: Niemeyer.

Kleiber, Georges 1993: Prototypensemantik. Eine Einführung. Tübingen: Narr, (frz. Orig. 1990).

Klein, Josef 1991: Politische Textsorten. In: Brinker 1991, 245–278.

Klein, Josef 2000a: Textsorten im Bereich politischer Institutionen. In: Brinker et al. 2000/01, 732–755.

Klein, Josef 2000b: Intertextualität, Geltungsmodus, Texthandlungsmuster. Drei vernachlässigte Kategorien der Textsortenforschung – exemplifiziert an politischen und medialen Textsorten. In: Adamzik 2000a, 31–44.

Klein, Josef/Fix, Ulla (Hg.) 1997: Textbeziehungen. Linguistische und literaturwissenschaftliche Beiträge zur Intertextualität. Tübingen: Stauffenburg.

Klemm, Michael 2002: Ausgangspunkte: Jedem seinen Textbegriff? Textdefinitionen im Vergleich. In: Fix et al. 2002, 17–29.

Knobloch, Clemens 2009: Einladung und Einleitung. ZGL-Workshop „Konstruktionsgrammatik" am 29./30. Januar 2009. In: Zeitschrift für germanistische Linguistik 37, 385–401.

Koch, Peter/Oesterreicher, Wulf 1985: Sprache der Nähe – Sprache der Distanz. Mündlichkeit und Schriftlichkeit im Spannungsfeld von Sprachtheorie und Sprachgeschichte. In: Romanistisches Jahrbuch 36, 15–43.

Koch, Peter/Oesterreicher, Wulf 1990: Gesprochene Sprache in der Romania: Französisch, Italienisch Spanisch. Tübingen: Niemeyer.

Koch, Peter/Oesterreicher, Wulf 1994: Schriftlichkeit und Sprache. In: Günther/Ludwig 1994/1996, 587–604.

Koch, Peter/Oesterreicher, Wulf 2008: Mündlichkeit und Schriftlichkeit von Texten. In: Janich 2008a, 199–215.

Koch, Walter A. 1971: Recurrent units in written and oral texts. In: Linguistics 73, 62–89; wieder in: Koch 1973, 189–218.

Koch, Walter A. (Hg.) 1972: Strukturelle Textanalyse – Analyse du récit – Discourse Analysis. Hildesheim/New York: Olms.

Koch, Walter A. 1973: Das Textem. Gesammelte Aufsätze zur Semem/atik des Texts. Hildesheim/New York: Olms.

Kopperschmidt, Josef 2008: Rhetorik der deutschsprachigen Länder: vom Beginn des 20. Jahrhunderts bis zur Gegenwart. In: Fix et al. 2008/09, 146–164.

Krämer, Sybille/König, Ekkehard (Hg.) 2002: Gibt es eine Sprache hinter dem Sprechen? Frankfurt a.M.: Suhrkamp.

Krause, Wolf-Dieter (Hg.) 2000a: Textsorten. Kommunikationslinguistische und konfrontative Aspekte. Frankfurt a.M. u. a.: Lang.

Krause, Wolf-Dieter 2000b: Der interlinguale Textvergleich. In: Krause 2000a, 119–143.

Krause, Wolf-Dieter 2000c: Kommunikationslinguistische Aspekte der Textsortenbestimmung. In: Krause 2000a, 34–67.

Krause, Wolf-Dieter 2002: Text und Textsorte in der fremdsprachigen Kommunikation. In: Adamzik 2002a, 191–209.

Kretzenbacher, Heinz L./Thurmair, Maria 1992: Textvergleich als Grundlage zur Beschreibung einer wissenschaftlichen Textsorte: Das *Peer Review*. In: Baumann/Kalverkämper 1992, 135–146.

Kristeva, Julia 1967: Bakhtine, le mot, le dialogue et le roman. In: Critique 239, 438–465; wieder in: J. Kristeva: Semeiotike. Recherches pour une sémanalyse. Paris: Seuil 1969, 82–112.

Krumm, Hans-Jürgen/Fandrych, Christian/Hufeisen, Britta/Riemer, Claudia (Hg.) 2010: Deutsch als Fremd- und Zweitsprache. Ein internationales Handbuch. Berlin/New York: de Gruyter, 2 Bde.

Kühn, Peter 1995: Mehrfachadressierung. Untersuchungen zur adressatenspezifischen Polyvalenz sprachlichen Handelns. Tübingen: Niemeyer.

Kuhn, Thomas S. 1969: Die Struktur wissenschaftlicher Revolutionen. Frankfurt a.M.: Suhrkamp, (engl. Orig. 1962).

Kumbier, Dagmar/Schulz von Thun, Friedemann (Hg.) ²2008: Interkulturelle Kommunikation: Methoden, Modelle, Beispiele. Reinbek bei Hamburg: Rowohlt.

Kurthen, Martin 1994: Hemeneutische Kognitionswissenschaft. Die Krise der Orthodoxie. Bonn: Djre.

Kuße, Holger 2012: Kulturwissenschaftliche Linguistik. Eine Einführung. Göttingen: Vandenhoeck & Ruprecht.

Labitzke, Nicole 2009: Ordnungsfiktionen. Das Tagesprogramm von RTL, Sat.1 und ProSieben. Konstanz: UVK.

Lausberg, Heinrich ⁴2008: Handbuch der literarischen Rhetorik. Eine Grundlegung der Literaturwissenschaft. München: Hueber.

Lausberg, Heinrich ¹⁰1990: Elemente der literarischen Rhetorik. Eine Einführung für Studierende der klassischen, romanischen, englischen und deutschen Philologie. München: Hueber.

Lenk, Hartmut E.H. ⁴2006: Praktische Textsortenlehre. Ein Lehr und Handbuch der professionellen Textgestaltung. Helsinki: Yliopistopaino.

Leonardy, Heribert J. 1997: Der Mythos vom „edlen" Räuber. Untersuchungen narrativer Tendenzen und Bearbeitungsformen bei den Legenden der vier Räuberfiguren Robin Hood, Schinderhannes, Jesse James und Ned Kelly. Saarbrücken: Villa Fledermaus.

Levinson, Stephen C. 1988: Putting linguistics on a proper footing: Explorations in Goffman's concept of participation. In: Paul Drew/Anthony Wootton (Hg.): Erving Goffman. Exploring the interaction order. Cambridge: Polity Press, 161–227.

Linke, Angelika/Feilke, Helmuth (Hg.) 2009: Oberfläche und Performanz. Untersuchungen zur Sprache als dynamischer Gestalt. Tübingen: Niemeyer.

Linke, Angelika/Nussbaumer, Markus 1997: Intertextualität. Linguistische Bemerkungen zu einem literaturwissenschaftlichen Textkonzept. In: Antos/Tietz 1997, 109–126.

Linke, Angelika/Nussbaumer, Markus 2000: Rekurrenz. In: Brinker et al. 2000/01, 305–315.

Linke, Angelika/Nussbaumer, Markus/Portmann Paul R. ⁵2004: Studienbuch Linguistik. Tübingen: Niemeyer.

Linke, Angelika/Ortner, Hanspeter/Portmann, Paul R. (Hg.) 2003: Sprache und mehr. Ansichten einer Linguistik der sprachlichen Praxis. Tübingen: Niemeyer.

Lobin, Henning/Lemnitzer, Lothar (Hg.) 2004: Texttechnologie. Perspektiven und Anwendungen. Tübingen: Stauffenburg.

Lötscher, Andreas 1983: Satzakzent und Funktionale Satzperspektive im Deutschen. Tübingen: Niemeyer.

Lötscher, Andreas 1987: Text und Thema. Studien zur thematischen Konstituierung von Texten. Tübingen: Niemeyer.

Lötscher, Andreas 2008: Textsemantische Ansätze. In: Janich 2008a, 85–111.

Luginbühl, Martin 2014: Medienkultur und Medienlinguistik. Komparative Textsortengeschichte(n) der amerikanischen „CBS Evening News" und der Schweizer „Tagesschau". Bern u. a.: Lang.

Luginbühl, Martin/Baumberger, Thomas/Schwab, Kathrine/Burger, Harald 2002: Medientexte zwischen Autor und Publikum. Intertextualität in Presse, Radio und Fernsehen. Zürich: Seismo.

Luginbühl, Martin/Hauser, Stefan (Hg.) 2010: MedienTextKultur. Linguistische Beiträge zur kontrastiven Medienanalyse. Landau: Verlag Empirische Pädagogik (= Beiträge zur Fremdsprachenvermittlung, Sonderheft 16/2010).

Luhmann, Niklas 1984: Soziale Systeme. Grundriss einer allgemeinen Theorie. Frankfurt a.M.: Suhrkamp.

Luhmann, Niklas 2002: Einführung in die Systemtheorie. Heidelberg: Auer.

Lyons, John 1968/1971: Introduction to theoretical linguistics. Cambridge: Cambridge University Press; dt. Übers. u.d.T. Einführung in die moderne Linguistik. München: Beck.

Lyons, John 1981/1983: Language and linguistics. An introduction. Cambridge: Cambridge University Press; dt. Übers. u.d.T. Die Sprache. München: Beck.

Mangasser-Wahl, Martina (Hg.) 2000a: Prototypentheorie in der Linguistik. Anwendungsbeispiele – Methodenreflexion – Perspektiven. Tübingen: Stauffenburg.

Mangasser-Wahl, Martina 2000b: Roschs Prototypentheorie – Eine Entwicklung in drei Phasen. In: Mangasser-Wahl 2000a, 15–31.

Marcinkowski, Frank/Marr, Mirko 2010: Medieninhalte und Medieninhaltsforschung. In: Bonfadelli et al. 2010, 477–516.

Mathesius, Vilém 1929: Zur Satzperspektive im modernen Englisch. In: Archiv für das Studium der neueren Sprachen und Literaturen 84, 202–210.

Marx, Konstanze/Weidacher, Georg 2014: Internetlinguistik. Ein Lehr- und Arbeitsbuch. Tübingen: Narr.

Maturana, Humberto R./Varela, Francisco J. 1987: Der Baum der Erkenntnis. Die biologischen Wurzeln menschlichen Erkennens. Bern/Wien: Scherz, (span. Orig. 1984).

Mayring, Philipp [12]2015: Qualitative Inhaltsanalyse: Grundlagen und Techniken. Weinheim: Beltz.

Mazur, Jan 2000: Textlinguistik im slawischen Sprachraum. In: Brinker et al. 2000/01, 153–163.

Meier, Georg Friedrich 1757: Versuch einer allgemeinen Auslegungskunst. Halle/S.: Hemmerde.

Meier, Helmut [2]1967: Deutsche Sprachstatistik. Hildesheim: Olms.

Meier, Stefan 2008: (Bild-)Diskurse im Netz. Konzept und Methode für eine semiotische Diskursanalyse im World Wide Web. Köln: Halem.

Morris, Charles W. 1938: Foundations of the theory of signs. Chicago: University of Chicago Press.

Motsch, Wolfgang 2000: Handlungsstrukturen von Texten. In: Brinker et al. 2000/01, 414–422.

Müller, Stefan [2]2013: Grammatiktheorie. Tübingen: Stauffenburg, (1. Aufl. 2010).

Nabrings [= Adamzik], Kirsten 1981: Sprachliche Varietäten. Tübingen: Narr.

Näf, Anton 1999: Pour ériger des passerelles entre les terminologies grammaticales française et allemande. In: Béguelin et al. 1999, 79–93.

Niederhauser, Jürg 1998: Parodien von Wissenschaft im Lichte der Fachsprachenforschung. In: Lita Lundquist/Heribert Picht/Jacques Qvistgaard (Hg.): Proceedings of the 11th European Symposium on Language for Special Purposes. LSP. Identity and interface, research, knowledge and society. Kopenhagen: Copenhagen Business School, Bd. 2, 708–717.

Niehr, Thomas 2014: Einführung in die linguistische Diskursanalyse. Darmstadt: Wissenschaftliche Buchgesellschaft.

Noack, Christina/Ossner, Jakob (Hg.) 2011: Grammatikunterricht und Grammatikterminologie. Duisburg: Universitätsverlag (= Osnabrücker Beiträge zur Sprachtheorie 79).

Nöth, Winfried 2000a: Handbuch der Semiotik. Stuttgart: Metzler.

Nöth, Winfried 2000b: Der Zusammenhang von Text und Bild. In: Brinker et al. 2000/01, 489–496.

Nord, Christiane 1993: Einführung in das funktionale Übersetzen. Am Beispiel von Titeln und Überschriften. Tübingen/Basel: Francke.

Nussbaumer, Markus 1991: Was Texte sind und wie sie sein sollen. Ansätze zu einer sprachwissenschaftlichen Begründung eines Kriterienrasters zur Beurteilung von schriftlichen Schülertexten. Tübingen: Niemeyer.

Nye, Irene 1912/1978: Sentence connection. Illustrated chiefly from Livy. Diss. New Haven, Yale Univ.; Teilübersetzung in Dressler 1978a, 15–23.

Opiłowski, Roman 2006: Intertexualität in der Werbung der Printmedien. Eine Werbestrategie in linguistisch-semiotischer Forschungsperspektive. Frankfurt a.M.: Lang.

Ortner, Hanspeter 1987: Die Ellipse. Ein Problem der Sprachtheorie und der Grammatikschreibung. Tübingen: Niemeyer.

Ortner, Hanspeter 2000: Schreiben und Denken. Tübingen: Niemeyer.

Ortner, Hanspeter/Sitta, Horst 2003: Was ist der Gegenstand der Sprachwissenschaft? In: Linke et al. 2003, 3–64.

Osterloh, Margit/Frey, Bruno S. 2009: Das *Peer Review*-System auf dem ökonomischen Prüfstand. In: Kaube 2009, 65–73.

Ottmers, Clemens 2007: Rhetorik. Stuttgart: Metzler, 2., aktualis. u. erw. Aufl.

Paul, Hermann 1916–1920: Deutsche Grammatik. Halle/S.: Niemeyer, 5 Bde.

Paul, Hermann 1880/1975: Prinzipien der Sprachgeschichte. Tübingen: Niemeyer.

Pentzold, Christian/Fraas, Claudia/Meier, Stefan 2013: Online-mediale Texte. Kommunikationsformen, Affordanzen, Interfaces. In: Zeitschrift für germanistische Linguistik 41, 81–101.

Pérennec, Marie-Hélène 2000: Textlinguistik im romanischen Sprachraum. In: Brinker et al. 2000/01, 145–153.

Perkuhn, Rainer/Keibel, Holger/Kupietz, Marc 2012: Korpuslinguistik. Paderborn: Fink.

Peschel, Corinna 2002: Zum Zusammenhang von Wortneubildung und Textkonstitution. Tübingen: Niemeyer.

Petöfi, János S. 1971/1978: Transformationsgrammatiken und die grammatische Beschreibung der Texte. In: Linguistische Berichte 14, 17–35; wieder in: Dressler 1978a, 300–327.

Petöfi, János S. 1980: Representation languages and their function in text interpretation. In: Hans-Jürgen Eikmeyer/Wolfgang Heydrich/Janos S. Petöfi (Hg.): Some aspects of formal foundations in text semantics. Universität Bielefeld, 73–182.

Pinker Steven 1996: Der Sprachinstinkt. Wie der Geist die Sprache bildet. München: Kindler, (engl. Orig. 1994).

Pohl, Thorsten 2007: Studien zur Ontogenese wissenschaftlichen Schreibens.Tübingen: Niemeyer.

Polenz, Peter von ²1988: Deutsche Satzsemantik. Grundbegriffe des Zwischen-den-Zeilen-Lesens. Berlin/New York: de Gruyter.

Portmann-Tselikas, Paul R./Schmölzer-Eibinger, Sabine (Hg.) 2002: Textkompetenz. Neue Perspektiven für das Lernen und Lehren. Innsbruck u. a.: Studienverlag.

Portmann-Tselikas, Paul R./Schmölzer-Eibinger, Sabine (Hg.) 2008: Textkompetenz. München: Klett (= Fremdsprache Deutsch 39).

Porzig, Walter 1950, ⁹1993: Das Wunder der Sprache. Bern: Francke.

Püschel, Ulrich 1997: „Puzzle-Texte" – Bemerkungen zum Textbegriff. In: Antos/Tietz 1997, 27–41.

Raible, Wolfgang 1991: Die Semiotik der Textgestalt. Erscheinungsformen und Folgen eines kulturellen Evolutionsprozesses. Heidelberg: Winter.

Rautenberg, Ursula (Hg.) ²2003: Reclams Sachlexikon des Buches. Stuttgart: Reclam.

Rautenberg, Ursula (Hg.) 2010: Buchwissenschaft in Deutschland. Ein Handbuch. Berlin/New York: de Gruyter Saur.

Reisigl, Martin 2011: Kommunikationstypologien zum Handlungsbereich der Politik. In: Habscheid 2011, 437–472.

Rickheit, Gert/Weiss, Sabine/Eikmeyer, Hans-Jürgen 2010: Kognitive Linguistik. Theorien, Modelle, Methoden. Tübingen/Basel: Francke.

Rickheit, Gert/Schade, Ulrich 2000: Kohärenz und Kohäsion. In: Brinker et al. 2000/01, 277–283.

Riesel, Elise 1975: Grundsatzfragen der Funktionalstilistik. In: Linguistische Probleme der Textanalyse. Jahrbuch 1973 des Instituts für deutsche Sprache. Düsseldorf: Schwann, 36–53.

Ritz, Hans ¹⁵2013: Die Geschichte vom Rotkäppchen. Ursprünge, Analysen, Parodien eines Märchens. Göttingen: Muriverlag.

Roelcke, Thorsten ³2010: Fachsprachen. Berlin: Erich Schmidt.

Römer, Ruth 1968, ²1971: Die Sprache der Anzeigenwerbung. Düsseldorf: Schwann.

Rößler, Elke 1999: Intertextualität und Rezeption. Linguistische Untersuchungen zur Rolle von Text-Text-Kontakten im Textverstehen aktueller Zeitungstexte. Frankfurt a.M. u. a.: Lang.

Rolf, Eckard 1993: Die Funktionen der Gebrauchstextsorten. Berlin/New York: de Gruyter.

Rolf, Eckard 2000: Textuelle Grundfunktionen. In: Brinker et al. 2000/01, 422–435.

Rose, Uwe 2004: Thomas S. Kuhn: Verständnis und Mißverständnis. Zur Geschichte seiner Rezeption. Diss. Göttingen; https://ediss.uni-goettingen.de/bitstream/handle/11858/00-1735-0000-0006-AEF0-8/rose.pdf?sequence=1; <7.11.2015>

Roth, Kersten Sven/Spiegel, Carmen (Hg.) 2013: Angewandte Diskurslinguistik. Felder, Probleme, Perspektiven. Berlin: Akademie.

Roth, Kersten Sven/Spitzmüller, Jürgen (Hg.) 2007: Textdesign und Textwirkung in der massenmedialen Kommunikation. Konstanz: UVK.

Rothkegel, Annely 2010: Technikkommunikation. Produkte, Texte, Bilder. Konstanz: Huter & Roth.

Rühling, Lutz 1996: Fiktionalität und Poetizität. In: Arnold/Detering 1996, 25–52.

Rusterholz, Peter 1996: Formen ‚textimmanenter' Analyse. In: Arnold/Detering 1996, 365–385.

Sandig, Barbara 1972: Zur Differenzierung gebrauchssprachlicher Textsorten im Deutschen. In: Gülich/Raible 1972, 113–124.

Sandig, Barbara 2000: Text als prototypisches Konzept. In: Mangasser-Wahl 2000a, 93–112.

Sandig, Barbara 2006: Textstilistik des Deutschen. Berlin/New York: de Gruyter.

Schank, Gerd/Schoenthal, Gisela ²1983: Gesprochene Sprache. Eine Einführung in Forschungsansätze und Analysemethoden. Tübingen: Niemeyer.

Scherer, Carmen ²2014: Korpuslinguistik. Heidelberg: Winter.

Scherner, Maximilian 1984: Sprache als Text. Ansätze zu einer sprachwissenschaftlich begründeten Theorie des Textverstehens. Forschungsgeschichte – Problemstellung – Beschreibung. Tübingen: Niemeyer.

Scherner, Maximilian 1996: ‚Text'. Untersuchungen zur Begriffsgeschichte. In: Archiv für Begriffsgeschichte 39, 103–160.

Scherner, Maximilian/Ziegler, Arne (Hg.) 2006: Angewandte Textlinguistik. Perspektiven für den Deutsch- und Fremdsprachenunterricht. Tübingen: Narr.

Schirnhofer, Michaela 2010: Textdesign von nicht-linearen Texten in der massenmedialen Kommunikation. Vorläufer, Erscheinungsformen und Wirkungen – Textfunktion zwischen Information und Appellation. Frankfurt a.M.: Lang.

Schleiermacher, Friedrich 1819/1996: Hermeneutik. In: F. Schleiermacher: Schriften. Hg. v. Andreas Arndt. Frankfurt a.M.: Deutscher Klassiker Verlag, 945–991.

Schlobinski, Peter/Stenschke, Oliver (Hg.) 2014: Schulgrammatik – Grammatik in der Schule. Seelze: Friedrich (= Der Deutschunterricht Heft 3/2014).

Schmidt, Siegfried J. 1972: Ist ‚Fiktionalität' eine linguistische oder eine texttheoretische Kategorie? In: Gülich/Raible 1972, 59–80.

Schmidt, Claudia 2010: Sprachbewusstheit und Sprachenlernbewusstheit. In: Krumm et al. 2010, 858–866.

Schmitz, Ulrich 2010: Sehflächenforschung. Eine Einführung; http://www.linse.uni-due.de/ linse/publikationen/Sehflaechenforschung/Sehflchenforschung.pdf; <4.5.2013>

Schmölzer-Eibinger, Sabine/Weidacher, Georg (Hg.) 2007: Textkompetenz. Eine Schlüsselkompetenz und ihre Vermittlung. Tübingen: Narr.

Schneider, Jan Georg (im Druck): Nähe, Distanz und Medientheorie. In: Hennig/Feilke (im Druck).

Schnotz, Wolfgang 1988: Textverstehen als Aufbau mentaler Modelle. In: Heinz Mandl/Hans Spada (Hg.): Wissenspsychologie. München/Weinheim: Psychologie Verlags Union, 299–330.

Schönemann, Bernd/Thünemann, Holger 2010: Schulbucharbeit. Das Geschichtslehrbuch in der Unterrichtspraxis. Schwalbach/Ts.: Wochenschau.

Schröder, Thomas 2003: Die Handlungsstruktur von Texten. Ein integrativer Beitrag zur Texttheorie. Tübingen: Narr.

Schröter, Melani/Carius, Björn 2009: Vom politischen Gebrauch der Sprache. Wort, Text, Diskurs. Eine Einführung. Frankfurt a.M.: Lang.

Schubert, Christoph ²2012: Englische Textlinguistik. Eine Einführung. Berlin: Erich Schmidt.

Schulz, Hans/Basler, Otto 1913–1986: Deutsches Fremdwörterbuch. Berlin/New York: de Gruyter, 7 Bde.

Schulz von Thun, Friedemann ⁴⁷2009: Miteinander Reden 1: Störungen und Klärungen. Allgemeine Psychologie der Kommunikation. Reinbek bei Hamburg: Rowohlt.

Schulze, Gerhard ⁸2000: Die Erlebnisgesellschaft. Kultursoziologie der Gegenwart. Frankfurt a.M./New York: Campus.

Schwarz, Monika 2000: Indirekte Anaphern in Texten. Studien zur domänengebundenen Kohärenz und Referenz im Deutschen. Tübingen: Niemeyer.

Schwarz, Monika ³2008: Einführung in die Kognitive Linguistik. Tübingen/Basel: Francke.

Schwarz-Friesel, Monika 2006: Kohärenz versus Textsinn: Didaktische Facetten einer linguistischen Theorie der textuellen Kontinuität. In: Scherner/Ziegler 2006, 63–75.

Schwarz-Friesel, Monika/Consten, Manfred 2014: Einführung in die Textlinguistik. Darmstadt: Wissenschaftliche Buchgesellschaft.

Schwitalla, Johannes 1976: Was sind ‚Gebrauchstexte'? In: Deutsche Sprache 4, 20–40.

Schwitalla, Johannes 2001: Beteiligungsrollen im Gespräch. In: Brinker et al. 2000/01, 1355–1361.

Schwitalla, Johannes ⁴2010: Gesprochenes Deutsch. Eine Einführung. Berlin: Erich Schmidt.

Searle, John R. 1982: Eine Taxonomie illokutionärer Akte. In: J.R. Searle: Ausdruck und Bedeutung. Untersuchungen zur Sprechakttheorie. Frankfurt a.M.: Suhrkamp, 17–50, (engl. Orig. 1975).

Shannon, Claude E./Weaver, Warren 1949: The mathematical theory of communication. Urbana: University of Illinois Press.

Siever, Torsten/Peter Schlobinski (Hg.) 2012: Entwicklungen im Web 2.0. Ergebnisse des III. Workshops zur linguistischen Internetforschung. Frankfurt a.M.: Lang.

Söll, Ludwig 1974/³1985: Gesprochenes und geschriebenes Französisch. Berlin: Erich Schmidt.

Sommerfeldt, Karl-Ernst (Hg.) 1988: Entwicklungstendenzen in der deutschen Gegenwartssprache. Leipzig: Bibliographisches Institut.

Sowinski, Bernhard 1983: Textlinguistik. Eine Einführung, Stuttgart u. a.: Kohlhammer.

Spillner, Bernd 1996: Stilistik. In: Arnold/Detering 1996, 234–256.

Spitzmüller, Jürgen/Warnke, Ingo 2011: Diskurslinguistik. Eine Einführung in Theorien und Methoden der transtextuellen Sprachanalyse. Berlin/Boston: de Gruyter.

Stede, Manfred 2008: Computerlinguistik und Textanalyse. In: Janich 2008a, 333–351.

Stein, Stephan 2003: Textgliederung: Einheitenbildung im geschriebenen und gesprochenen Deutsch – Theorie und Empirie. Berlin/New York: de Gruyter.

Stein, Stephan 2011: Kommunikative Praktiken, kommunikative Gattungen und Textsorten. Konzepte und Methoden für die Untersuchung mündlicher und schriftlicher Kommunikation im Vergleich. In: Birkner/Meer 2011, 8–27.

Stein, Stephan (im Druck): Oralität und Literalität. In: Karin Birkner/Nina Janich (Hg.): Text und Gespräch. Berlin/Boston: de Gruyter.

Steinhoff, Torsten 2007: Wissenschaftliche Textkompetenz. Sprachgebrauch und Schreibentwicklung in wissenschaftlichen Texten von Studenten und Experten. Tübingen: Niemeyer.

Steinseifer, Martin 2011: Die Typologisierung multimodaler Kommunikationsangebote – Am Beispiel der visuellen Aspekte seitenbasierter Dokumente. In: Habscheid 2011, 164–189.

Sternefeld, Wolfgang/Richter, Frank 2012: Wo stehen wir in der Grammatiktheorie? Bemerkungen anlässlich eines Buchs von Stefan Müller. In: Zeitschrift für Sprachwissenschaft 31, 263–291.

Stöckl, Hartmut 2004. Die Sprache im Bild – Das Bild in der Sprache. Zur Verknüpfung von Sprache und Bild im massenmedialen Text. Konzepte. Theorien. Analysemethoden. Berlin: de Gruyter.

Storrer, Angelika 2008: Hypertextlinguistik. In: Janich 2008a, 315–331.

Straub, Jürgen 2007: Interkulturelle Kommunikation – eine wissenschaftliche Disziplin? In: Alois Moosmüller (Hg.): Interkulturelle Kommunikation. Konturen einer wissenschaftlichen Disziplin Münster u. a.: Waxmann, 209–241.

Straub, Jürgen/Weidemann, Arne/Weidemann, Doris (Hg.) 2007: Handbuch Interkulturelle Kommunikation und Interkulturelle Kompetenz. Stuttgart: Metzler.

Tannen, Deborah 1992: Das hab' ich nicht gesagt! Kommunikationsprobleme im Alltag. Hamburg: Kabel, (engl.Orig. 1986).

Techtmeier, Bärbel 1984: Das Gespräch. Funktionen, Normen und Strukturen, Berlin: Akademie.

Tegtmeyer, Henning 1997: Der Begriff der Intertextualität und seine Fassungen – Eine Kritik der Intertextualitätskonzepte Julia Kristevas und Susanne Holthuis'. In: Klein/Fix 1997, 49 – 81.

Textsorten und literarische Gattungen 1983: Dokumentation des Germanistentages in Hamburg vom 1. bis 4. April 1979. Hg. vom Vorstand der Vereinigung der deutschen Hochschulgermanisten. Berlin: Erich Schmidt.

Thiele, Wolfgang 2000: Textlinguistik im englischsprachigen Raum. In: Brinker et al. 2000/01, 132 – 139.

Thonhauser, Ingo/Gerber, Brigitte (Hg.) 2014: Grammatik: ein altes neues Thema. (= Babylonia XXII, Heft 2).

Tomasello, Michael 1995: Language is not an instinct. In: Cognitive Development 10, 131 – 156.

Tomasello, Michael 2011: Die Ursprünge der menschlichen Kommunikation. Frankfurt a.M.: Suhrkamp, (engl. Orig. 2008).

Trabant, Jürgen 1986: Apeliotes oder Der Sinn der Sprache. Wilhelm von Humboldts Sprach-Bild. München: Fink.

Trabant, Jürgen 2002: Das tote Gerippe und die Arbeit des Geistes. Überlegungen im Anschluss an Humboldt. In: Krämer/König 2002, 76 – 96.

Trabant, Jürgen 2012: Weltansichten. Wilhelm von Humboldts Sprachprojekt. München: Beck.

Trier, Jost 1931: Der deutsche Wortschatz im Sinnbezirk des Verstandes. Die Geschichte eines sprachlichen Feldes. Heidelberg: Winter.

Ueding, Gert/Steinbrink, Bernd [5]2011: Grundriß der Rhetorik. Geschichte. Technik. Methode. Stuttgart/Weimar: Metzler.

Vater, Heinz 2001: Einführung in die Textlinguistik. Struktur und Verstehen von Texten. München: Fink.

Warnke, Ingo 2002: Adieu Text – bienvenue Diskurs? Über Sinn und Zweck einer poststrukturalistischen Entgrenzung des Textbegriffs. In: Fix et al. 2002, 125 – 141.

Warnke, Ingo H. 2008: Text- und Diskurslinguistik. In: Janich 2008a, 35 – 52.

Watzlawick, Paul/Beavin, Janet H./Jackson Don D. 1969: Menschliche Kommunikation. Formen, Störungen, Paradoxien. Bern u. a.: H. Huber, (engl. Orig. 1967).

Wegener, Philipp 1885: Untersuchungen ueber die Grundfragen des Sprachlebens. Halle/S.: Niemeyer.

Weidacher, Georg 2007: Fiktionale Texte – Fiktive Welten: Fiktionalität aus textlinguistischer Sicht. Tübingen: Narr.

Weigert, Stefan 1998: Wissenschaftliche Darstellungsformen und Uneigentliches Sprechen. Analyse einer Parodie aus der Theoretischen Physik. In: Danneberg/Niederhauser 1998, 131 – 156.

Weinrich, Harald 1964, [2]1971, [4]1978: Tempus. Besprochene und erzählte Welt. Stuttgart u. a.: Kohlhammer.

Weinrich, Harald 1966: Linguistik der Lüge. Heidelberg: Schneider.

Weinrich, Harald 1967: Syntax als Dialektik (Bochumer Diskussion). In: Poetica 1, 109 – 126.

Weinrich, Harald 1982: Textgrammatik der französischen Sprache. Stuttgart: Klett.

Weinrich, Harald 1993, [4]2007: Textgrammatik der deutschen Sprache. Mannheim u. a.: Dudenverlag.

Weisgerber, Leo 1939: Die volkhaften Kräfte der Muttersprache. Frankfurt a.M.: Diesterweg.

Weisgerber, Leo 1950: Vom Weltbild der deutschen Sprache. Düsseldorf: Schwann.

Weisgerber, Leo 1973: Zweimal Sprache. Deutsche Linguistik 1973 – Energetische Sprachwissenschaft. Düsseldorf: Schwann.

Werder, Lutz von 1993: Lehrbuch des wissenschaftlichen Schreibens. Ein Übungsbuch für die Praxis. Berlin/Milow: Schibri.

Werlich, Egon 1975: Typologie der Texte. Entwurf eines textlinguistischen Modells zur Grundlegung einer Textgrammatik. Heidelberg: Quelle & Meyer.

Wichter, Sigurd 2011: Kommunikationsreihen aus Gesprächen und Textkommunikaten. Zur Kommunikation in und zwischen Gesellschaften. Tübingen: Niemeyer.

Wildgen, Wolfgang 2010: Die Sprachwissenschaft des 20. Jahrhunderts. Versuch einer Bilanz. Berlin/New York: de Gruyter.

Wilske, Ludwig/Krause, Wolf-Dieter 1987: Intertextualität als allgemeine und spezielle Texteigenschaft. In: Wissenschaftliche Zeitschrift der Pädagogischen Hochschule „Karl Liebknecht" Potsdam – Gesellschaftswissenschaftliche Reihe 31, 890–895.

Wilson, Robert A./Foglia, Lucia 2011: Embodied Cognition. In: Edward N. Zalta (Hg.): The Stanford Encyclopedia of Philosophy (Fall Edition); http://plato.stanford.edu/archives/fall2011/entries/embodied-cognition; <30.5.2013>

Wüest, Jakob 2011: Was Texte zusammenhält. Zu einer Pragmatik des Textverstehens. Tübingen: Narr.

Wyss, Monika/Hafner, Heinz 2012: Texte! Das Textsortenbuch. Bern: hep-Verlag.

Ziegler, Arne 2002: E-Mail – Textsorte oder Kommunikationsform? Eine textlinguistische Annäherung. In: Arne Ziegler/Christa Dürscheid (Hg.): Kommunikationsform E-Mail. Tübingen: Stauffenburg, 9–32.

Ziem, Alexander/Lasch, Alexander 2013: Konstruktionsgrammatik. Konzepte und Grundlagen gebrauchsbasierter Ansätze. Berlin/Boston: de Gruyter.

Zifonun, Gisela/Hoffmann, Ludger/Strecker, Bruno 1997: Grammatik der deutschen Sprache. Berlin/New York: de Gruyter, 3 Bde.

Zimmermann, Klaus 1978: Erkundungen zur Texttypologie mit einem Ausblick auf die Nutzung einer Texttypologie für eine Corpustheorie. Tübingen: Narr.

Personenregister

Sachregister